Martin Simon
Der große IQ-Trainer

Martin Simon

Der große IQ Trainer

FRANZIS
BRAINBOOKS

Wichtiger Hinweis

Alle Angaben in diesem Buch wurden vom Autor mit größter Sorgfalt erarbeitet bzw. zusammengestellt und unter Einschaltung wirksamer Kontrollmaßnahmen reproduziert. Trotzdem sind Fehler nicht ganz auszuschließen. Der Verlag und der Autor sehen sich deshalb gezwungen, darauf hinzuweisen, dass sie weder eine Garantie noch die juristische Verantwortung oder irgendeine Haftung für Folgen, die auf fehlerhafte Angaben zurückgehen, übernehmen können. Für die Mitteilung etwaiger Fehler sind Verlag und Autor jederzeit dankbar.

Internetadressen oder Versionsnummern stellen den bei Redaktionsschluss verfügbaren Informationsstand dar. Verlag und Autor übernehmen keinerlei Verantwortung oder Haftung für Veränderungen, die sich aus nicht von ihnen zu vertretenden Umständen ergeben.

Evtl. beigefügte oder zum Download angebotene Dateien und Informationen dienen ausschließlich der nicht gewerblichen Nutzung. Eine gewerbliche Nutzung ist nur mit Zustimmung des Lizenzinhabers möglich.

© 2007 Franzis Verlag GmbH, 85586 Poing

Alle Rechte vorbehalten, auch die der fotomechanischen Wiedergabe und der Speicherung in elektronischen Medien. Das Erstellen und Verbreiten von Kopien auf Papier, auf Datenträgern oder im Internet, insbesondere als PDF, ist nur mit ausdrücklicher Genehmigung des Verlags gestattet und wird widrigenfalls strafrechtlich verfolgt.

Die meisten Produktbezeichnungen von Hard- und Software sowie Firmennamen und Firmenlogos, die in diesem Werk genannt werden, sind in der Regel gleichzeitig auch eingetragene Warenzeichen und sollten als solche betrachtet werden. Der Verlag folgt bei den Produktbezeichnungen im Wesentlichen den Schreibweisen der Hersteller.

Bildnachweis: © 2007 JupiterImages
Layout & DTP: Presse- & Verlagsservice Martin Simon, www.neue-raetsel.de
art & design: www.ideehoch2.de
Druck: Bercker, 47623 Kevelaer
Printed in Germany

Inhaltsverzeichnis

Vorwort	7
Was ist Intelligenz, und woher kommt sie?	9
Ist Intelligenz vererbbar?	10
Die Verteilung der Intelligenz in unserer Gesellschaft	12
Der Intelligenzquotient (IQ)	16
Was messen Intelligenz-Tests?	18
Wie ein Intelligenz-Test entsteht	20
Gütekriterien und Normierung von Intelligenztests	21
Wodurch wird das Testergebnis beeinflusst?	24
Warum Übung so wichtig ist	25
Wenn das Testergebnis ungünstig ausfällt	26
Tipps für die Bearbeitung	27
Die IQ-Aufgaben dieses Buchs	29
IQ-Trainingsaufgaben für sprachliche Intelligenz	31
IQ-Trainingsaufgaben für mathematische Intelligenz	145
IQ-Trainingsaufgaben für visuelle Intelligenz	271
IQ-Übungstests für Intelligenz-Kernbereiche	373
Lösungen sprachlicher IQ	483
Lösungen mathematischer IQ	507
Lösungen visueller IQ	533
Lösungen Übungstests	557

Vorwort

Intelligenz hat in unserer Gesellschaft einen hohen Stellenwert. Intelligente Menschen genießen mehr Beachtung und haben mehr Erfolg, ihnen werden besondere Fähigkeiten zugesprochen. Weniger intelligente Menschen hingegen werden oft ausgegrenzt und haben einen schweren Stand in der Gesellschaft.

Zunächst geht es darum, den Begriff Intelligenz zu bestimmen und näher einzugrenzen. Die Vorstellung von der menschlichen Intelligenz wird oft von Klischees bestimmt, die beispielsweise besagen, dass eine überdurchschnittlich intelligente Hausfrau leicht zur Atomphysikerin werden könnte – allein aufgrund ihrer überragenden Intelligenz. Tatsächlich befähigt Intelligenz allein allerdings nicht dazu, herausragende Erfindungen zu machen. Ebenso ist Intelligenz allein keine Garantie für beruflichen Erfolg. Vielmehr bietet Intelligenz nur dann die Möglichkeit, bestimmte Tätigkeiten auszuüben, wenn man auch entsprechende Fähigkeiten und Kenntnisse besitzt. Intelligenz kann also als Grundlage für eine erfolgreiche Karriere gesehen werden, sie ist aber kein Garant dafür.

Da aber der Stellenwert von Intelligenz als Voraussetzung für erfolgreiches Arbeiten anerkannt hoch ist, werden Intelligenztests in offener und versteckter Form im Berufsleben häufig durchgeführt. Es wird immer beliebter, Bewerber auf ihre Intelligenz zu testen und danach auszuwählen. In der Berufswelt heißen diese Tests Eingangstests oder Berufseignungstests. Sie sind den klassischen Intelligenztests sehr ähnlich, erfassen darüber hinaus aber noch weitere speziell bei dieser Tätigkeit verlangte Eigenschaften. Sie können auch in der Form von Persönlichkeitstests durchgeführt werden und sind für viele Kandidaten nicht sofort als Intelligenztests zu erkennen. Die gute Nachricht: Intelligenztests aller Art kann man leicht üben und trainieren. Dieses Buch wird Sie Schritt für Schritt mit allen Aspekten von Intelligenztests bekannt machen.

Intelligenz lässt sich nicht verallgemeinern: Jeder Mensch hat unterschiedliche Begabungen, Stärken und Schwächen. Wenn man also in einem Bereich, z. B. im sprachlichen Bereich, weniger gut zurechtkommt, so heißt das nicht automatisch, dass man weniger intelligent oder „dumm" ist. Meist gleichen sich Bereiche mit stärkerer und schwächerer Begabung aus.

Die vorhandene Intelligenz misst man mithilfe von Tests. Intelligenztests gibt es seit ungefähr 100 Jahren. Sie bestehen aus Fragen und Aufgaben zu einzelnen kognitiven Fähigkeiten. Unter kognitiven Fähigkeiten versteht man eine Vielzahl unterschiedlicher personenbezogener Fähigkeiten zur Wahrnehmung und Verarbeitung von Informationen. Zu den kognitiven Fähigkeiten des Menschen gehören z. B. Wahrnehmungsfähigkeit, Erinnerung, Aufmerksamkeit, Abstraktionsvermögen usw. Der Intelligenzquotient ergibt sich aus der Zahl der richtig gelösten Aufgaben, die mit den Durchschnittswerten der passenden Vergleichsgruppe (z. B. Abiturienten) verglichen werden. Als Durchschnittswert wird ein Intelligenzquotient von 100 angesehen.

Bei der Ermittlung des persönlichen Intelligenzquotienten sollte man darauf achten, nicht unter Stress und Anspannung zu stehen. Denn Stress vermindert die Konzentrations- und Leistungsfähigkeit, und der ermittelte Wert kann so geringer ausfallen als im normalen Zustand. Sorgen Sie also für ein angenehmes Umfeld und eine entspannte Stimmung, wenn Sie darangehen, Ihre Intelligenz zu testen. Machen Sie sich zunächst mit den Aufgaben vertraut und gewinnen Sie einen ersten Eindruck. Nehmen Sie sich für die Tests genügend Zeit und versuchen Sie, die Aufgaben möglichst sorgfältig zu lösen. Im Laufe der Zeit wird sich ein Trainingseffekt einstellen, und Sie werden immer weniger Fehler machen. So sind Sie geübt, sollten Sie einmal in eine Testsituation, beispielsweise beim Berufseinstieg, kommen.

Was ist Intelligenz, und woher kommt sie?

Es existiert keine allgemein anerkannte Definition dazu, was Intelligenz eigentlich ist. Es gibt zahlreiche Studien und Theorien zu diesem Thema. Der Psychologe Wilhelm Stern, der auch den Begriff Intelligenzquotient (IQ) prägte, definierte Intelligenz als „allgemeine Fähigkeit eines Individuums, sein Denken bewusst auf neue Anforderungen einzustellen, sie ist allgemein geistige Anpassungsfähigkeit an neue Aufgaben und an neue Bedingungen des Lebens". Für den amerikanischen Intelligenzforscher David Wechsler ist Intelligenz „die globale Befähigung eines Individuums, zweckvoll zu handeln, vernünftig zu denken und sich erfolgreich mit seiner Umwelt auseinanderzusetzen".

Einigkeit herrscht darüber, dass sich Intelligenz aus unterschiedlichen geistigen Fähigkeiten zusammensetzt, wie etwa der Fähigkeit, Beziehungen und Zusammenhänge zwischen Sachverhalten zu erfassen und Schlussfolgerungen zu ziehen, Probleme durch

Denken zu lösen und sich in neuen Situationen zurechtzufinden. Intelligenztests bestehen deshalb aus vielen Einzeltests, die diese und andere Fähigkeiten unabhängig voneinander untersuchen.

Es ist wichtig zu erkennen, dass Intelligenz nicht nur das ist, was mit Tests erfasst werden kann. Intelligenz umfasst auch Bereiche wie das praktische Handeln und Problemlösen im Alltag, soziale Kompetenz und Kreativität. Anders gesagt: „Intelligenz ist, was der jeweilige Intelligenztest misst." Denn durch die Auswahl der Aufgaben wird bereits im Vorfeld festgelegt, welche Fähigkeiten untersucht werden sollen und somit welche Vorstellungen der Testautor von Intelligenz hat. Das Ergebnis des Tests wird in einen Normwert umgerechnet, der als Intelligenzquotient (IQ) bekannt ist. Dieser ist ein relativer Wert: Er setzt das Ergebnis des Getesteten in Relation zu einer bestimmten Bezugsgruppe. Dabei ist zu beachten, dass Menschen mit gleichem Intelligenzquotienten sehr unterschiedliche Stärken und Fähigkeiten haben können – denn Intelligenz ist eben kein absoluter Wert.

Ist Intelligenz vererbbar?

Seit Langem stellt sich die Forschung die Frage nach der Vererbung von Intelligenz. Dass zwischen den Menschen Unterschiede an Intellekt und Intelligenz bestehen, ist seit Jahrhunderten bekannt. Der Begriff der Intelligenz ist in der Philosophie entstanden auf der Suche nach den intellektuellen und kognitiven Fähigkeiten der Menschen. Die Philosophie war es auch, die feststellte, dass Unterschiede zwischen den Menschen bestehen bezüglich der Fähigkeit, Probleme zu lösen und Herausforderungen zu meistern. Die frühen Psychologen und Philosophen führten diese Unterschiede auf die Schnelligkeit der Reizverarbeitung zurück. Diese Untersuchungen konnten jedoch den Unterschied zwischen hochintelligenten und geistig zurückgebliebenen Menschen nicht hinreichend erklären.

In der heutigen Forschung bestehen viele Theorien nebeneinander, die sich teilweise ergänzen, sich aber auch widersprechen können. Besondere Aufmerksamkeit wurde dabei immer wieder der Frage gewidmet, ob Intelligenz vererbbar oder vielmehr erworben und förderbar sei.
Eine eindeutige Antwort gibt es nicht. Man muss sogar die Frage selbst mit einer gewissen Vorsicht betrachten. Die Annahme der Vererblichkeit von Intelligenz steht auf der Basis, dass Gene erwiesenermaßen weitergegeben werden und so sicher die Entwicklung eines Menschen bestimmen – in körperlicher wie in geistiger Hinsicht. Die Schlussfolgerung, dass die Intelligenz eines Menschen letztendlich hauptsächlich auf Erbanlagen zurückzuführen sei, wurde aber immer wieder politisch missbraucht. Die Aussage wurde dazu benutzt, eine Hierarchie, etwa innerhalb sozialer Schichten, herzuleiten. So sind die Vertreter einer starken erblichen Bestimmung (Determination) der Intelligenz zum großen Teil im rechten politischen Flügel zu finden.

Die Entwicklungsfähigkeit von Intelligenz wird dagegen eher von linken Wissenschaftlern vertreten. Sie nehmen an, dass das ähnliche Intelligenzniveau beispielsweise innerhalb einer Familie nicht auf den verwandten Erbanlagen beruhen müsse, sondern auch darauf zurückzuführen sei, dass die Kinder in ihrer Umwelt die gleichen Intelligenzanreize erhalten hätten. Eine definitive und wissenschaftlich gesicherte Aussage über die Herkunft der Intelligenz ließe sich deshalb wohl nur treffen, wenn die Gene bestimmt werden könnten, die den Sitz der Intelligenz bilden.

Seriöse Wissenschaftler und Psychologen räumen ein, dass die gesamte Intelligenz eines Menschen nicht zu messen sei. Die mithilfe eines Tests ermittelte Zahl, der Intelligenzquotient, lässt lediglich Rückschlüsse auf das vorhandene Potenzial eines Menschen zu. Das sollte auch bei der Aus- und Bewertung des eigenen Tests berücksichtigt werden.

Die Verteilung der Intelligenz in unserer Gesellschaft

Die Verteilung der IQ-Werte in der Bevölkerung entspricht der sogenannten Gaußschen Normalverteilung, benannt nach dem Mathematiker C. F. Gauß. Danach haben etwa 68 Prozent der Bevölkerung einen durchschnittlichen IQ zwischen 85 und 115 Punkten, ungefähr 14 Prozent liegen über dem Durchschnitt mit einem IQ bis 130, und nur rund zwei Prozent der Bevölkerung sind hochintelligent mit einem IQ von über 130. Knapp 16 Prozent haben einen IQ von weniger als 85 Punkten.

Es gibt also nur sehr wenige Menschen mit einem extrem geringen Intelligenzquotienten und ebenfalls sehr wenige mit einem extrem hohen. Das Mittelmaß herrscht vor, beinahe 70 Prozent der Bevölkerung liegen zwischen 85 und 115 Punkten und weichen damit um 15 Punkte von dem Mittelwert von 100 Punkten ab.

Es ist selbstverständlich problematisch, die Verteilung von Intelligenz an die Zugehörigkeit zu sozialen Schichten und bestimmten gesellschaftlichen Milieus zu knüpfen. Tatsächlich lassen sich jedoch Parallelen feststellen. Wissenschaftliche Studien haben dies belegt, und Intelligenztests, die mit Angehörigen verschiedener Berufszweige durchgeführt wurden, haben gezeigt, dass verschieden qualifizierte Berufsgruppen auch verschiedene Ansprüche an die Intelligenz des Einzelnen stellen.

Bei der Betrachtung der durchschnittlichen Verteilung von Intelligenz in unterschiedlichen sozialen Schichten hat sich also ergeben, dass in der Oberschicht und in höheren Verwaltungs- sowie Akademikerberufen durchschnittlich die Menschen mit den höchsten Intelligenzquotienten anzutreffen sind, nämlich 122 Punkte bei den Eltern und 120 Punkte bei den Kindern. Es ist eine Tendenz dahingehend bemerkbar, dass die Kinder durchschnittlich knapp unter dem Intelligenzquotienten ihrer Eltern liegen. Den zweithöchsten Wert (117 bei den Eltern, 115 bei den Kindern) erzielte die soziale Gruppe der höheren Mittelschicht, deren Mitglieder hauptsächlich Berufe in der Verwaltung, als Techniker oder als leitende Angestellte ausüben. Es folgt die mittlere Mittelschicht mit 109 Punkten bei den Eltern und 105 Punkten durchschnittlich bei den Kindern. Als häufigste Berufe sind hier Positionen als Angestellte oder hoch qualifizierte Facharbeiter zu nennen. Die untere Mittelschicht, deren Vertreter vor allem im Bereich der Lehrberufe und des Handwerks tätig sind, bildet mit 100 Punkten bei den Eltern und 98 Punkten bei den Kindern genau den gesellschaftlichen Mittelwert. Die soziale Gruppe der Unterschicht teilt sich damit das untere Ende der Tabelle. Angelernte Arbeiter und ungelernte Handwerker, die zur oberen Unterschicht gezählt werden, verfügen durchschnittlich über einen IQ von 97 bei den Eltern bzw. 98 bei den Kindern. Dieser Trend, dass die Kinder im Durchschnitt über den Eltern liegen, setzt sich auch in der mittleren Unterschicht (ungelernte Arbeiter, Hilfsarbeiter) mit einem durchschnittlichen IQ von 87 bei den Eltern und 92 bei den Kindern fort. In der unteren Unterschicht (vor allem Gelegenheitsarbeiter) ist der Abstand mit 82 (Eltern) zu 89 (Kinder) sogar besonders groß. Darunter findet sich noch die Gruppe von geistig Kranken und Anstaltsinsassen, die durchschnittlich über einen Intelligenzquotienten von 57 bzw. 67 verfügen.

Diese Unterteilung sollte aber mit Vorsicht betrachtet werden, und es soll eindringlich vor Pauschalurteilen gewarnt werden. Man kann nicht generalisieren und davon ausgehen, dass beispielsweise Arbeiter grundsätzlich über weniger Intelligenz verfügen als Akademiker. Die vorgenommene Einteilung beruht auf durchschnittlichen Werten und kann im Einzelfall erheblich abweichen. Es gibt nicht so etwas wie einen „schichtspezifischen Intelligenzquotienten". In jeder sozialen Schicht finden sich Menschen mit allen möglichen kognitiven Fähigkeiten – von hochintelligenten bis weniger intelligenten Menschen. Auch ist es umgekehrt extrem schwierig, im Einzelfall aufgrund der Intelligenz die soziale Schicht oder den Beruf vorherzusagen.

Bei der Diskussion um die Verteilung der Intelligenz und ihren Stellenwert in der Gesellschaft darf nicht vernachlässigt werden, dass Intelligenztests nicht jene persönlichen Variablen wie Ausdauer und Fleiß erfassen, die ebenfalls ein Kriterium für Erfolg und Karriere darstellen. Um diese Parameter abzubilden, ist eine Reihe von anderen Tests notwendig – Intelligenz im herkömmlichen Sinne ist nur eine Facette in der gesamten Bandbreite der Persönlichkeit eines Menschen.

Der Zusammenhang zwischen Intelligenz und beruflichem Erfolg

Trotzdem sind Intelligenz und Erfolg eng miteinander verknüpft. Menschen mit niedrigerem Intelligenzquotienten haben weniger oder keinen Erfolg bei Tätigkeiten, die hohe geistige Anforderungen stellen. Hier können weder Ausdauer noch Fleiß die kognitiven Fähigkeiten ersetzen. Im Umkehrschluss darf man aber nicht davon ausgehen, dass alle Menschen, die über eine gewisse Intelligenz verfügen, auch erfolgreich sind. Intelligenz ist somit eine notwendige, nicht aber eine hinreichende Eigenschaft für Erfolg oder Karriere (so wie es notwendig, aber nicht hinreichend ist, den Lottoschein abzugeben, um den Jackpot zu knacken). Neben den naturgegebenen geistigen Voraussetzungen setzen auch äußere

Umstände enge Grenzen für den Erfolg im Leben. Dies können Umwelt und Förderung ebenso sein wie soziale Faktoren, die die Persönlichkeit und damit die geistige Entwicklung eines Menschen prägen.

Tatsächlich wenden immer mehr Personalchefs Intelligenztests zur Rekrutierung und Selektierung ihres Personals an. Es kann auch passieren, dass sich Bewerber während ihrer beruflichen Laufbahn nicht nur einmal, sondern mehrere Male solchen Tests unterziehen müssen – nämlich jedes Mal, wenn sie in eine höhere Stufe in der Unternehmenshierarchie aufsteigen wollen.

Die von den Personalchefs gewünschten Eigenschaften bei ihren zukünftigen Mitarbeitern sind neben Intelligenz auch Selbstdisziplin, Motivation, Loyalität usw. Daher kommen neben reinen Intelligenztests auch Leistungs- und Persönlichkeitstests zum Einsatz.

Der Vorteil dieses Vorgehens ist offensichtlich. Die Tests sind so konzipiert, dass sie hochgradig standardisiert sind und auch bei Wiederholung stabile Ergebnisse liefern. Diese Ergebnisse sind dabei weitgehend objektiv und erlauben eine Bewertung des Bewerbers, die von subjektiven Einflüssen abstrahiert. Daher gelten Tests als sichere Beurteilungsgröße in allen Arten der beruflichen Bewerberauswahl.

Der wichtige Unterschied zu herkömmlichen Intelligenztests ist dabei, dass es nicht vorrangig darum geht, den Intelligenzquotienten des Bewerbers zu errechnen. Vielmehr möchte der Beurteilende Erkenntnisse über sogenannte Soft Skills erhalten, also berufliche Qualifikationen, die über fachliche Kenntnisse hinausreichen. Dazu gehören beispielsweise Belastbarkeit in Stresssituationen, sicheres Auftreten und soziale Kompetenzen. Durch den Test erhofft er sich, Einblicke in diesen Bereich der Qualifikationen des Bewerbers zu erhalten und daraus Rückschlüsse auf das

zukünftige berufliche Verhalten ziehen zu können.
Dabei sind es vor allem Leistungstests, die neben den klassischen Intelligenztests verwendet werden. Der Begriff der Leistung bezieht sich hauptsächlich auf den Bereich der psychischen Energie: Es soll getestet werden, wie gut sich der zu Beurteilende konzentrieren kann, wie lange Aufmerksamkeit und Ausdauer anhalten und wie sich optische Wahrnehmung und motorische Leistungen ergänzen. Das Ziel bei solchen Tests ist es, möglichst viele Aufgaben in der vorgegebenen Zeit zu erledigen. Je besser sich dabei ein Kandidat konzentrieren kann, desto schneller können die Aufgaben bearbeitet werden, und desto besser wird sein Testergebnis sein.

Der Intelligenzquotient (IQ)

Der französische Psychologe Binet erkannte als Erster, dass Intelligenz mit Tests gemessen werden kann. Er entwickelte 1905 den ersten anerkannten Intelligenztest. Er sollte im Auftrag des französischen Erziehungsministeriums untersuchen, wie man schwächer begabte Kinder an öffentlichen Schulen besser fördern könnte. Dazu entwickelte Binet eine Skala, um zunächst die geistigen Fähigkeiten und Fertigkeiten der zurückgebliebenen Schüler zu erfassen. Er erstellte eine Serie von 30 verschiedenen Aufgaben, anhand deren er die Urteilsfähigkeit, das Verständnis und das logische Denken der Schüler messen konnte.

Ziel war es, die Forschung vom Lernen in der Schule zu trennen und die kognitiven Fähigkeiten der Schüler unabhängig von der Förderung im Unterricht zu betrachten. Deshalb waren die Aufgaben bewusst so konzipiert, dass sie ohne fachspezifische Vorbildung zu lösen waren. Dabei verfügten sie über unterschiedliche Schwierigkeitsgrade: Als Maßstab galt die durchschnittliche

Häufigkeit, mit der eine Aufgabe von einem Altersjahrgang gelöst wurde.

Binets Nachfolger, Wilhelm Stern, führte diese Art der Untersuchung fort und weitete sie auf alle Personen, auch außerhalb der untersuchten Gruppe von Schülern, aus. Er verwendete für jede Altersstufe Aufgaben, die Personen der entsprechenden Altersgruppe im Allgemeinen lösen konnten. Im Test begannen die zu testenden Personen mit den Aufgaben mit den niedrigsten Anforderungen, die der untersten Altersstufe entsprachen. Sie arbeiteten sich so lange hoch, bis sie die Aufgaben nicht mehr lösen konnten. Kam ein 14-Jähriger nur bis zu den Aufgaben, die für 12-Jährige gedacht waren, galt er als für sein Alter unterdurchschnittlich intelligent. Kam er dagegen bis zu den Aufgaben für 16-Jährige, so war er überdurchschnittlich intelligent. Durch diese Testmethode wurde der Begriff des Intelligenzalters geprägt. Der oben erwähnte Kandidat hätte also das reale Alter von 12 Jahren und davon abweichend, je nach Begabung, ein höheres oder niedrigeres Intelligenzalter.

Wilhelm Stern prägte 1912 den Begriff Intelligenzquotient (IQ) als Maßzahl für die Intelligenz. Als Mittelwert wurde 100 festgelegt, dies entspricht der Zahl der Testaufgaben, die in einem Test durchschnittlich von einer Personengruppe gelöst werden. Stern setzte die Zahl 100 als Norm für eine hinsichtlich des Alters durchschnittliche Intelligenz an. Er multiplizierte dann das mentale Alter mit 100 und dividierte das Ergebnis durch das reale Alter. Die daraus entstehende Zahl ist unter dem Namen Intelligenzquotient bekannt. Lag die errechnete Zahl unter 100, ergab sich für die betreffende Testperson ein IQ, der unter dem Durchschnitt lag; im gegenteiligen Fall ergab sich ein überdurchschnittlich hoher Intelligenzquotient.

Was messen Intelligenztests?

Der Ursprung der modernen Intelligenzforschung geht auf die Jahrhundertwende zurück. Damals wurden kurze Aufgabenserien entwickelt, um Leistungs-, Gedächtnis- und Wahrnehmungsfähigkeiten zu untersuchen (Binet, Stern). In relativ einfachen Anordnungen wurden Versuche unternommen, um die intellektuellen Fähigkeiten von Kindern, Soldaten und psychiatrischen Patienten festzustellen.

Diese Aufgaben sind mit den komplexen Anforderungen heutiger Intelligenztests nicht zu vergleichen. Doch wie sind diese aufgebaut? Wissenschaftler versuchten zunächst, unterschiedliche Intelligenzaspekte zu isolieren und die Merkmale einzeln zu erfassen. Allerdings führten diese Forschungen zu einer Vielzahl von unterschiedlichen Intelligenzbereichen, die ohne Bezug zueinander standen und nur noch für statistische Zwecke verwendet werden konnten.

Daraufhin entwickelten sich unterschiedliche Ordnungssysteme, die das weite Feld der Intelligenz in voneinander unabhängige Intelligenzfaktoren unterteilen sollten. Auch hier entstand eine Vielzahl unterschiedlicher Modelle und Denkansätze, geprägt von den verschiedenen Psychologen der Zeit. Das heute gebräuchlichste Modell der Intelligenz ist das von Thurstone. Er geht davon aus, dass Intelligenz aus verschiedenen Komponenten besteht wie beispielsweise Gedächtnis, Handlungsintelligenz oder praktische Intelligenz, optische Aufnahmefähigkeit, logisches Denken und verbale Intelligenz. Diese Unterteilung ist noch heute maßgeblich für den Aufbau vieler Intelligenztests. Es ist nach wie vor üblich, diese unterschiedlichen Aspekte der Intelligenz unabhängig voneinander zu testen und zu messen. Mit einem der gebräuchlichsten Testverfahren, beispielsweise dem Intelligenz-Struktur-Test (IST) des deutschen Psychologen Rudolf Amthauer, oder mit dem Wilde-Intelligenz-Test (WIT) lassen sich sowohl einzelne Intelligenzdimensionen als auch der gesamte Intelligenzquotient ermitteln.

Aufgrund der vielen unterschiedlichen Meinungen und der Diskussionen von Wissenschaftlern über Intelligenz und Intelligenzmessung wird oft die Aussage gemacht: „Intelligenz ist, was der jeweilige Intelligenztest misst." Den meisten Definitionen von Intelligenz ist gemeinsam, dass die Fähigkeiten, Beziehungen und Zusammenhänge zwischen Sachverhalten zu erfassen und Schlussfolgerungen zu ziehen sowie Probleme durch Denken zu lösen und sich in neuen Situationen aufgrund von Einsichten zurechtzufinden, als wesentlich für Intelligenz angesehen werden.

Einigkeit herrscht darüber, dass sich Intelligenz aus unterschiedlichen geistigen Fähigkeiten zusammensetzt, die teilweise relativ unabhängig voneinander sind. Ein Intelligenztest besteht deshalb gewöhnlich aus verschiedenen Einzeltests, mit denen Fähigkeiten wie Auffassungsgabe, Sprachbeherrschung, analytisches Denken, logisches und folgerichtiges Denken, Abstraktionsvermögen, Merkfähigkeit, Zahlenverständnis und Rechenfertigkeit, räumliches Vorstellungsvermögen sowie Wahrnehmungstempo und -genauigkeit untersucht werden.

Es ist allerdings noch nicht gelungen, den genauen Sitz der Intelligenz im Gehirn zu bestimmen. Bekannt sind lediglich einige zentrale Stellen im Gehirn, an denen spezielle Fähigkeiten gebündelt werden, wie z. B. Hörzentrum, Sprachzentrum und Gleichgewichtszentrum. Das Gehirn selbst weist sehr komplexe Strukturen auf. Einige Zentren des Gehirns sind außerordentlich spezialisiert, während sich andere Funktionen über ein weites Areal verteilen. Zwar lassen sich anhand dieser Einteilung Strukturen klar erkennbar lokalisieren und Bereiche voneinander abgrenzen, doch ist es zweifelhaft, von einem „Sprachzentrum" zu reden. Denn zur sprachlichen Intelligenz gehört nicht nur ein einziges Zentrum, sondern eine Vielfalt an Faktoren, die zusammenspielen.

Was können nun Intelligenztests erfassen und messen? Ein Großteil der Tests misst die Fähigkeit zum logischen Denken, Handeln und Kombinieren. Die Leistungsfähigkeit des Gedächtnisses wird ebenso getestet wie praktische Fähigkeiten und Auffassungsgabe. Nicht zuletzt erfassen Intelligenztests grundsätzliche Kenntnisse unserer Kultur, Schul- und Allgemeinwissen sowie sprachliche Ausdrucksfähigkeit. Die Tests weichen dabei in Aufbau und Gestaltung voneinander ab, sodass sie unterschiedliche Herausforderungen bergen. Der Inhalt der Tests hängt dabei in nicht unerheblichem Maße von den Kenntnissen des jeweiligen Autors ab und auch davon, was er unter Intelligenz versteht. Deshalb ist es auch offensichtlich, dass ein Intelligenztest nur einen kleinen Teil unserer Intelligenz oder unseres als intelligent bezeichneten Verhaltens abbilden und bewerten kann. Der Test sollte nicht als Messinstrument für beispielsweise den sozialen Erfolg eines Einzelnen missverstanden werden; dazu bedarf es zusätzlicher Informationen.

Wie ein Intelligenztest entsteht

Intelligenztests, wie sie seit etwa 100 Jahren existieren, testen meist verschiedene intelligente Fähigkeiten. Die Messung von Intelligenz in offiziellen Tests wie beispielsweise im Zuge eines Bewerbungsgesprächs geschieht überwiegend im „Paper-Pencil-Test", der seinen Namen dadurch erhalten hat, dass diese Tests meist auf Papier mit Bleistift auszufüllen sind. Die Teilnehmer erhalten schriftlich formulierte Aufgaben, die sie auf unterschiedliche Art und Weise lösen sollen: entweder durch Ankreuzen von vorgegebenen Antwortmöglichkeiten (Multiple-Choice-Verfahren) oder durch Angabe eines Lösungsbuchstabens bzw. Lösungsworts.

Der Vorteil von Paper-Pencil-Tests ist, dass sie sich einfach einsetzen und schnell auswerten lassen. Eine ganze Gruppe von Teilnehmern kann ohne großen Aufwand gleichzeitig getestet werden, und der Test erfasst viele Bereiche der Intelligenz.

Es gibt allerdings Teilbereiche der Intelligenz, die sich mit dem Paper-Pencil-Test nicht erfassen lassen. Dazu gehören beispielsweise manuelle Fähigkeiten. Für solche speziellen Bereiche werden andere Testverfahren verwendet, wie der sogenannte Drahtbiegetest, mit dem Auszubildende in technischen Berufen geprüft werden.
Die Durchführung von Intelligenztests findet meistens in Gruppen mit mehreren Teilnehmern statt, die zur gleichen Zeit getestet werden. Ein Testleiter gibt Anweisungen zur Durchführung, die Instruktionen werden allen Teilnehmern gleichzeitig gegeben. Die Testergebnisse sind bei der Auswahl der Bewerber meist nicht allein entscheidend, sie bilden aber ein wichtiges Kriterium bei der Entscheidungsfindung, dem immer mehr Gewicht beigemessen wird.

Als typische Bestandteile von Intelligenztests werden meist Aufgaben gestellt, die die sprachliche, die nummerische oder die figurale Intelligenz abfragen.

Gütekriterien und Normierung von Intelligenztests

Ein anerkannter Intelligenztest muss bestimmte Gütekriterien erfüllen, damit die Ergebnisse als wissenschaftlich abgesichert gelten. Als erste Anforderung muss der Test das Kriterium der

Objektivität erfüllen, d. h., die Testergebnisse müssen völlig unabhängig vom Untersuchenden sein. Unabhängig davon, von wem eine Person getestet wird, müssen Durchführung, Auswertung und Interpretation des Tests immer identisch sein.

Des Weiteren muss der Test Reliabilität garantieren, also Zuverlässigkeit und die Eigenschaft, dass man sich auf die Testergebnisse verlassen kann. Dies wird bestimmt durch den Grad der Genauigkeit, mit der ein Test bestimmte Eigenschaften prüft. Die Messungen sind dann zuverlässig, wenn es bei mehreren Tests zu ähnlichen Ergebnissen kommt.

Validität schließlich beschreibt die inhaltliche Genauigkeit, mit der ein Test ein Merkmal misst. Ein Test ist dann valide, wenn er genau die Eigenschaften misst, die er messen soll, und keine anderen.

Damit man Testergebnisse beurteilen, bewerten und mit den Ergebnissen anderer Personen vergleichen kann, muss der IQ-Test normiert werden. So wird ein verbindlicher Maßstab geschaffen, der die Testergebnisse vergleichbar macht. Dazu wird ein Intelligenztest, bevor er angewandt wird, an einer repräsentativen Bevölkerungsgruppe geeicht. Repräsentativ meint, dass eine möglichst breite Schicht der Bevölkerung mit ihren Eigenschaften widergespiegelt wird. Die Gruppe muss hinsichtlich Geschlecht, Alter und Ausbildung möglichst ähnlich strukturiert sein wie die spätere Testgruppe und muss mindestens 1.000 Personen umfassen. Die dabei gewonnenen Werte bilden den Maßstab, anhand dessen ein Testergebnis als schlecht, mittel oder gut eingestuft werden kann. Erst durch die Normierung sind Vergleiche zwischen verschiedenen Personengruppen möglich, und der Test wird aussagekräftig.

Bei der Auswertung von Intelligenztests spielt das Alter der Testperson eine wichtige Rolle. In jungen Jahren steigt die Intelligenzleistung gewöhnlich stark an, bis sie ihren Höhepunkt bei den meisten Menschen zwischen Mitte 20 und Mitte 30 erreicht. Mit steigendem Alter nimmt die geistige Leistung sukzessive wieder ab. Daher ist es normal, dass ältere Menschen bei IQ-Tests durchschnittlich schlechter abschneiden als jüngere. Dies ist zurückzuführen auf schlechtere Konzentrationsfähigkeit, langsamere Reaktions- und damit Bearbeitungszeiten und nachlassende Gedächtnisleistungen mit zunehmendem Alter. Auch darf der Aspekt nicht vernachlässigt werden, dass Angehörige älterer Generationen meist eine andere Schulausbildung mit anderen Schwerpunkten durchlaufen haben. Daher haben sie häufig auch ein anderes Allgemeinwissen und eine andere Art und Weise, an Aufgabenstellungen heranzugehen. Die Aufgaben in Intelligenztests sind häufig an den aktuellen Schulinhalten orientiert, sodass jüngere Personen im Vorteil sind.

Bei der Beurteilung von Intelligenztests ist zu beachten, dass es unterschiedliche Skalen gibt, anhand deren die Testergebnisse bewertet werden. So lassen sich oft amerikanische und europäische Werte nicht vergleichen. Die meisten europäischen IQ-Tests verwenden Tabellen, mit deren Hilfe man die erreichte Punktzahl in die IQ-Skala umrechnen kann. Dabei ist der allgemein gebräuchliche Mittelwert 100, und Abweichungen um bis zu 15 Prozent sind der Standard. In amerikanischen Tests werden davon zum Teil deutlich abweichende Skalen verwendet, sodass auch IQ-Werte über 200 vorkommen können, die nach europäischem Maßstab abwegig erscheinen. Ein IQ-Wert ist also erst dann aussagekräftig, wenn er vor dem Hintergrund der verwendeten Skala betrachtet wird. Als anschauliches Beispiel können die unterschiedlichen Methoden der Temperaturmessung herangezogen werden: Die Angabe einer Temperatur von 20 Grad kann etwas vollkommen Unterschiedliches bedeuten, je nachdem, ob sie nach dem europäischen System nach Celsius oder dem amerikanischen System nach Fahrenheit berechnet wird.

Wodurch wird das Testergebnis beeinflusst?

Den Intelligenzquotienten kann man nicht so genau messen und in absoluten Zahlen ausdrücken wie beispielsweise das Gewicht oder die Körpergröße eines Menschen. Es handelt sich hierbei um ein psychologisches Merkmal, das Schwankungen unterliegt und leicht von Störfaktoren beeinflusst werden kann. So wird das Ergebnis eines Intelligenztests maßgeblich mitbestimmt von der Tagesform der Testperson, ebenso sind die gesundheitliche Verfassung, Müdigkeit und die jeweilige Konzentration oder Motivation wichtige Faktoren, die bei der Auswertung beachtet werden müssen. Und nicht zuletzt können gewisse Differenzen durch Messfehler verursacht werden.

Neben diesen Faktoren können auch andere Fähigkeiten, wie z. B. Kreativität und Gedächtnisleistung, die Intelligenz beeinflussen. Je besser das Gedächtnis arbeitet, desto besser fallen das Testergebnis und damit der errechnete Intelligenzquotient aus. Zu diesen als interne Faktoren bezeichneten Einflüssen kommen externe Faktoren hinzu, die die Intelligenzentwicklung fördern oder hemmen können. Die externen Faktoren können der sozialen Umwelt zugerechnet werden.

Zu den fördernden Einflüssen gehören Lob, Anreiz und Ehrgeiz genauso wie Entscheidungsfreiheit, Anerkennung und das Zulassen von Fehlern. Diese Faktoren haben insofern einen positiven Einfluss auf die kognitive Leistung, da sie ein entspanntes Umfeld erzeugen, in dem die Leistung erbracht wird, und so Fehlern vorbeugen. Zu diesem angenehmen sozialen Umfeld gehören aber auch ein finanziell gesicherter Hintergrund, gesellschaftliche Akzeptanz und die individuelle Förderung von Interessen und Talenten. Sind diese Voraussetzungen nicht gegeben, wird die Person, die unter dem Druck steht, eine Leistung zu bringen, behindert und kann ihre kognitiven Fähigkeiten nicht voll entfalten.

Umgekehrt bestehen daher natürlich auch hemmende Einflüsse wie Verweis, Tadel und Strafe, aber auch Langeweile, mangelndes Selbstwertgefühl und mangelnder Ehrgeiz. Diese fördernden und hemmenden Faktoren werden unter dem Begriff „Lernklima" zusammengefasst. Dem Lernklima wird große Bedeutung beigemessen in seiner Wirkung auf die Förderung von Intelligenz. Es besteht daher der Grundsatz, dass es nur dann einen Ansatz zur Intelligenzentwicklung geben kann, wenn das Lernen neu gesehen wird.

Warum Übung so wichtig ist

Die Intelligenz eines Menschen ändert sich im Laufe des Lebens. Sie verändert sich bei Kindern mit jedem Lebensjahr und ebenso bei Erwachsenen. In Kindheit und Jugend steigt die Intelligenzleistung stetig an, bis sie ihren Höhepunkt bei den meisten Menschen zwischen Mitte 20 und Mitte 30 erreicht. Mit steigendem Alter nimmt die geistige Leistung langsam wieder ab. Studien haben zudem gezeigt, dass sich Intelligenz und Leistung in gewissen Grenzen trainieren lassen. Dies betrifft vor allem einen Aspekt der Testleistung, nämlich die Routine und die Sicherheit im Hinblick auf die Lösung von Testaufgaben.

Wie auf viele andere Prüfungsarten und -situationen auch kann man sich auf einen Intelligenztest vorbereiten. Indem man die Vorgehensweise bei den Tests immer wieder gründlich studiert und übt, kann man seine Leistungen verbessern. Die Fragen und Aufgabenstellungen in Intelligenztests sind meist in verschiedene Aufgabentypen unterteilt, die bestimmte Grundmuster aufweisen. Durch das regelmäßige Bearbeiten dieser Aufgaben kann man rasch Lösungsmöglichkeiten lernen und die besten Bearbeitungstechniken entwickeln und einüben. Mit der Zahl der bearbeiteten und gelösten Aufgaben steigt auch die Routine und Übung, sodass man bei unbekannten Aufgabentypen das erworbene Können im Transfer anwenden und auf die neuen Herausforderungen übertragen kann.

Bei Intelligenztests wird meist ein relativ knappes Zeitfenster vorgegeben, innerhalb dessen die Aufgaben gelöst werden sollen. Bei den Übungsaufgaben sind deshalb die Bearbeitungszeiten angegeben, damit man sich an das Arbeiten unter Zeitdruck gewöhnen kann. Oft sind die Zeitfenster so knapp gewählt, dass man nicht alle Aufgaben schaffen kann. Es ist daher wichtig, sich vom Zeitdruck nicht ablenken zu lassen, sondern ruhig und ohne Hektik die Aufgaben zu bearbeiten.

Wenn das Testergebnis ungünstig ausfällt

Wenn die Testergebnisse schlechter ausfallen, als Sie es erwartet haben, sollten Sie sich nicht entmutigen lassen. Generell gilt, dass die Resultate eines Intelligenztests nicht überbewertet werden sollten. Es kann gut sein, dass Sie einfach einen schlechten Tag hatten und deshalb entsprechende Ergebnisse erhalten haben. Denken Sie erst einmal nach, ob es nicht plausible Erklärungen für eine schlechte Tagesform gibt, beispielsweise eine beeinträchtigte Gesundheit oder Müdigkeit, mangelnde Konzentration oder ein unruhiges Umfeld.

Vor allem zu Beginn, wenn Sie mit der Art der Aufgabenstellung und der Bearbeitung von Intelligenztests noch nicht vertraut sind, sind Fehler ganz normal. Es bedarf einer Eingewöhnungszeit, da Sie im Test mit anderen Herausforderungen konfrontiert werden als in Schule und Berufsleben. Je länger Sie sich mit den Aufgaben jedoch befassen, desto besser werden die Resultate, und es wird sich ein Trainingseffekt einstellen.

Es kann allerdings sein, dass Sie trotz regelmäßiger Übung weiterhin unbefriedigende Testergebnisse erhalten. Dies ist jedoch kein Grund, an Ihrer Intelligenz zu zweifeln: Intelligenztests messen nur einen Bruchteil dessen, was wir unter Intelligenz oder intelligentem Verhalten verstehen. Es ist gut möglich, dass Ihre Stärken nicht in der Lösung theoretischer Übungsaufgaben, sondern vielmehr in sozialer Kompetenz, im kreativen oder künstlerischen Bereich oder im Erfolg im Beruf liegen.

Tipps für die Bearbeitung

Bei der Bearbeitung von Testaufgaben sollten Sie einige Ratschläge beachten. So ist es wichtig, dass Sie ungestört und entspannt arbeiten können. Setzen Sie sich nicht selbst unter Leistungsdruck und versuchen Sie auch, auf den Zeitdruck gelassen zu reagieren. Wenn Sie nervös oder hektisch werden, schleichen sich leicht Fehler ein, die sich ungünstig auf das Testergebnis auswirken. Den meisten Tests wird ein Beispiel vorangestellt. Es ist ratsam, sich diese Beispielaufgabe genau anzusehen, denn sie birgt oft wertvolle Tipps für die Bearbeitung und erklärt, worauf es bei dem Test ankommt. So sparen Sie Zeit und gewinnen zusätzlich an Sicherheit.

Es ist sinnvoll, die Aufgaben in der angegebenen Reihenfolge zu bearbeiten. Bei vielen Intelligenztests steigt der Schwierigkeitsgrad der Aufgaben an. Die zu Anfang noch relativ leicht zu lösenden Aufgaben geben Ihnen die nötige Sicherheit und das Selbstvertrauen, auch die schwierigeren Aufgaben ruhig anzugehen und souverän zu meistern. Arbeiten Sie dabei zügig, um den

Zeitdruck nicht übermächtig werden zu lassen, doch mit großer Sorgfalt, um keine ärgerlichen Flüchtigkeitsfehler zu riskieren.

Versuchen Sie, ruhig zu bleiben, auch wenn Sie erkennen, dass Sie nicht alle Aufgaben schaffen können. Es ist wichtiger, dass Sie Ruhe bewahren und so die bearbeiteten Aufgaben wenigstens richtig lösen. Meist ist die Zeit so knapp bemessen, dass es unmöglich ist, alle Aufgaben zu erledigen. Wenn Sie feststellen, dass Sie eine Aufgabe nicht lösen können, beißen Sie sich nicht daran fest. Zu groß ist die Gefahr, dass Sie nervös und fahrig werden und dadurch Fehler machen. Gehen Sie lieber zur nächsten Aufgabe weiter; zu unerledigten Aufgaben können Sie zurückkehren, wenn Sie am Ende noch Zeit haben. Wenn Sie bei Auswahlaufgaben (Multiple-Choice-Aufgaben) die richtige Lösung nicht sicher wissen, gehen Sie nach der Ausschlussmethode vor: Schließen Sie die Antworten aus, die auf keinen Fall in Frage kommen, und wählen Sie die Lösung, die Ihnen am wahrscheinlichsten erschcint.

Die IQ-Aufgaben dieses Buchs

Im vorliegenden Band finden Sie neben typischen Testaufgaben des mathematischen, sprachlichen und visuellen Bereichs auch fünf unterschiedlich zusammengestellte IQ-Tests. Dort können Sie in jeweils 30 Minuten Ihr Bestes geben und so eine Testsituation trainieren.

Diese Aufgaben und Tests dienen allerdings nicht dazu, Eigenschaften zu überprüfen, die bei einem in der heutigen beruflichen Einstellungspraxis verwendeten Leistungs- und Persönlichkeitstest abgefragt werden, wie z. B. Selbstdisziplin und Ausdauer.

Hervorzuheben ist, dass sämtliche Übungsaufgaben im Lösungsteil erläutert werden. Der Lerneffekt, den Sie damit erzielen können, ist nicht zu unterschätzen. Standardisierte IQ-Aufgaben sind oftmals nach altbewährten Mustern aufgebaut. Wenn Sie diese erst einmal verstanden haben, werden Sie viele IQ-Aufgaben lösen können, an denen Sie sonst verzweifelt wären.

IQ-Trainingsaufgaben für sprachliche Intelligenz

Dieses Kapitel über sprachliche Intelligenz enthält Übungsaufgaben mit Wörtern, Buchstaben und Sätzen. Hier sollen Sie zeigen, wie vertraut Sie im Umgang mit Wörtern sind. Je größer der Wortschatz und je besser das Wortverständnis, desto besser sind allgemeine Sprachfertigkeiten sowie die Ausdrucksfähigkeit – dieser Zusammenhang ist zumindest statistisch belegt. Wenn Sie also in EATZK die Katze erkennen, beweisen Sie einen wachen, aktiven Wortschatz, der ein starkes Indiz für Sprachkompetenz ist.

Sie können dieses Kapitel daher auch als Wortschatztraining auffassen. Die meisten der 20 unterschiedlichen Aufgabentypen sind leicht zu verstehen. Etwas näher eingehen wollen wir aber auf einige wichtige.

Bedeutungszwitter

Vorgegeben sind zwei Wörter unterschiedlicher Bedeutung. Und dennoch können beide ein und denselben Begriff ersetzen. Diesen Begriff sollen Sie finden. Es ist eine typische Wortschatzaufgabe. Je größer dieser ist, desto leichter kommen Sie auf die Lösung.

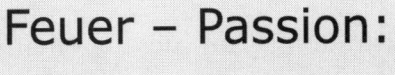

Sprachliche Intelligenz

Die Lösung für unser Beispiel ist „Leidenschaft", wobei sich „Feuer" eher auf die Leidenschaft in der Liebe bezieht und „Passion" dagegen in Bezug auf Sammelleidenschaften, außergewöhnliches Interesse o. Ä. verwendet wird.

Redensarten und Sprichwörter

Redensarten sind ein beliebtes Aufgabengebiet. Die Möglichkeit der Auswertung und damit Messbarkeit der sprachlichen Intelligenz ist hier jedoch etwas umstritten, da es regionale Unterschiede im Gebrauch von Redensarten gibt. Dennoch sollten Ihnen die allermeisten geläufig sein und leicht von den Lippen kommen.

Als Beispiel sei hier diese Variante dargestellt:
Setzen Sie im nachfolgenden Satz den fehlenden redensartlichen Ausdruck ein.

> Wenn es gerade bei Kleinigkeiten große Probleme geben kann, dann steckt der _____ im Detail.
>
> (- ein Wort -)

Die Lösung ist hier „Teufel".

Training des sprachlichen IQ auf 110 Seiten

20 Aufgabenarten warten hier auf Sie, in denen Sie Ihr sprachliches, wortgebundenes Denken IQ-spezifisch trainieren können. Viele dieser Übungen haben einen hohen Unterhaltungswert. Wir wünschen daher viel Spaß beim fleißigen Trainieren.

Sprachliche Intelligenz

S1 Finden Sie ein Wort, das dieselbe Bedeutung haben kann wie die beiden vorgegebenen.

I Wiese – Flitzen
_____

II Tanz – Kugel
_____

III Beschuss – Brand
_____

IV Vergnügen – Tritt
_____

Sprachliche Intelligenz

S1 Finden Sie ein Wort, das dieselbe Bedeutung haben kann wie die beiden vorgegebenen.

V Verkehrszeichen – Abwehrmittel

VI Banner – Alkoholgeruch

VII Geschenk – Fähigkeit

VIII Schienenfahrzeug – Schneise

Sprachliche Intelligenz

S1 Finden Sie ein Wort, das dieselbe Bedeutung haben kann wie die beiden vorgegebenen.

IX Residenz – Sicherung
_____

X Tausch – Schuldschein
_____

XI Einfassung – Währung
_____

XII Schreibgerät – Kloster
_____

Sprachliche Intelligenz

S1 Finden Sie ein Wort, das dieselbe Bedeutung haben kann wie die beiden vorgegebenen.

XIII Gespenst – Verstand

_____

XIV Produkt – Betriebsstätte

_____

XV Geschöpf – Charakter

_____

XVI Schicksal – Gewinnzettel

_____

Sprachliche Intelligenz

S1 Finden Sie ein Wort, das dieselbe Bedeutung haben kann wie die beiden vorgegebenen.

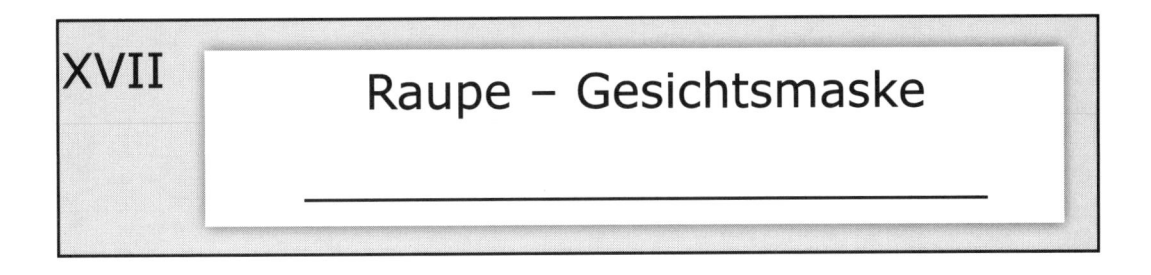

XVII Raupe – Gesichtsmaske

_____

XVIII Feier – hart

_____

XIX Rechnung – Bergbau

_____

XX Rad – bereit

_____

Sprachliche Intelligenz

S1 Finden Sie ein Wort, das dieselbe Bedeutung haben kann wie die beiden vorgegebenen.

XXI   Niederschlag – Seil
_____

XXII   vermutlich – Glück
_____

XXIII   Vogel - Augenkrankheit
_____

XXIV   Sprung – Spruch
_____

Sprachliche Intelligenz

S2 Welches Wort passt nicht zu den anderen?

I
- ☐ a) U-Boot
- ☐ b) Taucher
- ☐ c) Fisch
- ☐ d) Kanu

II
- ☐ a) Nadel
- ☐ b) Säge
- ☐ c) Messer
- ☐ d) Schere

III
- ☐ a) Delfin
- ☐ b) Hai
- ☐ c) Fasan
- ☐ d) Schnabeltier

IV
- ☐ a) Tabak
- ☐ b) Kobold
- ☐ c) Indiz
- ☐ d) Kurier

Sprachliche Intelligenz

S2 Welches Wort passt nicht zu den anderen?

V
- a) Streit
- b) Predigt
- c) Diskussion
- d) Unterhaltung

VI
- a) Fuß
- b) Kinn
- c) Ohr
- d) Lunge

VII
- a) Baum
- b) Auto
- c) Flucht
- d) Pullover

VIII
- a) Treppe
- b) Weg
- c) Straße
- d) Ausgang

Sprachliche Intelligenz

S2 Welches Wort passt nicht zu den anderen?

IX
- ☐ a) gefroren
- ☐ b) kalt
- ☐ c) flüssig
- ☐ d) siedend

X
- ☐ a) beschwingt
- ☐ b) nachdenklich
- ☐ c) ärgerlich
- ☐ d) schlafend

XI
- ☐ a) stricken
- ☐ b) backen
- ☐ c) hämmern
- ☐ d) unterrichten

XII
- ☐ a) Herd
- ☐ b) Kühlschrank
- ☐ c) Quirl
- ☐ d) Ofen

Sprachliche Intelligenz

S2 — Welches Wort passt nicht zu den anderen?

XIII
- ☐ a) Rad fahren
- ☐ b) Rasen mähen
- ☐ c) Bildhauen
- ☐ d) Anstreichen

XIV
- ☐ a) Ebene
- ☐ b) Plateau
- ☐ c) Garten
- ☐ d) Schlucht

XV
- ☐ a) Eifersucht
- ☐ b) Ehrgeiz
- ☐ c) Zuneigung
- ☐ d) Hochachtung

XVI
- ☐ a) Batterie
- ☐ b) Tisch
- ☐ c) Festplatte
- ☐ d) Wasserboiler

Sprachliche Intelligenz

S2 Welches Wort passt nicht zu den anderen?

XVII
- a) versprechen
- b) verleihen
- c) ernennen
- d) trösten

XVIII
- a) Fälschung
- b) Versehen
- c) Unfall
- d) Irrtum

XIX
- a) kurz
- b) zierlich
- c) leicht
- d) empfindlich

XX
- a) ungehobelt
- b) unhöflich
- c) unehrlich
- d) ungezogen

Sprachliche Intelligenz

S2 Welches Wort passt nicht zu den anderen?

XXI
- a) Schwein
- b) Pferd
- c) Kuh
- d) Hirsch

XXII
- a) unhygienisch
- b) unsauber
- c) ekelhaft
- d) schmutzig

XXIII
- a) Tracht
- b) Uniform
- c) Blaumann
- d) Tarnanzug

XXIV
- a) Goldfisch
- b) Wal
- c) Hai
- d) Rochen

Sprachliche Intelligenz

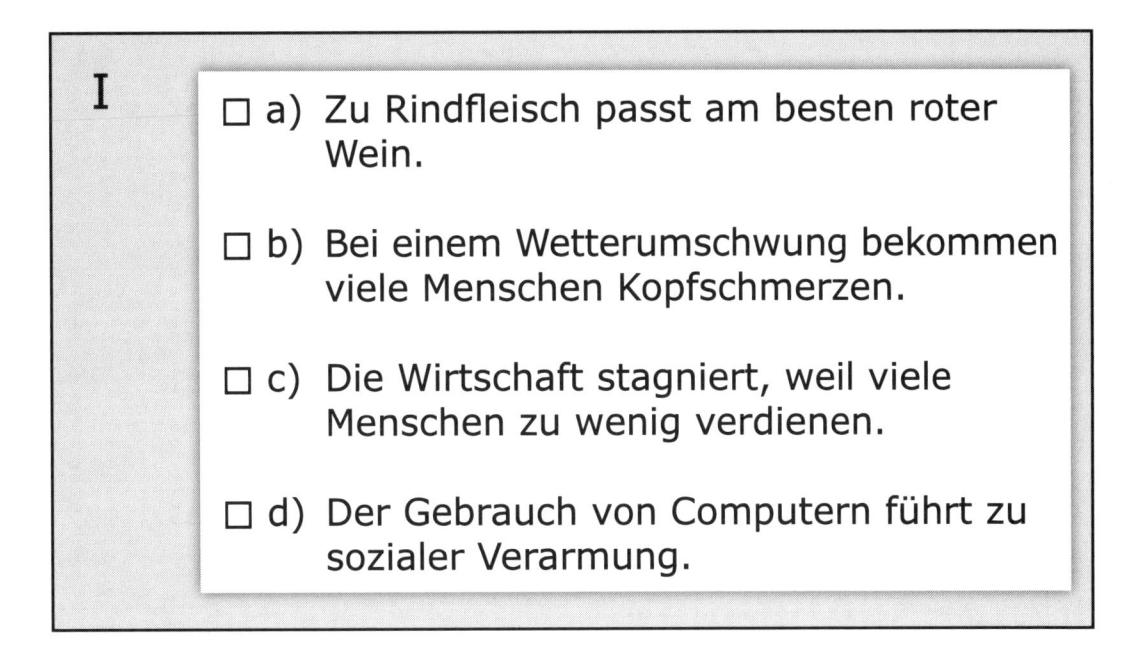

S3 Einer der jeweils vier Sätze drückt keine Meinung, sondern eine Tatsache aus.

I
- ☐ a) Zu Rindfleisch passt am besten roter Wein.
- ☐ b) Bei einem Wetterumschwung bekommen viele Menschen Kopfschmerzen.
- ☐ c) Die Wirtschaft stagniert, weil viele Menschen zu wenig verdienen.
- ☐ d) Der Gebrauch von Computern führt zu sozialer Verarmung.

II
- ☐ a) Kunststoffe im Haushalt sind ein Indiz für unnatürliche Lebensweise.
- ☐ b) Alle Drogen zerstören die Psyche.
- ☐ c) Delfine lieben Kinder.
- ☐ d) Irgendwann wird Leben auf dem Mars möglich sein.

Sprachliche Intelligenz

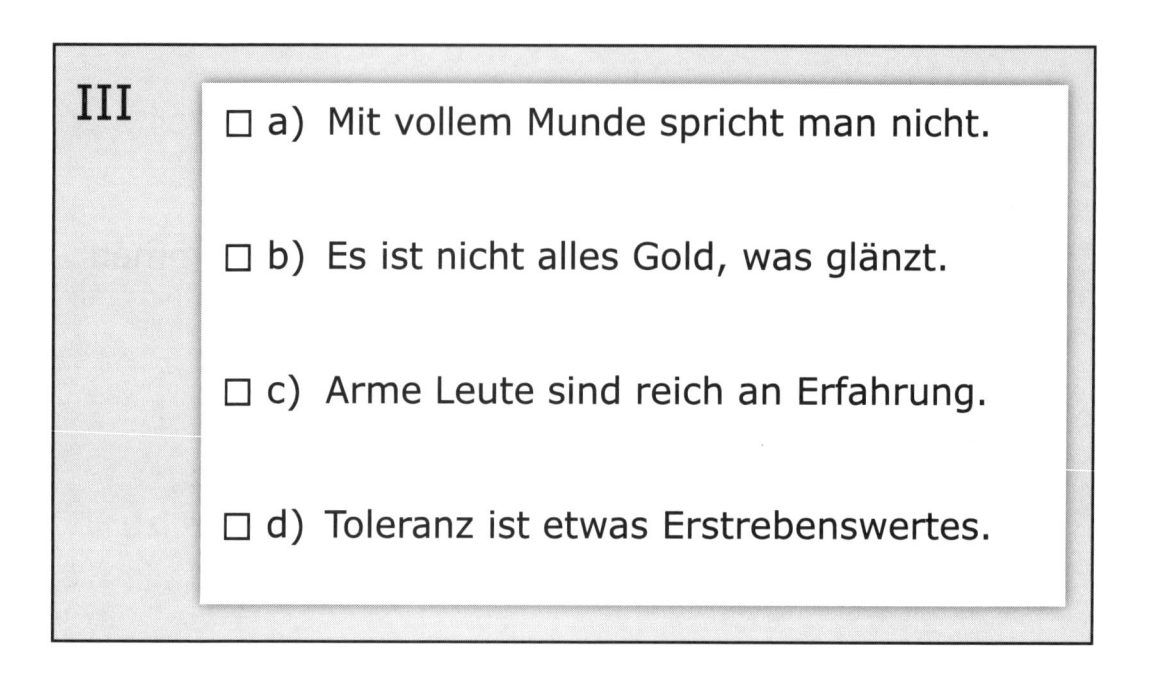

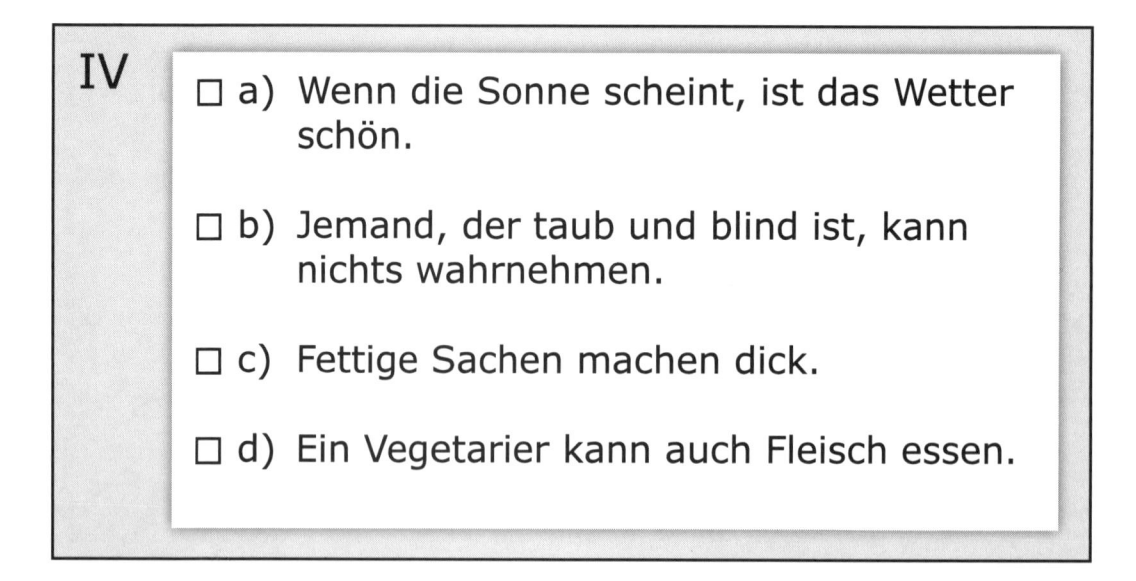

S3
Einer der jeweils vier Sätze drückt keine Meinung, sondern eine Tatsache aus.

III
- ☐ a) Mit vollem Munde spricht man nicht.
- ☐ b) Es ist nicht alles Gold, was glänzt.
- ☐ c) Arme Leute sind reich an Erfahrung.
- ☐ d) Toleranz ist etwas Erstrebenswertes.

IV
- ☐ a) Wenn die Sonne scheint, ist das Wetter schön.
- ☐ b) Jemand, der taub und blind ist, kann nichts wahrnehmen.
- ☐ c) Fettige Sachen machen dick.
- ☐ d) Ein Vegetarier kann auch Fleisch essen.

Sprachliche Intelligenz

S3 Einer der jeweils vier Sätze drückt keine Meinung, sondern eine Tatsache aus.

V
- ☐ a) Am Nordpol ist es sehr kalt.
- ☐ b) Tiefkühlkost ist eine praktische Erfindung.
- ☐ c) Wenn Schnee schmilzt, wird er zu Wasser.
- ☐ d) Die Sonne ist unvorstellbar weit von der Erde entfernt.

VI
- ☐ a) Die Welt ist ungerecht.
- ☐ b) Ein Brot mit Honig ist ein gutes Frühstück.
- ☐ c) Ein Doktor ist nicht immer auch ein Arzt.
- ☐ d) Schreibtische müssen mindestens 60 Zentimeter hoch sein.

Sprachliche Intelligenz

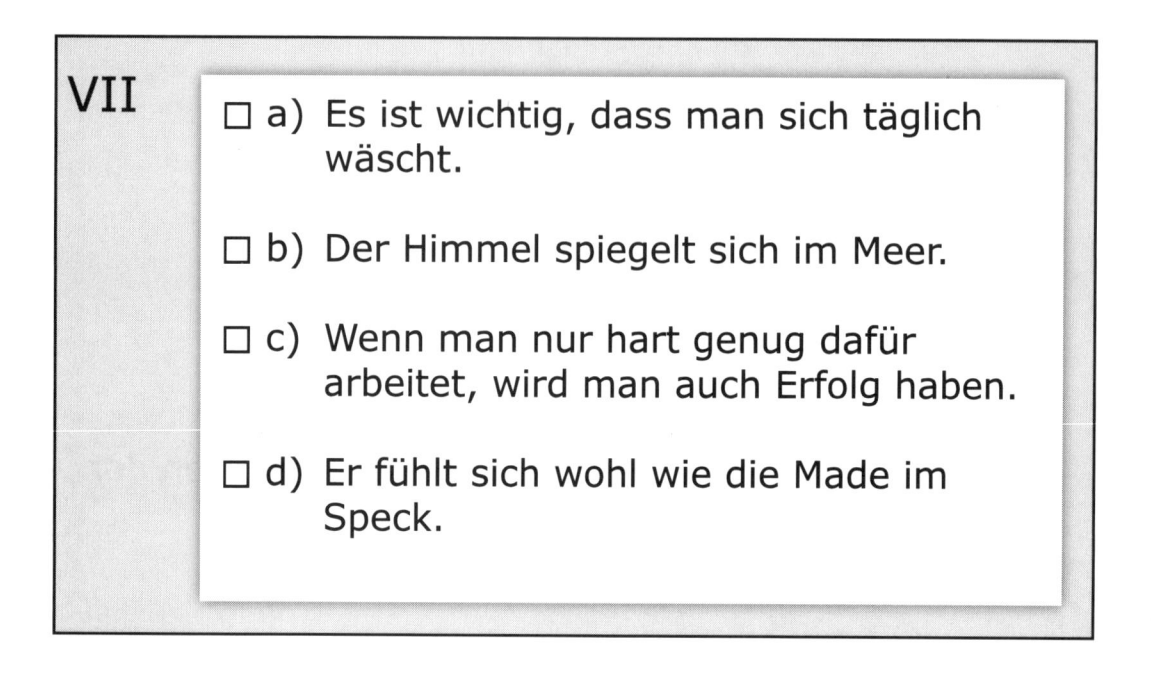

S3 Einer der jeweils vier Sätze drückt keine Meinung, sondern eine Tatsache aus.

VII
- ☐ a) Es ist wichtig, dass man sich täglich wäscht.
- ☐ b) Der Himmel spiegelt sich im Meer.
- ☐ c) Wenn man nur hart genug dafür arbeitet, wird man auch Erfolg haben.
- ☐ d) Er fühlt sich wohl wie die Made im Speck.

VIII
- ☐ a) Auch optimistische Leute sind nicht immer gut gelaunt.
- ☐ b) Umweltschutz ist eine wichtige Aufgabe der Menschheit.
- ☐ c) Kleine Kinder sind anstrengend.
- ☐ d) Gutes Essen ist ein Stück Lebensqualität.

S4   Welche Alternative passt?

I

In der Schule bekommt jeder Schüler eine ...

- ☐ a) SINE
- ☐ b) EOTN
- ☐ c) WIZE
- ☐ d) IRDE

II

Elektrische Leistung misst man in ...

- ☐ a) PMEEAR
- ☐ b) MGRAM
- ☐ c) TREEM
- ☐ d) TAWT

III

Im Winter gibt es viel ...

- ☐ a) HENSCE
- ☐ b) NENOS
- ☐ c) GREEN
- ☐ d) TIEHZ

Sprachliche Intelligenz

S4 Welche Alternative passt?

IV

Ein Schreiner kann gut ...

- a) SIPNLEN
- b) BEHONL
- c) WNBEE
- d) TUPEZN

V

... sieht man vor der Aufführung im Theater.

- a) NAGROHV
- b) SUKSEIL
- c) LAPSUPA
- d) SEULEFUOFS

VI

Die meisten Autos fahren mit ...

- a) LÖ
- b) MORST
- c) INNZBE
- d) SERWSA

S4 Welche Alternative passt?

VII ... ist kein destilliertes Getränk

- a) KOWAD
- b) IWNE
- c) HISKWYE
- d) HANSPSC

VIII Das ... lebt in der Wüste.

- a) KECGO
- b) NOREINH
- c) LUFAREIT
- d) LAMEK

IX An Christbäumen hängt oft ...

- a) PERIPK
- b) LETSNOL
- c) ALATMET
- d) ERUZK

Sprachliche Intelligenz

S4 Welche Alternative passt?

X

Die Amtssprache in Brasilien ist …

- a) GUPEORSTSICHI
- b) SCAISPHN
- c) SCHUEDT
- d) LEINGCHS

XI

Die größte Stadt Japans ist …

- a) MOKAHOYA
- b) KOTOI
- c) KASAO
- d) TOOKY

XII

Wer am 16. März Geburtstag hat, ist Sternzeichen …

- a) DIRDEW
- b) KONCBIEST
- c) UJARUNGF
- d) SIHECF

S4 Welche Alternative passt?

XIII

Der Name eines berühmten Dichters ist ...

- ☐ a) RGNWAE
- ☐ b) SIONIRS
- ☐ c) SERHLILC
- ☐ d) HVNOAGG

XIV

... ist eine Insel.

- ☐ a) LIDNAR
- ☐ b) LNEATSD
- ☐ c) DMLWAIOEN
- ☐ d) RGLAPUOT

XV

Das größte Tier ist ...

- ☐ a) NOBIS
- ☐ b) RGFEIFA
- ☐ c) RADREM
- ☐ d) ZAKET

Sprachliche Intelligenz

S4 Welche Alternative passt?

XVI

Helsinki ist die Hauptstadt von ...

- a) NILDFNNA
- b) CNWHSEED
- c) EONWGRE
- d) KMRÄADNE

XVII

... ist keine Frucht.

- a) ANNBEA
- b) FLPAE
- c) NERIB
- d) BRDEREE

XVIII

... hat keine Räder.

- a) DOMEP
- b) DRAHARF
- c) TILTSCHEN
- d) HKSTEUC

S5 Führen Sie die Sprichwörter richtig fort.

I

Wer anderen eine Grube gräbt …

☐ a) wird umso tiefer fallen.

☐ b) fällt selbst hinein.

☐ c) sollte einen guten Spaten mitnehmen.

☐ d) braucht keine Freunde.

II

Lieber den Spatz in der Hand als …

☐ a) die Henne auf dem Mist.

☐ b) das Nilpferd in der Achterbahn.

☐ c) den Papagei auf der Schulter.

☐ d) die Taube auf dem Dach.

Sprachliche Intelligenz

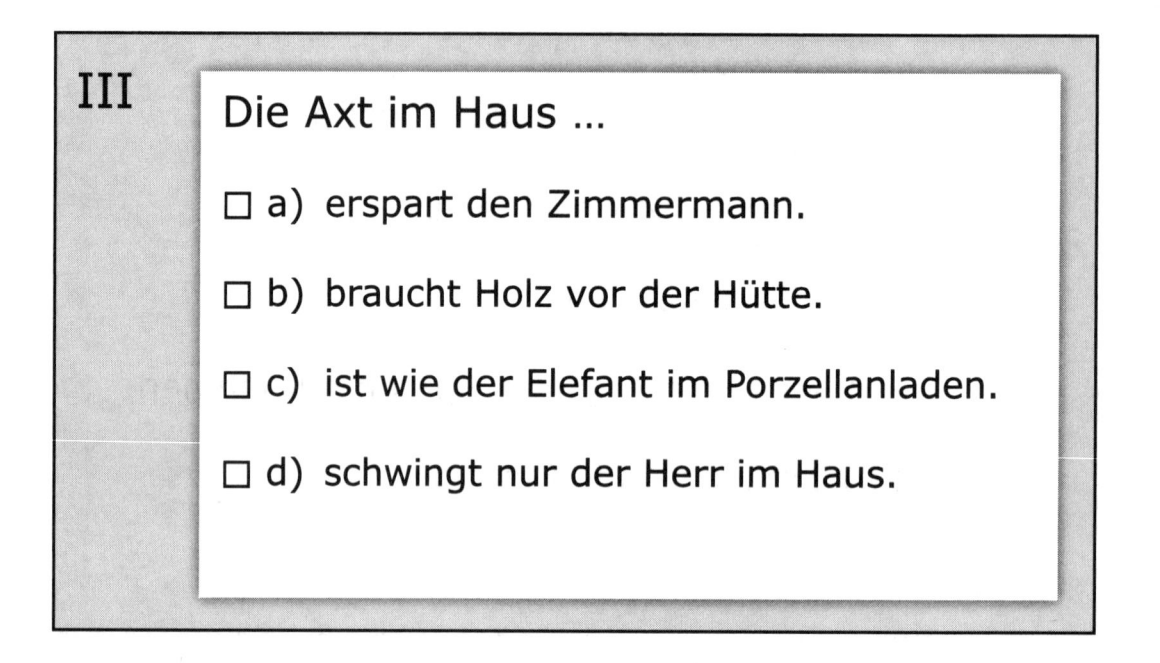

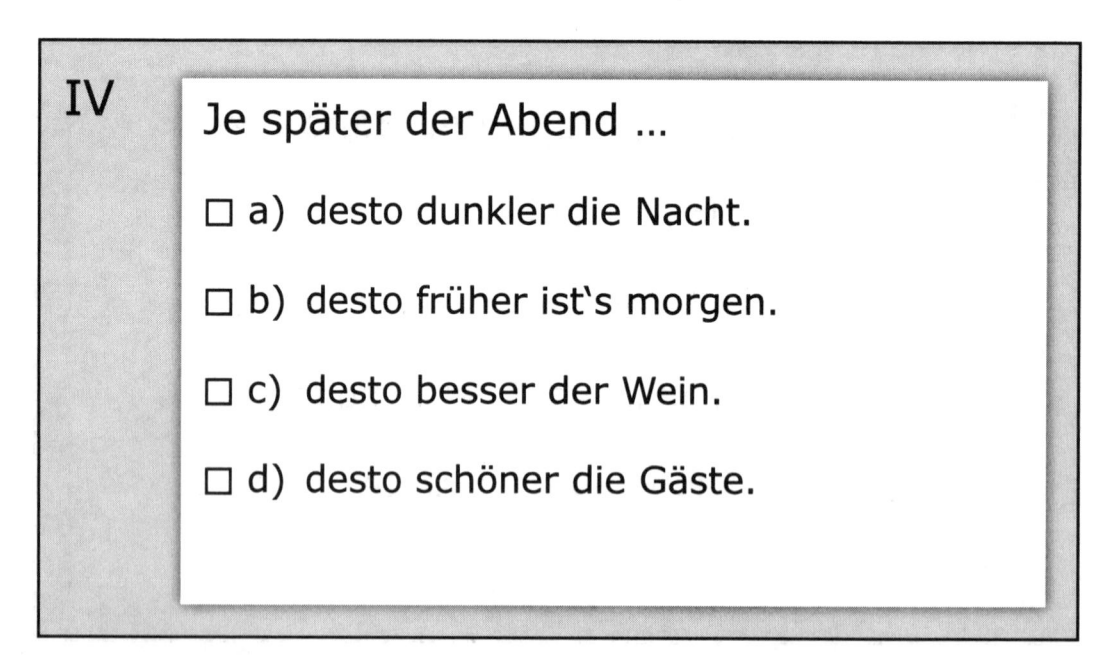

S5 Führen Sie die Sprichwörter richtig fort.

III Die Axt im Haus ...

☐ a) erspart den Zimmermann.

☐ b) braucht Holz vor der Hütte.

☐ c) ist wie der Elefant im Porzellanladen.

☐ d) schwingt nur der Herr im Haus.

IV Je später der Abend ...

☐ a) desto dunkler die Nacht.

☐ b) desto früher ist's morgen.

☐ c) desto besser der Wein.

☐ d) desto schöner die Gäste.

S5 Führen Sie die Sprichwörter richtig fort.

V

Wer im Glashaus sitzt ...

☐ a) ist ein guter Gärtner.

☐ b) trägt die Sonne im Herzen.

☐ c) sollte nicht mit Steinen werfen.

☐ d) sitzt gut darin.

VI

Es wird nichts so heiß ...

☐ a) gedünstet, wie es gebraten wird.

☐ b) gegessen, wie es gekocht wird.

☐ c) gewaschen, wie es getrocknet wird.

☐ d) umkämpft, wie es erstritten wird.

S5 Führen Sie die Sprichwörter richtig fort.

VII

Viele Hände ...

☐ a) sind der Anfang vom Ende.

☐ b) verderben den Brei.

☐ c) aber keine Spende.

☐ d) machen schnell ein Ende.

VIII

Morgenstund ...

☐ a) tut Wahrheit kund.

☐ b) ist ungesund.

☐ c) hat Gold im Mund.

☐ d) ist der schönste Fund.

S5   Führen Sie die Sprichwörter richtig fort.

IX

Bellende Hunde ...

☐ a) beißen zu.

☐ b) haben Hunger.

☐ c) beißen nicht.

☐ d) sind eine Ruhestörung.

X

Wie man in den Wald hineinruft ...

☐ a) so hören es die Tiere.

☐ b) so schallt es heraus.

☐ c) so hört man das Echo.

☐ d) so laut kann man rufen.

Sprachliche Intelligenz

S5 Führen Sie die Sprichwörter richtig fort.

XI

Wer allzu viel beginnt …

☐ a) muss handeln geschwindt.

☐ b) hofft, dass er gewinnt.

☐ c) wird viel schaffen.

☐ d) wird wenig schaffen.

XII

Wer den Pfennig nicht ehrt …

☐ a) ist des Talers nicht wert.

☐ b) ist des Schillings nicht wert.

☐ c) ist des Euros nicht wert.

☐ d) ist der Mark nicht wert.

Sprachliche Intelligenz

S6 Finden Sie die beiden zusammengehörenden Begriffe.

I
- ☐ a) Athen
- ☐ b) Akropolis
- ☐ c) Mittelmeer
- ☐ d) Rom
- ☐ e) Kreta
- ☐ f) Atlantis

II
- ☐ a) Formular
- ☐ b) Beamter
- ☐ c) Geld
- ☐ d) Kuvert
- ☐ e) Zoll
- ☐ f) Briefmarke

III
- ☐ a) Rote Karte
- ☐ b) Kopfball
- ☐ c) Elfmeter
- ☐ d) Flanke
- ☐ e) Torwart
- ☐ f) Rasen

Sprachliche Intelligenz

S6 Finden Sie die beiden zusammengehörenden Begriffe.

IV
- ☐ a) Efeu
- ☐ b) Erdbeere
- ☐ c) Löwenzahn
- ☐ d) Basilikum
- ☐ e) Kartoffel
- ☐ f) Thymian

V
- ☐ a) Bleistift
- ☐ b) Füller
- ☐ c) Computer
- ☐ d) Filzstift
- ☐ e) Zettel
- ☐ f) Drucker

VI
- ☐ a) Farbe
- ☐ b) Ausstellung
- ☐ c) Leinwand
- ☐ d) Walze
- ☐ e) Palette
- ☐ f) Rahmen

Sprachliche Intelligenz

S6 Finden Sie die beiden zusammengehörenden Begriffe.

VII
- a) Schildkröte
- b) Nashorn
- c) Zebra
- d) Elefant
- e) Hyäne
- f) Krokodil

VIII
- a) nervös
- b) laut
- c) schrill
- d) bunt
- e) zappelig
- f) hektisch

IX
- a) Sport
- b) Übung
- c) Bewegung
- d) Geschick
- e) Training
- f) Ausdauer

Sprachliche Intelligenz

S6 Finden Sie die beiden zusammengehörenden Begriffe.

X
- a) Single
- b) Gruppe
- c) Duo
- d) Doppel
- e) Trio
- f) Haufen

XI
- a) ocker
- b) rosa
- c) rot
- d) blau
- e) grau
- f) lila

XII
- a) Boden
- b) Stuhl
- c) Kajak
- d) Kompott
- e) Rentner
- f) Maus

Sprachliche Intelligenz

S6 Finden Sie die beiden zusammengehörenden Begriffe.

XIII
- ☐ a) Computer
- ☐ b) Tastatur
- ☐ c) Monitor
- ☐ d) Diskette
- ☐ e) Festplatte
- ☐ f) Prozessor

XIV
- ☐ a) Pferd
- ☐ b) Auto
- ☐ c) Kutsche
- ☐ d) Schlitten
- ☐ e) Fahrrad
- ☐ f) Traktor

XV
- ☐ a) Kakao
- ☐ b) Salzwasser
- ☐ c) Suppe
- ☐ d) Tee
- ☐ e) Saft
- ☐ f) Alkohol

Sprachliche Intelligenz

S6 Finden Sie die beiden zusammengehörenden Begriffe.

XVI
- a) Gold
- b) Halskette
- c) Spiegel
- d) Bürste
- e) Armband
- f) Brille

XVII
- a) Analyse
- b) Verdacht
- c) Beschreibung
- d) Erklärung
- e) Recherche
- f) Untersuchung

XVIII
- a) Luftraum
- b) Flügel
- c) Aerodynamik
- d) Flugzeug
- e) Turbinen
- f) Treibstoff

Sprachliche Intelligenz

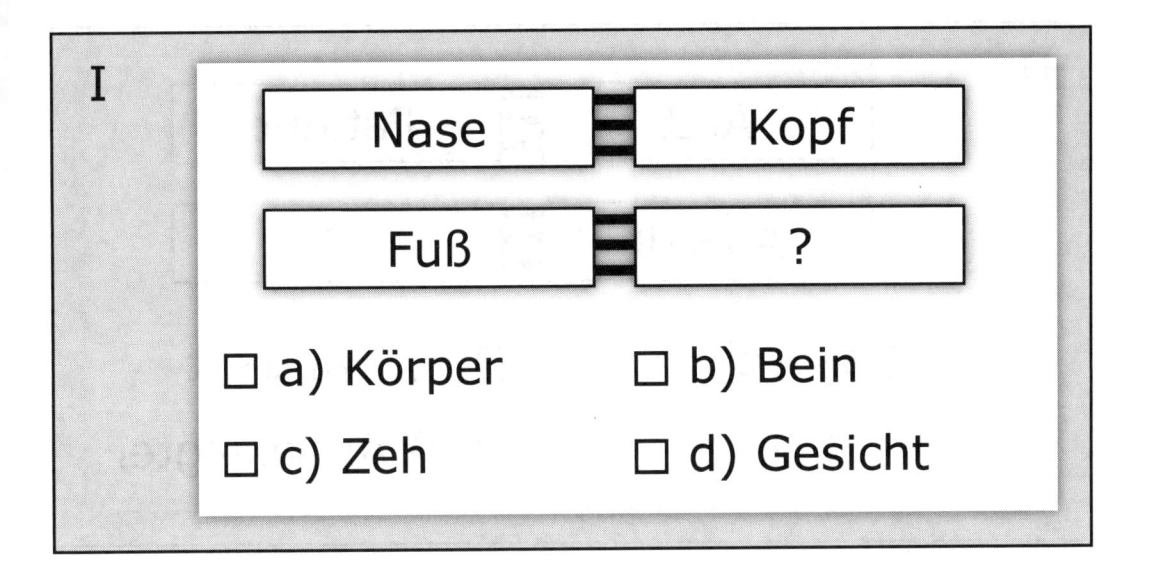

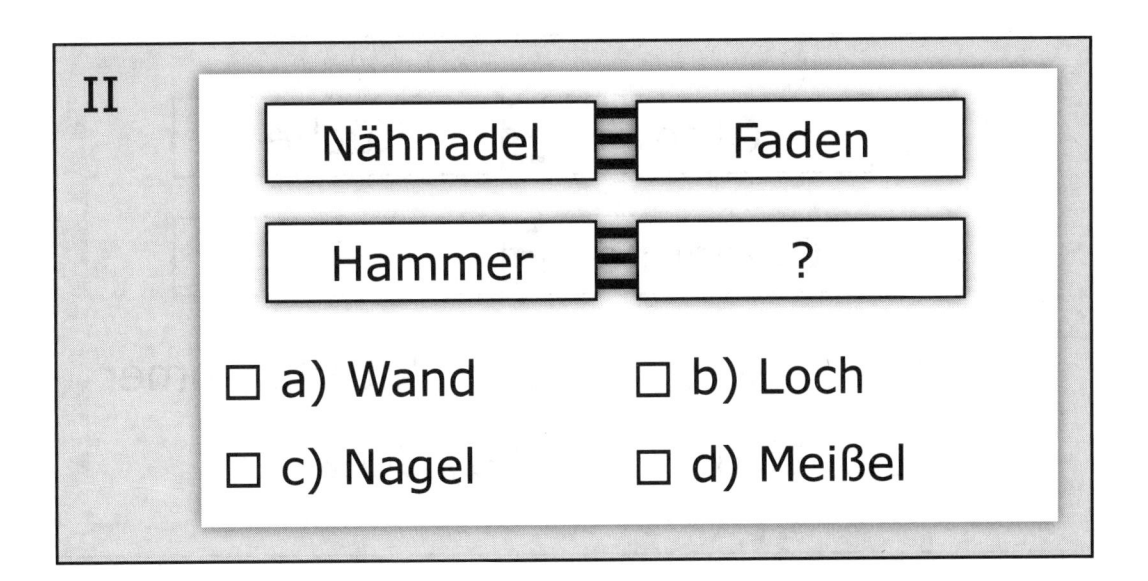

S7 Sie sehen jeweils zwei Begriffpaare. In der unteren Zeile fehlt ein Begriff – bitte ergänzen Sie entsprechend.

I

Nase — Kopf

Fuß — ?

- a) Körper
- b) Bein
- c) Zeh
- d) Gesicht

II

Nähnadel — Faden

Hammer — ?

- a) Wand
- b) Loch
- c) Nagel
- d) Meißel

Sprachliche Intelligenz

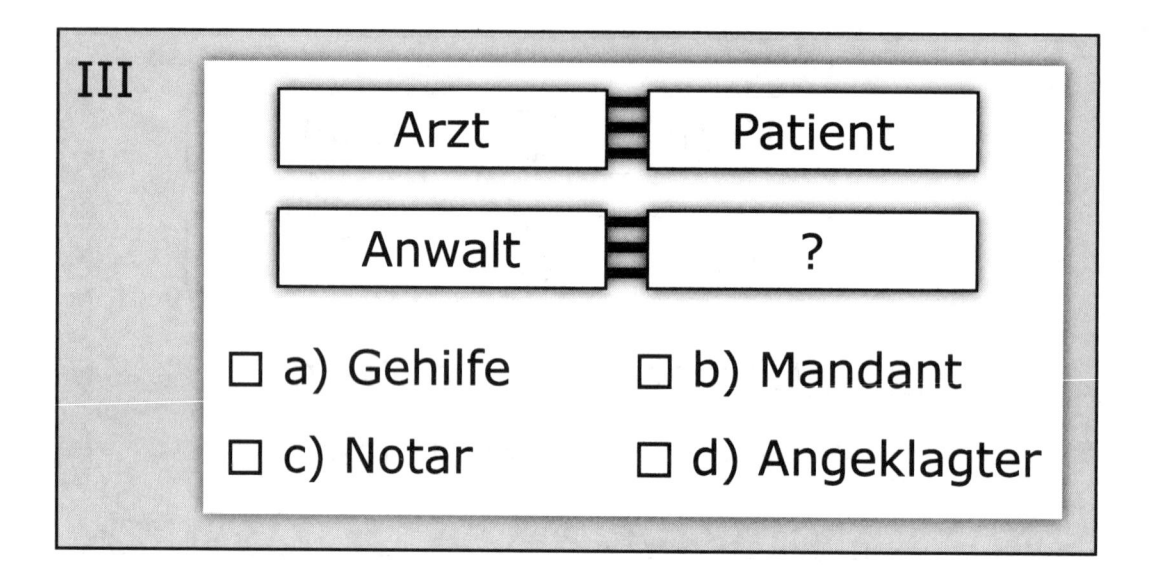

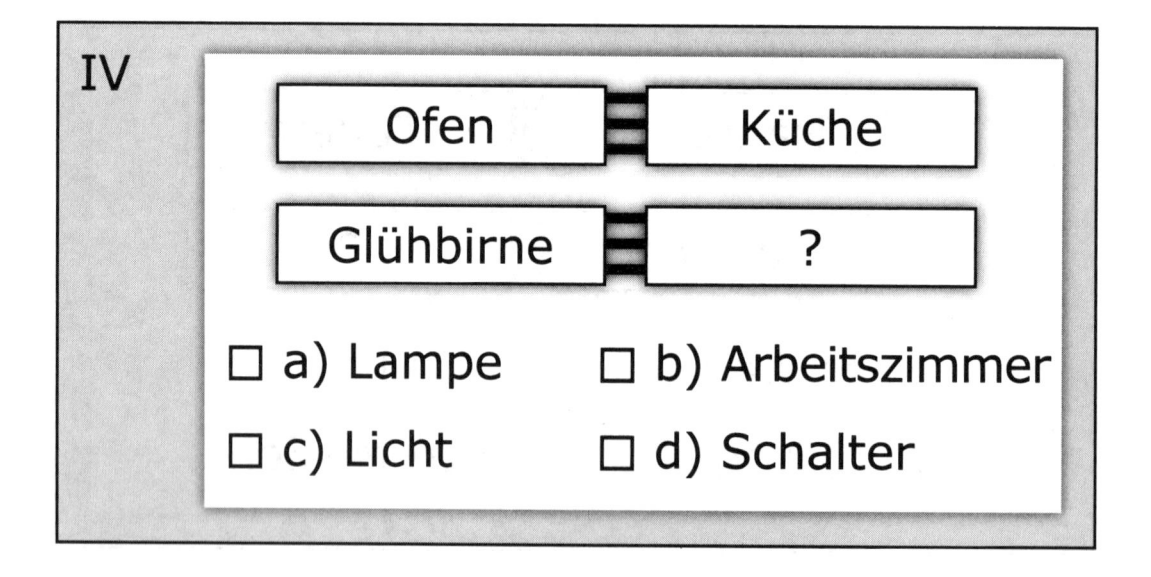

S7 Sie sehen jeweils zwei Begriffpaare. In der unteren Zeile fehlt ein Begriff – bitte ergänzen Sie entsprechend.

III

Arzt — Patient

Anwalt — ?

- [ ] a) Gehilfe
- [ ] b) Mandant
- [ ] c) Notar
- [ ] d) Angeklagter

IV

Ofen — Küche

Glühbirne — ?

- [ ] a) Lampe
- [ ] b) Arbeitszimmer
- [ ] c) Licht
- [ ] d) Schalter

Sprachliche Intelligenz

S7 Sie sehen jeweils zwei Begriffpaare. In der unteren Zeile fehlt ein Begriff – bitte ergänzen Sie entsprechend.

V

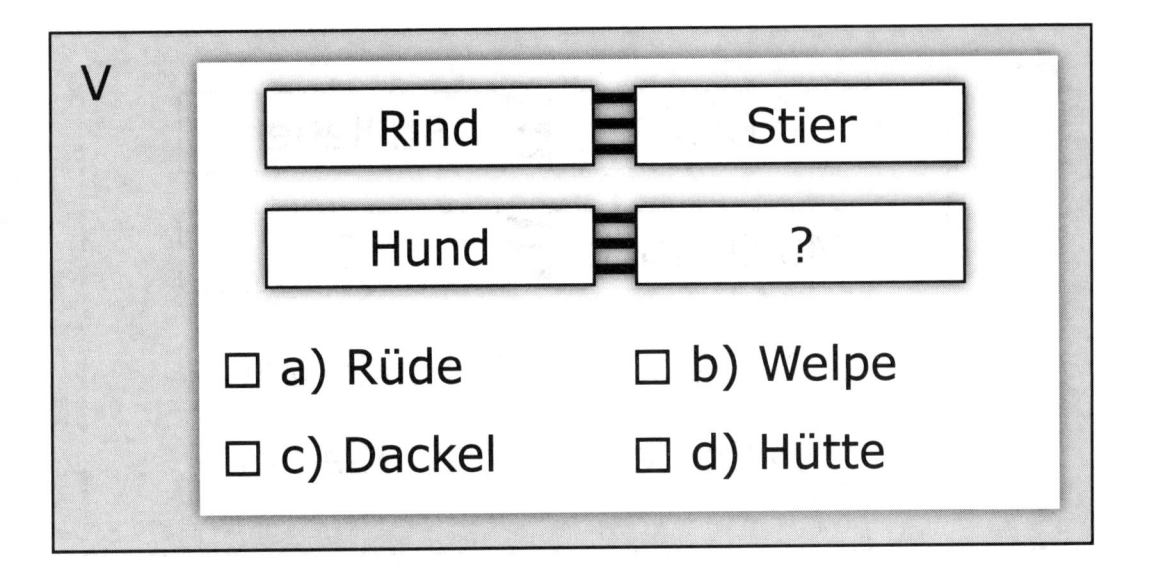

Rind — Stier

Hund — ?

- a) Rüde
- b) Welpe
- c) Dackel
- d) Hütte

VI

ergriffen — gelangweilt

konzentriert — ?

- a) angespannt
- b) gestresst
- c) abwesend
- d) müde

Sprachliche Intelligenz

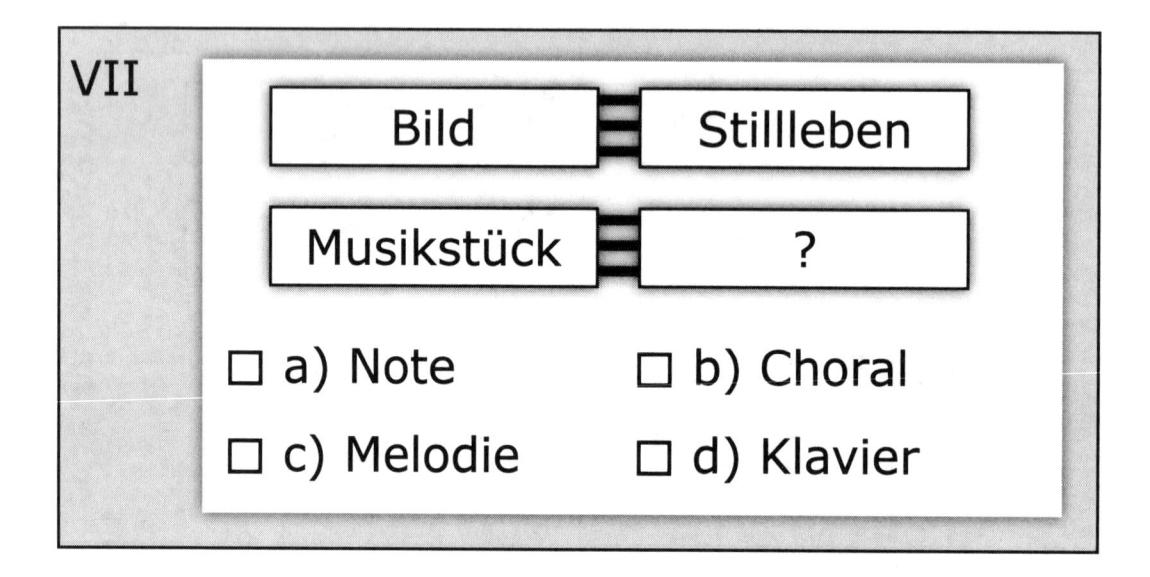

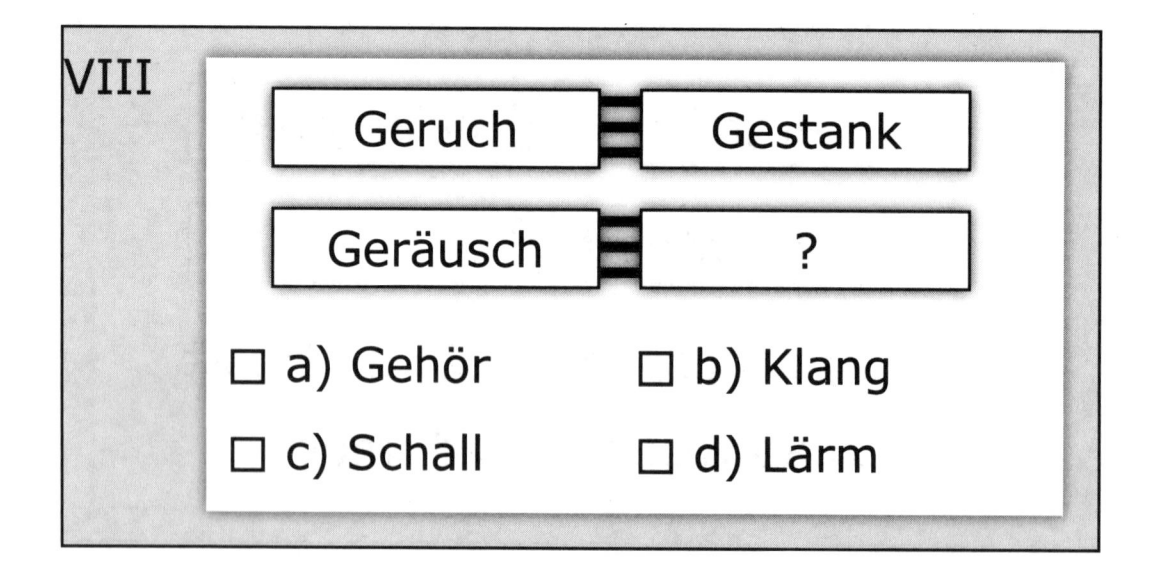

S7 Sie sehen jeweils zwei Begriffpaare. In der unteren Zeile fehlt ein Begriff – bitte ergänzen Sie entsprechend.

VII

Bild — Stillleben

Musikstück — ?

- a) Note
- b) Choral
- c) Melodie
- d) Klavier

VIII

Geruch — Gestank

Geräusch — ?

- a) Gehör
- b) Klang
- c) Schall
- d) Lärm

Sprachliche Intelligenz

S8
In der Mitte fehlt ein Brückenwort, welches das erste Wort abschließt und das zweite beginnt. Ergänzen Sie.

I Flaschen ☐ Schmerzen

II Kopf ☐ Tuch

III Sitz ☐ Wolf

IV Farben ☐ Regel

Sprachliche Intelligenz

S8
In der Mitte fehlt ein Brückenwort, welches das erste Wort abschließt und das zweite beginnt. Ergänzen Sie.

V   Sand [ ] Haube

VI   Feld [ ] Kabel

VII   Schloss [ ] Bau

VIII   Ober [ ] Graf

S8
In der Mitte fehlt ein Brückenwort, welches das erste Wort abschließt und das zweite beginnt. Ergänzen Sie.

IX Rede [ ] Ufer

X Kreis [ ] Staat

XI Feuer [ ] Bruch

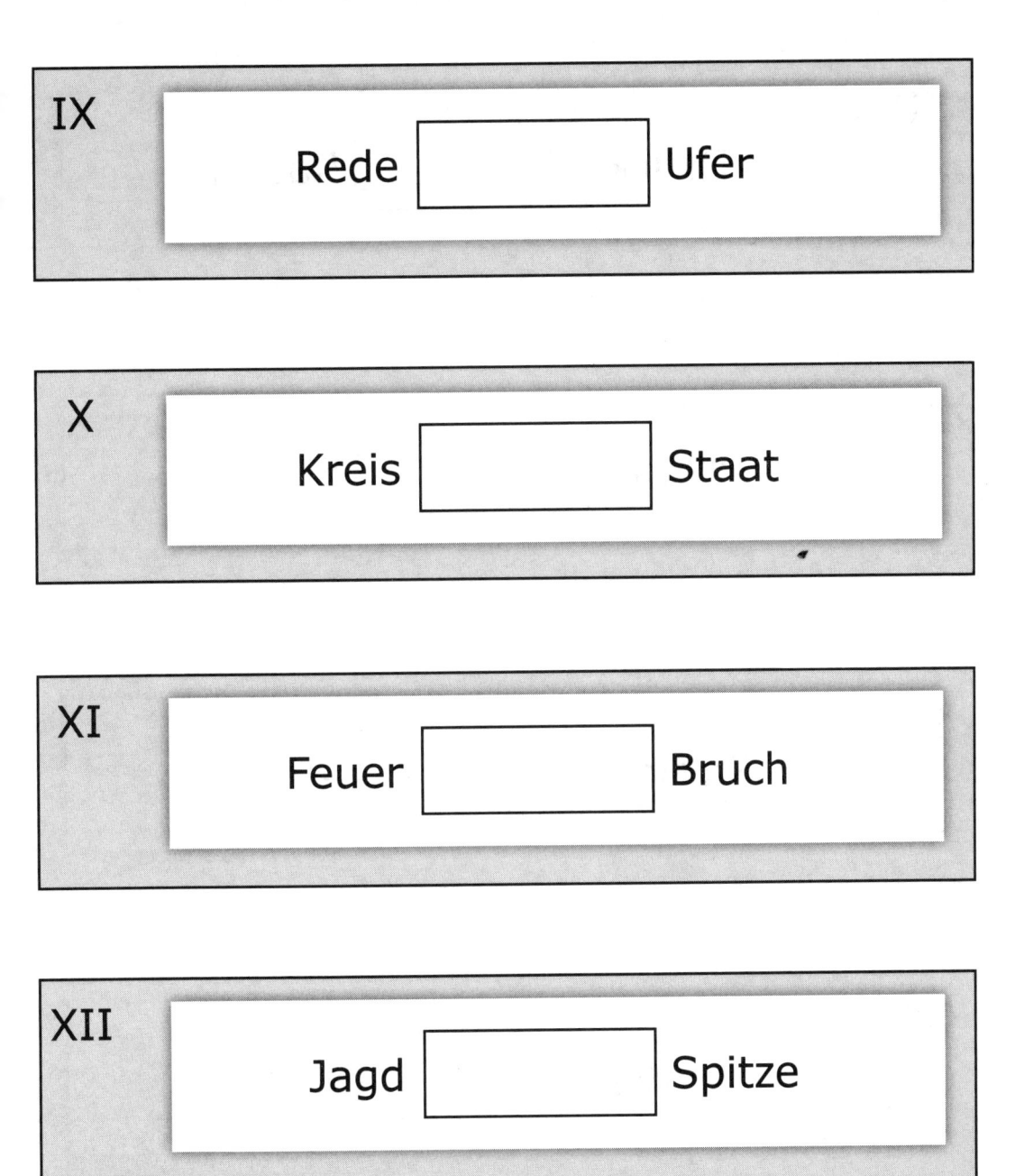

XII Jagd [ ] Spitze

Sprachliche Intelligenz

S8 In der Mitte fehlt ein Brückenwort, welches das erste Wort abschließt und das zweite beginnt. Ergänzen Sie.

XIII Druck [_____] Rätsel

XIV Presse [_____] Eck

XV Streich [_____] Auge

XVI Beleg [_____] Werk

S8

In der Mitte fehlt ein Brückenwort, welches das erste Wort abschließt und das zweite beginnt. Ergänzen Sie.

XVII Hand _____ Junge

XVIII Mull _____ Strich

XIX Sach _____ Wort

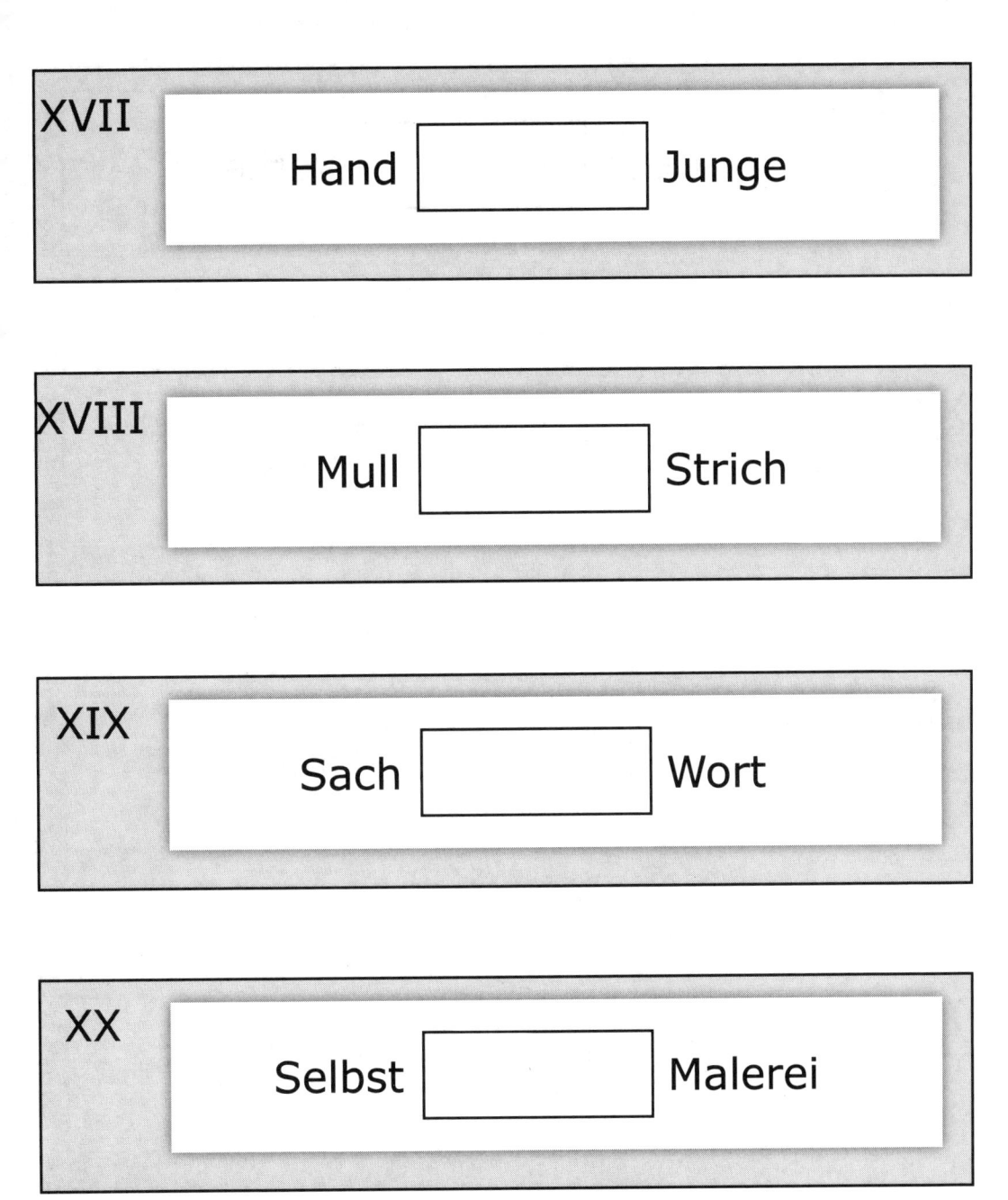

XX Selbst _____ Malerei

Sprachliche Intelligenz

S8 In der Mitte fehlt ein Brückenwort, welches das erste Wort abschließt und das zweite beginnt. Ergänzen Sie.

XXI Über [ ] Verkehr

XXII Armaturen [ ] Spiel

XXIII Schrift [ ] Ball

XXIV Richt [ ] Verkehr

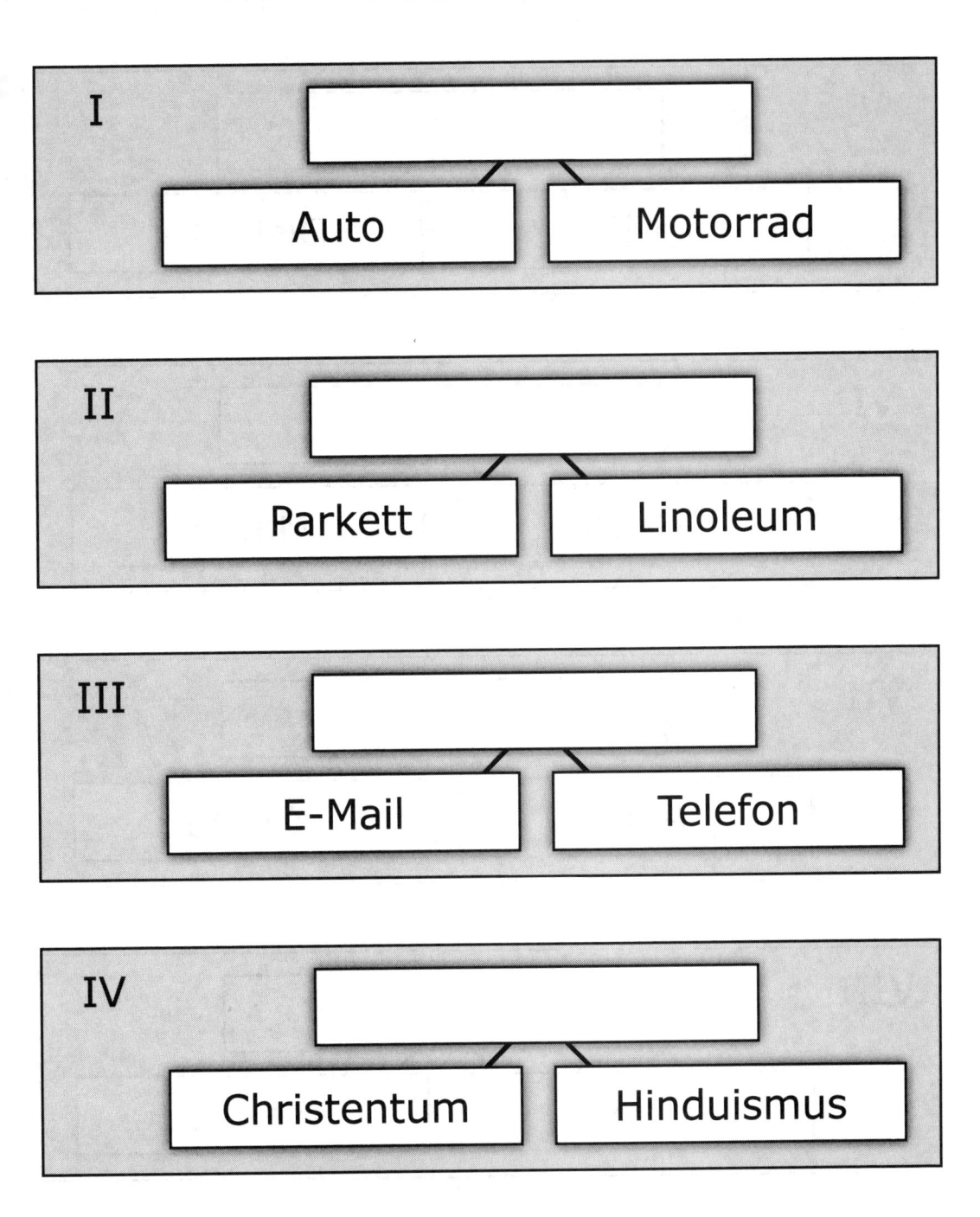

S9 Finden Sie ein Wort, das den gemeinsamen Oberbegriff zu den beiden vorgegebenen Wörtern bildet.

I

[ ] — Auto / Motorrad

II

[ ] — Parkett / Linoleum

III

[ ] — E-Mail / Telefon

IV

[ ] — Christentum / Hinduismus

Sprachliche Intelligenz

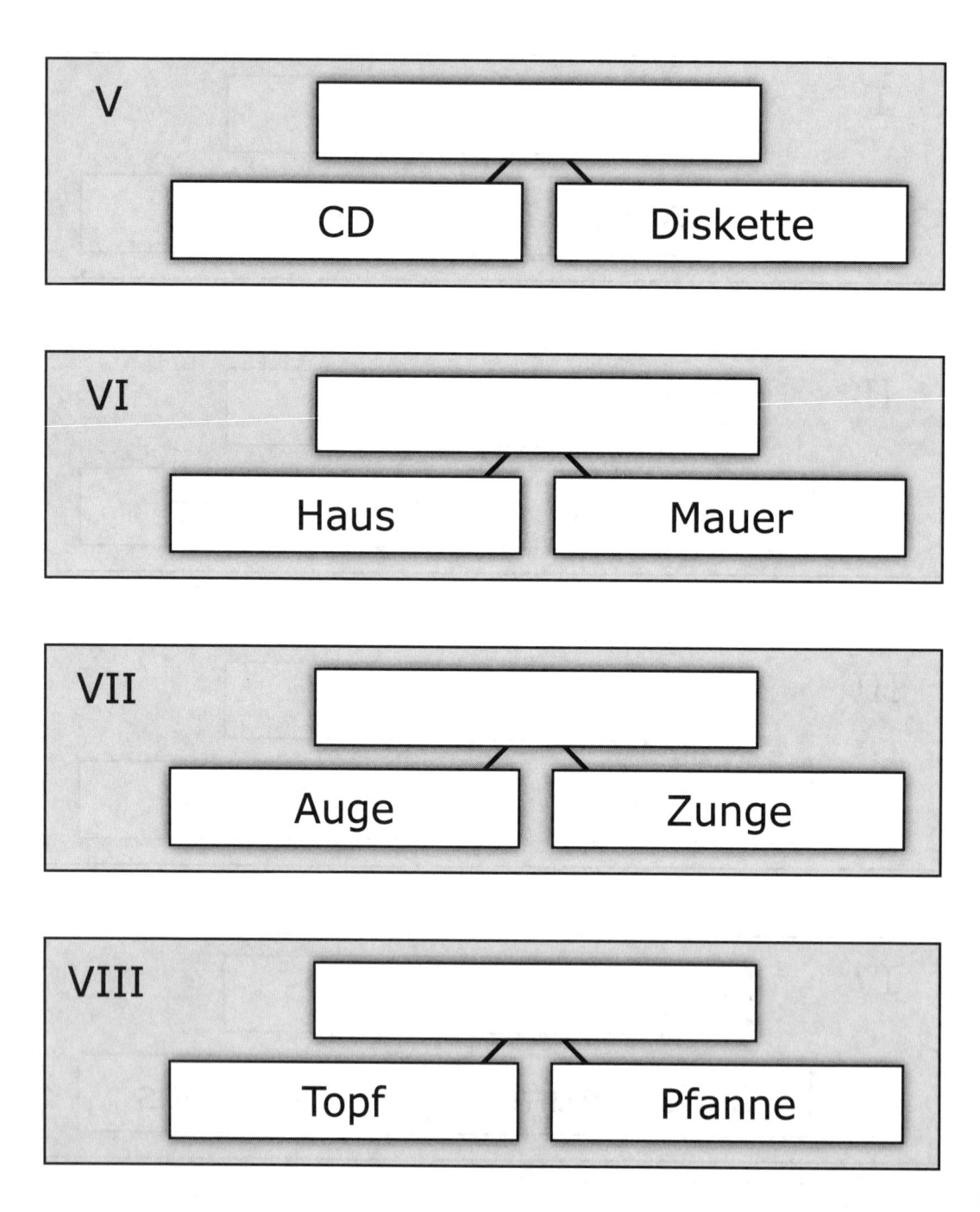

S9 Finden Sie ein Wort, das den gemeinsamen Oberbegriff zu den beiden vorgegebenen Wörtern bildet.

V | _____ | CD | Diskette

VI | _____ | Haus | Mauer

VII | _____ | Auge | Zunge

VIII | _____ | Topf | Pfanne

78   IQ Übungen

Sprachliche Intelligenz

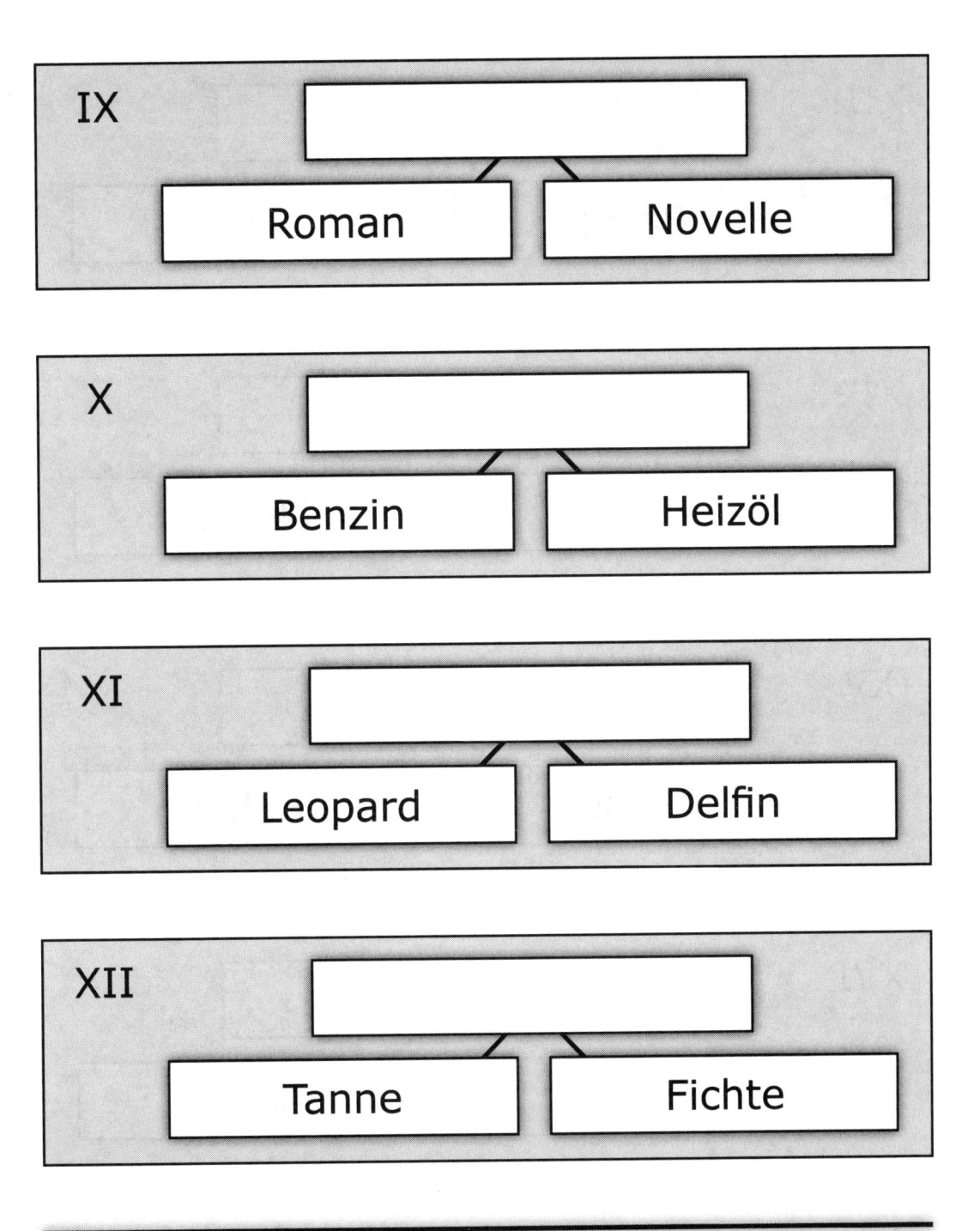

S9 Finden Sie ein Wort, das den gemeinsamen Oberbegriff zu den beiden vorgegebenen Wörtern bildet.

IX

Roman — Novelle

X

Benzin — Heizöl

XI

Leopard — Delfin

XII

Tanne — Fichte

Sprachliche Intelligenz

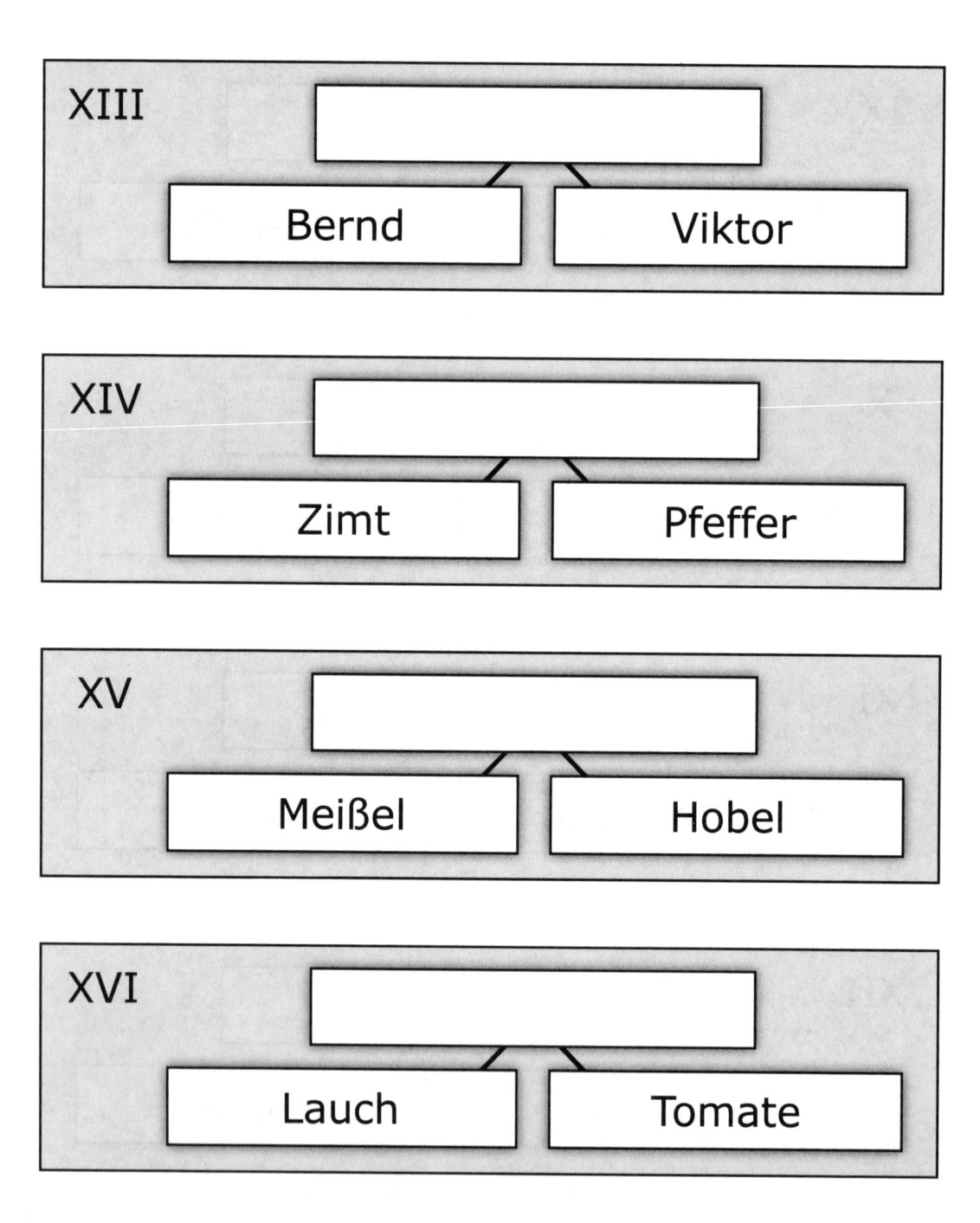

S9 Finden Sie ein Wort, das den gemeinsamen Oberbegriff zu den beiden vorgegebenen Wörtern bildet.

XIII Bernd — Viktor

XIV Zimt — Pfeffer

XV Meißel — Hobel

XVI Lauch — Tomate

Sprachliche Intelligenz

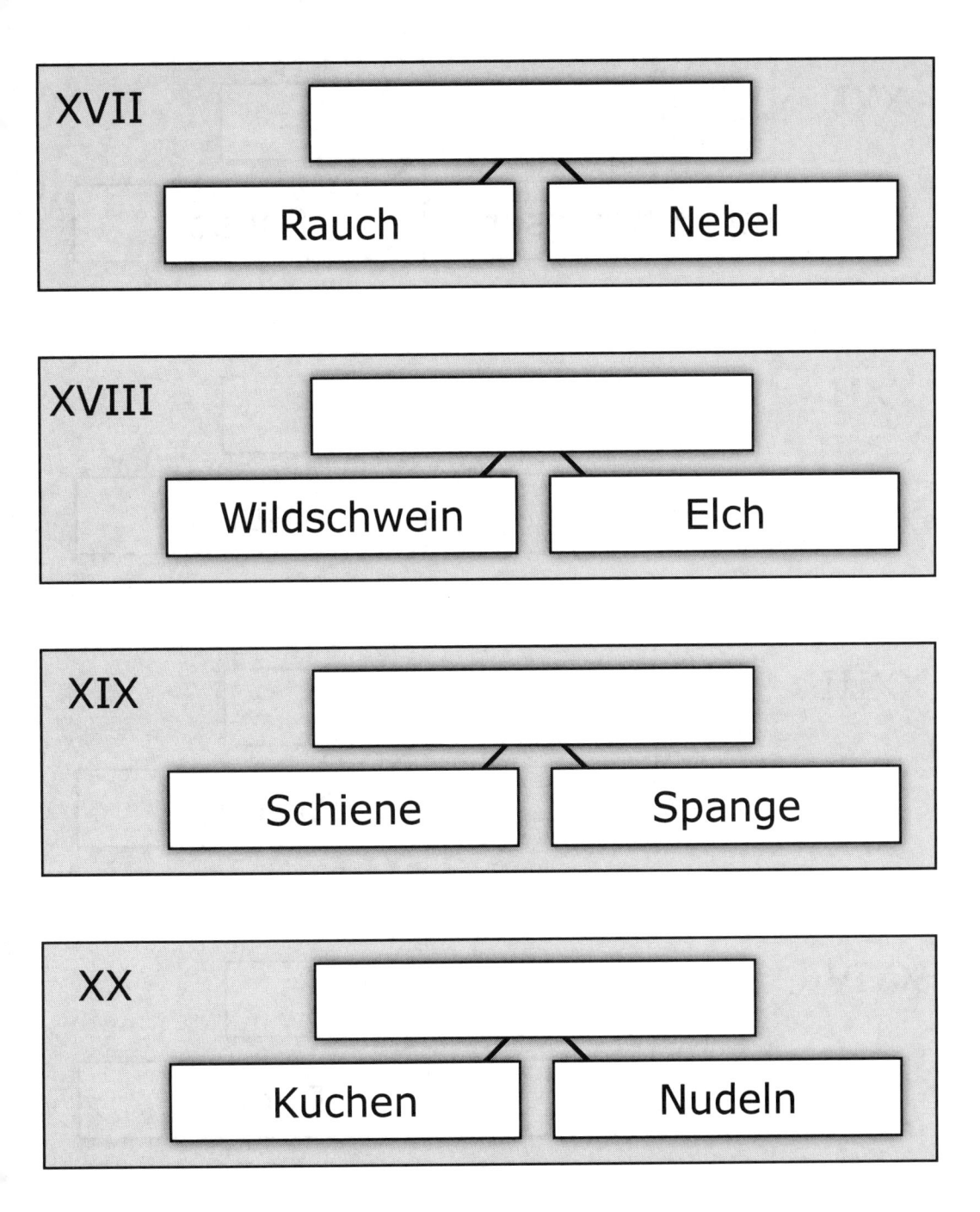

S9 Finden Sie ein Wort, das den gemeinsamen Oberbegriff zu den beiden vorgegebenen Wörtern bildet.

XVII

Rauch — Nebel

XVIII

Wildschwein — Elch

XIX

Schiene — Spange

XX

Kuchen — Nudeln

Sprachliche Intelligenz

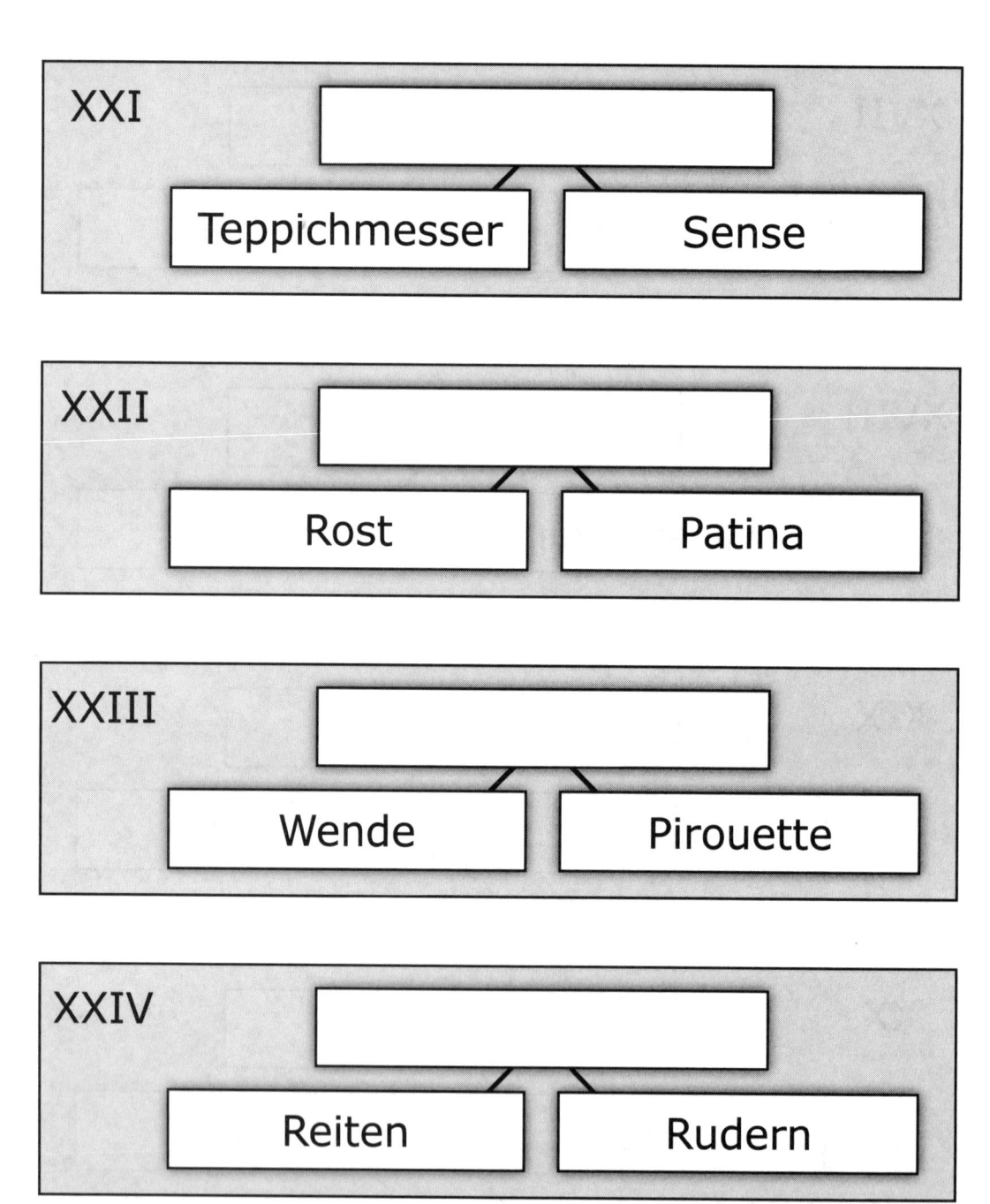

S9 Finden Sie ein Wort, das den gemeinsamen Oberbegriff zu den beiden vorgegebenen Wörtern bildet.

XXI Teppichmesser / Sense

XXII Rost / Patina

XXIII Wende / Pirouette

XXIV Reiten / Rudern

Sprachliche Intelligenz

S10 Bei den folgenden Wörtern fehlen am Ende bzw. am Anfang dieselben Buchstaben. Ergänzen Sie sie!

I Ach _ adel

II Pla _ epp

III Scheu _ _ ffe

IV Oli _ _ ntil

Sprachliche Intelligenz

S10 Bei den folgenden Wörtern fehlen am Ende bzw. am Anfang dieselben Buchstaben. Ergänzen Sie sie!

V Kas _ _ _ _ er

VI Mör _ _ _ um

VII Gat _ _ _ te

VIII Ten _ _ bit

Sprachliche Intelligenz

S10 Bei den folgenden Wörtern fehlen am Ende bzw. am Anfang dieselben Buchstaben. Ergänzen Sie sie!

IX Ti _ _ _ rieb

X Tic _ _ _ te

XI Stig _ _ sche

XII Kel _ _ _ che

Sprachliche Intelligenz

S10 Bei den folgenden Wörtern fehlen am Ende bzw. am Anfang dieselben Buchstaben. Ergänzen Sie sie!

XIII Ge _ _ _ _ ling

XIV Schlau _ _ nster

XV Bro _ _ _ _ nkel

XVI Pran _ _ gel

S10 Bei den folgenden Wörtern fehlen am Ende bzw. am Anfang dieselben Buchstaben. Ergänzen Sie sie!

XVII Pati _ _ _ zug

XVIII Trak _ _ _ so

XIX Bag _ _ _ ntur

XX Va _ _ ife

Sprachliche Intelligenz

S10 Bei den folgenden Wörtern fehlen am Ende bzw. am Anfang dieselben Buchstaben. Ergänzen Sie sie!

XXI
Pau _ _ rze

XXII
Tu _ _ _ _ arm

XXIII
Kon _ _ _ _ er

XXIV
Mes _ _ _ _ apur

Sprachliche Intelligenz

S11 Finden Sie den logisch richtigen nächsten Satz bzw. führen Sie den Satz logisch richtig fort.

I

Zuerst besuchten sie Anna. Dann fuhren sie weiter zu Berta. Danach waren sie bei Conrad.

☐ a) Tags darauf gingen sie zu Helga.

☐ b) Am Schluss fuhren sie zu Dieter.

☐ c) Zuvor hatten sie Doris besucht.

☐ d) Letztlich fuhren sie zu Hilde.

II

Dies waren ihre Geschenke: Karl hatte ein Fahrrad bekommen, Ludwig einen Golfschläger, Max ein Hemd und ...

☐ a) Oskar ein Instrument.

☐ b) Isidor eine Nähmaschine.

☐ c) Nora ein Schaukelpferd.

☐ d) Norbert ein Indianerzelt.

Sprachliche Intelligenz

S11 Finden Sie den logisch richtigen nächsten Satz bzw. führen Sie den Satz logisch richtig fort.

III

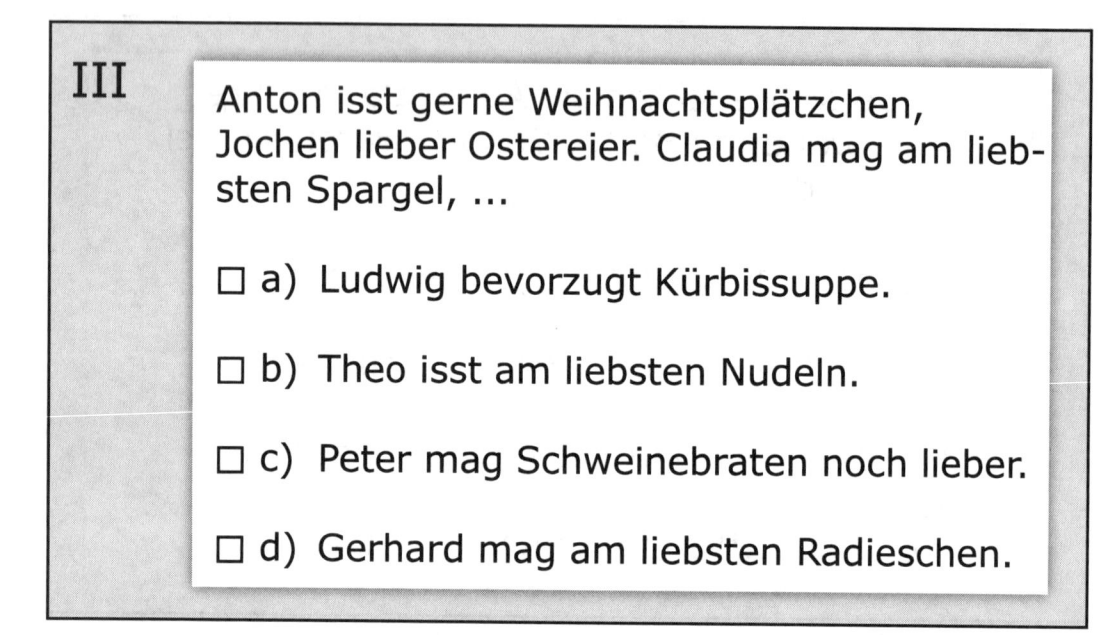

Anton isst gerne Weihnachtsplätzchen, Jochen lieber Ostereier. Claudia mag am liebsten Spargel, ...

☐ a) Ludwig bevorzugt Kürbissuppe.

☐ b) Theo isst am liebsten Nudeln.

☐ c) Peter mag Schweinebraten noch lieber.

☐ d) Gerhard mag am liebsten Radieschen.

IV

Bert ist Friseur, Lisa ist Schauspielerin, Gustav ist Schreiner, Gudrun ist Sopranistin und ...

☐ a) Albert ist Kunstmaler.

☐ b) Leopold ist Gärtner.

☐ c) Nadine ist Bäckerin.

☐ d) Johanna ist Harfinistin.

Sprachliche Intelligenz

S11 Finden Sie den logisch richtigen nächsten Satz bzw. führen Sie den Satz logisch richtig fort.

V

Hubert ist Dortmunder und arbeitet in Dresden, Beate kommt aus München und ist beruflich in Kiel, und ...

- [ ] a) Katrin aus Fulda macht Urlaub in Celle.
- [ ] b) Georg aus Hamburg jobbt im Allgäu.
- [ ] c) Steffi aus Leipzig arbeitet in Zwickau.
- [ ] d) Max aus Aalen sucht Arbeit in Konstanz.

VI

Ich trage blaue Hosen zu meinem gelben Pullover, grüne Socken zu purpurfarbenen Schuhen und ...

- [ ] a) orangefarbene Hosenträger.
- [ ] b) braune Schnürsenkel zu schwarzen Krawatten.
- [ ] c) lila Mützen zu roten Stirnbändern.
- [ ] d) rote Hemden zur türkisfarbenen Fliege.

Sprachliche Intelligenz

S11 Finden Sie den logisch richtigen nächsten Satz bzw. führen Sie den Satz logisch richtig fort.

VII

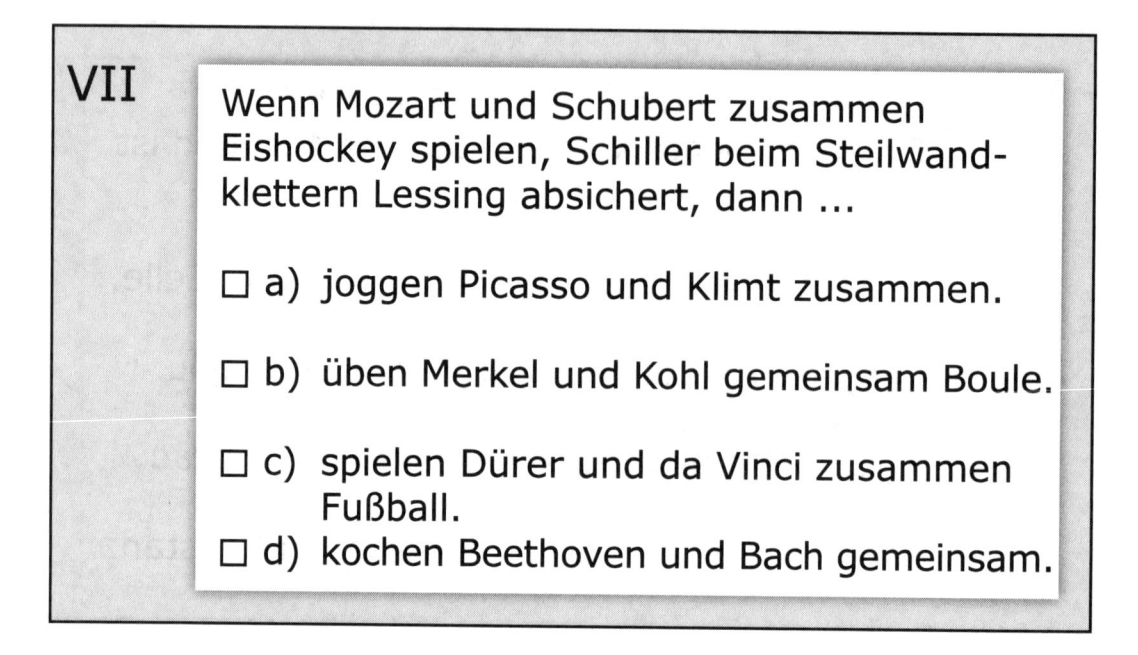

Wenn Mozart und Schubert zusammen Eishockey spielen, Schiller beim Steilwandklettern Lessing absichert, dann ...

☐ a) joggen Picasso und Klimt zusammen.

☐ b) üben Merkel und Kohl gemeinsam Boule.

☐ c) spielen Dürer und da Vinci zusammen Fußball.

☐ d) kochen Beethoven und Bach gemeinsam.

VIII

Felix trinkt gerne Weißbier zu Pils, Rotwein zu Met und ...

☐ a) Kölsch zu Doppelkorn.

☐ b) Whiskey zu Wodka.

☐ c) Sherry zu Apfelsaft.

☐ d) Amaretto zu Sekt.

Sprachliche Intelligenz

S12 Tragen Sie das fehlende Wort in die Klammer ein.

I K + (_____) = Gelenk
zu keiner Zeit

II F + (_____) = Kälte
Korrosion

III S + (_____) = Stockung
Niederschlag

IV F + (_____) = Festlichkeit
Gelege

Sprachliche Intelligenz

S12 Tragen Sie das fehlende Wort in die Klammer ein.

V   B + (_____) = Laib
Signalfarbe

VI   St + (_____) = Posse
wohlhabend

VII   P + (_____) = Bündnis
Nacktmalerei

VIII   K + (_____) = enges Tal
Schaf

Sprachliche Intelligenz

S12 Tragen Sie das fehlende Wort in die Klammer ein.

IX An + (_____) = Grazie
   Courage

X L + (_____) = Ausbildung
   Ruhm

XI K + (_____) = Kraut
   Windschatten

XII B + (_____) = bersten
   Gartengerät

Sprachliche Intelligenz

S12 Tragen Sie das fehlende Wort in die Klammer ein.

XIII K + (_____) = Werkzeug
Längenmaß

XIV St + (_____) = Beinkleid
Torso

XV T + (_____) = Illusion
Gebiet

XVI F + (_____) = Insekt
Möbelstück

Sprachliche Intelligenz

S12 Tragen Sie das fehlende Wort in die Klammer ein.

XVII S + (_____) = ausstechen
im Takt bewegen

XVIII Gl + (_____) = Schiene
Gefrorenes

XIX K + (_____) = Furche
Hinterlassenschaft

XX B + (_____) = Flegel
Himmelsbote

Sprachliche Intelligenz

S12 Tragen Sie das fehlende Wort in die Klammer ein.

XXI   S + (_____) = Schmutz
                     gehörlos

XXII   Sch + (_____) = einfach
                     Helligkeit

XXIII   G + (_____) = Motiv
                     kugelförmig

XXIV   St + (_____) = Gebüsch
                     Qualm

Sprachliche Intelligenz

S13 Welches Wortende kann all diesen Wortanfängen hinten angesetzt werden?

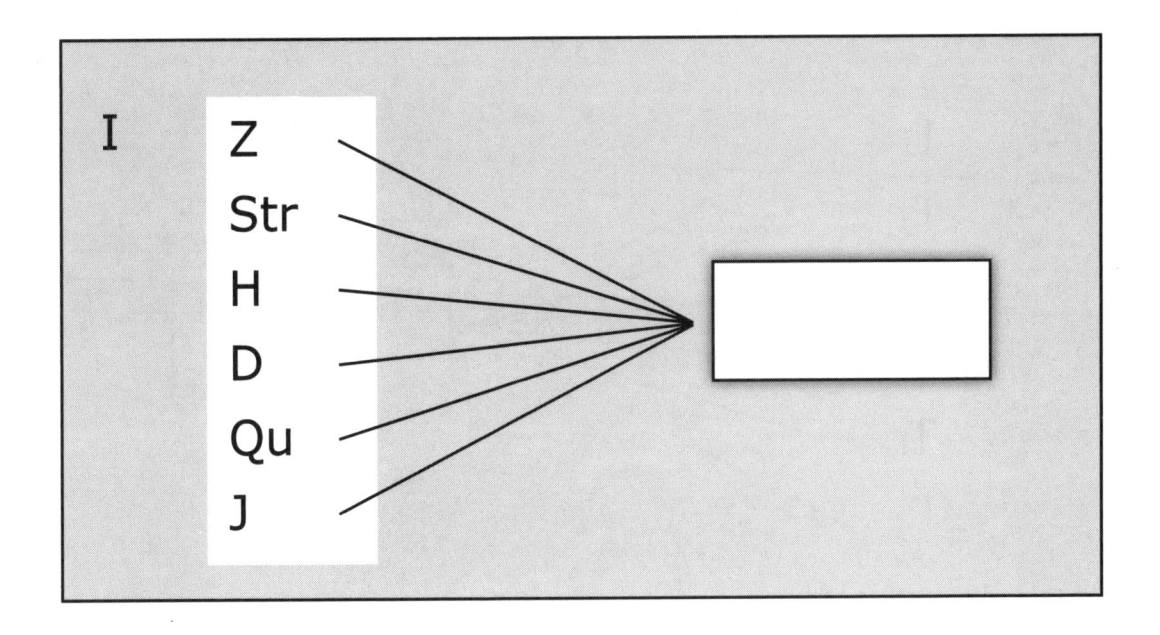

I

Z
Str
H
D
Qu
J

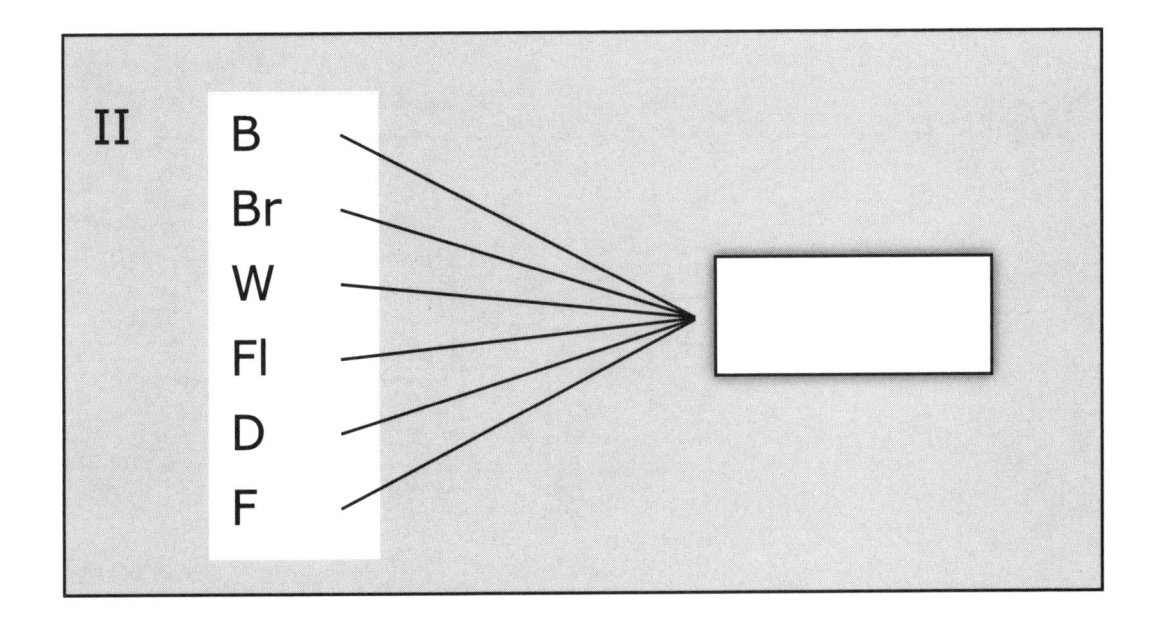

II

B
Br
W
Fl
D
F

Sprachliche Intelligenz

S13 Welches Wortende kann all diesen Wortanfängen hinten angesetzt werden?

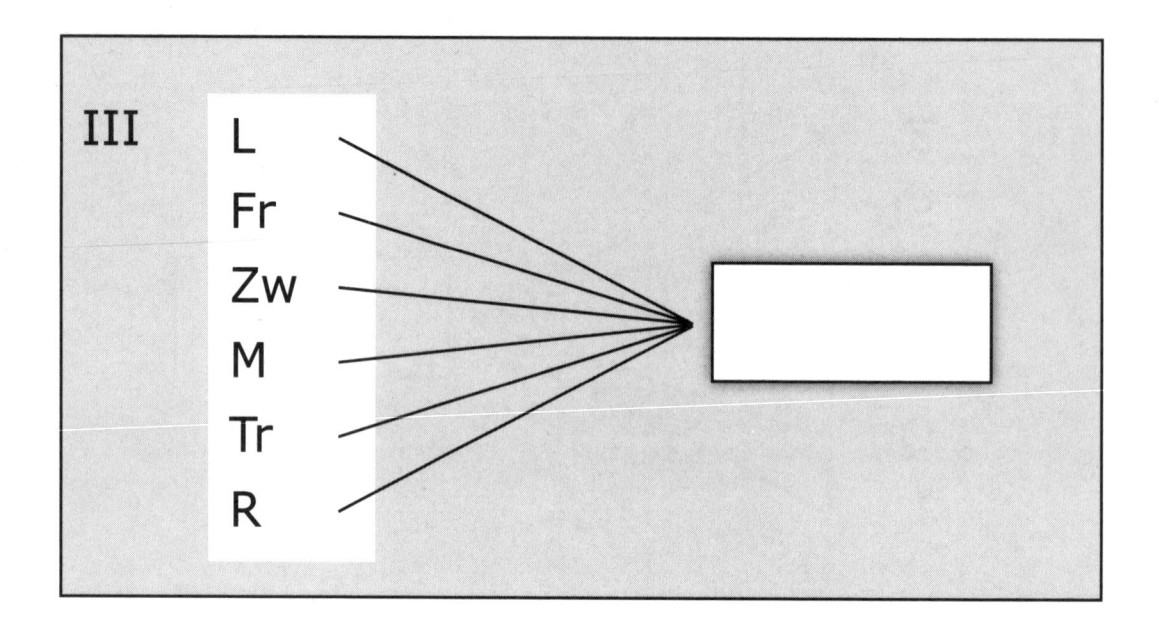

III

- L
- Fr
- Zw
- M
- Tr
- R

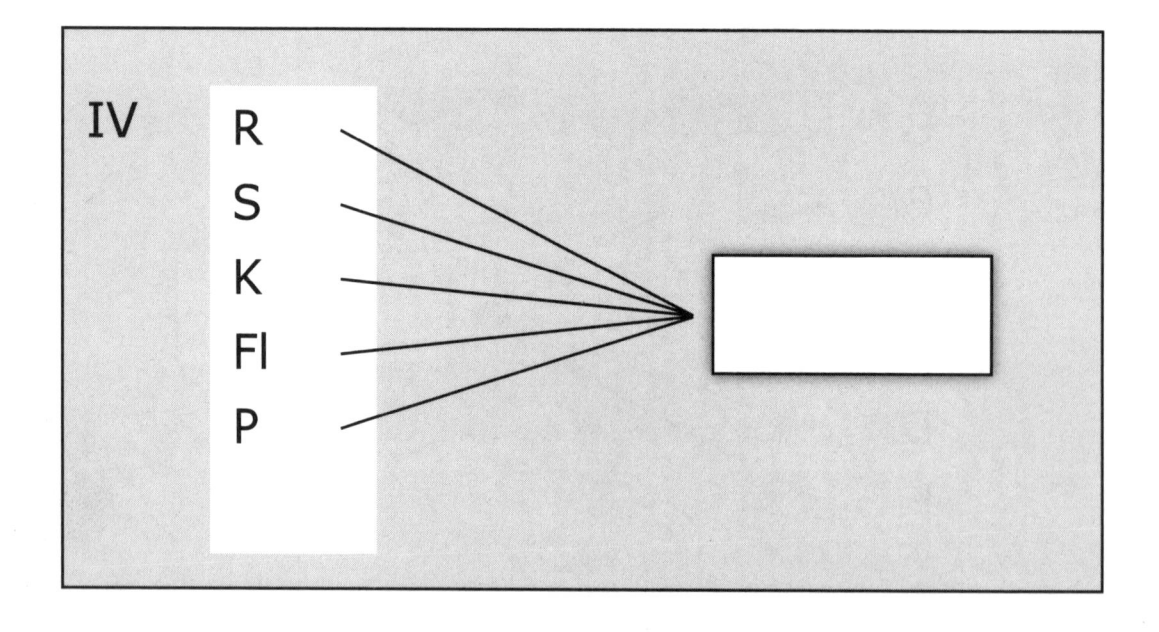

→ ☐

IV

- R
- S
- K
- Fl
- P

→ ☐

Sprachliche Intelligenz

S13 Welches Wortende kann all diesen Wortanfängen hinten angesetzt werden?

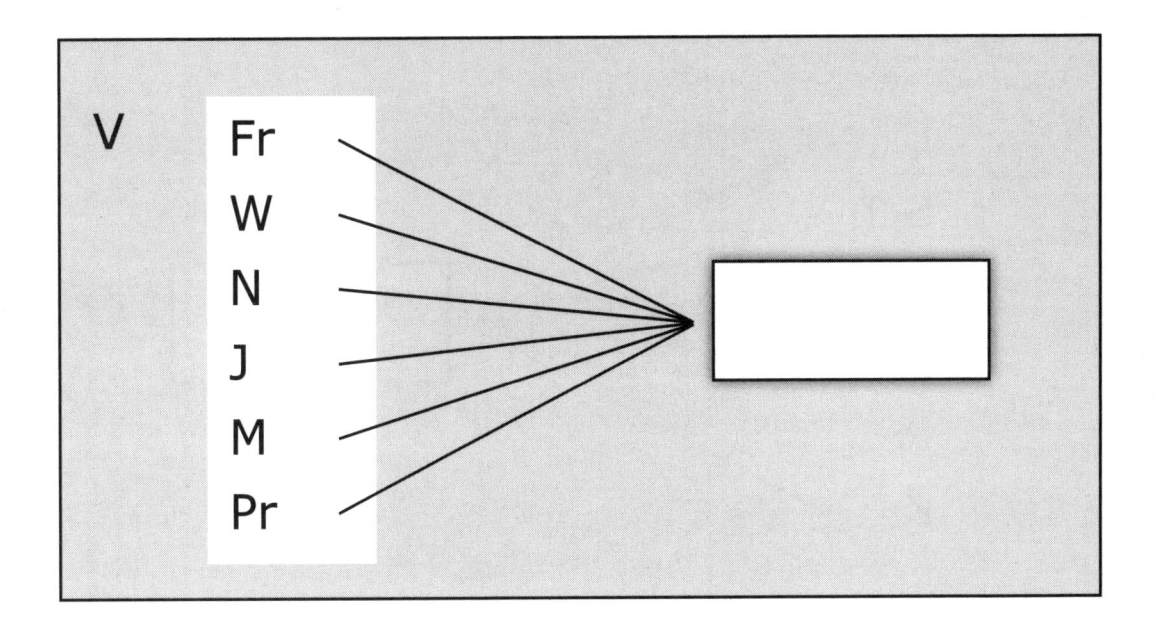

V
- Fr
- W
- N
- J
- M
- Pr

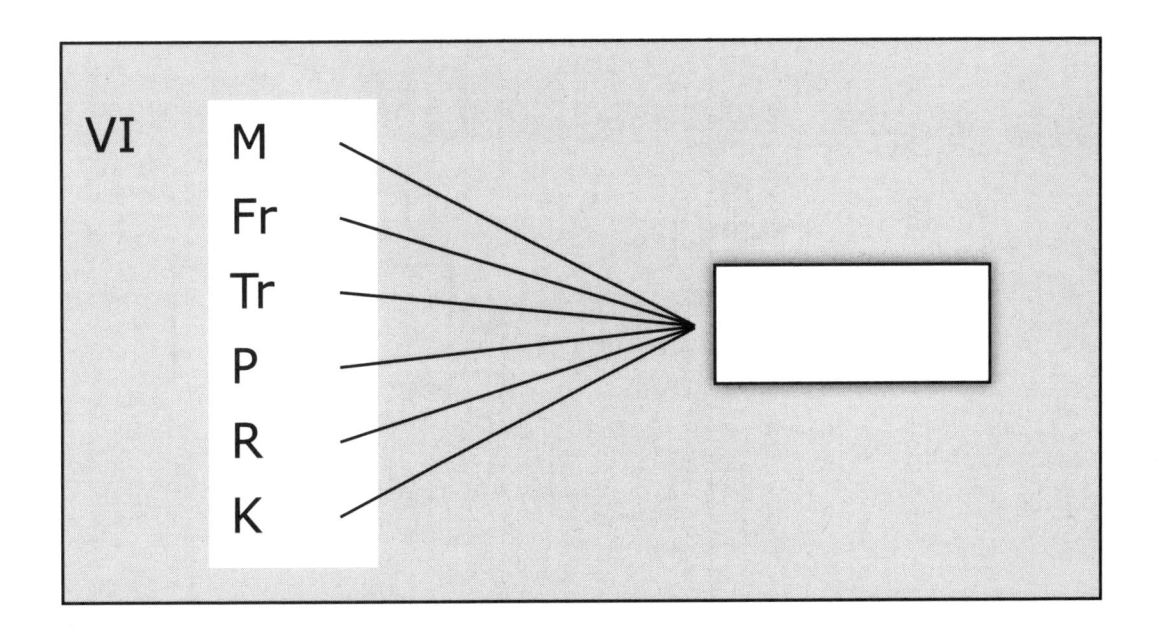

VI
- M
- Fr
- Tr
- P
- R
- K

Sprachliche Intelligenz

S13 Welches Wortende kann all diesen Wortanfängen hinten angesetzt werden?

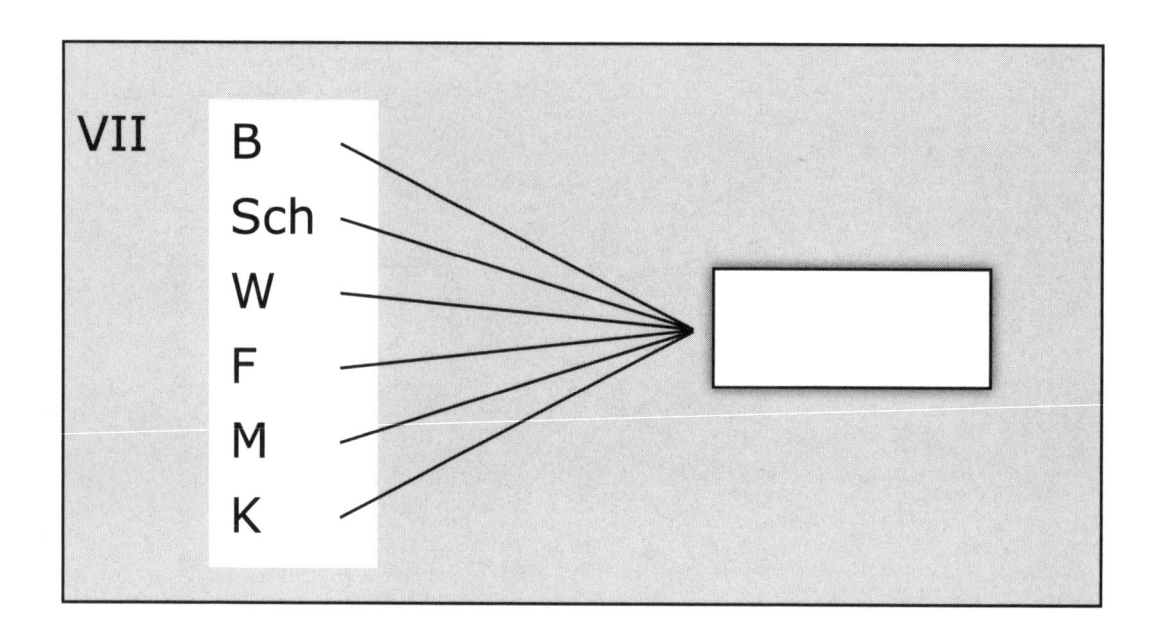

VII
- B
- Sch
- W
- F
- M
- K

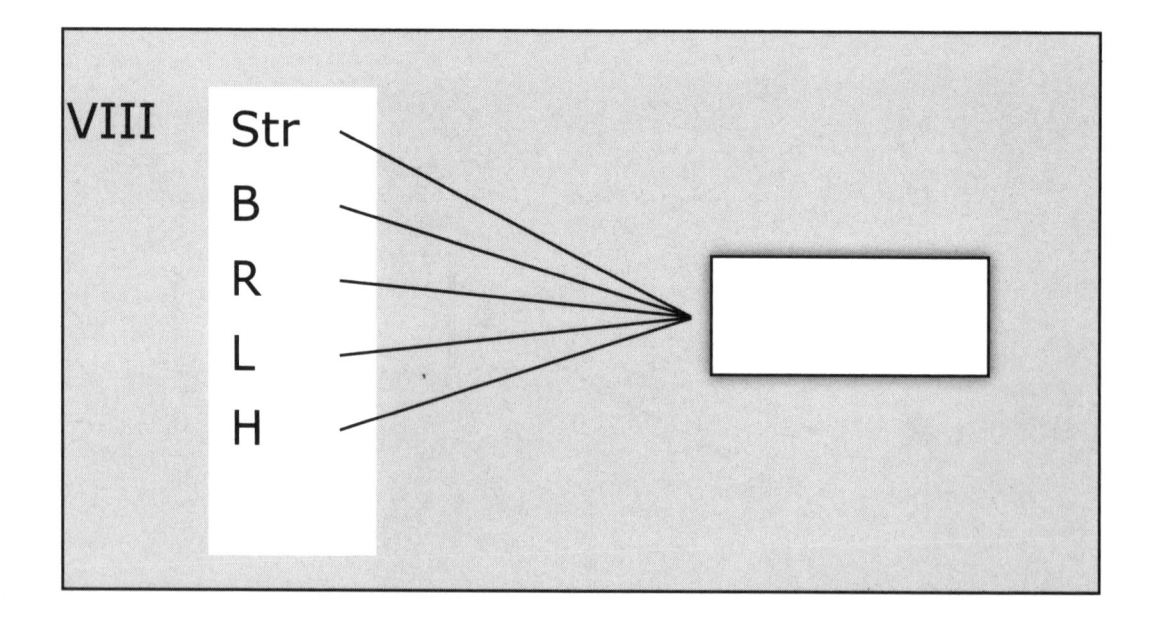

VIII
- Str
- B
- R
- L
- H

S13 Welches Wortende kann all diesen Wortanfängen hinten angesetzt werden?

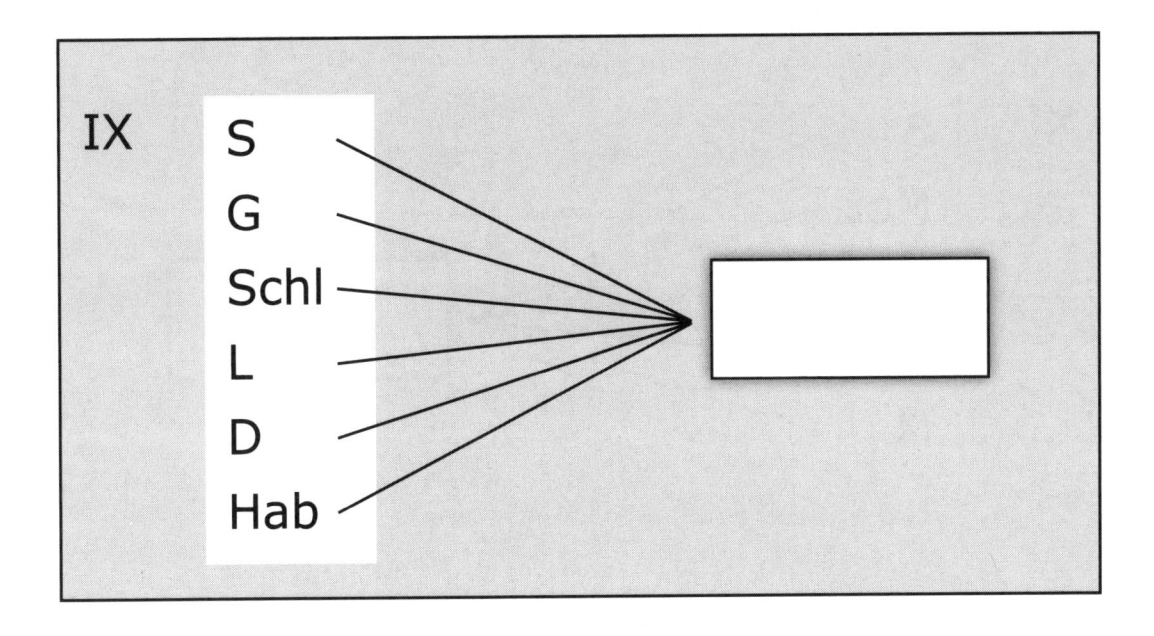

IX
- S
- G
- Schl
- L
- D
- Hab

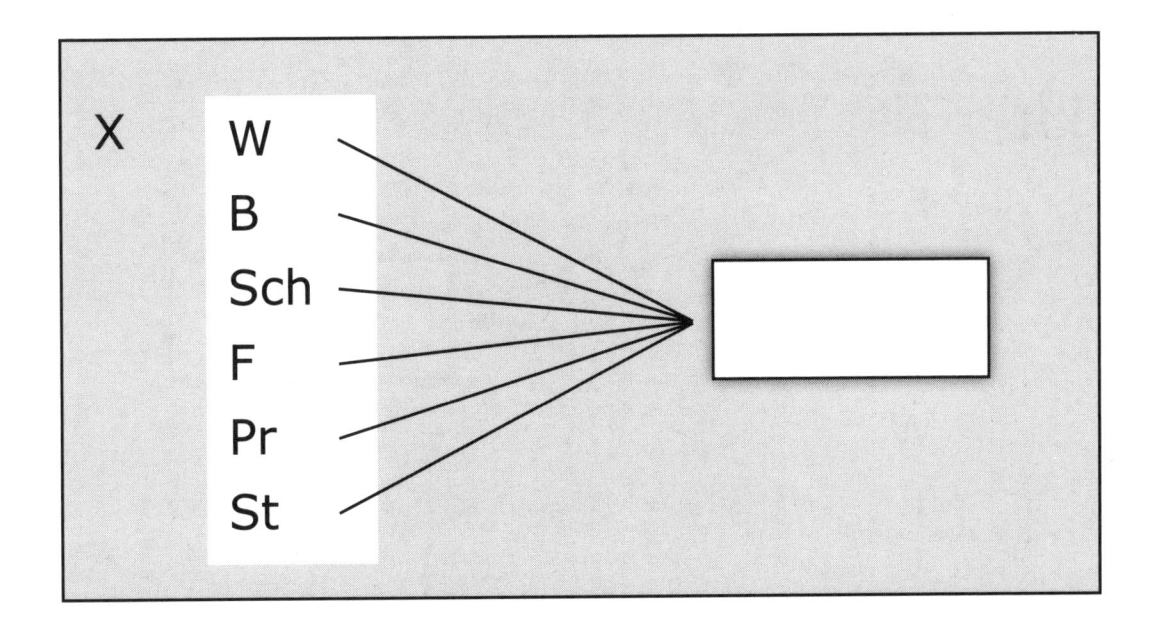

X
- W
- B
- Sch
- F
- Pr
- St

Sprachliche Intelligenz

S13 Welches Wortende kann all diesen Wortanfängen hinten angesetzt werden?

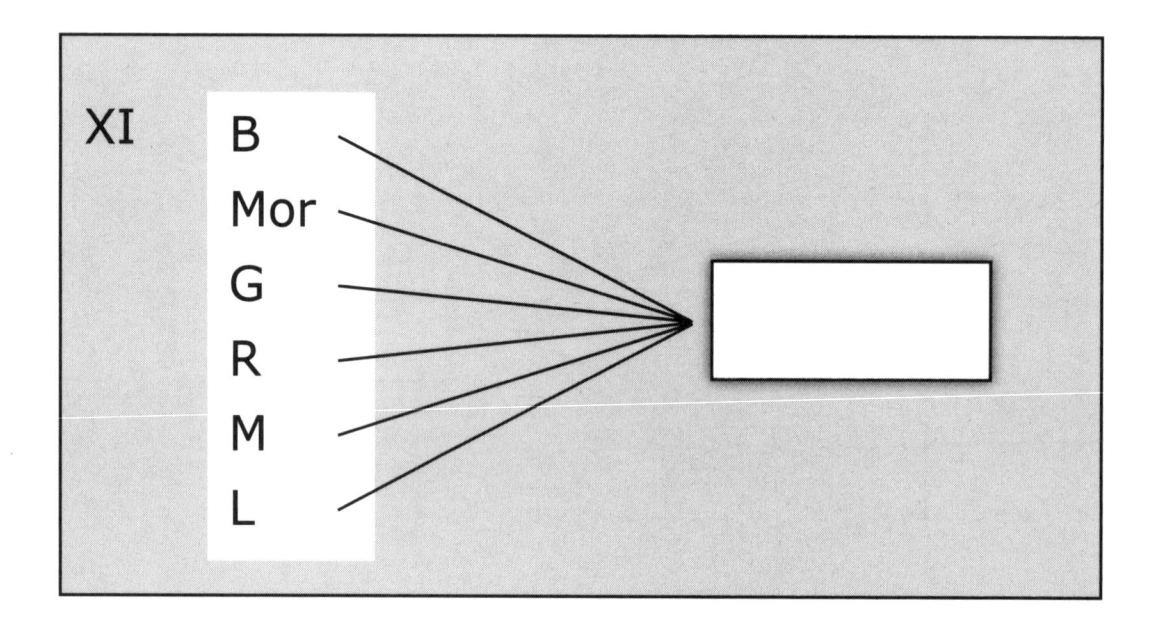

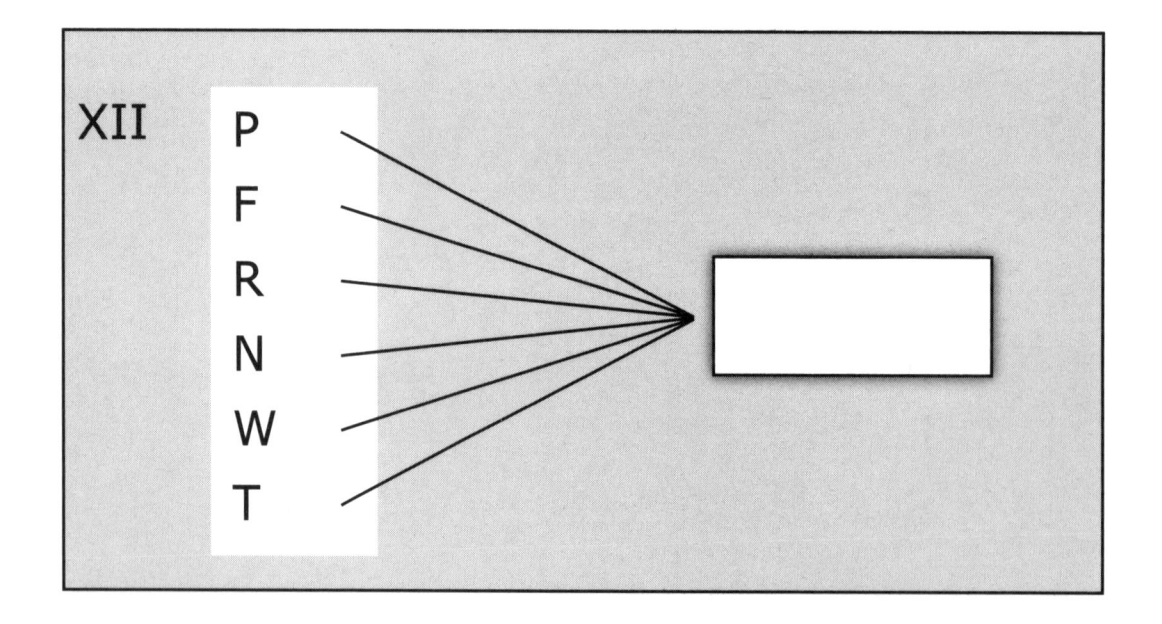

XI
- B
- Mor
- G
- R
- M
- L

XII
- P
- F
- R
- N
- W
- T

S14 Welcher Begriff ähnelt dem Vorgegebenen am meisten?

I eindeutig

- a) unmissverständlich
- b) sicher
- c) einheitlich
- d) zutreffend

II Expansion

- a) Auslieferung
- b) Entwicklung
- c) Forschungsreise
- d) Ausdehnung

III Vorwand

- a) Notlüge
- b) Einspruch
- c) Scheingrund
- d) Ausflucht

Sprachliche Intelligenz

S14 Welcher Begriff ähnelt dem Vorgegebenen am meisten?

IV Gleichmut

- a) Gelassenheit
- b) Gleichgültigkeit
- c) Verständnis
- d) Frohmut

V reduzieren

- a) zuweisen
- b) haushalten
- c) verringern
- d) dosieren

VI kontinuierlich

- a) beständig
- b) gemeinsam
- c) fundiert
- d) fortdauernd

S14 Welcher Begriff ähnelt dem Vorgegebenen am meisten?

VII primitiv

- a) eingeschränkt
- b) roh
- c) unsensibel
- d) einfach

VIII mannigfaltig

- a) oft
- b) vielfältig
- c) einfältig
- d) knitterig

IX unerlässlich

- a) wesentlich
- b) bedingungslos
- c) zwingend
- d) bedeutsam

Sprachliche Intelligenz

S14 Welcher Begriff ähnelt dem Vorgegebenen am meisten?

X enthusiastisch

- ☐ a) überschwänglich
- ☐ b) begeistert
- ☐ c) fröhlich
- ☐ d) aufgeregt

XI vereiteln

- ☐ a) verhindern
- ☐ b) verleumden
- ☐ c) verweigern
- ☐ d) verneinen

XII provisorisch

- ☐ a) beeinträchtigt
- ☐ b) minderwertig
- ☐ c) behelfsmäßig
- ☐ d) simpel

S14 Welcher Begriff ähnelt dem Vorgegebenen am meisten?

XIII innovativ

- ☐ a) neu
- ☐ b) modern
- ☐ c) kreativ
- ☐ d) wagemutig

XIV stur

- ☐ a) steif
- ☐ b) streng
- ☐ c) dickköpfig
- ☐ d) willensstark

XV unkonzentriert

- ☐ a) verwirrt
- ☐ b) hektisch
- ☐ c) abgelenkt
- ☐ d) nervös

Sprachliche Intelligenz

S14 Welcher Begriff ähnelt dem Vorgegebenen am meisten?

XVI Realität

- ☐ a) Klarheit
- ☐ b) Wahrheit
- ☐ c) Nüchternheit
- ☐ d) Scharfsinn

XVII unnachsichtig

- ☐ a) taktlos
- ☐ b) herrisch
- ☐ c) rigoros
- ☐ d) massiv

XVIII dilettantisch

- ☐ a) schlecht
- ☐ b) teuer
- ☐ c) mangelhaft
- ☐ d) stümperhaft

S15 Welche Satzalternative ist wahr?

I

Alle Bücher ....

☐ a) sind lesenswert ☐ b) sind aus Papier
☐ c) haben einen Autor ☐ d) haben Kapitel

II

Jeder Engländer ....

☐ a) ist auch Brite ☐ b) spricht englisch
☐ c) lebt in England ☐ d) zahlt mit Pfund

III

Autos haben immer ....

☐ a) vier Räder ☐ b) ein Dach
☐ c) einen Kofferraum ☐ d) einen Motor

Sprachliche Intelligenz

S15 Welche Satzalternative ist wahr?

IV Gedichte bestehen immer ....

- a) aus Reimen
- b) aus Versen
- c) aus Buchstaben
- d) aus Worten

V Zum Schreiben braucht man ....

- a) Buchstaben
- b) Papier
- c) Stift
- d) Bildung

VI Söhne sind immer ... als ihre Väter.

- a) schlauer
- b) erfolgreicher
- c) jünger
- d) kleiner

S15 Welche Satzalternative ist wahr?

VII

Eine Hand ist immer ....

- ☐ a) zum Greifen da
- ☐ b) ein Körperteil
- ☐ c) auch Faust
- ☐ d) fünffingrig

VIII

Zum Fußball spielen braucht man ....

- ☐ a) Trikots
- ☐ b) einen Torwart
- ☐ c) Spieler
- ☐ d) einen Ball

IX

Sonnenbrand ist die Folge von ....

- ☐ a) UV-Strahlen
- ☐ b) zu wenig Creme
- ☐ c) zu heller Haut
- ☐ d) sonnenbaden

Sprachliche Intelligenz

S15 Welche Satzalternative ist wahr?

X Wer Vater ist, hat ....

☐ a) einen Sohn   ☐ b) ein Kind
☐ c) eine Ehefrau ☐ d) eine Tochter

XI Ein Ritter war immer ....

☐ a) einen Adelstitel ☐ b) ein Schwert
☐ c) eine Rüstung   ☐ d) ein Pferd

XII Jeder Computer hat ....

☐ a) einen Bildschirm ☐ b) einen Prozessor
☐ c) ein CD-Laufwerk   ☐ d) eine Maus

S16

Setzen Sie die jeweils gesuchte redensartliche Ausdrucksweise ein.

I

Wer jemandem die Macht entreißt, der nimmt ihm das _____ aus der Hand.

II

Wer den Kernpunkt erfasst, der trifft den Nagel _____ _____ _____.

III

Das Wesentliche einer Sache ist das _____ und _____.

Sprachliche Intelligenz

S16 Setzen Sie die jeweils gesuchte redensartliche Ausdrucksweise ein.

IV

Wer sehr offen ist, der trägt das _____ auf der Zunge.

V

Wenn das Kind den Eltern nacheifert, dann fällt der _____ _____ _____ vom Stamm.

VI

Wer sich seiner Lebensgrundlage beraubt, der _____ _____ _____ _____, auf dem er sitzt.

S16 Setzen Sie die jeweils gesuchte redensartliche Ausdrucksweise ein.

VII

Wer etwas Überflüssiges tut, der trägt Eulen _____ _____ .

VIII

Wer etwas als Programm verkündet, der schreibt etwas auf seine _____ .

IX

Wenn die Führung einer Organisation für Probleme verantwortlich ist, sagt man, der Fisch _____ _____ _____ _____ .

Sprachliche Intelligenz

S16 Setzen Sie die jeweils gesuchte redensartliche Ausdrucksweise ein.

X

Wenn es gerade bei Kleinigkeiten große Probleme geben kann, dann steckt der _____ im Detail.

XI

Wer die Sicherheit bei einer Abwägung vorzieht, der hat lieber den _____ in der Hand als die _____ auf dem Dach.

XII

Wenn die Macht des Geldes die Menschen verführt, dann tanzen sie um das _____ _____.

S16 Setzen Sie die jeweils gesuchte redensartliche Ausdrucksweise ein.

XIII
Wer jemandem etwas Wertvolles gibt, der kein Verständnis dafür hat, der wirft _____ _____ _____ _____.

XIV
Wer ein vergleichsweise kleines Problem mit übertriebenem Aufwand angeht, der schießt _____ _____ _____ _____.

XV
Wer ein brisantes Problem löst, der _____ _____ _____ vom Eis.

Sprachliche Intelligenz

S16 Setzen Sie die jeweils gesuchte redensartliche Ausdrucksweise ein.

XVI

Wenn jemand verschwenderisch lebt, sagt man, er lebt auf _____ _____.

XVII

Wenn etwas plötzlich verschwindet, dann löst es _____ _____ _____ _____.

XVIII

Wenn jemand alle Tricks kennt, dann ist er _____ _____ _____ gewaschen.

S17 Welcher Begriff drückt am treffendsten das Gegenteil vom vorgegebenen Wort aus?

I

logisch

- a) widersprüchlich
- b) unsicher
- c) uneinheitlich
- d) unzutreffend

II

unzulänglich

- a) bedeutend
- b) übertrieben
- c) zweckmäßig
- d) hinreichend

III

absurd

- a) richtig
- b) geschickt
- c) sinnvoll
- d) angemessen

Sprachliche Intelligenz

S17 Welcher Begriff drückt am treffendsten das Gegenteil vom vorgegebenen Wort aus?

IV Mühsal

- ☐ a) Gelassenheit
- ☐ b) Müßiggang
- ☐ c) Nachlässigkeit
- ☐ d) Leichtigkeit

V behutsam

- ☐ a) schlampig
- ☐ b) unvorsichtig
- ☐ c) gewissenlos
- ☐ d) mutig

VI rar

- ☐ a) zahlreich
- ☐ b) oft
- ☐ c) immer
- ☐ d) bekannt

Sprachliche Intelligenz

S17 Welcher Begriff drückt am treffendsten das Gegenteil vom vorgegebenen Wort aus?

VII taktvoll

- ☐ a) unvorsichtig
- ☐ b) untreu
- ☐ c) unhöflich
- ☐ d) unhilfsbereit

VIII enthusiastisch

- ☐ a) unglücklich
- ☐ b) verletzt
- ☐ c) gelangweilt
- ☐ d) gedämpft

IX Konflikt

- ☐ a) Lösung
- ☐ b) Eintracht
- ☐ c) Toleranz
- ☐ d) Versöhnung

Sprachliche Intelligenz

S17 Welcher Begriff drückt am treffendsten das Gegenteil vom vorgegebenen Wort aus?

X ausgiebig

- a) fehlerhaft
- b) geizig
- c) unzureichend
- d) beschränkt

XI beträchtlich

- a) gewöhnlich
- b) gering
- c) nebensächlich
- d) schwächlich

XII gehorsam

- a) widersetzlich
- b) unhöflich
- c) unberechenbar
- d) unweigerlich

S18 Welcher Wortanfang kann all diesen Wortenden vorne angesetzt werden?

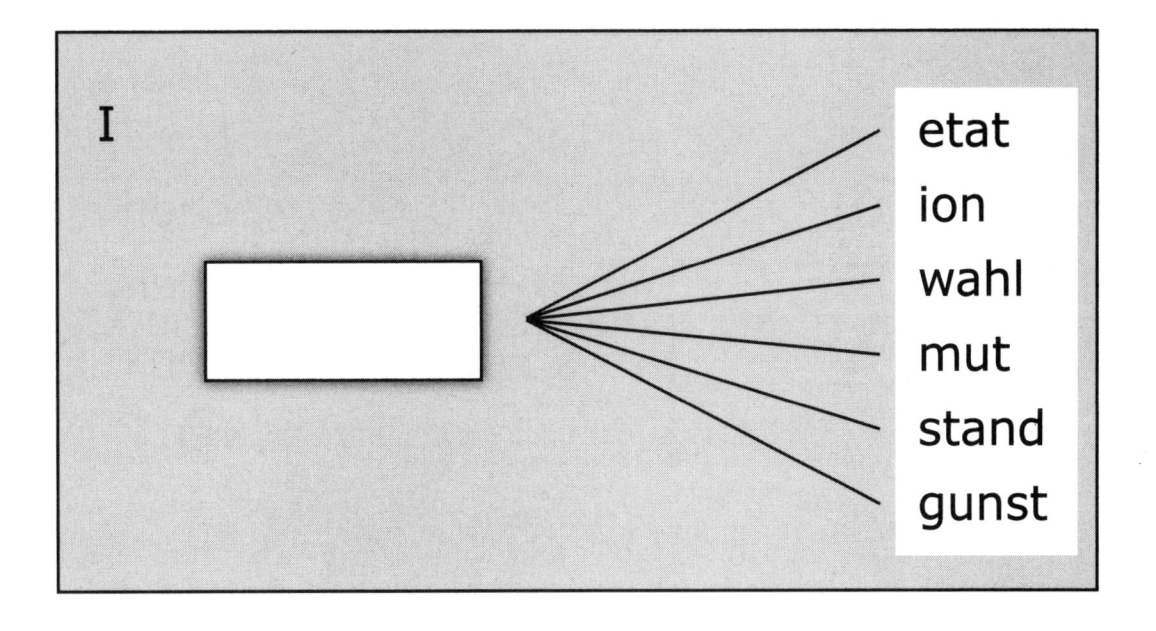

I

- etat
- ion
- wahl
- mut
- stand
- gunst

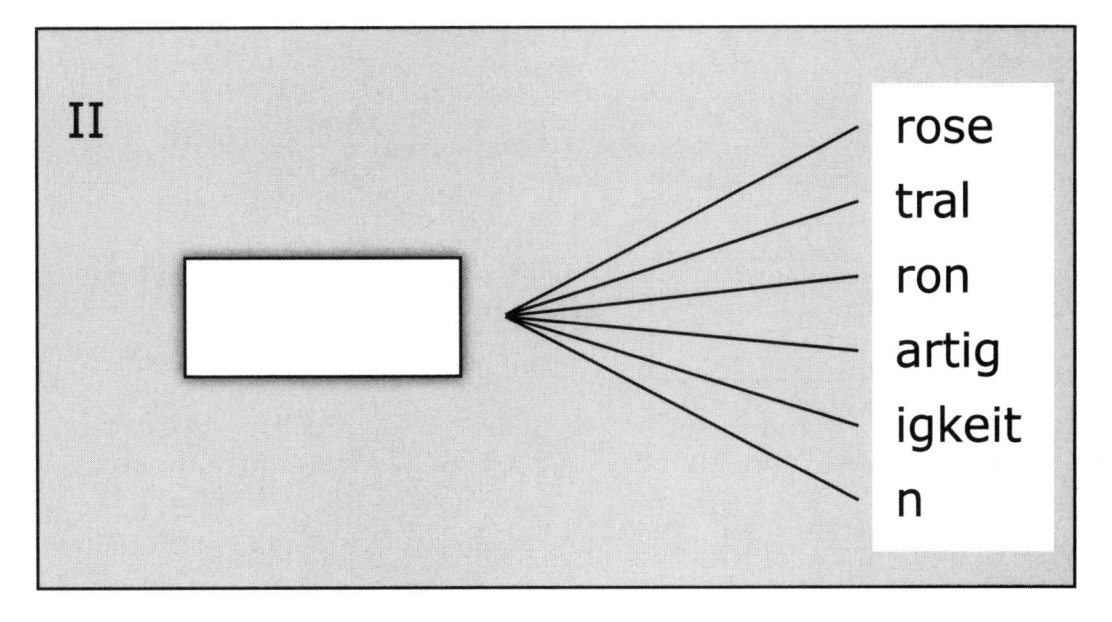

II

- rose
- tral
- ron
- artig
- igkeit
- n

S18 Welcher Wortanfang kann all diesen Wortenden vorne angesetzt werden?

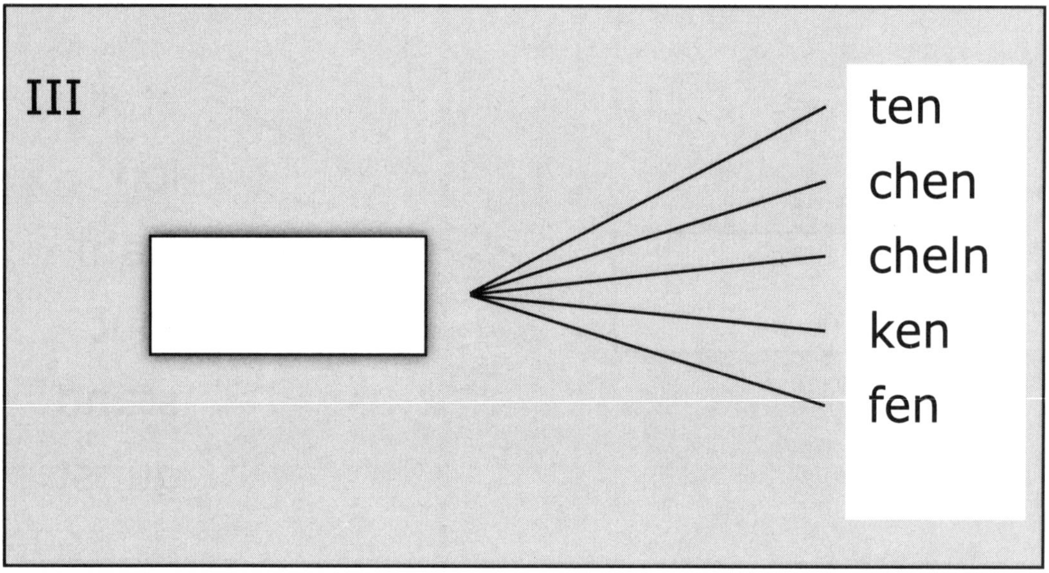

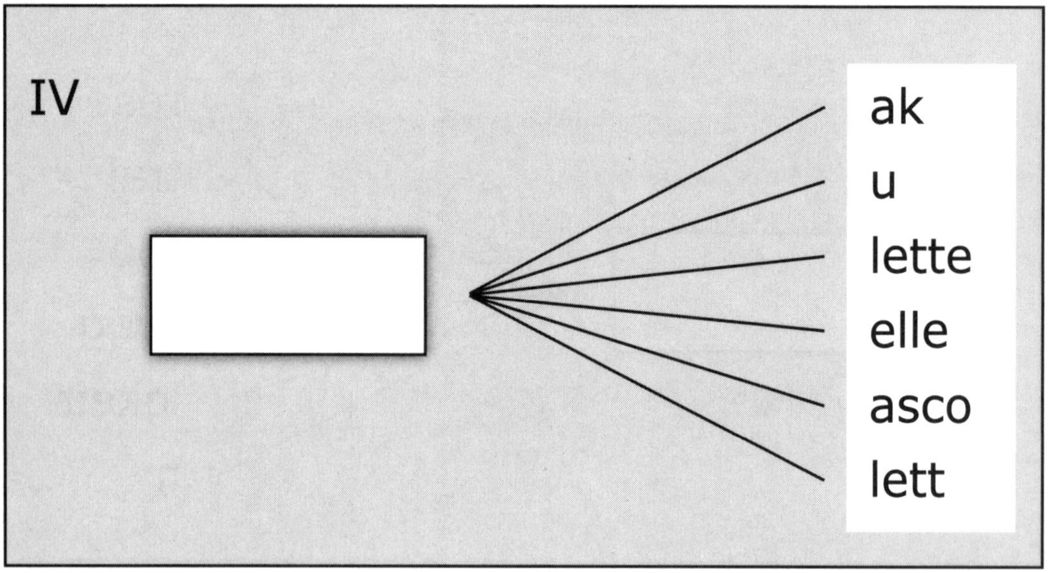

Sprachliche Intelligenz

S18 Welcher Wortanfang kann all diesen Wortenden vorne angesetzt werden?

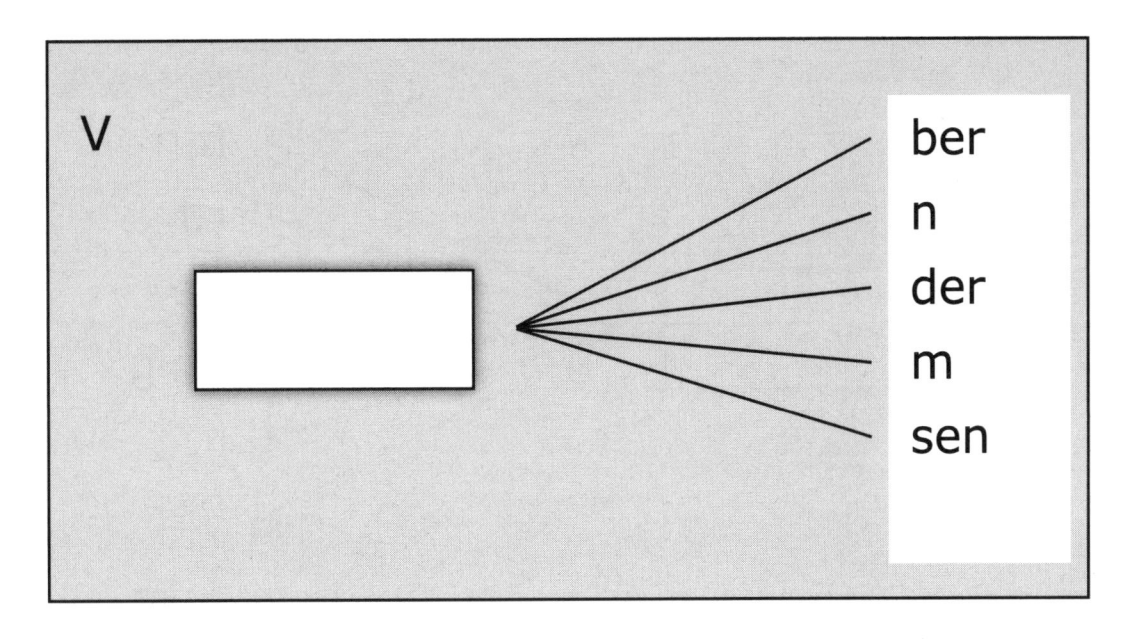

V
- ber
- n
- der
- m
- sen

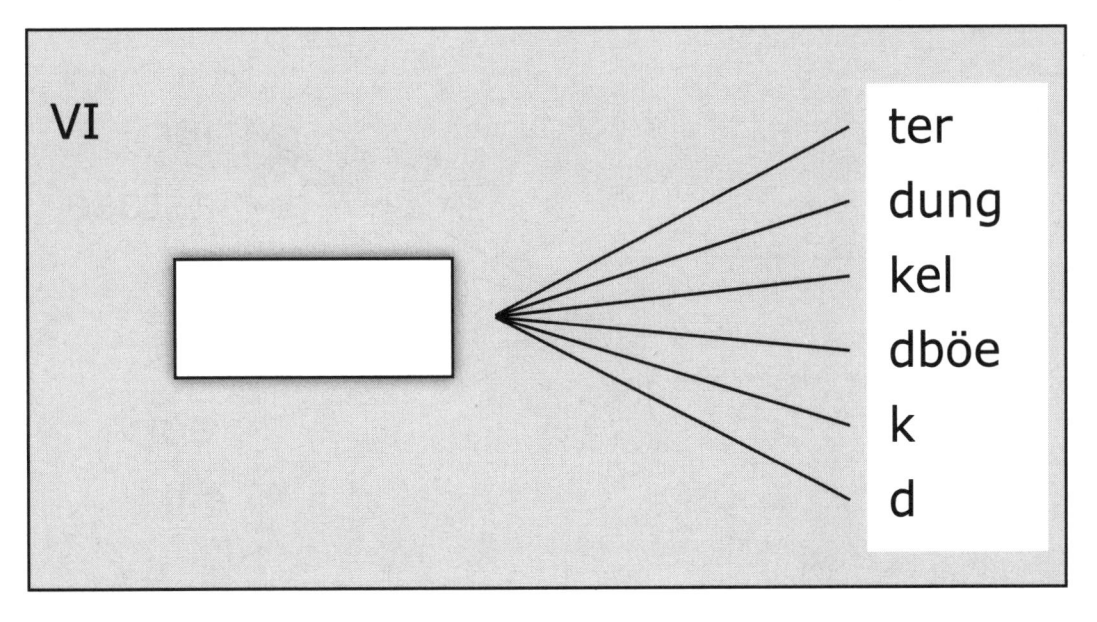

VI
- ter
- dung
- kel
- dböe
- k
- d

Sprachliche Intelligenz

S18 Welcher Wortanfang kann all diesen Wortenden vorne angesetzt werden?

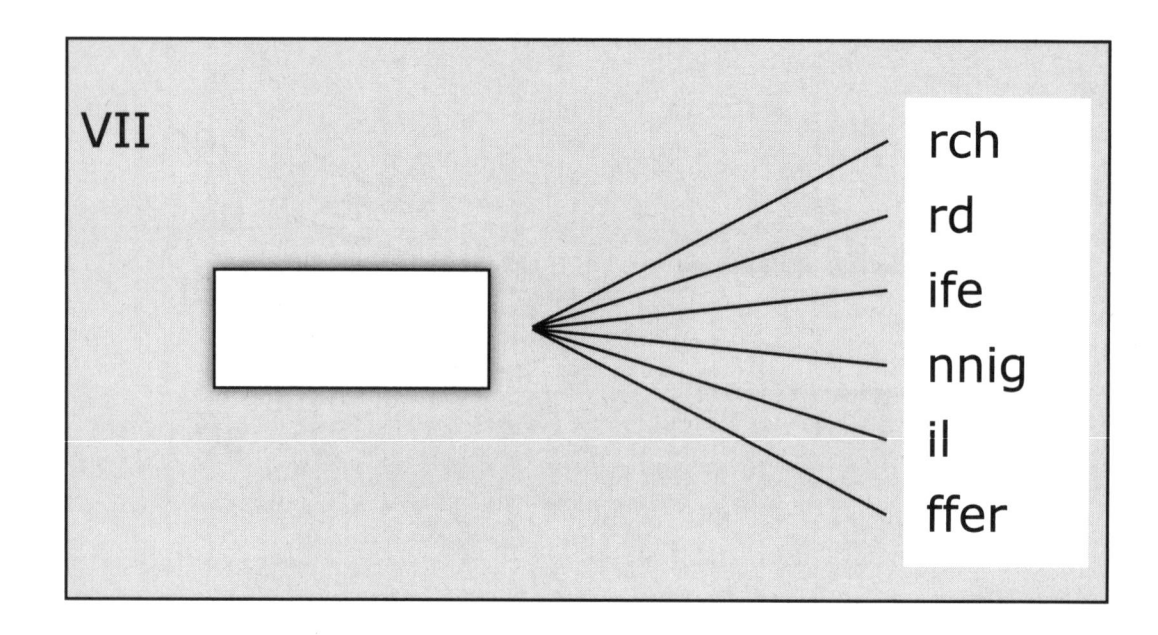

VII

- rch
- rd
- ife
- nnig
- il
- ffer

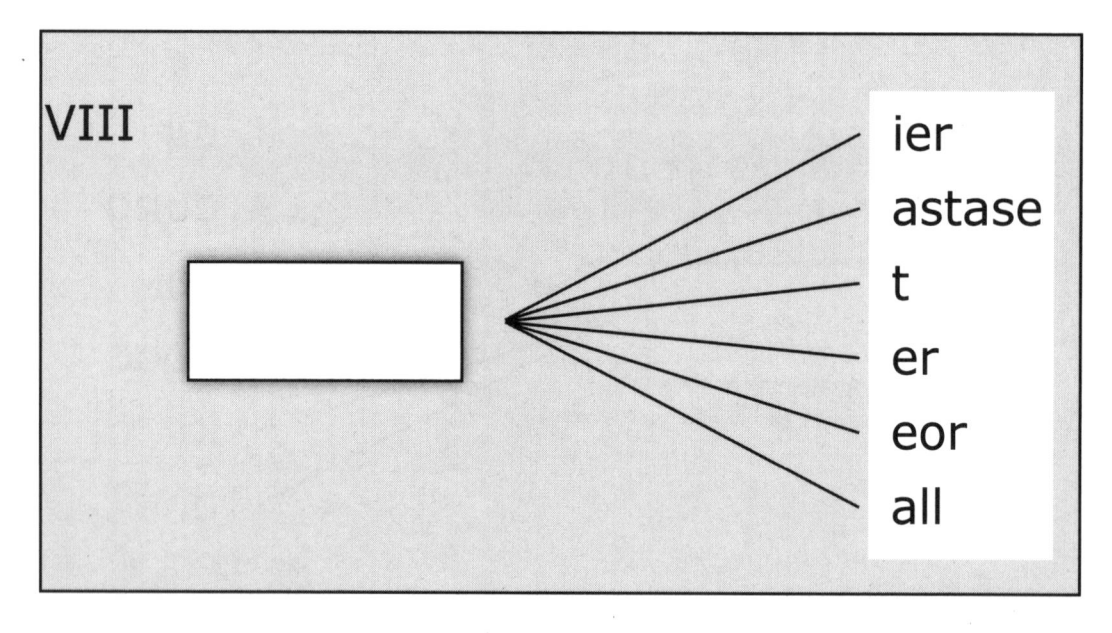

VIII

- ier
- astase
- t
- er
- eor
- all

S18 Welcher Wortanfang kann all diesen Wortenden vorne angesetzt werden?

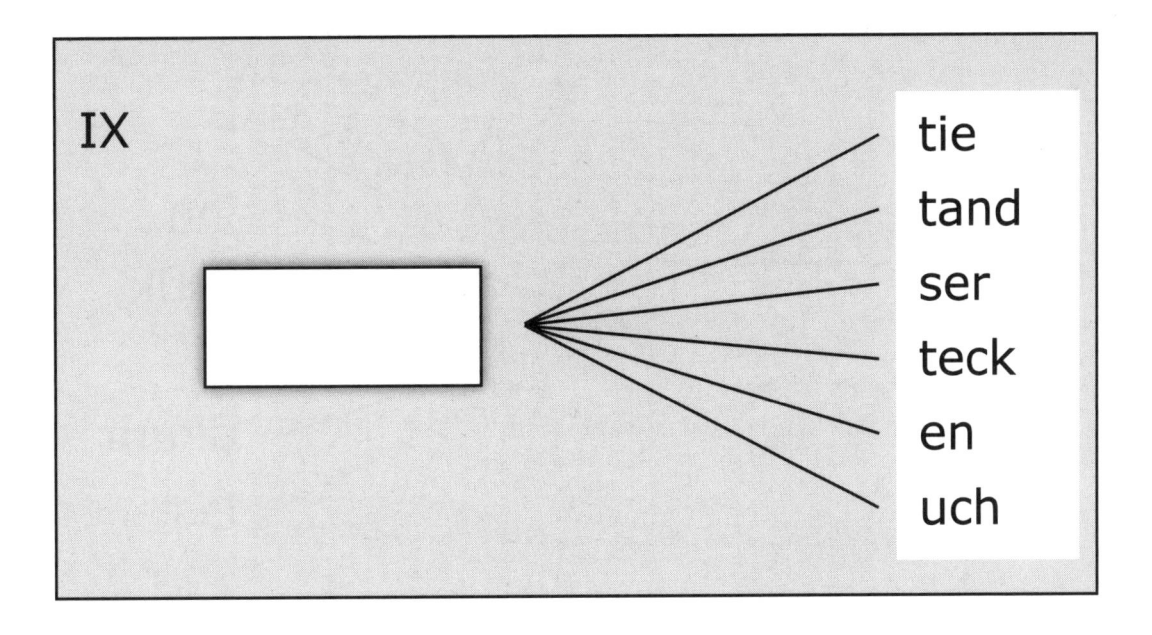

IX: tie, tand, ser, teck, en, uch

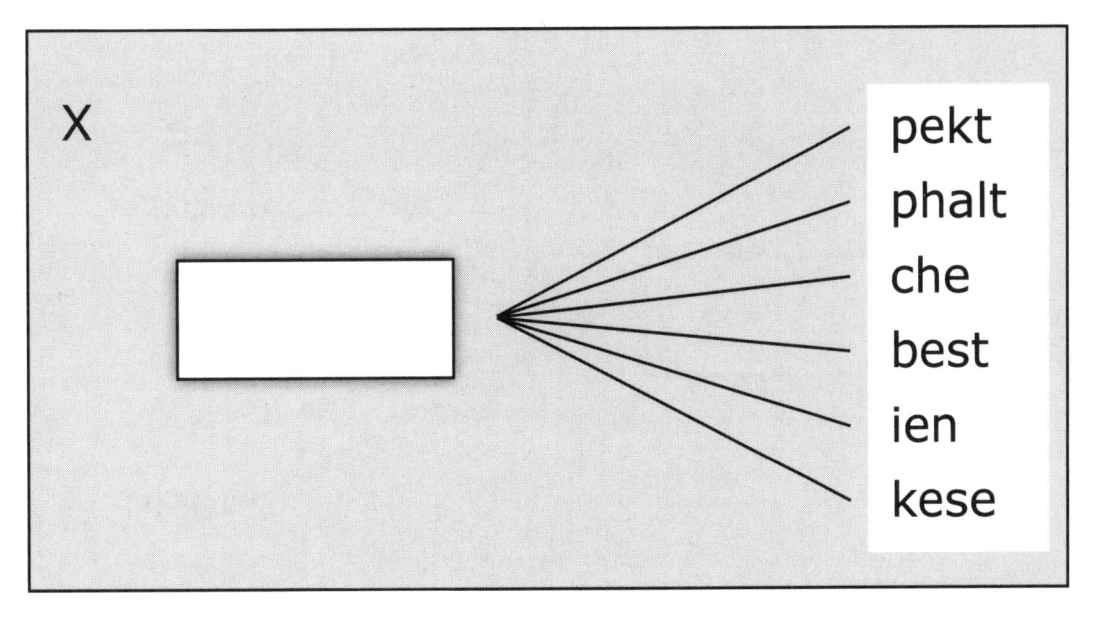

X: pekt, phalt, che, best, ien, kese

Sprachliche Intelligenz

S18 Welcher Wortanfang kann all diesen Wortenden vorne angesetzt werden?

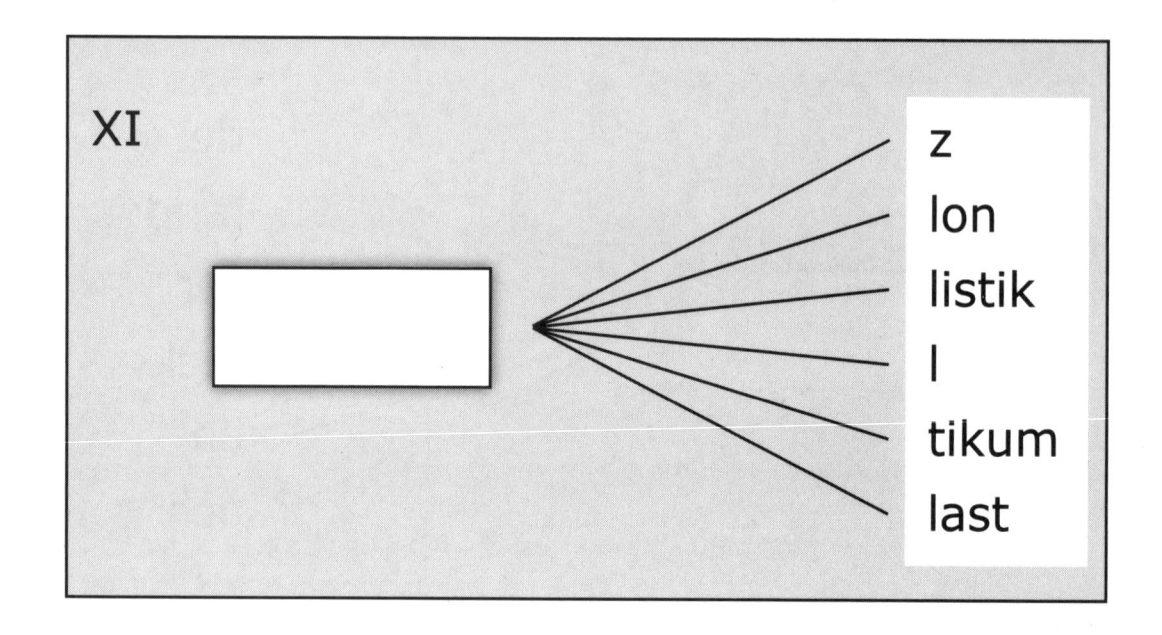

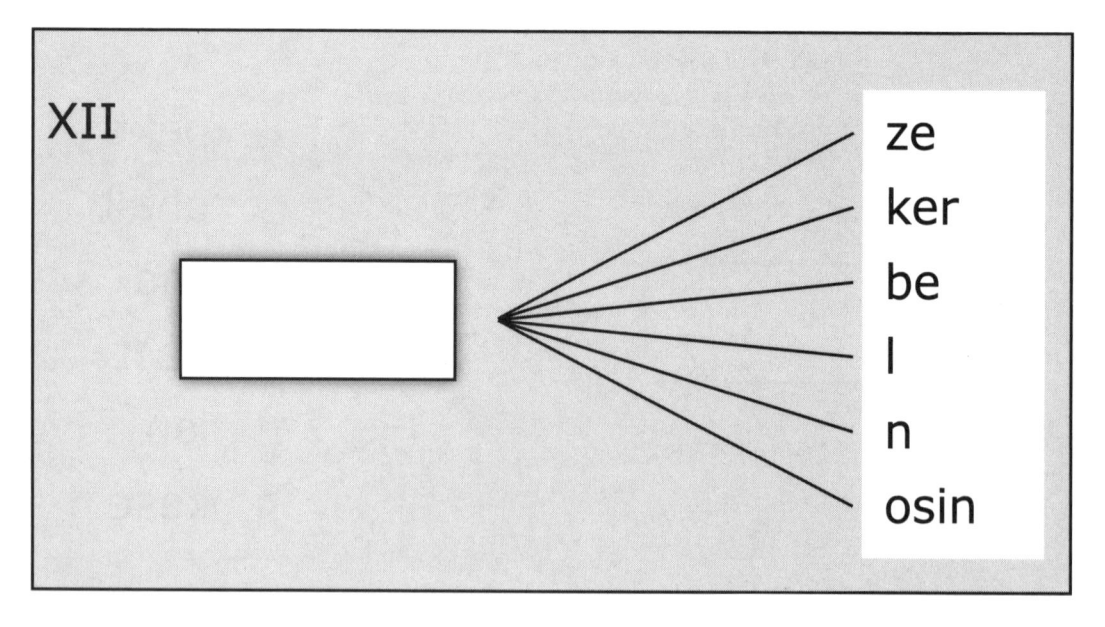

XI
- z
- lon
- listik
- l
- tikum
- last

XII
- ze
- ker
- be
- l
- n
- osin

Sprachliche Intelligenz

S19 Welche Buchstaben stehen hinter den Symbolen?

I

⌘✧END
✧⌘N⌘NE
⌘N✧⌘U
⌘✧✧ITTE

⌘ = ____
✧ = ____

II

✧R⌘I
✧AUN⌘
⌘✧⌘LW⌘ISS
✧⌘SAST⌘R

⌘ = ____
✧ = ____

III

✧⌘ST
⌘✧ER
✧⌘NY
⌘✧ERATI⌘N

⌘ = ____
✧ = ____

Sprachliche Intelligenz

S19 Welche Buchstaben stehen hinter den Symbolen?

IV

B⌘AU❖
❖U⌘
⌘ASE❖
⌘E❖❖E❖

⌘ = _____
❖ = _____

V

⌘CH❖AU
❖O⌘
❖A⌘⌘O
⌘A❖TO

⌘ = _____
❖ = _____

VI

❖UR⌘E⌘
⌘O❖
❖U⌘⌘EL
❖O⌘⌘E

⌘ = _____
❖ = _____

Sprachliche Intelligenz

S19 Welche Buchstaben stehen hinter den Symbolen?

VII

⌘❖K□R
□❖S⌘G
❖□⌘ST□R
❖□⌘NUNG

⌘ = ____
❖ = ____
□ = ____

VIII

SCH❖⌘❖□
□❖C⌘
⌘❖□T
❖□⌘OHO□

⌘ = ____
❖ = ____
□ = ____

IX

□⌘E❖N
□A❖⌘E
⌘❖□CH
□❖⌘ZEN

⌘ = ____
❖ = ____
□ = ____

Sprachliche Intelligenz

S19 Welche Buchstaben stehen hinter den Symbolen?

X

❖⌘C◻
❖A⌘C◻ER
◻⌘❖
◻OC◻M⌘❖

⌘ = ____
❖ = ____
◻ = ____

XI

SCH⌘◻◻
◻⌘U❖
SCH⌘❖U◻◻E
⌘❖O◻◻

⌘ = ____
❖ = ____
◻ = ____

XII

⌘❖IZ❖◻
A◻⌘❖◻D❖◻
◻❖B❖L
⌘❖CHS❖L◻

⌘ = ____
❖ = ____
◻ = ____

S19 Welche Buchstaben stehen hinter den Symbolen?

XIII

VER⌘□❖☺
❖□⌘EL
□❖⌘□U
ST□☺IO❖
S□❖☺
⌘□☺E□❖ZUG

⌘ = **B**
❖ = **N**
□ = **A**
☺ = **D**

(VERBAND, NABEL, ANBAU, STADION, SAND, BADEANZUG)

XIV

G☺□❖
⌘❖B□⌘
☺□H❖EN
❖□T☺□TZE
□☺❖B☺⌘ST
❖□⌘☺E☺

⌘ = **U**
❖ = **M**
□ = **A**
☺ = **R**

(GRAM, UMBAU, RAHMEN, MATRATZE, ARMBRUST, MAURER)

Sprachliche Intelligenz

S19 Welche Buchstaben stehen hinter den Symbolen?

XV

⌘👍☺KE
☐❖☺👍GEN
👍☐NM❖C☐T
☐👍TE☺
⌘❖☐☺☺👍K❖☺
⌘👍☐☺T❖T

⌘ = _____
❖ = _____
☐ = _____
☺ = _____
👍 = _____

XVI

D❖⌘👍☐☺❖L
☐❖👍K❖
☺❖⌘👍☐T
⌘LT⌘☺
❖☐RL⌘👍☐
👍☐AO☺

⌘ = _____
❖ = _____
☐ = _____
☺ = _____
5 = _____

Sprachliche Intelligenz

S20 Welche zwei Formulierungen haben eine ähnliche Bedeutung?

I
- ☐ a) etwas zum Ausdruck bringen
- ☐ b) unter die Gürtellinie schlagen
- ☐ c) sich im Ton vergreifen
- ☐ d) den Gürtel enger schnallen
- ☐ e) über die Stränge schlagen

II
- ☐ a) nehmen, was einem zusteht
- ☐ b) sich etwas zu Herzen nehmen
- ☐ c) das Herz auf der Zunge tragen
- ☐ d) ein goldenes Herz haben
- ☐ e) offenherzig sein

III
- ☐ a) den Vogel abschießen
- ☐ b) frei wie ein Vogel sein
- ☐ c) einen Vogel haben
- ☐ d) auf der Abschussliste stehen
- ☐ e) größte Triumphe feiern

Sprachliche Intelligenz

S20 Welche zwei Formulierungen haben eine ähnliche Bedeutung?

IV
- ☐ a) ein offenes Ohr finden
- ☐ b) Watte in den Ohren haben
- ☐ c) Wer nicht hören will, muss fühlen
- ☐ d) nicht hören wollen
- ☐ e) jemanden in Watte packen

V
- ☐ a) ein Brett vor dem Kopf haben
- ☐ b) eine treulose Tomate sein
- ☐ c) auf Treu und Glauben vertrauen
- ☐ d) Tomaten auf den Augen haben
- ☐ e) Augen wie ein Adler haben

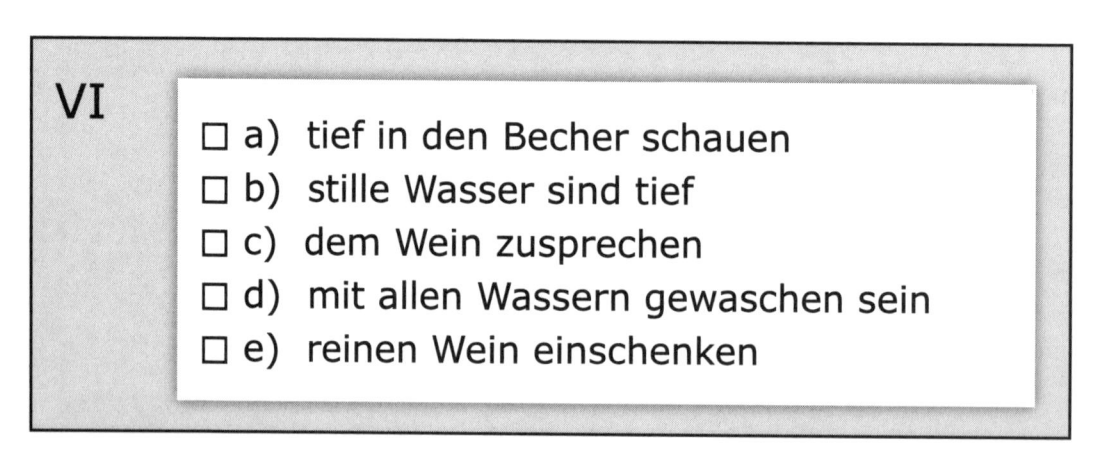

VI
- ☐ a) tief in den Becher schauen
- ☐ b) stille Wasser sind tief
- ☐ c) dem Wein zusprechen
- ☐ d) mit allen Wassern gewaschen sein
- ☐ e) reinen Wein einschenken

S20 Welche zwei Formulierungen haben eine ähnliche Bedeutung?

VII
- a) eile mit Weile
- b) Gut Ding braucht Weile
- c) alle Wege führen nach Rom
- d) Rom wurde nicht an einem Tag erbaut
- e) alle guten Dinge sind drei

VIII
- a) das Eisen schmieden, solange es heiß ist
- b) Gelegenheit macht Diebe
- c) eine Gelegenheit beim Schopfe packen
- d) mehrere Eisen im Feuer haben
- e) jeder ist seines Glückes Schmied

IX
- a) in die Bresche springen
- b) nicht aus seiner Haut können
- c) die eigene Haut retten
- d) nicht über den Schatten springen
- e) jeder Baum wirft seinen Schatten

Sprachliche Intelligenz

S20 Welche zwei Formulierungen haben eine ähnliche Bedeutung?

X
- ☐ a) einen Strich durch die Rechnung machen
- ☐ b) auch ein blindes Huhn findet mal ein Korn
- ☐ c) mit jmdm. ein Hühnchen zu rupfen haben
- ☐ d) mit Blindheit geschlagen sein
- ☐ e) eine alte Rechnung begleichen

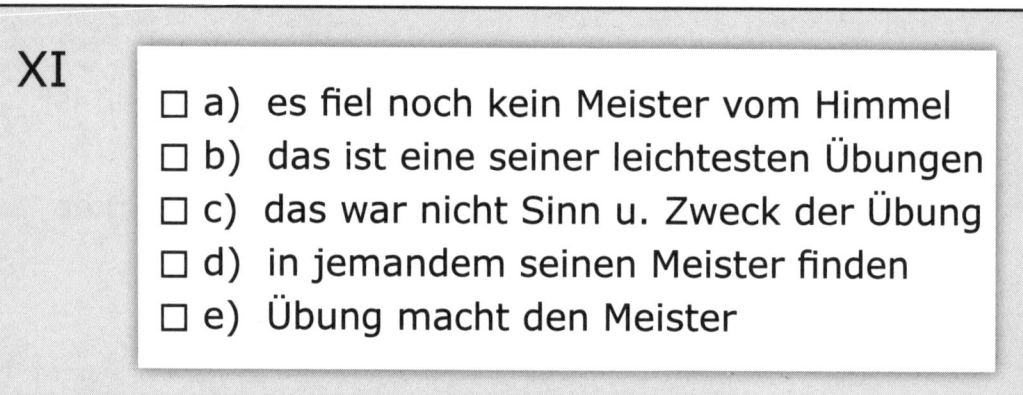

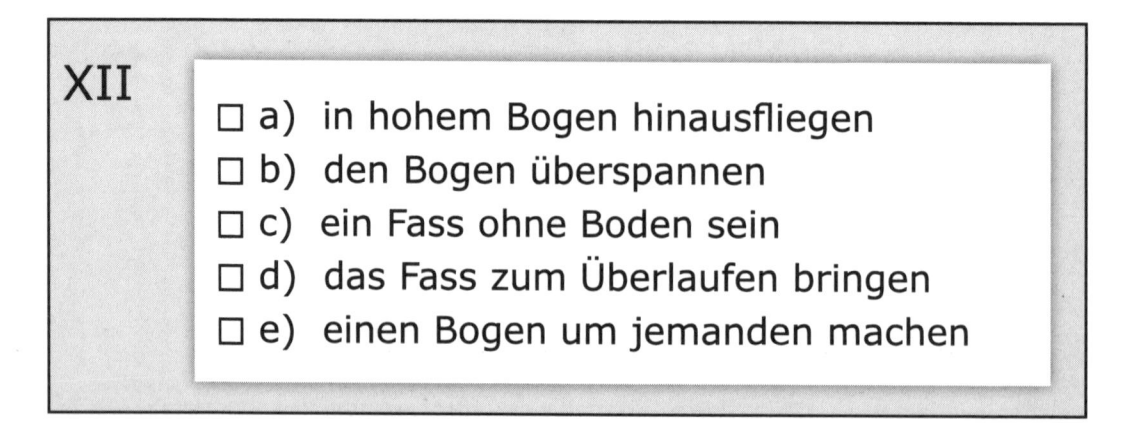

XI
- ☐ a) es fiel noch kein Meister vom Himmel
- ☐ b) das ist eine seiner leichtesten Übungen
- ☐ c) das war nicht Sinn u. Zweck der Übung
- ☐ d) in jemandem seinen Meister finden
- ☐ e) Übung macht den Meister

XII
- ☐ a) in hohem Bogen hinausfliegen
- ☐ b) den Bogen überspannen
- ☐ c) ein Fass ohne Boden sein
- ☐ d) das Fass zum Überlaufen bringen
- ☐ e) einen Bogen um jemanden machen

Sprachliche Intelligenz

S20 Welche zwei Formulierungen haben eine ähnliche Bedeutung?

XIII
- ☐ a) ein hartes Brot sein
- ☐ b) wes Brot ich ess', des Lied ich sing'
- ☐ c) der Mensch lebt nicht vom Brot allein
- ☐ d) seine Fahne nach dem Wind drehen
- ☐ e) die Fahne hochhalten

XIV
- ☐ a) das Kind beim Namen nennen
- ☐ b) kein Kind von Traurigkeit sein
- ☐ c) nicht um den heißen Brei herumreden
- ☐ d) sich bei jemandem lieb Kind machen
- ☐ e) jemanden zu Brei schlagen

XV
- ☐ a) das Rad nicht neu erfinden
- ☐ b) das Rad der Geschichte zurückdrehen
- ☐ c) ein Rad abhaben
- ☐ d) dort wird auch nur mit Wasser gekocht
- ☐ e) ins kalte Wasser geworfen werden

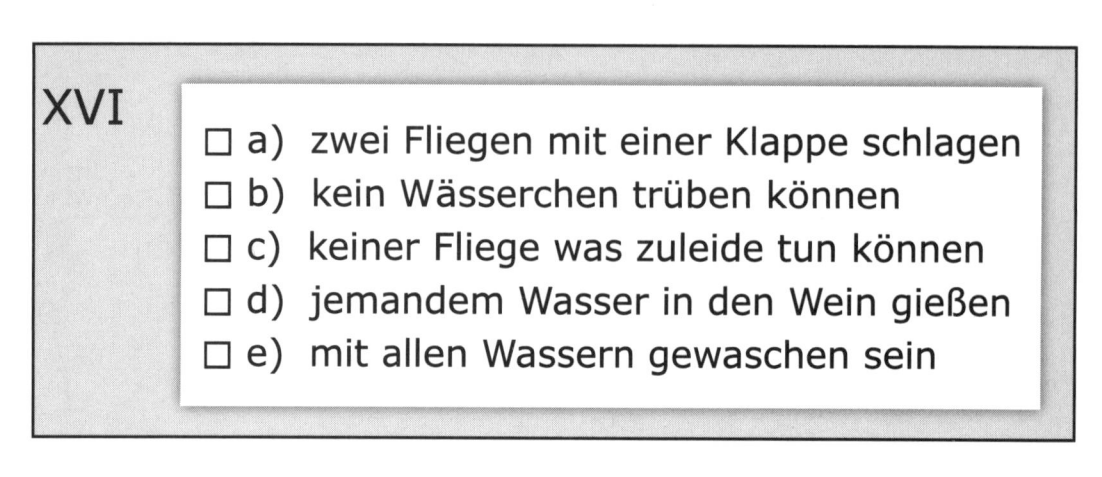

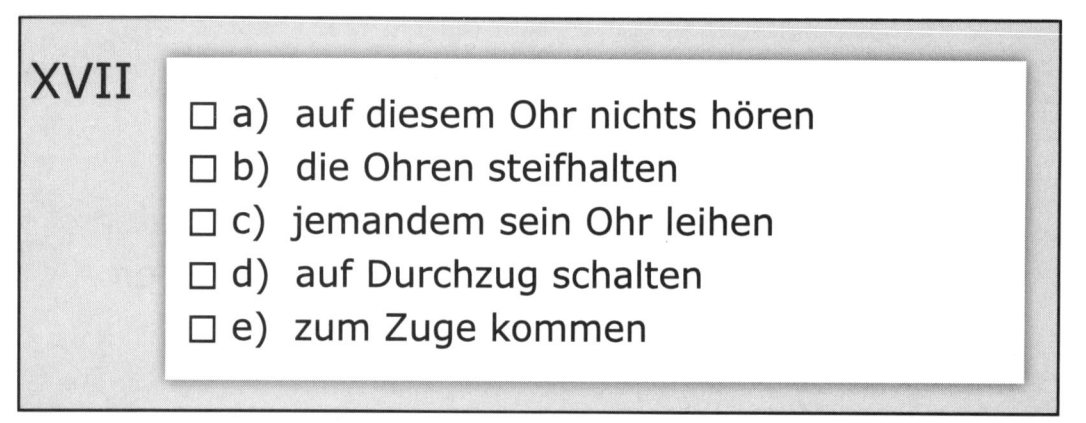

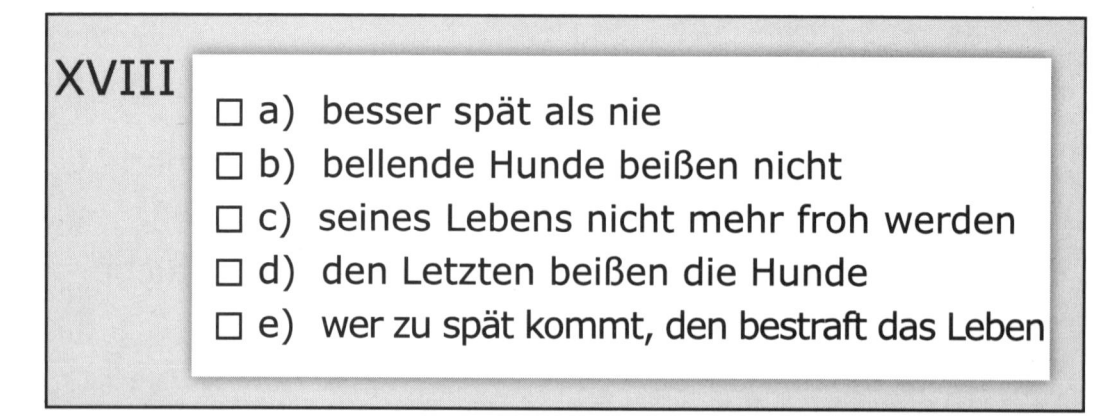

Sprachliche Intelligenz

S20 Welche zwei Formulierungen haben eine ähnliche Bedeutung?

XVI
- [ ] a) zwei Fliegen mit einer Klappe schlagen
- [ ] b) kein Wässerchen trüben können
- [ ] c) keiner Fliege was zuleide tun können
- [ ] d) jemandem Wasser in den Wein gießen
- [ ] e) mit allen Wassern gewaschen sein

XVII
- [ ] a) auf diesem Ohr nichts hören
- [ ] b) die Ohren steifhalten
- [ ] c) jemandem sein Ohr leihen
- [ ] d) auf Durchzug schalten
- [ ] e) zum Zuge kommen

XVIII
- [ ] a) besser spät als nie
- [ ] b) bellende Hunde beißen nicht
- [ ] c) seines Lebens nicht mehr froh werden
- [ ] d) den Letzten beißen die Hunde
- [ ] e) wer zu spät kommt, den bestraft das Leben

IQ-Trainingsaufgaben für mathematische Intelligenz

Dieses Kapitel über mathematische Intelligenz enthält Übungsaufgaben mit Zahlen. Mathematisches Denken und vor allem das Erkennen rechnerischer Zusammenhänge sollen hier trainiert werden.

Anhand einiger Beispiele soll eine mögliche Vorgehensweise bei den Aufgaben demonstriert werden und Ihnen so den Einstieg in die Materie erleichtern.

Die klassische Zahlenreihe

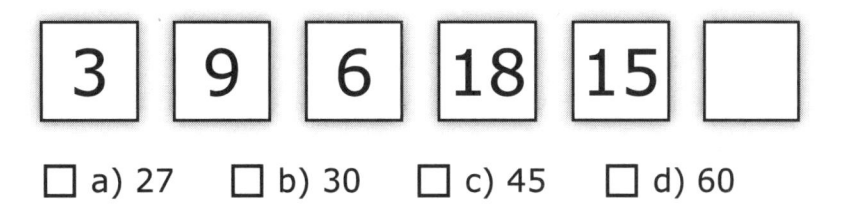

| 3 | 9 | 6 | 18 | 15 | |

☐ a) 27   ☐ b) 30   ☐ c) 45   ☐ d) 60

Diese Reihe hat keinen steten Verlauf, ihre Zahlenwerte steigen und sinken im Ablauf. Das deutet darauf hin, dass hier nicht nur eine mathematische Regel gefunden werden muss, sondern zwei. In diesem Fall könnte man zunächst vermuten, die Reihe begänne mit der Regel „+6" und ginge weiter mit „–3". Dann käme „+12" und wieder „–3". Doch was könnte man daraus folgern? Heißt der Schritt „+18" oder „+24". Erhöht sich der Summand um 6 oder verdoppelt er sich? ... Die Lösung liegt (und das haben Sie vielleicht schon erkannt) woanders. Nicht „+6" lautet die Verknüpfung zwischen erster und zweiter Zahl, sondern „x3". Die Regelmäßigkeit in dieser Reihe lässt sich eindeutig mit „x3" und „–3"

ausdrücken, und dies im Wechsel.
Nach der 15 geht es also weiter mit der Funktion „x3". Die nächste, gesuchte Zahl ist folglich die 45.

Der Bilderkasten

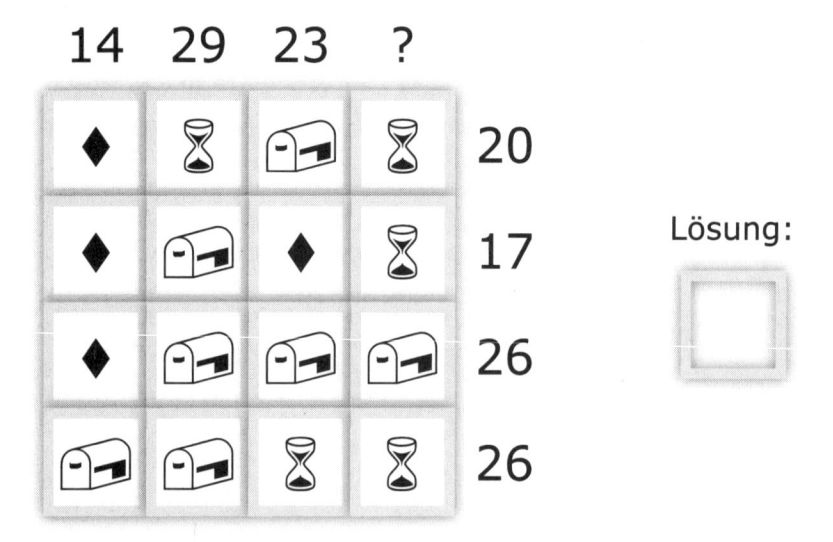

14	29	23	?	
♦	⏳	📪	⏳	20
♦	📪	♦	⏳	17
♦	📪	📪	📪	26
📪	📪	⏳	⏳	26

Lösung:

Diese Tabelle enthält drei unterschiedliche Bilder bzw. Symbole. Über den Spalten und neben den Zeilen stehen Zahlen. Hier muss man intuitiv erfassen, dass diese Zahlenangaben wahrscheinlich Summen darstellen – Summen, die sich aus den Bildern ergeben. Die Bilder müssen also einen Wert haben, einen Zahlenwert.
Dies alles wird in IQ-Tests nicht erläutert. Man muss im Grunde selbst darauf kommen, was gefragt ist. Oder anders gesagt: Sie sollen selbst erkennen, was das Problem ist, wenn lediglich gefragt wird: „Welche Zahl fehlt?"
Nun folgt das eigentliche Lösen der Aufgabe. Wie hoch ist der Zahlenwert der einzelnen Symbole? Gehen Sie möglichst pragmatisch vor. In der ersten Spalte sehen wir drei Rauten und einen Briefkasten, die zusammen 14 wert sind. Die Raute wird die Werte 1, 2, 3 oder 4 haben, um eine Spaltensumme von 14 zu erreichen. Unter Beachtung der dritten Zeile jedoch kommt nur die 2 in Frage, denn für die drei Briefkästen muss eine durch 3 teilbare

Teilsumme übrig bleiben, in diesem Fall die 24. Eine Raute hat also den Wert 2, ein Briefkasten den Wert 8. Die Sanduhr ist nun schnell definiert, nämlich durch den Wert 5. In der vierten Spalte fehlt also die Spaltensumme 23.

Der Zahlenstern

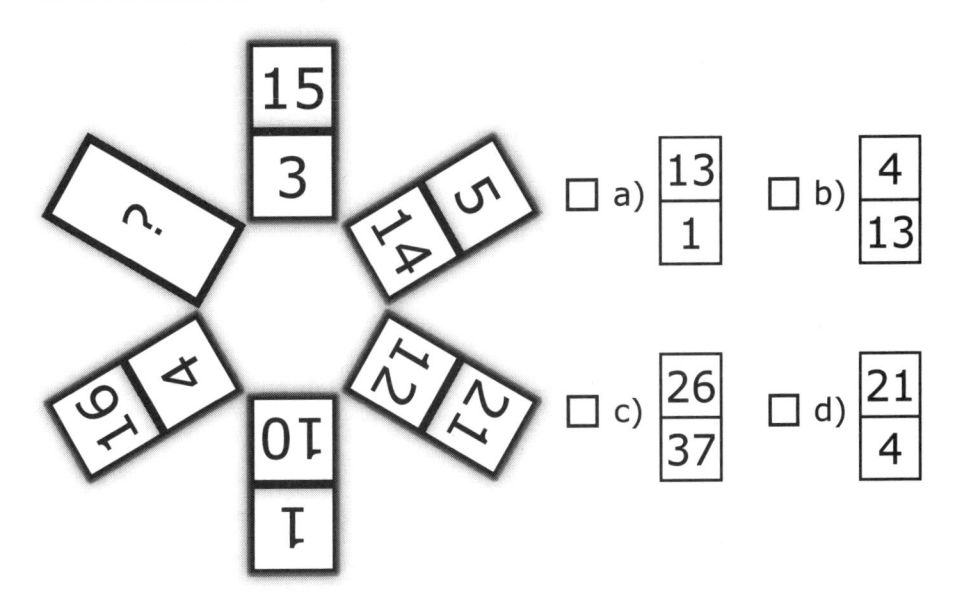

Dies ist ein Aufgabentyp, der viele Ansatzpunkte bietet und daher auch sehr anspruchsvoll sein kann. Die Schwierigkeit besteht darin, dass oft lange nach der Regelmäßigkeit gesucht werden muss. Es gibt innere und äußere Zahlen, die Karten können als gegenüberliegende Paare betrachtet werden oder als nebeneinanderliegende. Es kann eine Rolle spielen, ob das System in eine obere und eine untere Hälfte aufgeteilt ist. Die Zahlen können in den äußeren oder den inneren Kartenhälften eine Reihe bilden, oder die Reihe kann gar einen zickzackförmigen Verlauf haben.

Im vorliegenden Beispiel weisen die beiden Zahlen in drei aufeinanderfolgende Karten jeweils eine Differenz von 9 auf (beginnend bei der Karte „5/14"). In den drei anschließenden Karten ist stets

Mathematische Intelligenz

eine Differenz von 12 zwischen den Zahlen zu erkennen. Als Lösung ist hier also a) anzukreuzen.

Buchstabensysteme

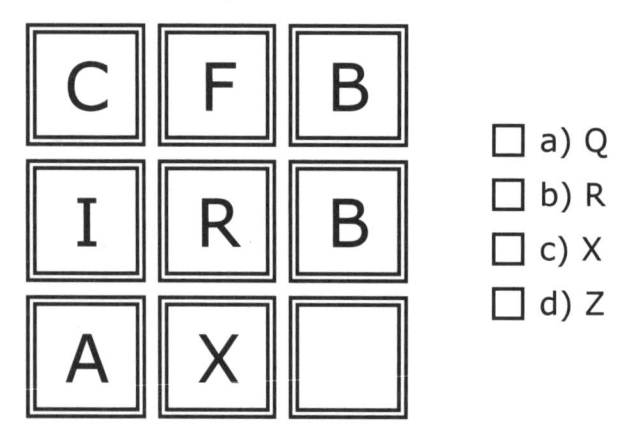

C	F	B
I	R	B
A	X	

☐ a) Q
☐ b) R
☐ c) X
☐ d) Z

Häufig werden in rechnerischen Aufgaben auch Buchstaben eingesetzt. Der Wert der verwendeten Buchstaben korrespondiert dabei häufig mit der Position im Alphabet. Ein A steht also für die 1 usw. Die Schwierigkeit besteht dann oft darin, durch Abzählen die Zahlenwerte der Buchstaben zu ermitteln, während man einen logischen Zusammenhang zwischen den ermittelten Zahlen sucht. Im Beispiel steht in der mittleren Spalte jeweils das Produkt aus linkem und rechtem Buchstabenwert der gleichen Zeile, etwa in der ersten Zeile: C x B = F. Das ist gleichbedeutend mit: 3 x 2 = 6.

Training des mathematischen IQ auf 120 Seiten

30 Aufgabenarten warten hier auf Sie, in denen Sie Ihr mathematisches, zahlengebundenes bzw. rechnerisches Denken IQ-spezifisch trainieren können. Innerhalb der Aufgabenarten erhöht sich der Schwierigkeitsgrad, d. h. bei I wird immer erst mit relativ leichten Testfragen begonnen.

Mathematische Intelligenz

M1 Welche der rechts zur Auswahl stehenden Zahlen passt in das Feld?

I

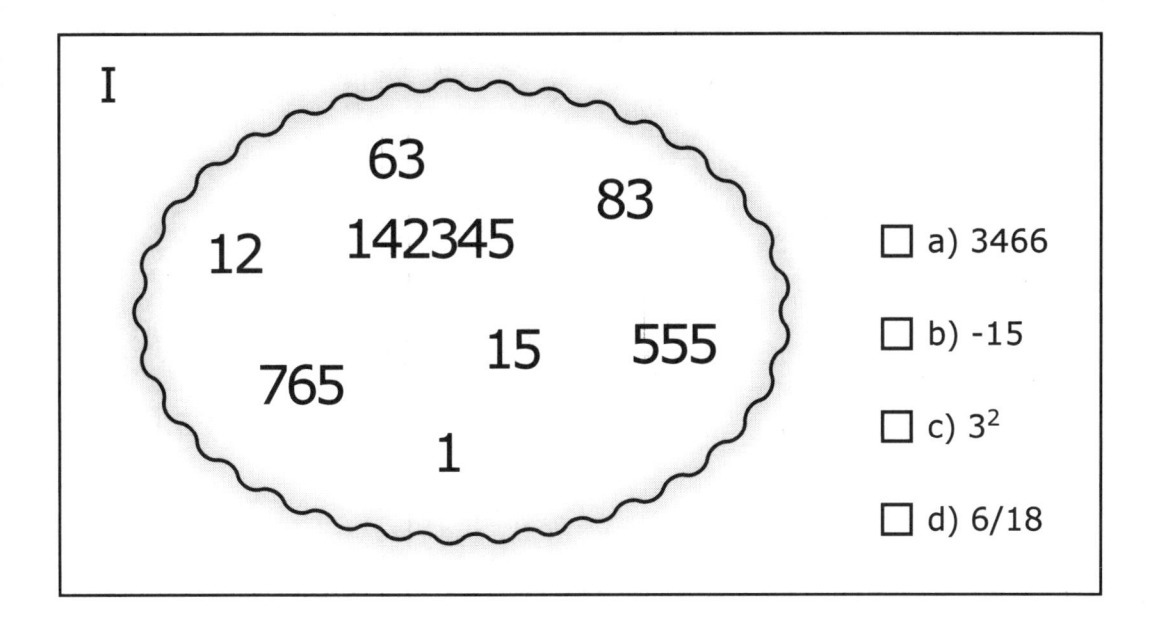

63, 83, 12, 142345, 15, 555, 765, 1

- [ ] a) 3466
- [ ] b) -15
- [ ] c) 3^2
- [ ] d) 6/18

II

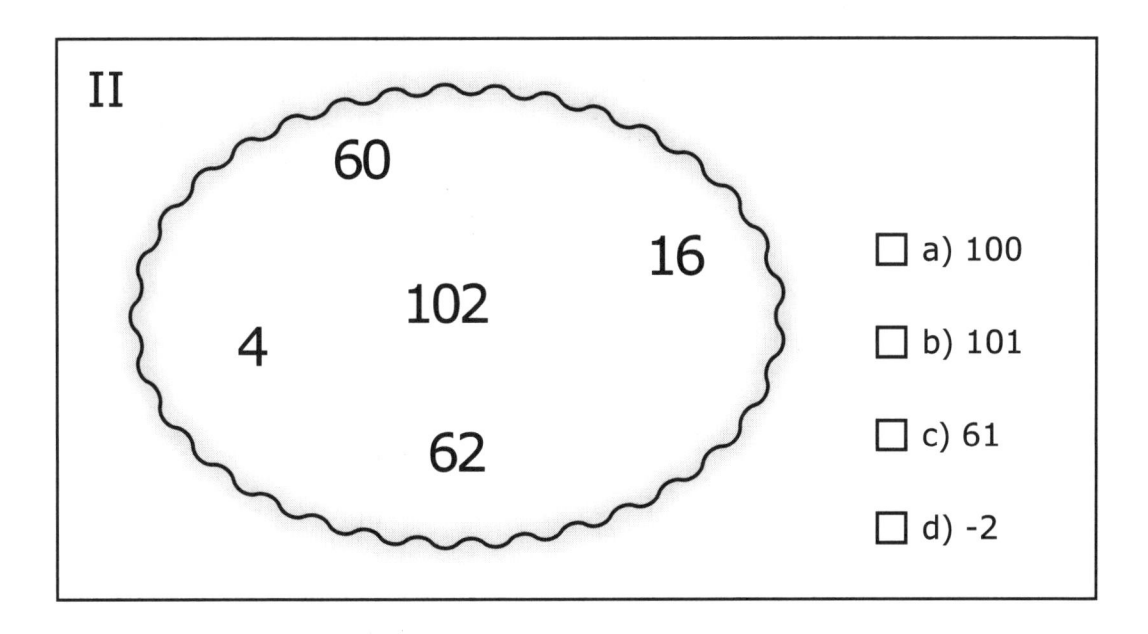

60, 16, 4, 102, 62

- [ ] a) 100
- [ ] b) 101
- [ ] c) 61
- [ ] d) -2

Mathematische Intelligenz

M1 Welche der rechts zur Auswahl stehenden Zahlen passt in das Feld?

III

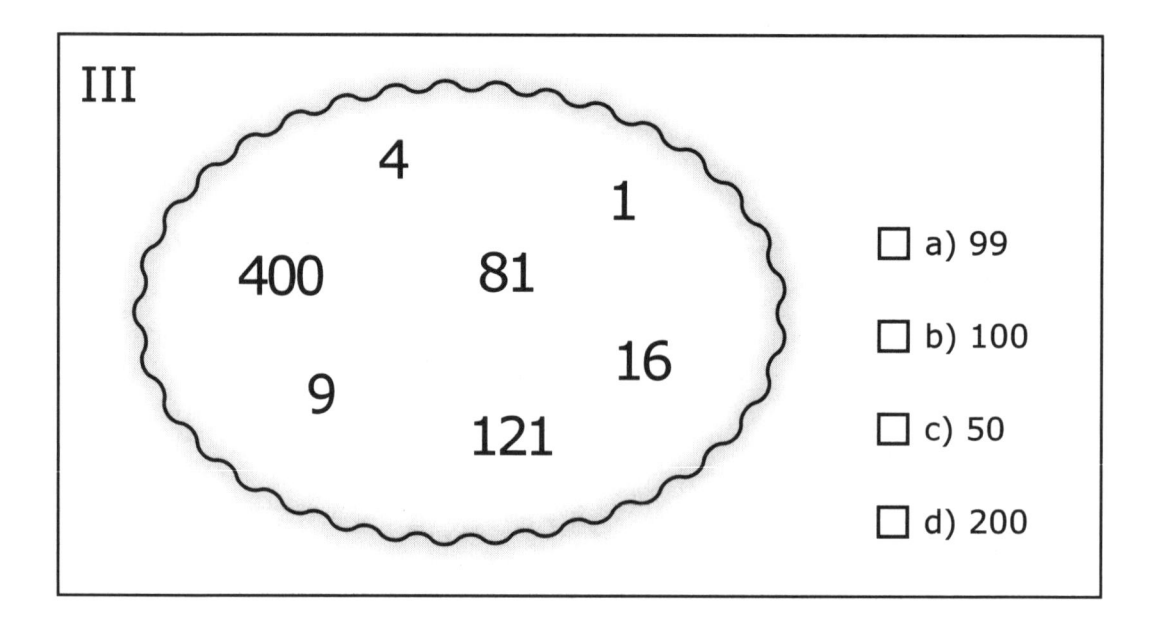

4, 1, 400, 81, 16, 9, 121

- a) 99
- b) 100
- c) 50
- d) 200

IV

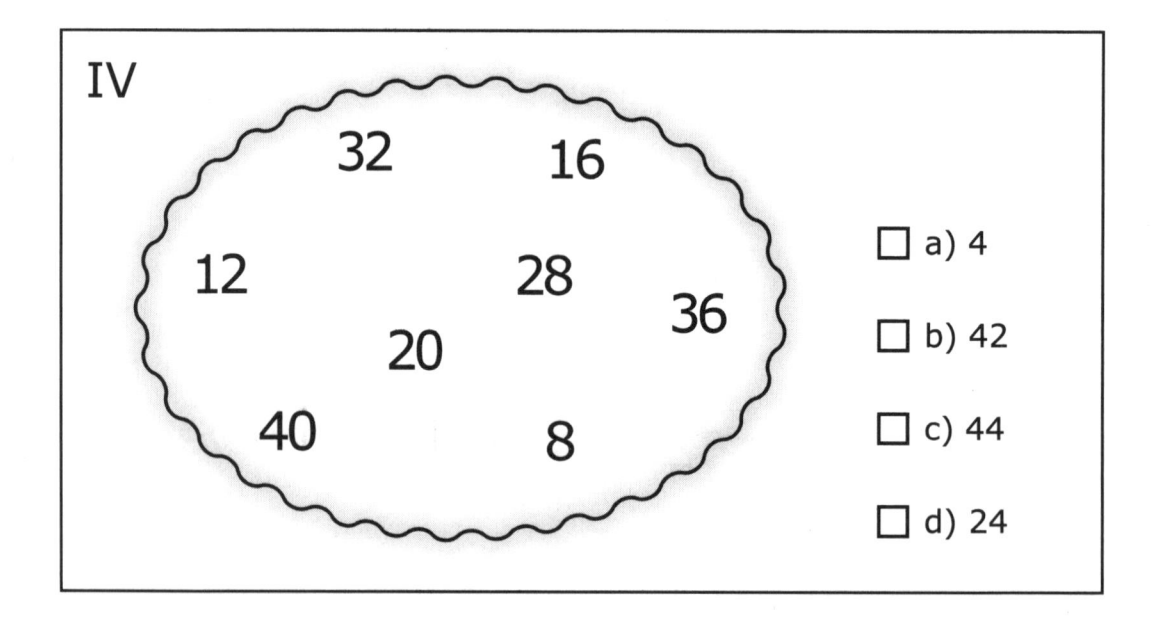

32, 16, 12, 28, 36, 20, 40, 8

- a) 4
- b) 42
- c) 44
- d) 24

Mathematische Intelligenz

M1 Welche der rechts zur Auswahl stehenden Zahlen passt in das Feld?

V

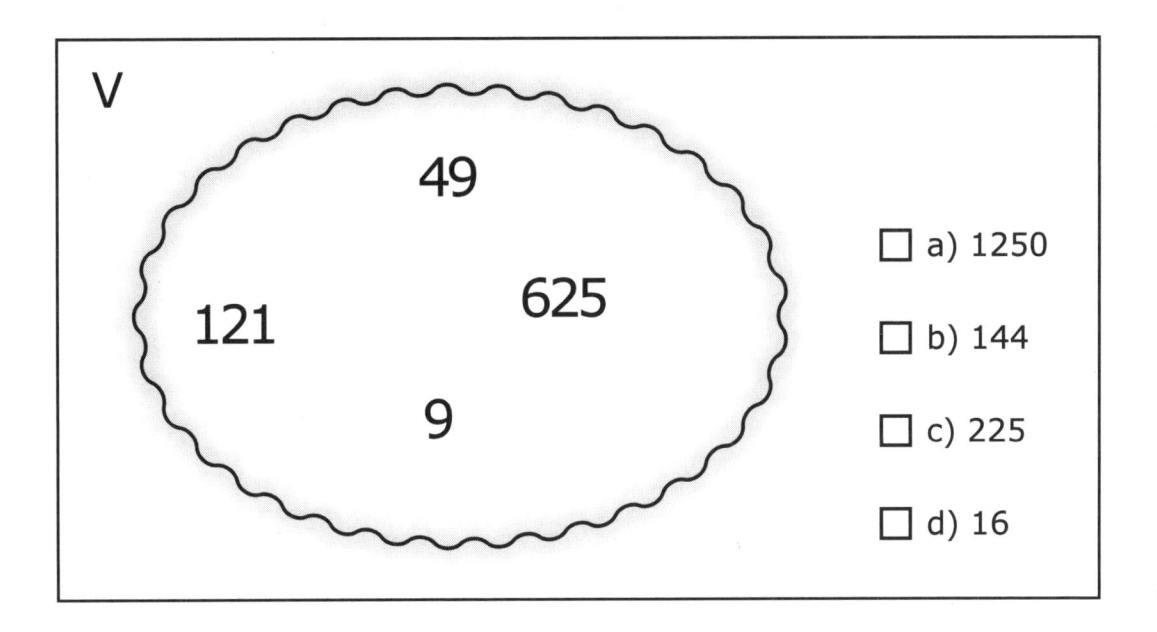

49, 625, 121, 9

- [ ] a) 1250
- [ ] b) 144
- [ ] c) 225
- [ ] d) 16

VI

23, 31, 2, 41, 103

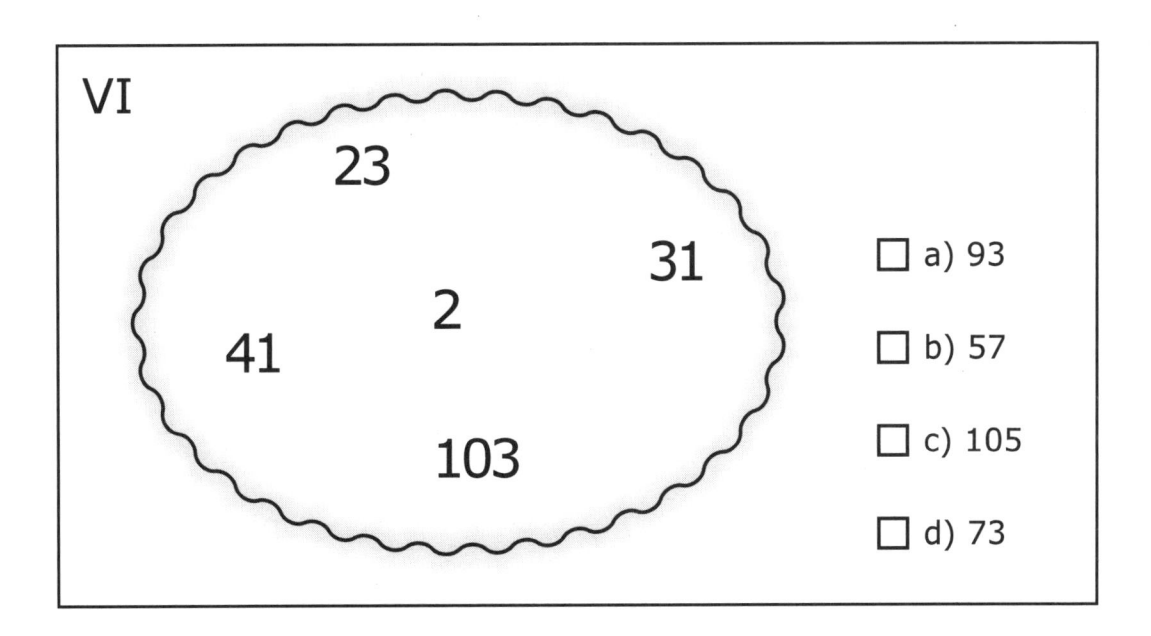

- [ ] a) 93
- [ ] b) 57
- [ ] c) 105
- [ ] d) 73

Mathematische Intelligenz

M1 Welche der rechts zur Auswahl stehenden Zahlen passt in das Feld?

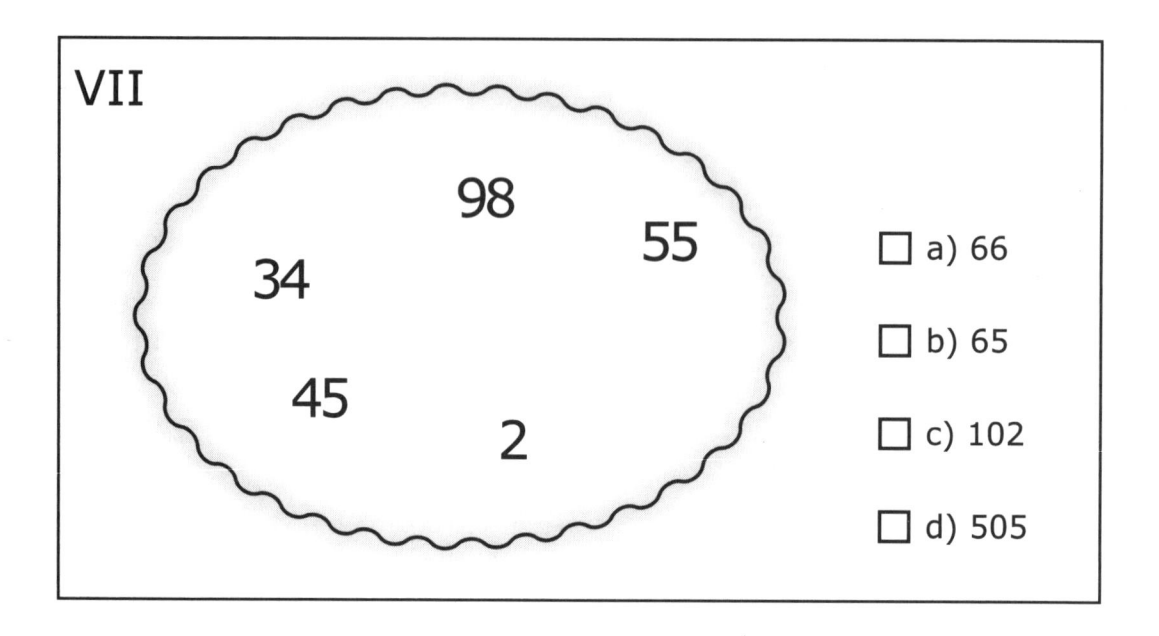

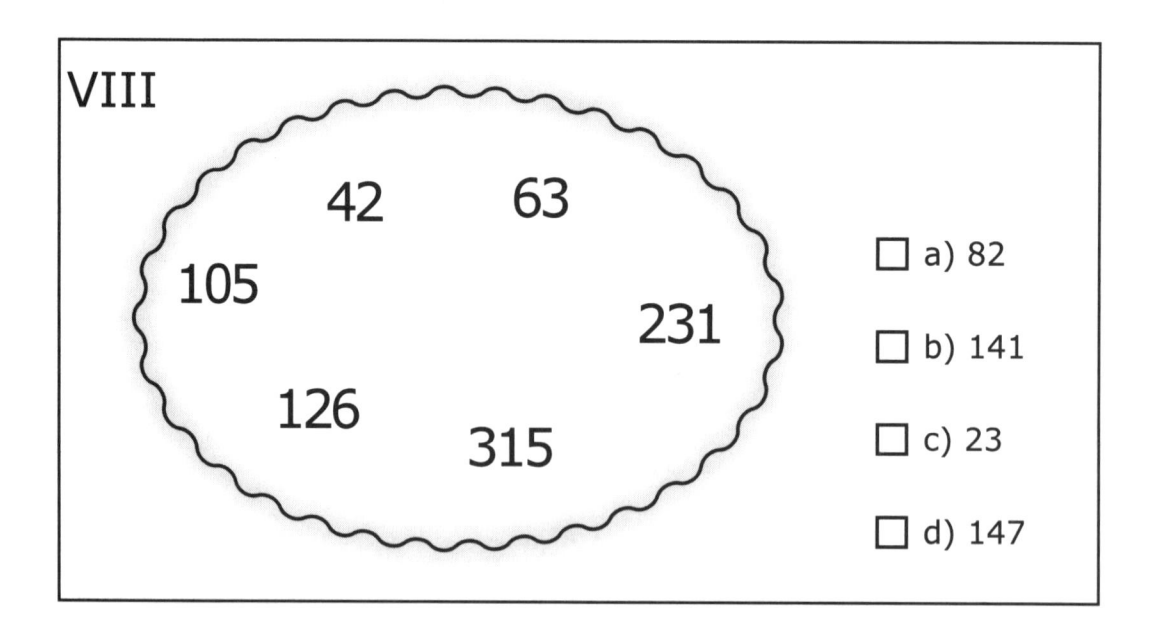

VII

Im Feld: 98, 55, 34, 45, 2

- ☐ a) 66
- ☐ b) 65
- ☐ c) 102
- ☐ d) 505

VIII

Im Feld: 42, 63, 105, 231, 126, 315

- ☐ a) 82
- ☐ b) 141
- ☐ c) 23
- ☐ d) 147

Mathematische Intelligenz

M2 Welche der rechts zur Auswahl stehenden Zahlen passen an die Stellen der Fragezeichen?

I

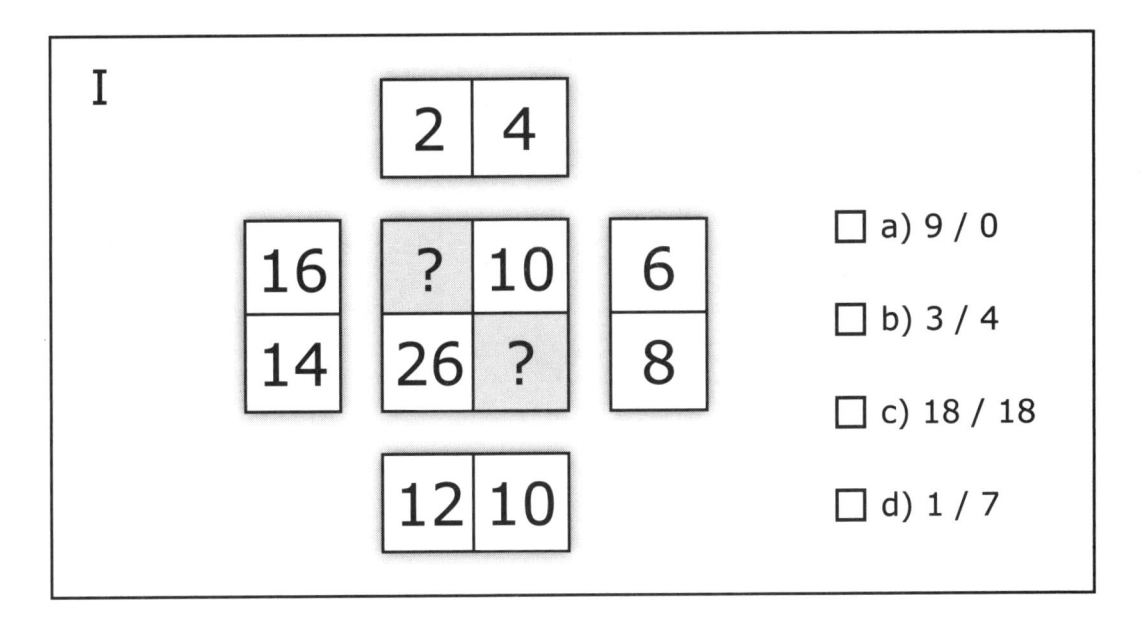

```
        | 2 | 4 |
| 16 |  | ? | 10 |  | 6 |
| 14 |  | 26| ? |  | 8 |
        | 12| 10|
```

- [ ] a) 9 / 0
- [ ] b) 3 / 4
- [ ] c) 18 / 18
- [ ] d) 1 / 7

II

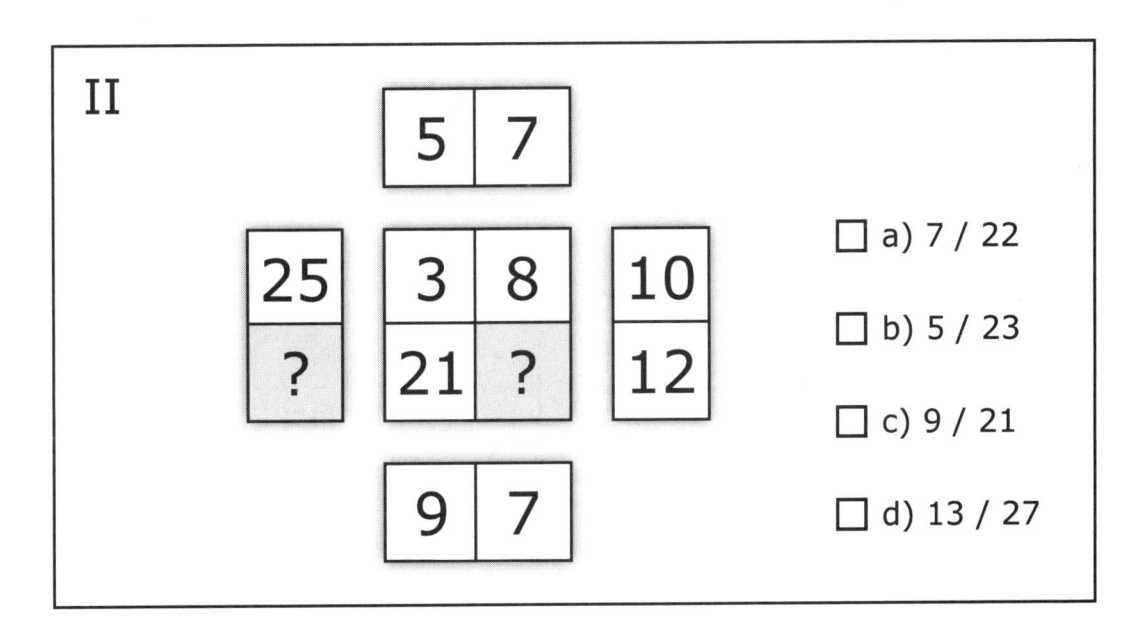

```
        | 5 | 7 |
| 25 |  | 3 | 8 |  | 10 |
| ?  |  | 21| ? |  | 12 |
        | 9 | 7 |
```

- [ ] a) 7 / 22
- [ ] b) 5 / 23
- [ ] c) 9 / 21
- [ ] d) 13 / 27

IQ Übungen

Mathematische Intelligenz

M2 Welche der rechts zur Auswahl stehenden Zahlen passen an die Stellen der Fragezeichen?

III

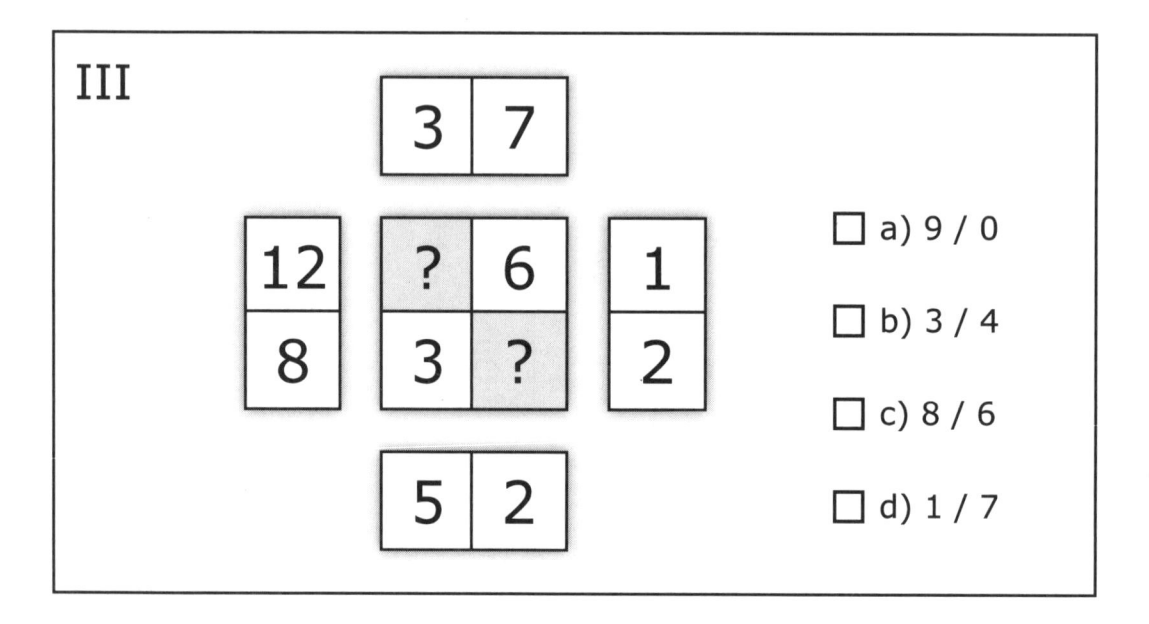

```
      3 7
12  ? 6  1
 8  3 ?  2
      5 2
```

- a) 9 / 0
- b) 3 / 4
- c) 8 / 6
- d) 1 / 7

IV

```
      1 8
5   7 ?   6
4   5 15  3
      0 ?
```

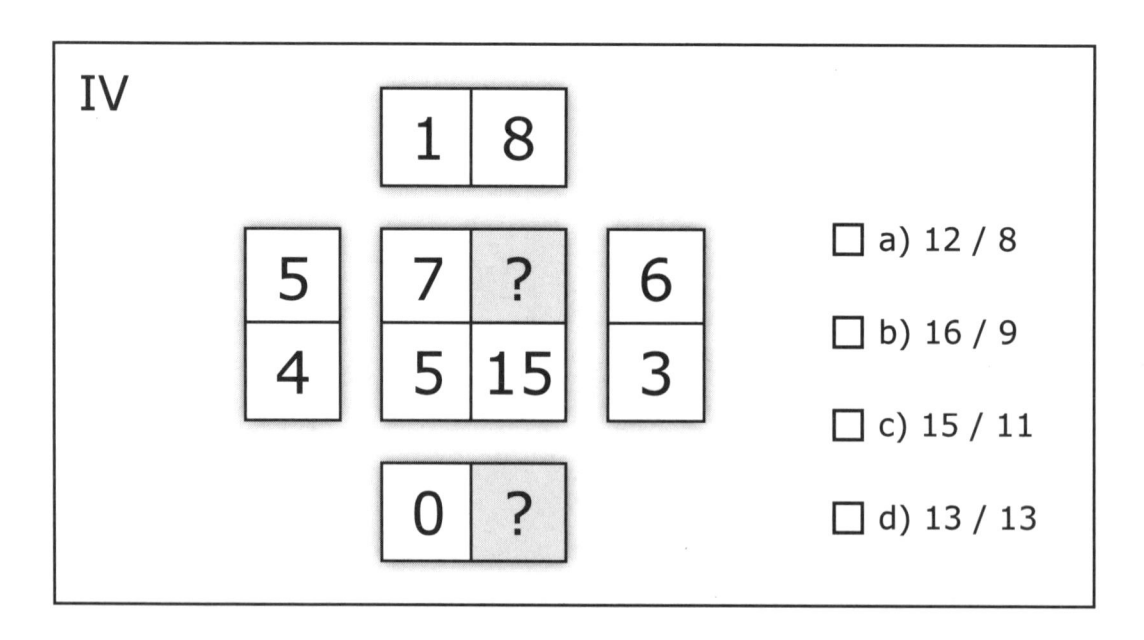

- a) 12 / 8
- b) 16 / 9
- c) 15 / 11
- d) 13 / 13

Mathematische Intelligenz

M2 Welche der rechts zur Auswahl stehenden Zahlen passen an die Stellen der Fragezeichen?

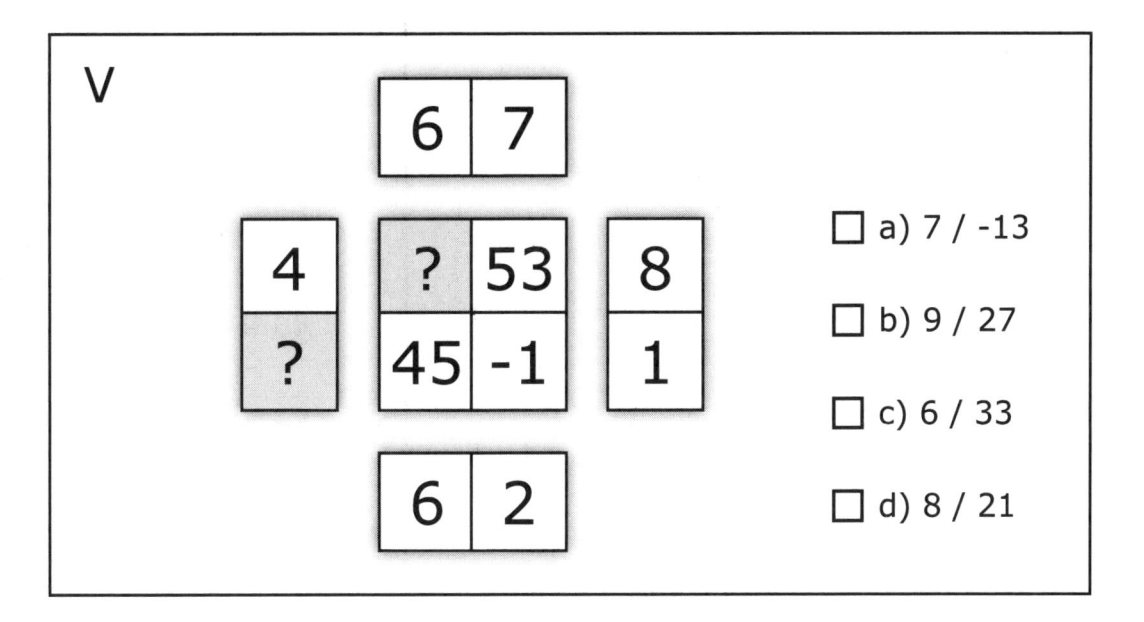

V

	6	7	
4	?	53	8
?	45	-1	1
	6	2	

- a) 7 / -13
- b) 9 / 27
- c) 6 / 33
- d) 8 / 21

VI

	5	3	
5	?	99	11
6	36	?	1
	2	4	

- a) 24 / 15
- b) 75 / 12
- c) 90 / 8
- d) 30 / 11

IQ Übungen

Mathematische Intelligenz

M2 Welche der rechts zur Auswahl stehenden Zahlen passen an die Stellen der Fragezeichen?

VII

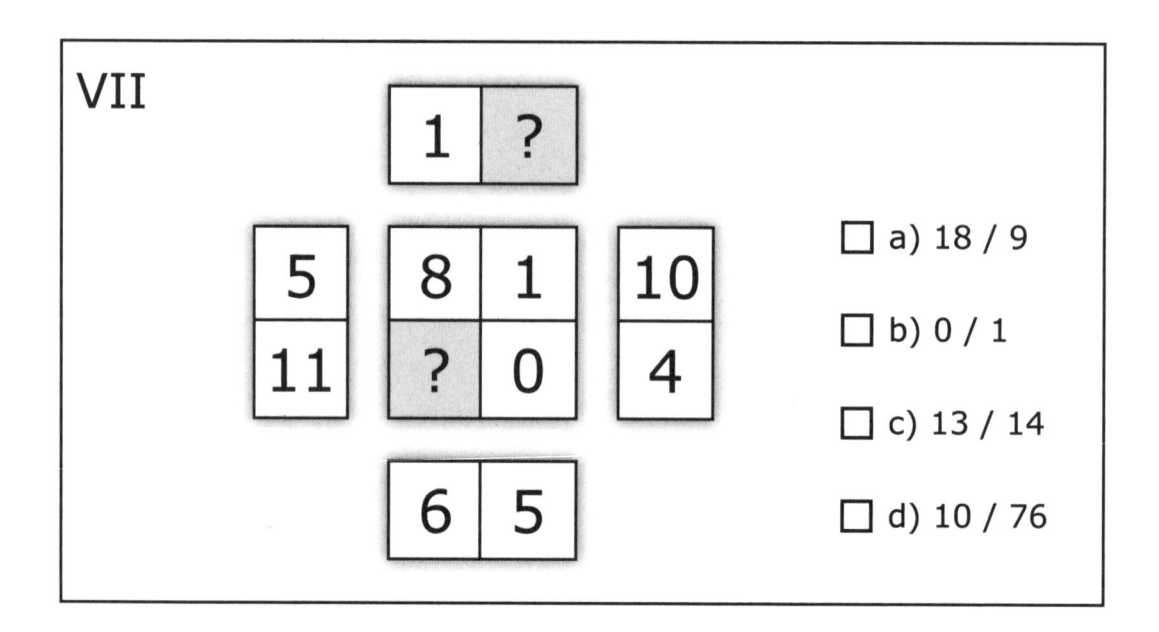

```
        1 | ?
5 | 8 | 1 | 10
11| ?| 0 | 4
        6 | 5
```

- [ ] a) 18 / 9
- [ ] b) 0 / 1
- [ ] c) 13 / 14
- [ ] d) 10 / 76

VIII

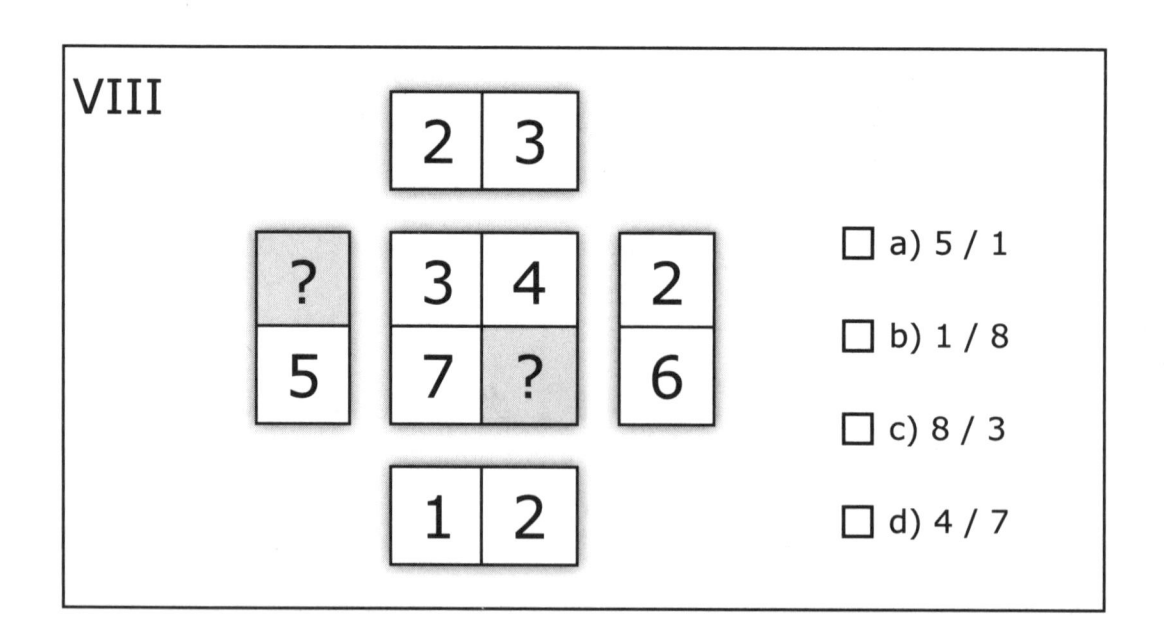

```
        2 | 3
? | 3 | 4 | 2
5 | 7 | ? | 6
        1 | 2
```

- [ ] a) 5 / 1
- [ ] b) 1 / 8
- [ ] c) 8 / 3
- [ ] d) 4 / 7

Mathematische Intelligenz

M3 Welche Zahl gehört ins jeweils leere Feld?

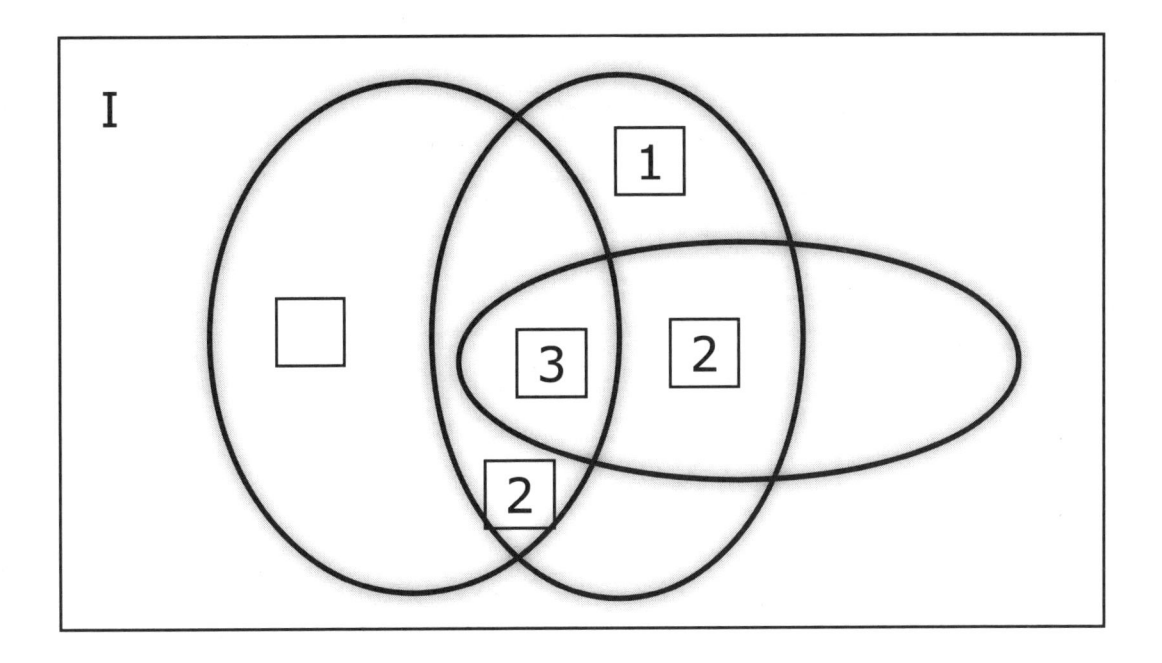

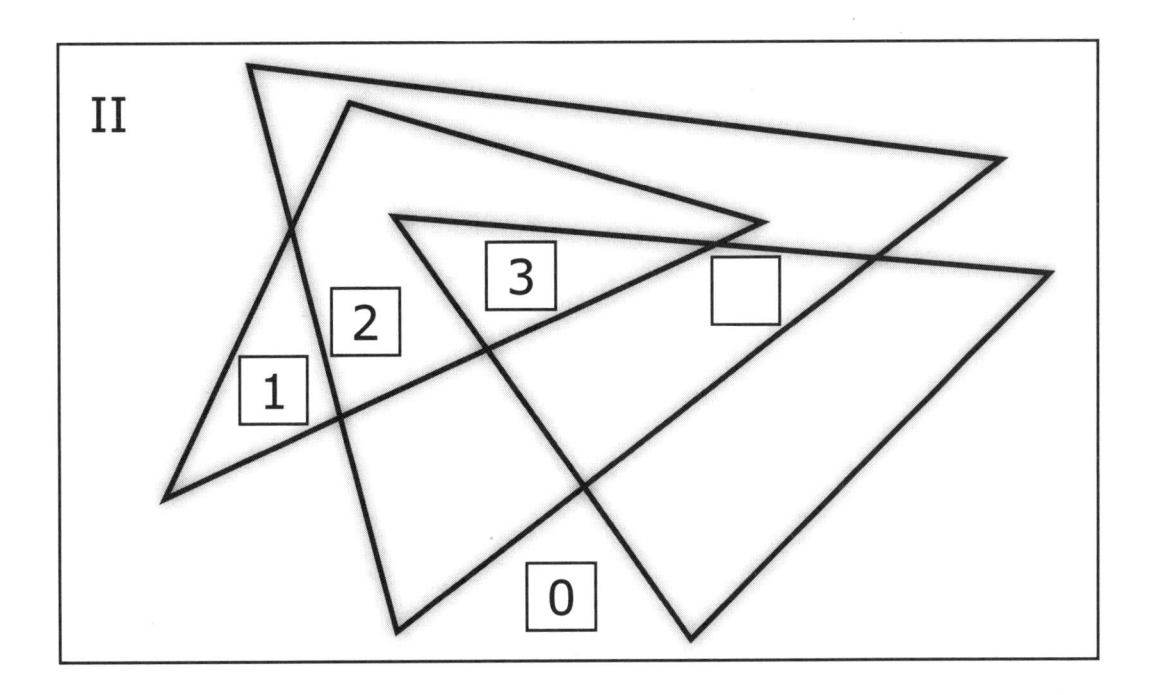

I

II

Mathematische Intelligenz

M3 Welche Zahl gehört ins jeweils leere Feld?

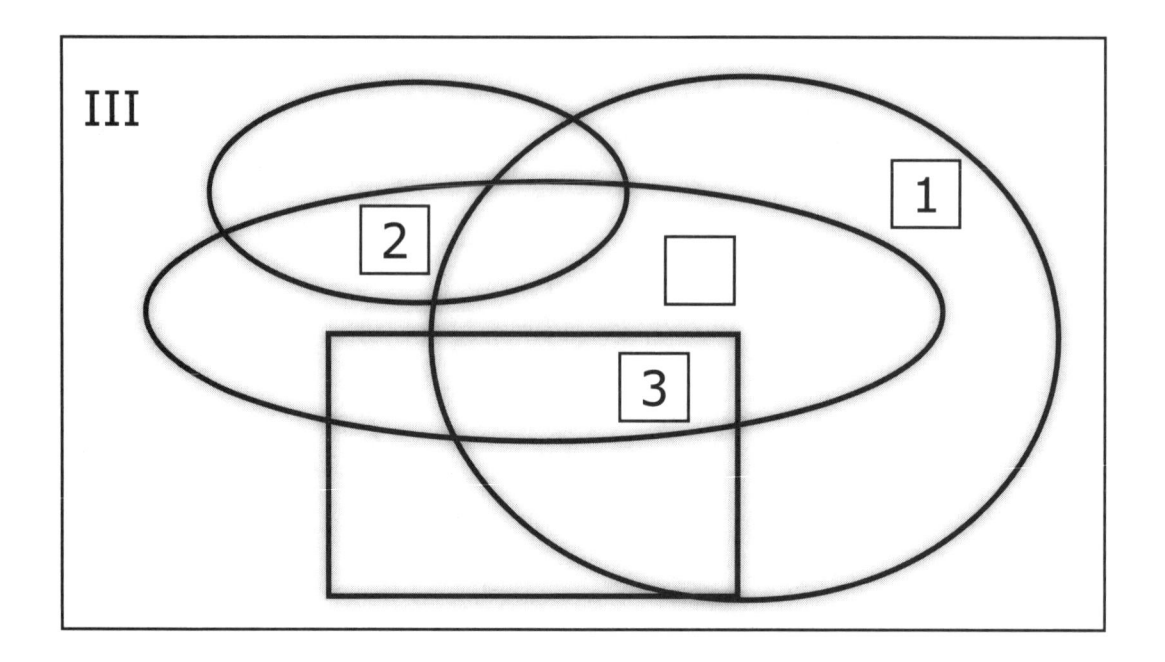

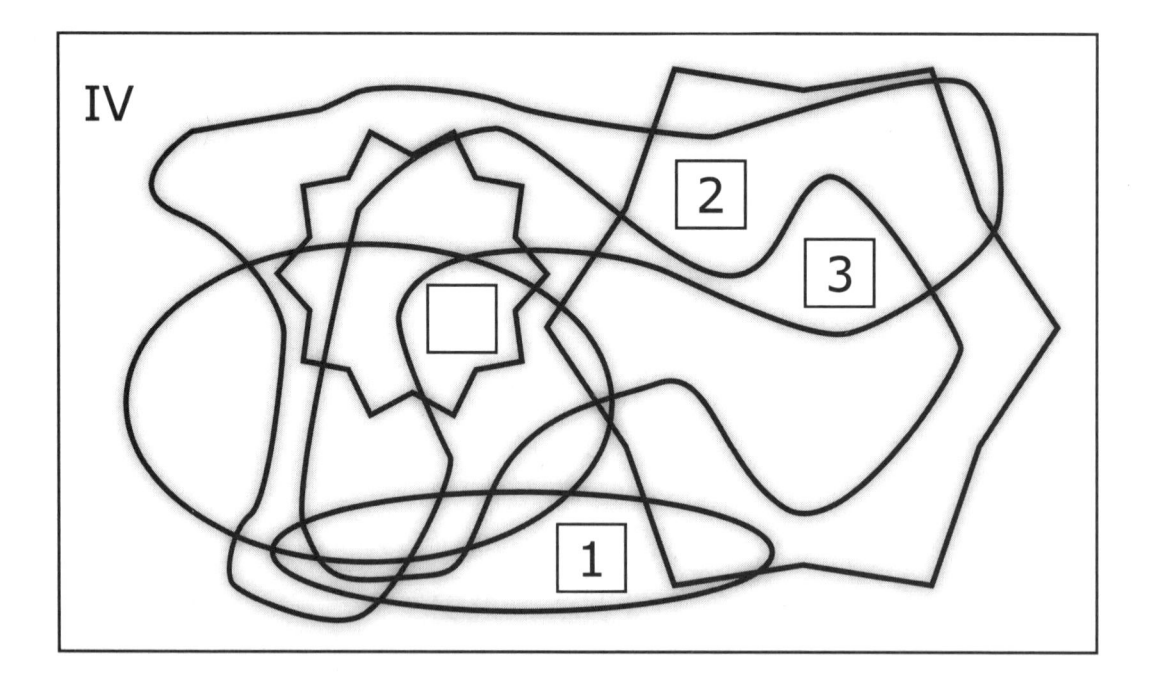

III

IV

158 IQ Übungen

Mathematische Intelligenz

M3 Welche Zahl gehört ins jeweils leere Feld?

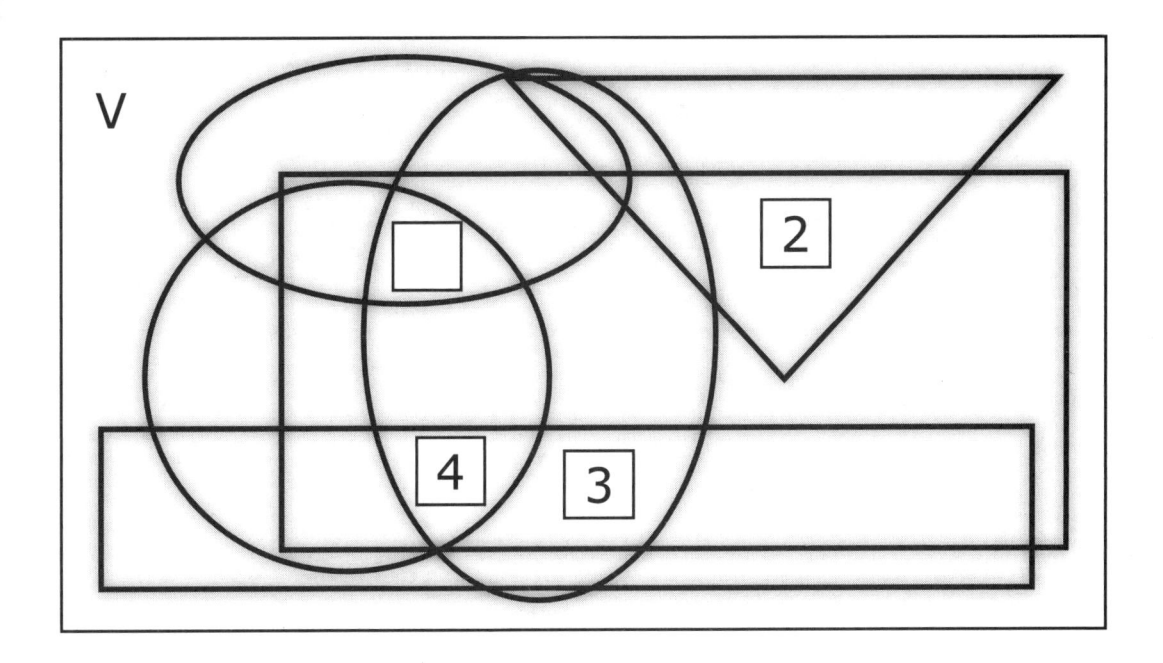

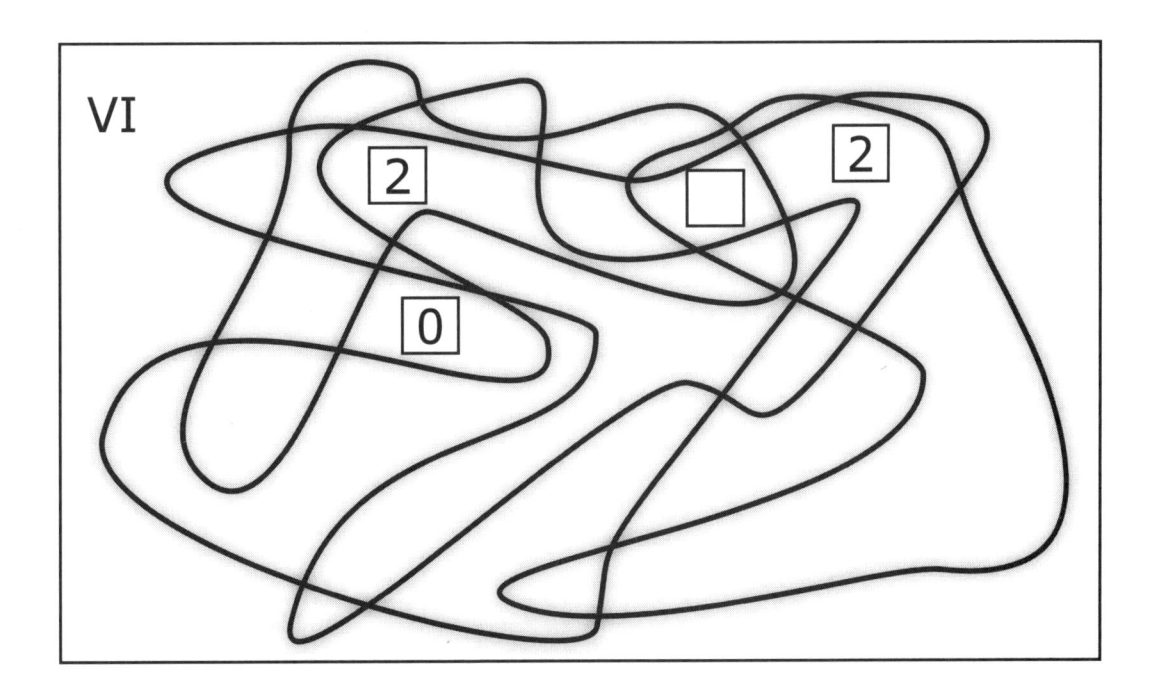

V

VI

Mathematische Intelligenz

M3 Welche Zahl gehört ins jeweils leere Feld?

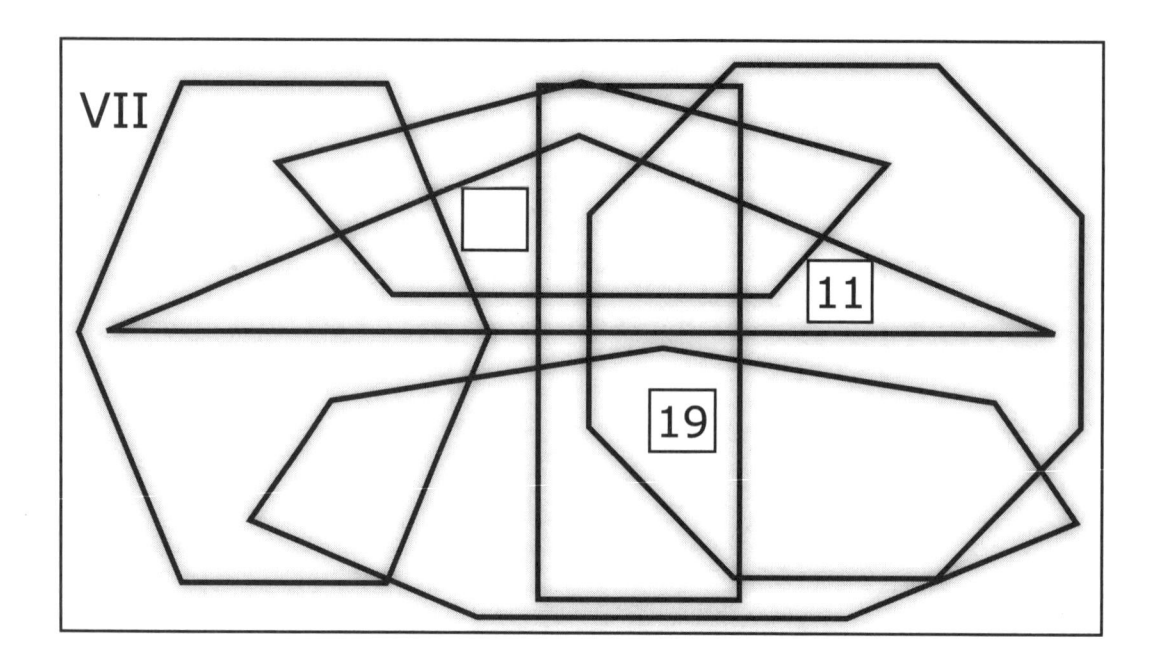

VII

11

19

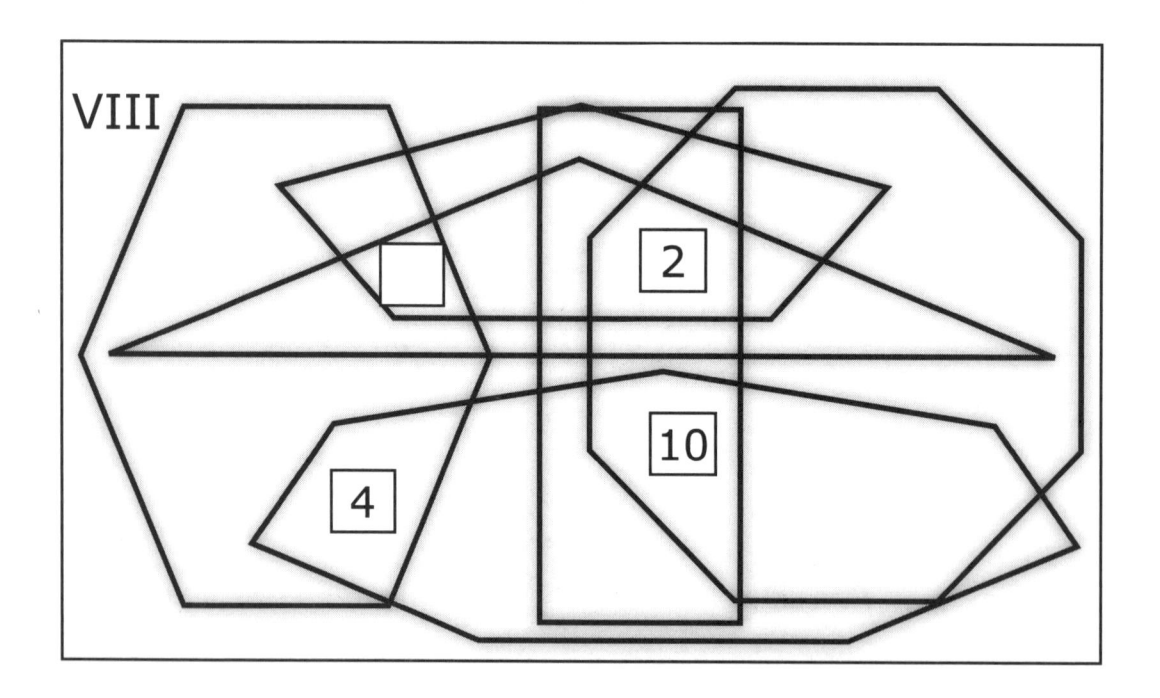

VIII

2

10

4

160 IQ Übungen

M4

Welche der Zahlen neben a) bis d) passt ins leere Feld?

I

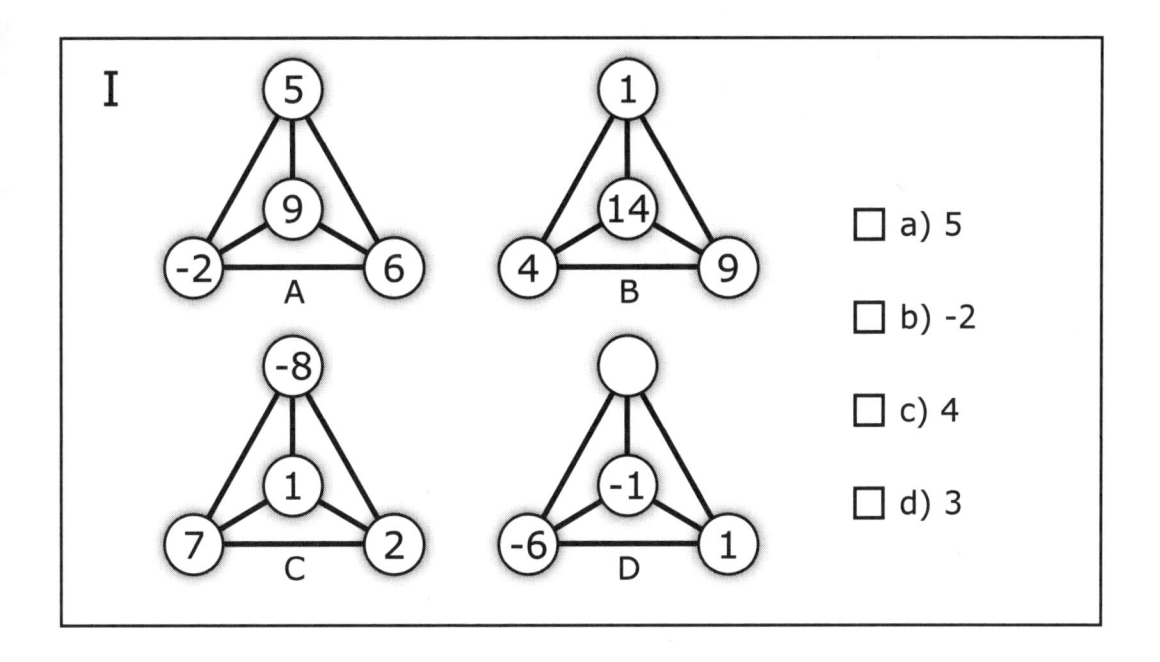

- a) 5
- b) -2
- c) 4
- d) 3

II

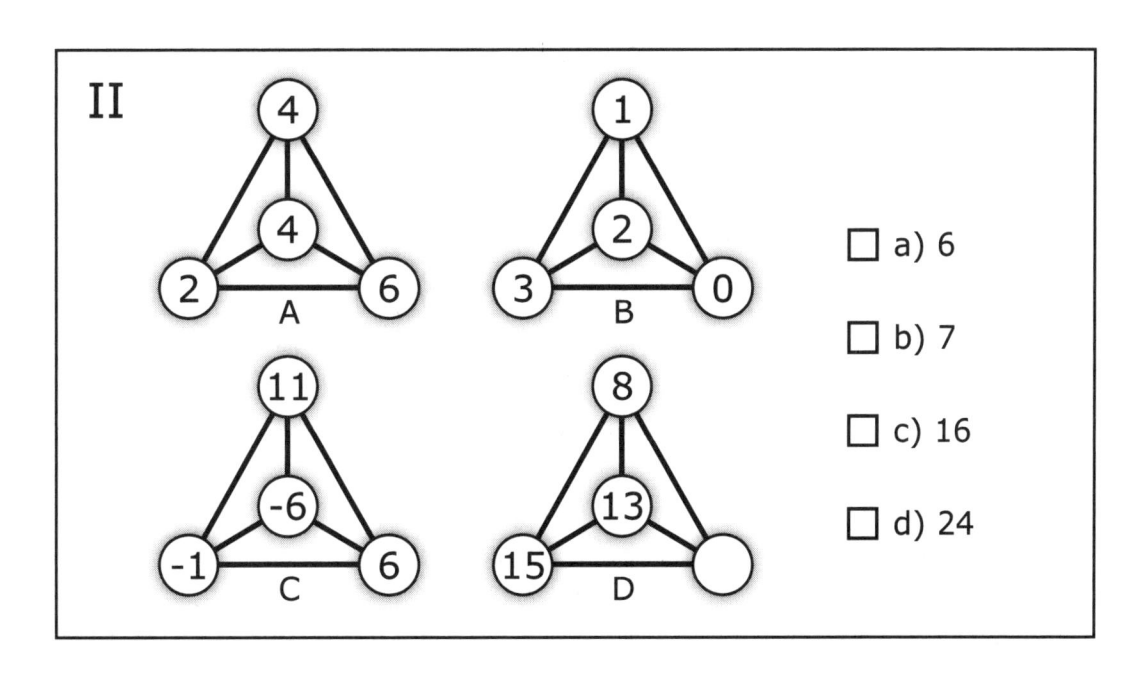

- a) 6
- b) 7
- c) 16
- d) 24

Mathematische Intelligenz

M4 Welche der Zahlen neben a) bis d) passt ins leere Feld?

III

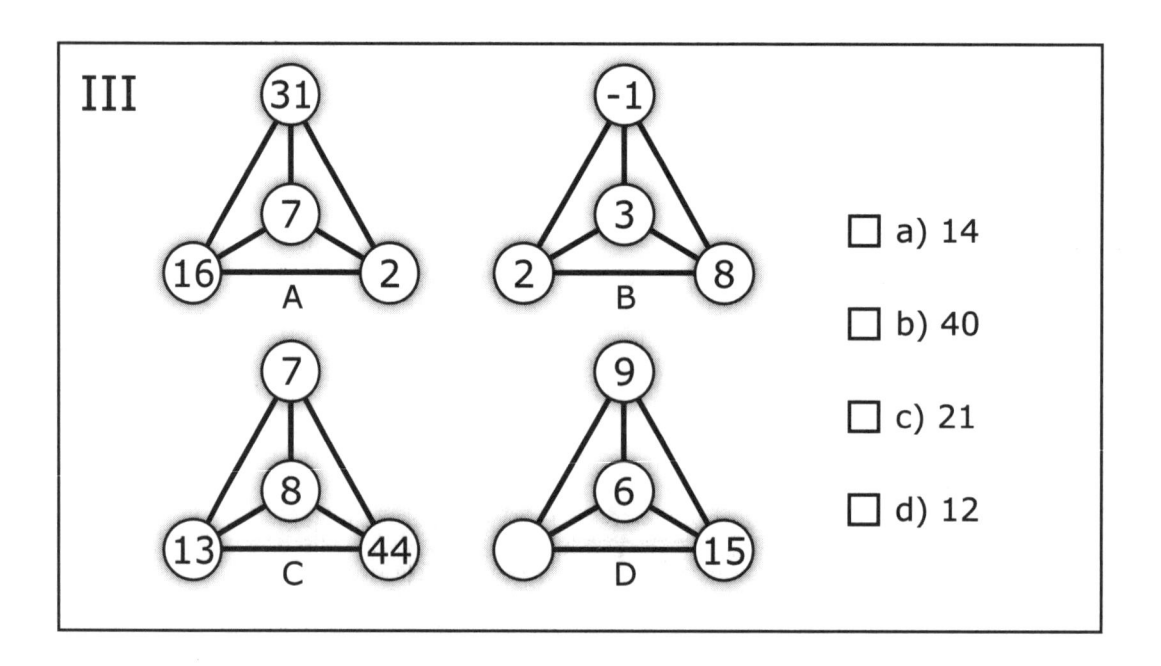

A: 31, 7, 16, 2
B: -1, 3, 2, 8
C: 7, 8, 13, 44
D: 9, 6, ?, 15

- a) 14
- b) 40
- c) 21
- d) 12

IV

A: 8, 2, 5, 2
B: 40, 9, 6, 14
C: 98, 9, 11, 1
D: 39, ?, 3, 9

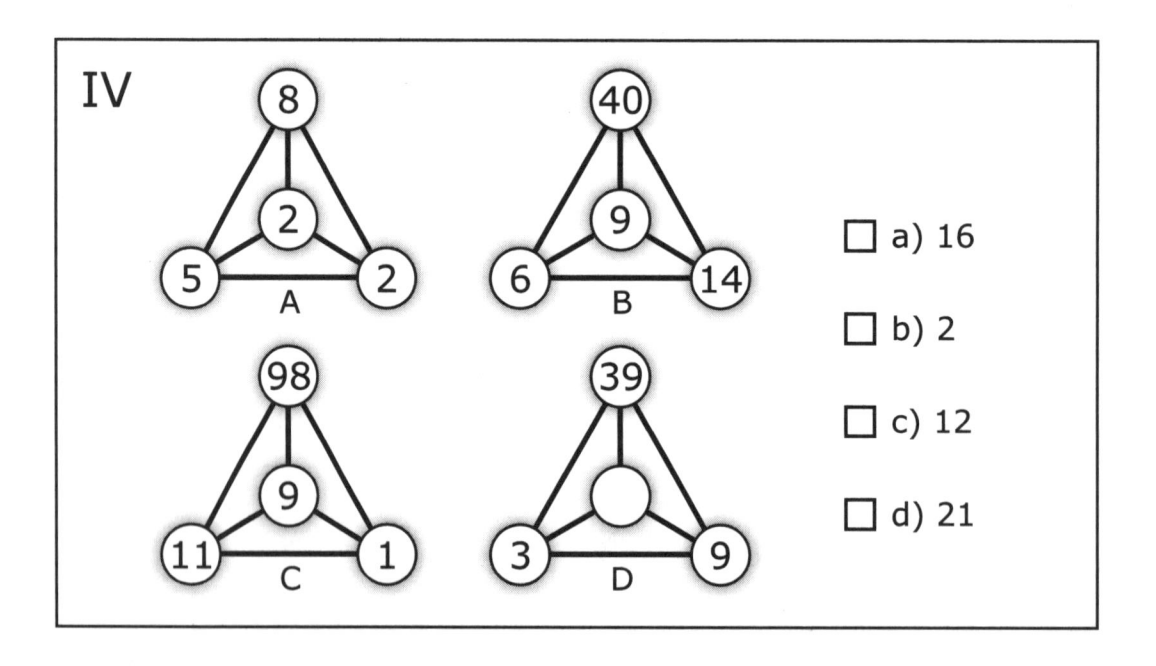

- a) 16
- b) 2
- c) 12
- d) 21

162   IQ Übungen

Mathematische Intelligenz

M4 Welche der Zahlen neben a) bis d) passt ins leere Feld?

V

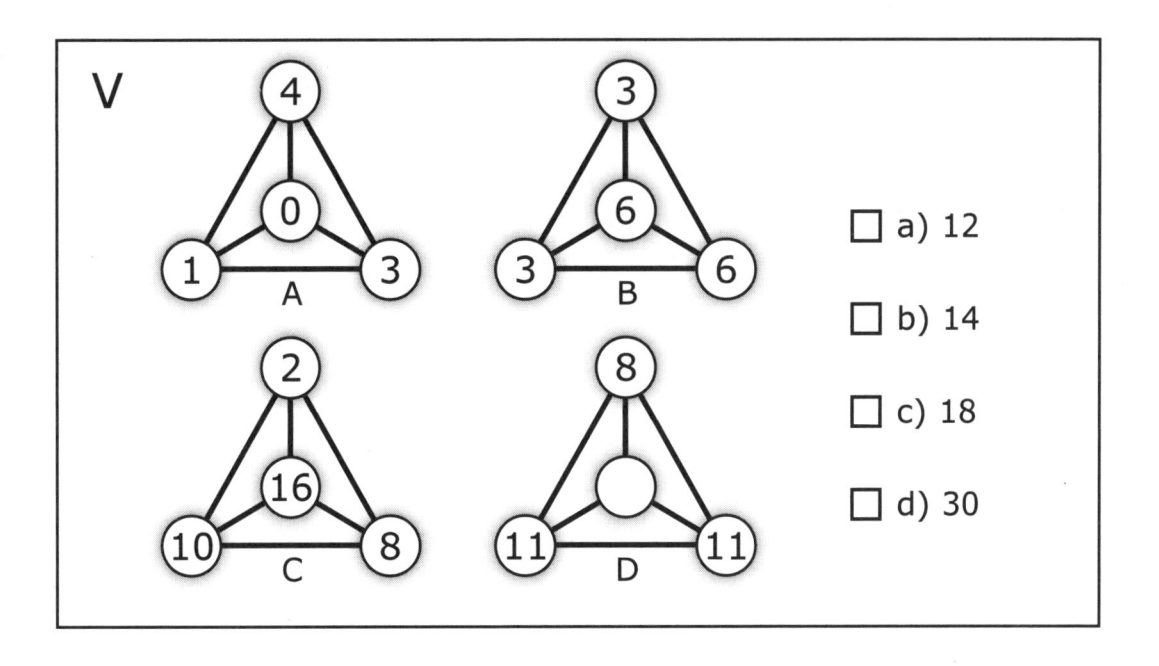

- a) 12
- b) 14
- c) 18
- d) 30

VI

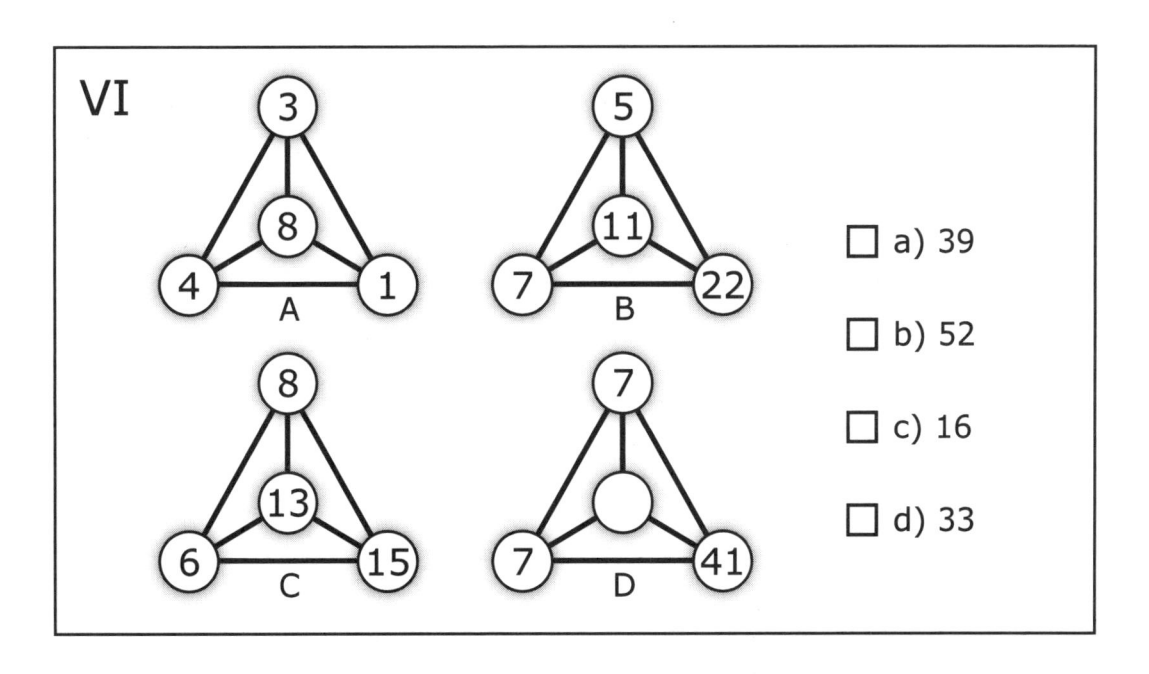

- a) 39
- b) 52
- c) 16
- d) 33

IQ Übungen

Mathematische Intelligenz

M4 Welche der Zahlen neben a) bis d) passt ins leere Feld?

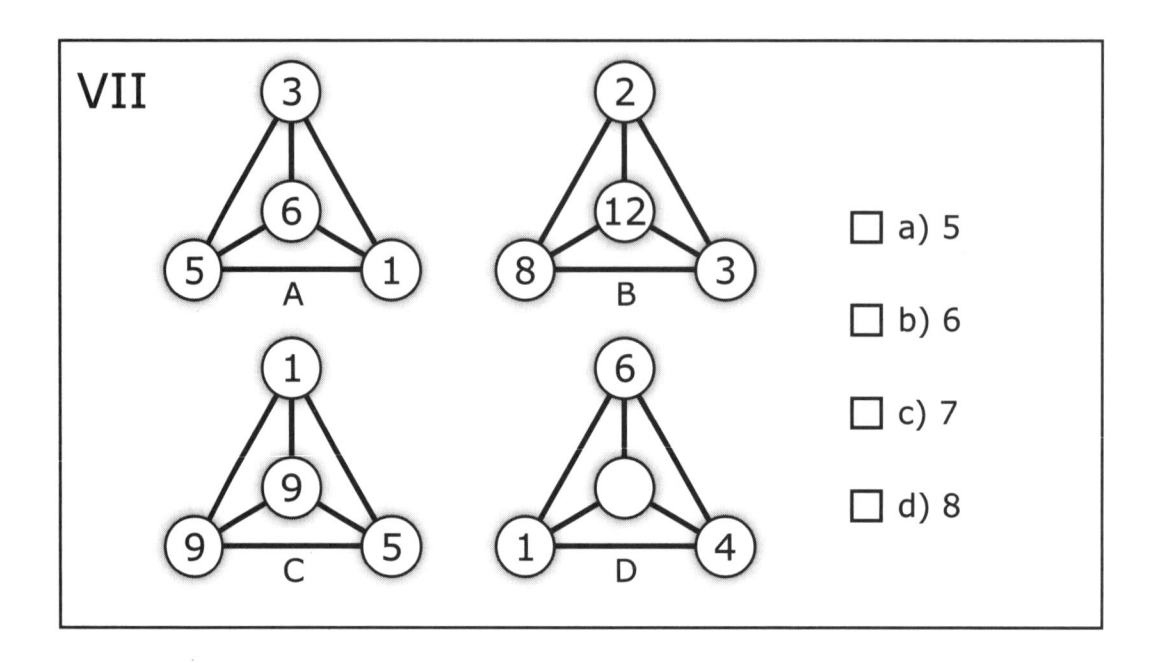

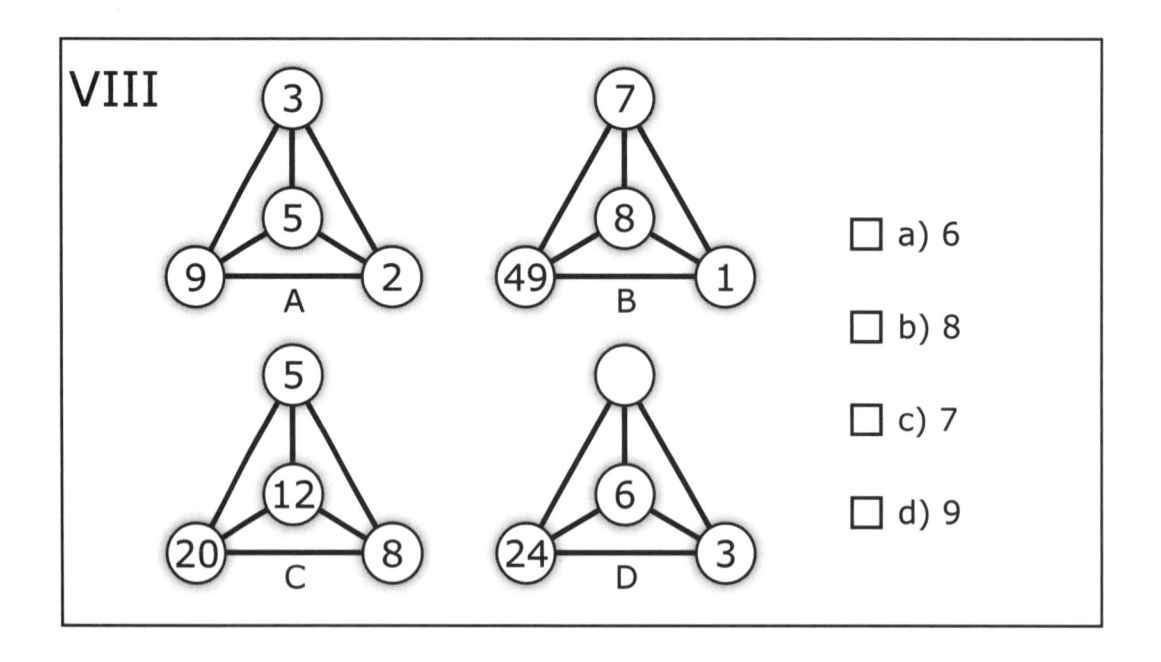

VII

A: 3, 6, 5, 1 → center 6 (with 3, 5, 1)
B: 2, 12, 8, 3 → center 12
C: 1, 9, 9, 5 → center 9
D: 6, ?, 1, 4

- [ ] a) 5
- [ ] b) 6
- [ ] c) 7
- [ ] d) 8

VIII

A: 3, 5, 9, 2 → center 5
B: 7, 8, 49, 1 → center 8
C: 5, 12, 20, 8 → center 12
D: ?, 6, 24, 3

- [ ] a) 6
- [ ] b) 8
- [ ] c) 7
- [ ] d) 9

M5 Welche Zahl gehört an die Stelle des Fragezeichens?

I

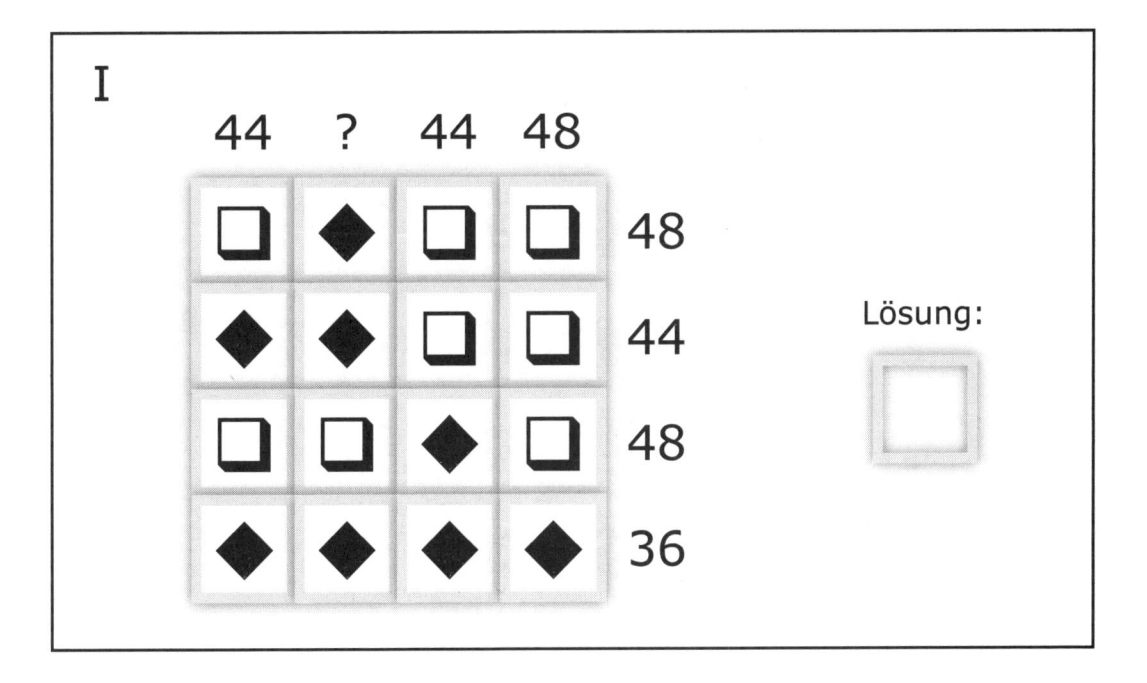

Lösung: **40**

II

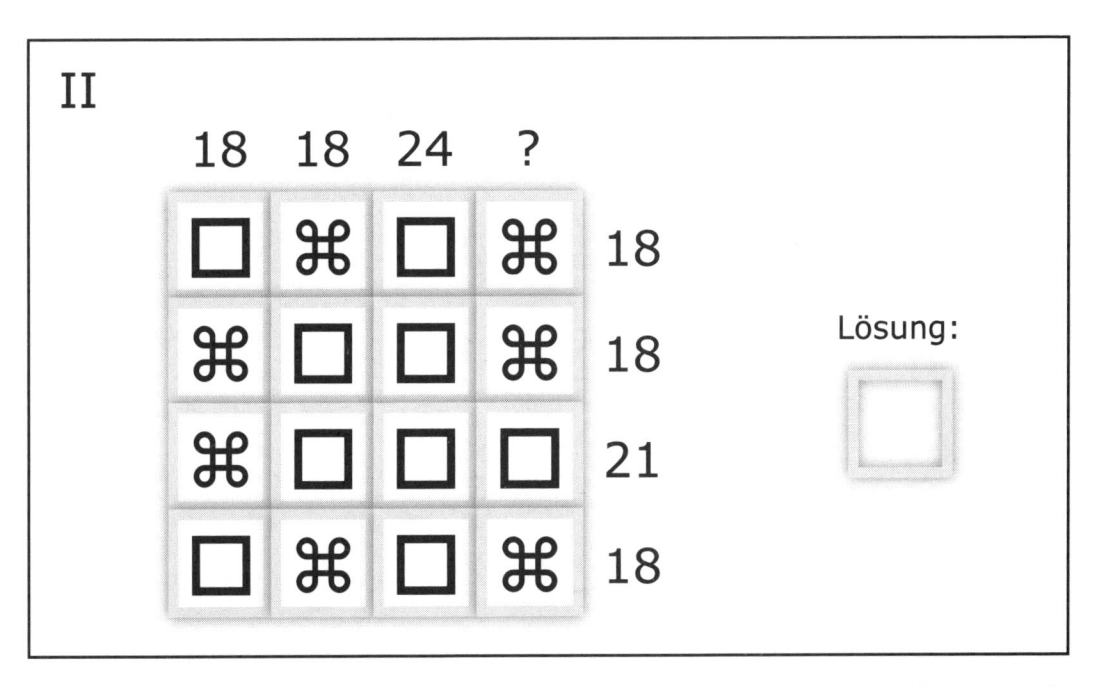

Lösung: **15**

Mathematische Intelligenz

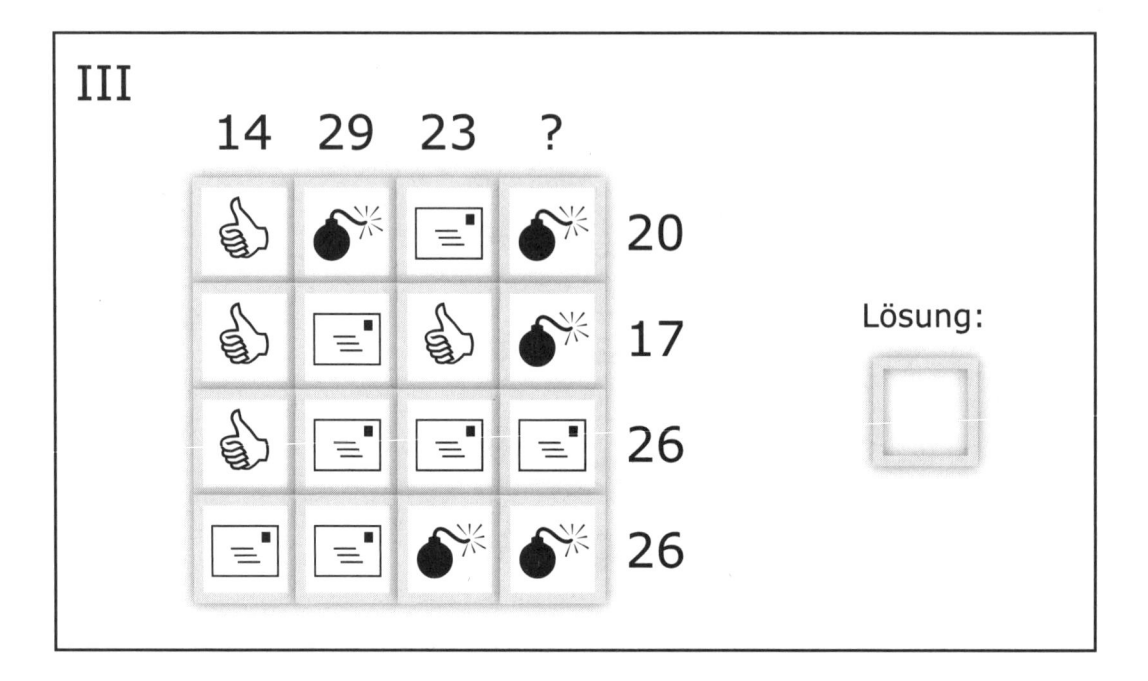

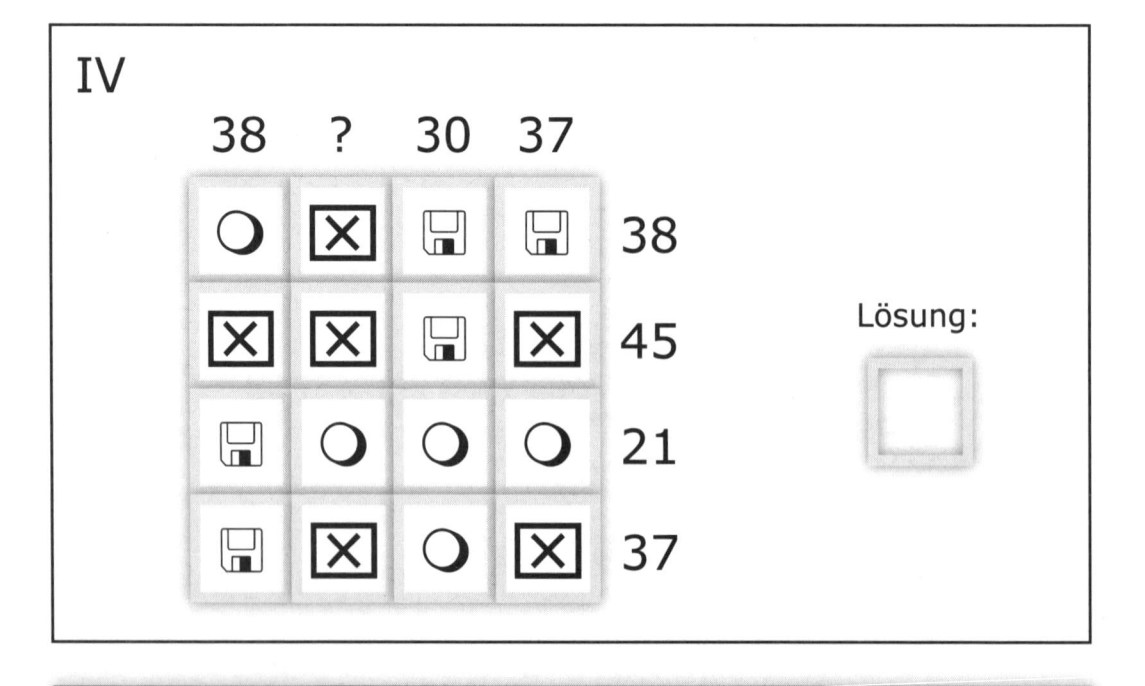

M5 Welche Zahl gehört an die Stelle des Fragezeichens?

III

Lösung: **23**

IV

Lösung: **36**

Mathematische Intelligenz

M5 Welche Zahl gehört an die Stelle des Fragezeichens?

V

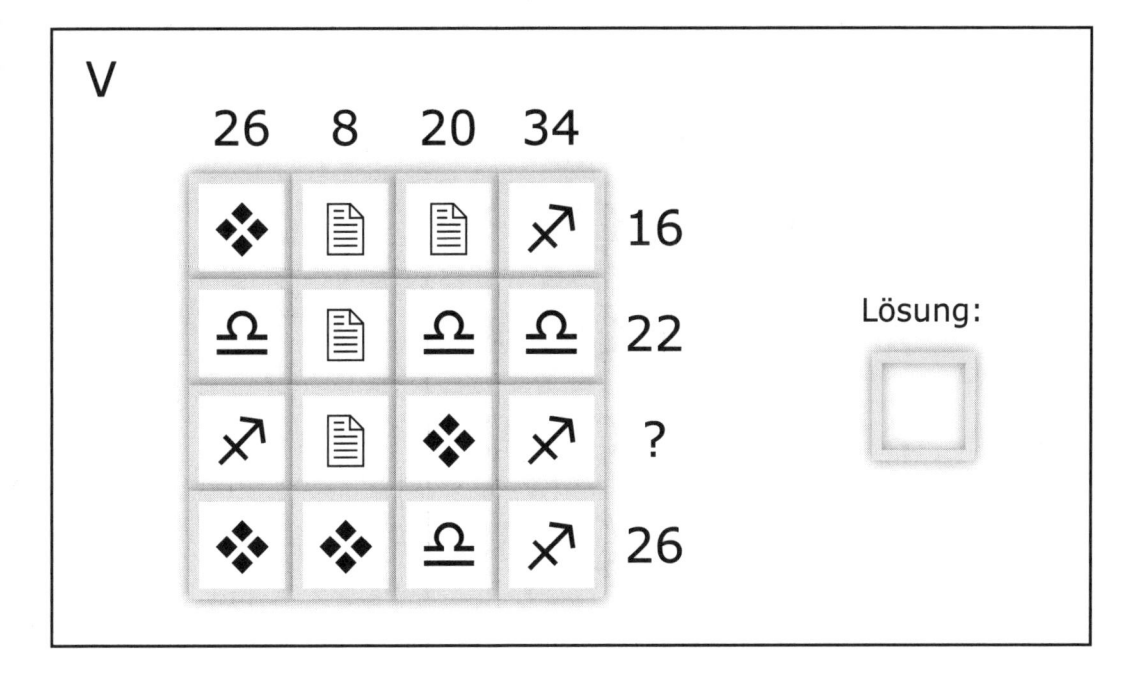

	26	8	20	34	
	♦	📄	📄	↗	16
	♎	📄	♎	♎	22
	↗	📄	♦	↗	?
	♦	♦	♎	↗	26

Lösung: ☐

VI

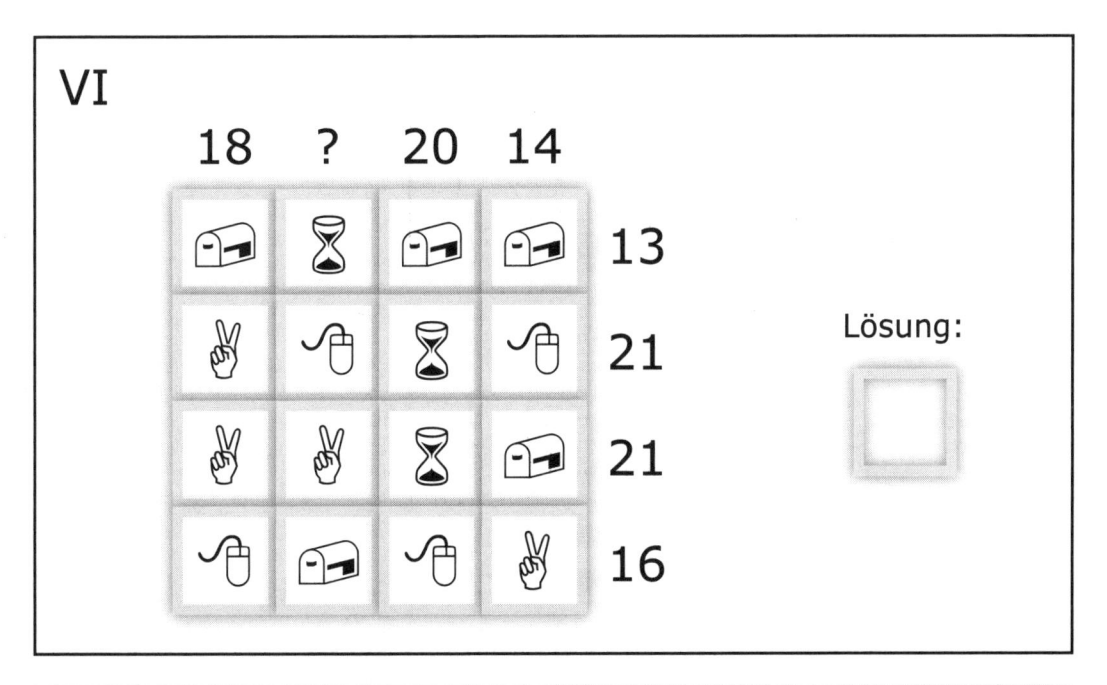

	18	?	20	14	
	📫	⌛	📫	📫	13
	✌	🖱	⌛	🖱	21
	✌	✌	⌛	📫	21
	🖱	📫	🖱	✌	16

Lösung: ☐

M5 Welche Zahl gehört an die Stelle des Fragezeichens?

VII

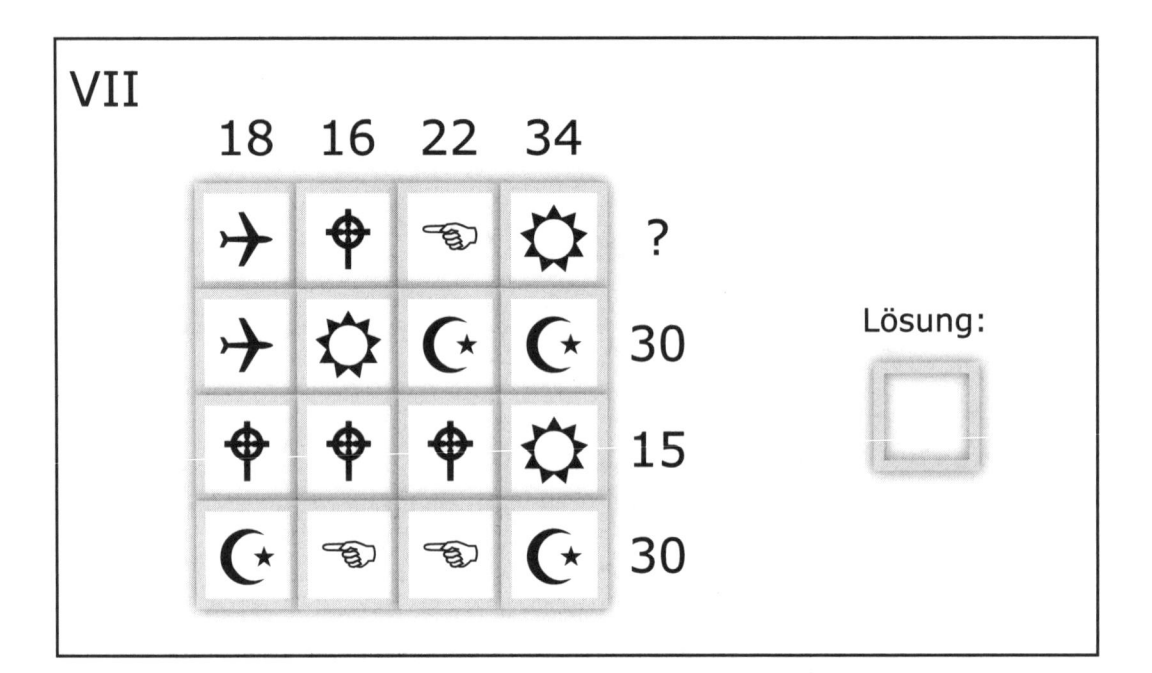

	18	16	22	34	
	✈	⊕	☞	☼	?
	✈	☼	☪	☪	30
	⊕	⊕	⊕	☼	15
	☪	☞	☞	☪	30

Lösung: **15**

VIII

	36	?	27	38	
	💧	✋	⊠	💧	24
	⊠	☺	✋	✋	45
	➡	✋	💧	☺	38
	☺	☺	⊠	➡	52

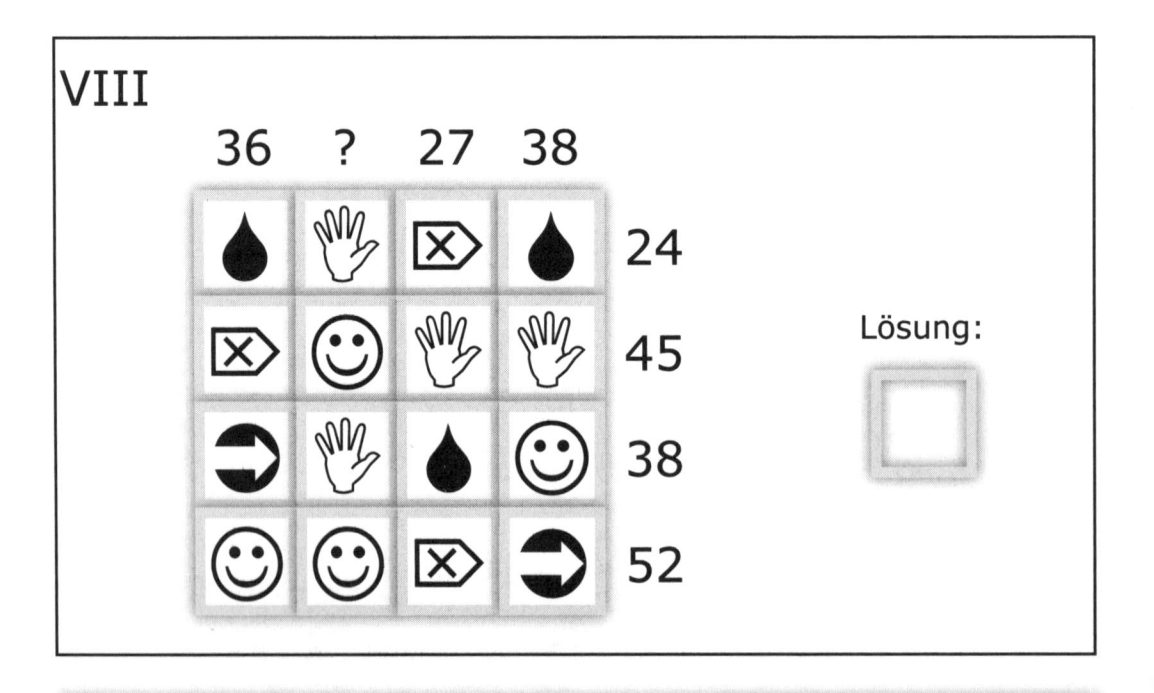

Lösung: **58**

Mathematische Intelligenz

M6 Markieren Sie die fehlende Zahl.

I

| 1 | 3 | 5 | 7 | 9 | ☐ |

☐ a) 10   ☐ b) 11   ☐ c) 13   ☐ d) 17

II

| 4 | 7 | 13 | 25 | 49 | ☐ |

☐ a) 67   ☐ b) 123   ☐ c) 97   ☐ d) 65

III

| 8 | 11 | 4 | 7 | 0 | ☐ |

☐ a) 2   ☐ b) 12   ☐ c) −2   ☐ d) 3

Mathematische Intelligenz

M6 Markieren Sie die fehlende Zahl.

IV

| 17 | 15 | 12 | 8 | 3 | ☐ |

☐ a) 1   ☐ b) -3   ☐ c) 7   ☐ d) -2

V

| -9 | -8 | -4 | 3 | 13 | ☐ |

☐ a) 17   ☐ b) 21   ☐ c) 26   ☐ d) 28

VI

| 4 | 11 | 15 | 26 | 41 | ☐ |

☐ a) 59   ☐ b) 88   ☐ c) 72   ☐ d) 67

M6 Markieren Sie die fehlende Zahl.

VII

| 2 | 3 | 5 | 7 | 11 | |

☐ a) 13 ☐ b) 14 ☐ c) 12 ☐ d) 17

VIII

| 3 | 6 | 11 | 18 | 27 | |

☐ a) 35 ☐ b) 36 ☐ c) 37 ☐ d) 38

IX

| 2 | 4 | 7 | 13 | 16 | |

☐ a) 13 ☐ b) 7 ☐ c) 15 ☐ d) 42

Mathematische Intelligenz

M6 Markieren Sie die fehlende Zahl.

X

| 1 | 2 | 5 | 26 | |

☐ a) 126 ☐ b) 312 ☐ c) 460 ☐ d) 677

XI

| 3 | 8 | 24 | 48 | 120 | |

☐ a) 143 ☐ b) 168 ☐ c) 195 ☐ d) 224

XII

| 1 | 0 | -1 | 0 | |

☐ a) –2 ☐ b) –1 ☐ c) 1 ☐ d) 2

Mathematische Intelligenz

M7 Finden Sie die Zahl, die das Fragezeichen jeweils ersetzt.

I

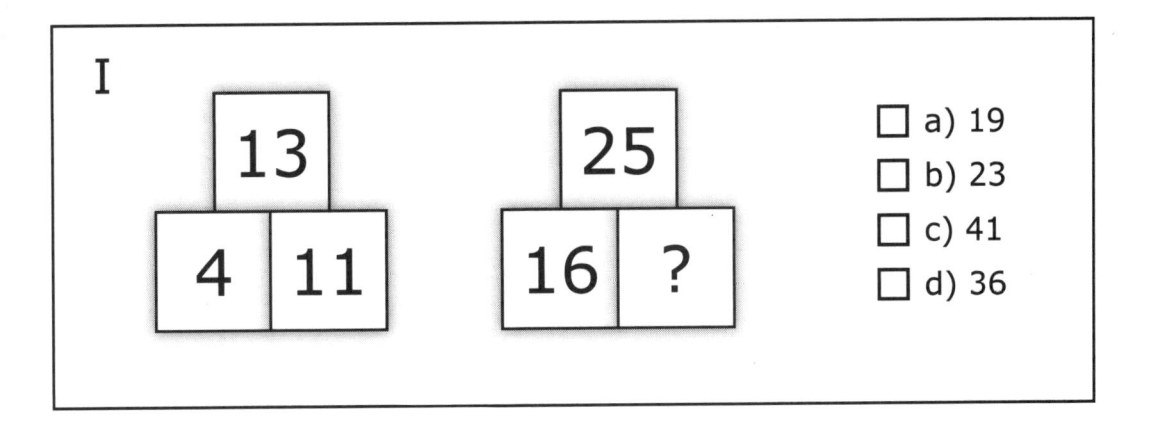

13	
4	11

25	
16	?

- ☐ a) 19
- ☐ b) 23
- ☐ c) 41
- ☐ d) 36

II

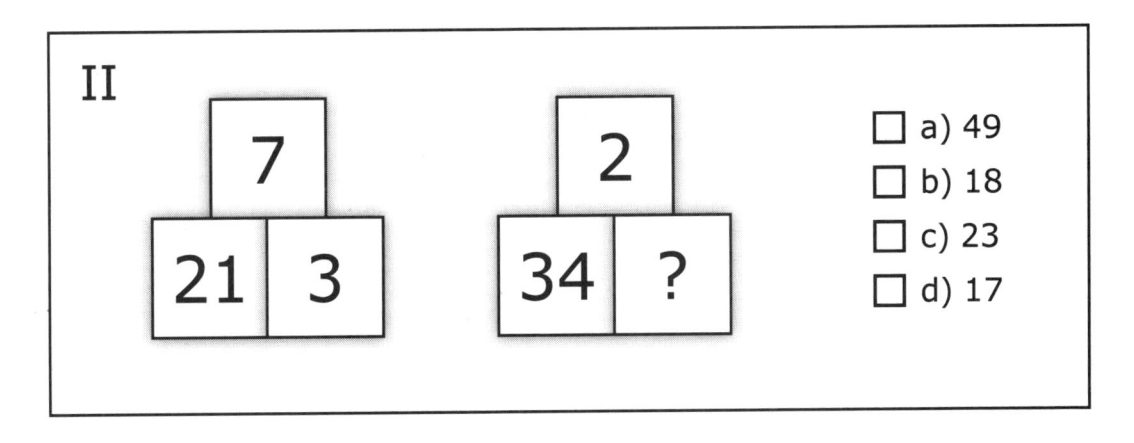

7	
21	3

2	
34	?

- ☐ a) 49
- ☐ b) 18
- ☐ c) 23
- ☐ d) 17

III

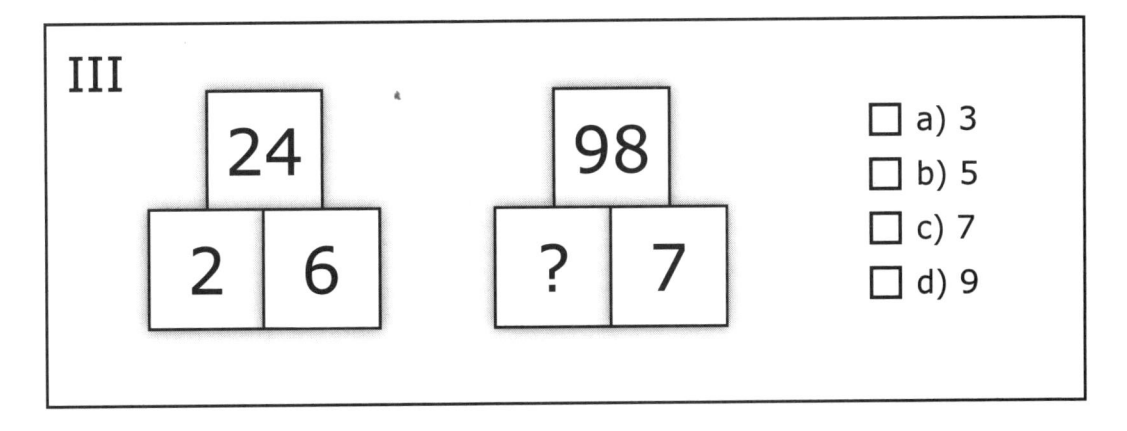

24	
2	6

98	
?	7

- ☐ a) 3
- ☐ b) 5
- ☐ c) 7
- ☐ d) 9

IQ Übungen

Mathematische Intelligenz

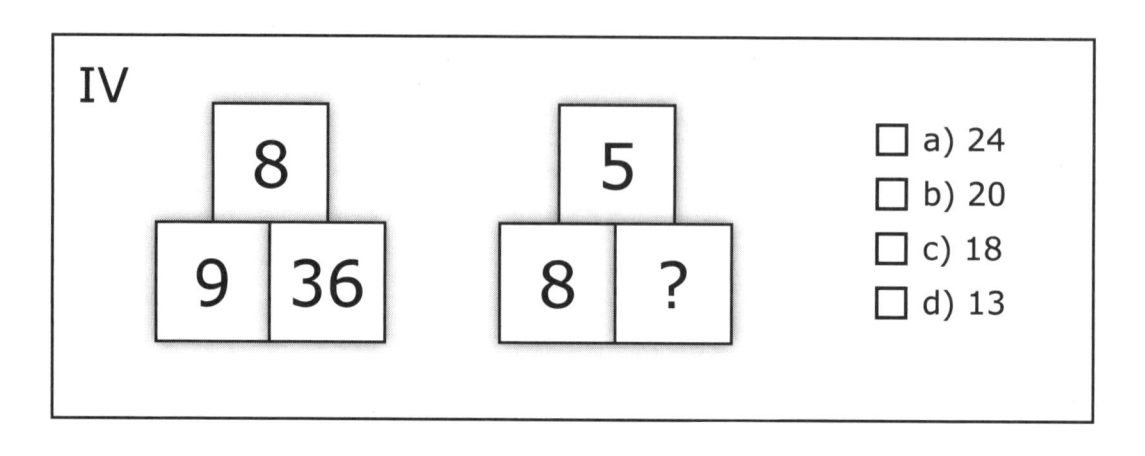

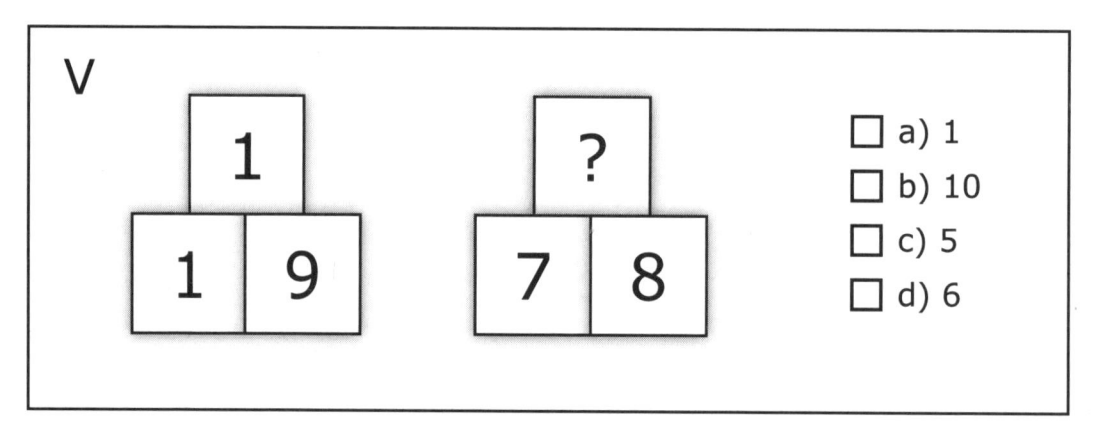

M7 Finden Sie die Zahl, die das Fragezeichen jeweils ersetzt.

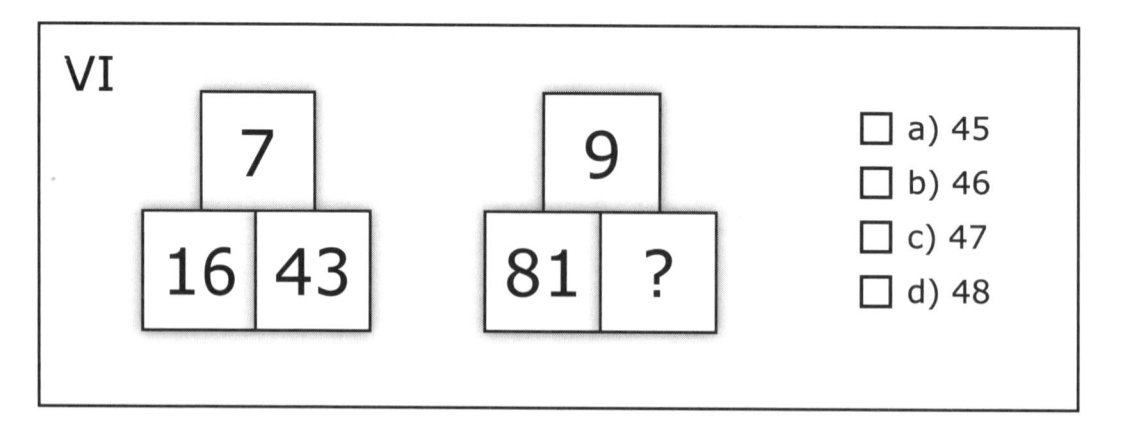

IV

	8			5	
9		36	8		?

- a) 24
- b) 20
- c) 18
- d) 13

V

	1			?	
1		9	7		8

- a) 1
- b) 10
- c) 5
- d) 6

VI

	7			9	
16		43	81		?

- a) 45
- b) 46
- c) 47
- d) 48

M7 — Finden Sie die Zahl, die das Fragezeichen jeweils ersetzt.

VII

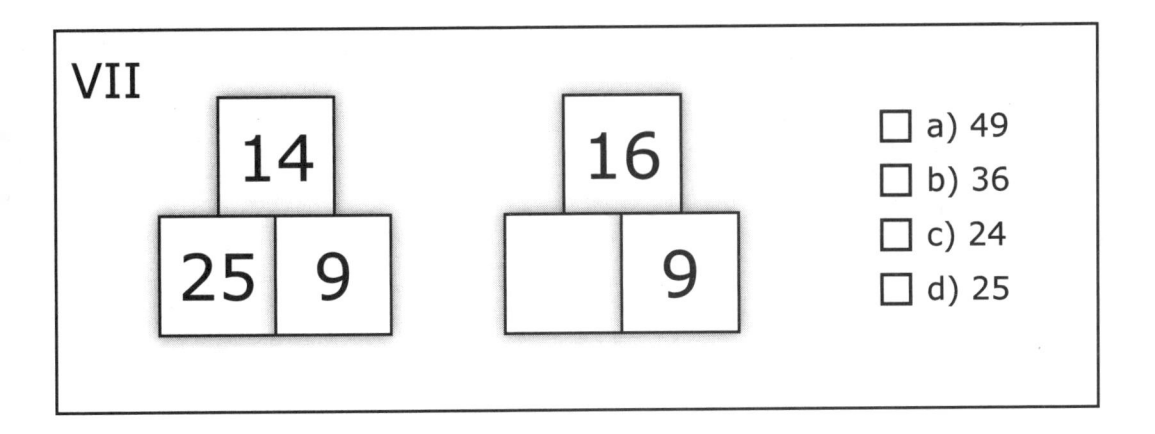

14 / 25, 9 — 16 / ?, 9

- a) 49
- b) 36
- c) 24
- d) 25

VIII

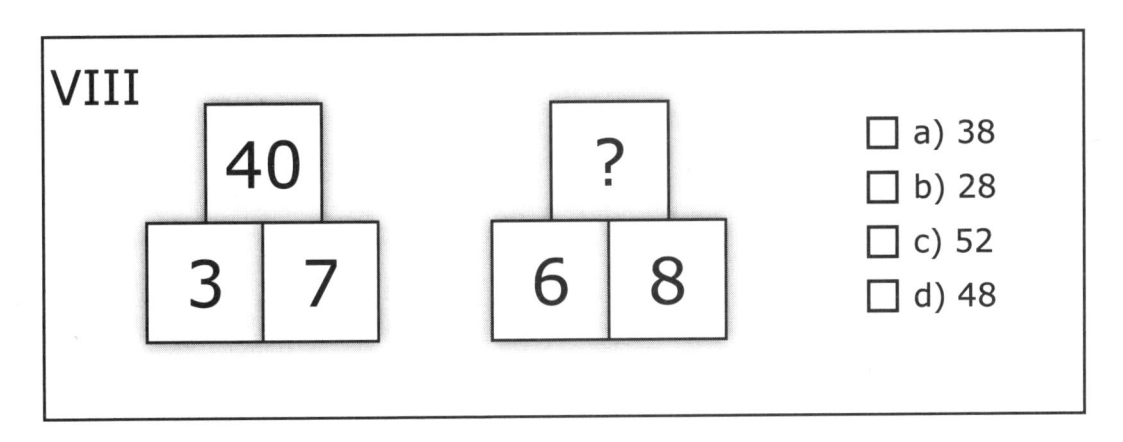

40 / 3, 7 — ? / 6, 8

- a) 38
- b) 28
- c) 52
- d) 48

IX

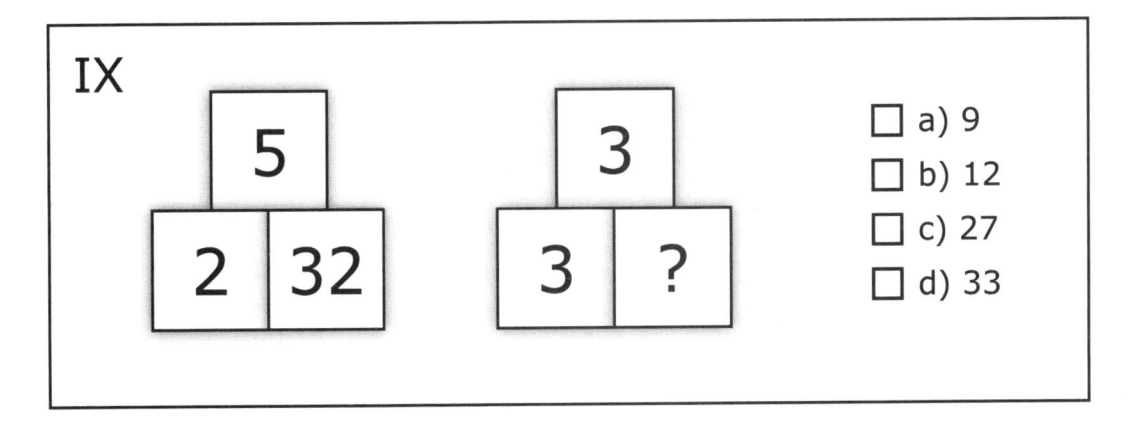

5 / 2, 32 — 3 / 3, ?

- a) 9
- b) 12
- c) 27
- d) 33

Mathematische Intelligenz

M7   Finden Sie die Zahl, die das Fragezeichen jeweils ersetzt.

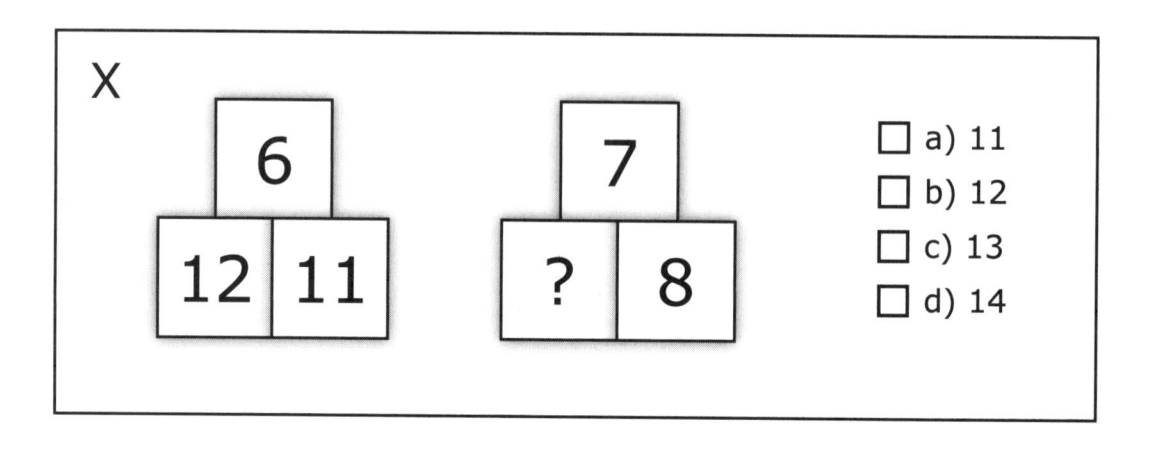

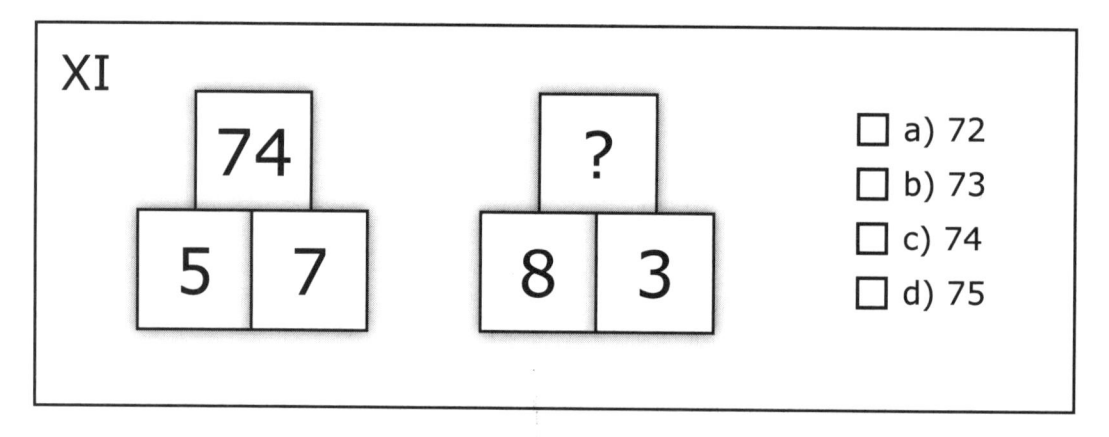

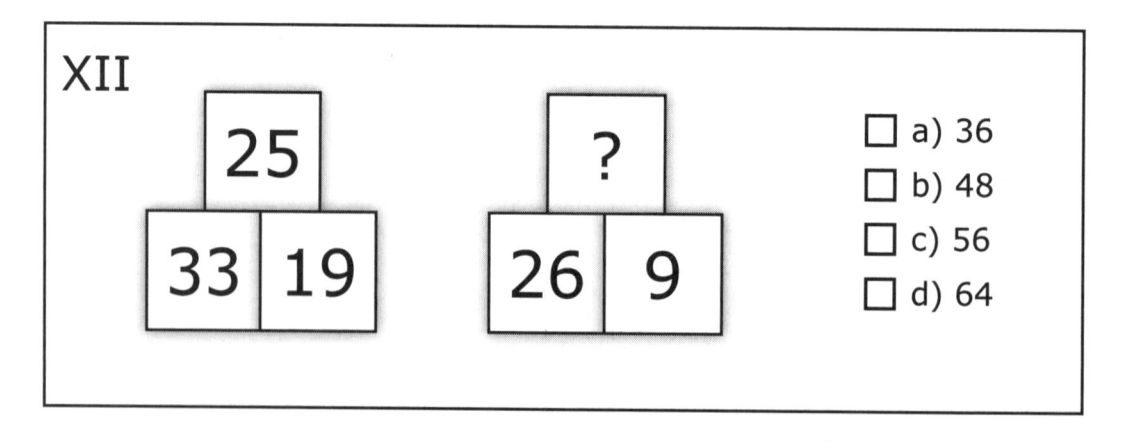

X

6		7	
12	11	?	8

☐ a) 11
☐ b) 12
☐ c) 13
☐ d) 14

XI

74		?	
5	7	8	3

☐ a) 72
☐ b) 73
☐ c) 74
☐ d) 75

XII

25		?	
33	19	26	9

☐ a) 36
☐ b) 48
☐ c) 56
☐ d) 64

Mathematische Intelligenz

M8 Welcher Bruch setzt die Reihe fort?

I

$\frac{1}{2}$ $\frac{2}{3}$ $\frac{3}{4}$ $\frac{4}{5}$?

☐ a) $\frac{5}{6}$ ☐ b) $\frac{7}{9}$ ☐ c) $\frac{5}{7}$ ☐ d) $\frac{5}{5}$

II

$\frac{1}{2}$ $\frac{3}{6}$ $\frac{5}{10}$ $\frac{7}{14}$?

☐ a) $\frac{9}{15}$ ☐ b) $\frac{11}{22}$ ☐ c) $\frac{9}{16}$ ☐ d) $\frac{9}{18}$

IQ Übungen

Mathematische Intelligenz

M8 Welcher Bruch setzt die Reihe fort?

III

| 33/2 | 29/6 | 25/10 | 21/14 | 17/18 | ? |

- a) 15/22
- b) 14/23
- c) 13/22
- d) 11/20

IV

| 4/4 | 8/8 | 16/7 | 32/5 | 64/10 | ? |

- a) 98/15
- b) 124/11
- c) 132/6
- d) 128/11

178 IQ Übungen

Mathematische Intelligenz

M8 Welcher Bruch setzt die Reihe fort?

V

| 5/14 | 7/12 | 9/10 | 8/11 | 13/6 | ? |

☐ a) 20/0   ☐ b) 1/18   ☐ c) 15/5   ☐ d) 4/12

VI

| 3/4 | 12/9 | 6/9 | 27/18 | 15/24 | ? |

☐ a) 72/45   ☐ b) 124/11   ☐ c) 132/6   ☐ d) 128/11

IQ Übungen

M8 Welcher Bruch setzt die Reihe fort?

VII

3	9	27	81	?
3	9	9	9	

- a) $\dfrac{162}{9}$
- b) $\dfrac{243}{27}$
- c) $\dfrac{243}{9}$
- d) $\dfrac{256}{13}$

VIII

4	5	10	4	22	?
3	6	0	14	3	

- a) $\dfrac{98}{15}$
- b) $\dfrac{7}{26}$
- c) $\dfrac{132}{6}$
- d) $\dfrac{128}{11}$

M9 Welche ist die jeweils fehlende Zahl?

I

1 3 5
7 ◯ 11
13 15 17

- a) 8
- b) 10
- c) 9
- d) 16

II

4 -1 5
11 ◯ 2
15 6 9

- a) -7
- b) 9
- c) 13
- d) 7

Mathematische Intelligenz

M9 Welche ist die jeweils fehlende Zahl?

III

4	1	9
9		1
1	9	4

- [ ] a) 4
- [ ] b) 10
- [ ] c) 12
- [ ] d) 21

IV

3	1	4
9		16
12	2	20

- [ ] a) 12
- [ ] b) 1
- [ ] c) -2
- [ ] d) 8

Mathematische Intelligenz

M9 Welche ist die jeweils fehlende Zahl?

V

25 21 19
15 ○   9
5   1   -1

- a) 12
- b) 7
- c) 11
- d) 10

VI

-2 1 4
-4 ○ 4
0   5 10

- a) -3
- b) 5
- c) 0
- d) 8

Mathematische Intelligenz

M9 Welche ist die jeweils fehlende Zahl?

VII

2 7 17
3 ◯ 19
5 13 23

- [ ] a) 11
- [ ] b) 10
- [ ] c) 12
- [ ] d) 21

VIII

13 -1 9
2 ◯ 8
6 18 4

- [ ] a) 4
- [ ] b) 6
- [ ] c) -3
- [ ] d) 10

M10 Welches Zahlentripel passt?

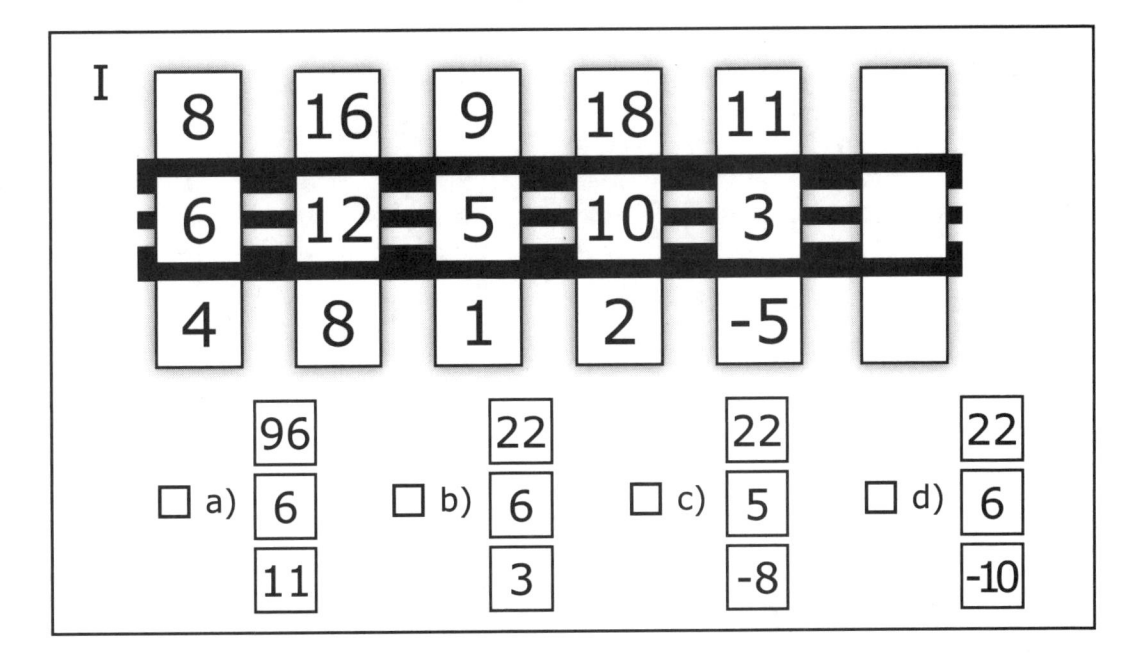

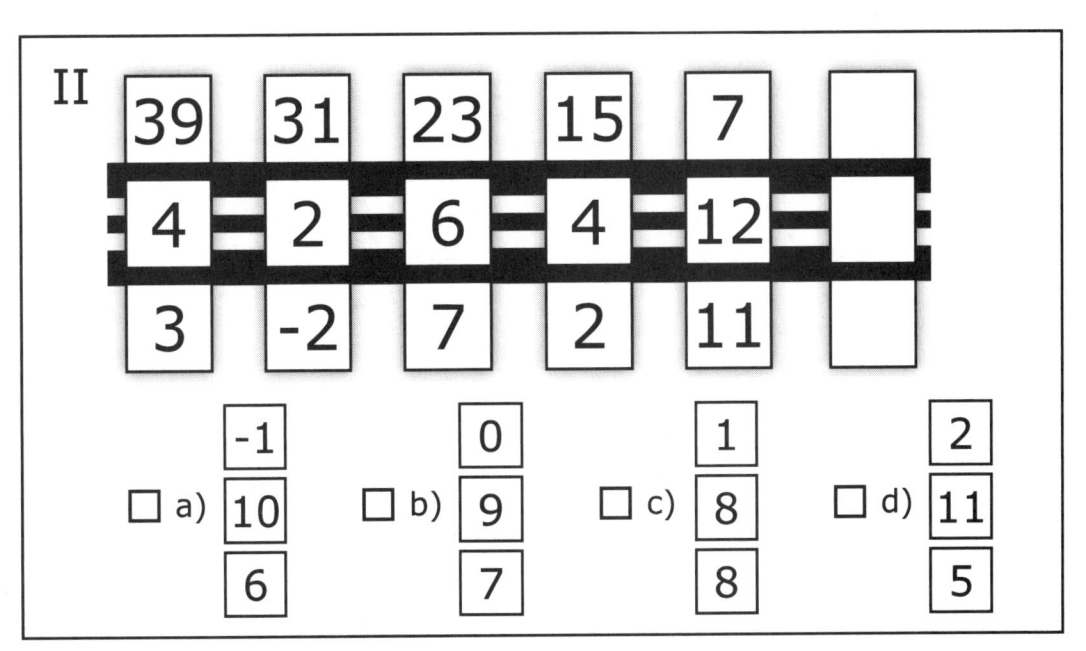

I

d) 22 / 6 / -10

II

a) -1 / 10 / 6

Mathematische Intelligenz

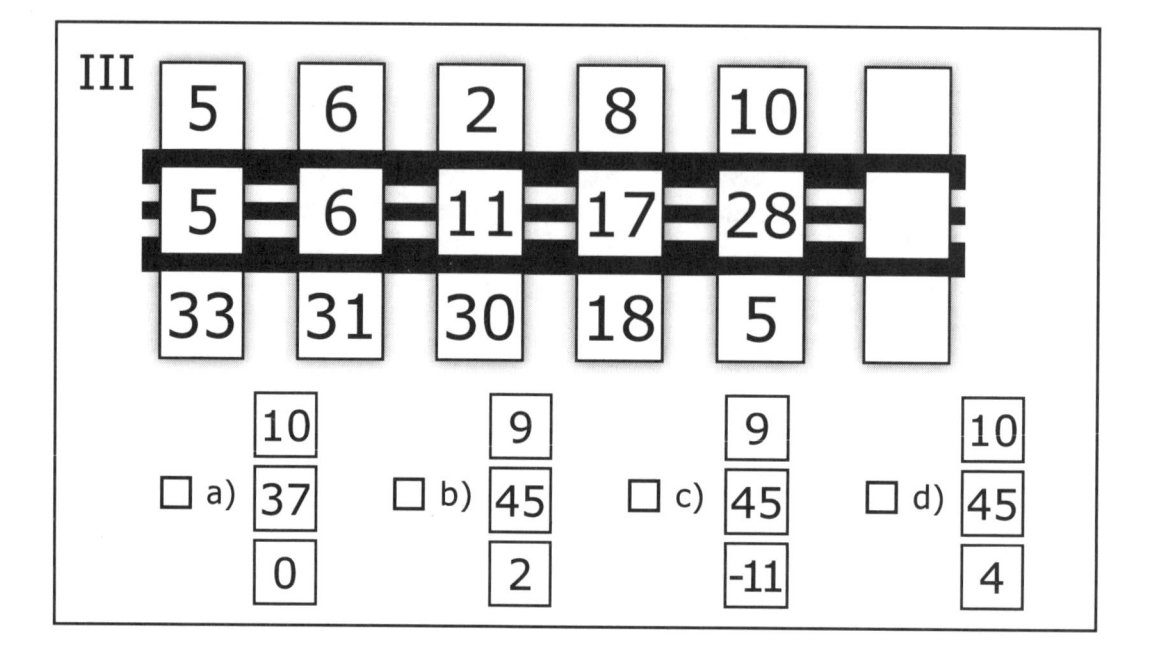

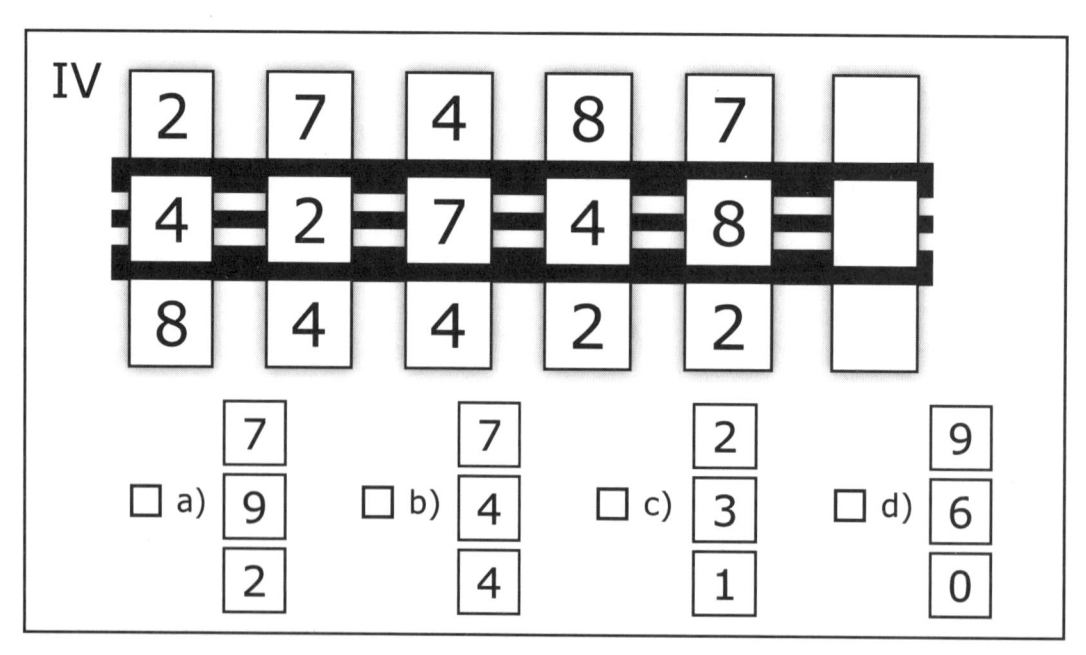

M10 Welches Zahlentripel passt?

III

5	6	2	8	10	
5	6	11	17	28	
33	31	30	18	5	

☐ a) 10 / 37 / 0   ☐ b) 9 / 45 / 2   ☐ c) 9 / 45 / -11   ☐ d) 10 / 45 / 4

IV

2	7	4	8	7	
4	2	7	4	8	
8	4	4	2	2	

☐ a) 7 / 9 / 2   ☐ b) 7 / 4 / 4   ☐ c) 2 / 3 / 1   ☐ d) 9 / 6 / 0

M10 Welches Zahlentripel passt?

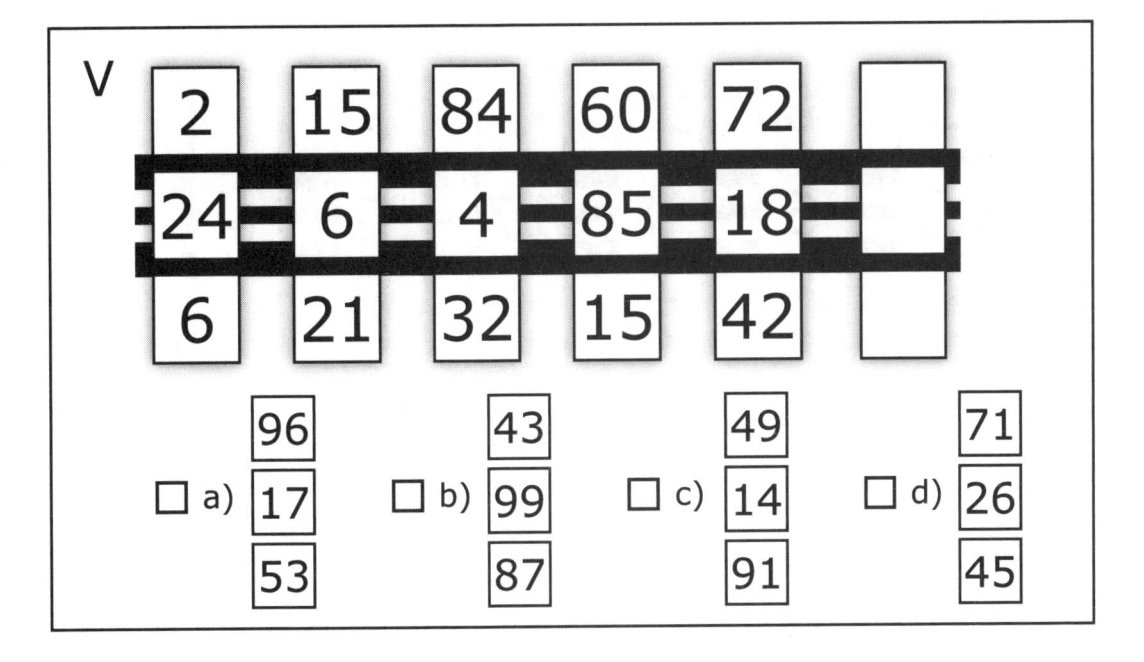

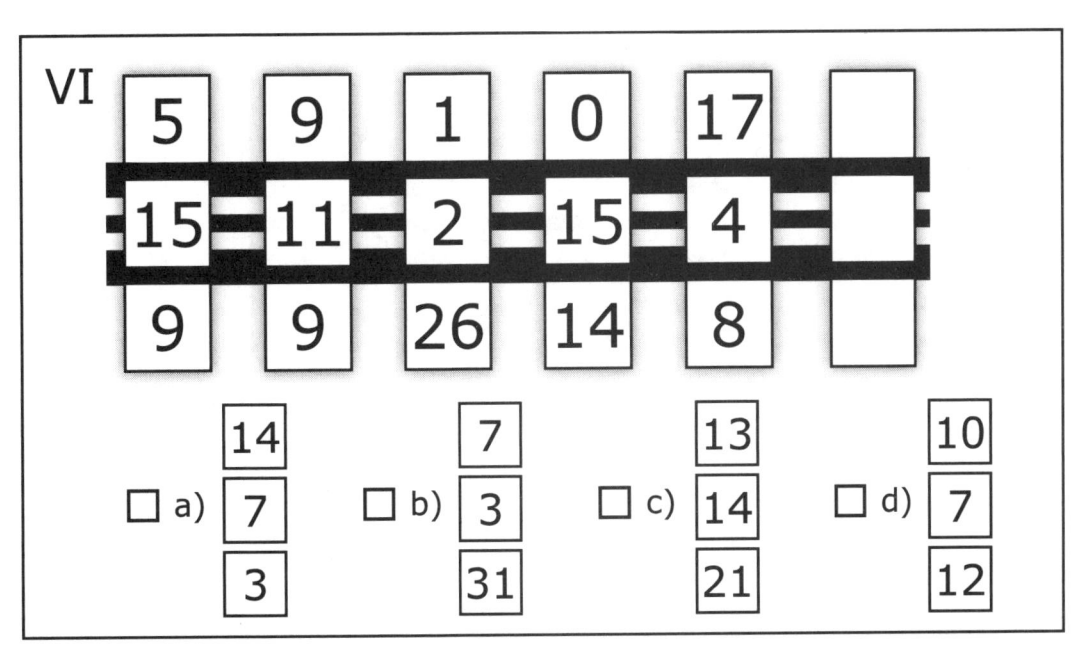

V

2	15	84	60	72	
24	6	4	85	18	
6	21	32	15	42	

- a) 96 / 17 / 53
- b) 43 / 99 / 87
- c) 49 / 14 / 91
- d) 71 / 26 / 45

VI

5	9	1	0	17	
15	11	2	15	4	
9	9	26	14	8	

- a) 14 / 7 / 3
- b) 7 / 3 / 31
- c) 13 / 14 / 21
- d) 10 / 7 / 12

Mathematische Intelligenz

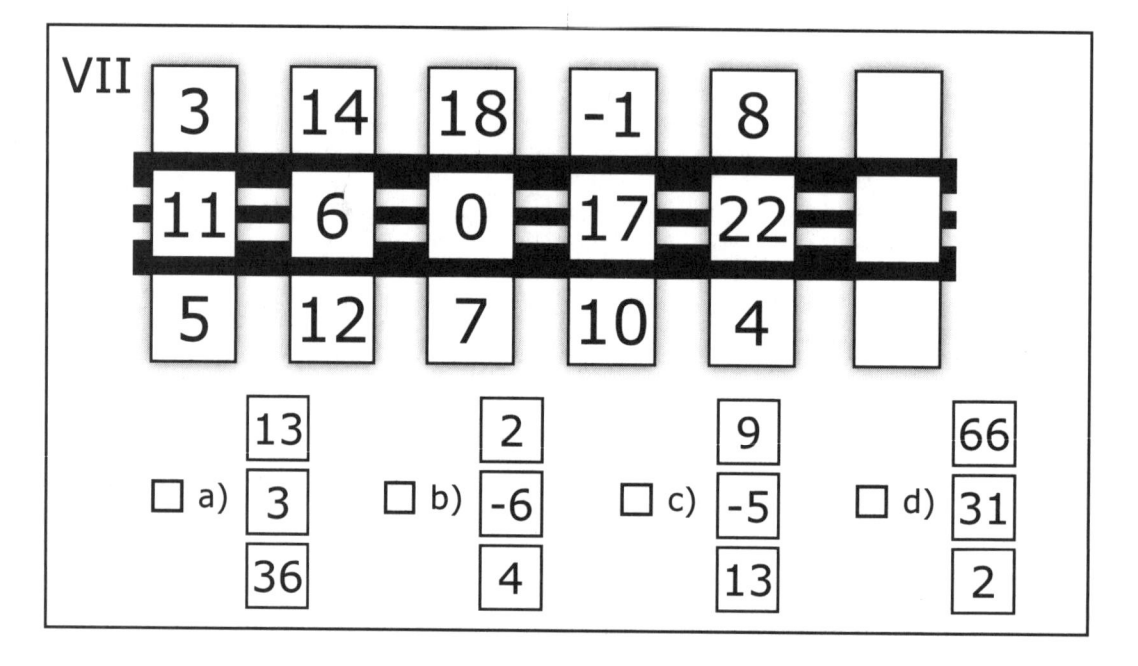

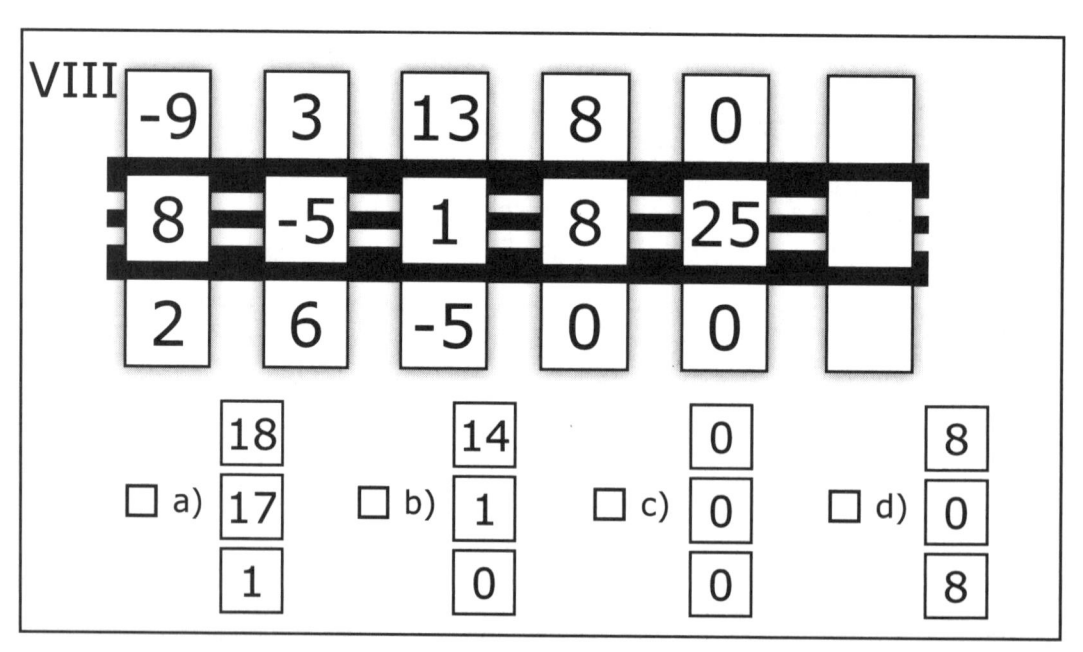

M10 Welches Zahlentripel passt?

VII

3	14	18	-1	8
11	6	0	17	22
5	12	7	10	4

☐ a) 13 / 3 / 36   ☐ b) 2 / -6 / 4   ☐ c) 9 / -5 / 13   ☐ d) 66 / 31 / 2

VIII

-9	3	13	8	0
8	-5	1	8	25
2	6	-5	0	0

☐ a) 18 / 17 / 1   ☐ b) 14 / 1 / 0   ☐ c) 0 / 0 / 0   ☐ d) 8 / 0 / 8

Mathematische Intelligenz

M11 Welche Zahl eignet sich als vierte im Bunde?

I

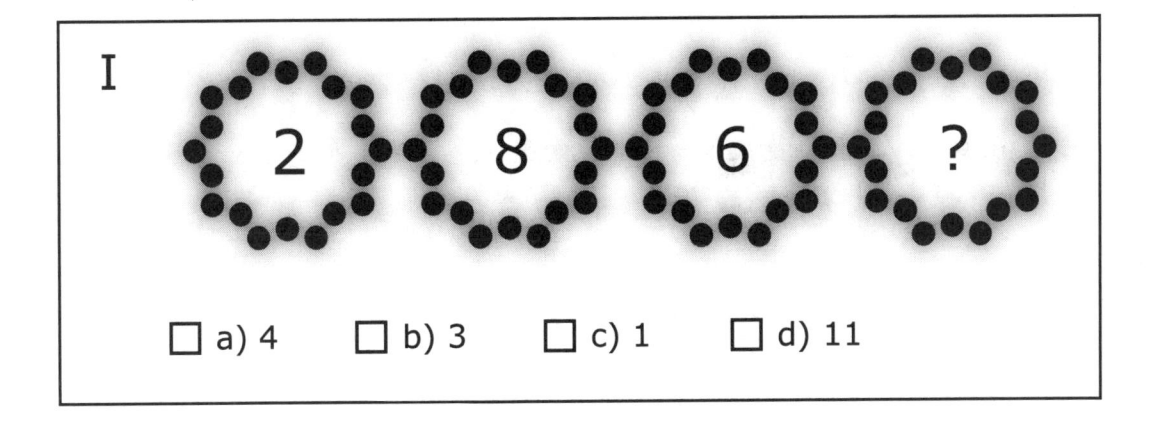

2   8   6   ?

☐ a) 4   ☐ b) 3   ☐ c) 1   ☐ d) 11

II

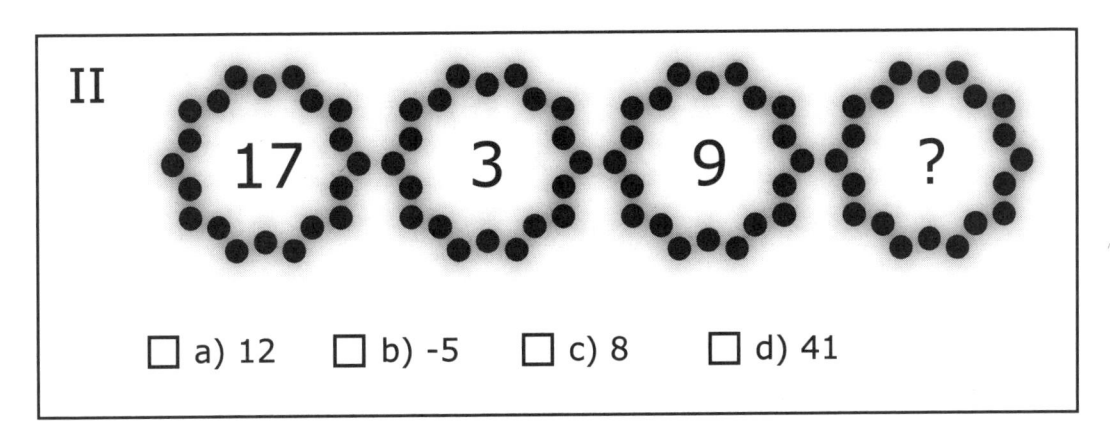

17   3   9   ?

☐ a) 12   ☐ b) -5   ☐ c) 8   ☐ d) 41

III

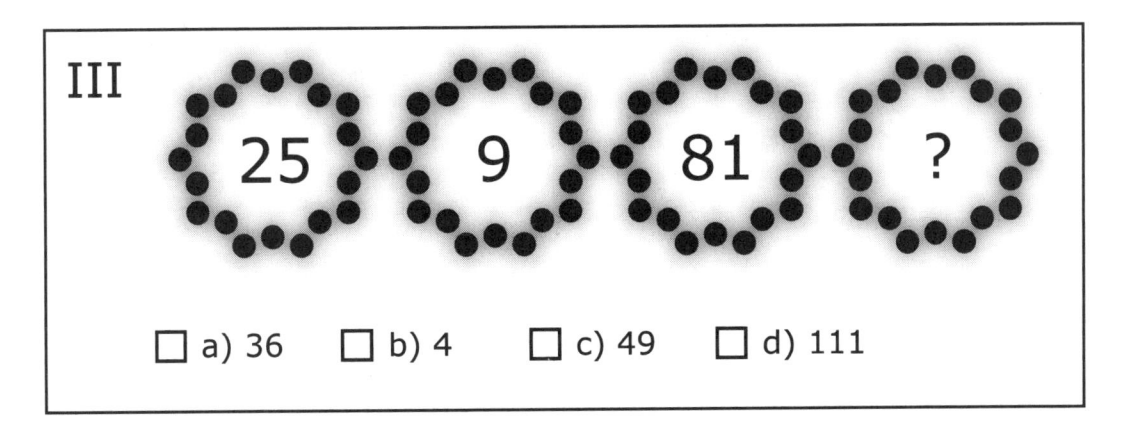

25   9   81   ?

☐ a) 36   ☐ b) 4   ☐ c) 49   ☐ d) 111

Mathematische Intelligenz

M11 Welche Zahl eignet sich als vierte bzw. fünfte im Bunde?

IV 2, 1, 2, ?

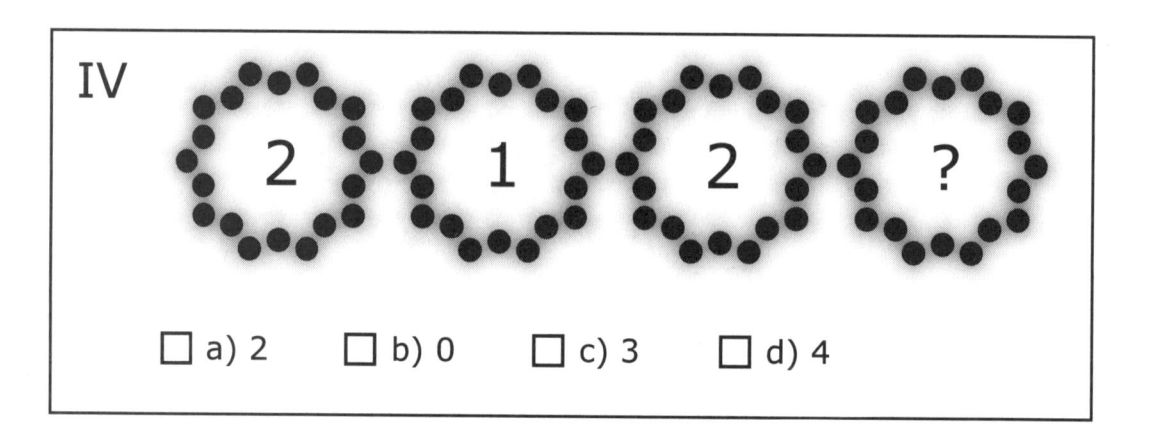

- a) 2
- b) 0
- c) 3
- d) 4

V 24, 20, 8, ?

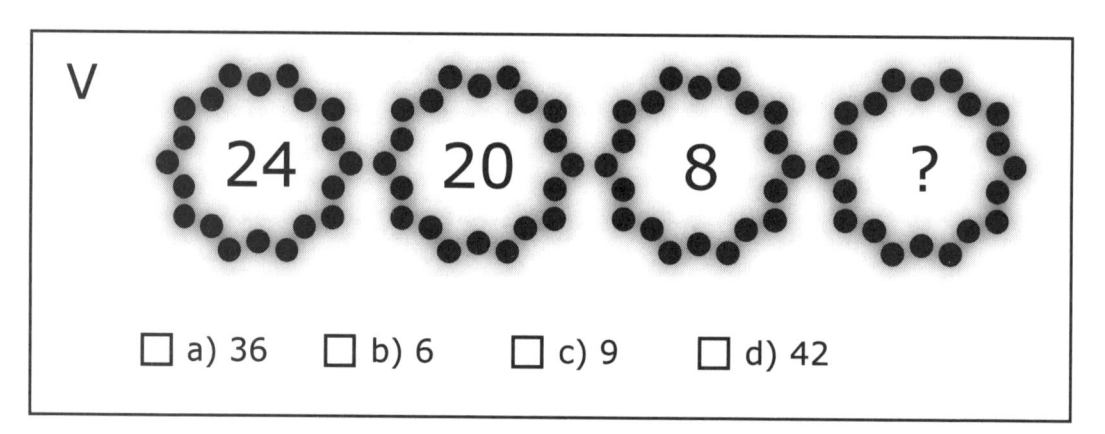

- a) 36
- b) 6
- c) 9
- d) 42

VI 31, 17, 11, 29, ?

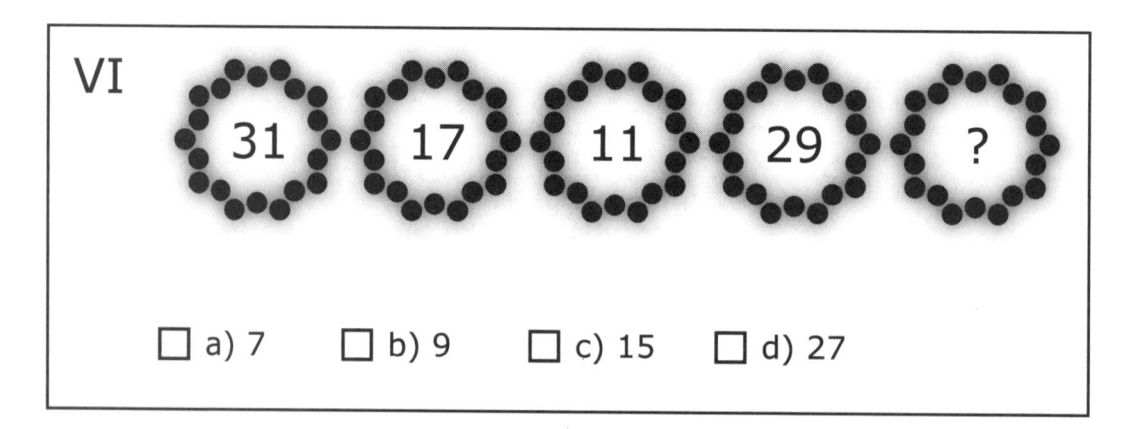

- a) 7
- b) 9
- c) 15
- d) 27

M11 Welche Zahl eignet sich als vierte bzw. fünfte im Bunde?

VII

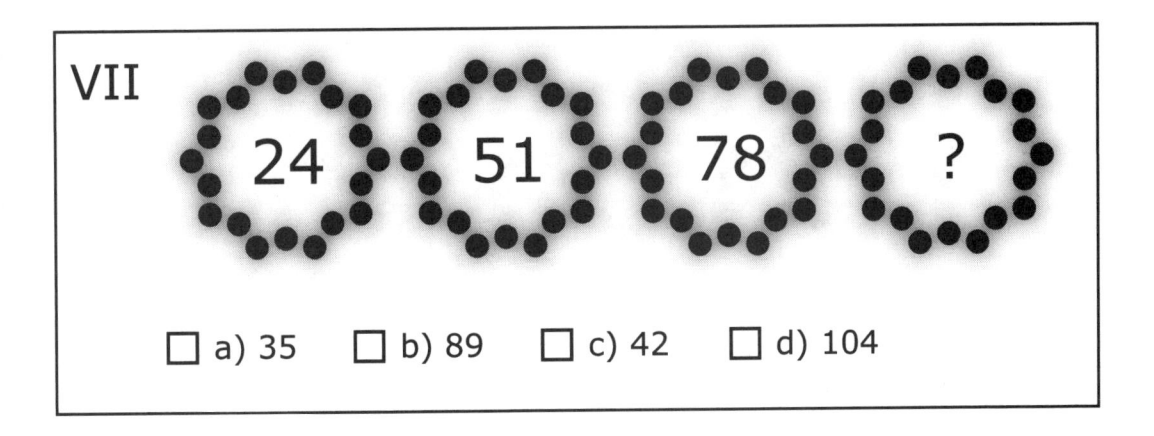

24, 51, 78, ?

- a) 35
- b) 89
- c) 42
- d) 104

VIII

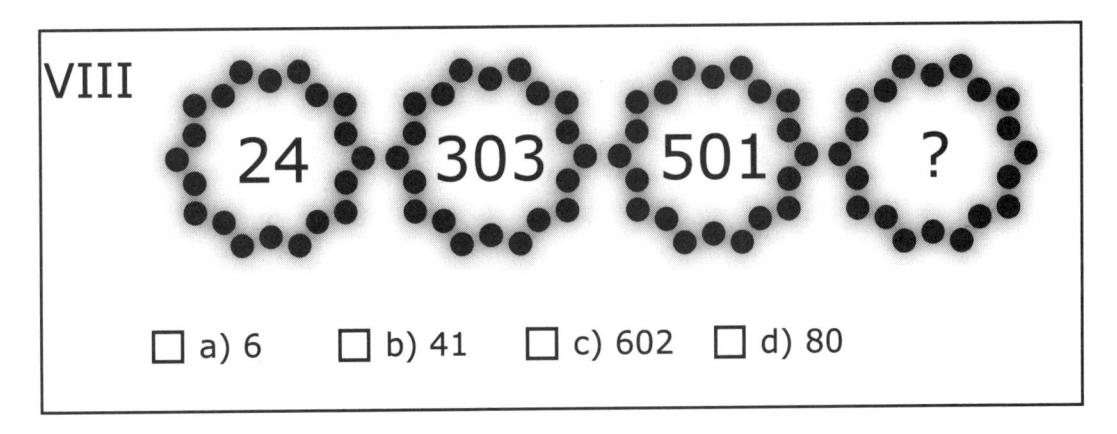

24, 303, 501, ?

- a) 6
- b) 41
- c) 602
- d) 80

IX

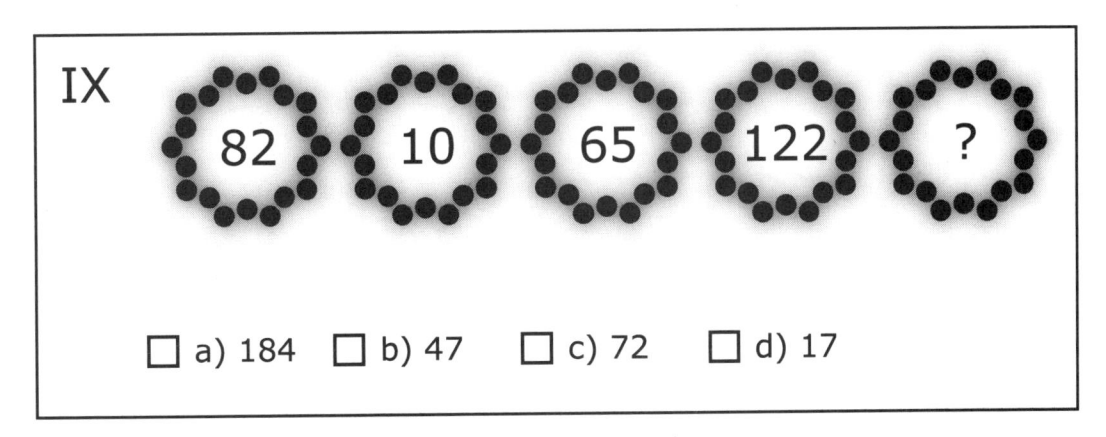

82, 10, 65, 122, ?

- a) 184
- b) 47
- c) 72
- d) 17

Mathematische Intelligenz

M11 Welche Zahl eignet sich als vierte bzw. fünfte im Bunde?

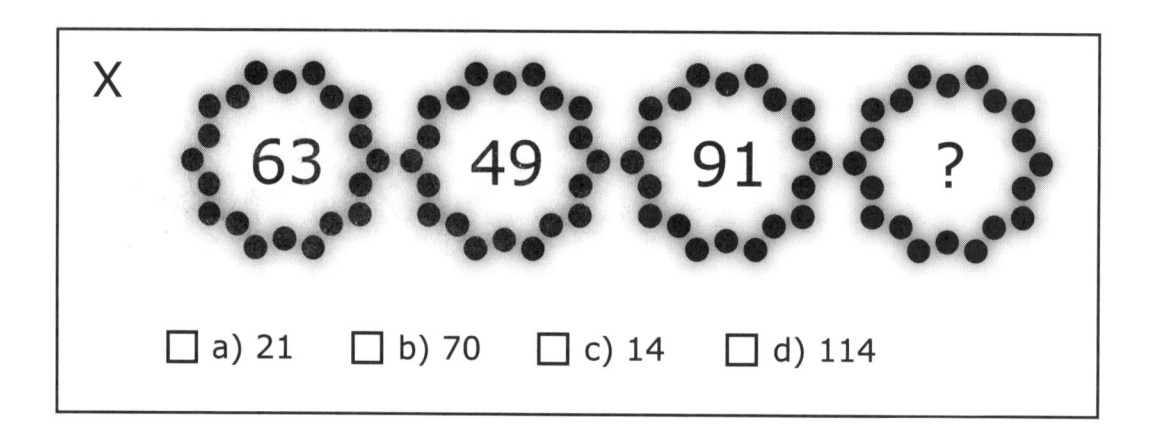

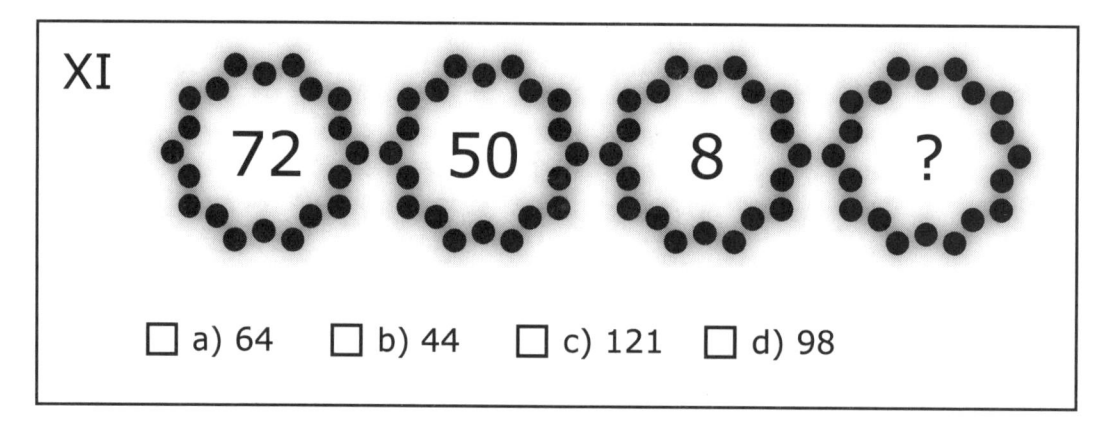

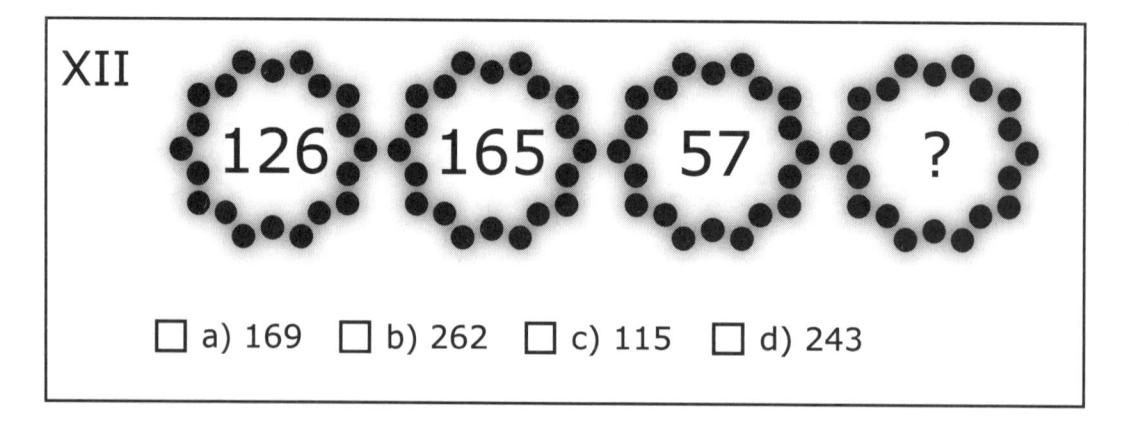

X   63 — 49 — 91 — ?

☐ a) 21   ☐ b) 70   ☐ c) 14   ☐ d) 114

XI   72 — 50 — 8 — ?

☐ a) 64   ☐ b) 44   ☐ c) 121   ☐ d) 98

XII   126 — 165 — 57 — ?

☐ a) 169   ☐ b) 262   ☐ c) 115   ☐ d) 243

Mathematische Intelligenz

M12 Was verbirgt sich hinter den Fragezeichen?

I

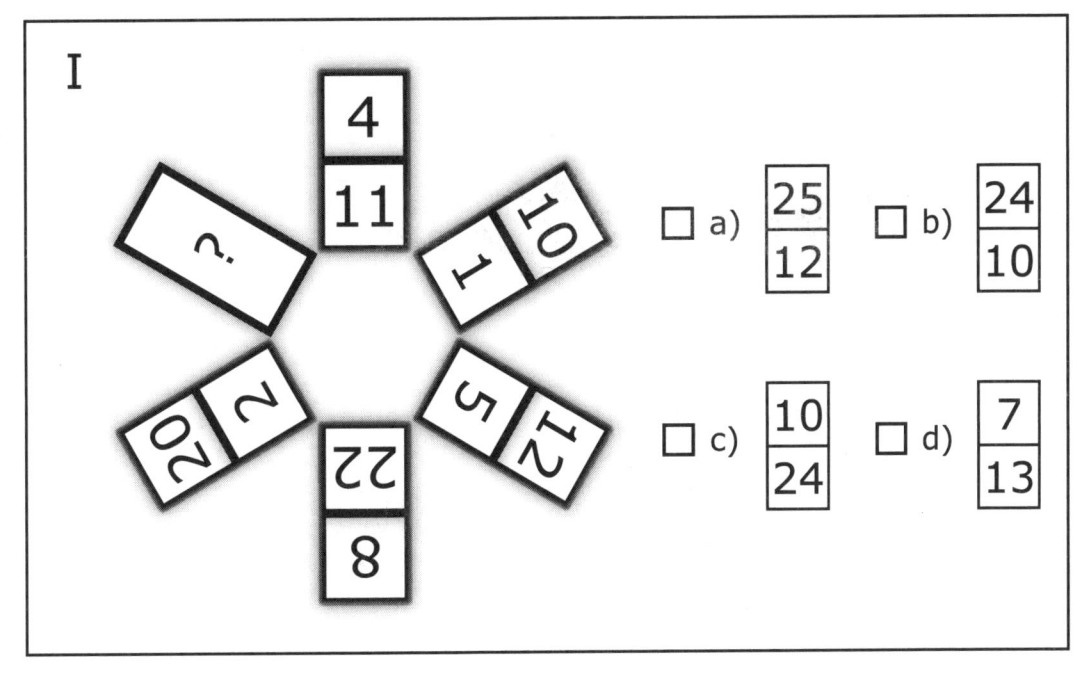

4 | 11 | ? | 10 | 1 | 20 | 2 | 22 | 5 | 12 | 8

- a) 25/12
- b) 24/10
- c) 10/24
- d) 7/13

II

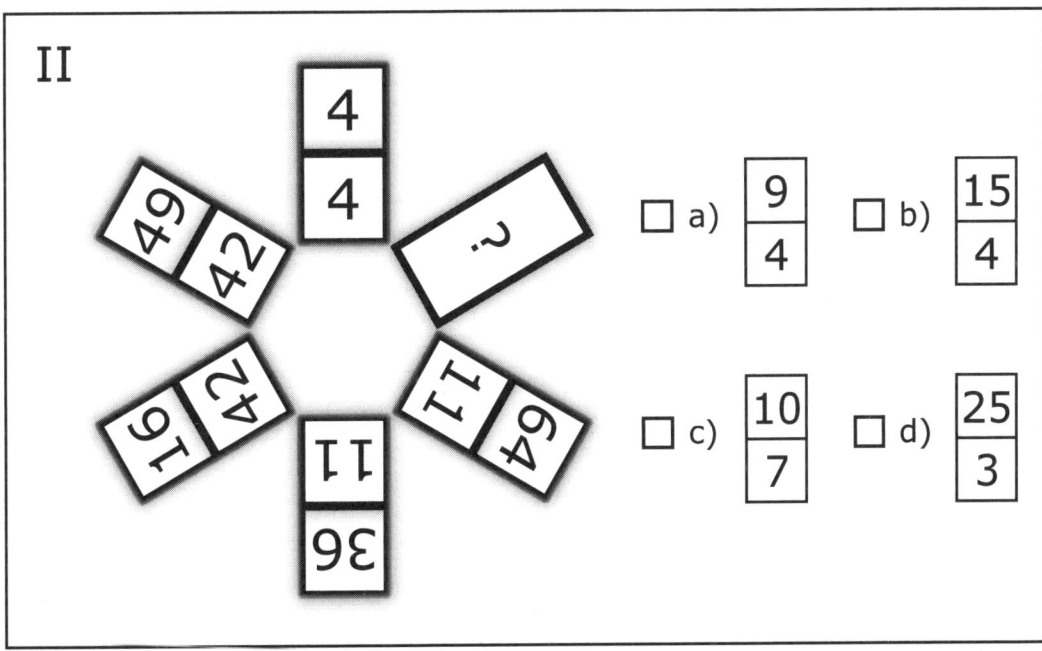

4 | 4 | 49 | 42 | ? | 16 | 42 | 11 | 64 | 36 | 11

- a) 9/4
- b) 15/4
- c) 10/7
- d) 25/3

IQ Übungen 193

Mathematische Intelligenz

M12 Was verbirgt sich hinter den Fragezeichen?

III

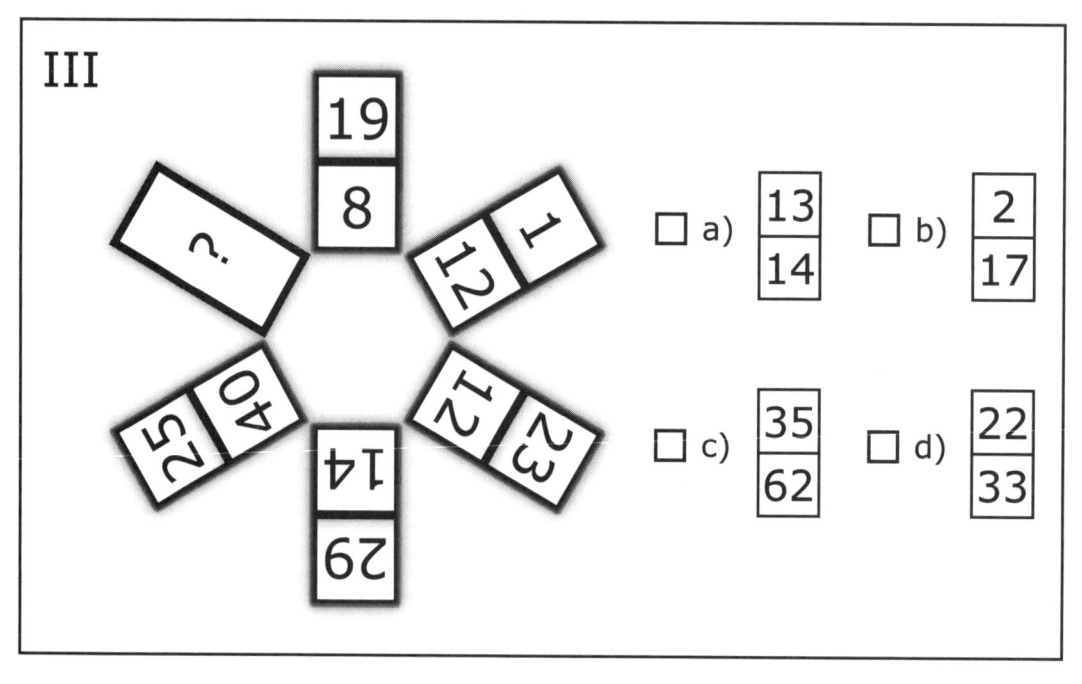

☐ a) $\frac{13}{14}$ ☐ b) $\frac{2}{17}$ ☐ c) $\frac{35}{62}$ ☑ d) $\frac{22}{33}$

IV

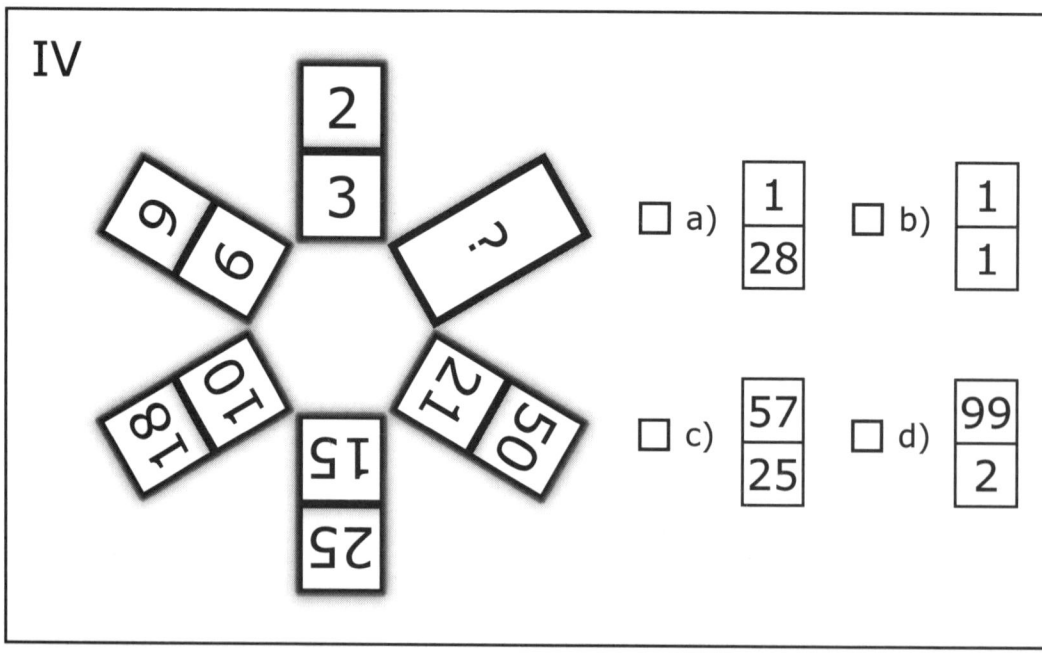

☑ a) $\frac{1}{28}$ ☐ b) $\frac{1}{1}$ ☐ c) $\frac{57}{25}$ ☐ d) $\frac{99}{2}$

194 IQ Übungen

Mathematische Intelligenz

M12 Was verbirgt sich hinter den Fragezeichen?

V

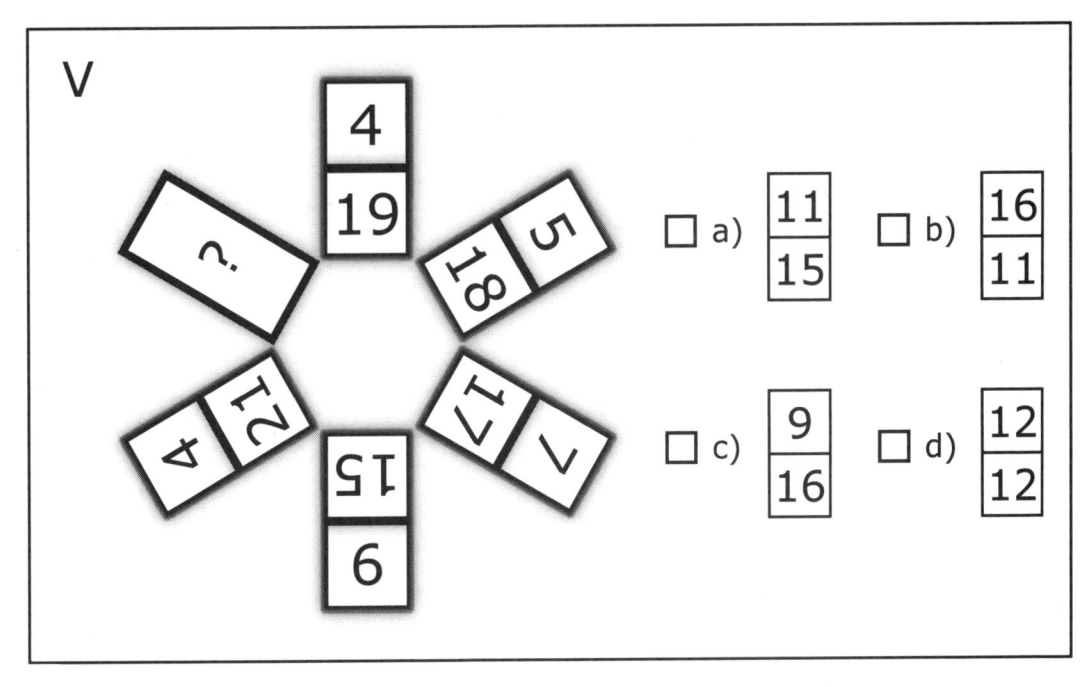

☐ a) $\dfrac{11}{15}$ ☐ b) $\dfrac{16}{11}$

☐ c) $\dfrac{9}{16}$ ☐ d) $\dfrac{12}{12}$

VI

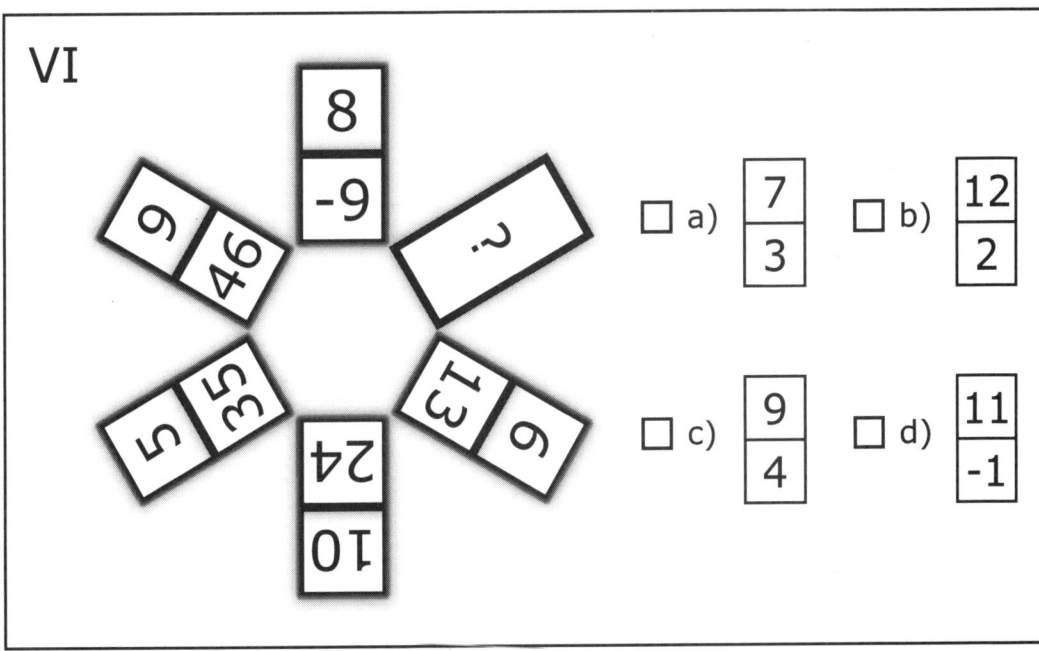

☐ a) $\dfrac{7}{3}$ ☐ b) $\dfrac{12}{2}$

☐ c) $\dfrac{9}{4}$ ☐ d) $\dfrac{11}{-1}$

IQ Übungen   195

Mathematische Intelligenz

M12 Was verbirgt sich hinter den Fragezeichen?

VII

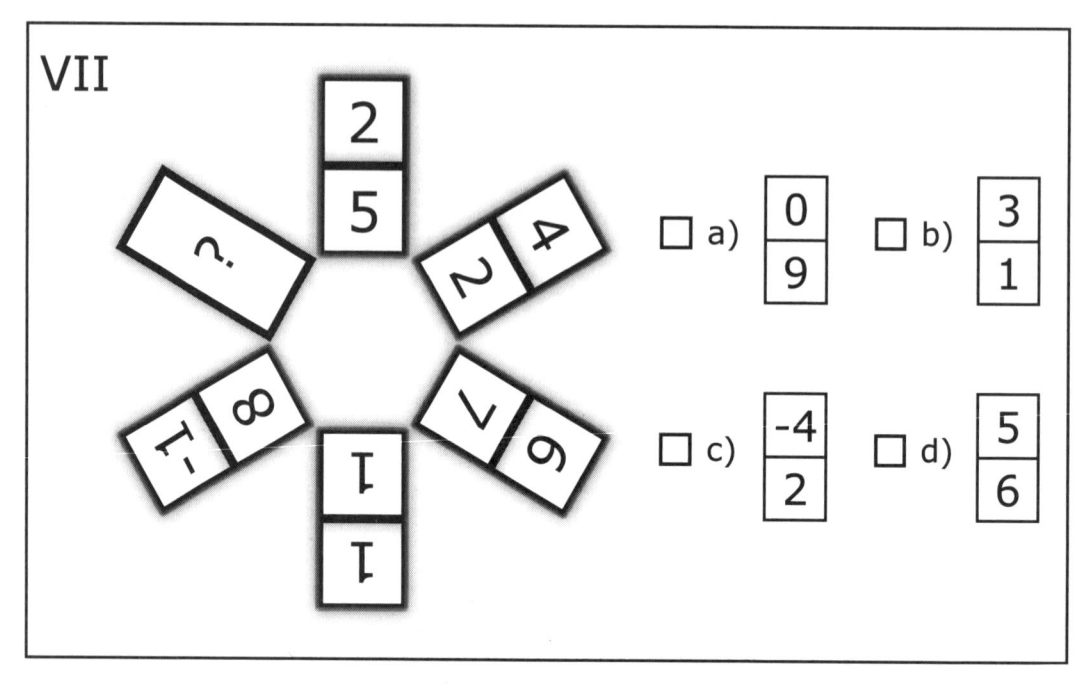

Tiles arranged around a center (clockwise from top): 2/5, 4/2, 7/6, 1/1, -1/8, ?/?

- a) 0/9
- b) 3/1
- c) -4/2
- d) 5/6

VIII

Tiles arranged around a center (clockwise from top): 29/34, ?, 31/38, 23/15, 37/46/2, 12/2

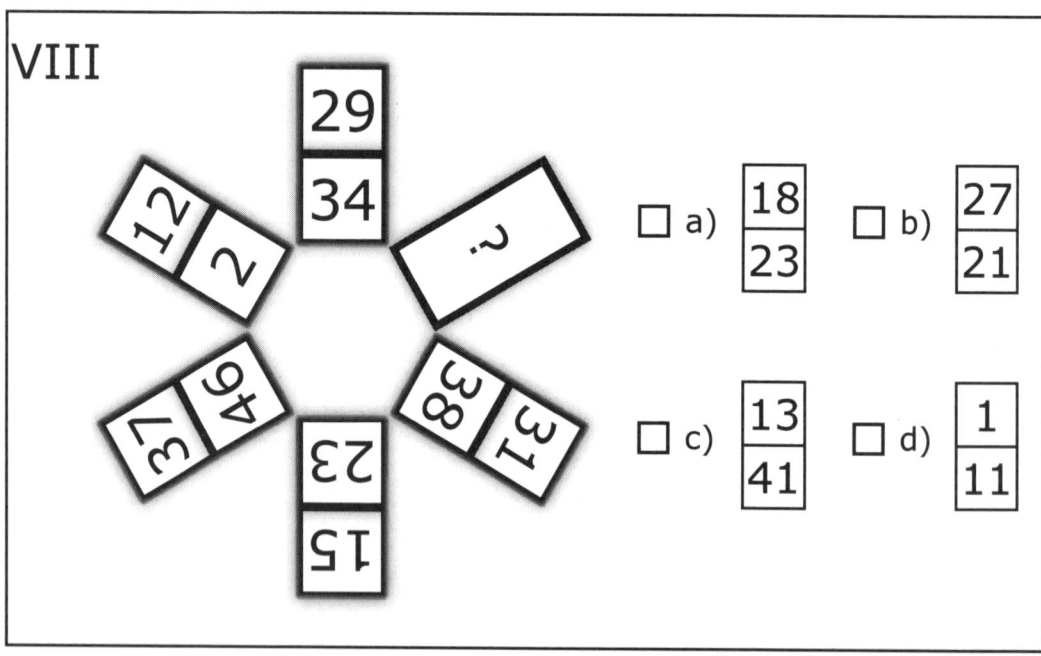

- a) 18/23
- b) 27/21
- c) 13/41
- d) 1/11

Mathematische Intelligenz

M13 Welche der zur Auswahl stehenden Zahlen vervollständigt die Anordnung?

I

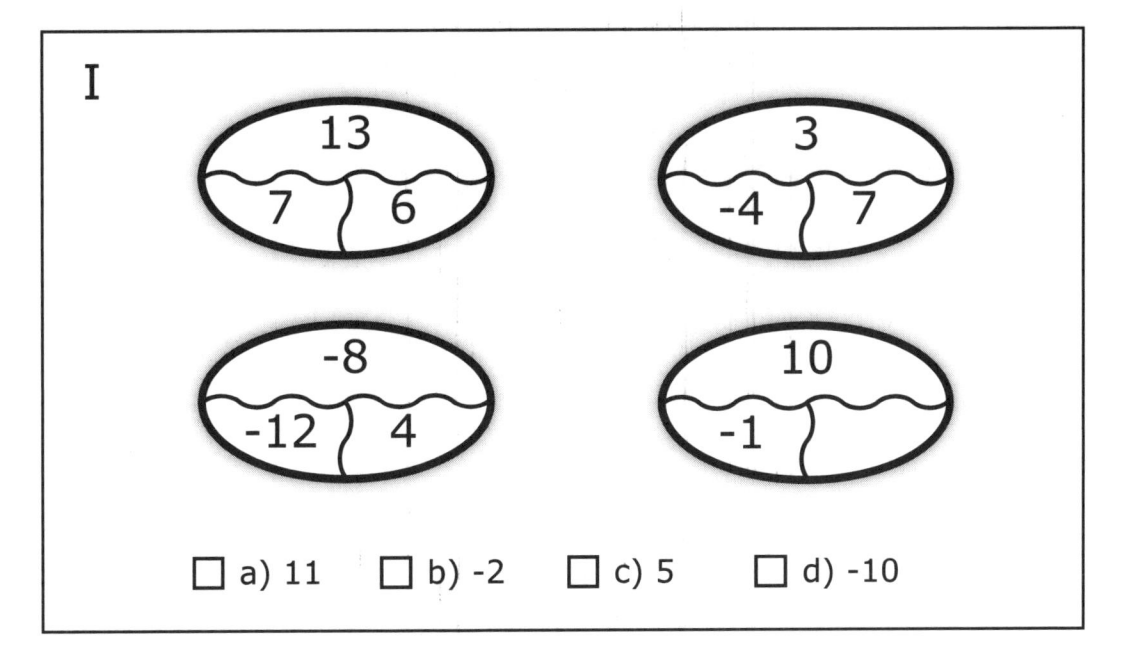

- 13 / 7, 6
- 3 / -4, 7
- -8 / -12, 4
- 10 / -1, ?

☐ a) 11   ☐ b) -2   ☐ c) 5   ☐ d) -10

II

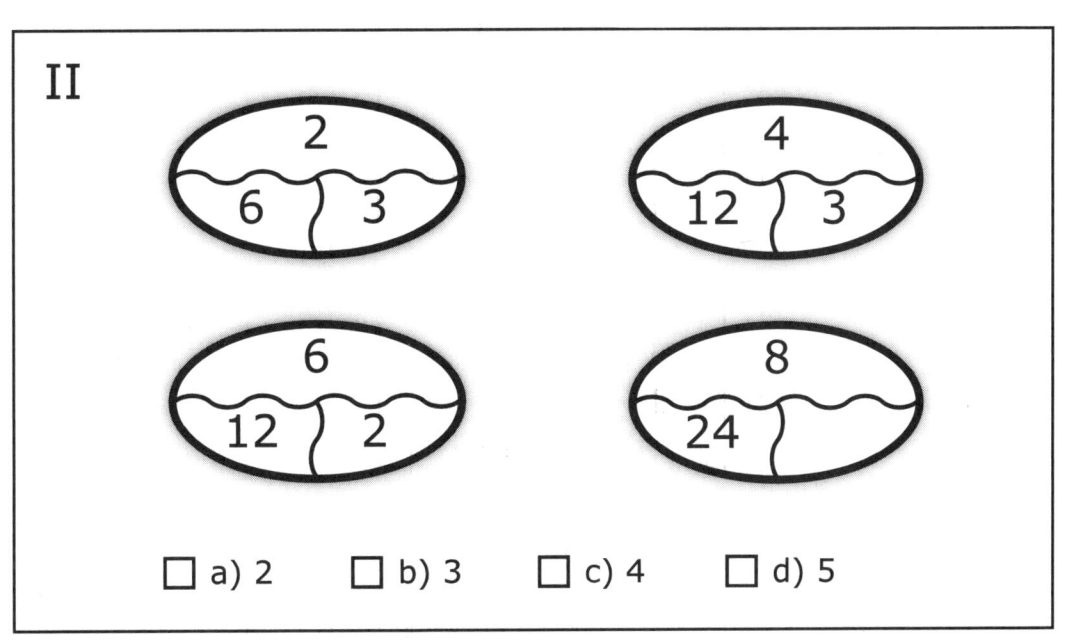

- 2 / 6, 3
- 4 / 12, 3
- 6 / 12, 2
- 8 / 24, ?

☐ a) 2   ☐ b) 3   ☐ c) 4   ☐ d) 5

Mathematische Intelligenz

M13 Welche der zur Auswahl stehenden Zahlen vervollständigt die Anordnung?

III

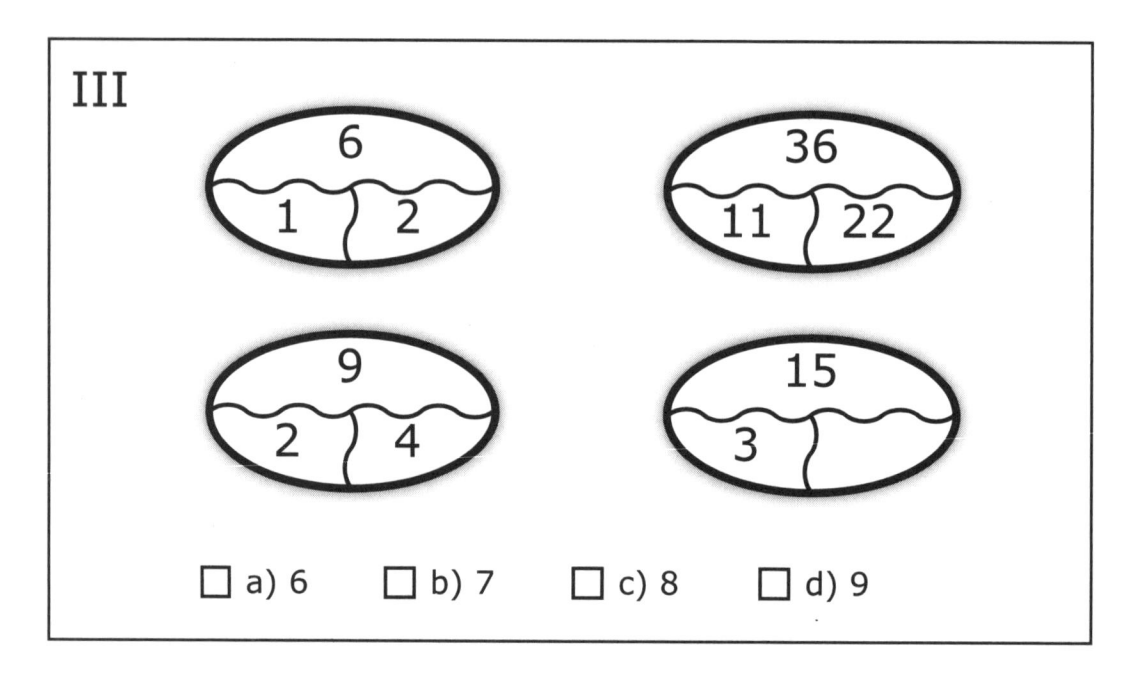

Oval 1: 6 / 1, 2
Oval 2: 36 / 11, 22
Oval 3: 9 / 2, 4
Oval 4: 15 / 3, ?

☐ a) 6   ☐ b) 7   ☐ c) 8   ☐ d) 9

IV

Oval 1: 1 / 15, 0
Oval 2: 5 / 5, 6
Oval 3: 6 / 7, 3
Oval 4: -5 / 20, ?

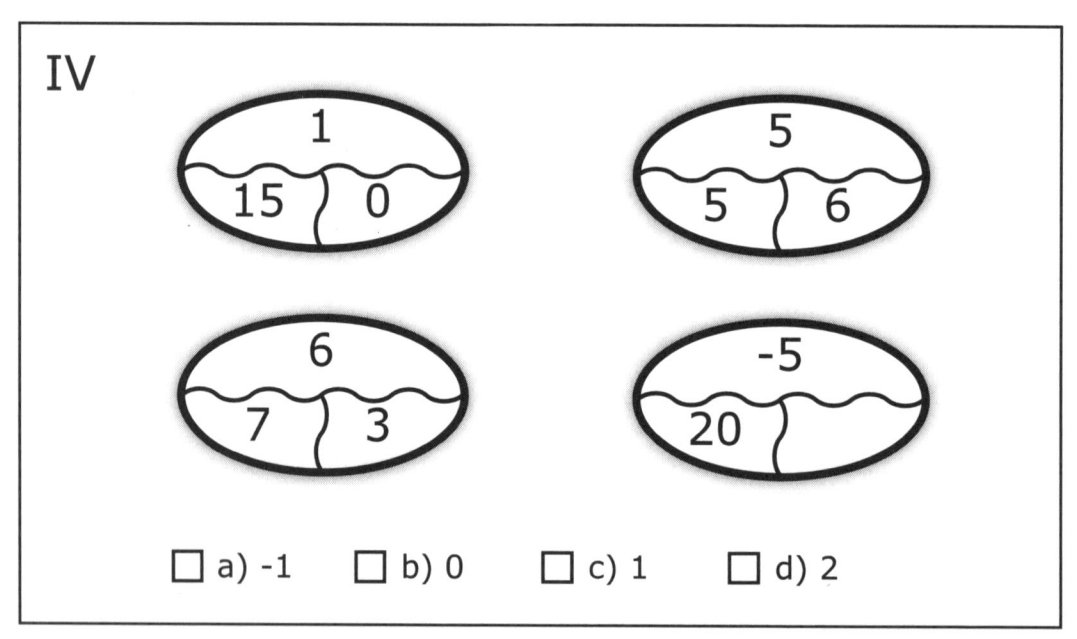

☐ a) -1   ☐ b) 0   ☐ c) 1   ☐ d) 2

M13

Welche der zur Auswahl stehenden Zahlen vervollständigt die Anordnung?

V

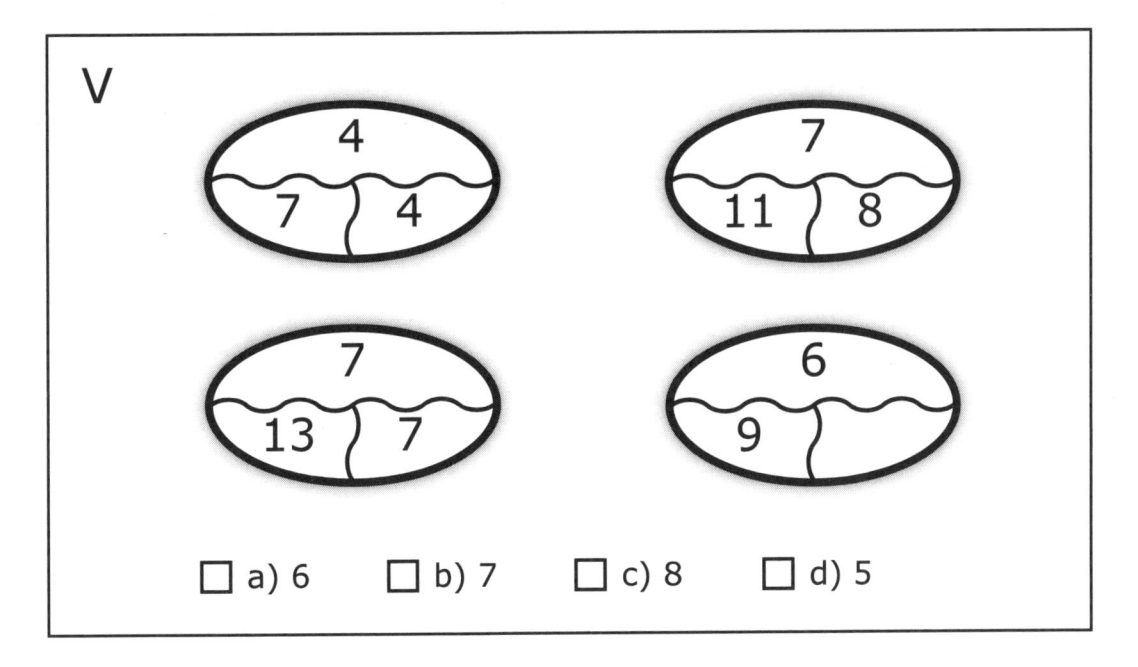

- ☐ a) 6   ☐ b) 7   ☐ c) 8   ☐ d) 5

VI

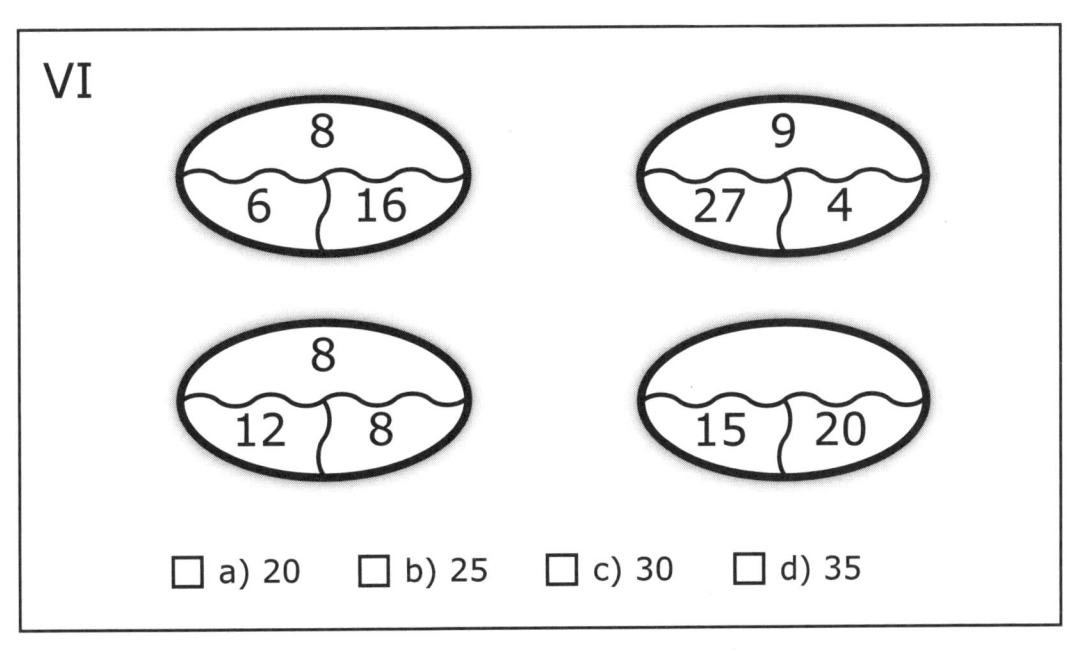

- ☐ a) 20   ☐ b) 25   ☐ c) 30   ☐ d) 35

Mathematische Intelligenz

M13   Welche der zur Auswahl stehenden Zahlen vervollständigt die Anordnung?

VII

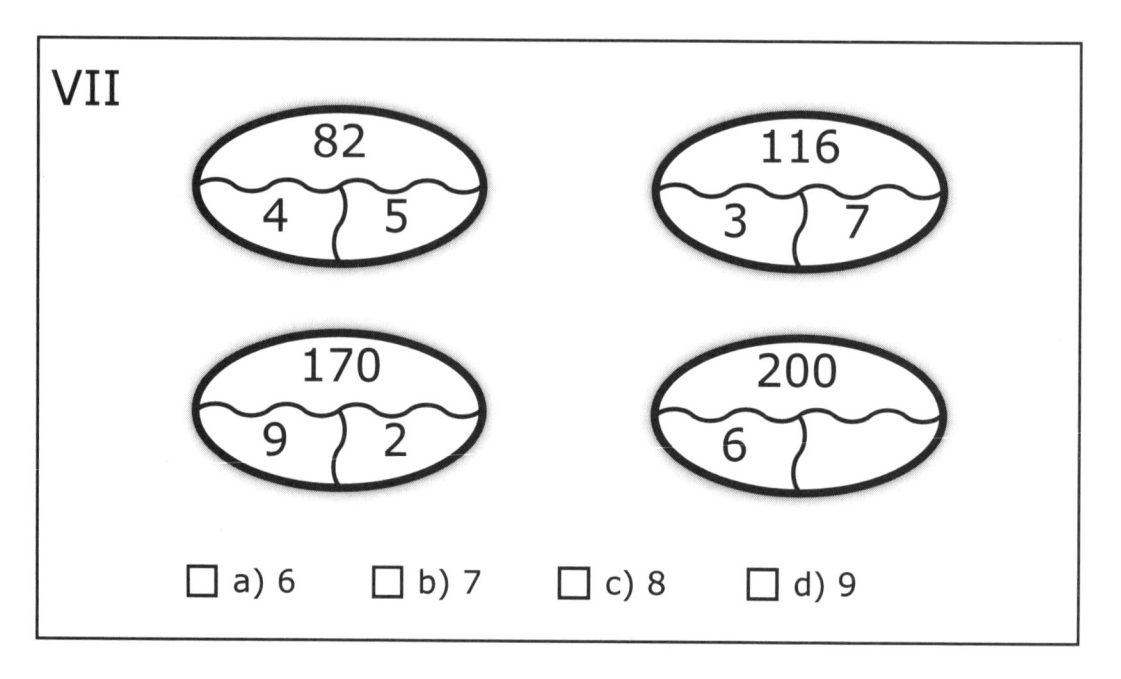

- 82 / 4, 5
- 116 / 3, 7
- 170 / 9, 2
- 200 / 6, ?

☐ a) 6   ☐ b) 7   ☐ c) 8   ☐ d) 9

VIII

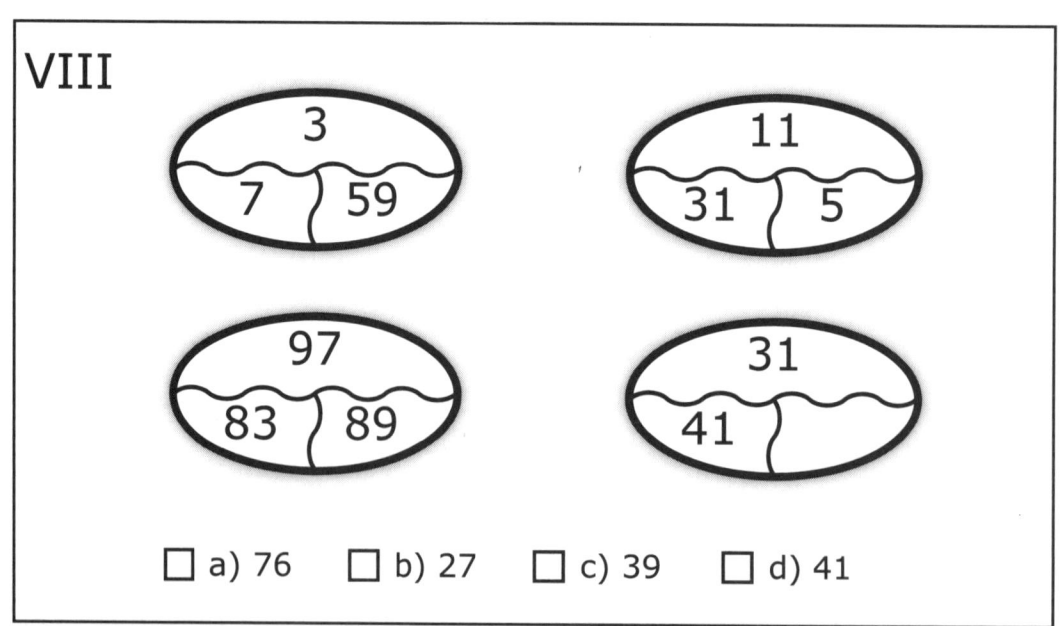

- 3 / 7, 59
- 11 / 31, 5
- 97 / 83, 89
- 31 / 41, ?

☐ a) 76   ☐ b) 27   ☐ c) 39   ☐ d) 41

Mathematische Intelligenz

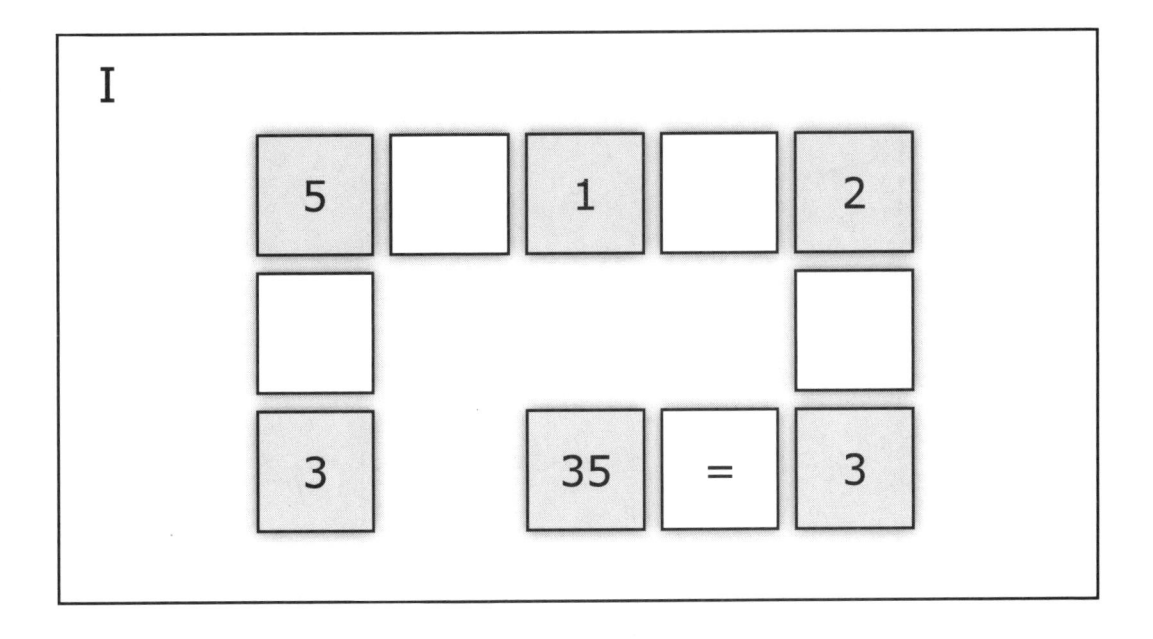

M14 Tragen Sie in die vier leeren Felder die Rechensymbole **+**, **−**, **×** oder **:** ein, sodass das Ergebnis am Ende stimmt. Rechnen Sie dabei der Reihe nach ohne Beachtung der Regel „Punktrechnung vor Strichrechnung".

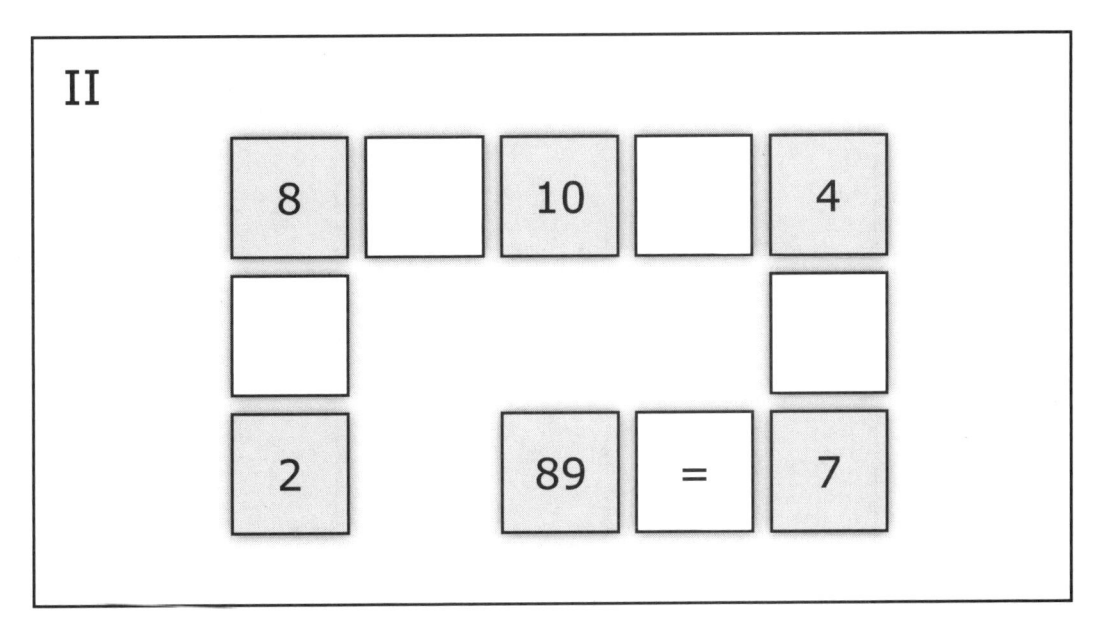

I

5	☐	1	☐	2
☐				☐
3		35	=	3

II

8	☐	10	☐	4
☐				☐
2		89	=	7

IQ Übungen

Mathematische Intelligenz

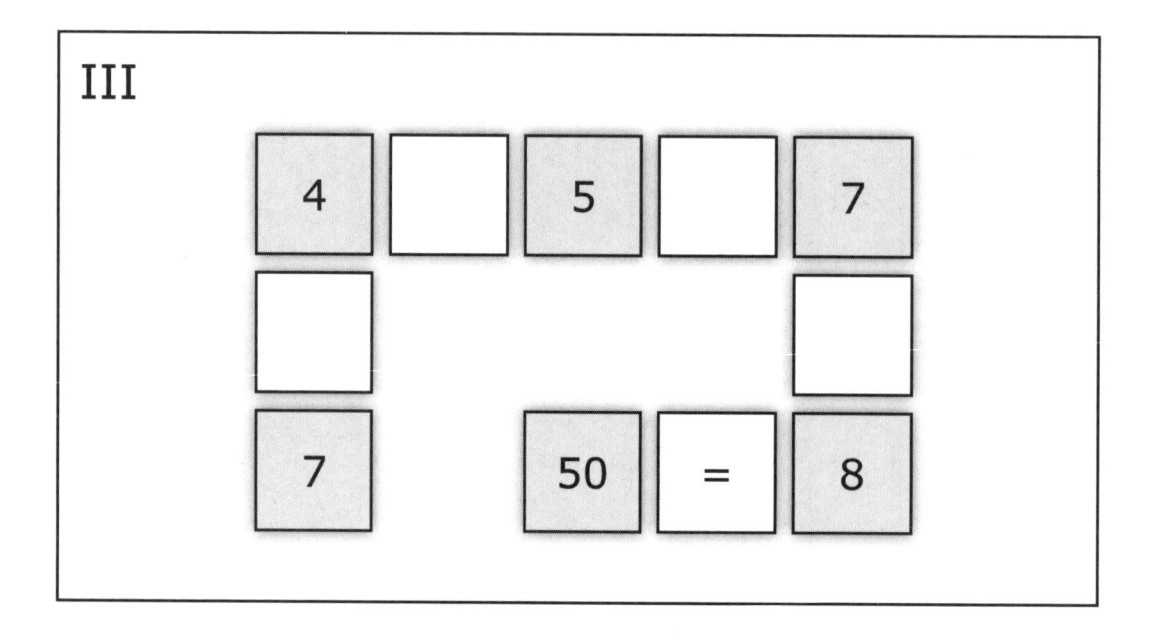

M14 Tragen Sie in die vier leeren Felder die Rechensymbole **+, −, ×** oder **:** ein, sodass das Ergebnis am Ende stimmt. Rechnen Sie dabei der Reihe nach ohne Beachtung der Regel „Punktrechnung vor Strichrechnung".

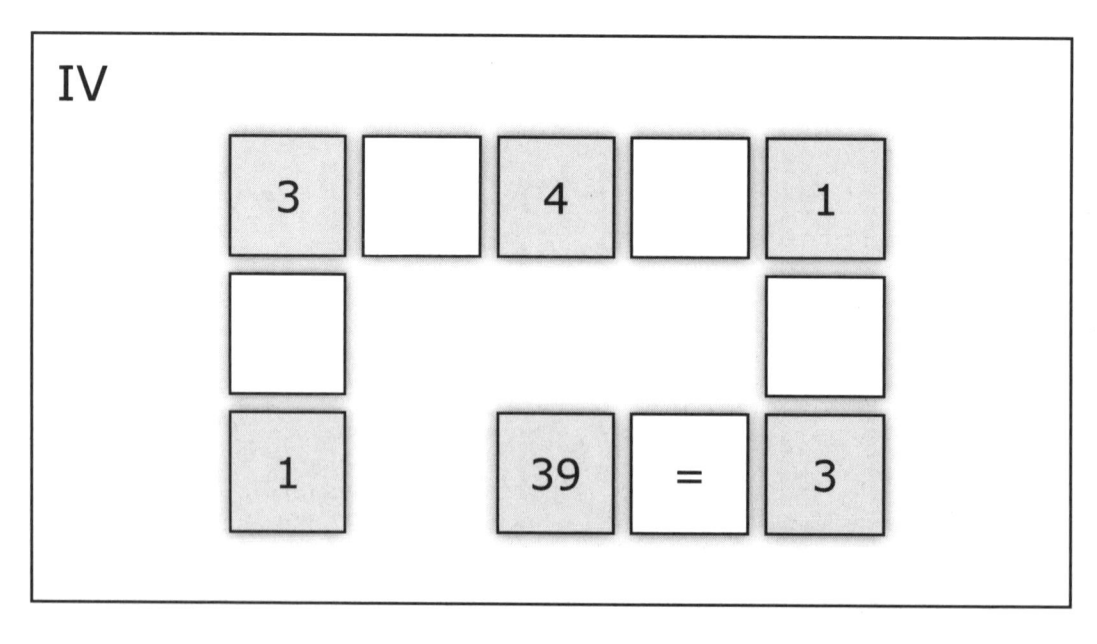

III

4	☐	5	☐	7
☐				☐
7		50	=	8

IV

3	☐	4	☐	1
☐				☐
1		39	=	3

202   IQ Übungen

Mathematische Intelligenz

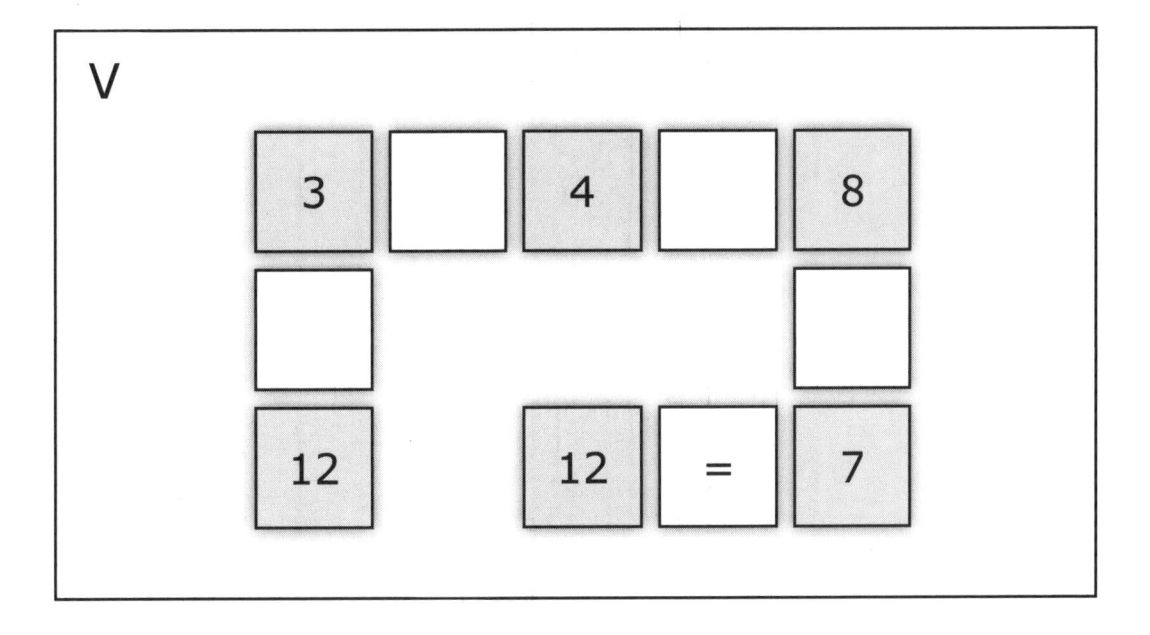

M14 Tragen Sie in die vier leeren Felder die Rechensymbole **+**, **−**, **x** oder **:** ein, sodass das Ergebnis am Ende stimmt. Rechnen Sie dabei der Reihe nach ohne Beachtung der Regel „Punktrechnung vor Strichrechnung".

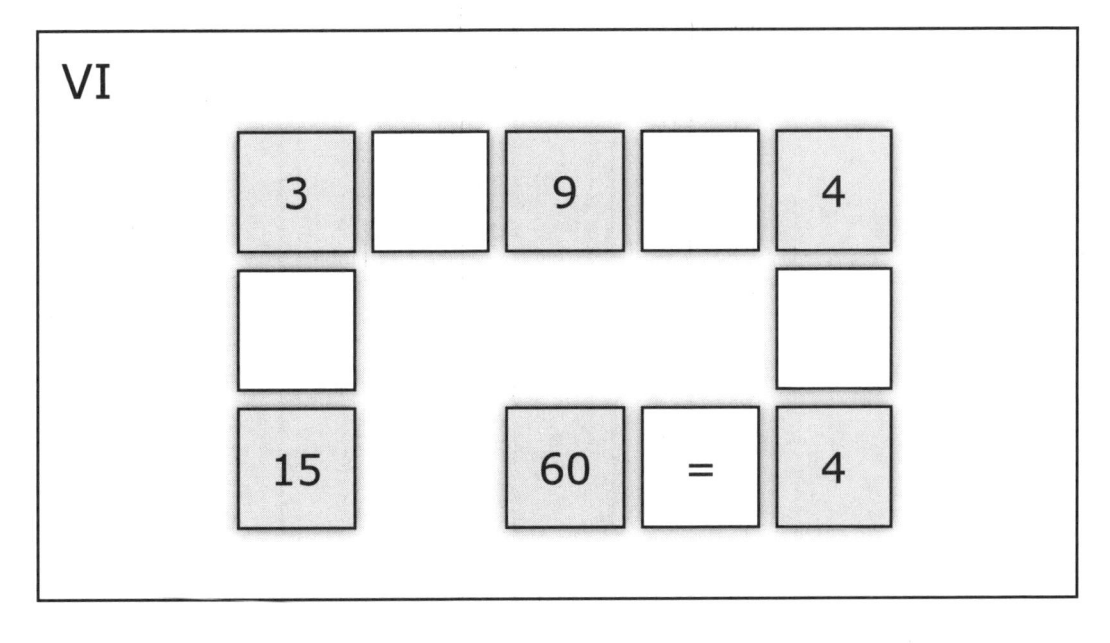

V

```
   3  □  4  □  8
   □           □
  12     12  =  7
```

VI

```
   3  □  9  □  4
   □           □
  15     60  =  4
```

IQ Übungen

Mathematische Intelligenz

M14 Tragen Sie in die vier leeren Felder die Rechensymbole +, −, × oder : ein, sodass das Ergebnis am Ende stimmt. Rechnen Sie dabei der Reihe nach ohne Beachtung der Regel „Punktrechnung vor Strichrechnung".

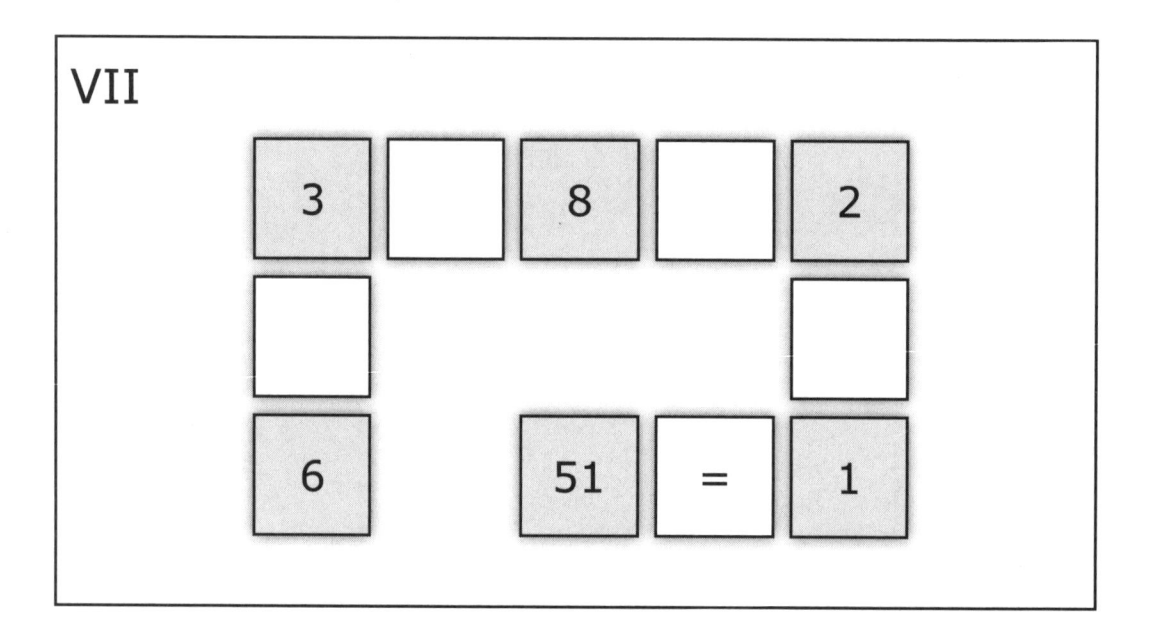

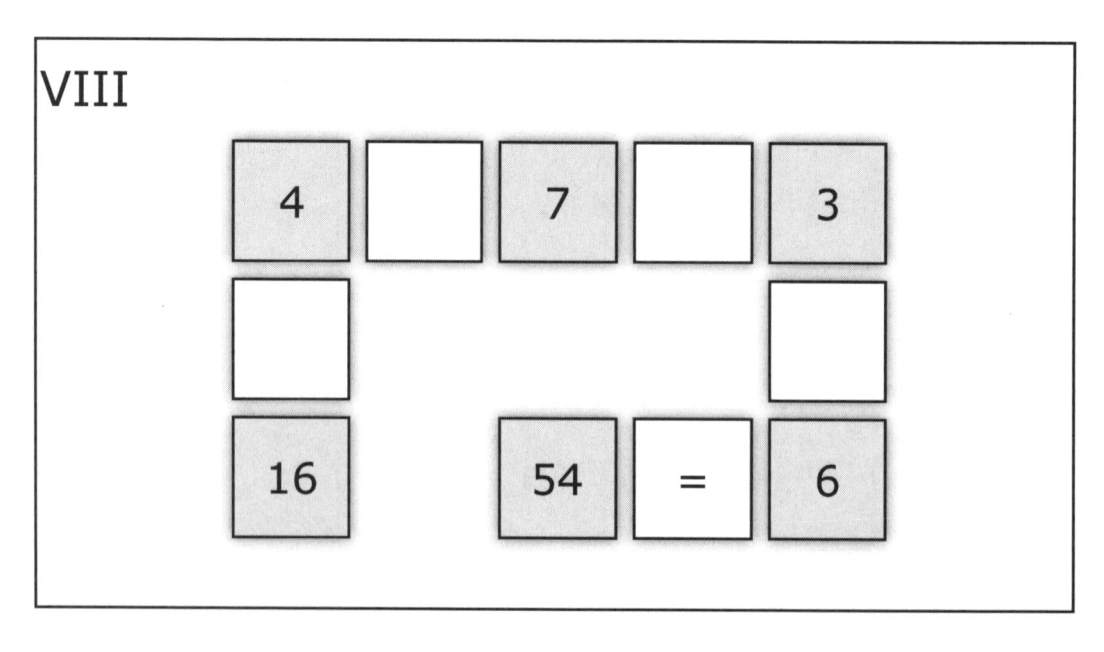

VII

```
  3    +    8    ×    2
  ×                   −
  6        51    =    1
```

VIII

```
  4    −    7    +    3
  ×                   −
 16        54    =    6
```

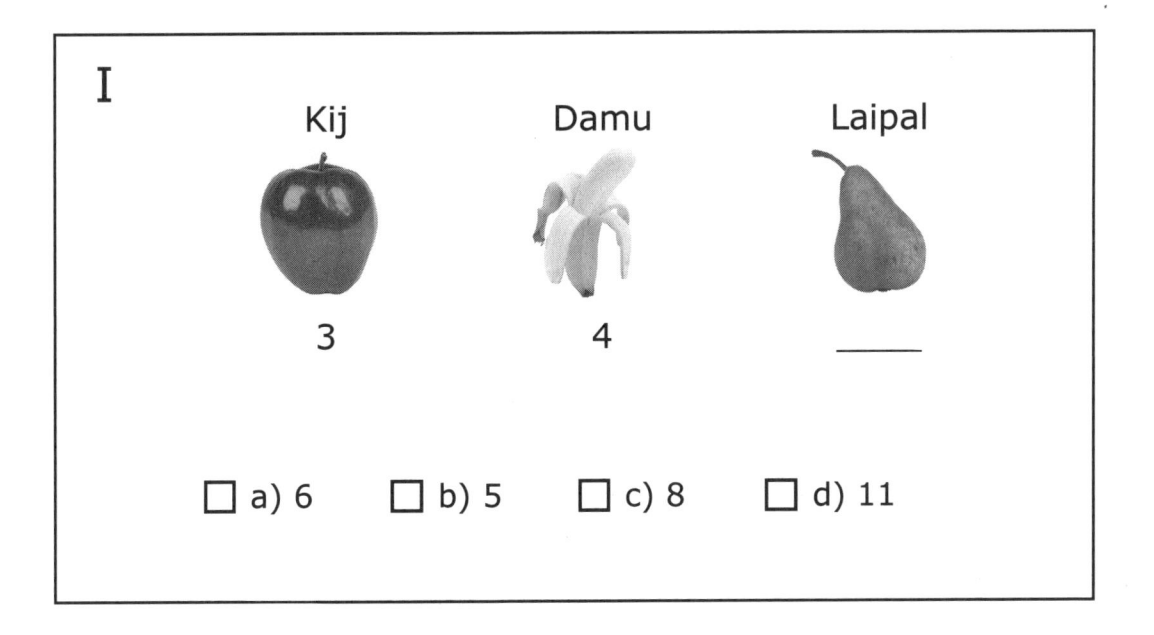

M15

Welcher Zusammenhang besteht zwischen der jeweiligen Obstsorte (Fantasiename) und deren Vitamingehalt?
Wählen Sie die passende Zahl.

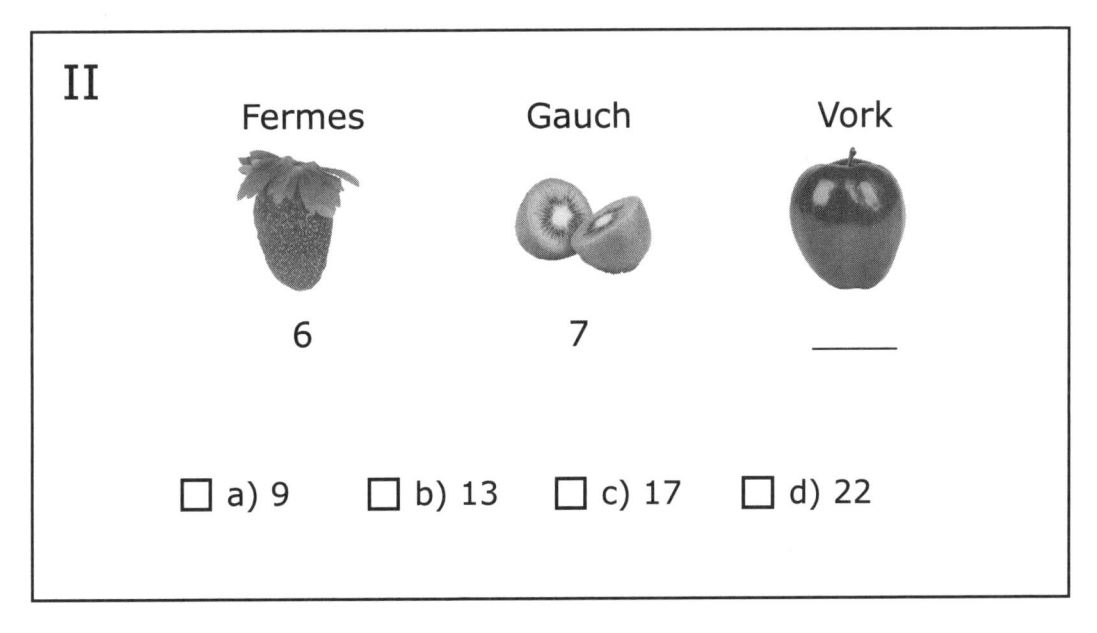

I

Kij	Damu	Laipal
3	4	___

☐ a) 6 ☐ b) 5 ☐ c) 8 ☐ d) 11

II

Fermes	Gauch	Vork
6	7	___

☐ a) 9 ☐ b) 13 ☐ c) 17 ☐ d) 22

Mathematische Intelligenz

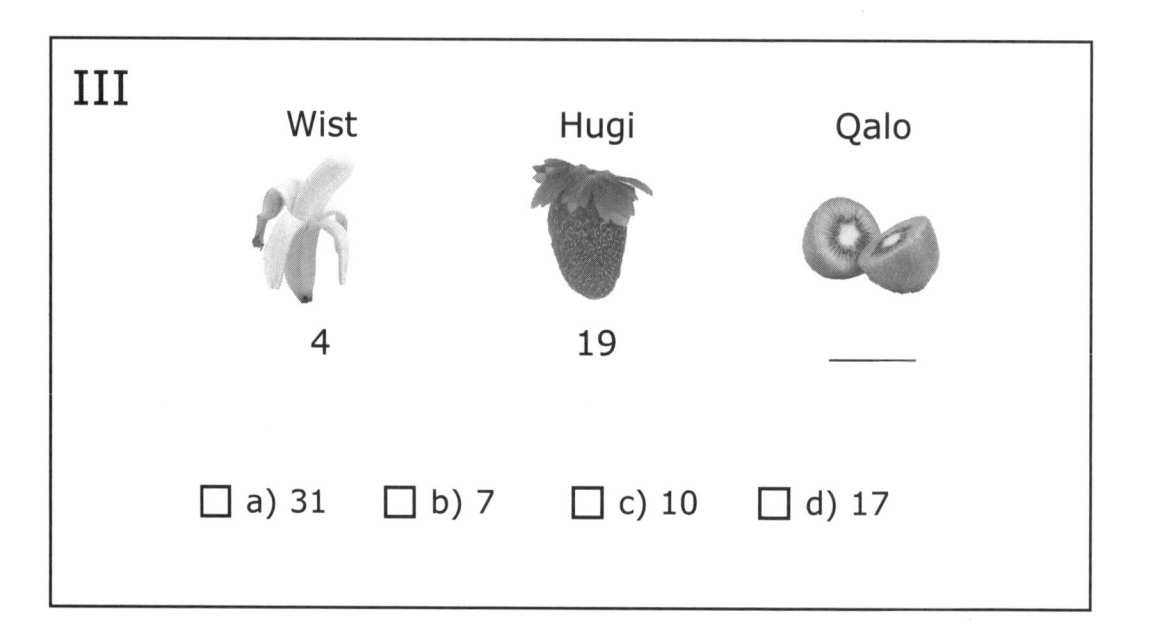

M15 Welcher Zusammenhang besteht zwischen der jeweiligen Obstsorte (Fantasiename) und deren Vitamingehalt?
Wählen Sie die passende Zahl.

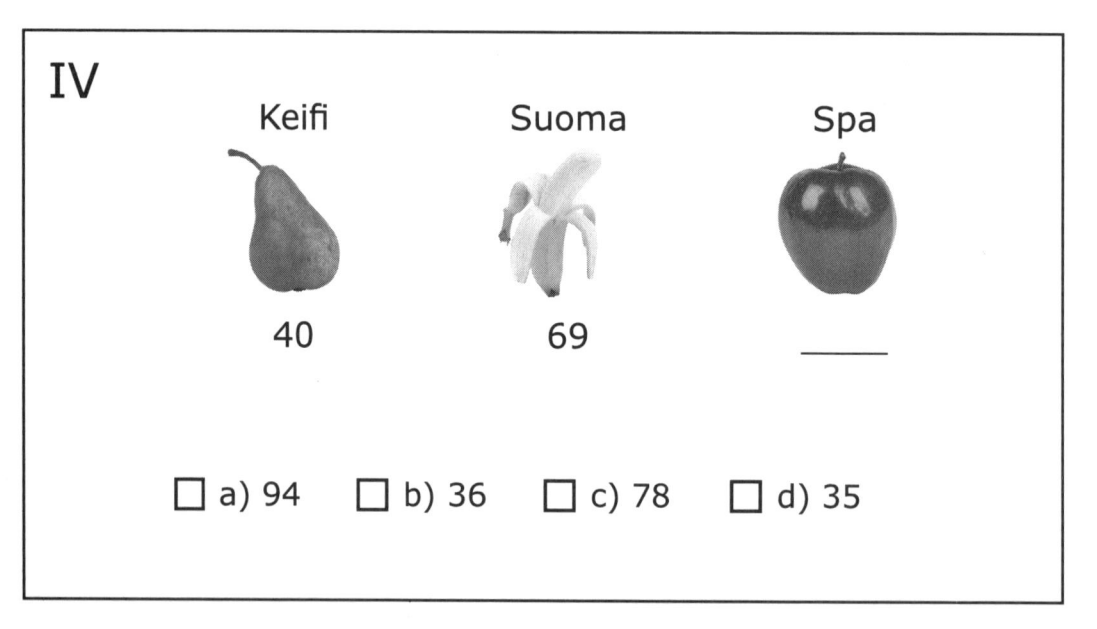

III

Wist	Hugi	Qalo
4	19	___

☐ a) 31   ☐ b) 7   ☐ c) 10   ☐ d) 17

IV

Keifi	Suoma	Spa
40	69	___

☐ a) 94   ☐ b) 36   ☐ c) 78   ☐ d) 35

Mathematische Intelligenz

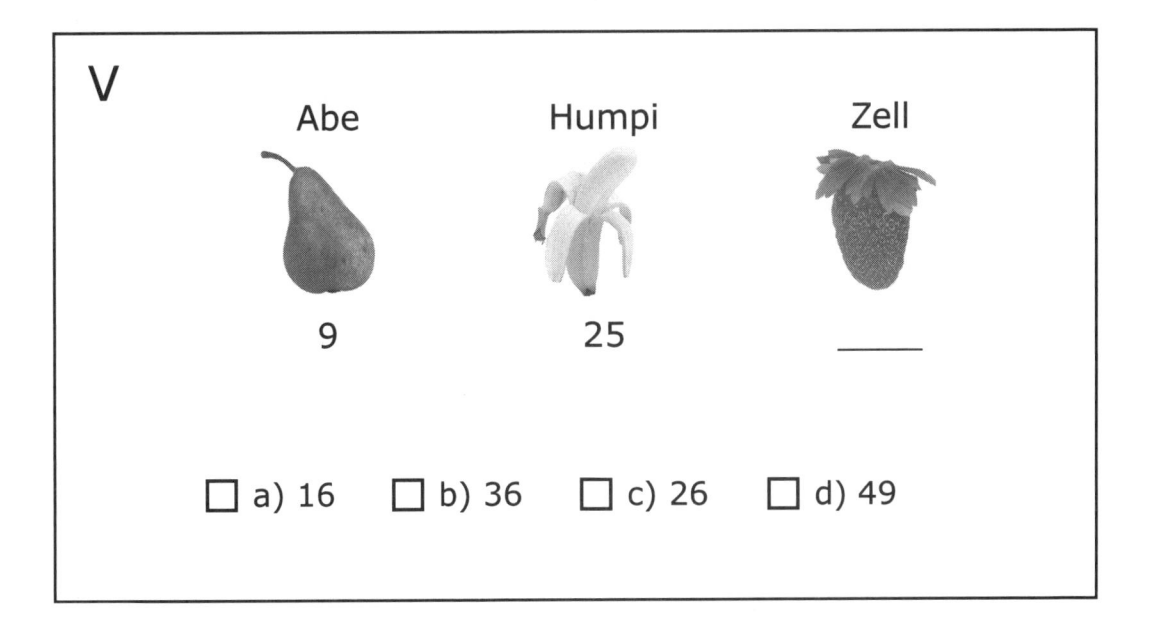

M15 Welcher Zusammenhang besteht zwischen der jeweiligen Obstsorte (Fantasiename) und deren Vitamingehalt?
Wähle Sie die passende Zahl.

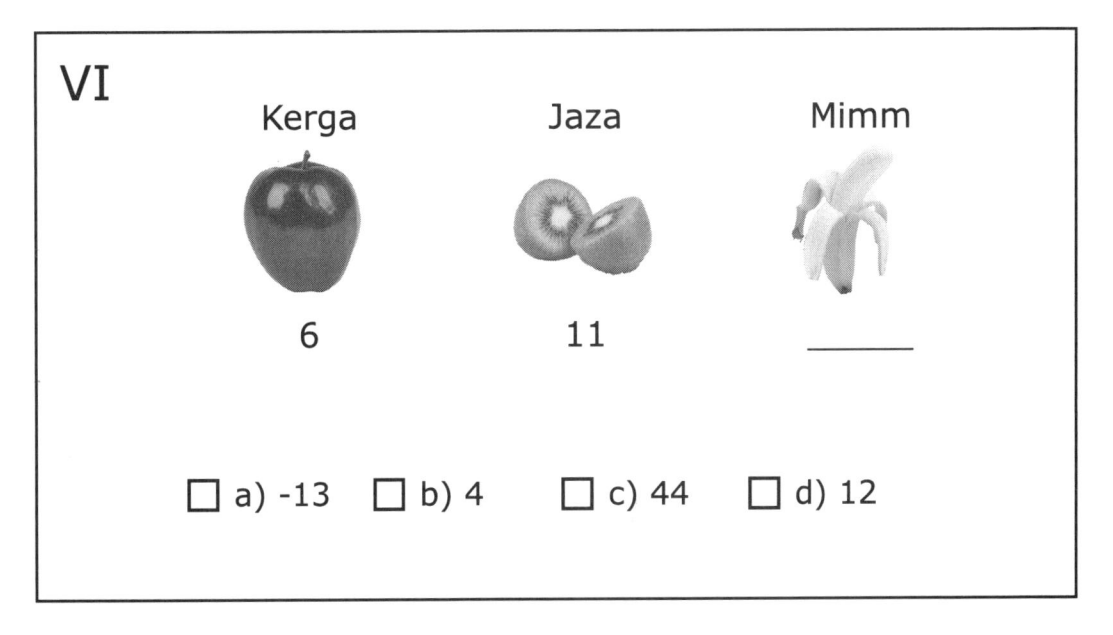

V

Abe	Humpi	Zell
9	25	___

☐ a) 16   ☐ b) 36   ☐ c) 26   ☐ d) 49

VI

Kerga	Jaza	Mimm
6	11	___

☐ a) -13   ☐ b) 4   ☐ c) 44   ☐ d) 12

Mathematische Intelligenz

M15
Welcher Zusammenhang besteht zwischen der jeweiligen Obstsorte (Fantasiename) und deren Vitamingehalt?
Wählen Sie die passende Zahl.

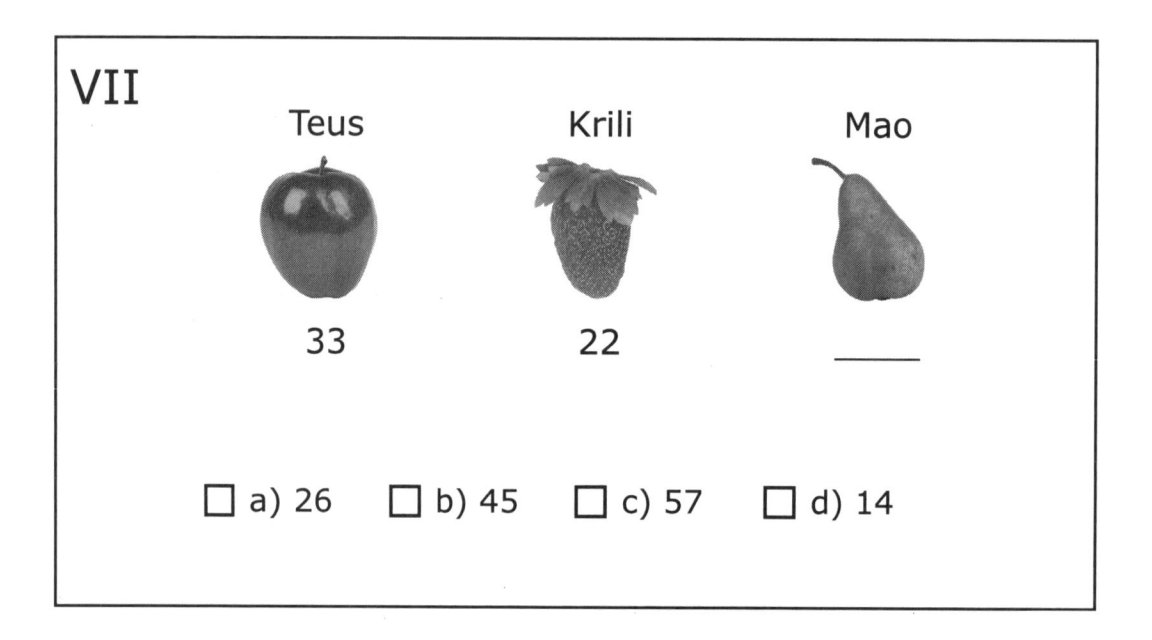

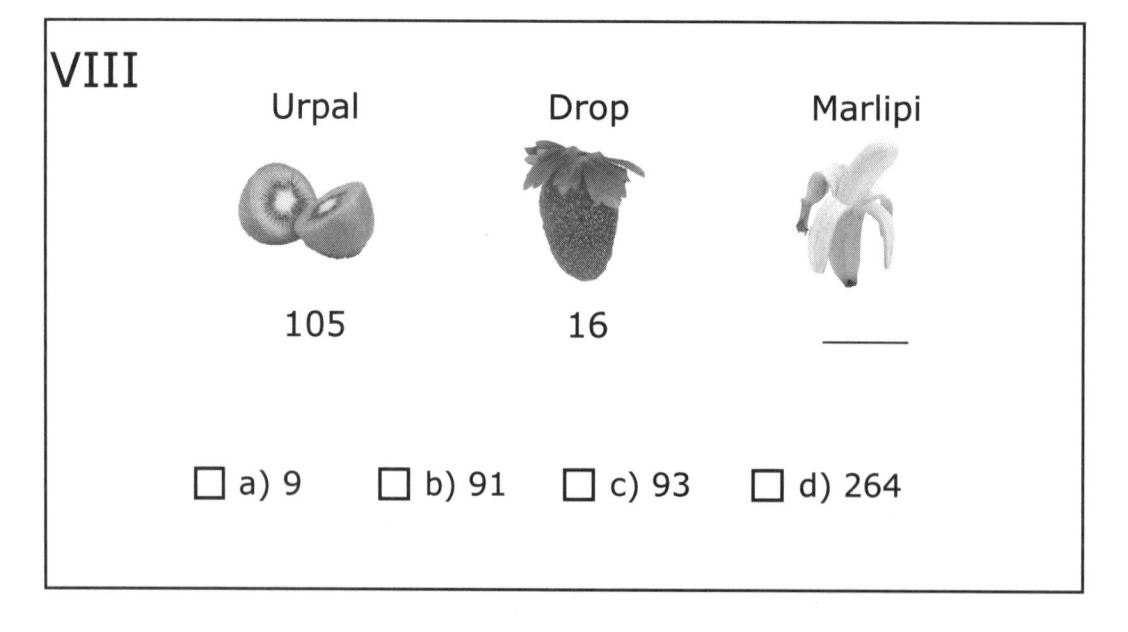

VII

Teus	Krili	Mao
33	22	___

☐ a) 26 ☐ b) 45 ☐ c) 57 ☐ d) 14

VIII

Urpal	Drop	Marlipi
105	16	___

☐ a) 9 ☐ b) 91 ☐ c) 93 ☐ d) 264

M16 Für welche Zahl steht das Fragezeichen?

I

Ring 1 (center 1): 3, 2, 1, 12, 9, 12, 4, 7

Ring 2 (center 2): 6, 4, 2, 24, 18, 24, 8, 14

Ring 3 (center 3): 12, 8, 4, ?, 36, 48, 16, 28

☐ a) 38 ☐ b) 32 ☐ c) 48 ☐ d) 42

M16 Für welche Zahl steht das Fragezeichen?

II

Ring 1 (center 1): 1, 7, 2, 3, 6, 4, 5, 3

Ring 2 (center 2): 1, 49, 4, 9, 36, 16, 25, 9

Ring 3 (center 3): 1, 343, 8, 27, 216, ?, 125, 27

☐ a) 64 ☐ b) 78 ☐ c) 86 ☐ d) 92

M16 Für welche Zahl steht das Fragezeichen?

III

☐ a) K   ☐ b) Y   ☐ c) B   ☐ d) Q

Mathematische Intelligenz

M16 Für welche Zahl steht das Fragezeichen?

IV

Ring 1 (center 1): 7, 1, 5, 3, 1, 6, 4, 2

Ring 2 (center 2): ?, 2, 15, 12, 5, 36, 28, 16

Ring 3 (center 3): 567, 4, 45, 48, 25, 216, 196, 128

☐ a) 49   ☐ b) 63   ☐ c) 72   ☐ d) 54

M17 Treffen Sie die richtige Entscheidung.

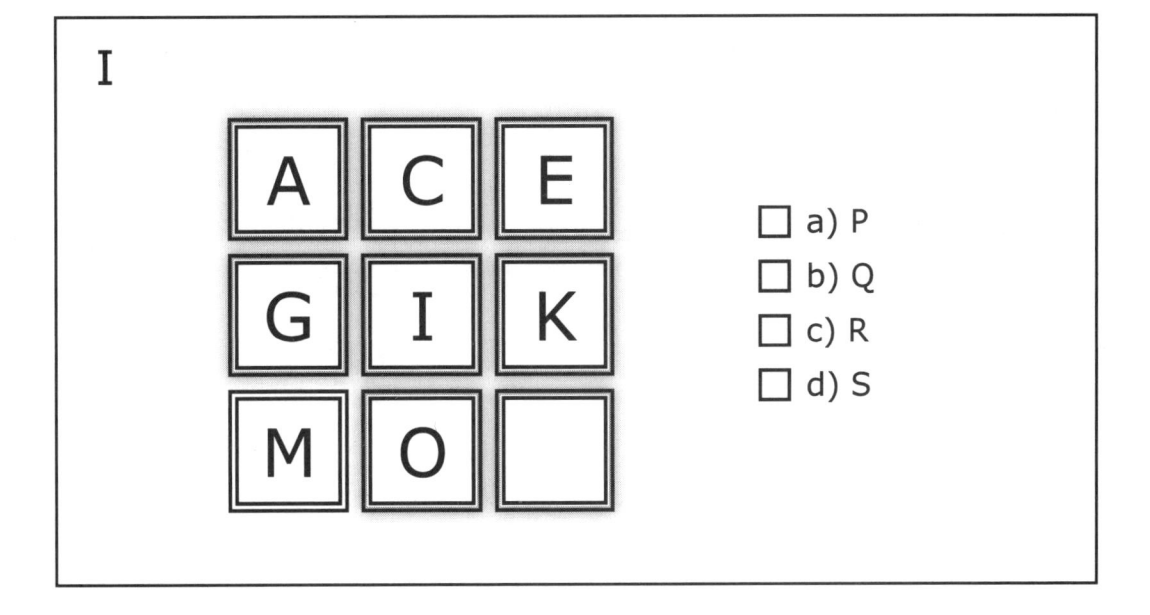

I

A	C	E
G	I	K
M	O	

- [ ] a) P
- [ ] b) Q
- [ ] c) R
- [ ] d) S

II

D	E	G
J	N	S
Y	F	

- [ ] a) K
- [ ] b) L
- [ ] c) M
- [ ] d) N

Mathematische Intelligenz

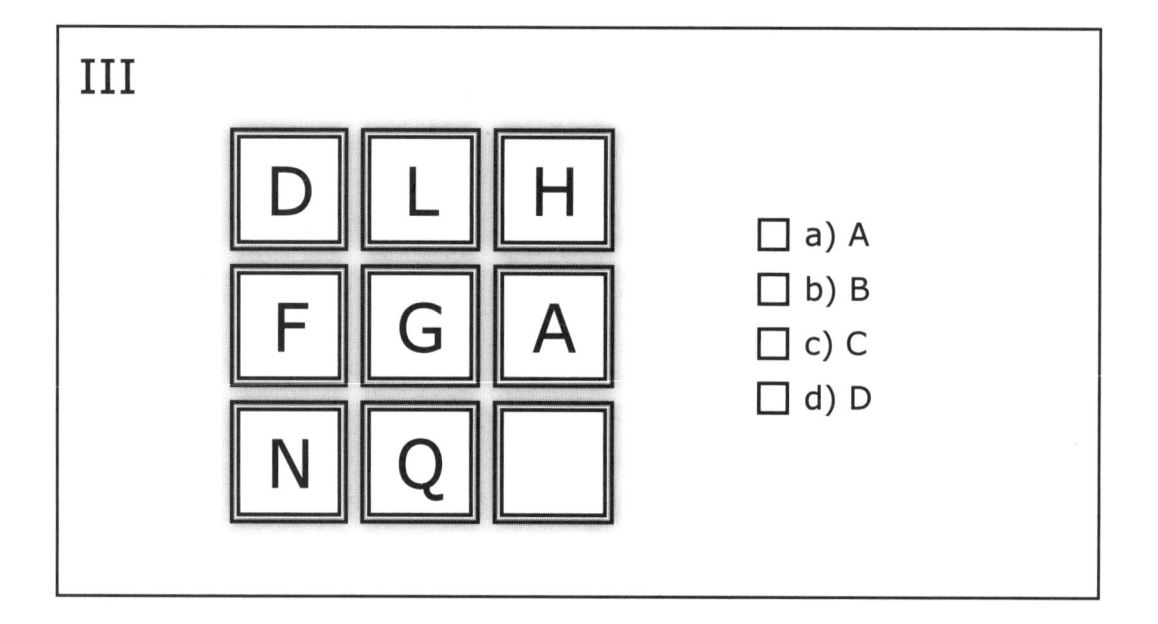

M17 Treffen Sie die richtige Entscheidung.

III

D	L	H
F	G	A
N	Q	

- [ ] a) A
- [ ] b) B
- [ ] c) C
- [ ] d) D

IV

C	D	A
I	X	B
C	F	

- [ ] a) A
- [ ] b) B
- [ ] c) C
- [ ] d) D

M17 Treffen Sie die richtige Entscheidung.

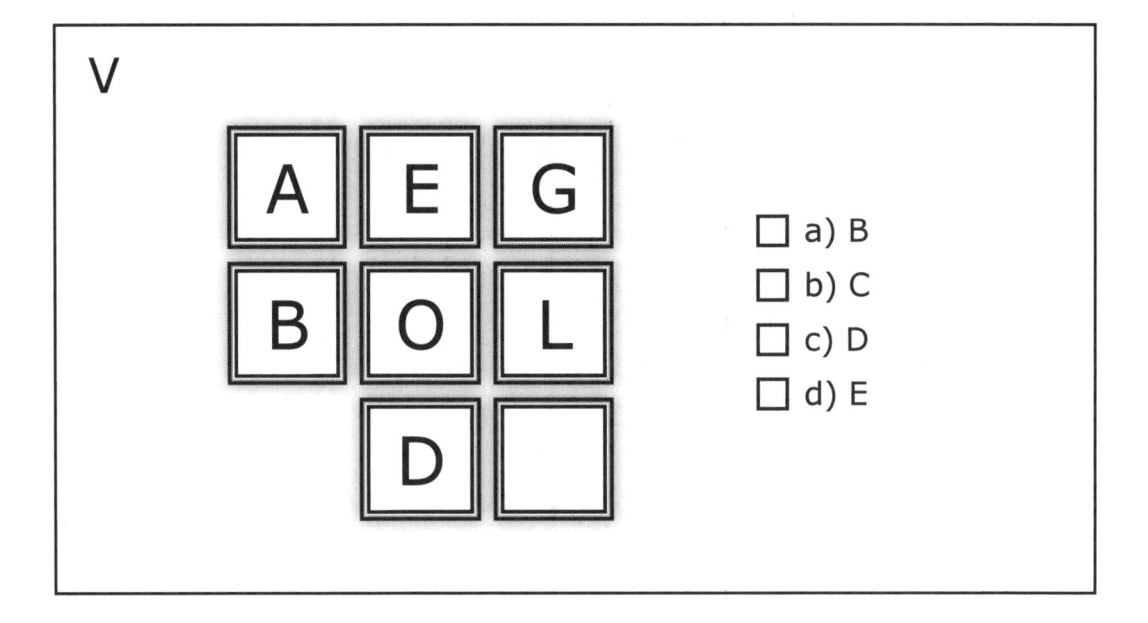

V

A	E	G
B	O	L
	D	

- a) B
- b) C
- c) D
- d) E

VI

A	B	A
A	D	D
A	F	

- a) H
- b) I
- c) J
- d) K

Mathematische Intelligenz

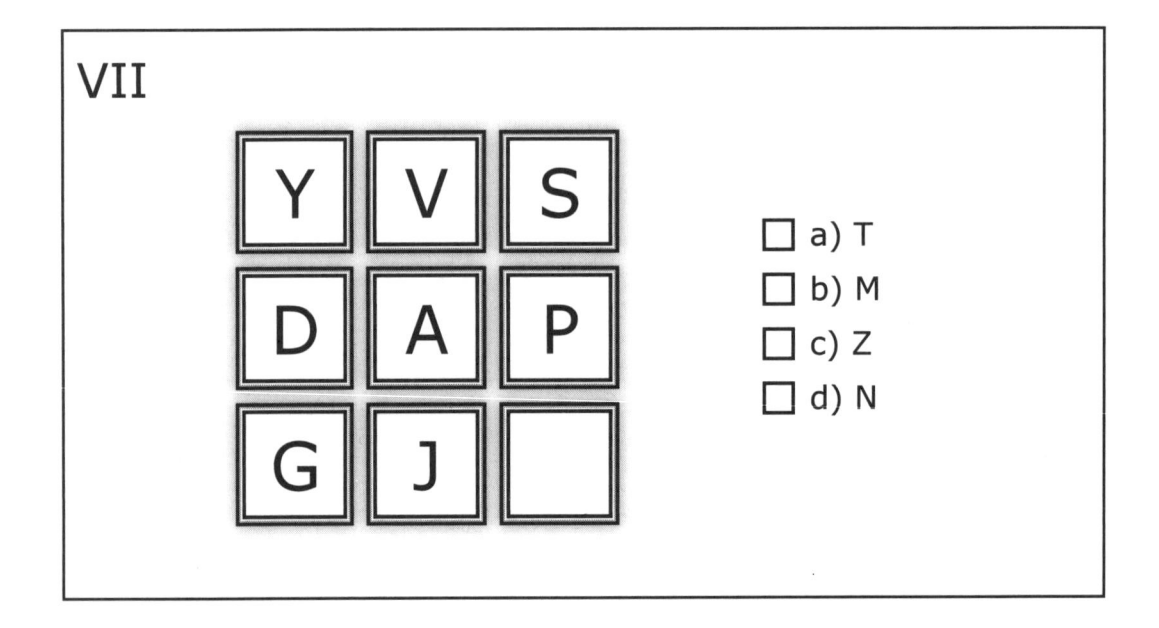

M17   Treffen Sie die richtige Entscheidung.

VII

Y	V	S
D	A	P
G	J	?

☐ a) T
☐ b) M
☐ c) Z
☐ d) N

VIII

B	B	E
B	E	F
B	H	?

☐ a) I
☐ b) J
☐ c) K
☐ d) L

M18 Welche Zahl gehört an die Stelle des Fragezeichens?

I

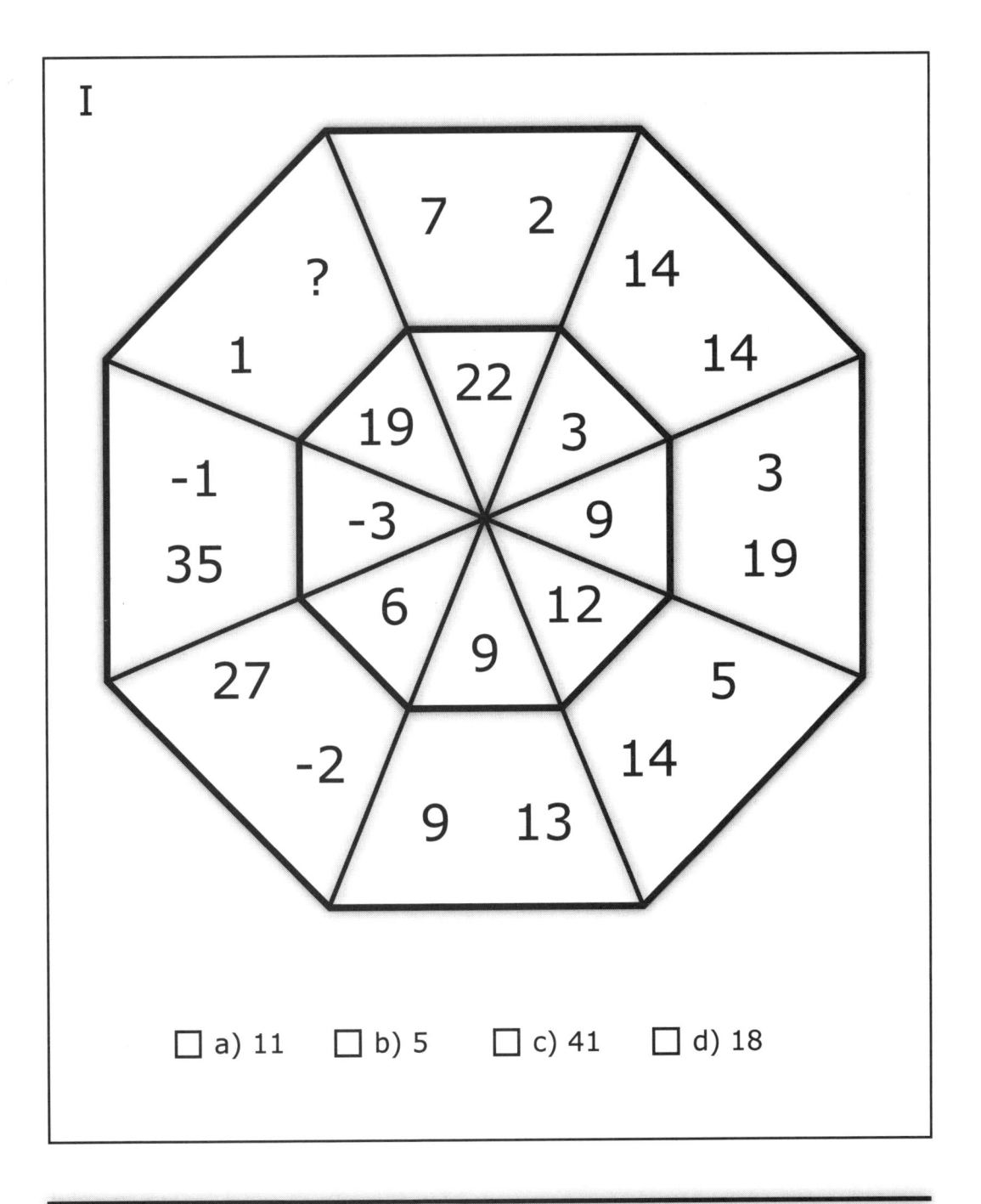

7 2
? 14
1   14
   22
  19   3
-1   3
  -3 9
35   19
   6 12
    9
27   5
  -2
    14
  9 13

☐ a) 11   ☐ b) 5   ☐ c) 41   ☐ d) 18

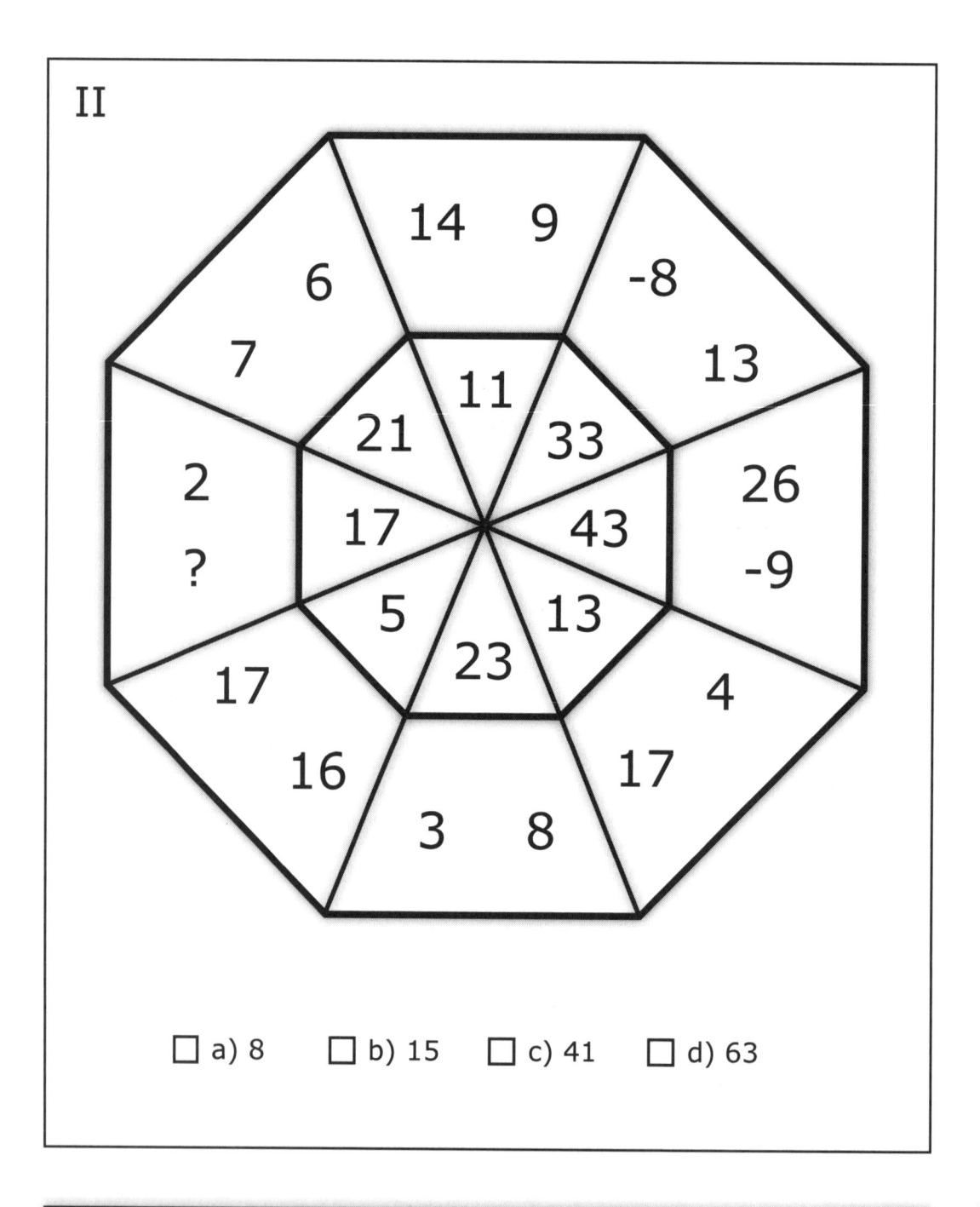

M18 Welche Zahl gehört an die Stelle des Fragezeichens?

II

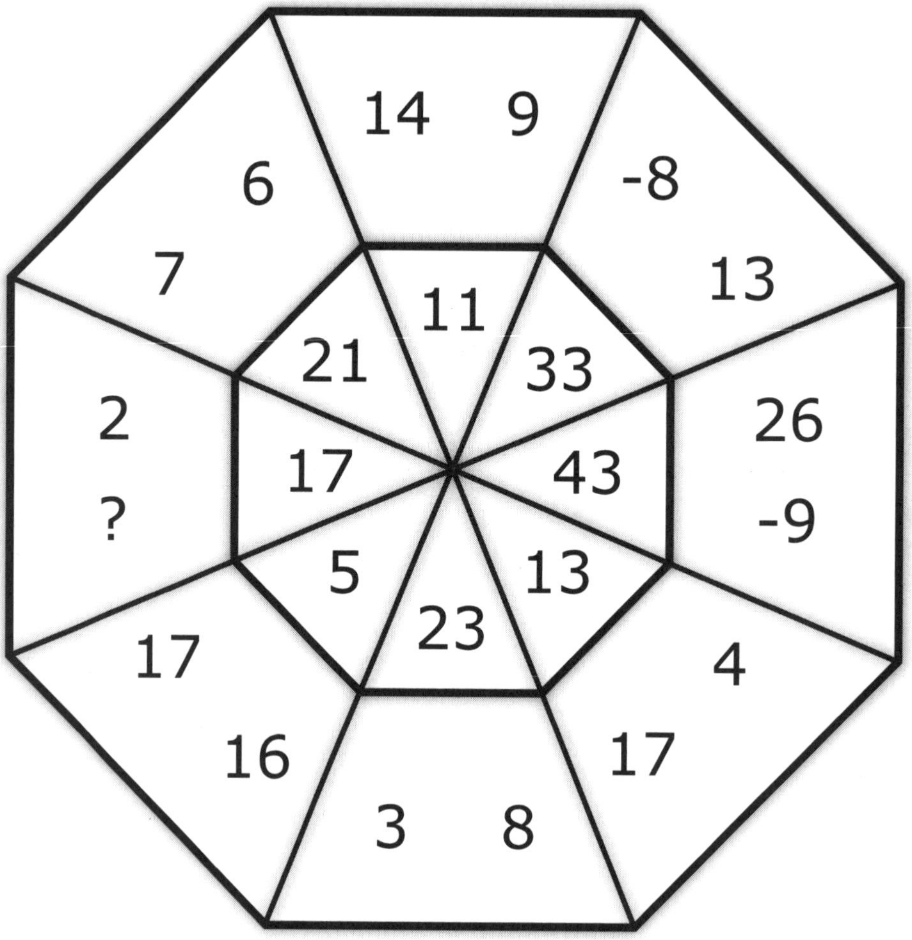

☐ a) 8 ☐ b) 15 ☐ c) 41 ☐ d) 63

M18 Welche Zahl gehört an die Stelle des Fragezeichens?

III

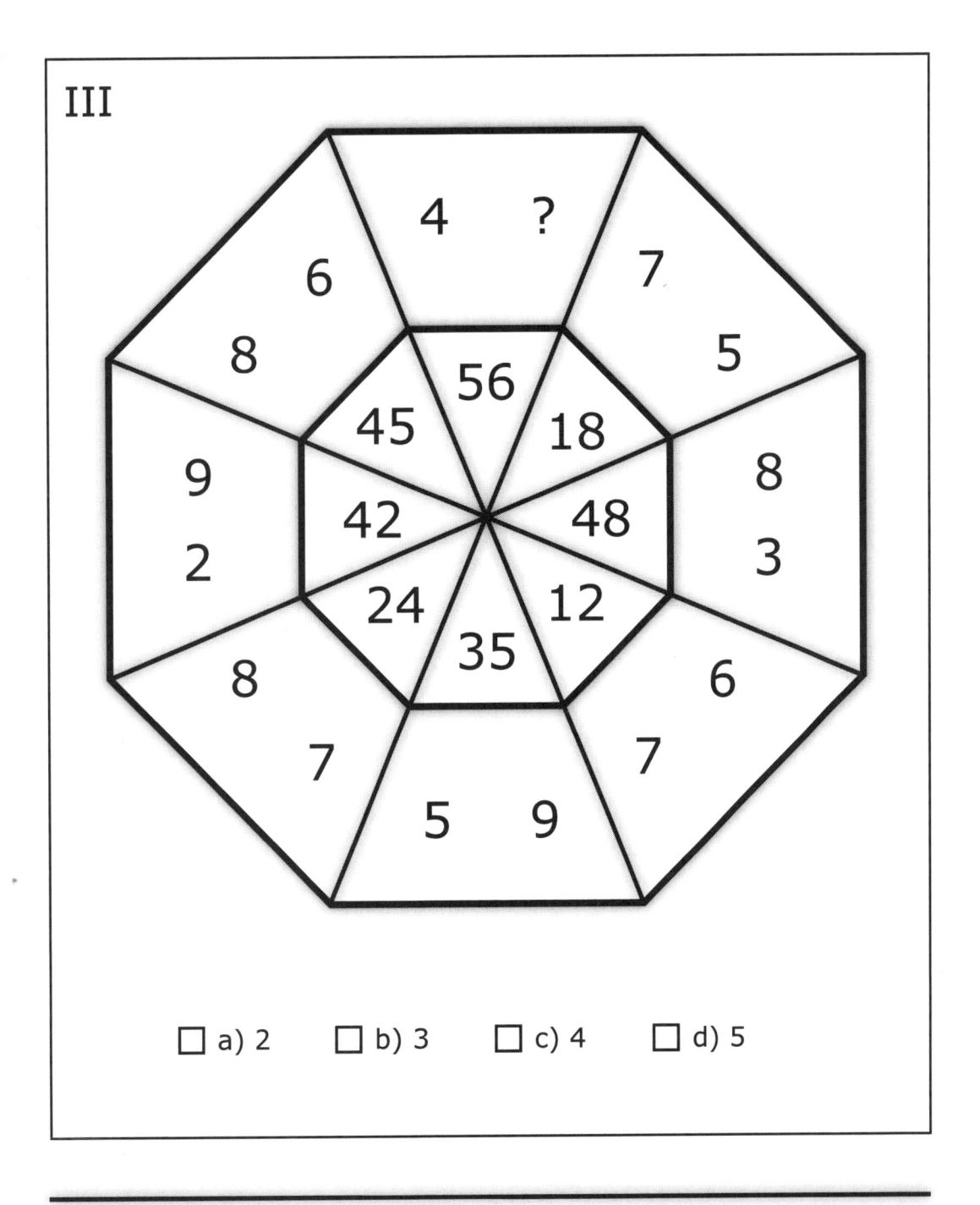

☐ a) 2   ☐ b) 3   ☐ c) 4   ☐ d) 5

Mathematische Intelligenz

M18 Welche Zahl gehört an die Stelle des Fragezeichens?

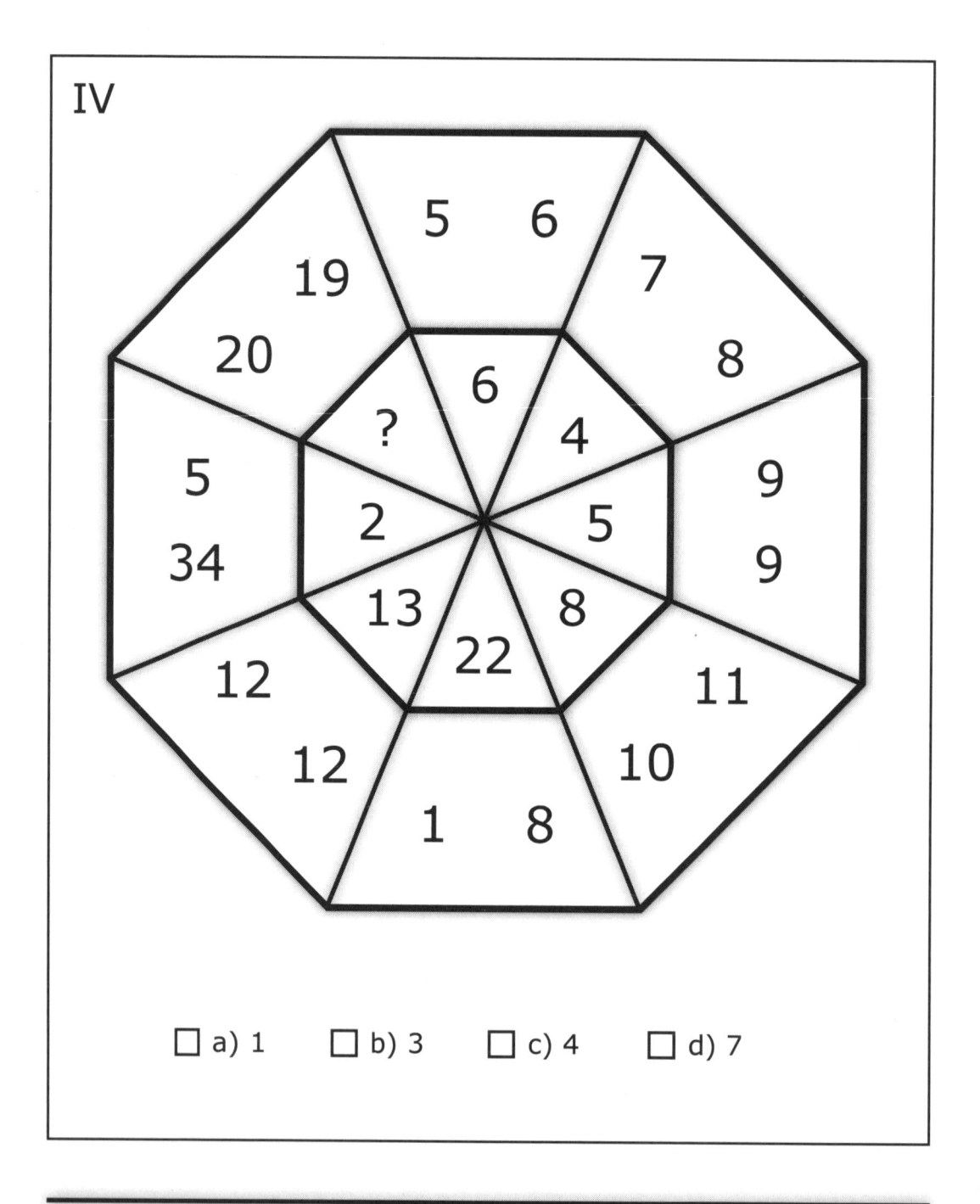

IV

(Abbildung eines Achtecks mit Zahlen: 5, 6, 7, 19, 20, 8, ?, 6, 4, 9, 5, 2, 5, 9, 34, 13, 8, 12, 22, 11, 12, 10, 1, 8)

☐ a) 1   ☐ b) 3   ☐ c) 4   ☐ d) 7

M19 Bestimmen Sie das fehlende Element.

I

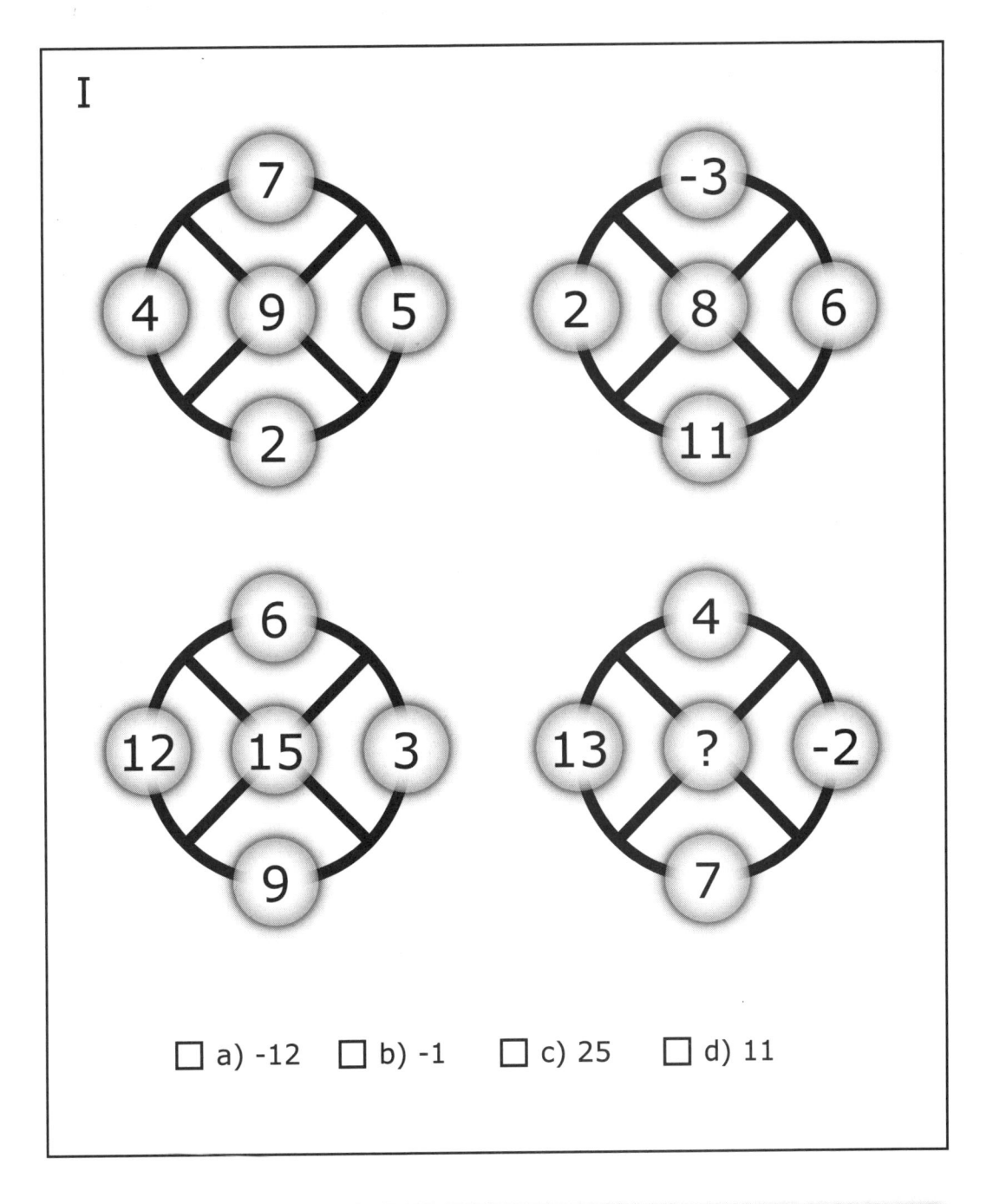

Figure 1: 7, 4, 9, 5, 2
Figure 2: -3, 2, 8, 6, 11
Figure 3: 6, 12, 15, 3, 9
Figure 4: 4, 13, ?, -2, 7

- [ ] a) -12
- [ ] b) -1
- [ ] c) 25
- [ ] d) 11

Mathematische Intelligenz

M19 Bestimmen Sie das fehlende Element.

II

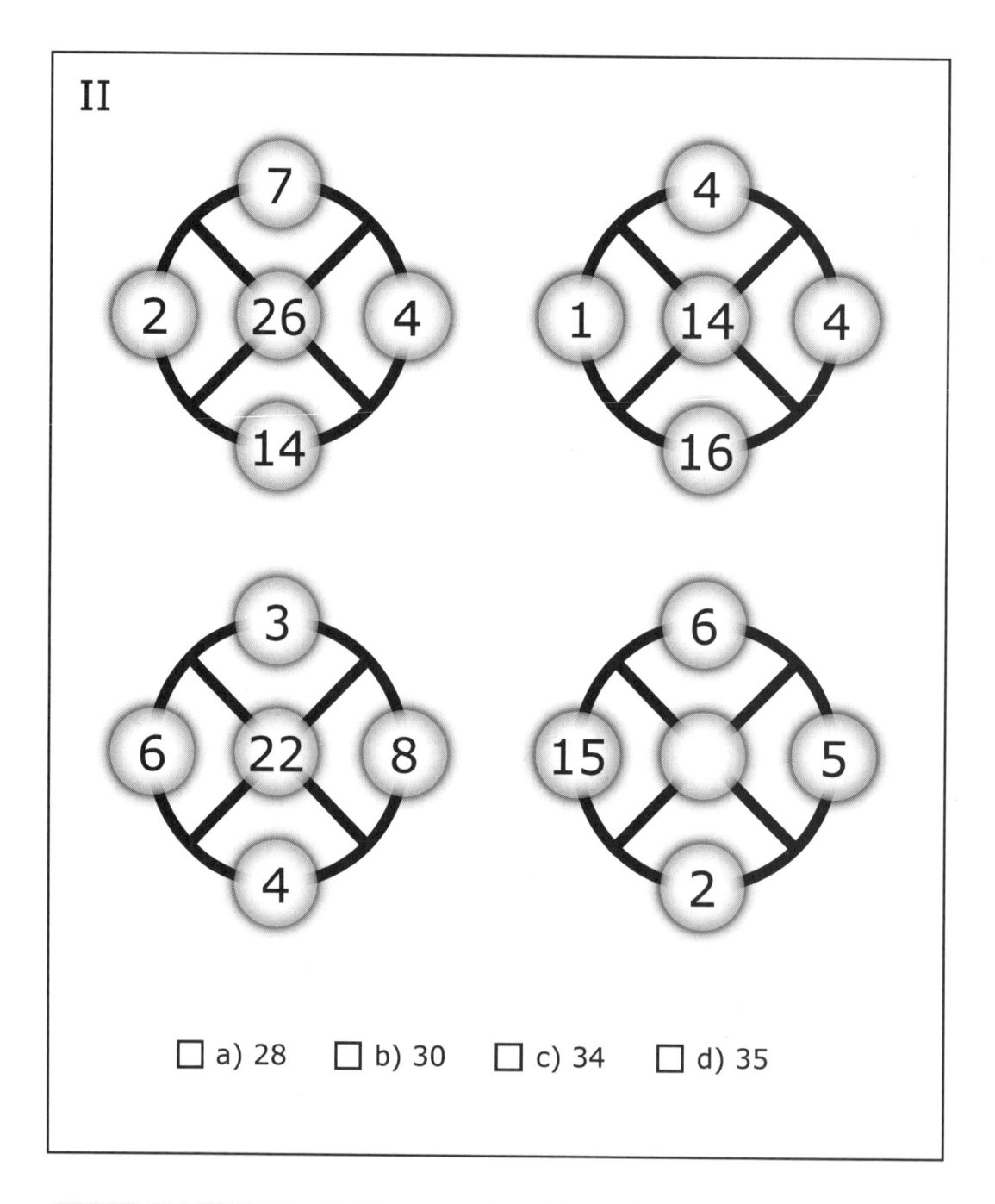

- 7, 2, 26, 4, 14
- 4, 1, 14, 4, 16
- 3, 6, 22, 8, 4
- 6, 15, ?, 5, 2

☐ a) 28   ☐ b) 30   ☐ c) 34   ☐ d) 35

222   IQ Übungen

M19 Bestimmen Sie das fehlende Element.

III

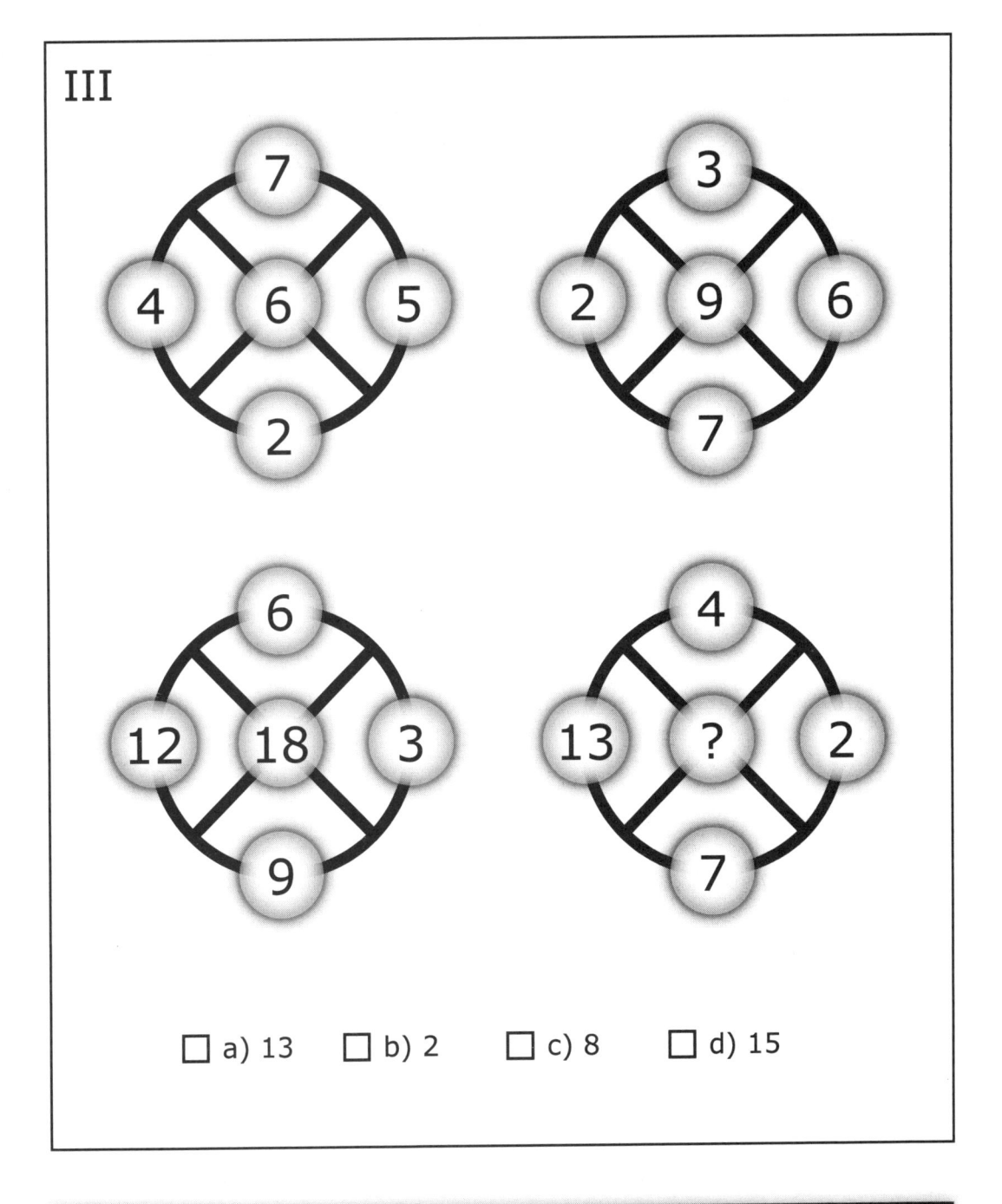

☐ a) 13   ☐ b) 2   ☐ c) 8   ☐ d) 15

Mathematische Intelligenz

M19 Bestimmen Sie das fehlende Element.

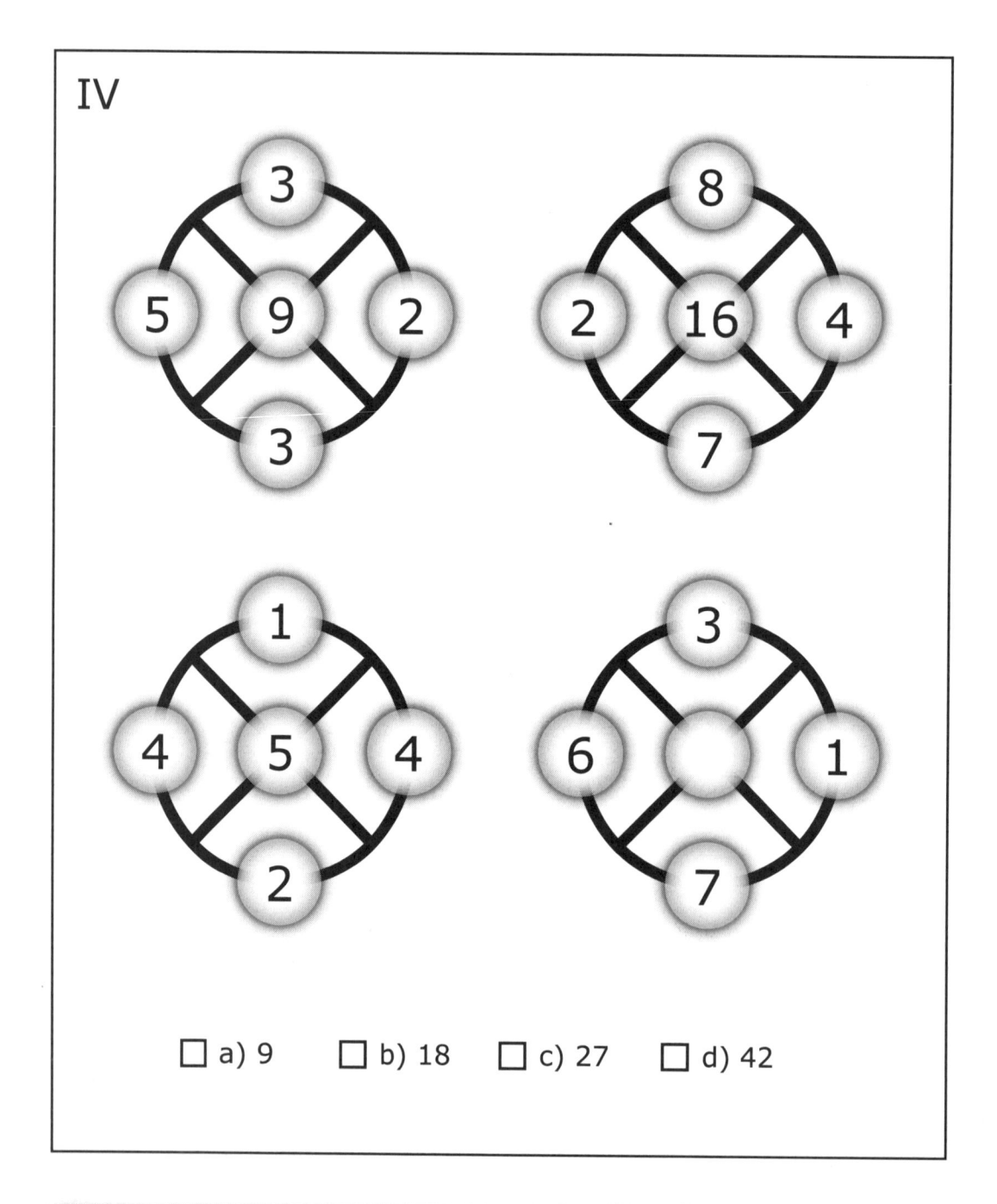

IV

(Vier Kreise mit Zahlen an den Positionen oben, links, Mitte, rechts, unten:)

- Kreis 1: oben 3, links 5, Mitte 9, rechts 2, unten 3
- Kreis 2: oben 8, links 2, Mitte 16, rechts 4, unten 7
- Kreis 3: oben 1, links 4, Mitte 5, rechts 4, unten 2
- Kreis 4: oben 3, links 6, Mitte ?, rechts 1, unten 7

☐ a) 9   ☐ b) 18   ☐ c) 27   ☐ d) 42

Mathematische Intelligenz

M20 Tragen Sie die fehlenden Zahlen ein.

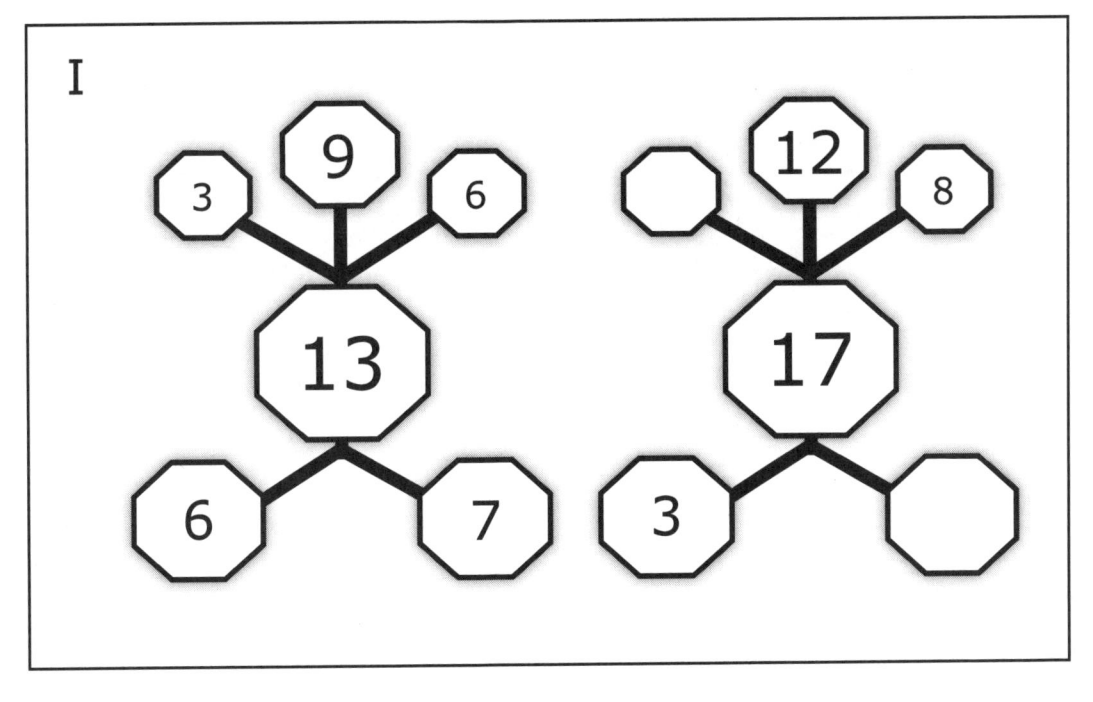

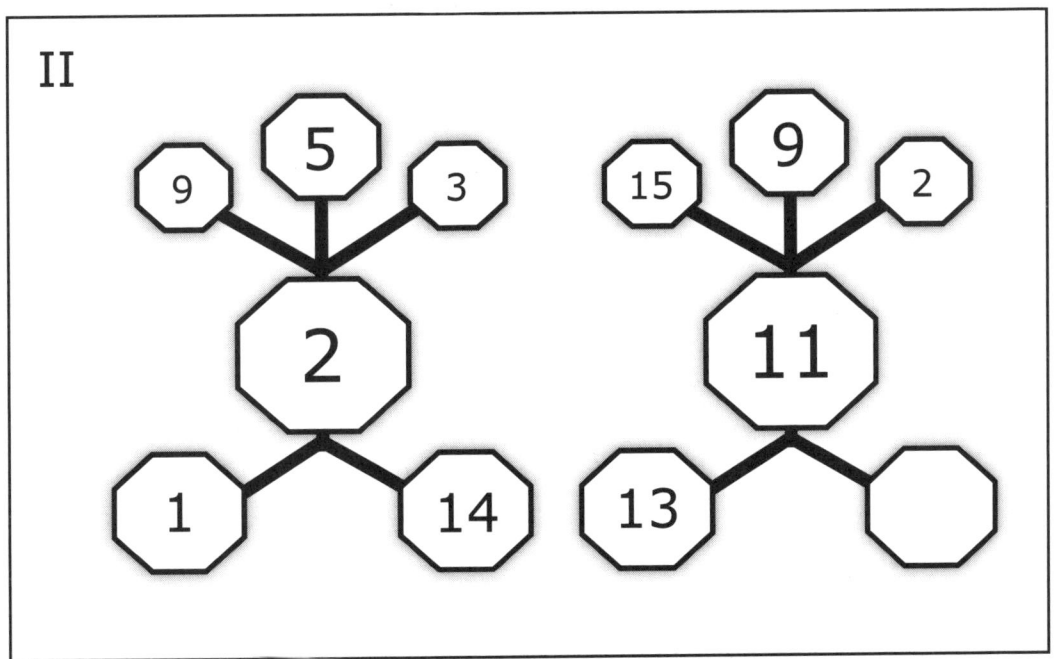

I

Linke Figur: 3, 9, 6 oben; 13 Mitte; 6, 7 unten.

Rechte Figur: ?, 12, 8 oben; 17 Mitte; 3, ? unten.

II

Linke Figur: 9, 5, 3 oben; 2 Mitte; 1, 14 unten.

Rechte Figur: 15, 9, 2 oben; 11 Mitte; 13, ? unten.

IQ Übungen

M20 Tragen Sie die fehlenden Zahlen ein.

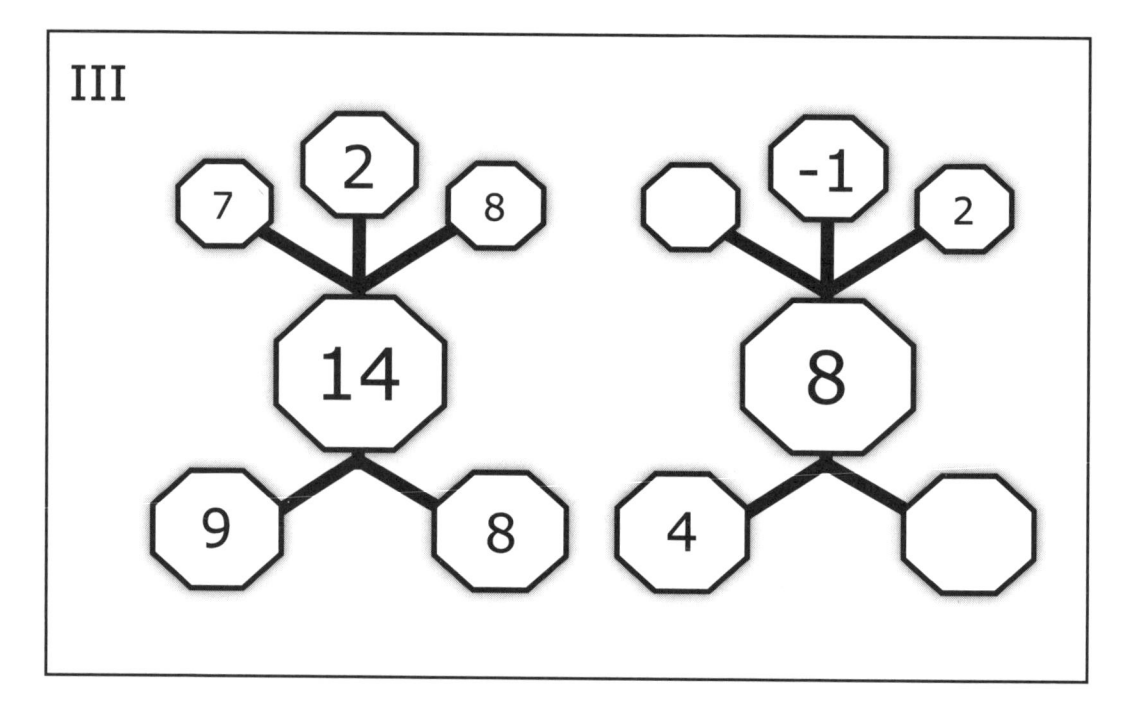

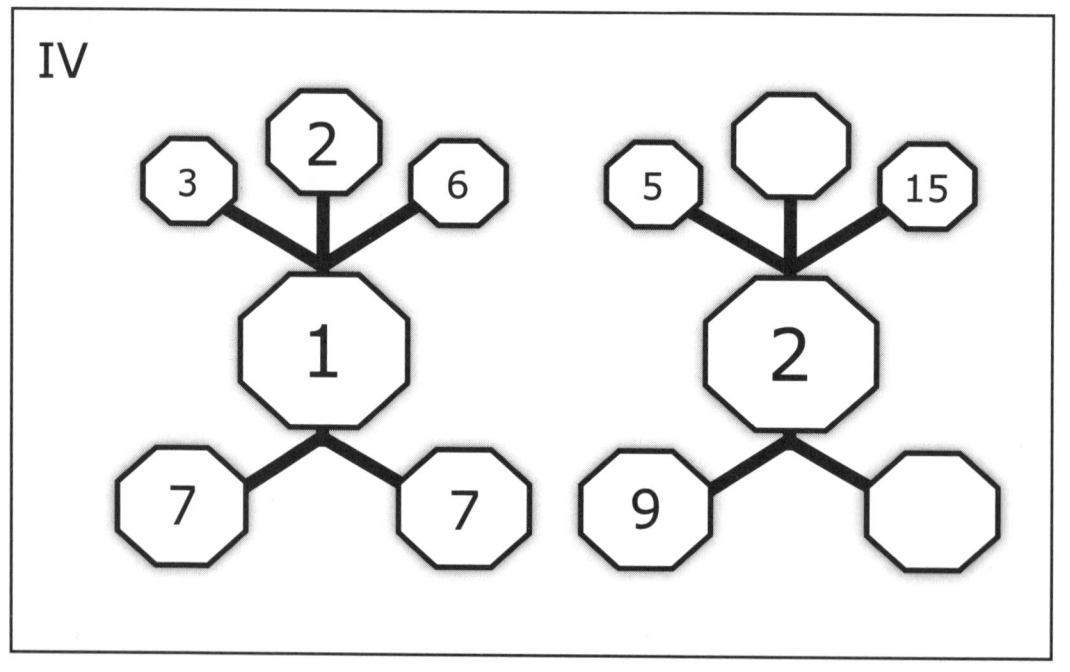

III

Left cluster: top nodes 7, 2, 8 → center 14; bottom nodes 9, 8

Right cluster: top nodes ☐, -1, 2 → center 8; bottom nodes 4, ☐

IV

Left cluster: top nodes 3, 2, 6 → center 1; bottom nodes 7, 7

Right cluster: top nodes 5, ☐, 15 → center 2; bottom nodes 9, ☐

M20 Welche Zahl fehlt?

V

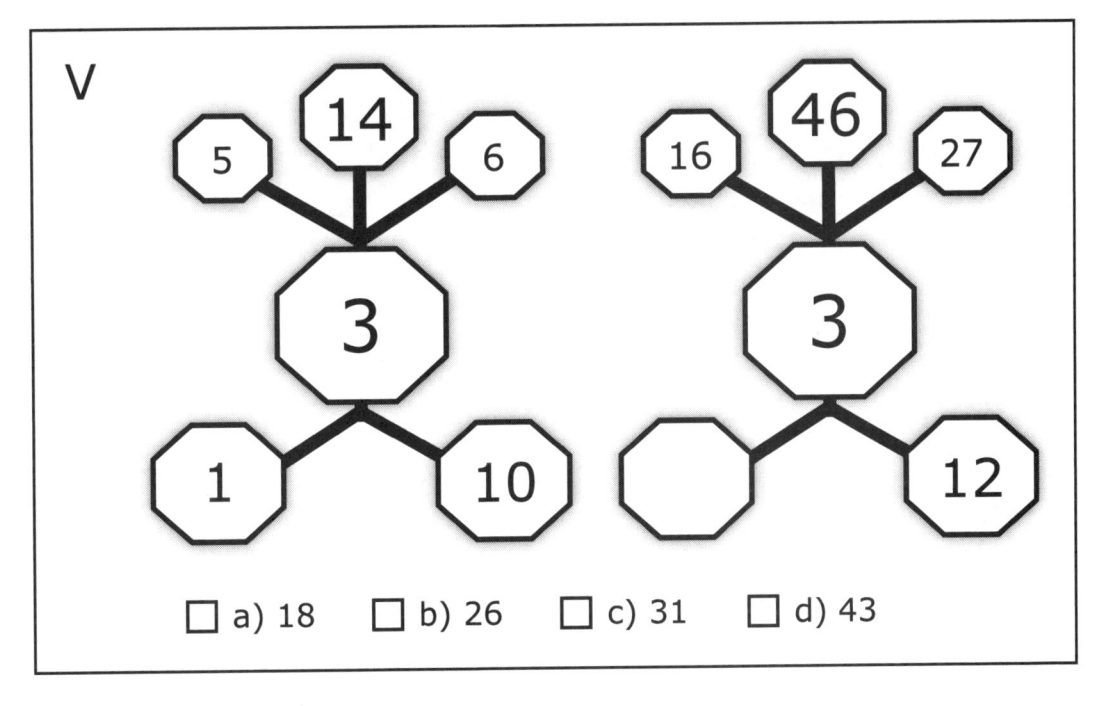

a) 18   b) 26   **c) 31**   d) 43

VI

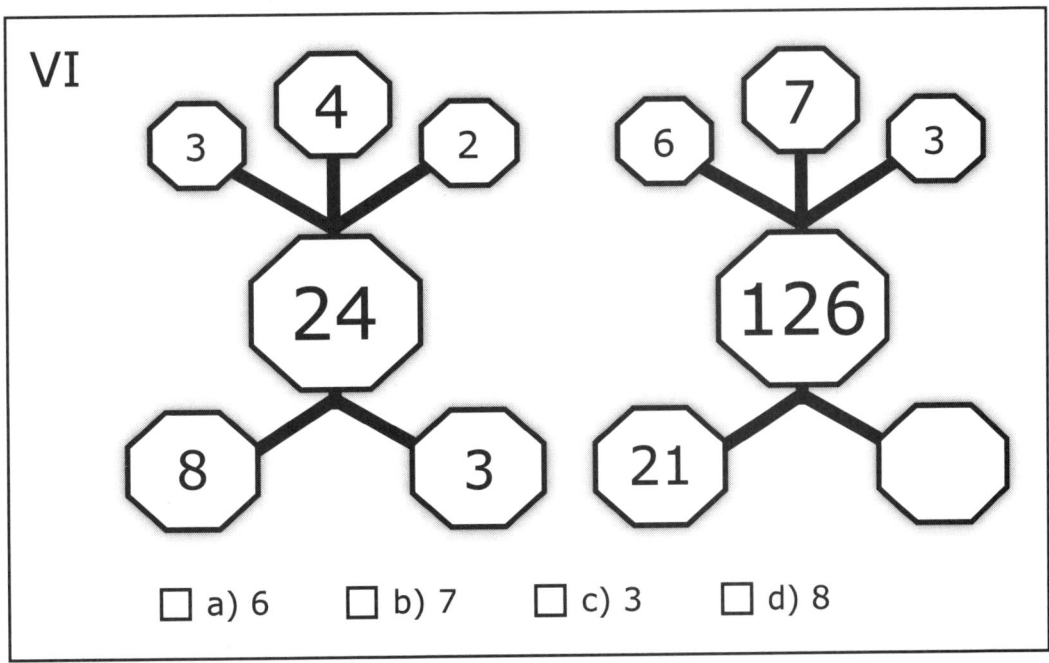

a) 6   b) 7   c) 3   d) 8

Mathematische Intelligenz

M20 Welche Zahl fehlt?

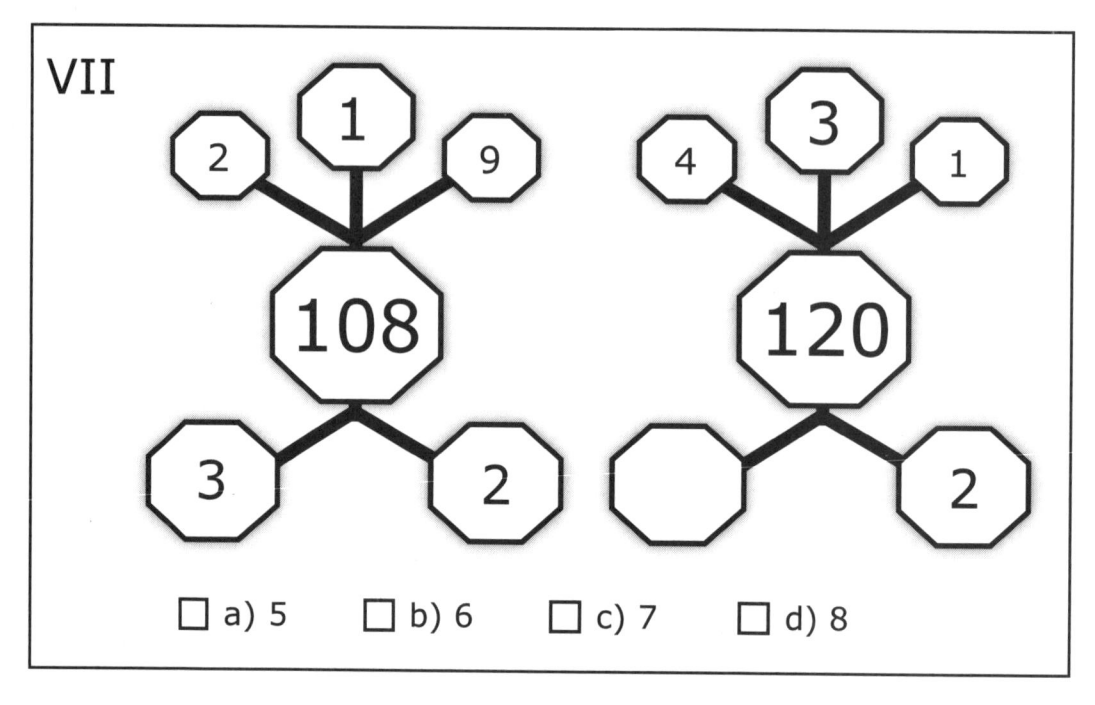

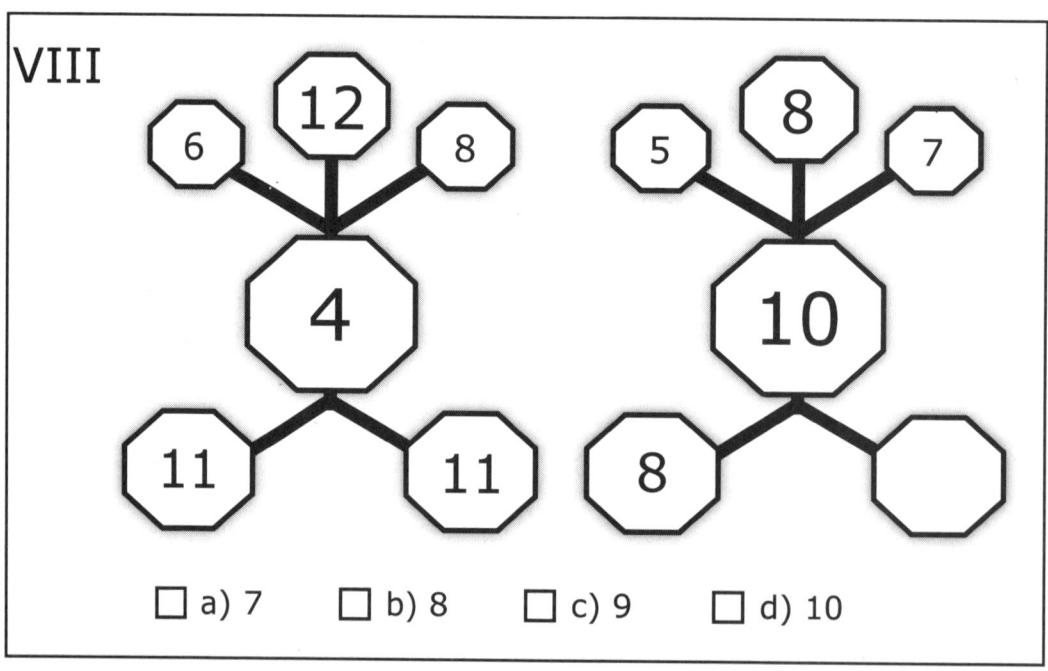

VII

Links: Oben 1 (Mitte), 2 (links), 9 (rechts); Zentrum 108; Unten 3 (links), 2 (rechts)

Rechts: Oben 3 (Mitte), 4 (links), 1 (rechts); Zentrum 120; Unten ? (links), 2 (rechts)

☐ a) 5   ☐ b) 6   ☐ c) 7   ☐ d) 8

VIII

Links: Oben 12 (Mitte), 6 (links), 8 (rechts); Zentrum 4; Unten 11 (links), 11 (rechts)

Rechts: Oben 8 (Mitte), 5 (links), 7 (rechts); Zentrum 10; Unten 8 (links), ? (rechts)

☐ a) 7   ☐ b) 8   ☐ c) 9   ☐ d) 10

M21 Welches Element muss in das leere Feld?

I

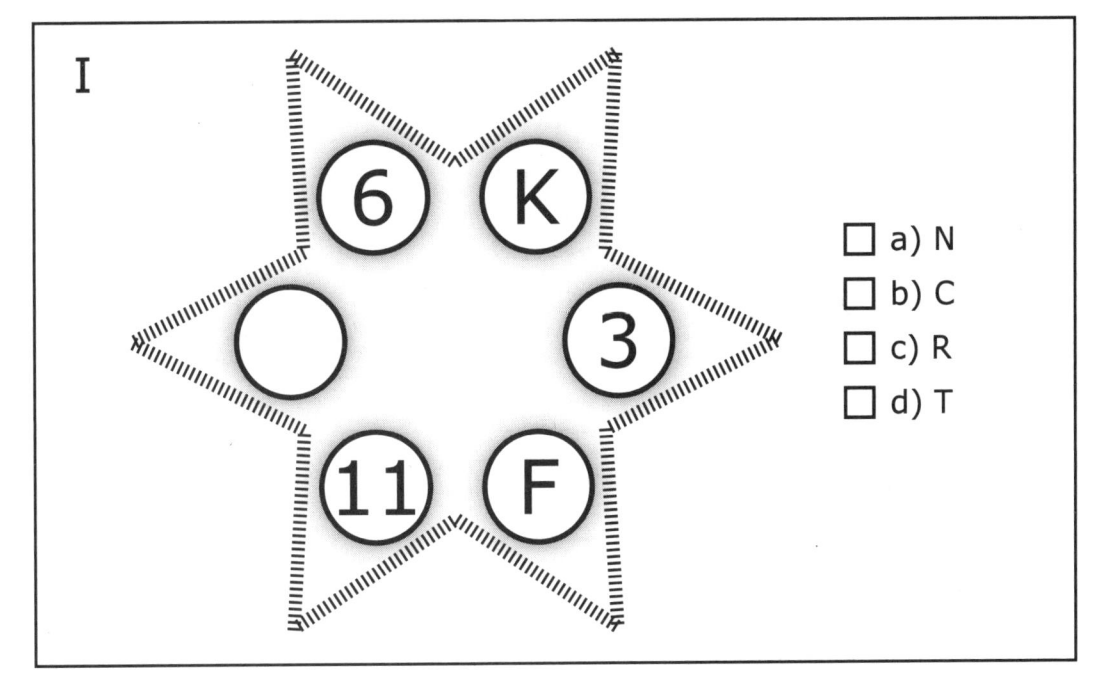

- a) N
- b) C
- c) R
- d) T

II

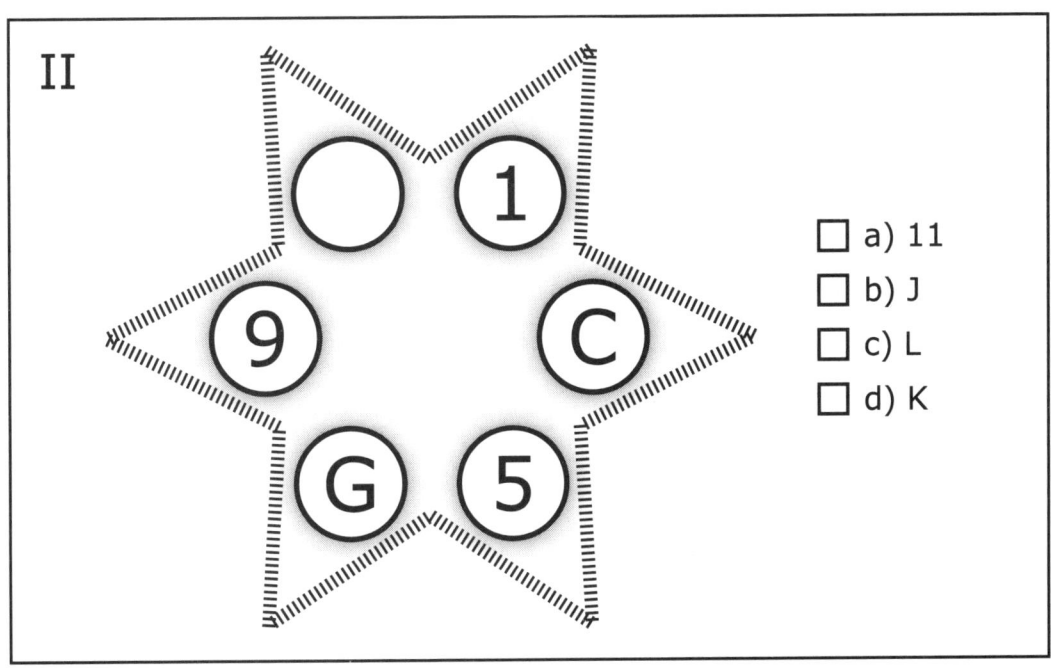

- a) 11
- b) J
- c) L
- d) K

Mathematische Intelligenz

M21   Welches Element muss in das leere Feld?

III

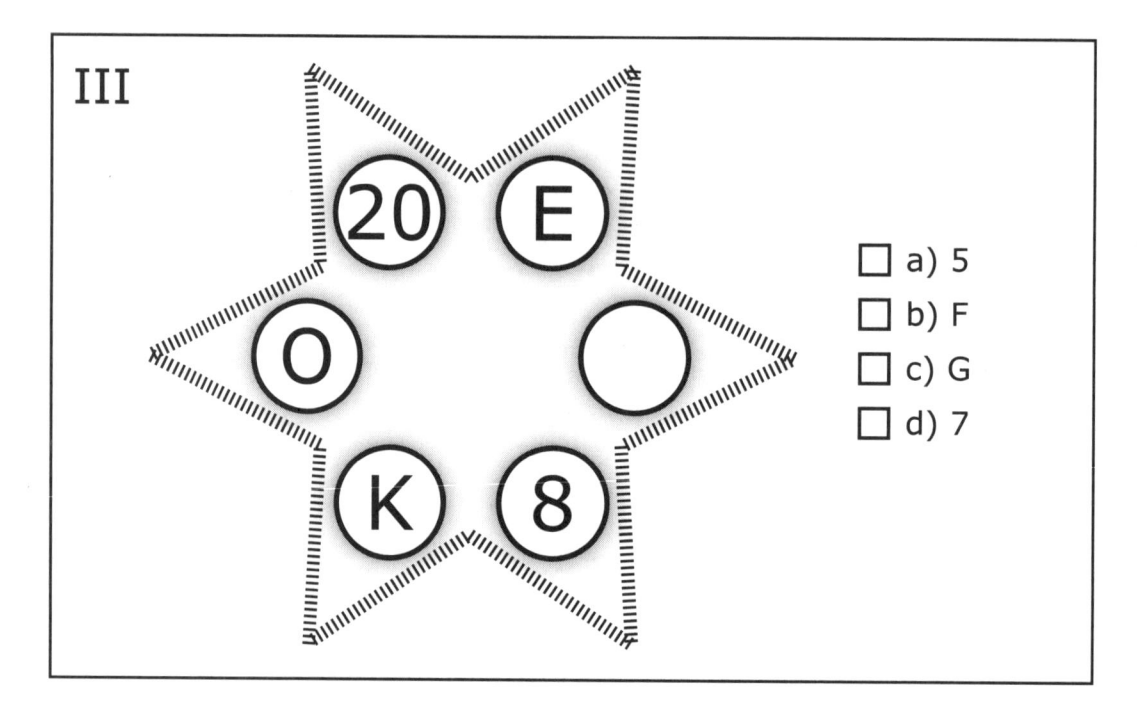

- 20, E
- O, ( )
- K, 8

☐ a) 5
☐ b) F
☐ c) G
☐ d) 7

IV

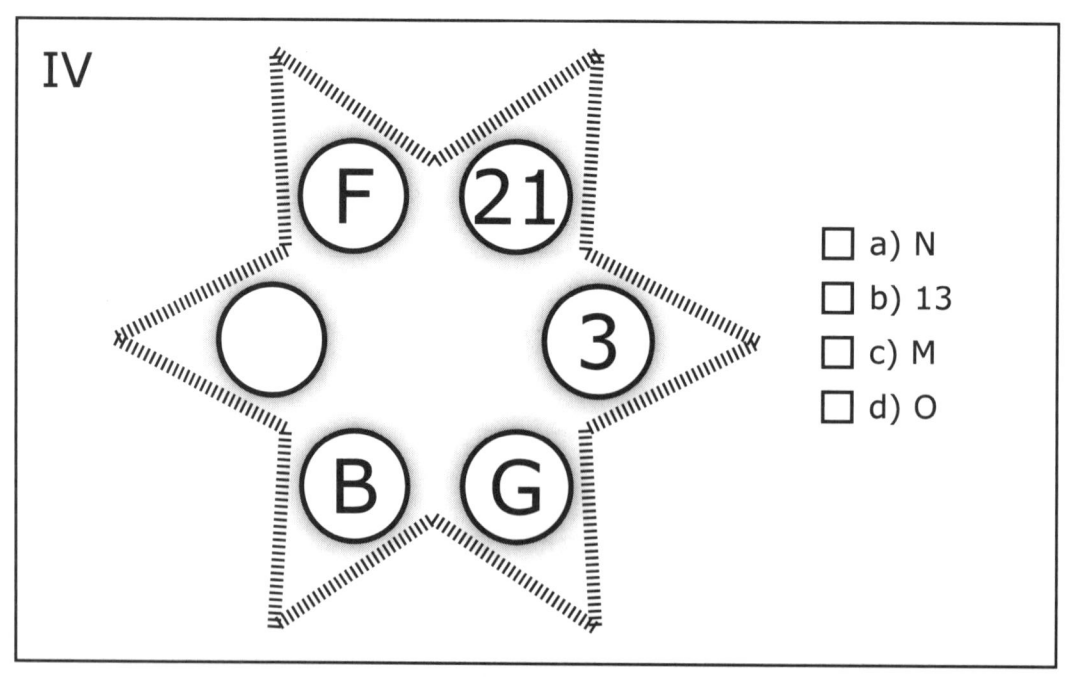

- F, 21
- ( ), 3
- B, G

☐ a) N
☐ b) 13
☐ c) M
☐ d) O

M21 Welches Element muss in das leere Feld?

V

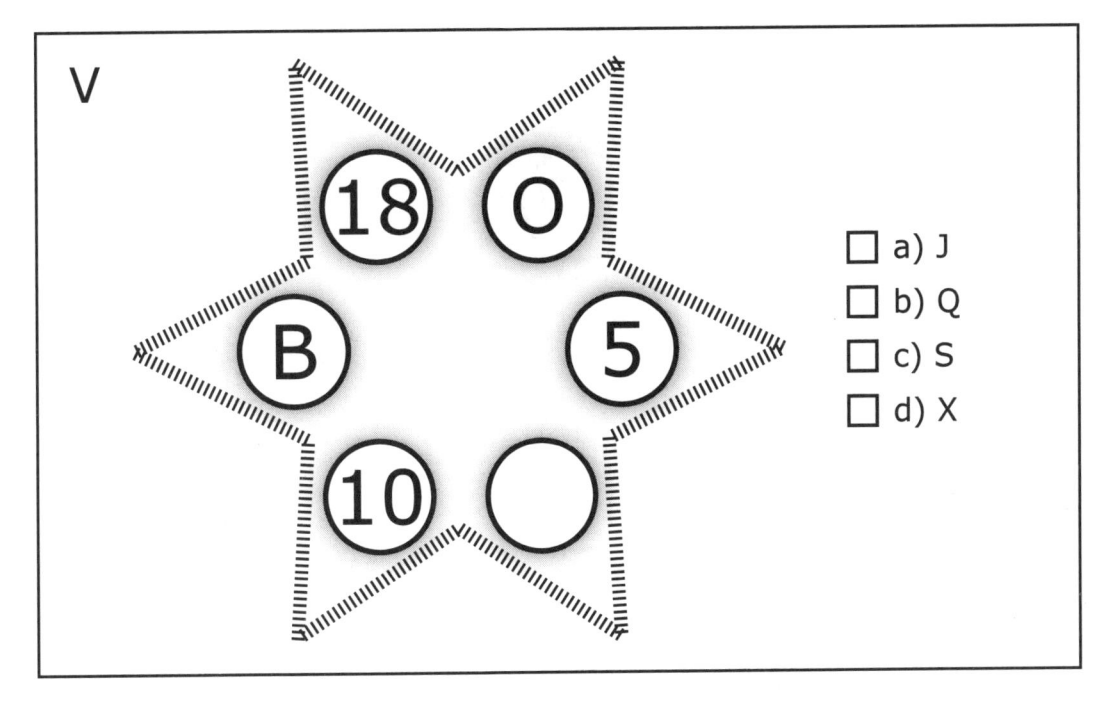

- a) J
- b) Q
- c) S
- d) X

VI

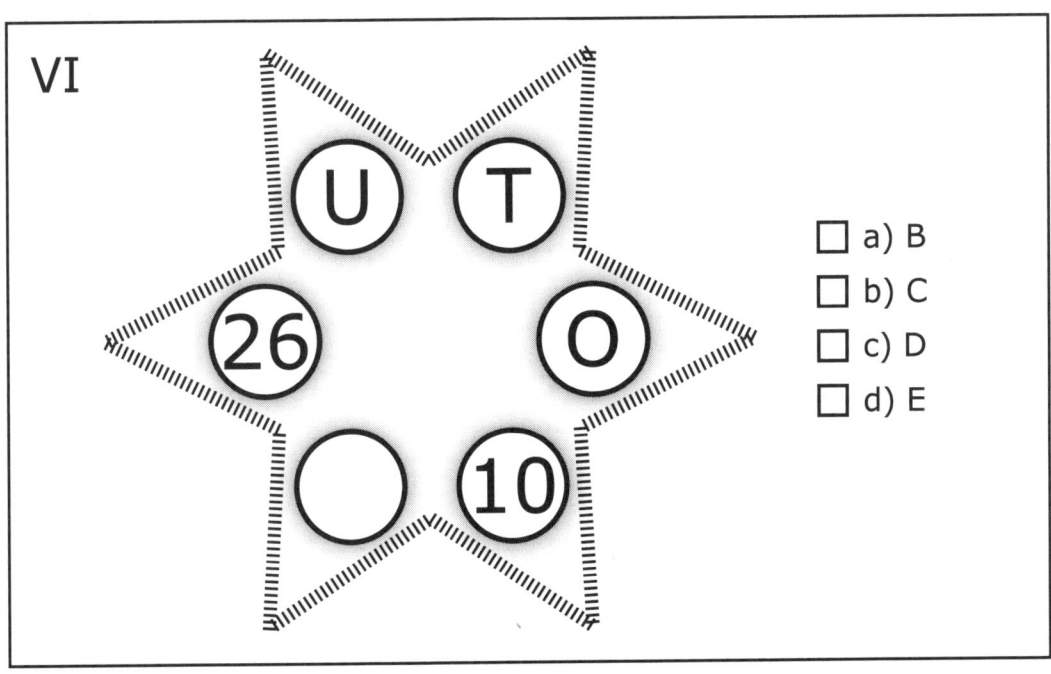

- a) B
- b) C
- c) D
- d) E

Mathematische Intelligenz

M21 Welches Element muss in das leere Feld?

VII

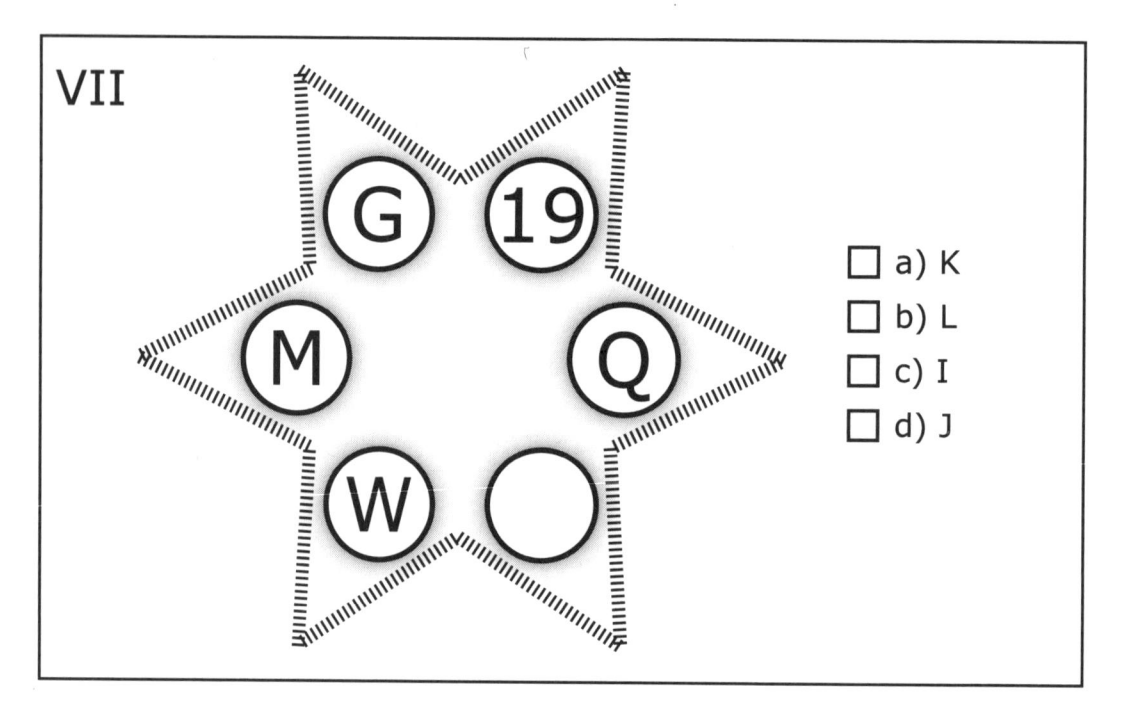

- G, 19, M, Q, W, (?)

☐ a) K
☐ b) L
☐ c) I
☐ d) J

VIII

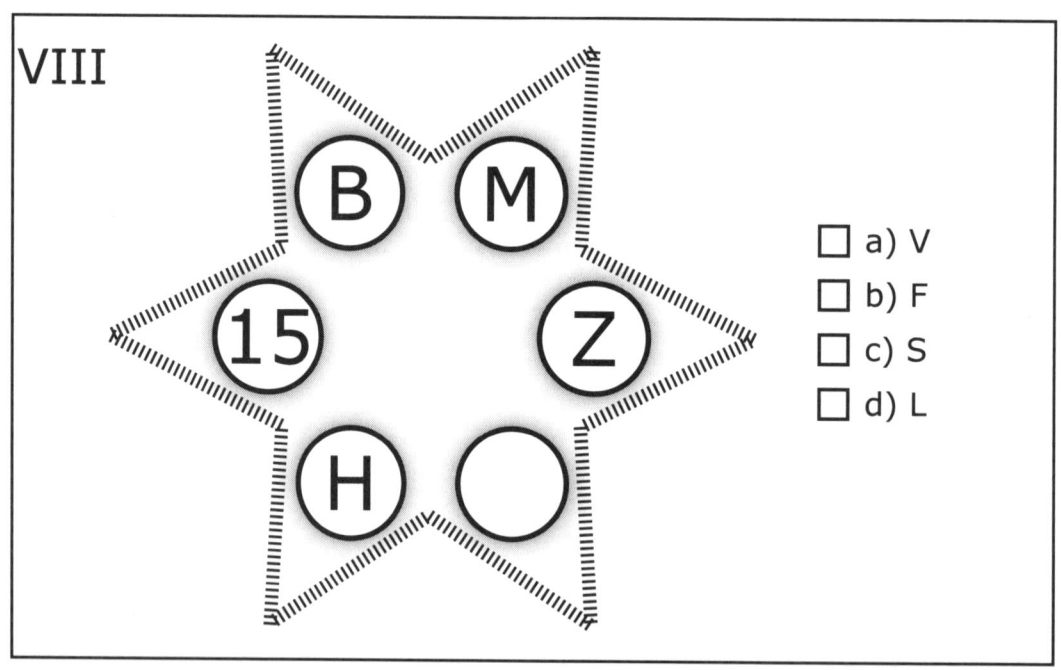

- B, M, 15, Z, H, (?)

☐ a) V
☐ b) F
☐ c) S
☐ d) L

Mathematische Intelligenz

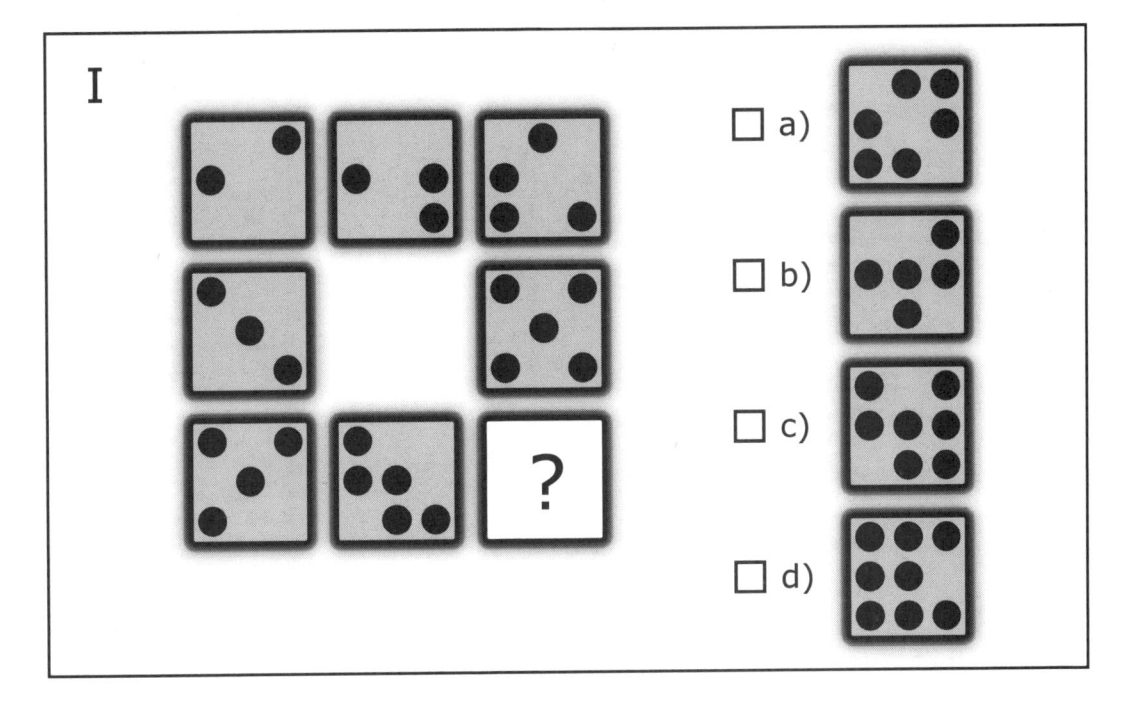

M22 Ersetzen Sie das Fragezeichen.

I

☐ a)
☐ b)
☐ c)
☐ d)

II

☐ a)
☐ b)
☐ c)
☐ d)

IQ Übungen

Mathematische Intelligenz

M22 Ersetzen Sie das Fragezeichen.

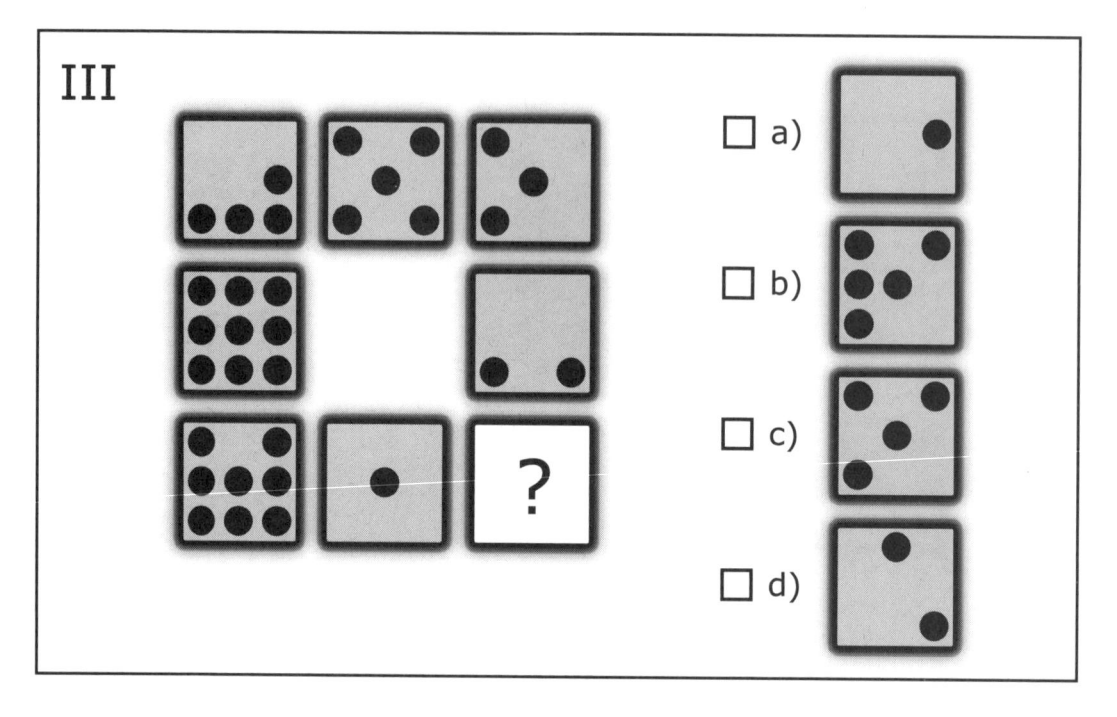

III

a)
b)
c)
d)

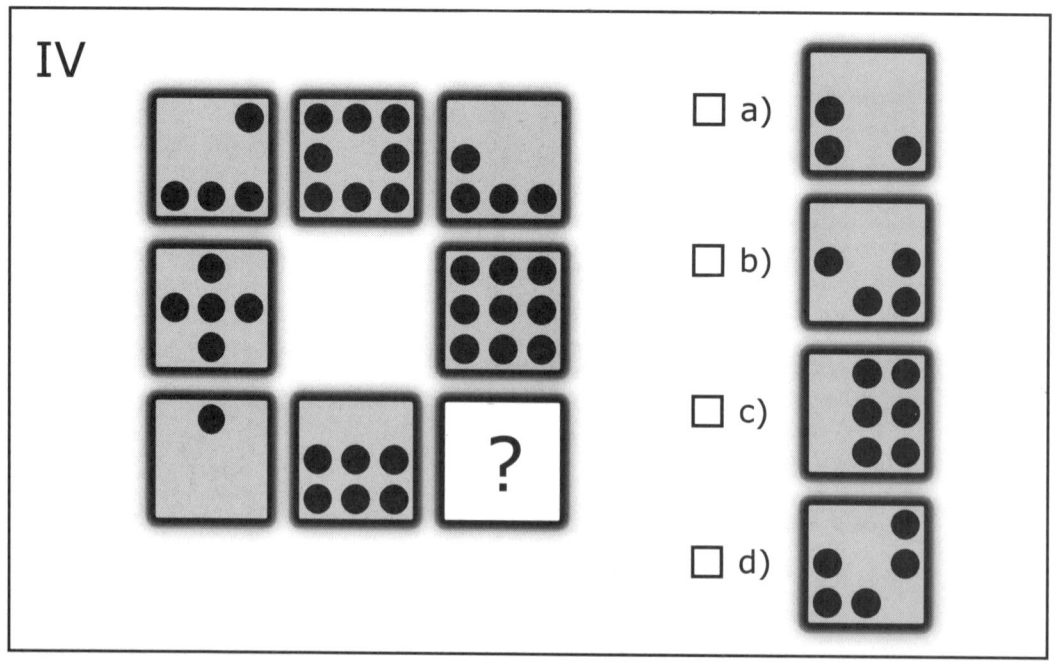

IV

a)
b)
c)
d)

M22 Ersetzen Sie das Fragezeichen.

V

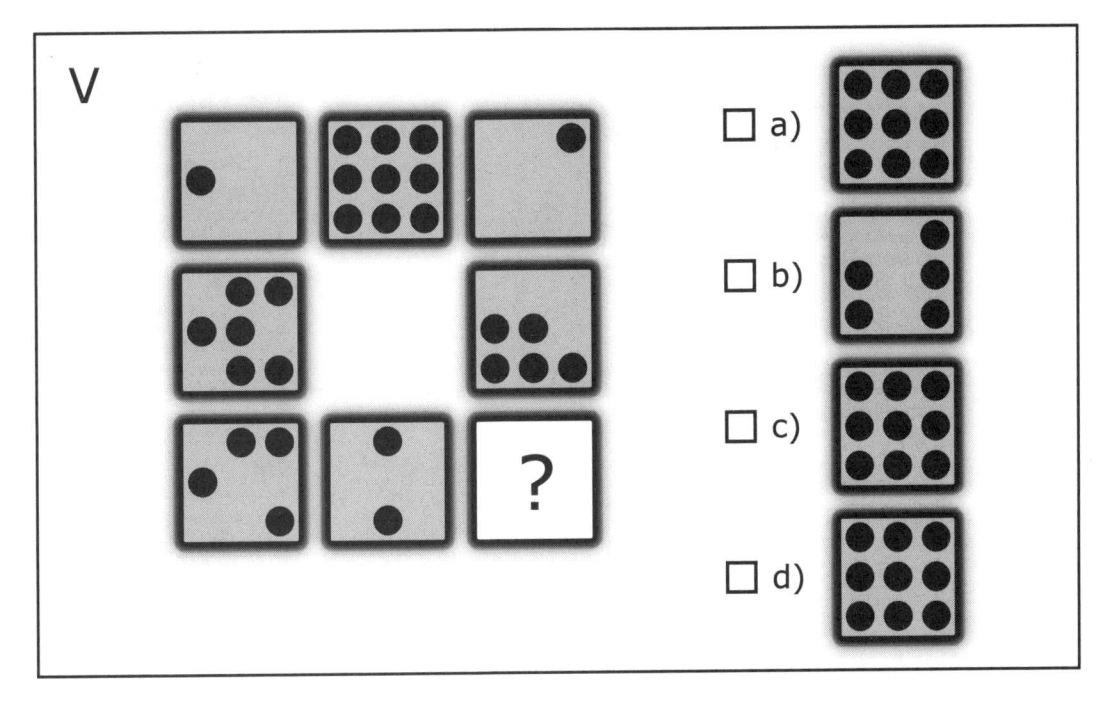

- a)
- b)
- c)
- d)

VI

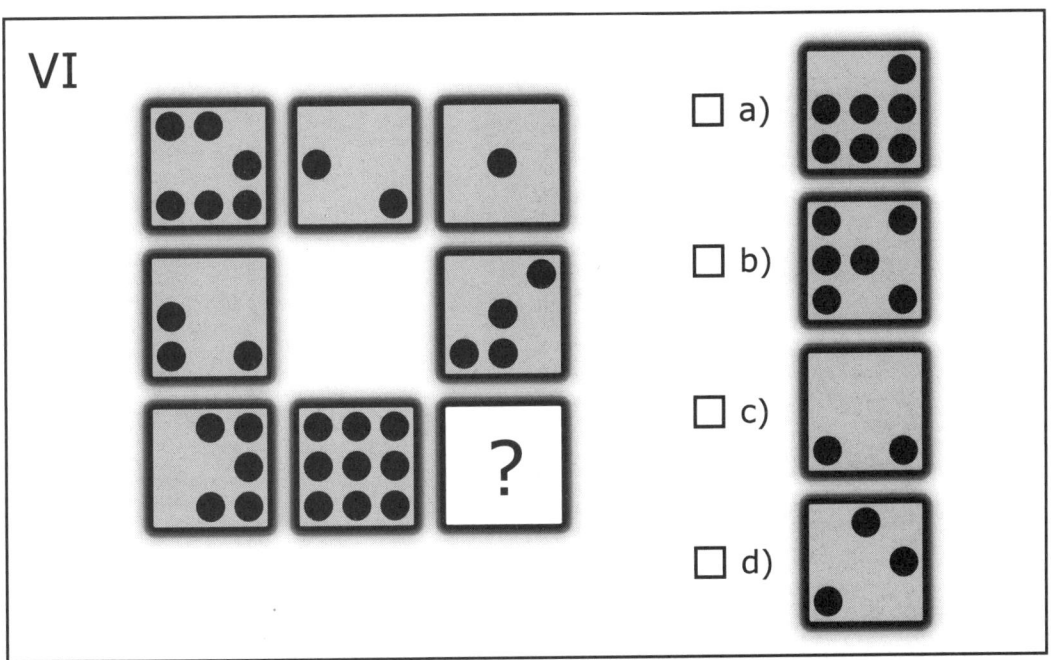

- a)
- b)
- c)
- d)

Mathematische Intelligenz

M22 Ersetzen Sie das Fragezeichen.

VII

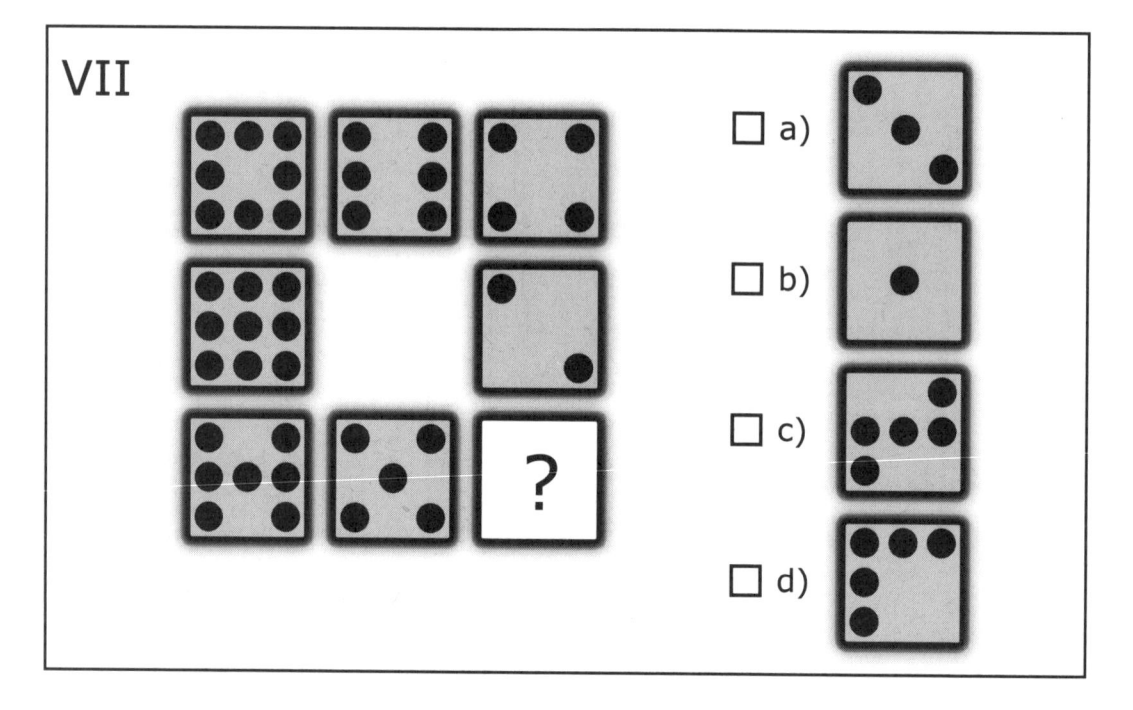

VIII

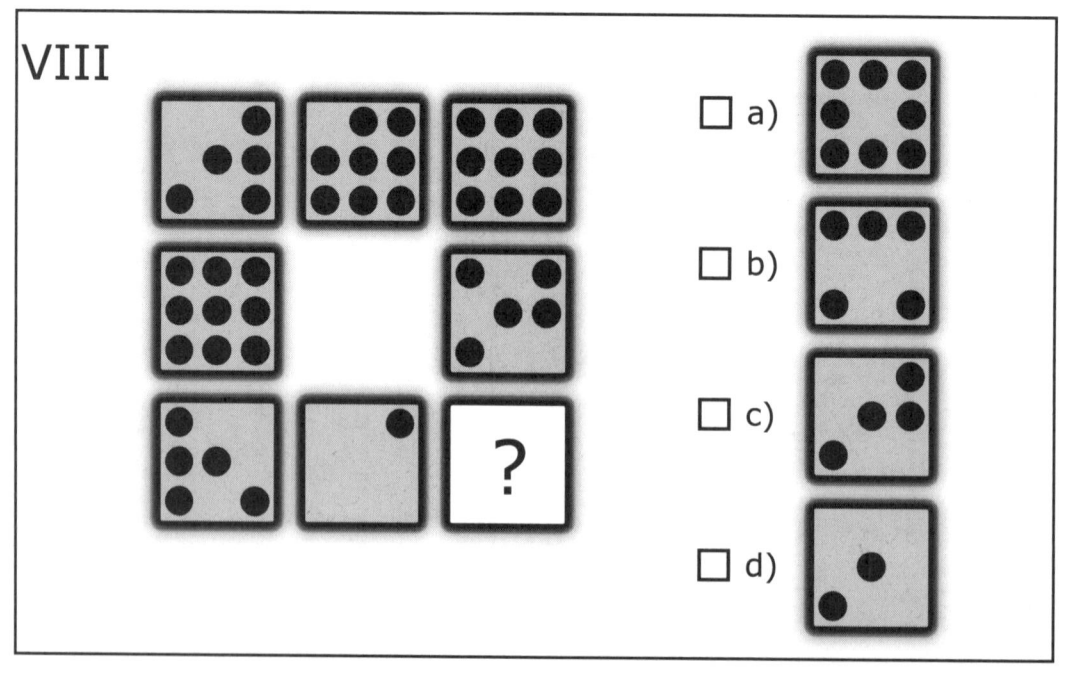

Mathematische Intelligenz

M23 Welcher Buchstabe gehört ins leere Feld?

I

A	B	H	E
C	D	F	G
J	L	M	O
K	I	P	

☐ a) N   ☐ b) Q   ☐ c) R   ☐ d) S

M23 Welcher Buchstabe gehört ins leere Feld?

II

M	P	K	N
J	S	H	Q
G	V	E	T
D	Y	B	?

☐ a) V   ☐ b) W   ☐ c) X   ☐ d) Z

M23 Welcher Buchstabe gehört ins leere Feld?

III

A	X	Y	B
Q	U	V	R
E	M	N	F
B	I	J	

☐ a) Z   ☐ b) D   ☐ c) B   ☐ d) C

M23 Welcher Buchstabe gehört ins leere Feld?

IV

J	F	C	A
V	R	O	M
H	D	A	Y
T	P	M	

☐ a) K ☐ b) L ☐ c) M ☐ d) N

M24 Nach welchen Wochentagen wird gefragt?

I

Gestern war Montag. Welcher Wochentag ist übermorgen?

☐ Mo ☐ Di ☐ Mi ☐ Do ☐ Fr ☐ Sa ☐ So

II

Wenn es vor drei Tagen acht Tage nach einem Mittwoch war, welcher Tag ist dann morgen?

☐ Mo ☐ Di ☐ Mi ☐ Do ☐ Fr ☐ Sa ☐ So

Mathematische Intelligenz

M24 Nach welchen Wochentagen wird gefragt?

III

Übermorgen wird es fünf Tage nach einem Freitag sein. Welcher Tag war sechs Tage vor gestern?

☐ Mo ☐ Di ☐ Mi ☐ Do ☐ Fr ☐ Sa ☐ So

IV

Angenommen, heute wäre Dienstag, der 11. Januar. Welcher Wochentag wäre dann am 19. Februar desselben Jahres?

☐ Mo ☐ Di ☐ Mi ☐ Do ☐ Fr ☐ Sa ☐ So

Mathematische Intelligenz

M24 Nach welchen Wochentagen wird gefragt?

V

Gestern war es elf Tage nach dem 6. Tag. Welcher Tag ist übermorgen, wenn der 12. Tag ein Samstag ist?

☐ Mo ☐ Di ☐ Mi ☐ Do ☐ Fr ☐ Sa ☐ So

VI

Welcher Tag ist übermorgen, wenn von vorgestern bis morgen halb so viele Tage vergehen wie von heute bis zum nächsten Sonntag?

☐ Mo ☐ Di ☐ Mi ☐ Do ☐ Fr ☐ Sa ☐ So

M24 Nach welchen Wochentagen wird gefragt?

VII

Welcher Wochentag ist in 27381 Tagen, wenn vor 83239 Tagen ein Mittwoch war?

☐ Mo ☐ Di ☐ Mi ☐ Do ☐ Fr ☐ Sa ☐ So

VIII Gestern noch lag er krank im Bett – bereits den dritten Kalendertag in Folge. Acht Tage bevor er (bettlägrig) erkrankte, feierte er Geburtstag. Diese Feier fand sechs Tage vor dem 48. Tag statt. Welcher Tag ist morgen, wenn es 51 Tage vor dem 112. Tag 16 Tage nach einem Montag ist?

☐ Mo ☐ Di ☐ Mi ☐ Do ☐ Fr ☐ Sa ☐ So

M25

Mit welcher Menge bringen Sie die letzte Waage ins Gleichgewicht?

I

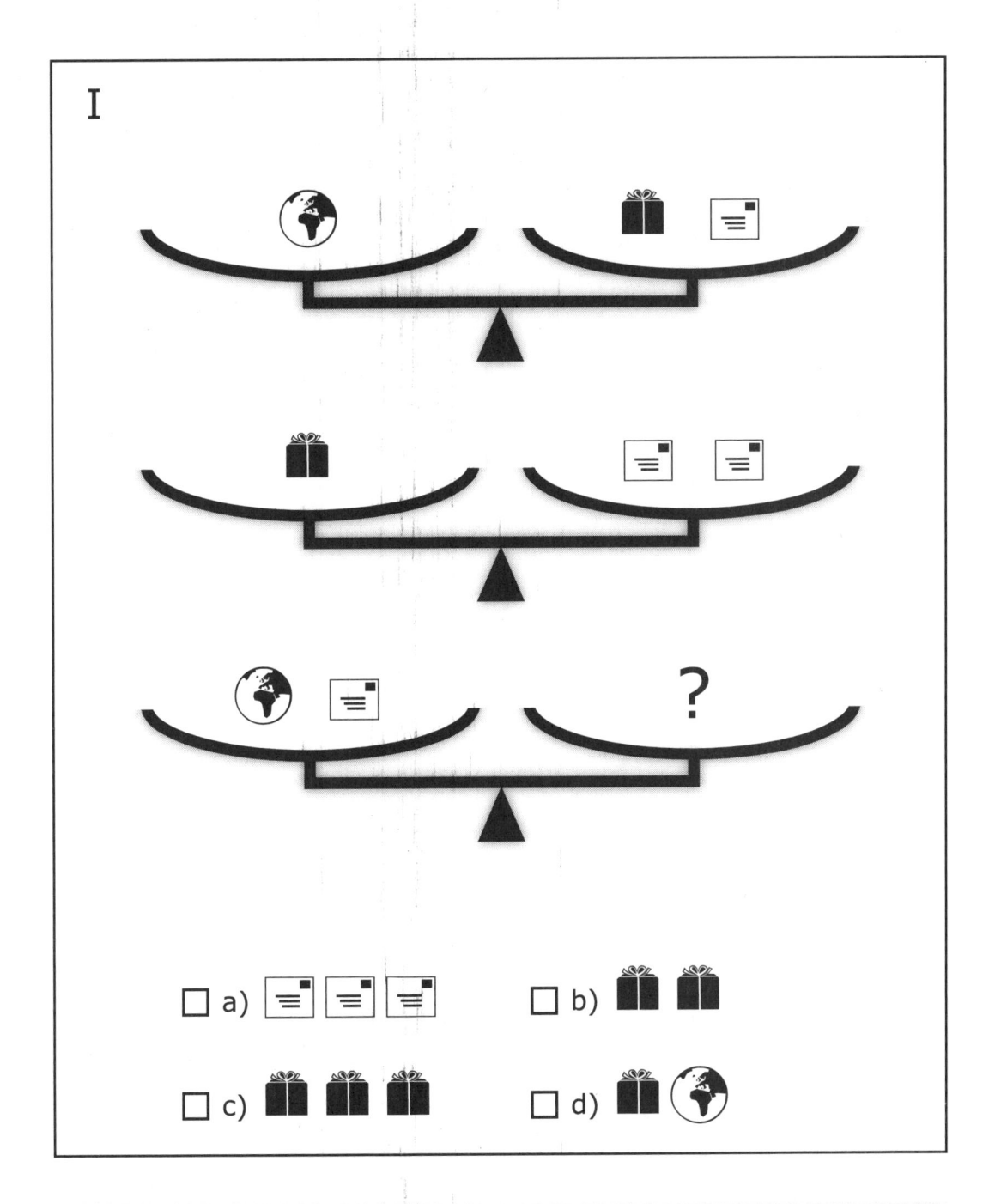

☐ a) ☐ b) ☐ c) ☐ d)

M25 Mit welcher Menge bringen Sie die letzte Waage ins Gleichgewicht?

II

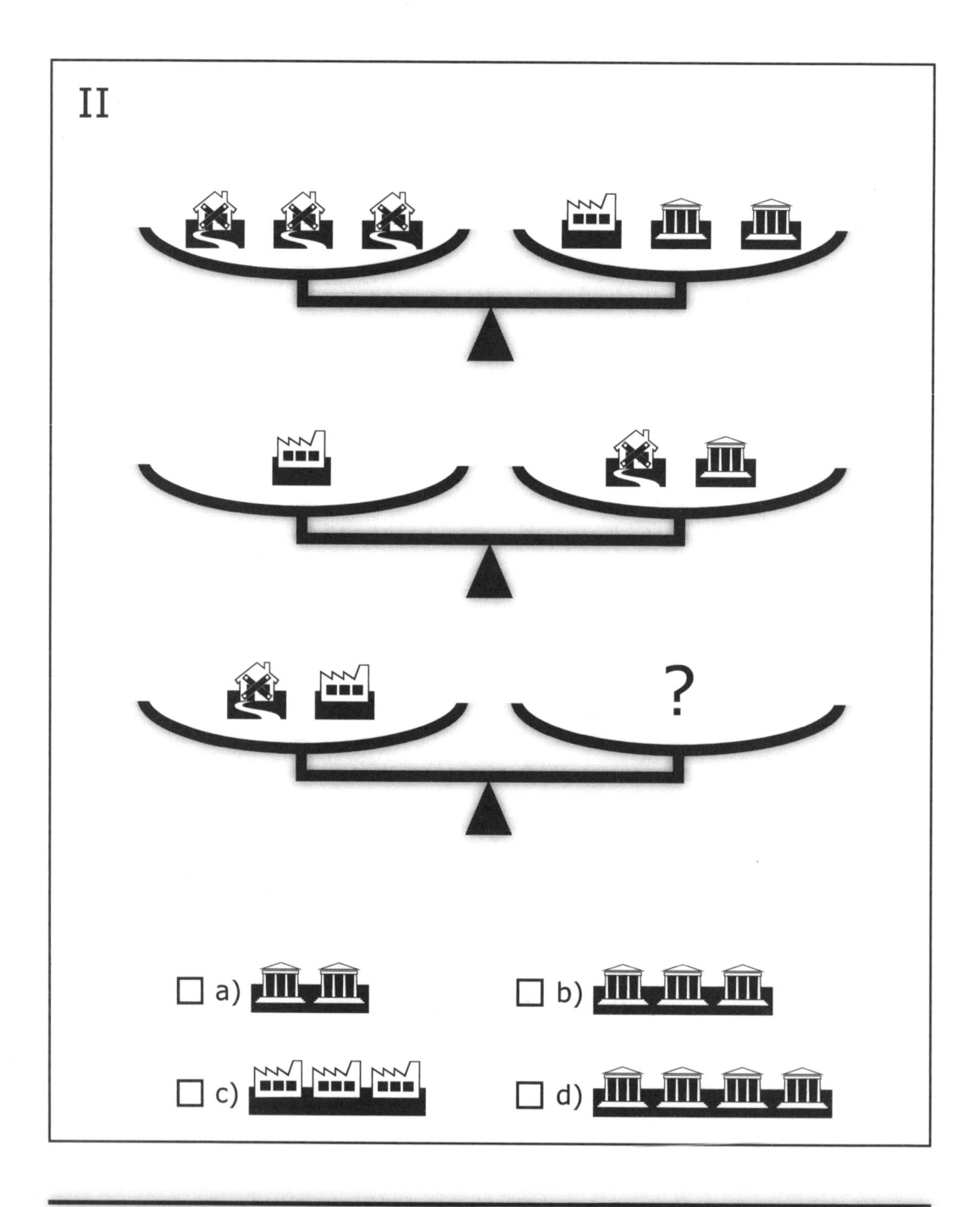

- [ ] a) 🏛🏛
- [ ] b) 🏛🏛🏛
- [ ] c) 🏭🏭🏭
- [x] d) 🏛🏛🏛🏛

M25 Mit welcher Menge bringen Sie die letzte Waage ins Gleichgewicht?

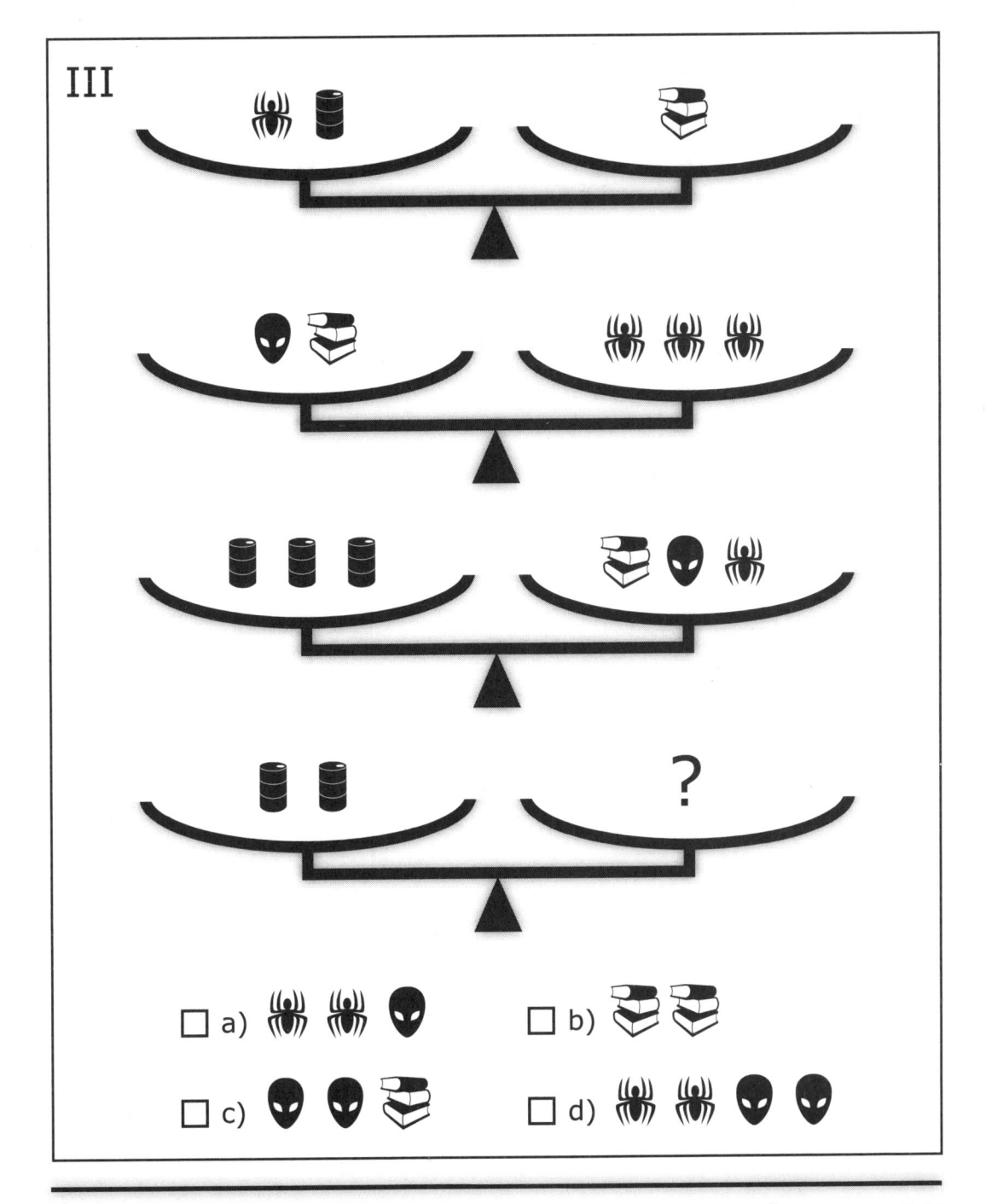

III

☐ a) 🕷 🕷 👽   ☐ b) 📚 📚

☐ c) 👽 👽 📚   ☐ d) 🕷 🕷 👽 👽

M25

Mit welcher Menge bringen Sie die letzte Waage ins Gleichgewicht?

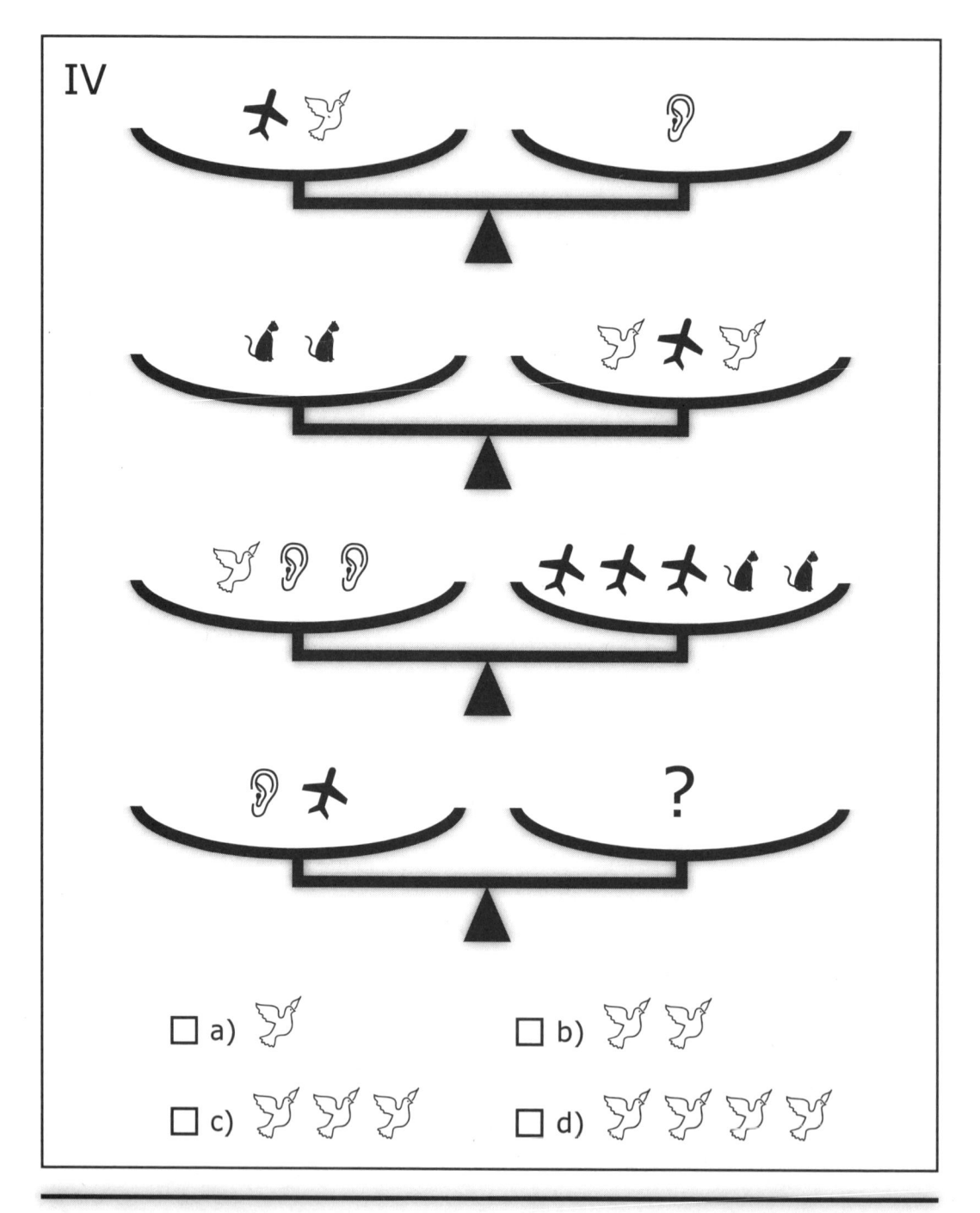

- a) 🕊
- b) 🕊 🕊
- c) 🕊 🕊 🕊
- d) 🕊 🕊 🕊 🕊

Mathematische Intelligenz

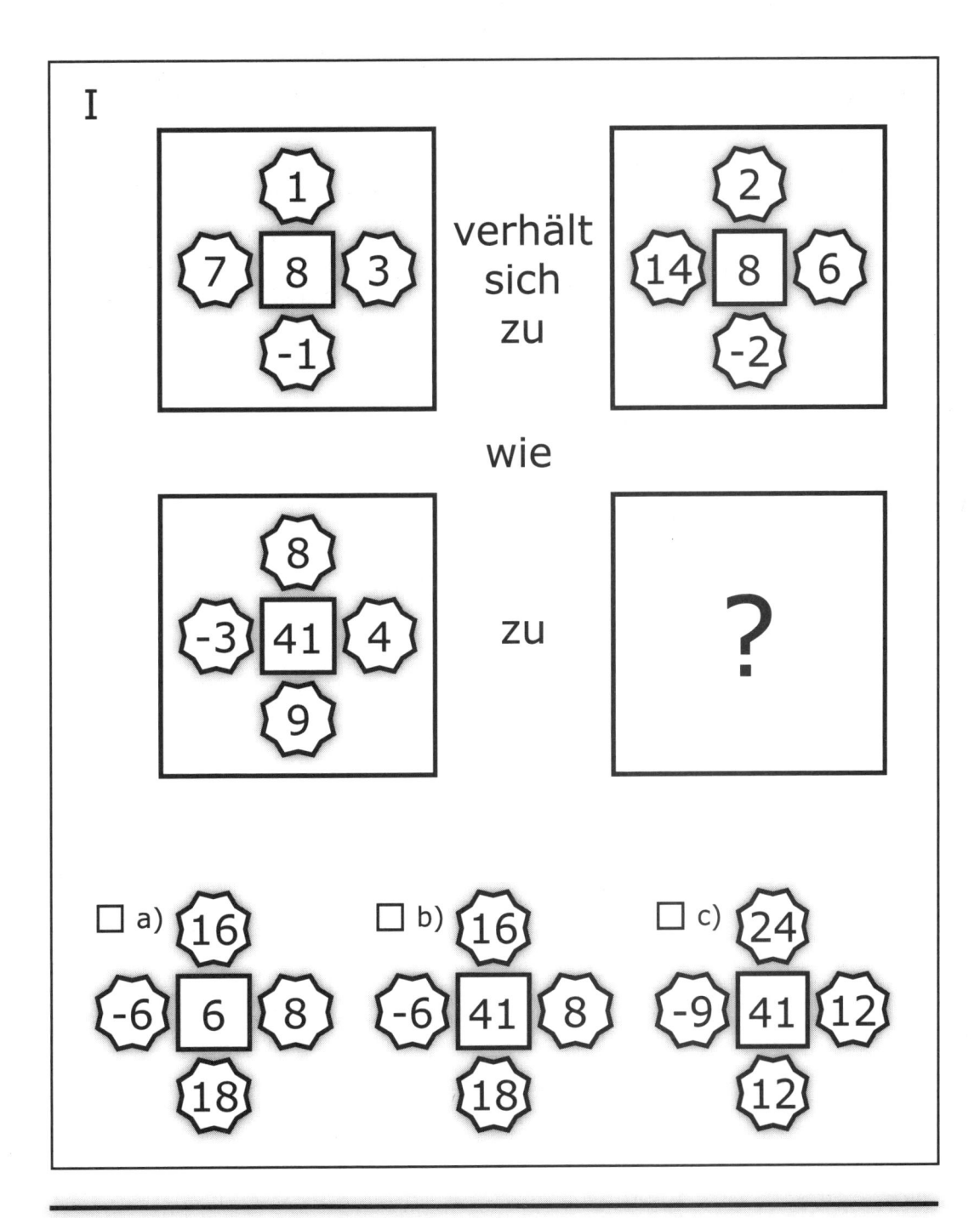

M26 Welche Grafik ist die passende Ergänzung?

I

Erste Grafik: oben 1, links 7, Mitte 8, rechts 3, unten -1

verhält sich zu

Zweite Grafik: oben 2, links 14, Mitte 8, rechts 6, unten -2

wie

Dritte Grafik: oben 8, links -3, Mitte 41, rechts 4, unten 9

zu

?

☐ a) oben 16, links -6, Mitte 6, rechts 8, unten 18

☐ b) oben 16, links -6, Mitte 41, rechts 8, unten 18

☐ c) oben 24, links -9, Mitte 41, rechts 12, unten 12

IQ Übungen 249

Mathematische Intelligenz

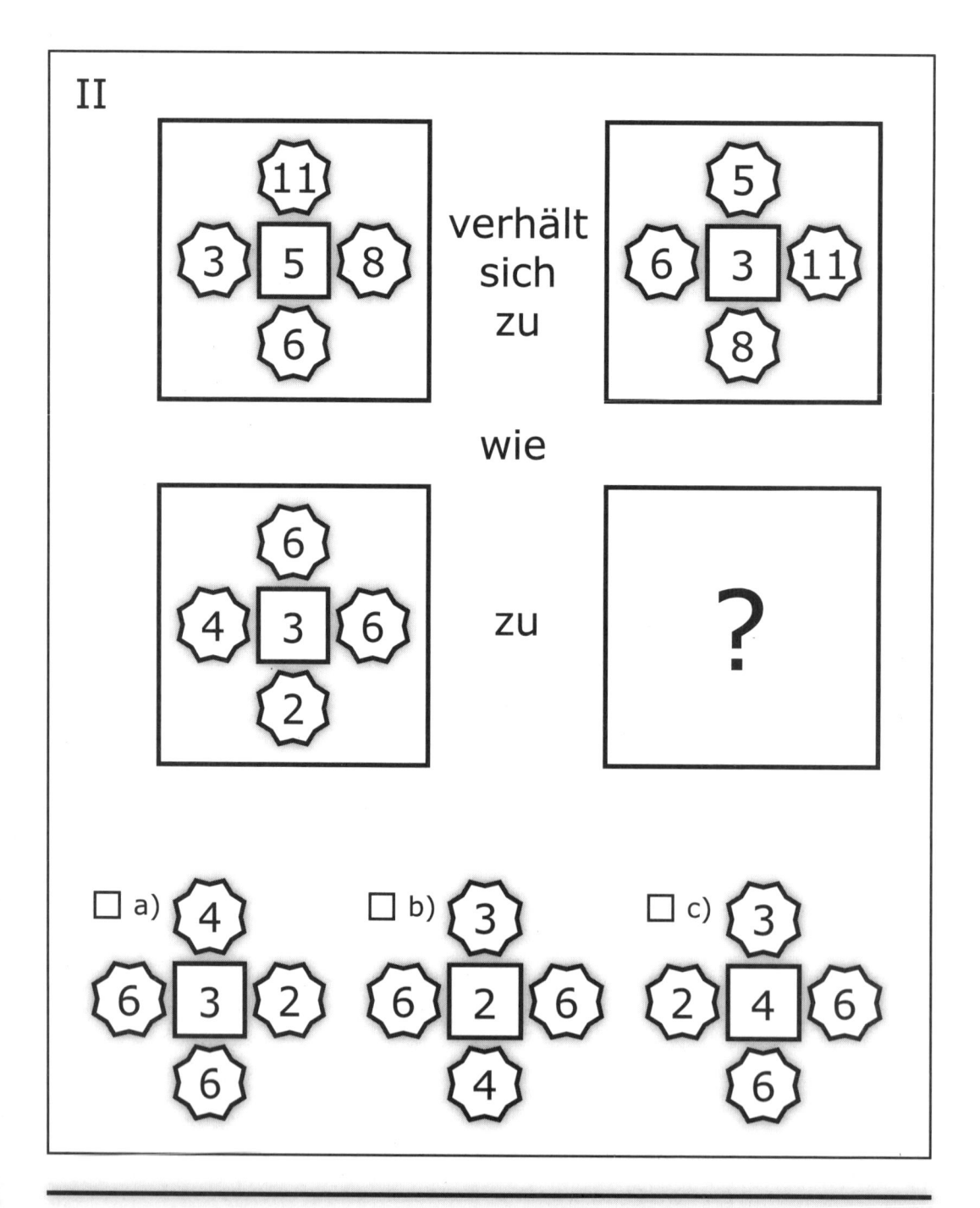

M26   Welche Grafik ist die passende Ergänzung?

II

Bild 1 (oben links): Mitte 5; oben 11; links 3; rechts 8; unten 6

verhält sich zu

Bild 2 (oben rechts): Mitte 3; oben 5; links 6; rechts 11; unten 8

wie

Bild 3 (unten links): Mitte 3; oben 6; links 4; rechts 6; unten 2

zu

?

☐ a) Mitte 3; oben 4; links 6; rechts 2; unten 6

☐ b) Mitte 2; oben 3; links 6; rechts 6; unten 4

☐ c) Mitte 4; oben 3; links 2; rechts 6; unten 6

M26 Welche Grafik ist die passende Ergänzung?

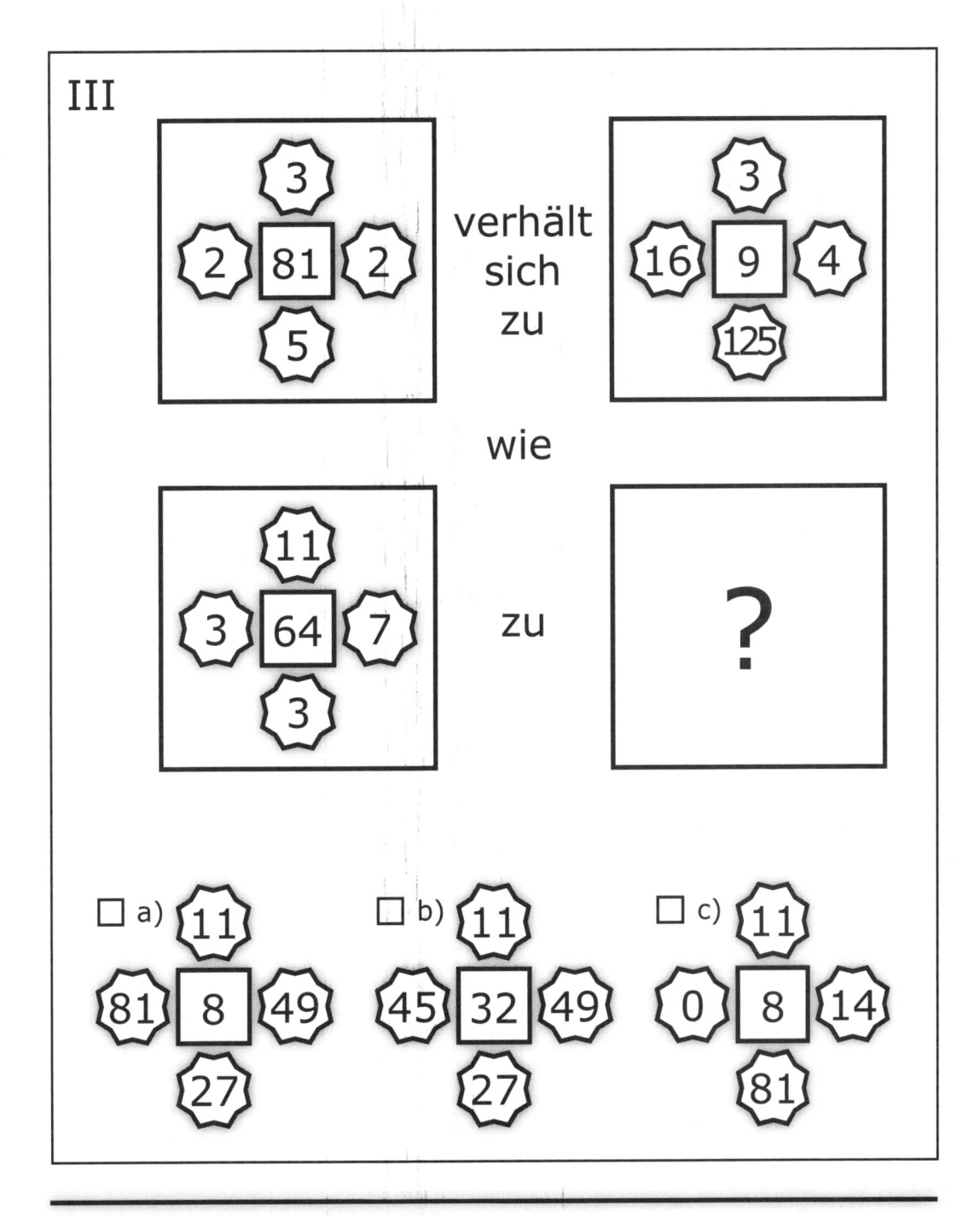

III

(3) / 2 – 81 – 2 / 5	verhält sich zu	(3) / 16 – 9 – 4 / 125
(11) / 3 – 64 – 7 / 3	wie ... zu	**?**

☐ a) 11 / 81 – 8 – 49 / 27

☐ b) 11 / 45 – 32 – 49 / 27

☐ c) 11 / 0 – 8 – 14 / 81

M26 Welche Grafik ist die passende Ergänzung?

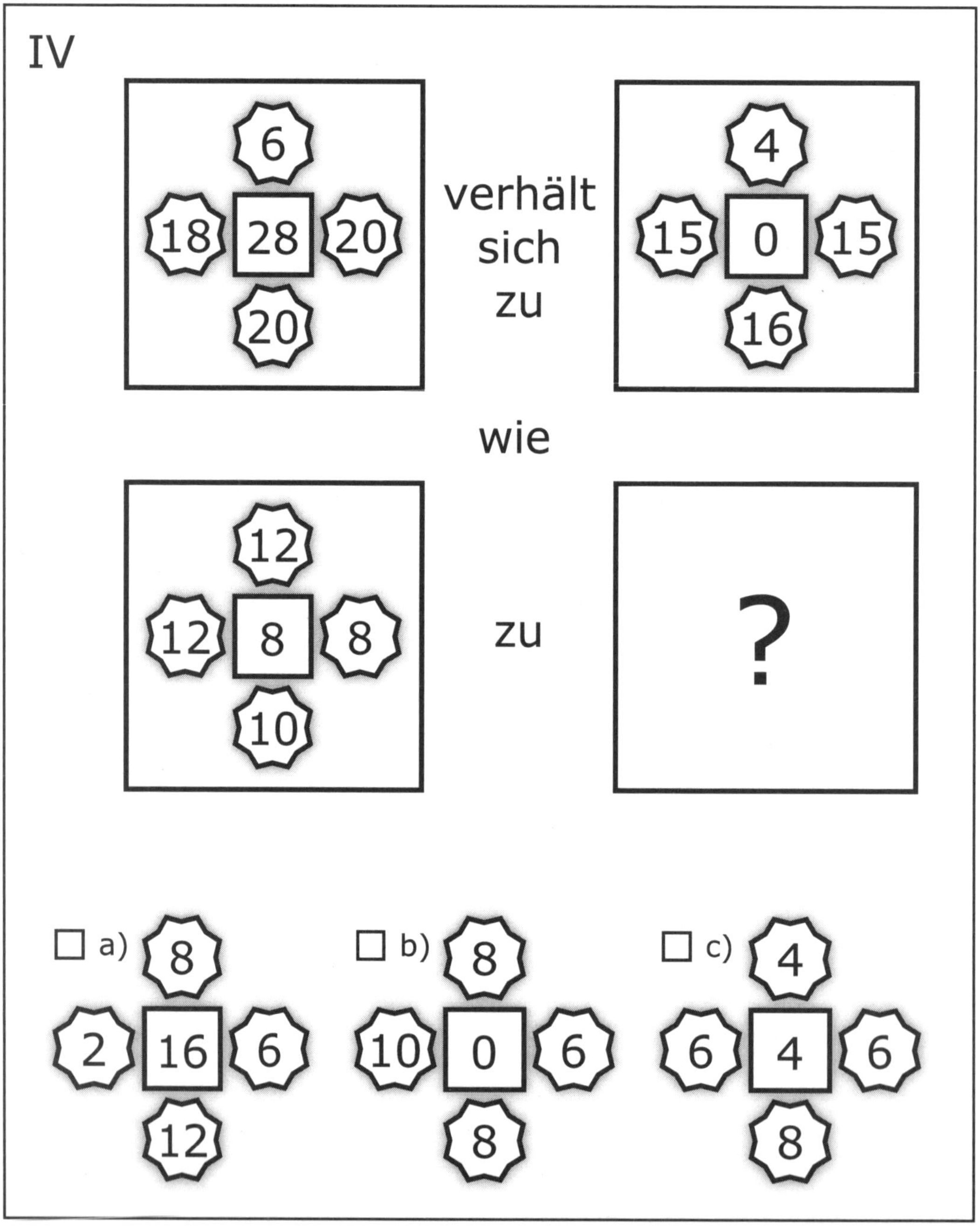
IV
6
18 28 20
20
verhält
sich
zu
4
15 0 15
16
wie
12
12 8 8
10
zu
?
a) 8
2 16 6
12
b) 8
10 0 6
8
c) 4
6 4 6
8

M27 Welche Zahl vervollständigt das System?

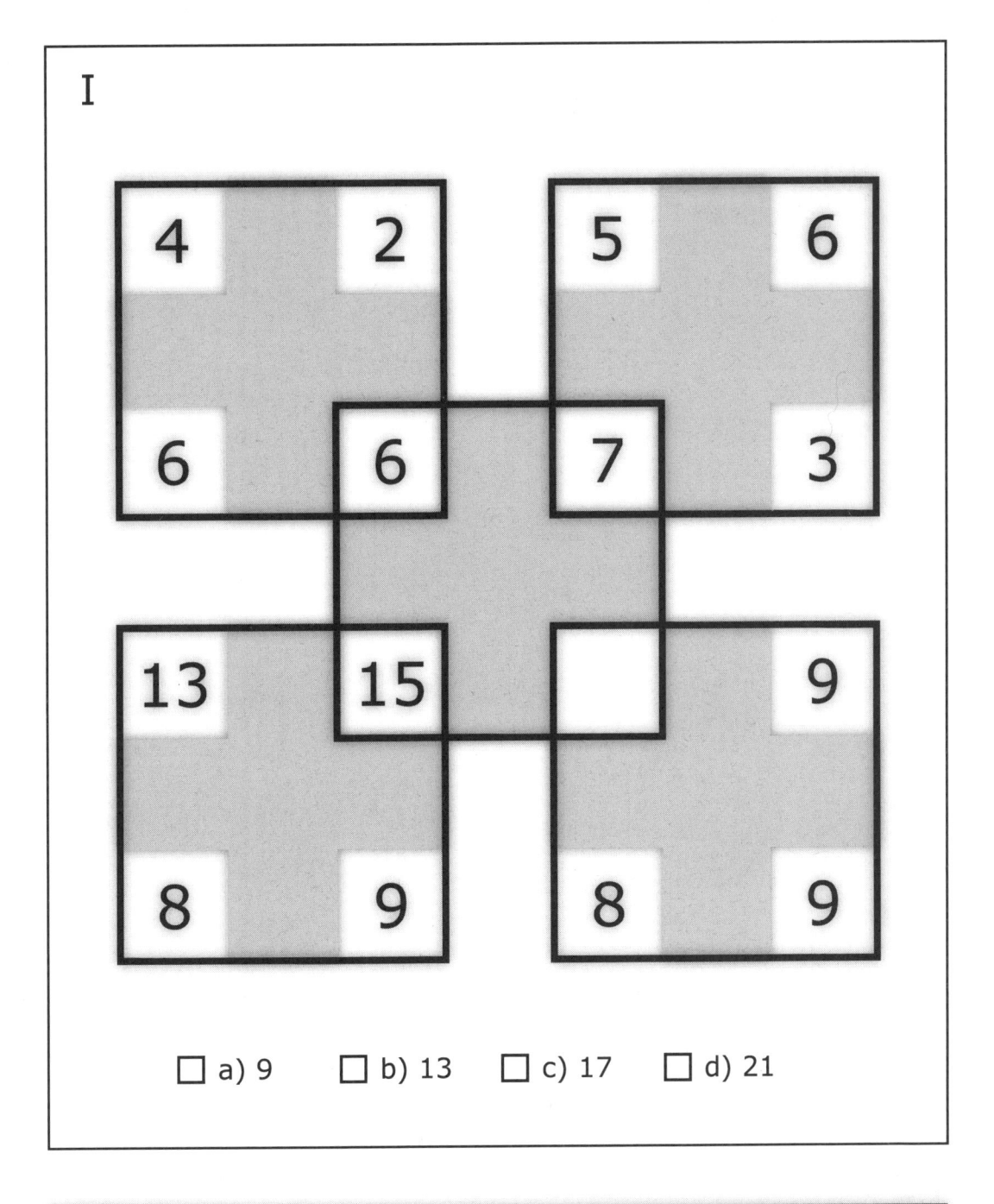

I

4	2	5	6
6	6	7	3
13	15		9
8	9	8	9

☐ a) 9   ☐ b) 13   ☐ c) 17   ☐ d) 21

M27   Welche Zahl vervollständigt das System?

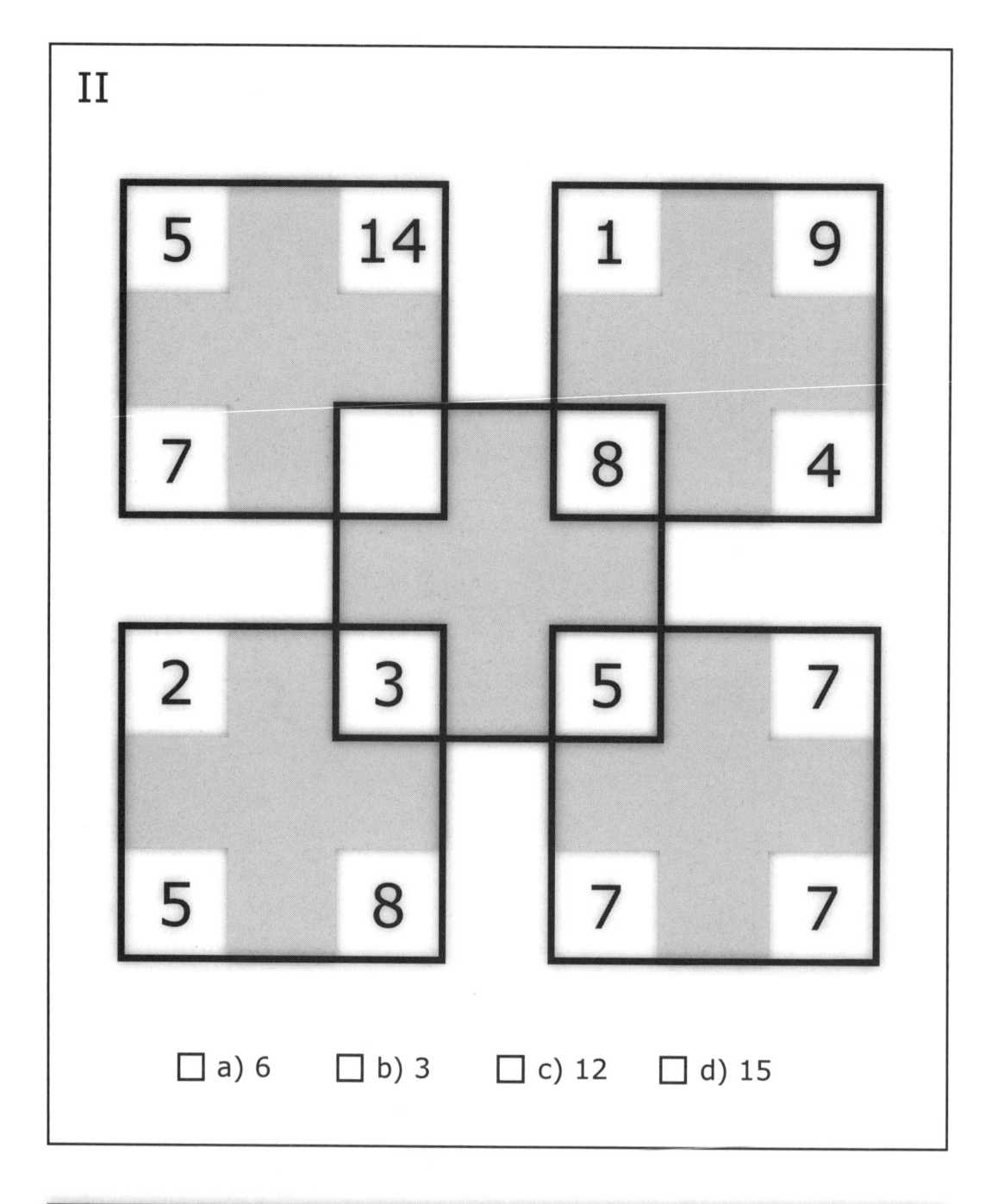

II

5 14		1 9
7 ☐		8 4
2 3		5 7
5 8		7 7

☐ a) 6   ☐ b) 3   ☐ c) 12   ☐ d) 15

M27 Welche Zahl vervollständigt das System?

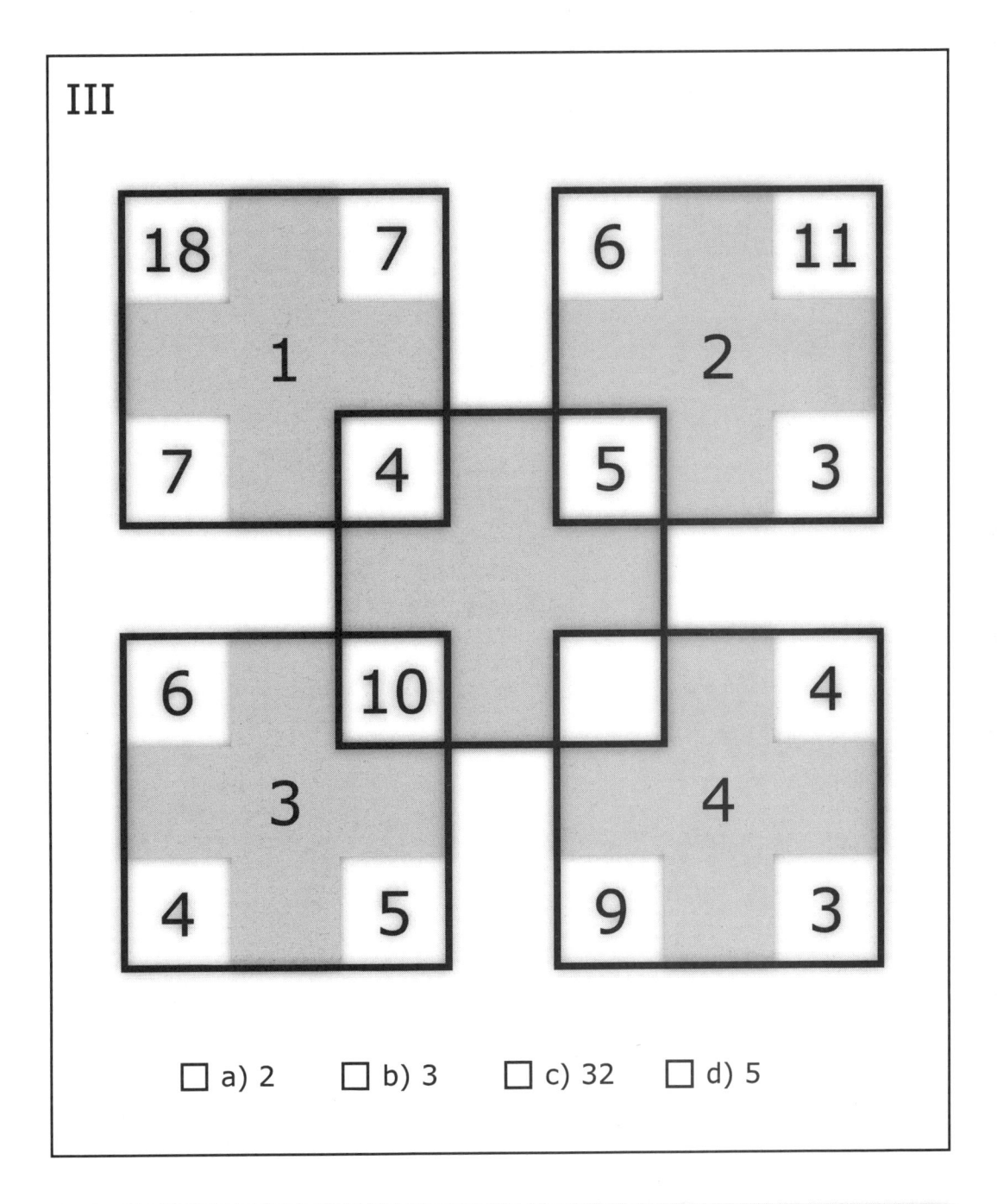

III

☐ a) 2   ☐ b) 3   ☐ c) 32   ☐ d) 5

M27 Welche Zahl vervollständigt das System?

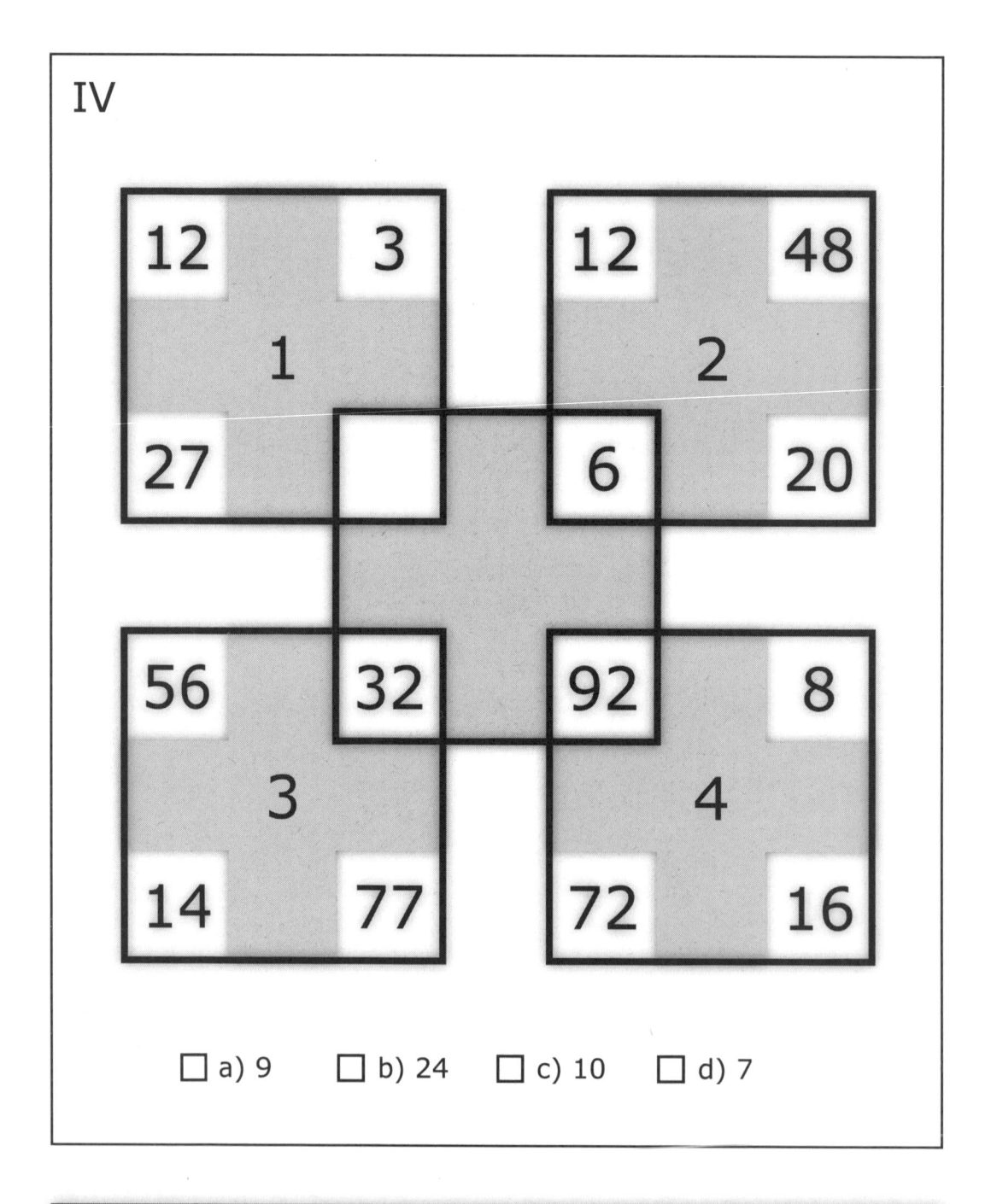

IV

12 ... **3**		**12** ... **48**
... 1 ...		... 2 ...
27 ... ☐		**6** ... **20**

56 ... **32**		**92** ... **8**
... 3 ...		... 4 ...
14 ... **77**		**72** ... **16**

☐ a) 9   ☐ b) 24   ☐ c) 10   ☐ d) 7

Mathematische Intelligenz

M28 Nach welcher Zahl ist jeweils gefragt?

I

Zwei Bauern ernten zwei Felder in zwei Tagen.
Wie viele Felder ernten drei Bauern in zwei Tagen?

Antwort: ☐ Felder

Mathematische Intelligenz

M28 Nach welcher Zahl ist jeweils gefragt?

II

Drei Pferde fressen drei Eimer Hafer in drei Stunden.
Wie viele Pferde fressen sechs Eimer Hafer in zwei Stunden?

Antwort: ☐ Pferde

M28 Nach welcher Zahl ist jeweils gefragt?

III

Fünf Mädchen bemalen vier Puppen in zwei Stunden.
In wie vielen Stunden bemalen 45 Mädchen 108 Puppen?

Antwort: In ☐ Stunden

Mathematische Intelligenz

M28 Nach welcher Zahl ist jeweils gefragt?

IV

1080 Menschen bauen 810 Häuser in drei Generationen.
Wie viele Häuser bauen 16320 Menschen in sieben Generationen?

Antwort: ☐☐☐☐☐ Häuser

Mathematische Intelligenz

M29 Was müsste an der Stelle des Fragezeichens stehen?

I

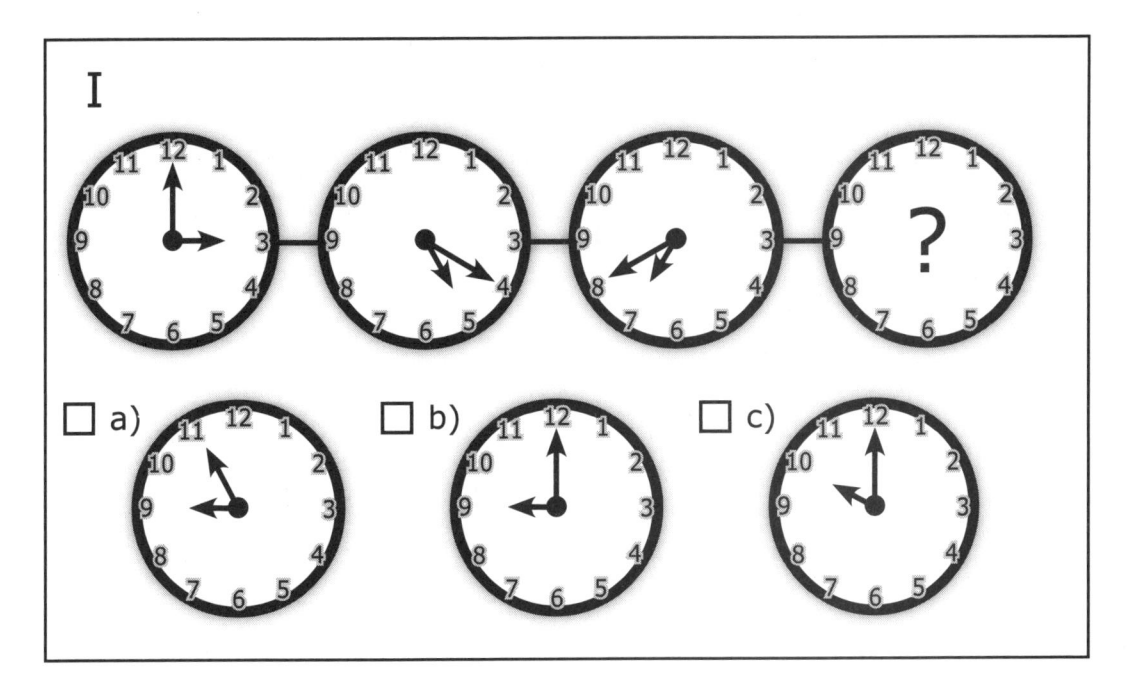

☐ a) ☐ b) ☐ c)

II

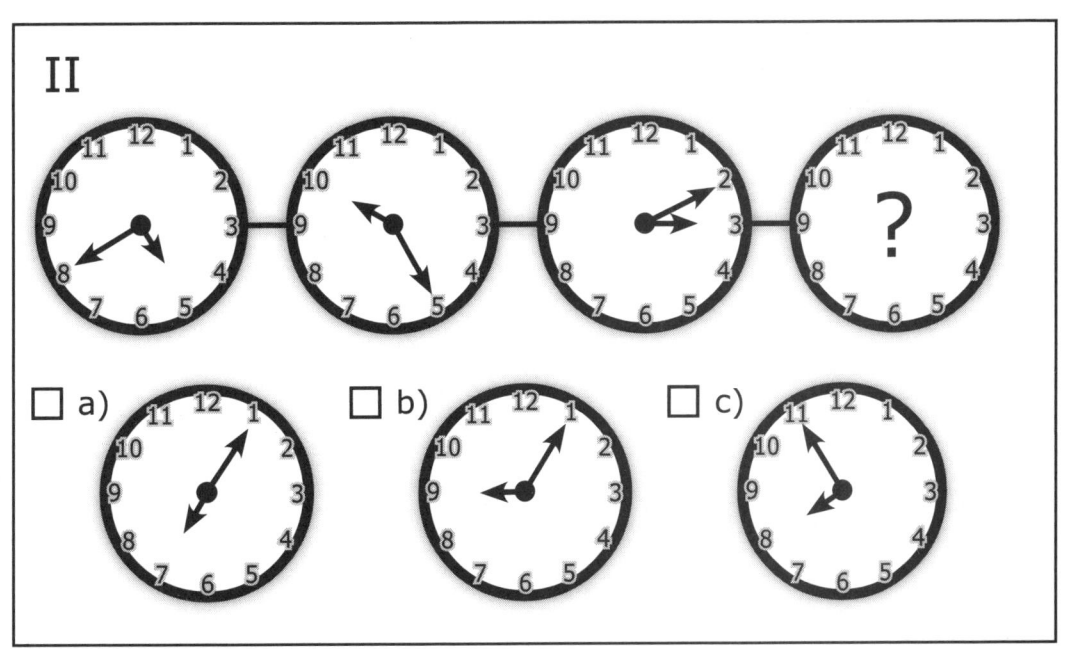

☐ a) ☐ b) ☐ c)

IQ Übungen   261

Mathematische Intelligenz

M29 Was müsste an der Stelle des Fragezeichens stehen?

III

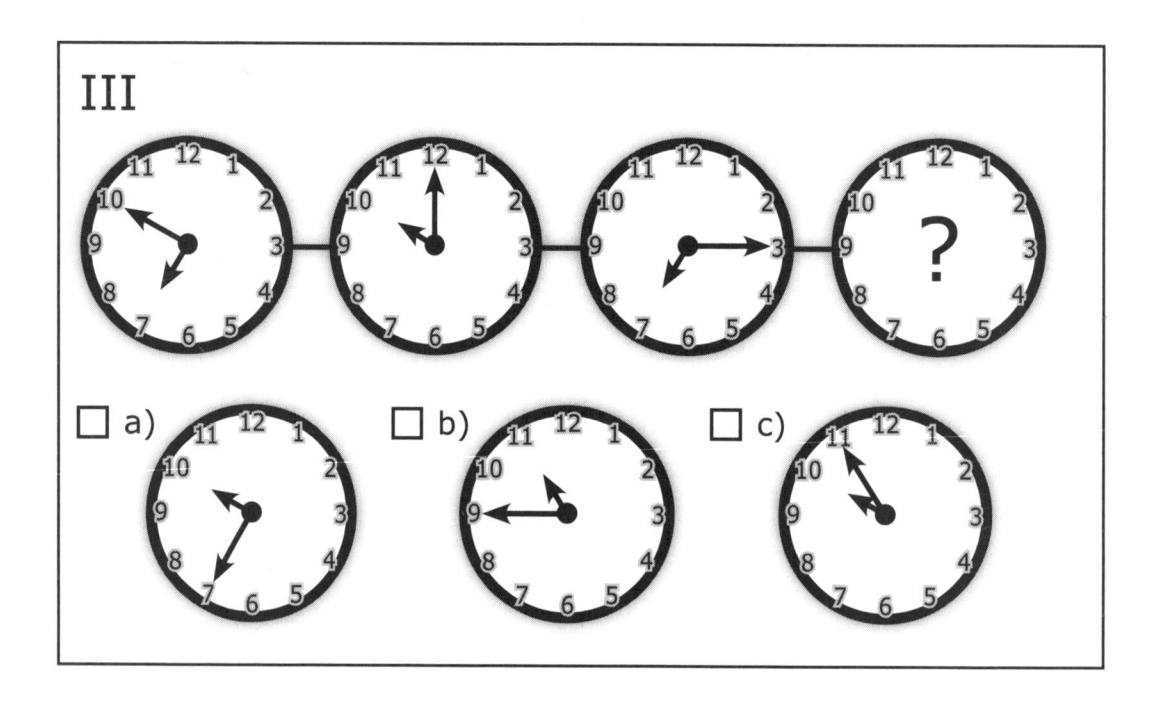

☐ a)   ☐ b)   ☐ c)

IV

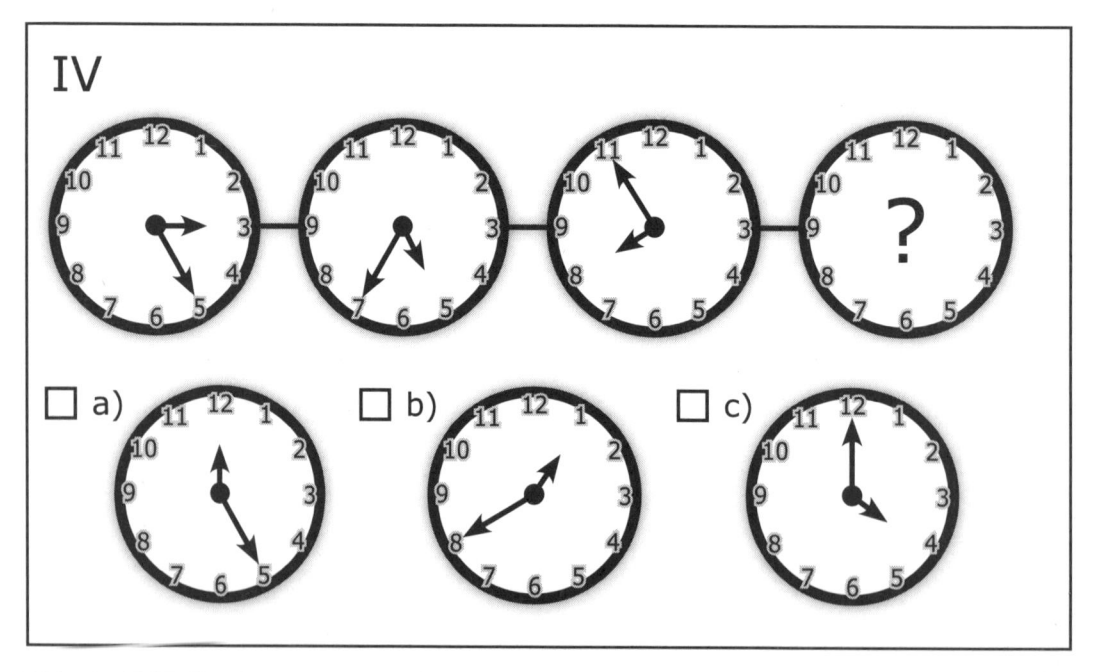

☐ a)   ☐ b)   ☐ c)

Mathematische Intelligenz

M29 Was müsste an der Stelle des Fragezeichens stehen?

V

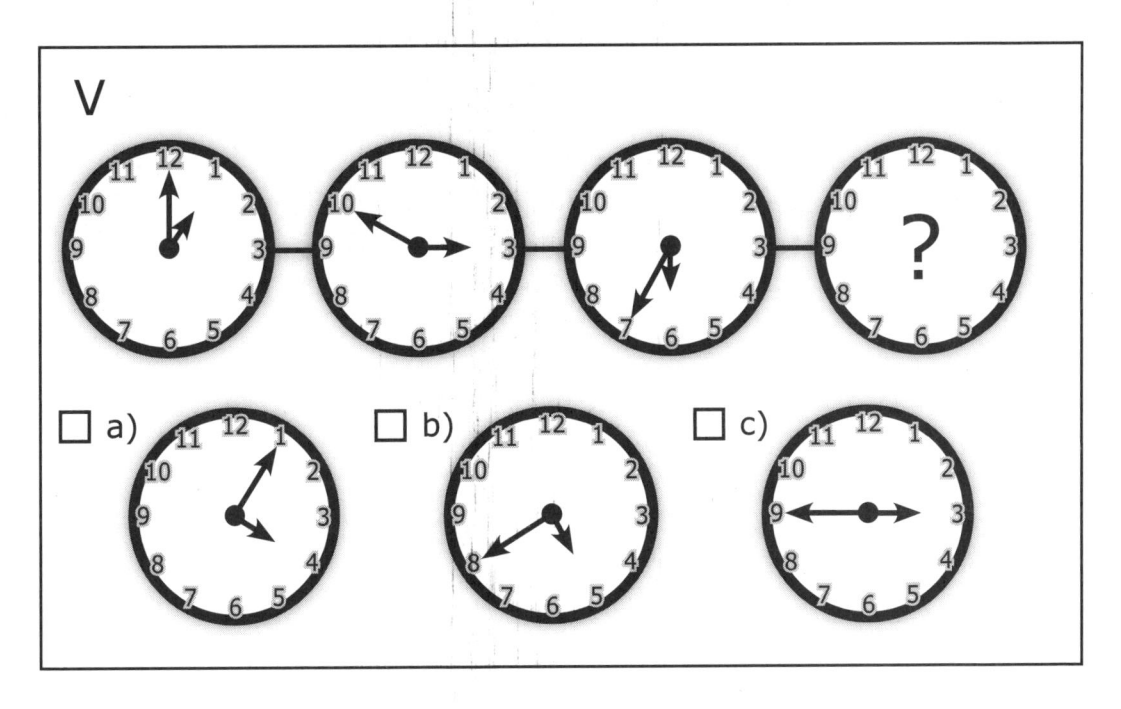

☐ a)   ☐ b)   ☐ c)

VI

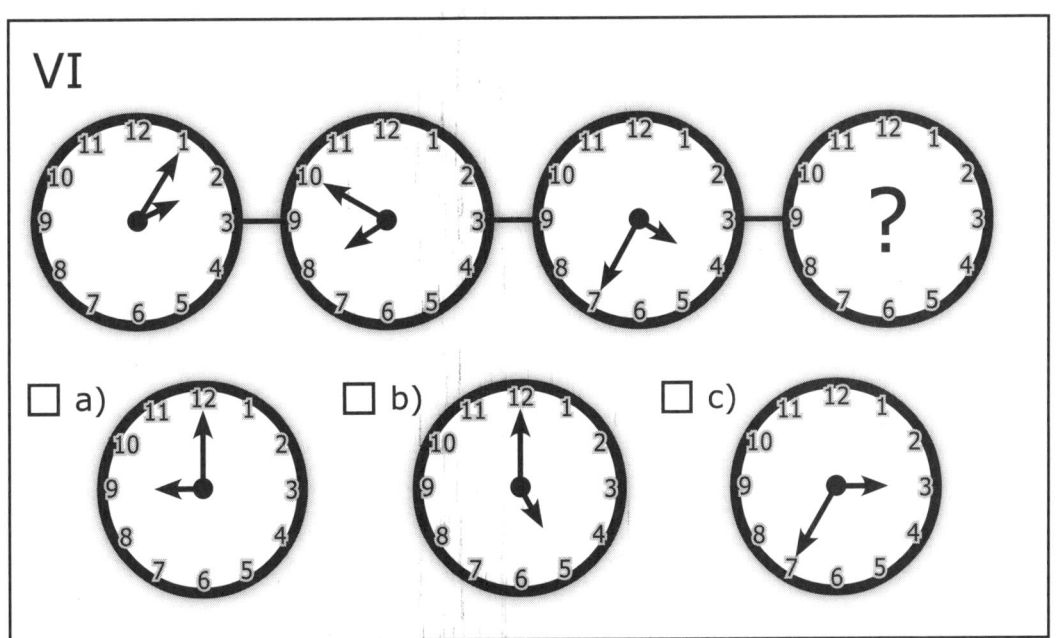

☐ a)   ☐ b)   ☐ c)

Mathematische Intelligenz

M29 Was müsste an der Stelle des Fragezeichens stehen?

VII

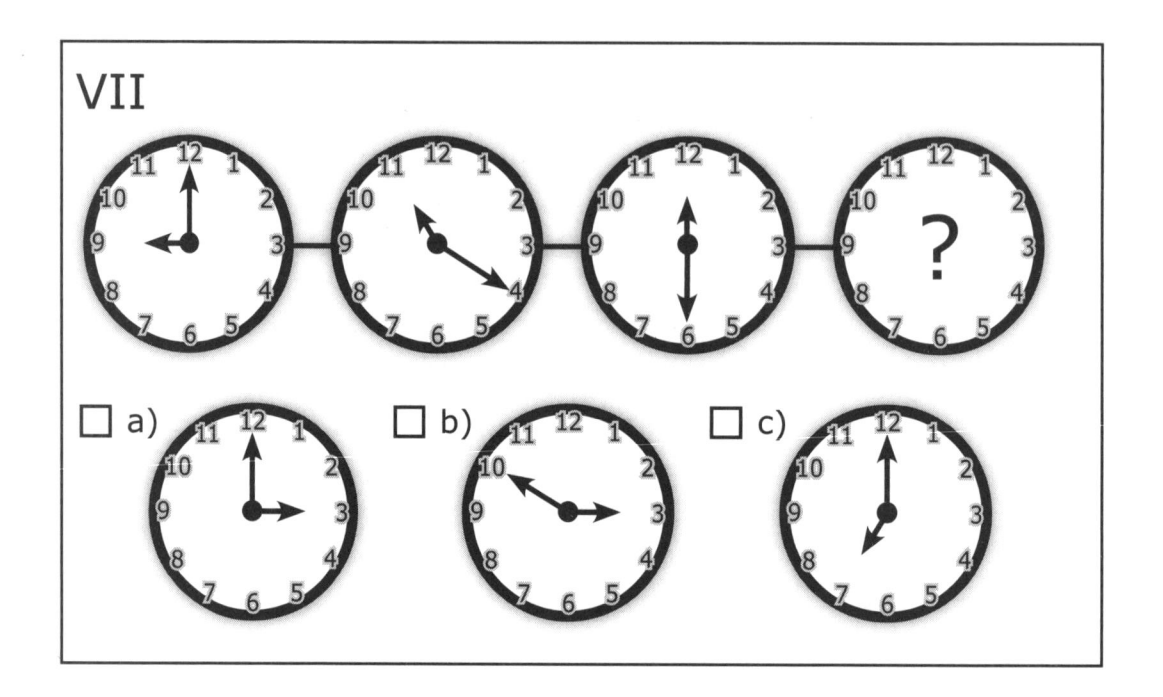

☐ a) ☐ b) ☐ c)

VIII

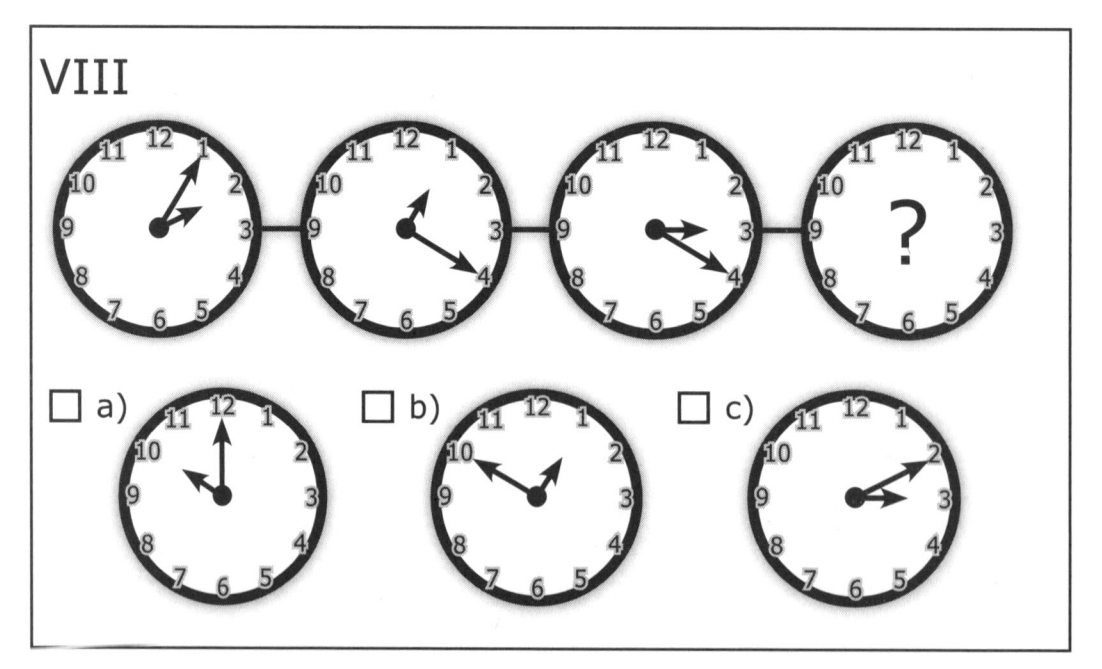

☐ a) ☐ b) ☐ c)

Mathematische Intelligenz

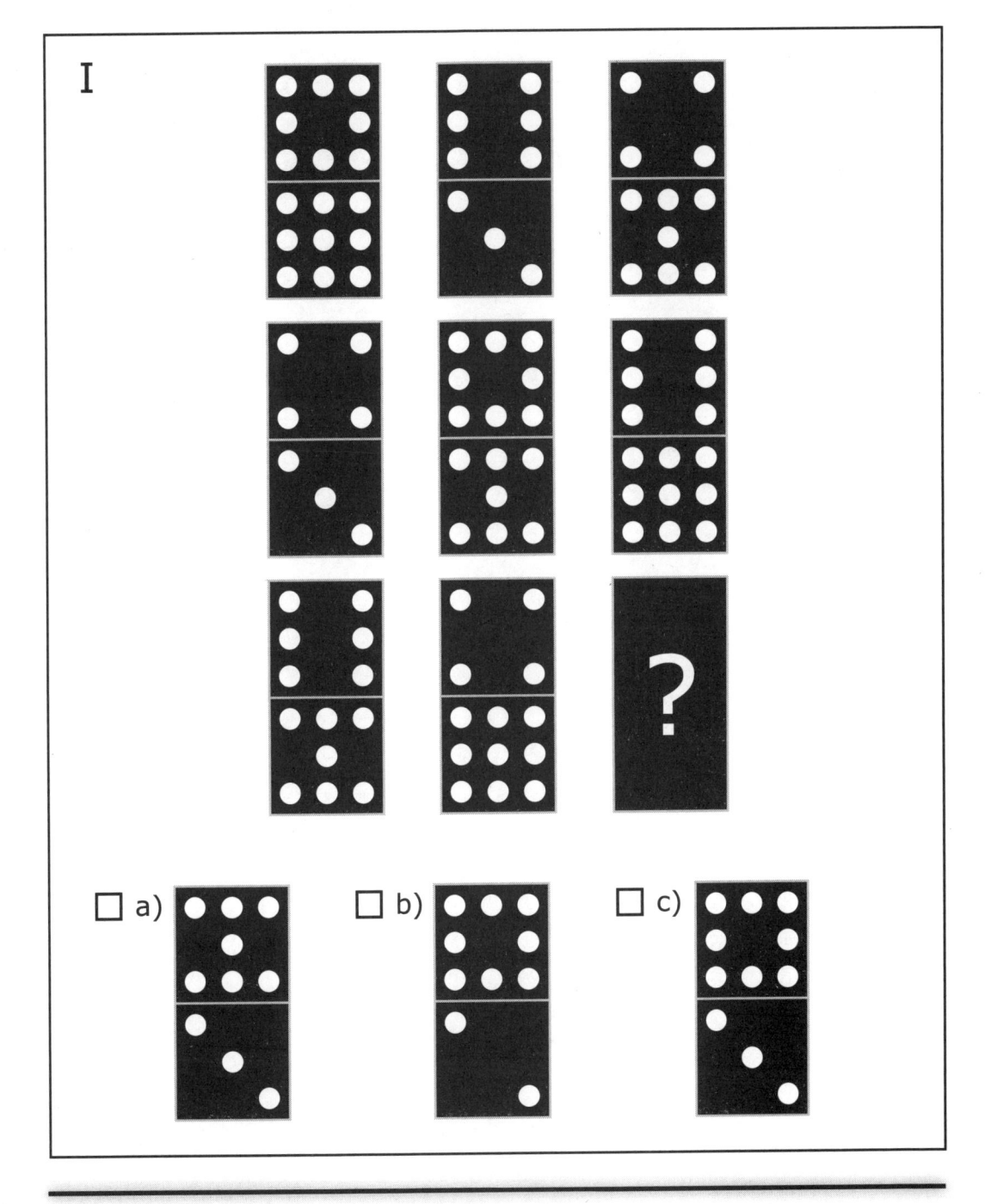

M30 Welcher Dominostein passt?

I

☐ a) ☐ b) ☐ c)

Mathematische Intelligenz

M30 Welcher Dominostein passt?

II

☐ a)   ☐ b)   ☐ c)

266 IQ Übungen

M30 Welcher Dominostein passt?

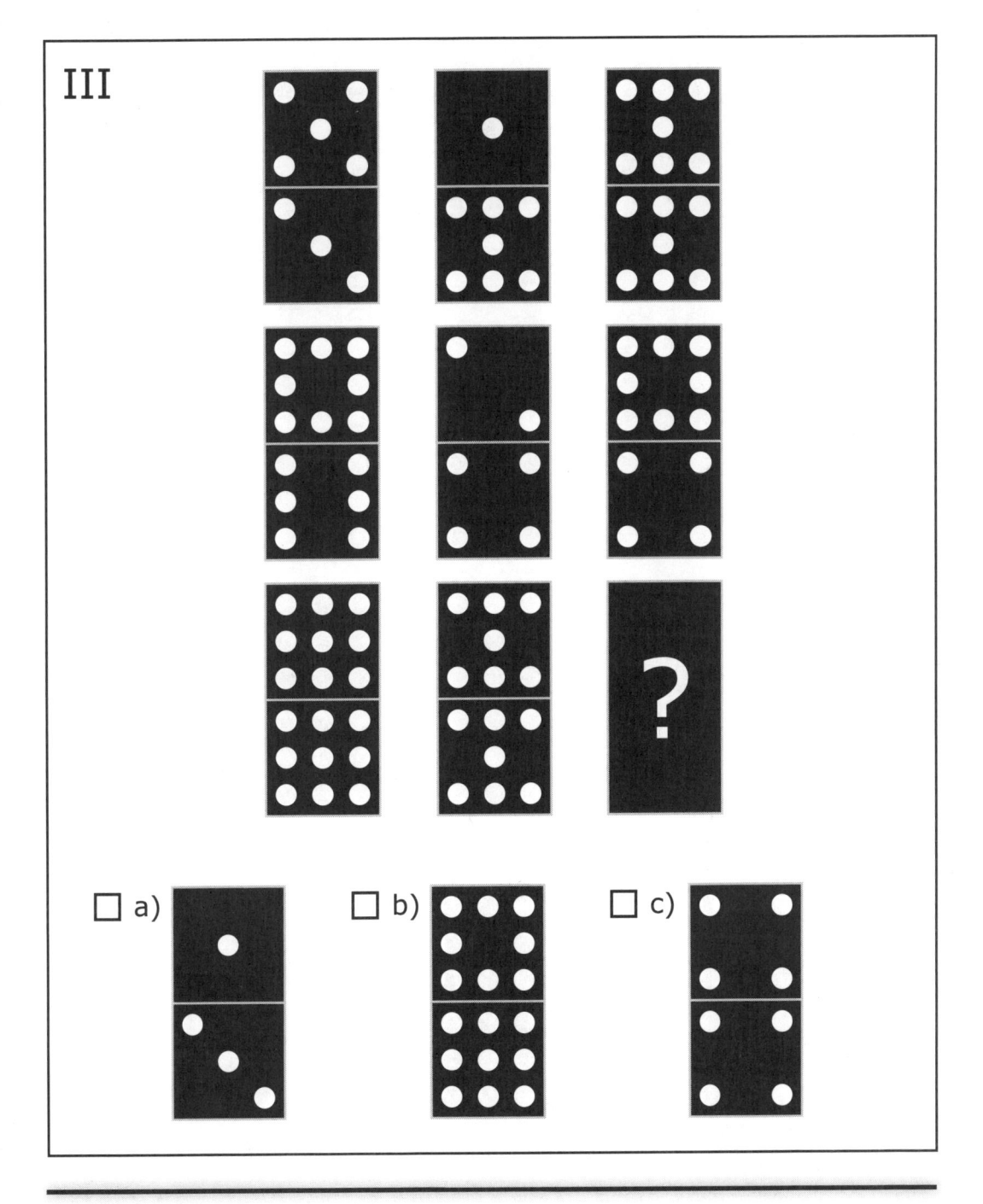

III

☐ a)   ☐ b)   ☐ c)

Mathematische Intelligenz

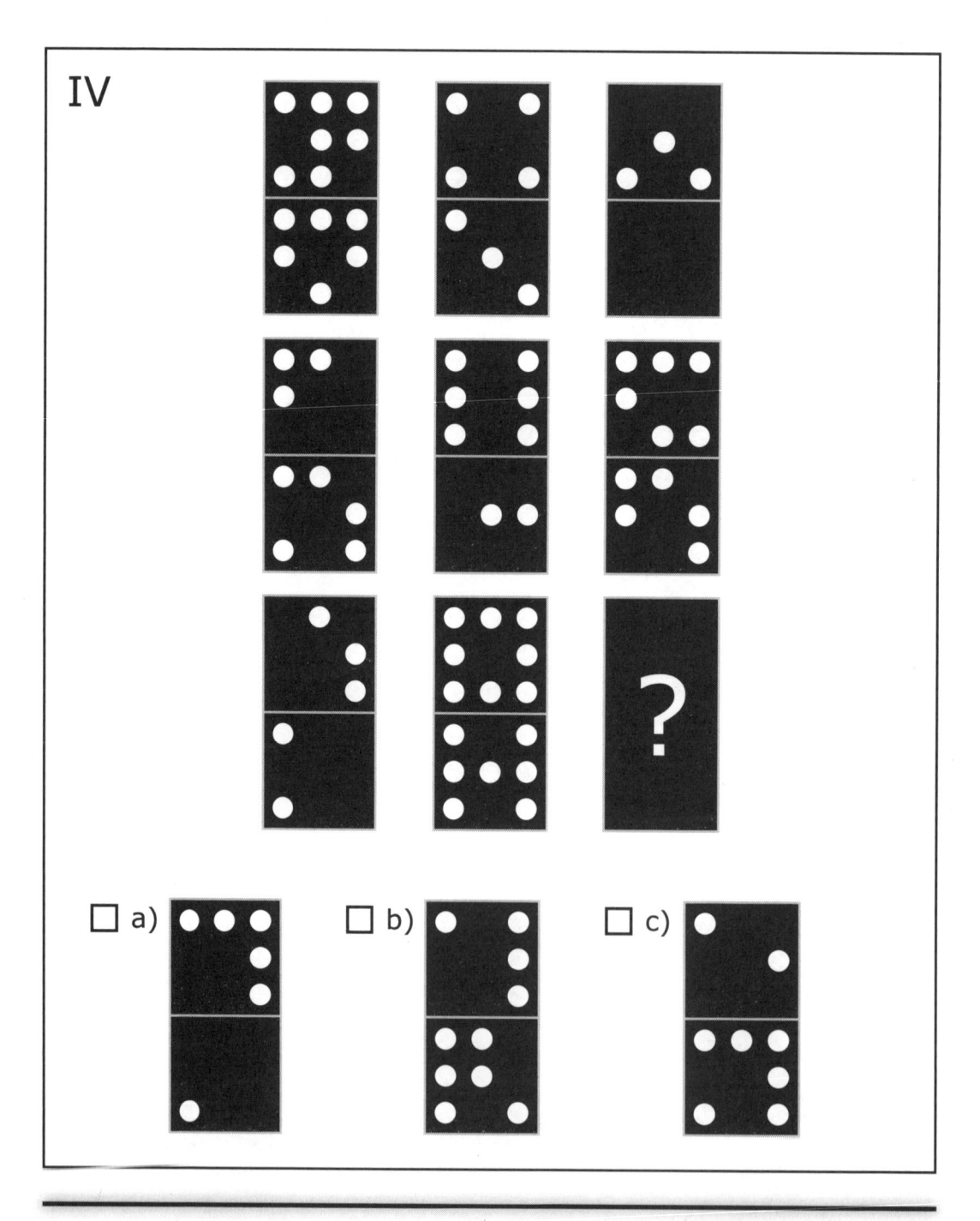

M30 Welcher Dominostein passt?

IV

Visuelle Intelligenz

IQ-Trainingsaufgaben für visuelle Intelligenz

Die visuelle Intelligenz ist die Königsdisziplin unter den Intelligenzbereichen. Hier kann ein IQ ermittelt werden, der weitgehend unabhängig ist von Sprache, Bildung und kulturellem Hintergrund.

In diesem Kapitel sollen Sie grafische Muster und Regelmäßigkeiten erkennen, bis drei zählen können, einen rechten Winkel einschätzen können und Ähnliches. Klingt doch einfach, nicht? Lassen Sie sich überraschen, wie komplex das Erkennen schlichter Muster sein kann.

Doch bevor wir Sie ins Training schicken, möchten wir Ihnen ein paar Aufgabentypen vorstellen und Sie so auf die Materie vorbereiten.

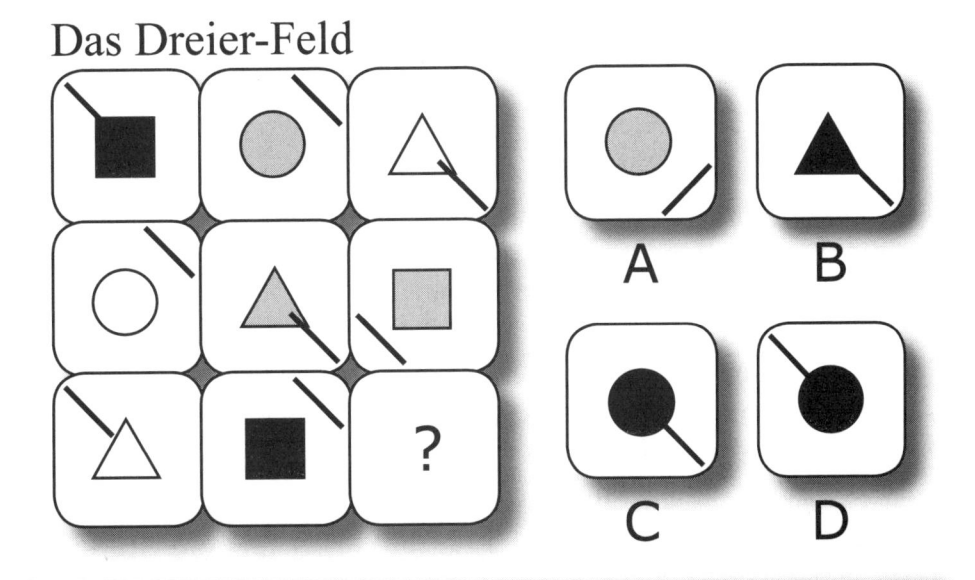

Das Dreier-Feld

IQ Übungen

Das Dreier-Feld besteht aus drei mal drei Kästen, die, vollständig ausgefüllt ein ausgeglichenes System darstellen sollen. In diesem Beispiel gilt es, gleich mehrere Prinzipien zu erkennen. Zum einen sind dies drei unterschiedliche Formen, die jeweils in jeder Zeile und Spalte genau einmal enthalten sein dürfen. Es fehlt also im leeren Feld ein Kreis. Bei der Farbgebung verhält es so, dass jede der drei Farbstufen Weiß, Grau und Schwarz insgesamt je dreimal enthalten sein soll. Es fehlt also im leeren Feld die Farbe Schwarz bzw. ein schwarzer Kreis. Das dritte Prinzip wird mit dem kleinen Strich dargestellt. Er wandert im Uhrzeigersinn von Ecke zu Ecke – und dies in jeder Zeile. Dabei soll er seine Ausrichtung behalten. In Verbindung mit den oben bereits erkannten Eigenschaften können wir nun auf die einzig richtige Alternative schließen: C.

Gedrehte Bilder

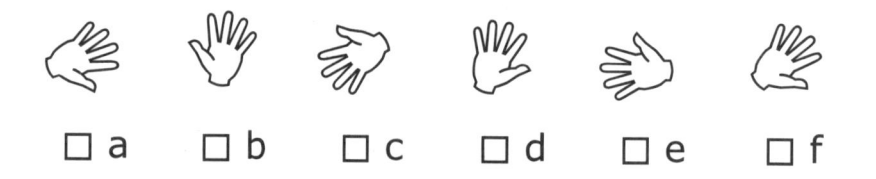

☐ a ☐ b ☐ c ☐ d ☐ e ☐ f

Alle Grafiken zeigen identische Figuren, die in unterschiedlichen Graden gedreht sind. Nur eine von ihnen ist zusätzlich gespiegelt. Versuchen Sie hier, ein Merkmal zu finden, an dem Sie sich orientieren können und das Sie mit einer Drehrichtung (im Uhrzeigersinn oder gegen diesen) in Verbindung bringen können. In diesem Beispiel könnten Sie sich am Daumen orientieren. Ziehen Sie vom Daumen über die Finger gedanklich eine geschwungene Linie (auf a bezogen) gegen den Uhrzeigersinn. Überprüfen Sie diesen Ansatz bei allen anderen Bildern dieser Reihe. Das Bild, bei dem diese Richtung anders als bei allen anderen verläuft, ist das gesuchte. In diesem Beispiel ist es die Alternative b.

Visuelle Intelligenz

Grafische Reihen

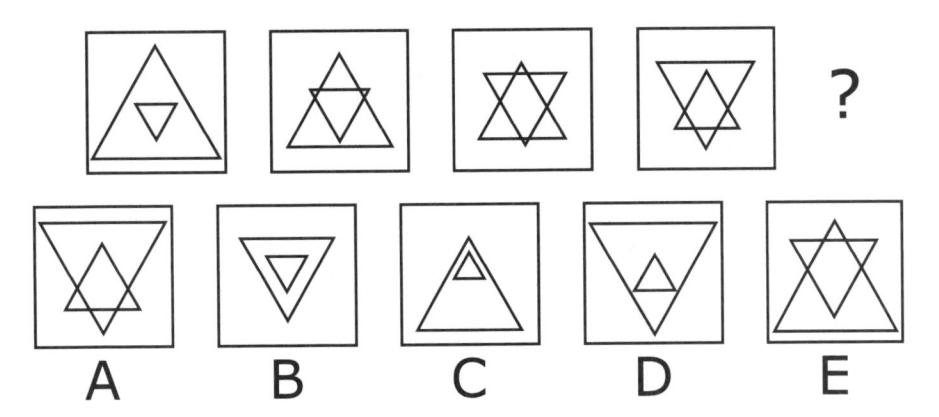

Bei grafischen Reihen sollen Sie Gemeinsamkeiten oder Entwicklungen erkennen, aus denen Sie auf ein fehlendes oder passendes Bild schließen können. Was in diesem Beispiel kompliziert und verwirrend aussieht, ist bei nüchterner Betrachtung sehr simpel. (Das sind fast alle IQ-Aufgaben, wenn man das jeweils gültige Prinzip einmal erkannt hat.) Das anfangs große Dreieck (das mit der Spitze nach oben zeigt) wird (in diesem Beispiel) immer kleiner. Das kleine Dreieck (das mit der Spitze nach unten) wird parallel dazu immer größer. Die einzige Alternative, in der diese beiden Entwicklungen weitergeführt werden, ist D.

Analogien

Analogien zeigen zwei Paare, die dasselbe Verhältnis zueinander aufweisen. Ein Verhältnis kann eine Farbänderung sein, eine Drehung usw. In unserem Beispiel besteht dieses „Verhältnis" zweier Grafiken zueinander aus mehreren Veränderungen. Ein Veränderungsprinzip (von linker zu rechter Grafik) bei den Grafiken links vom Gleichheitszeichen ist die Drehung, hier: eine Drehung um 30° im Uhrzeigersinn (wobei es völlig ausreichend ist, diesen Winkel grob einschätzen zu können). Von dieser Drehung sind das große Hauptelement und der Trennstrich betroffen. Die beiden

Visuelle Intelligenz

inneren Elemente sind insoweit von der Drehung betroffen, als sich ihre Position entsprechend der Drehung ändert. Andererseits behalten sie ihre Ausrichtung. Ein drittes Veränderungsprinzip ist hier der Farbwechsel. Beide Elemente tauschen ihre Farben.

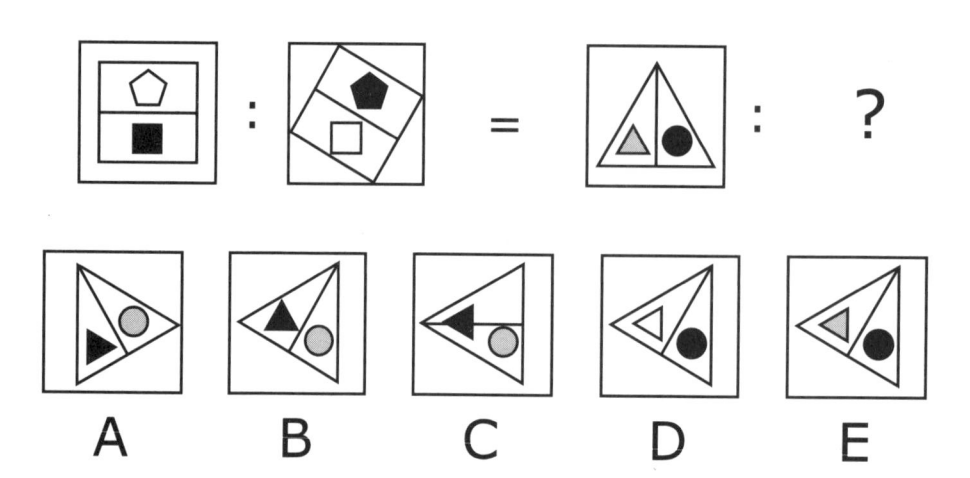

Unter Alternative B finden Sie die Grafik, die diese Veränderungsprinzipien beim rechten Paar widerspiegelt. Das große Dreieck wird mitsamt seiner Mittellinie um 30° im Uhrzeigersinn gedreht. Die beiden inneren Elemente (kleines Dreieck und kleiner Kreis) bewegen sich mit, behalten jedoch ihre Ausrichtung. Schließlich tauschen sie ihre Farben (das kleine Dreieck rechts bekommt die Farbe der Kreises links, und der Kreis rechts bekommt die Farbe des kleines Dreiecks links.

Training des visuellen IQ auf fast 100 Seiten

Auf den folgenden Seiten warten 24 Aufgabenarten auf Sie, in denen Sie Ihr visuelles, formengebundenes Denken IQ-spezifisch trainieren können. Innerhalb der Aufgabenarten erhöht sich der Schwierigkeitsgrad; bei I beginnt es also immer mit relativ leichten Testaufgaben. (Dies gilt zumindest im Allgemeinen. Oft lassen sich keine objektiven Schwierigkeitskriterien finden, was eine Einstufung erschwert.)

Visuelle Intelligenz

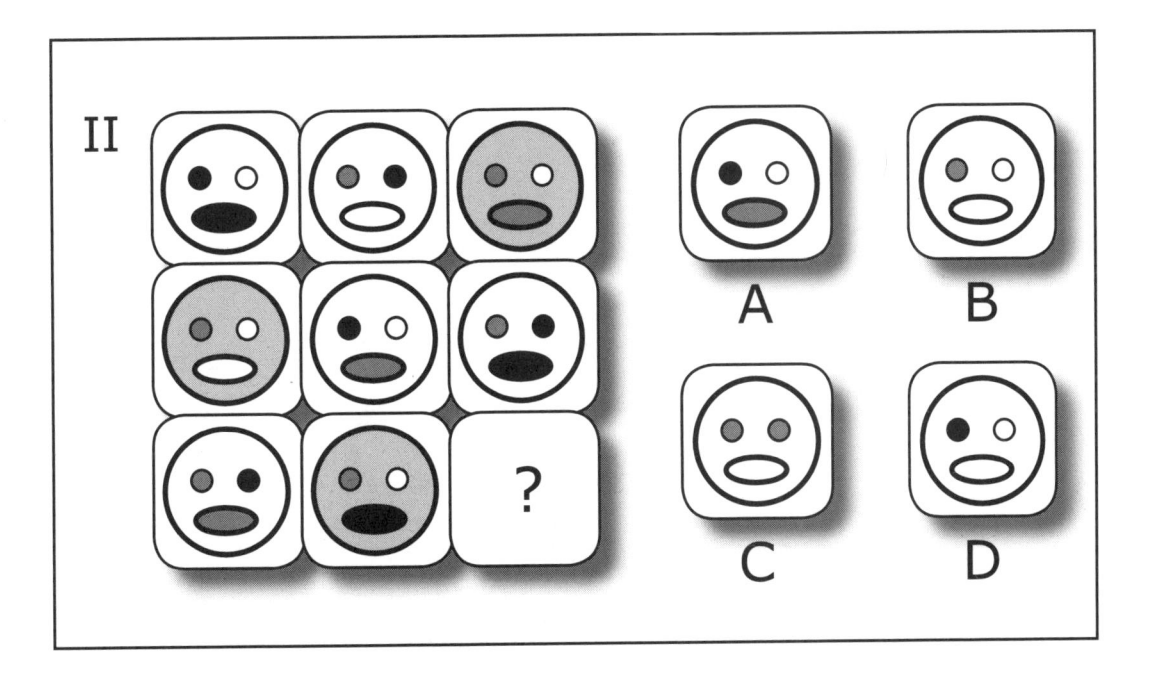

V1 Welche Grafik A bis D ersetzt das Fragezeichen?

Visuelle Intelligenz

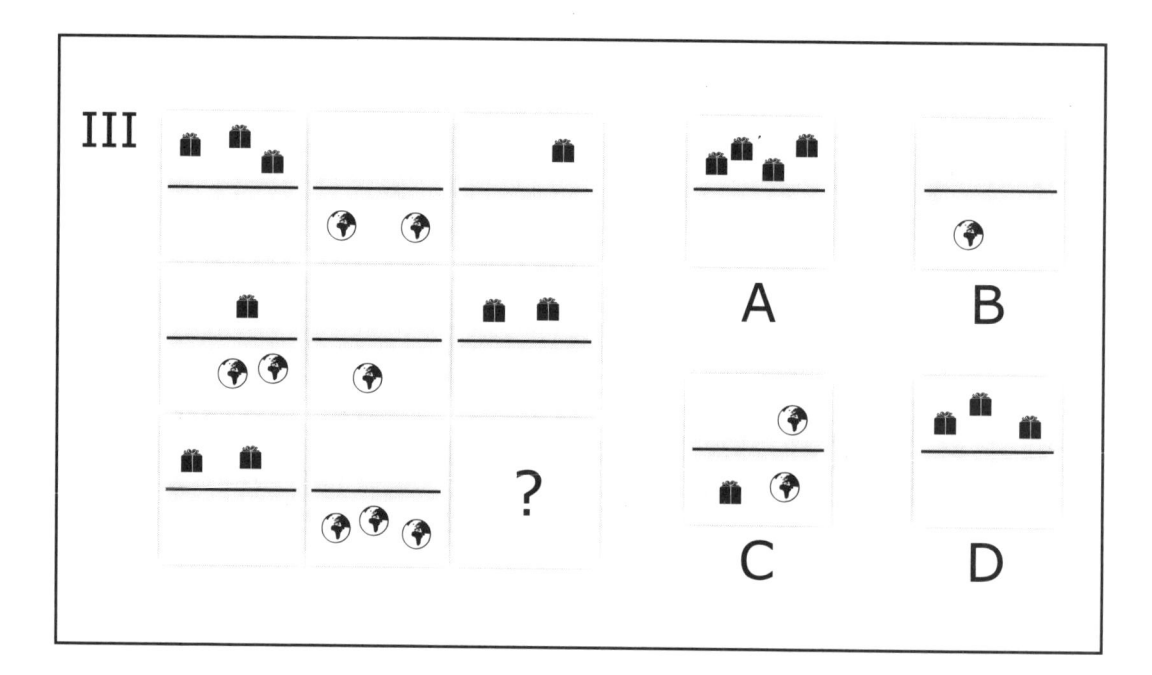

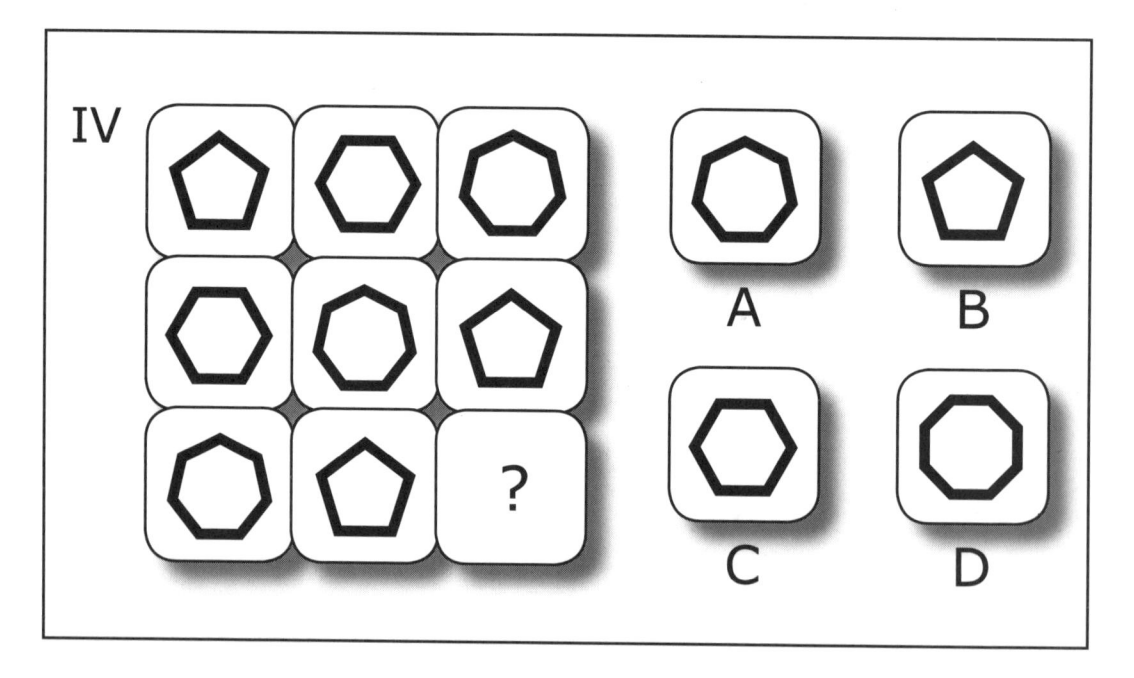

V1 Welche Grafik A bis D ersetzt das Fragezeichen?

III

IV

276   IQ Übungen

Visuelle Intelligenz

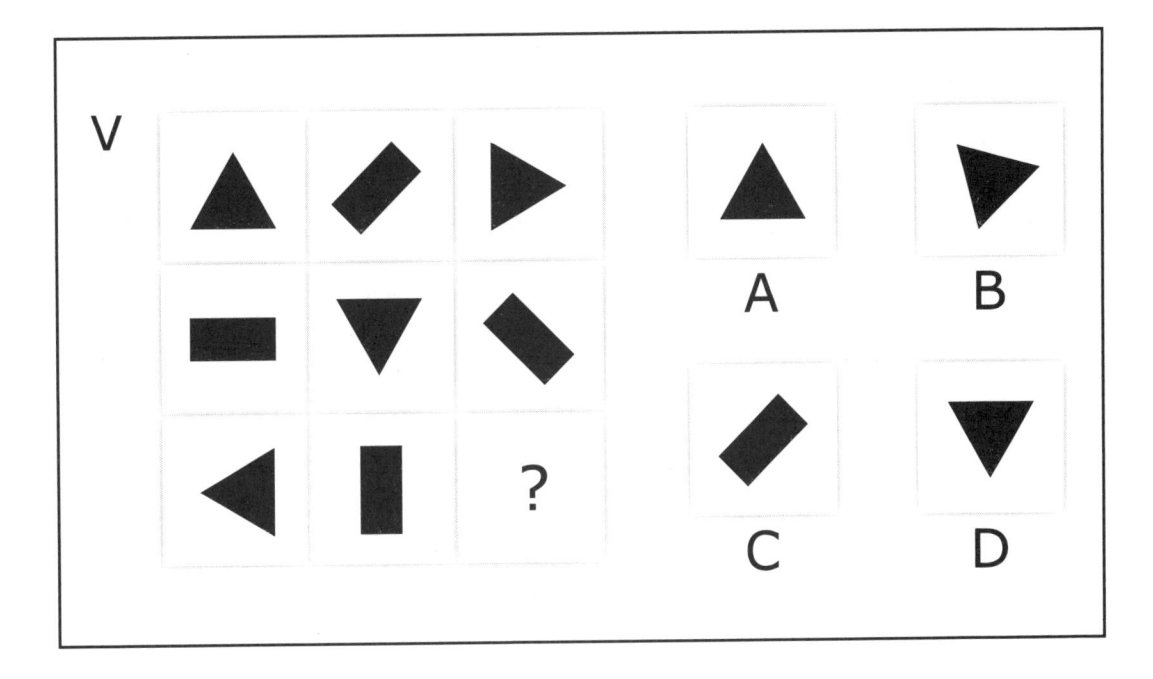

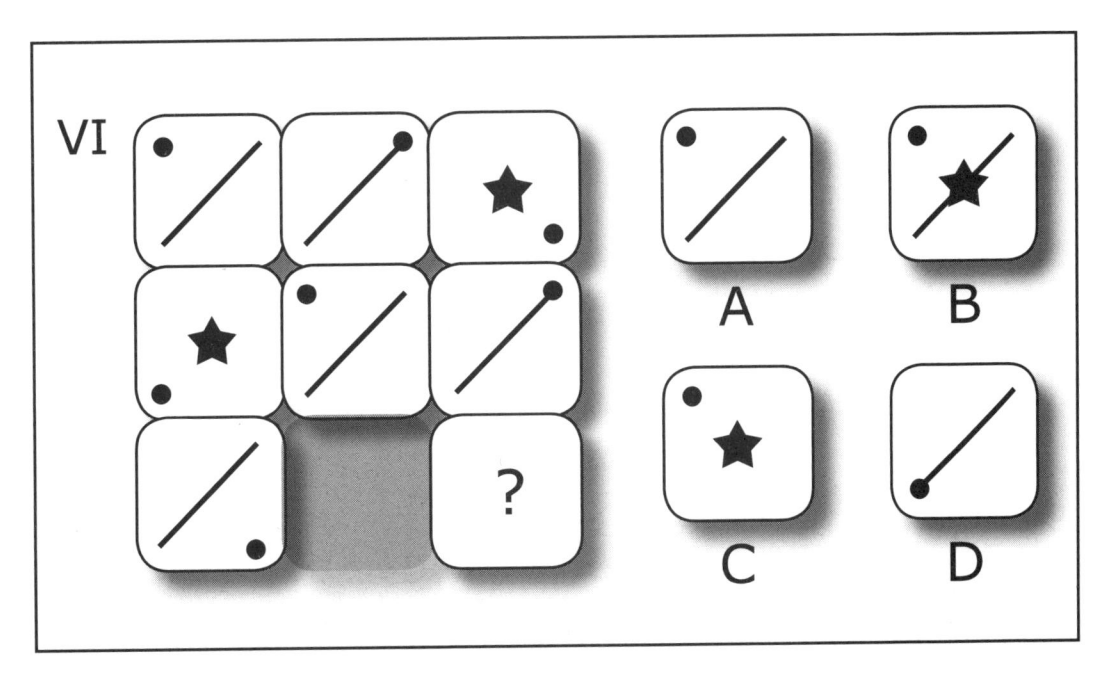

V1 Welche Grafik A bis D ersetzt das Fragezeichen?

V

VI

IQ Übungen

Visuelle Intelligenz

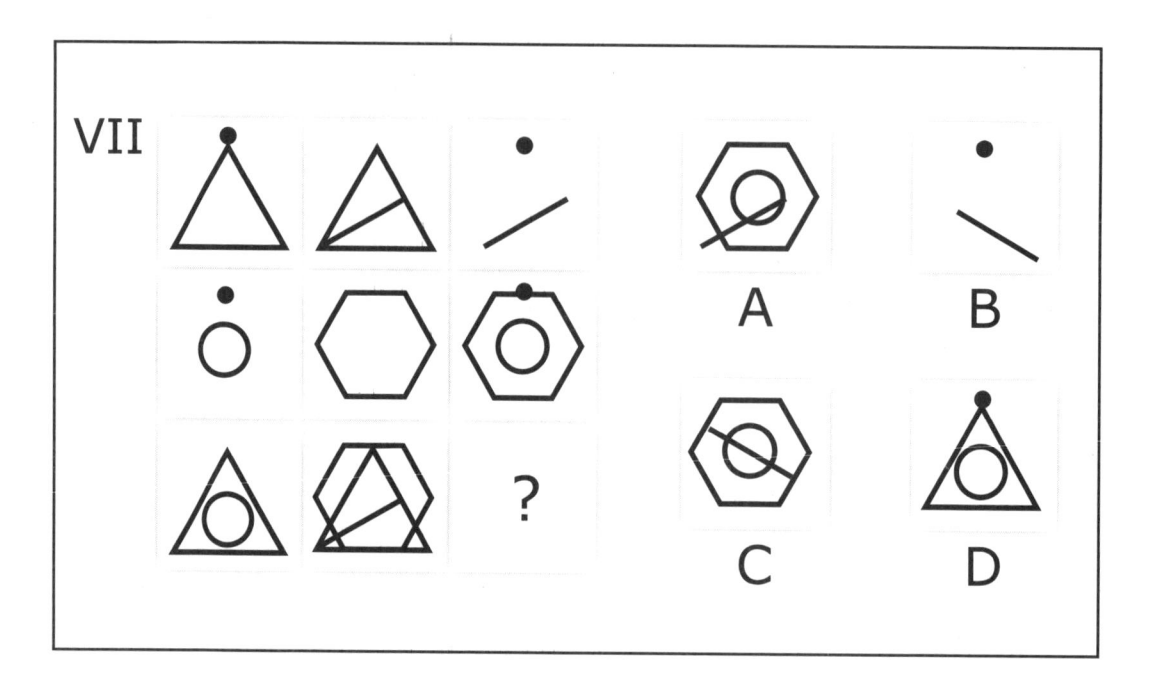

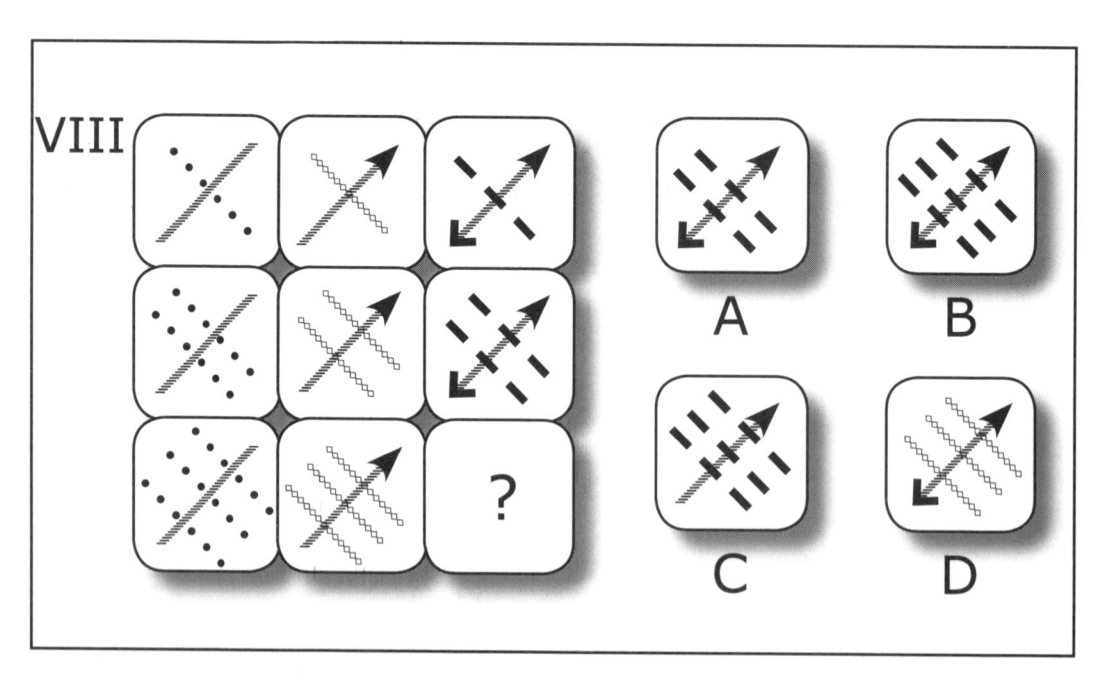

V1 Welche Grafik A bis D ersetzt das Fragezeichen?

VII

VIII

Visuelle Intelligenz

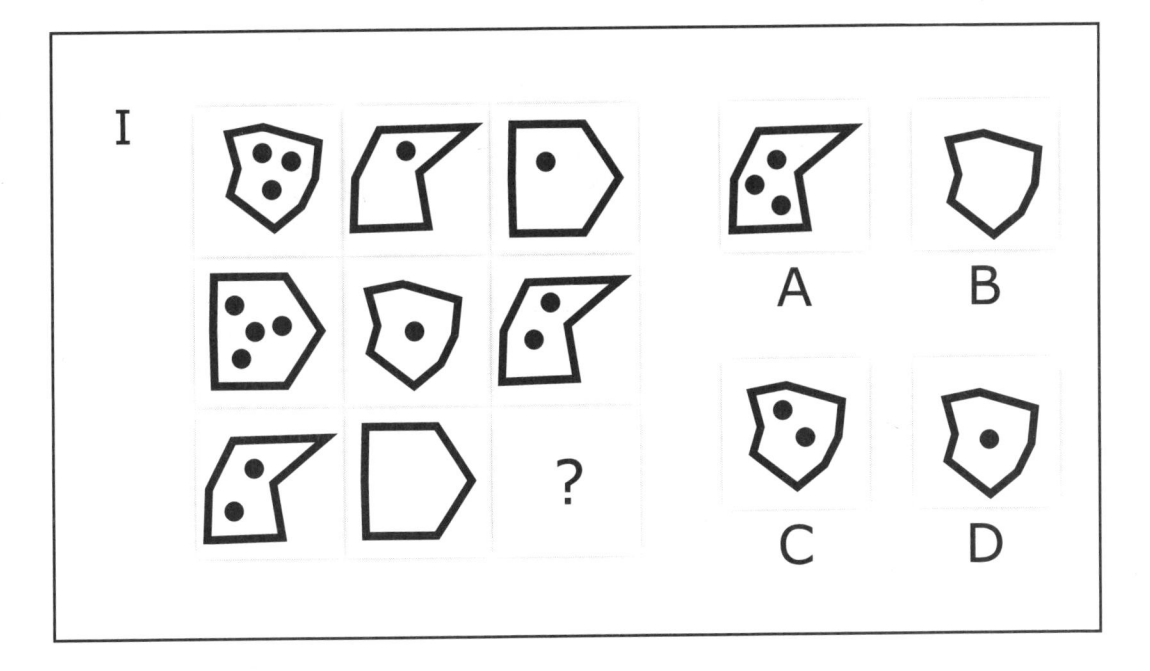

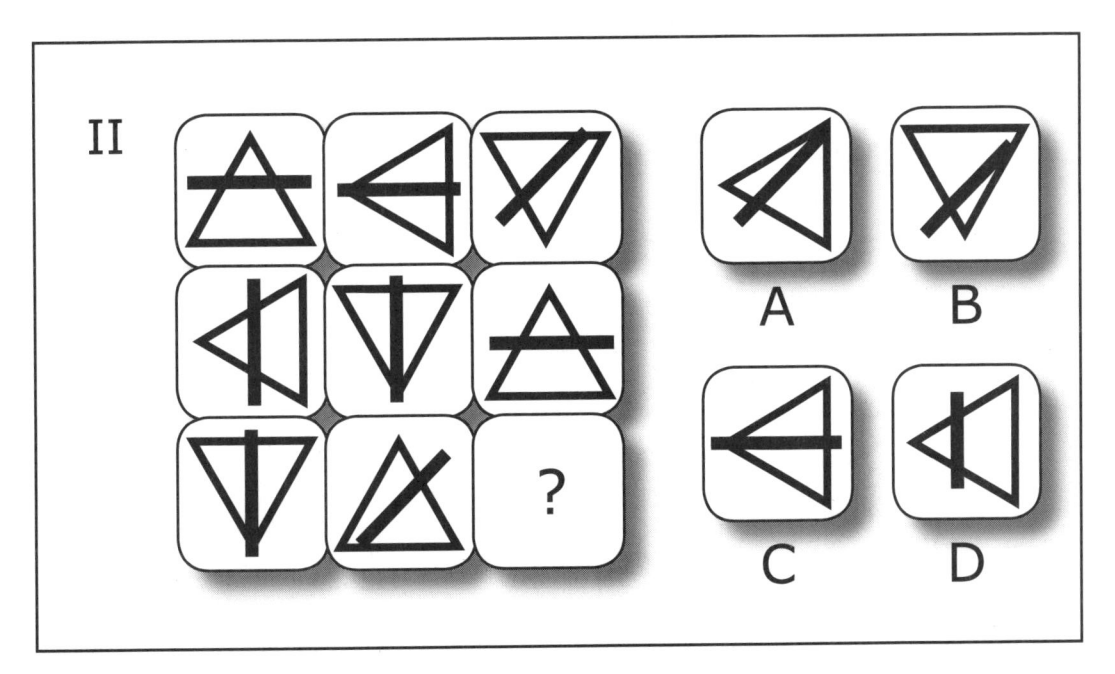

V2 Welche Grafik A bis D ersetzt das Fragezeichen?

I

II

Visuelle Intelligenz

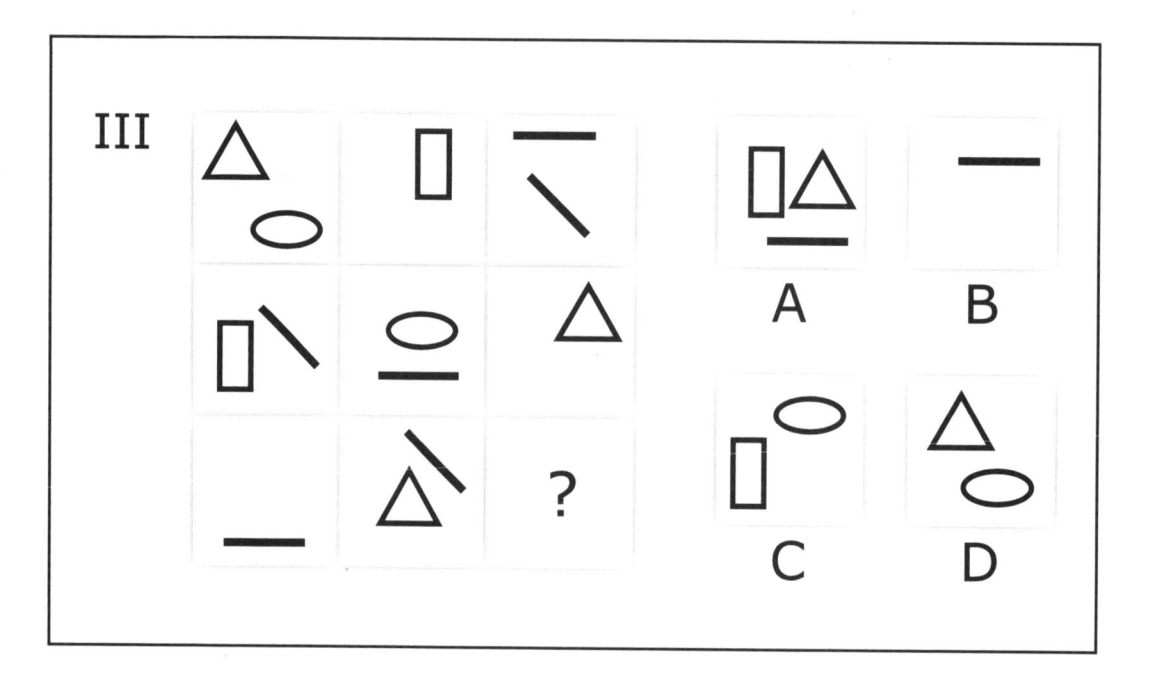

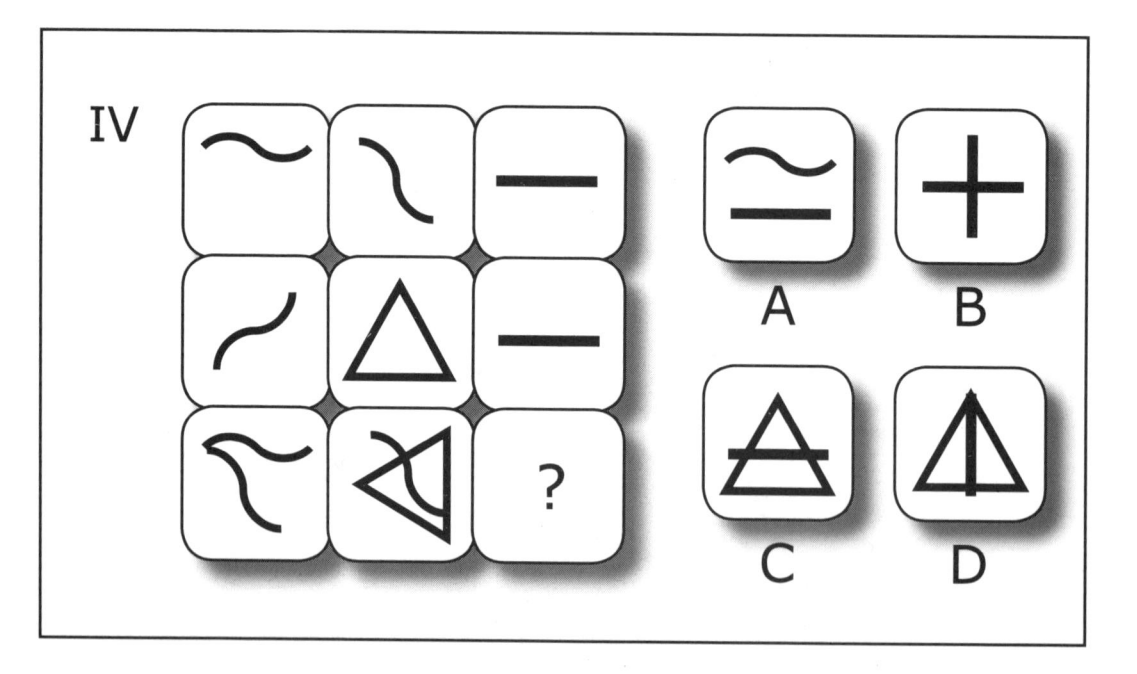

V2 Welche Grafik A bis D ersetzt das Fragezeichen?

III

IV

Visuelle Intelligenz

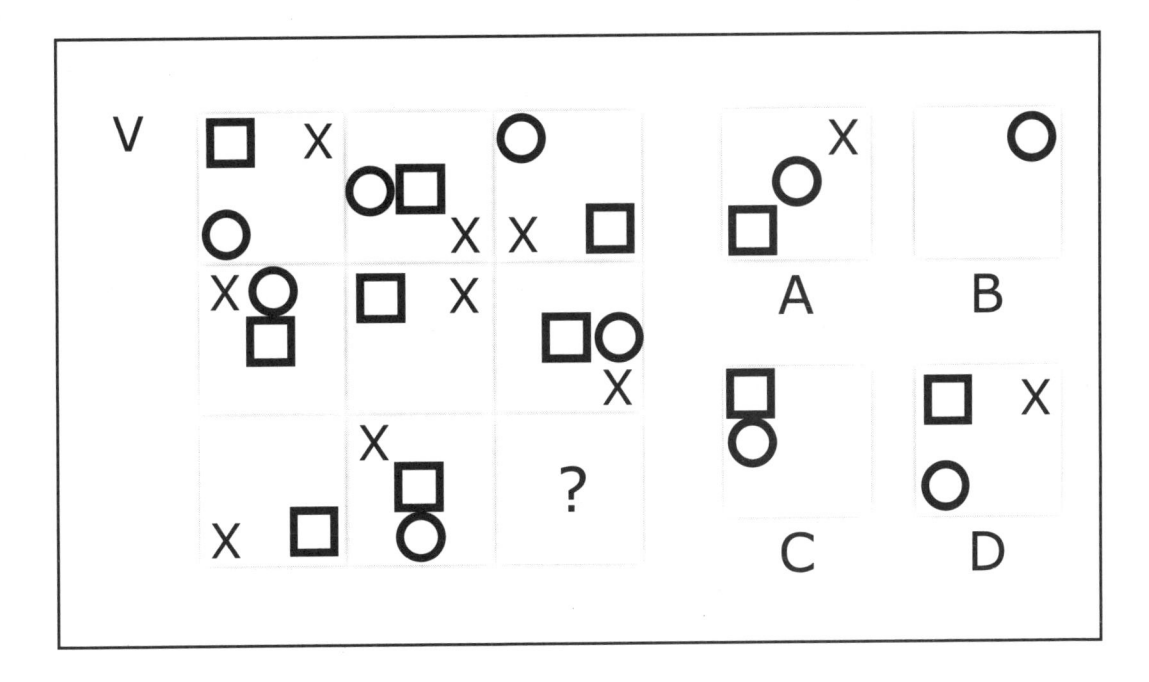

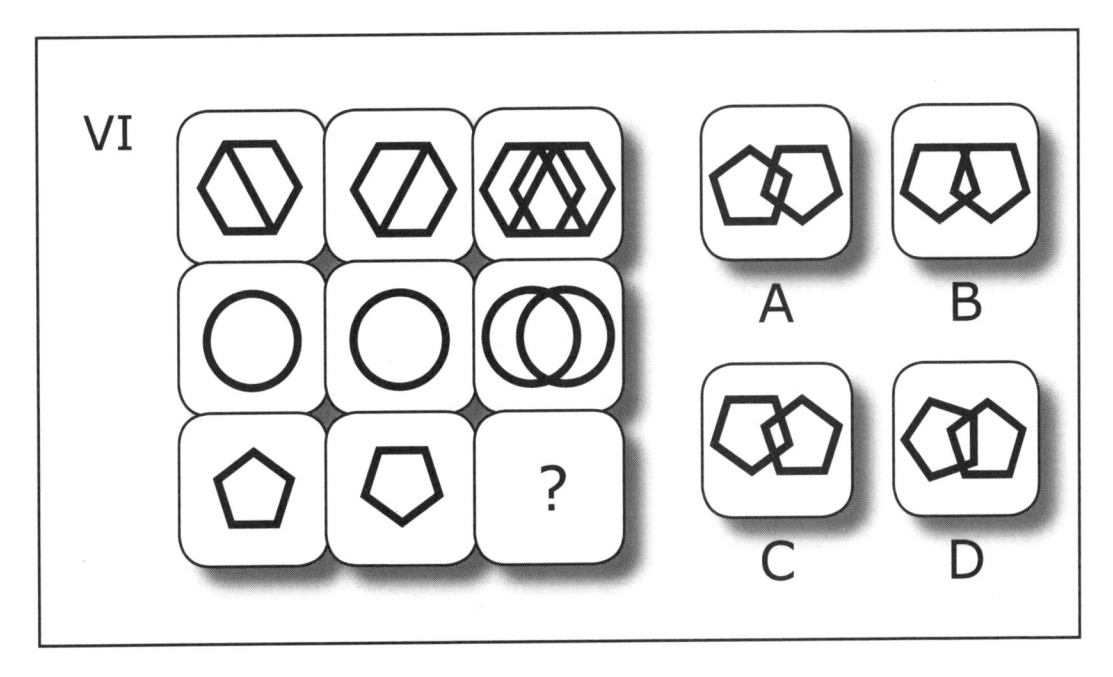

V2 Welche Grafik A bis D ersetzt das Fragezeichen?

IQ Übungen

Visuelle Intelligenz

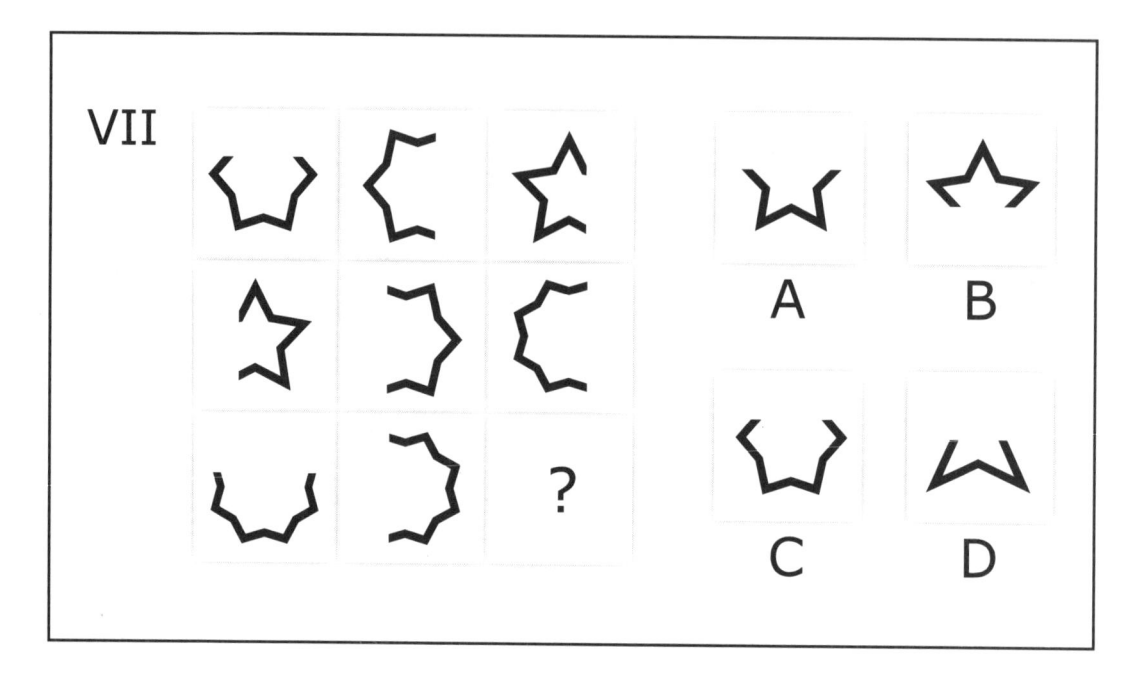

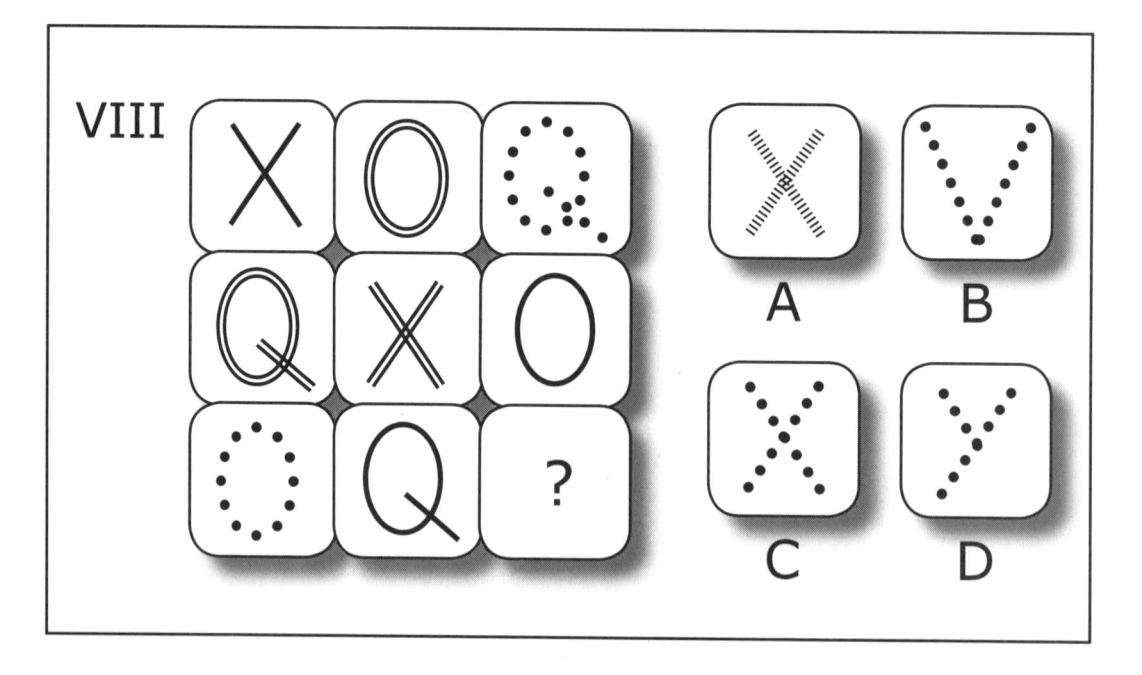

V2 Welche Grafik A bis D ersetzt das Fragezeichen?

VII

VIII

Visuelle Intelligenz

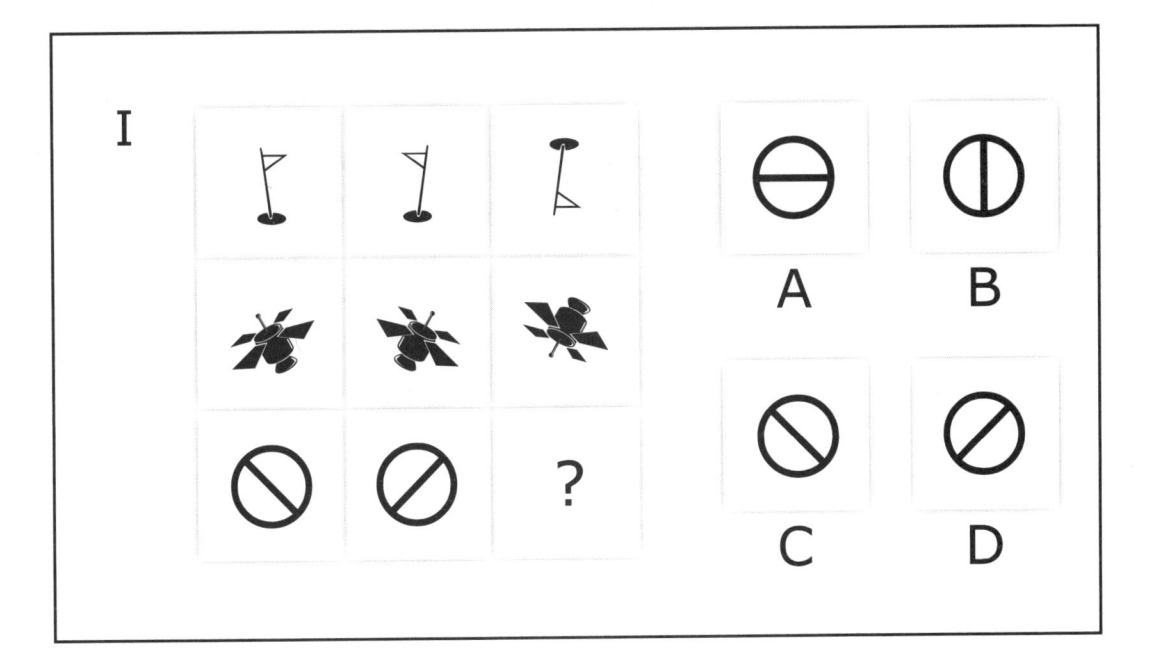

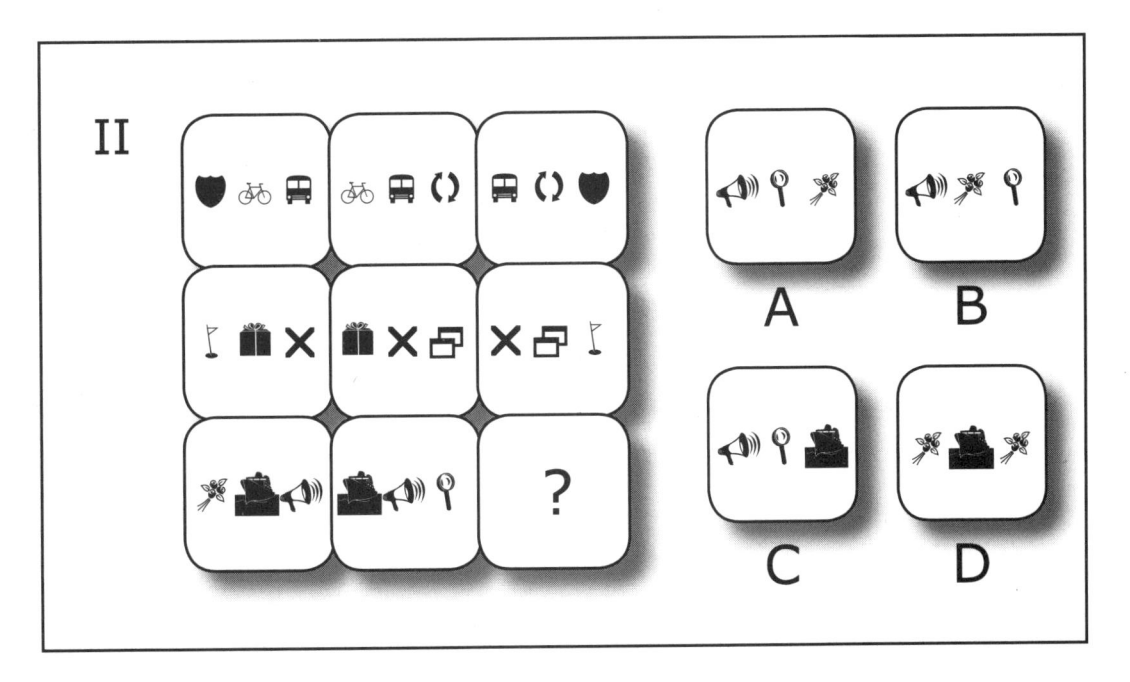

V3 Welche Grafik A bis D ersetzt das Fragezeichen?

I

II

Visuelle Intelligenz

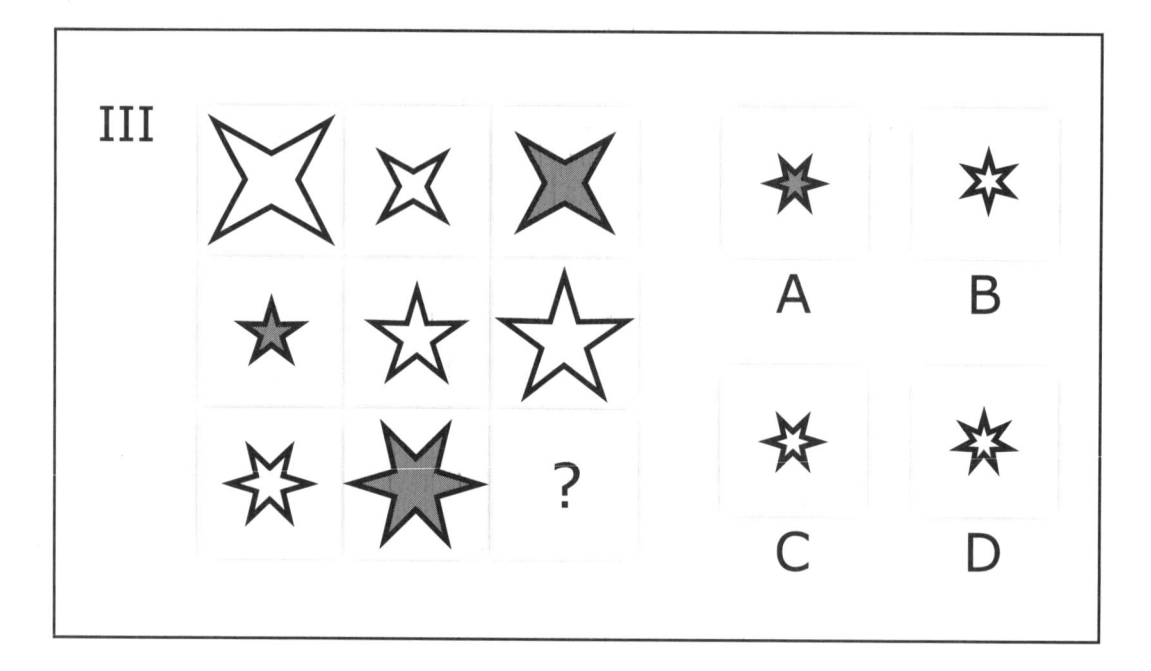

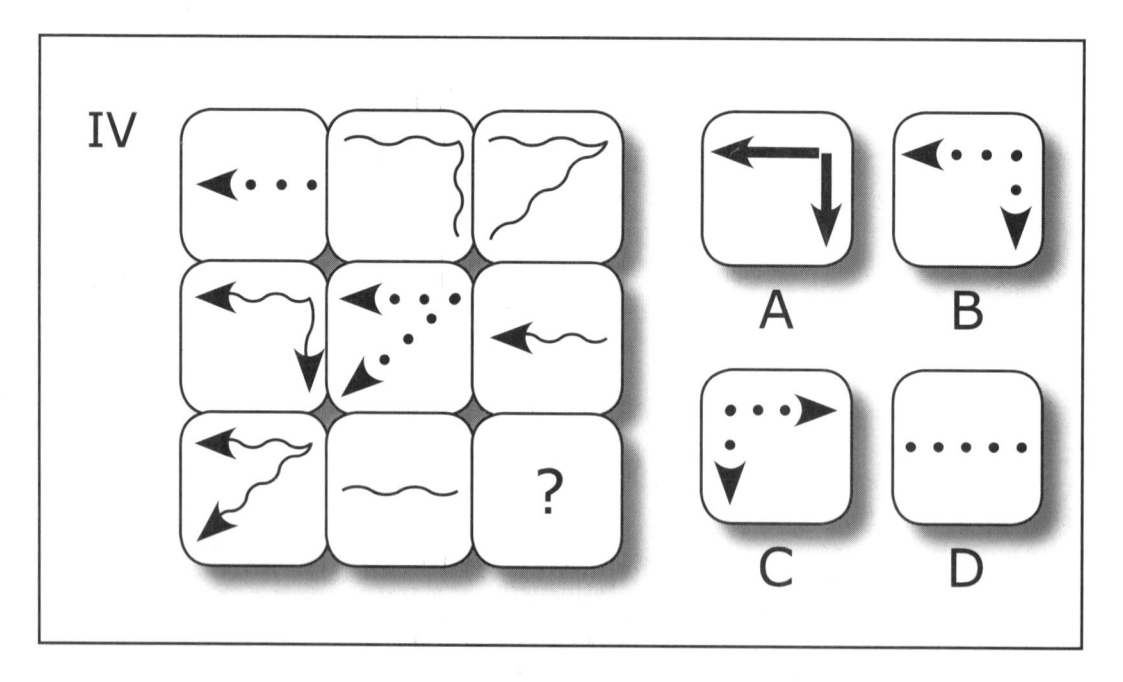

V3 Welche Grafik A bis D ersetzt das Fragezeichen?

III

IV

Visuelle Intelligenz

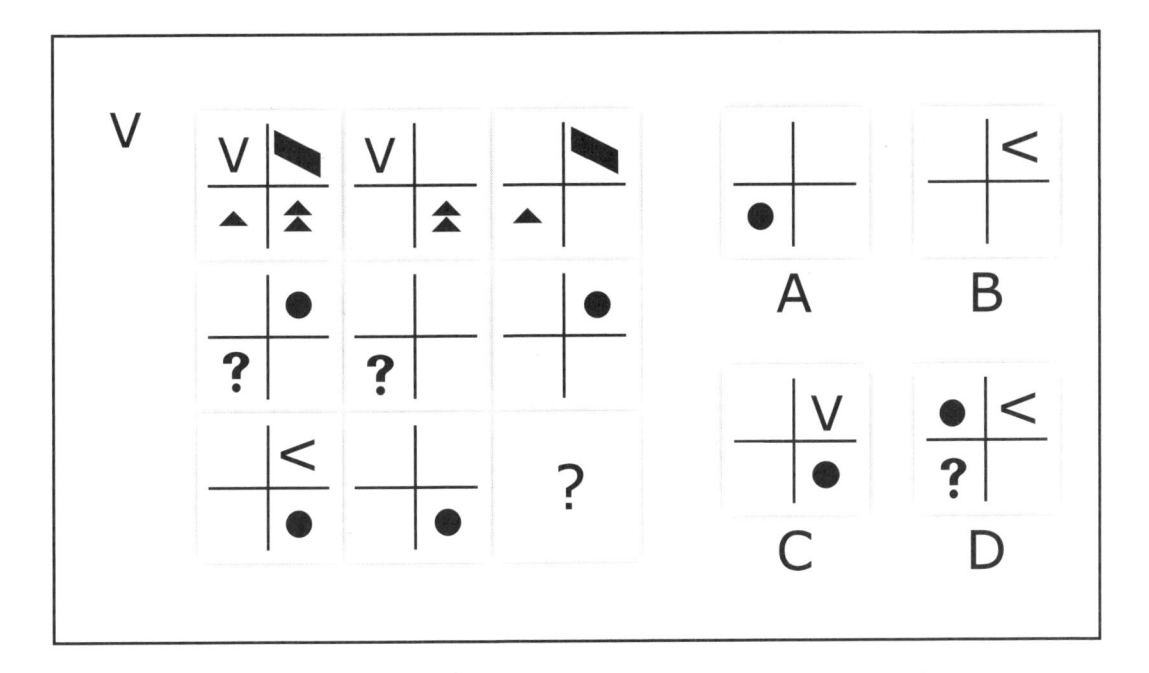

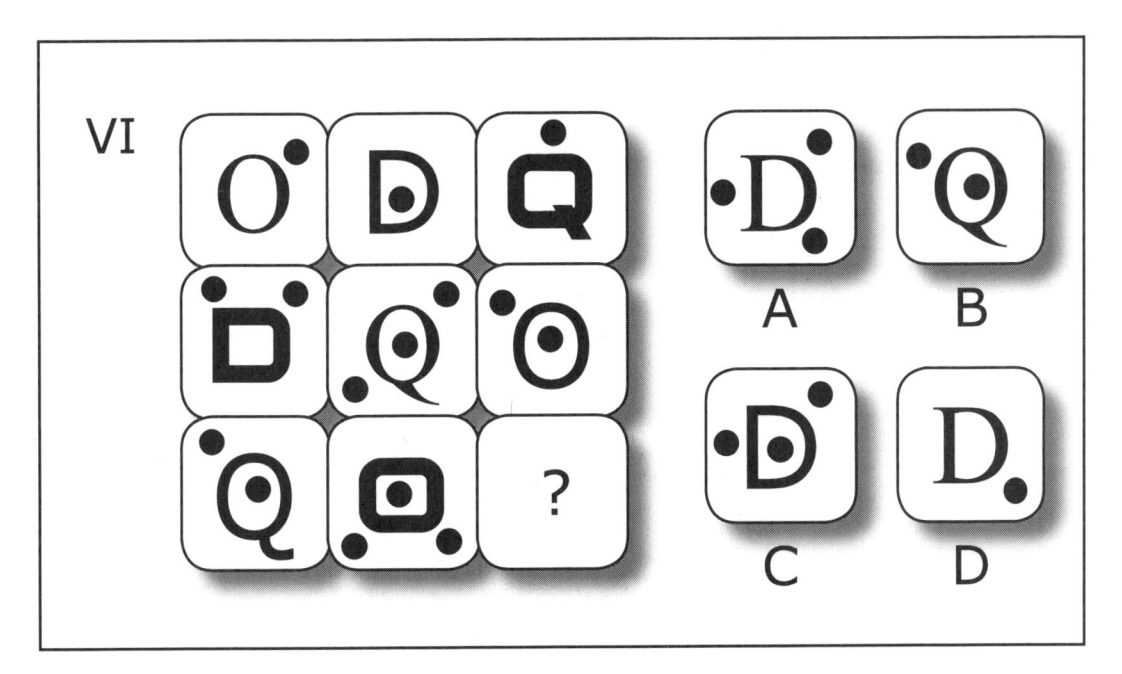

V3 Welche Grafik A bis D ersetzt das Fragezeichen?

Visuelle Intelligenz

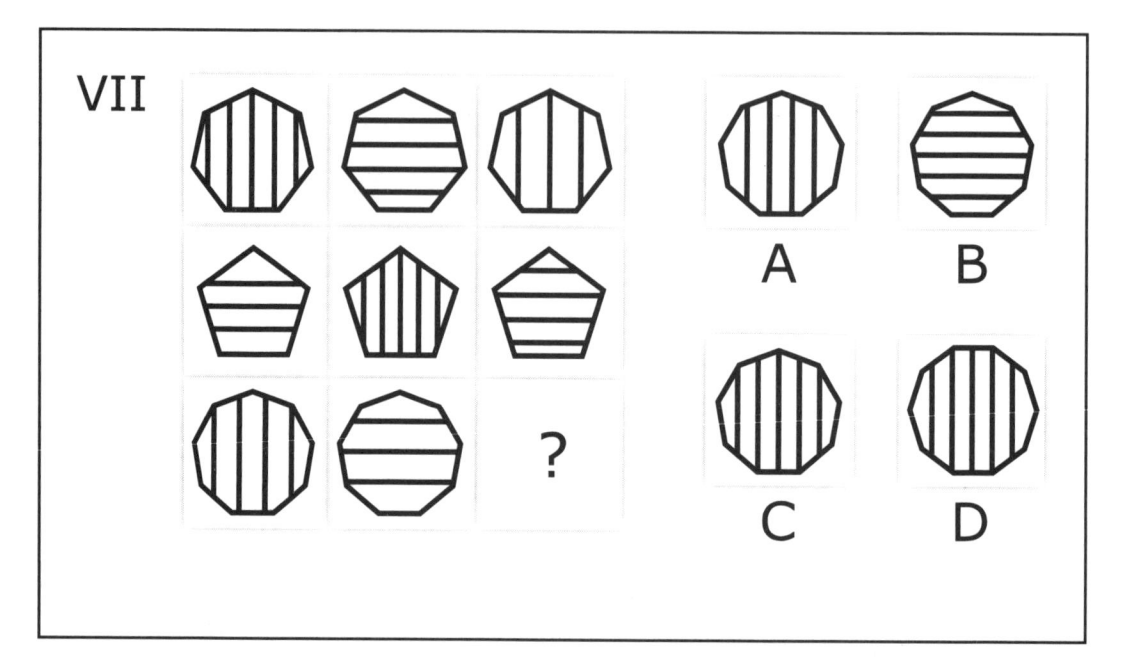

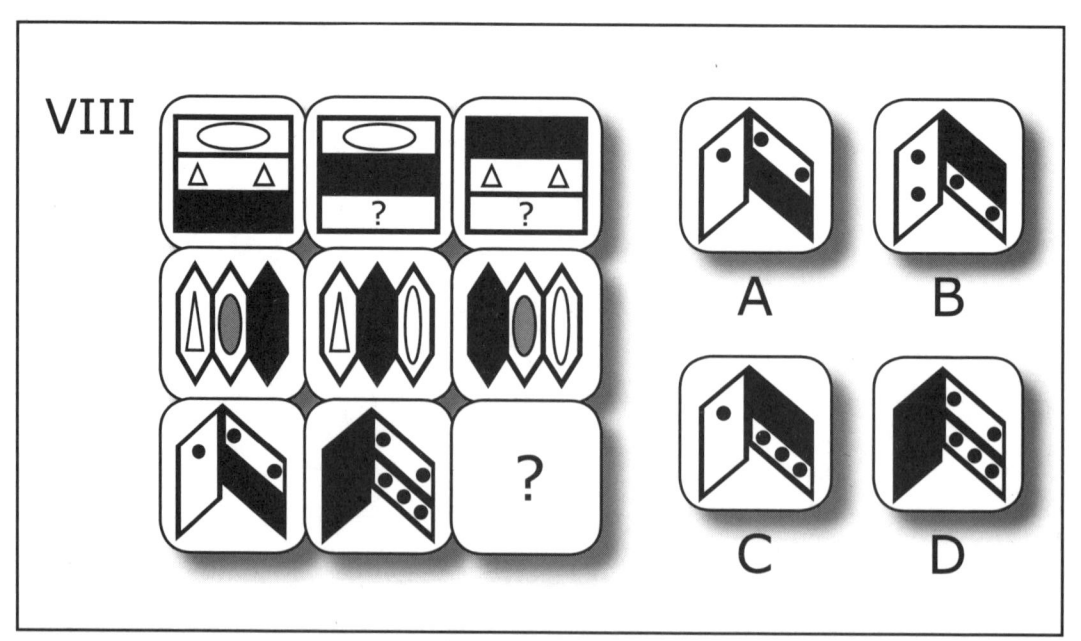

V3 Welche Grafik A bis D ersetzt das Fragezeichen?

Visuelle Intelligenz

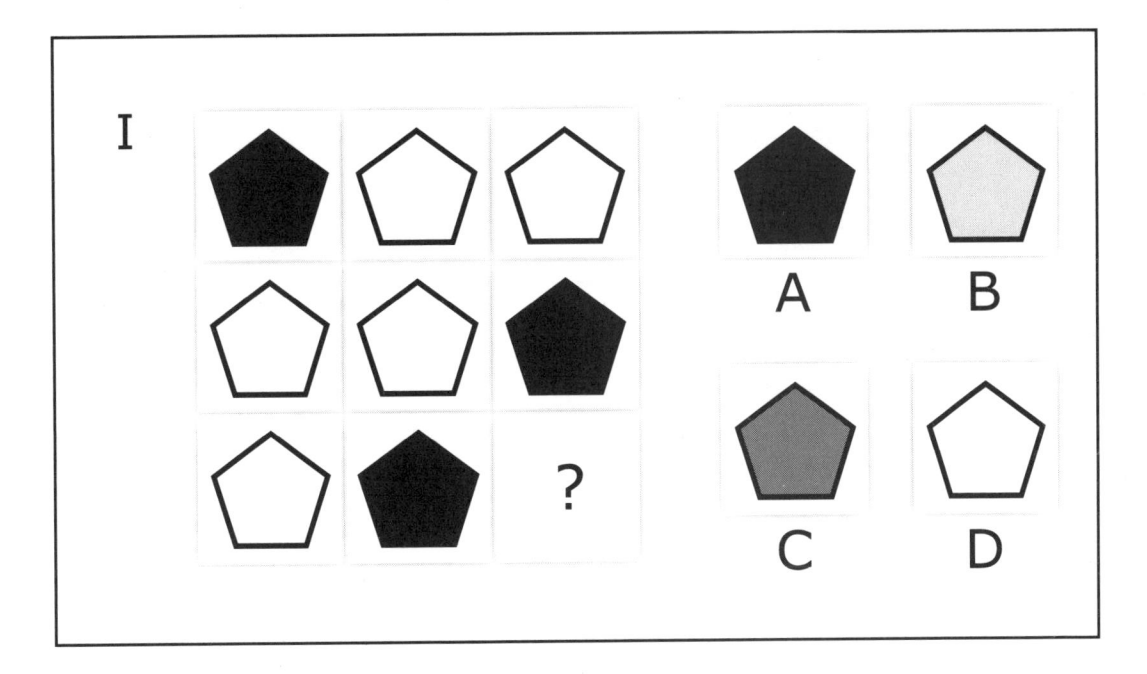

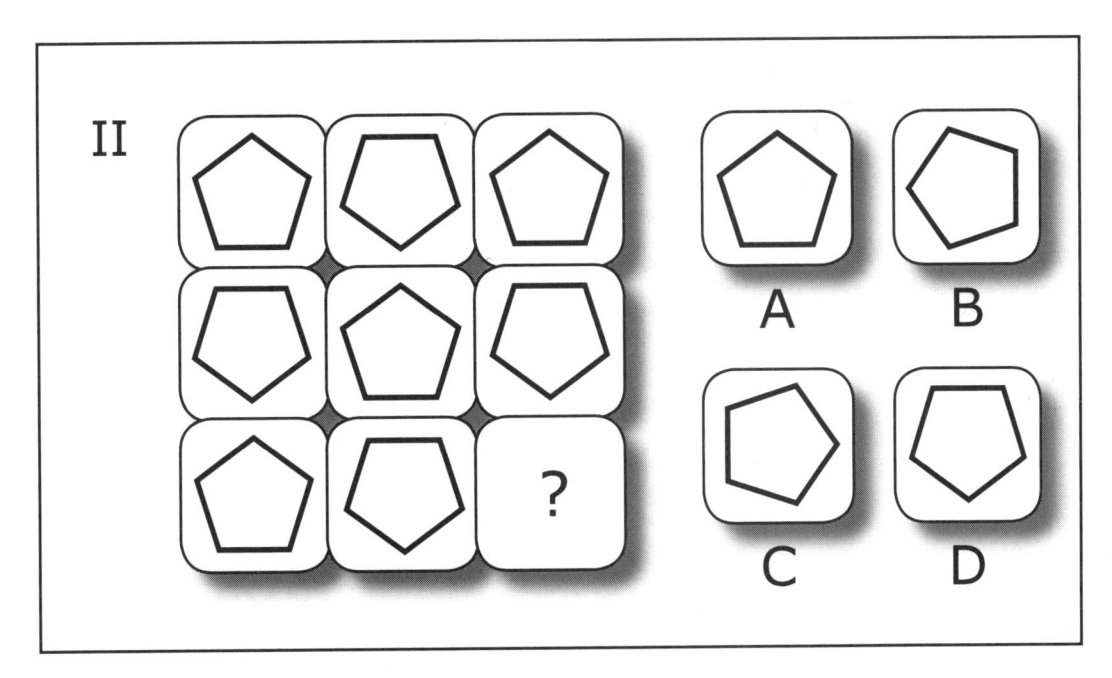

V4 Welche Grafik A bis D ersetzt das Fragezeichen?

I

II

IQ Übungen 287

Visuelle Intelligenz

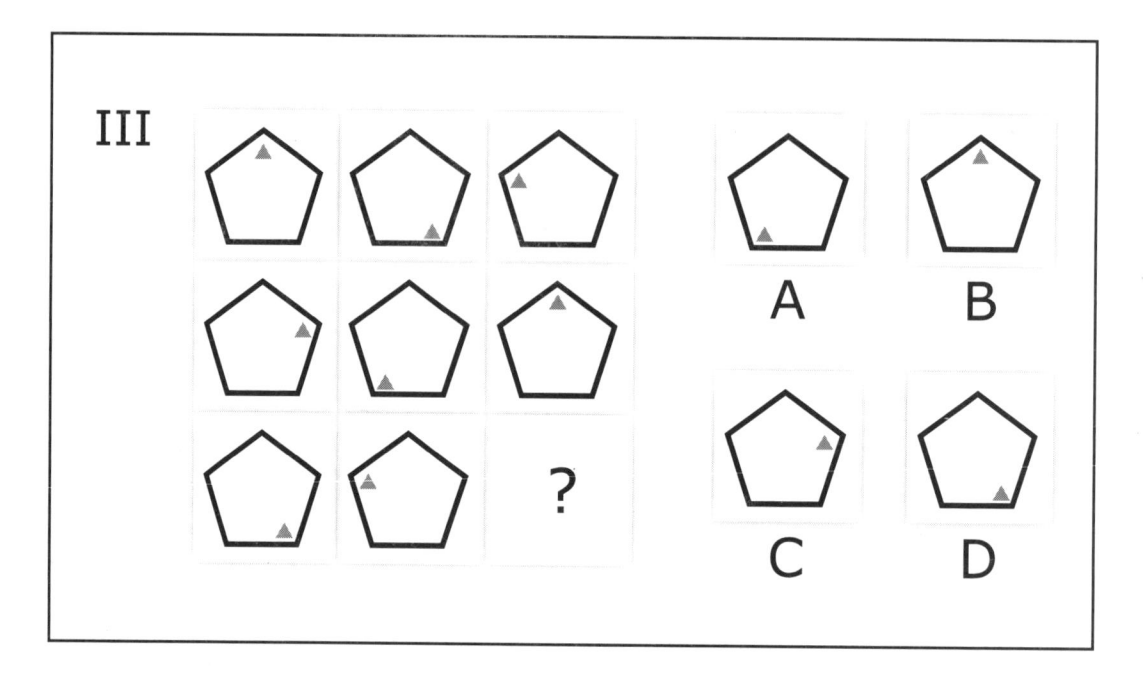

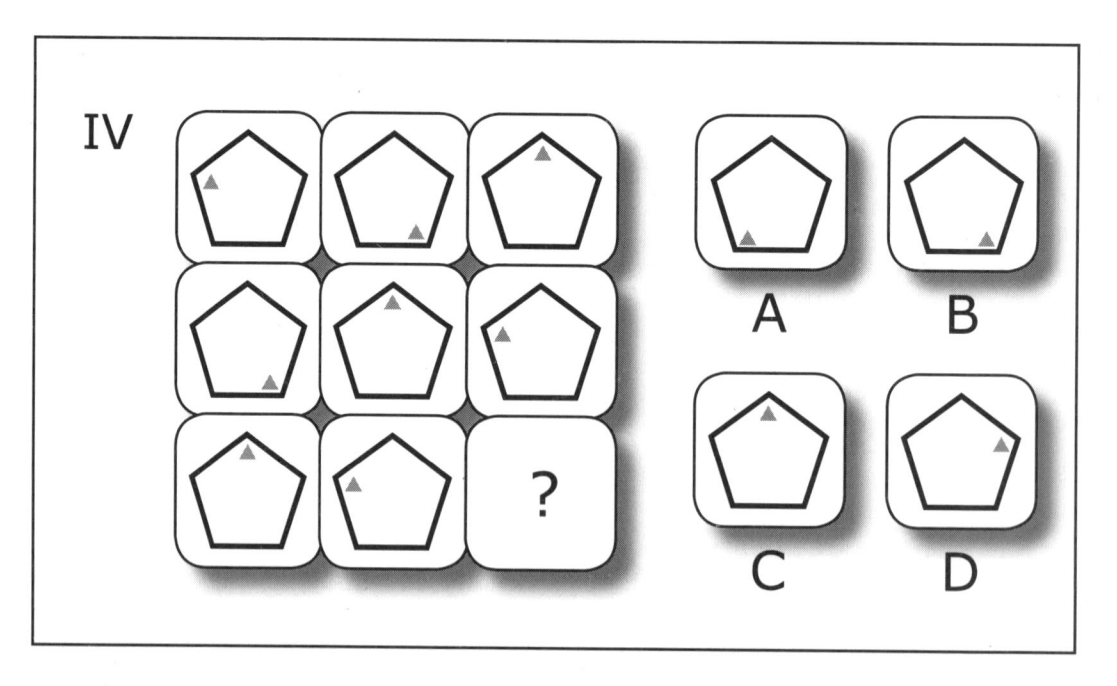

V4 Welche Grafik A bis D ersetzt das Fragezeichen?

III

IV

288 IQ Übungen

Visuelle Intelligenz

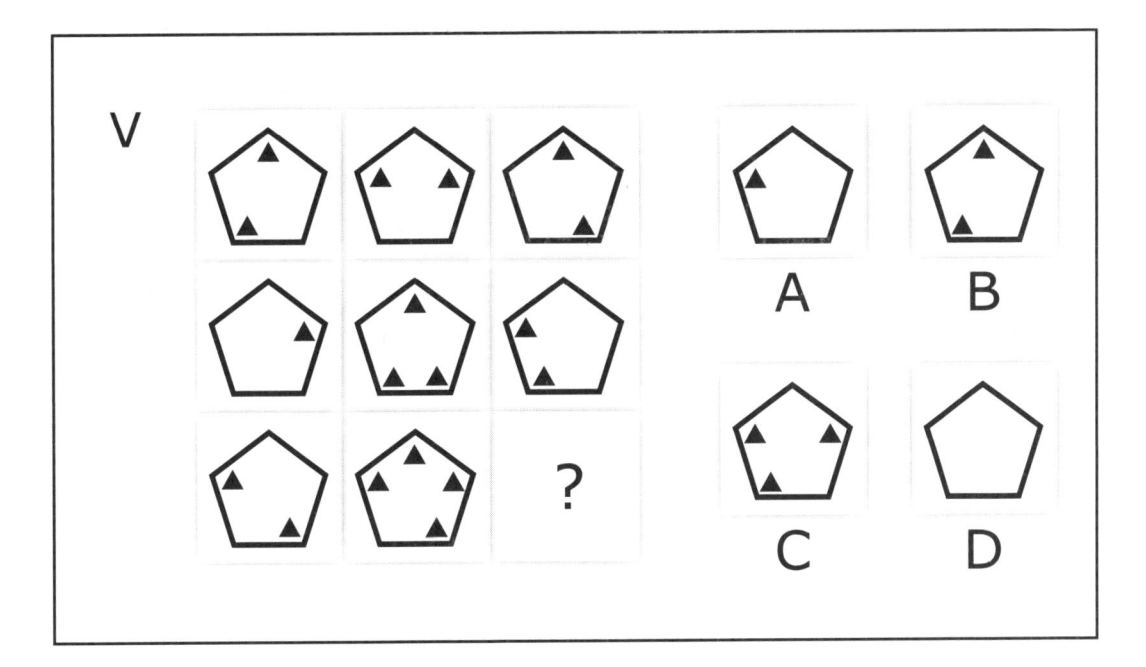

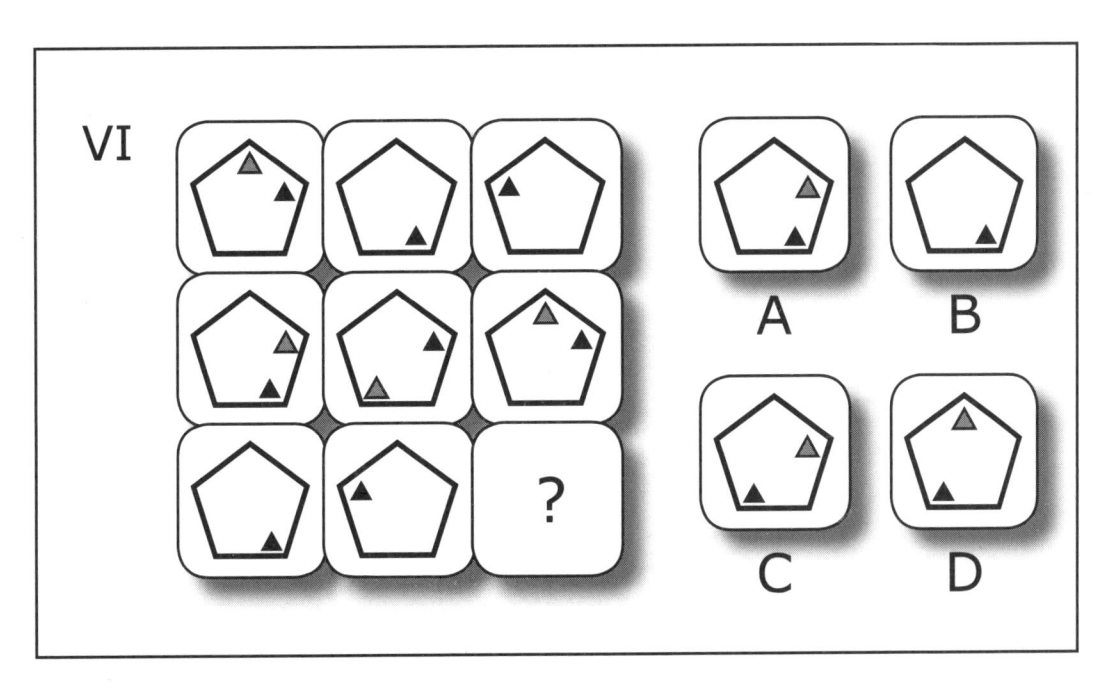

V4 Welche Grafik A bis D ersetzt das Fragezeichen?

Visuelle Intelligenz

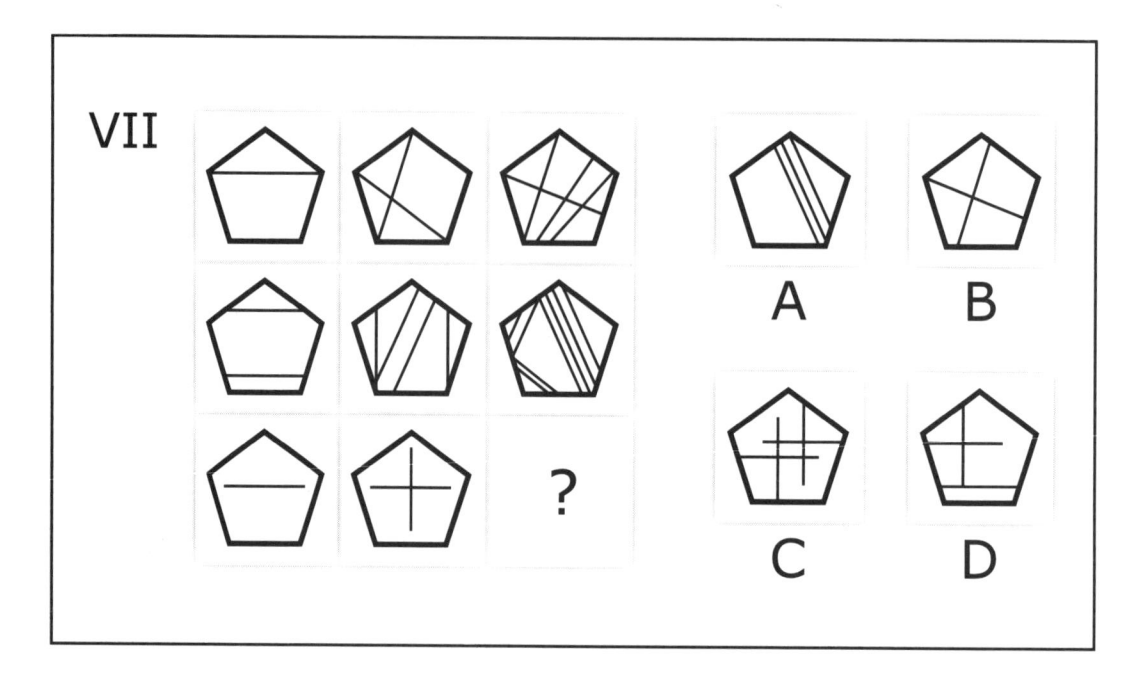

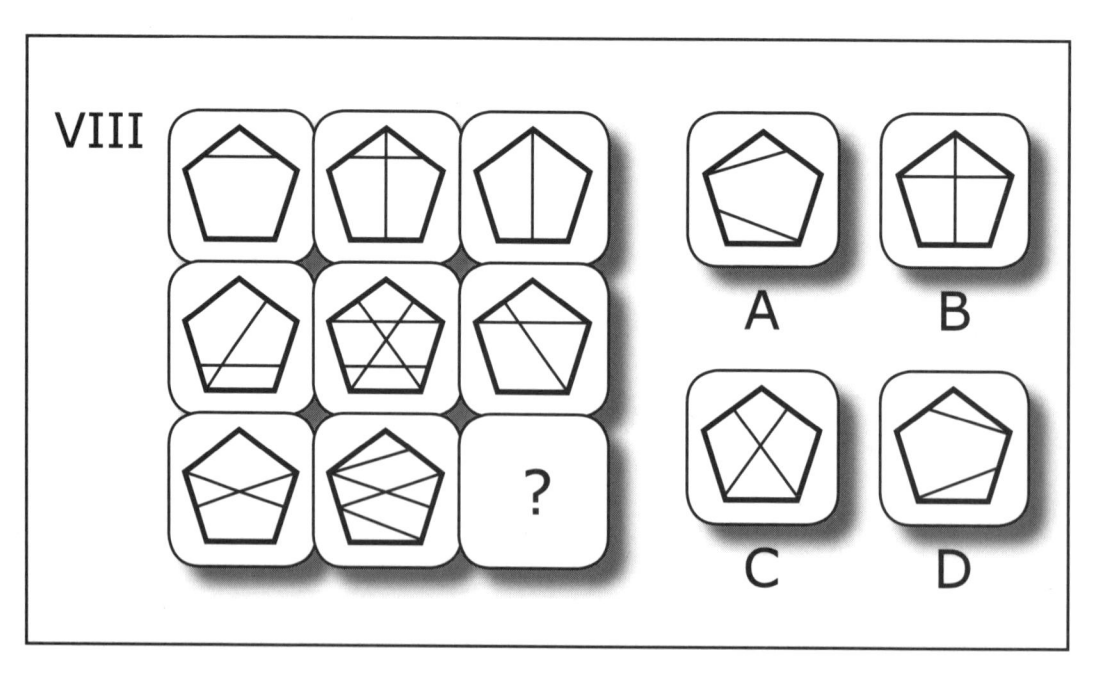

V4 Welche Grafik A bis D ersetzt das Fragezeichen?

VII

VIII

Visuelle Intelligenz

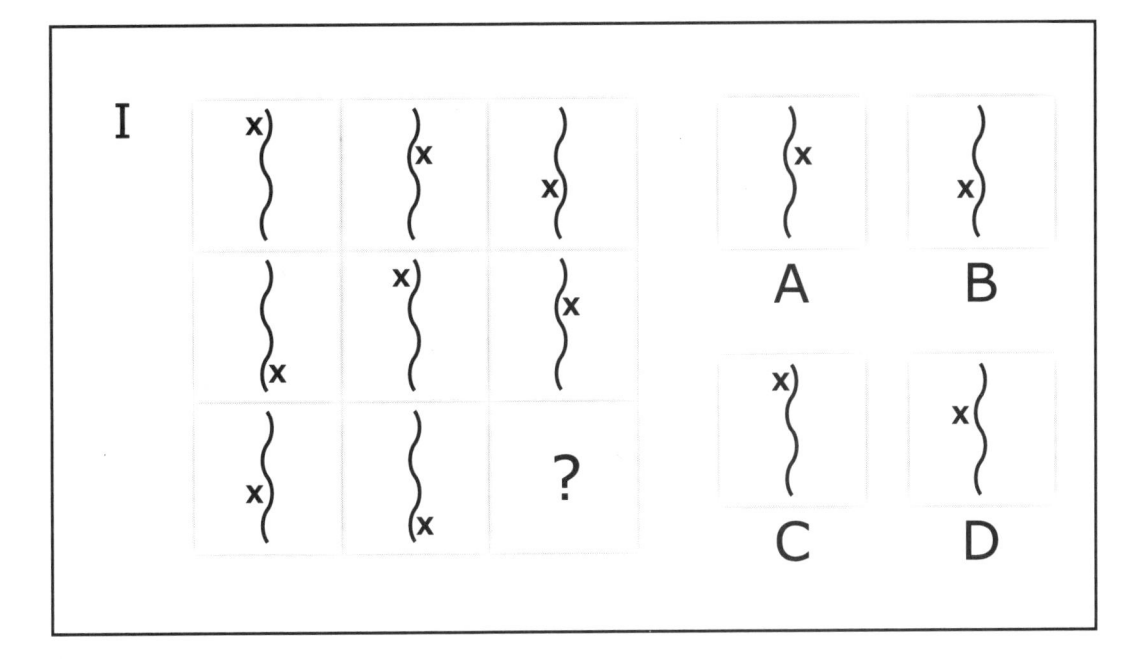

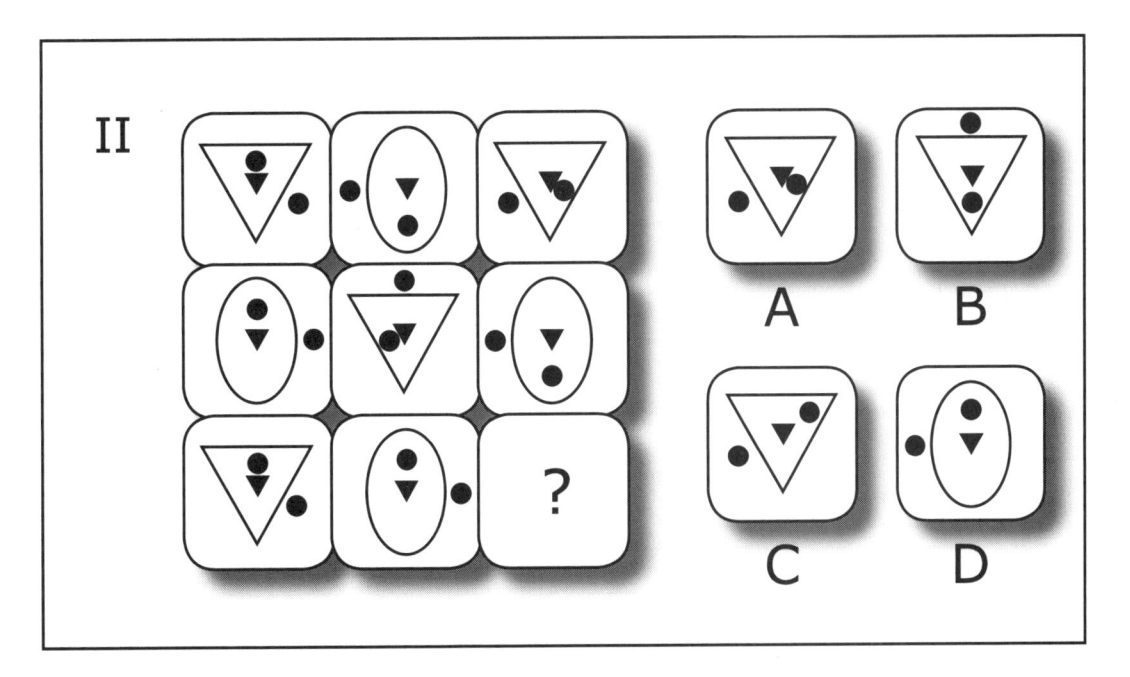

V5 Welche Grafik A bis D ersetzt das Fragezeichen?

I

II

Visuelle Intelligenz

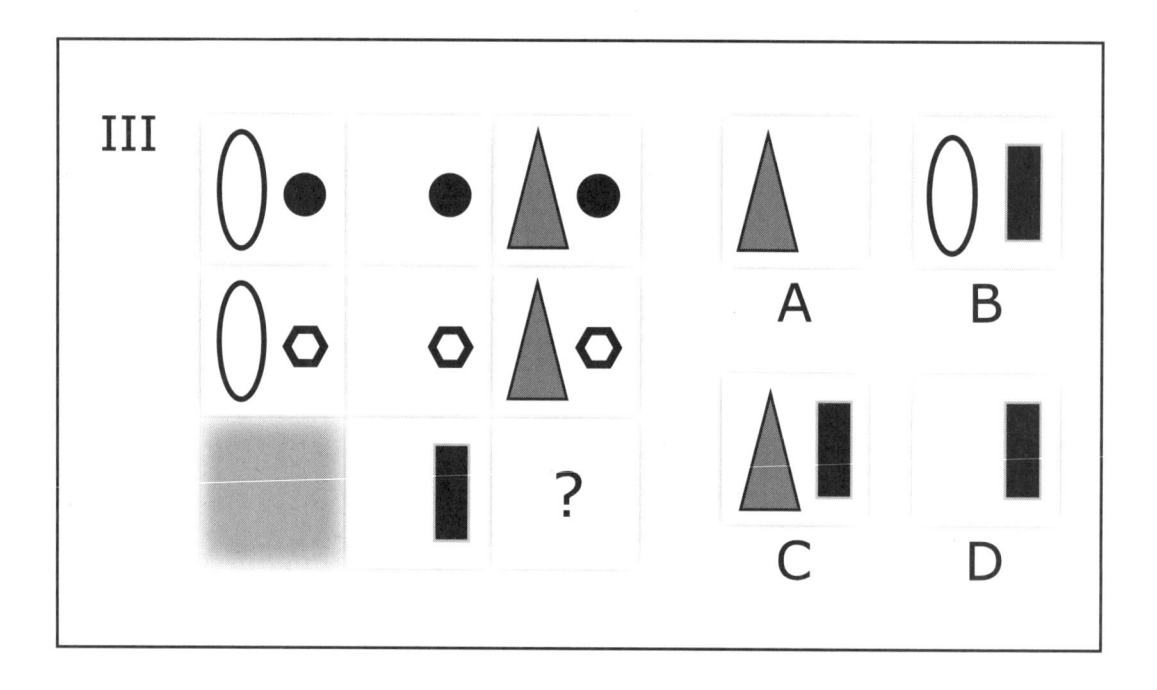

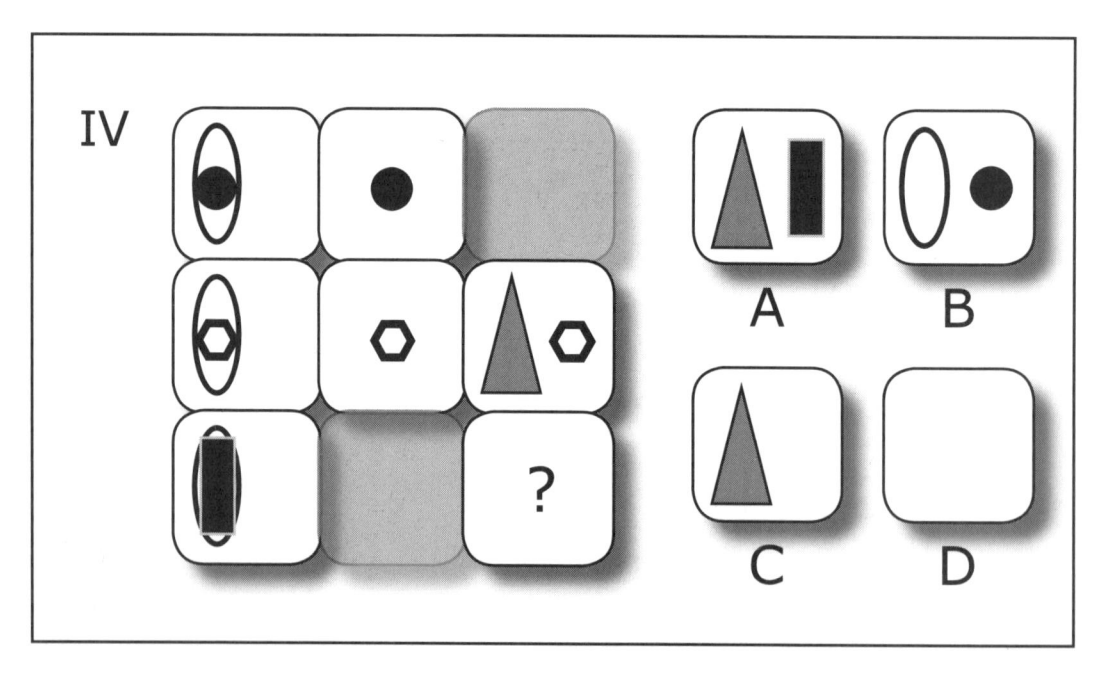

V5 Welche Grafik A bis D ersetzt das Fragezeichen?

III

IV

292 IQ Übungen

Visuelle Intelligenz

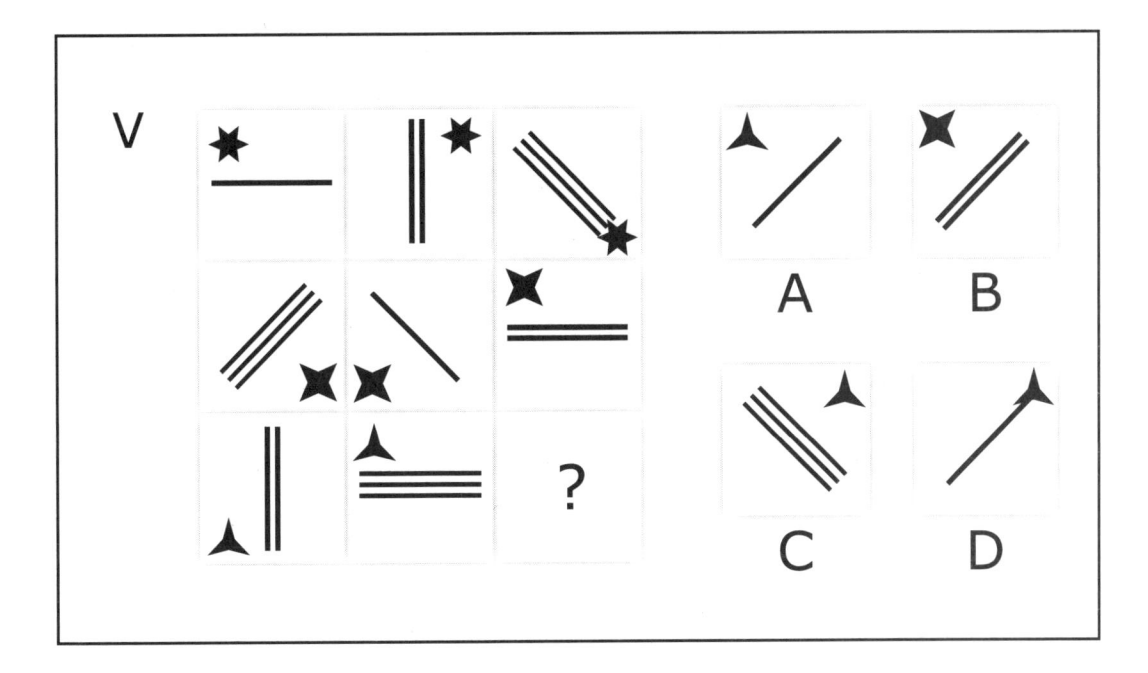

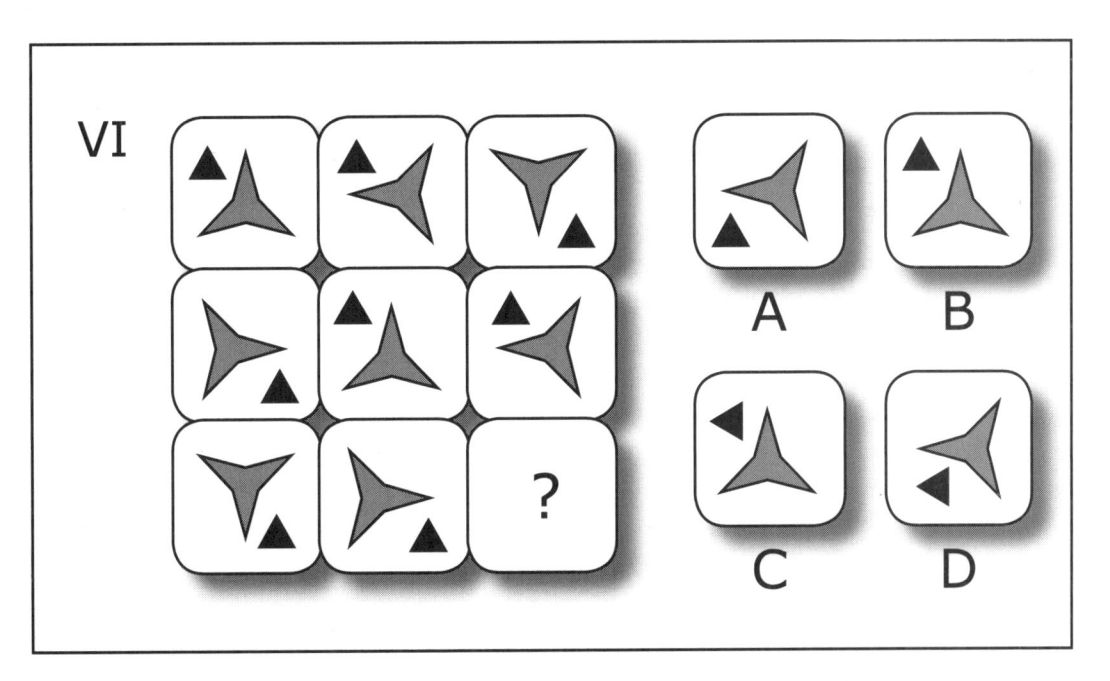

V5 Welche Grafik A bis D ersetzt das Fragezeichen?

Visuelle Intelligenz

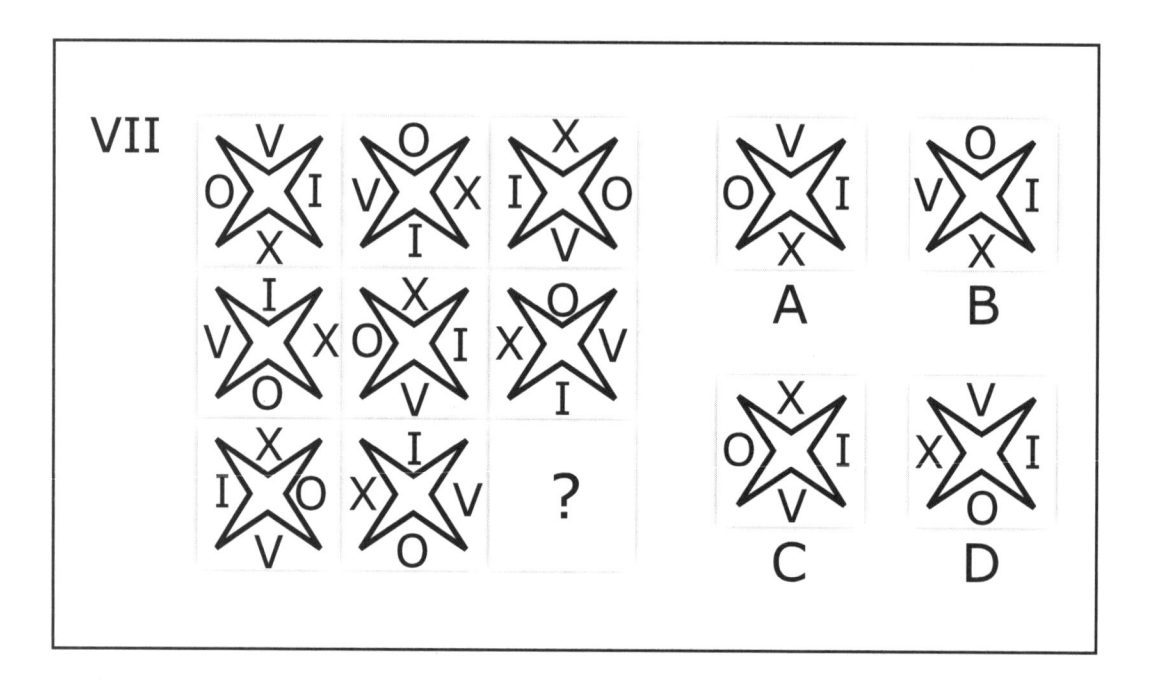

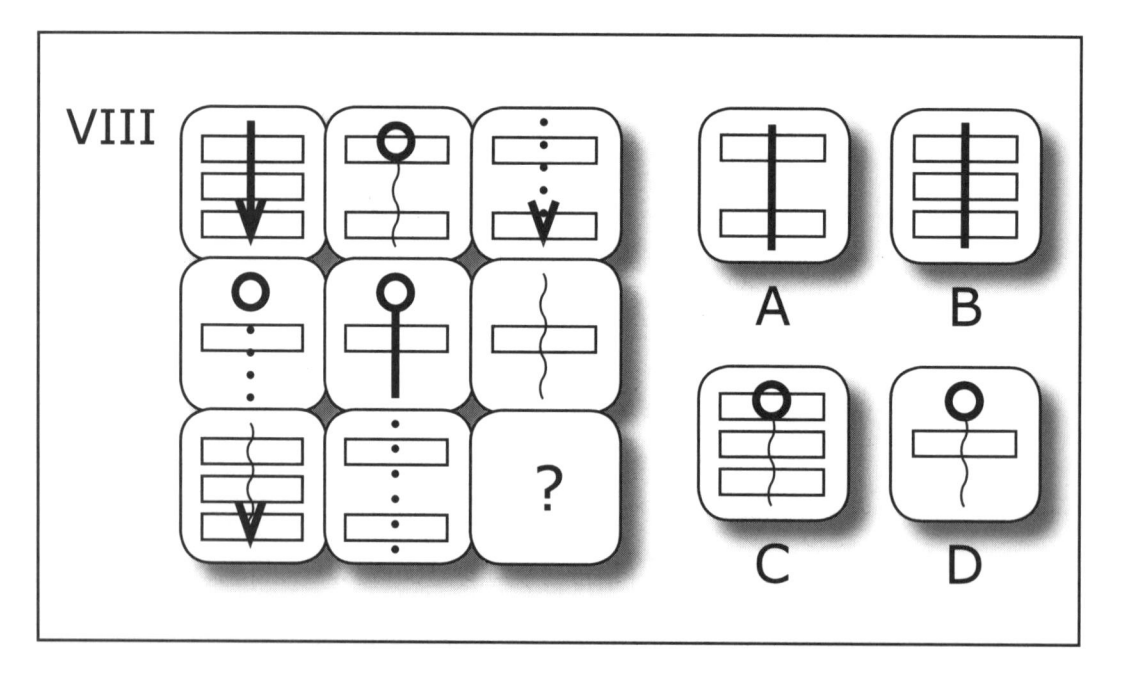

V5 Welche Grafik A bis D ersetzt das Fragezeichen?

VII

VIII

Visuelle Intelligenz

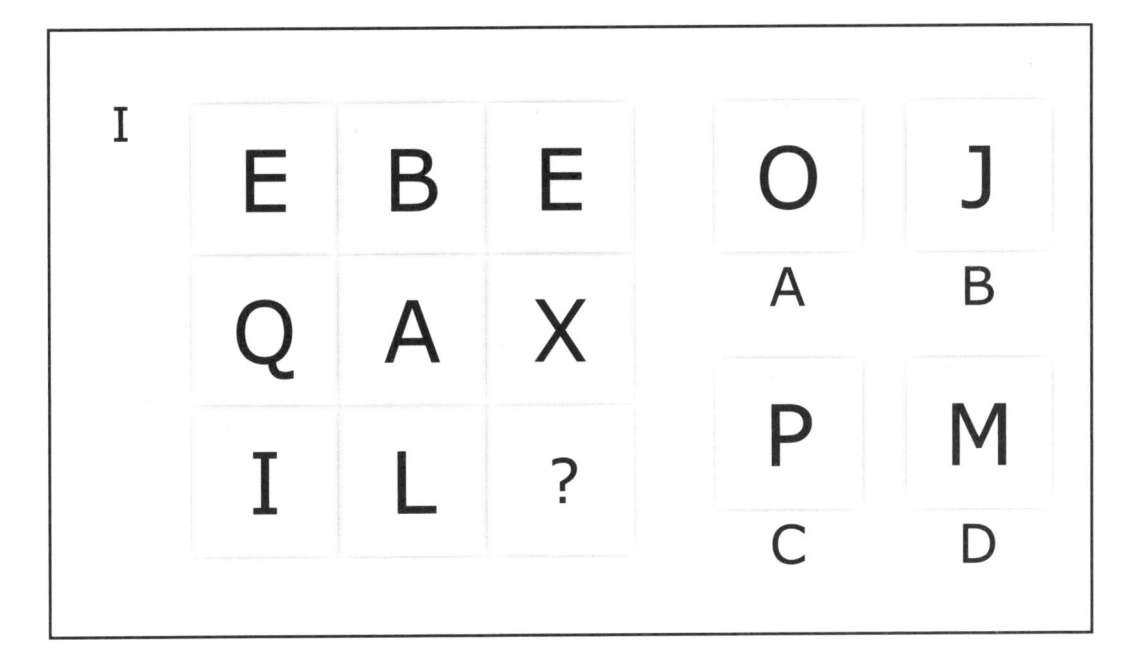

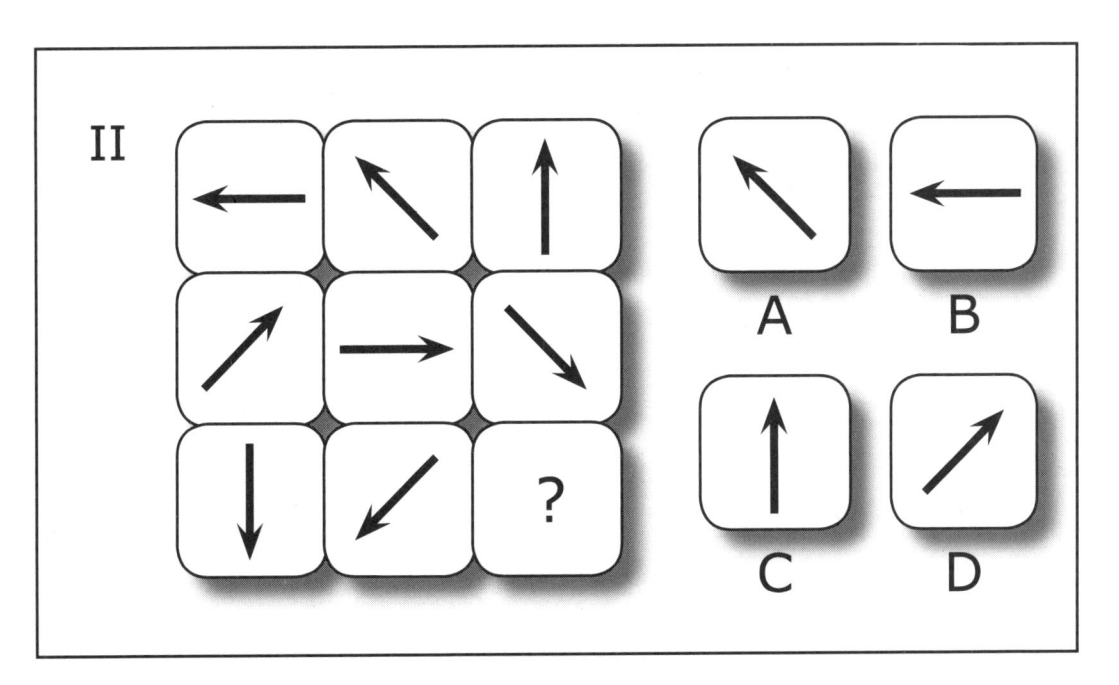

V6 Welche Grafik A bis D ersetzt das Fragezeichen?

I

E	B	E
Q	A	X
I	L	?

A: O B: J C: P D: M

II

←	↗	↑
↗	→	↘
↓	↙	?

A: ↖ B: ← C: ↑ D: ↗

Visuelle Intelligenz

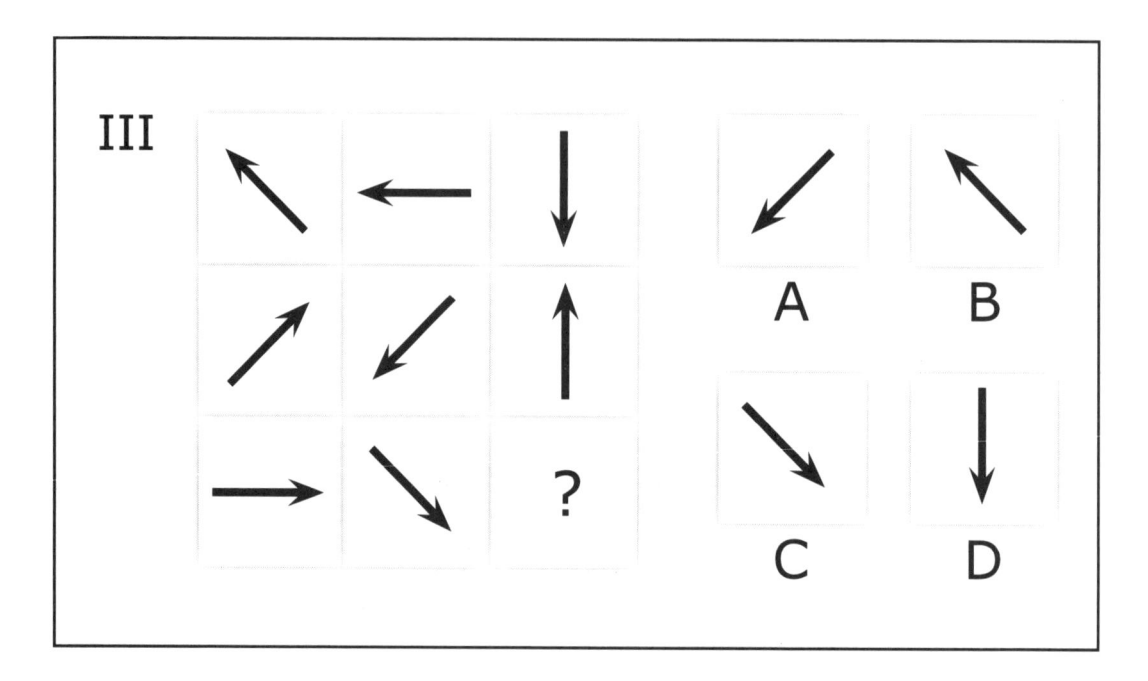

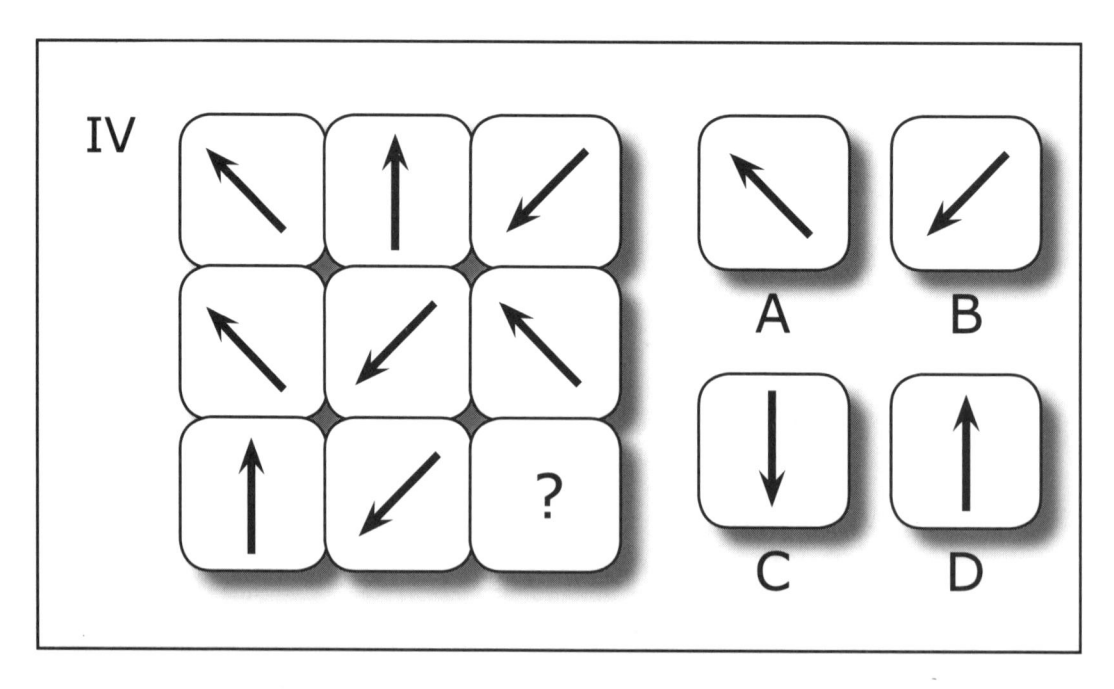

V6 Welche Grafik A bis D ersetzt das Fragezeichen?

III

IV

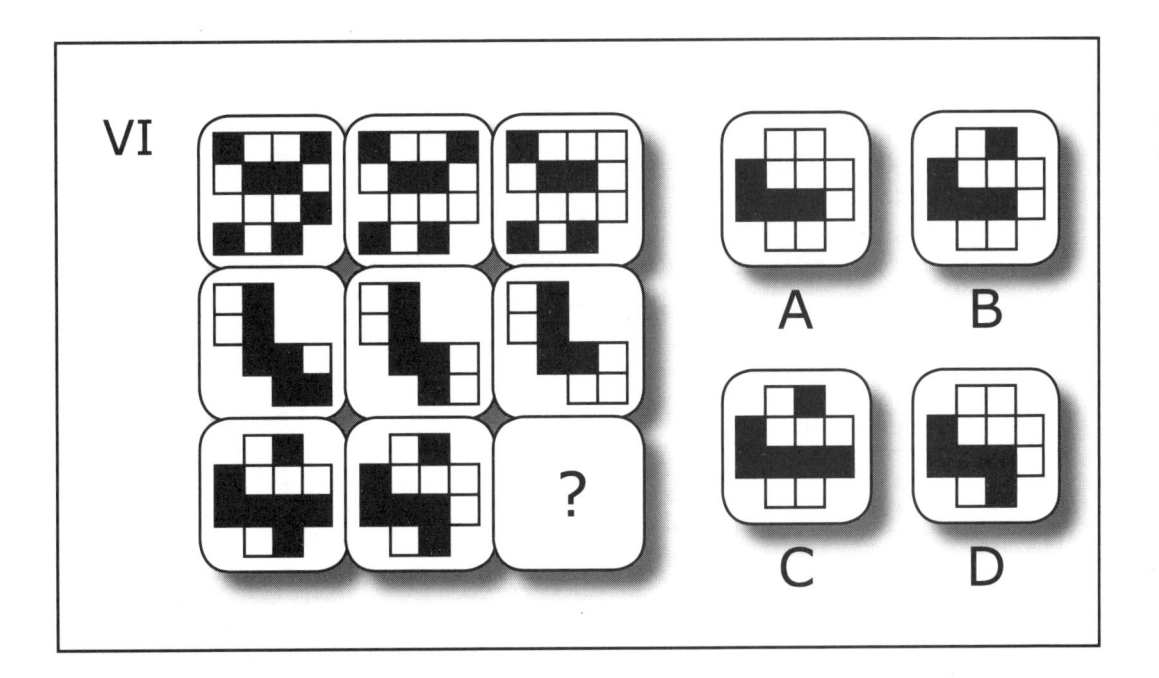

V6 Welche Grafik A bis D ersetzt das Fragezeichen?

V

V	Z	N
D	O	B
K	X	?

A H
B Q
C Y
D C

VI

Visuelle Intelligenz

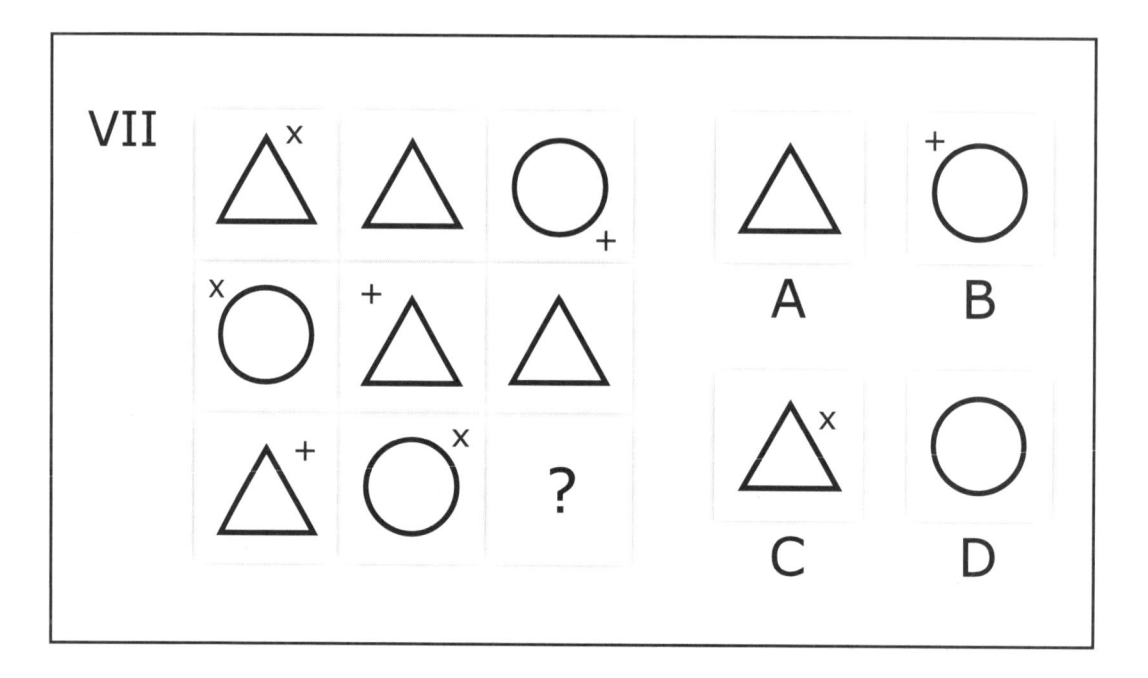

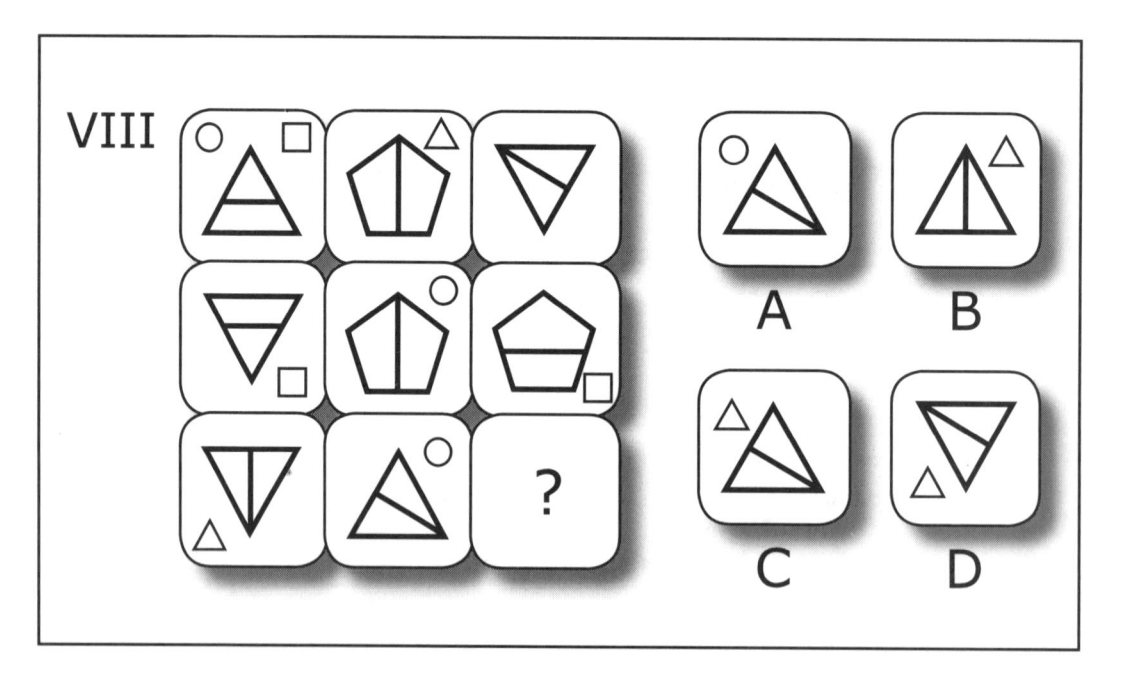

V6 Welche Grafik A bis D ersetzt das Fragezeichen?

Visuelle Intelligenz

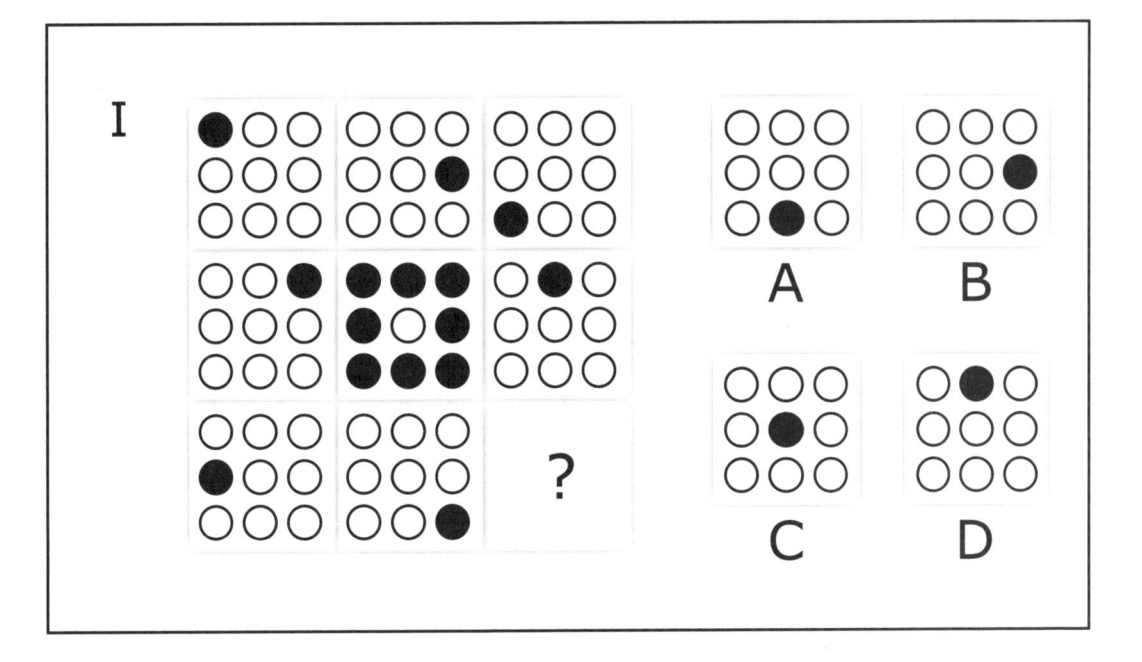

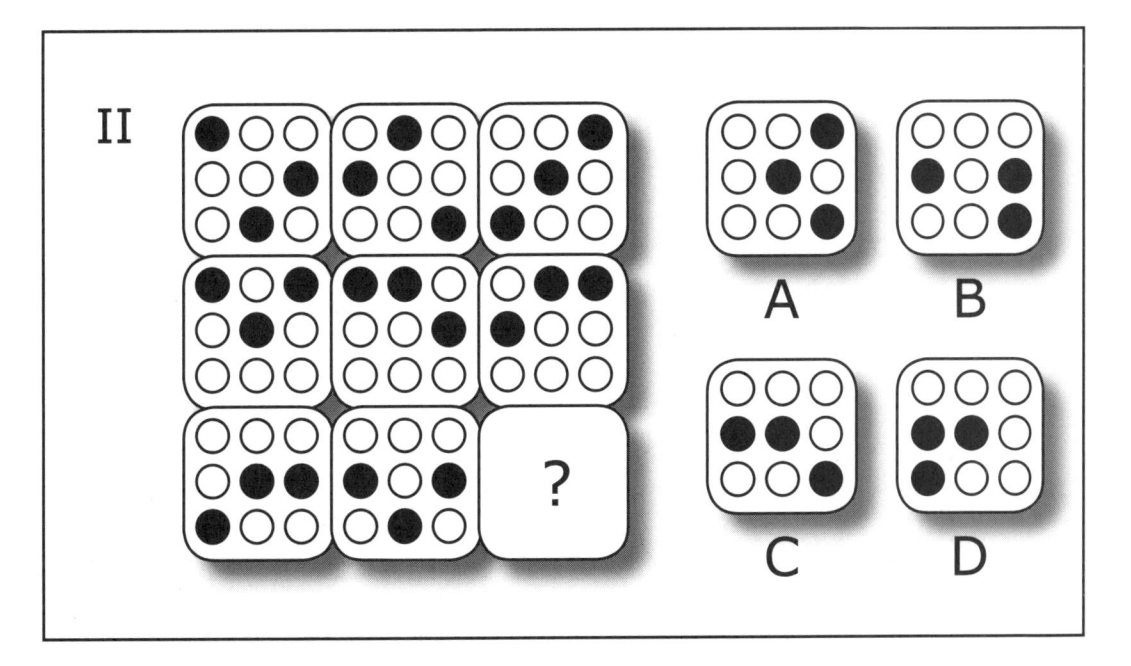

V7 Welche Grafik A bis D ersetzt das Fragezeichen?

I

II

Visuelle Intelligenz

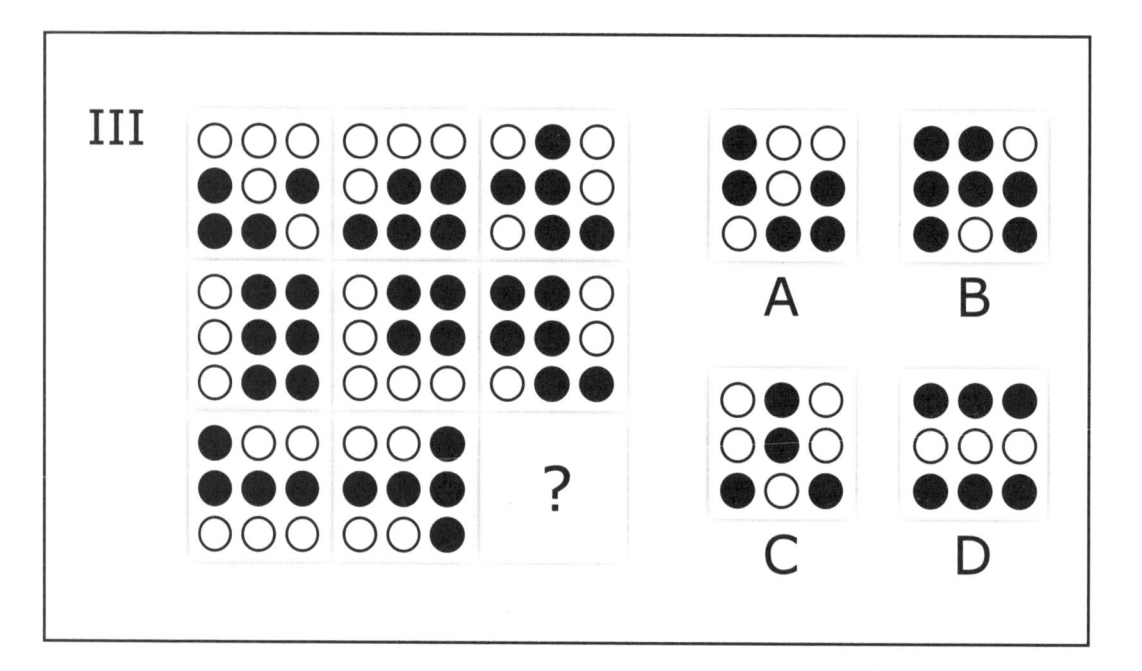

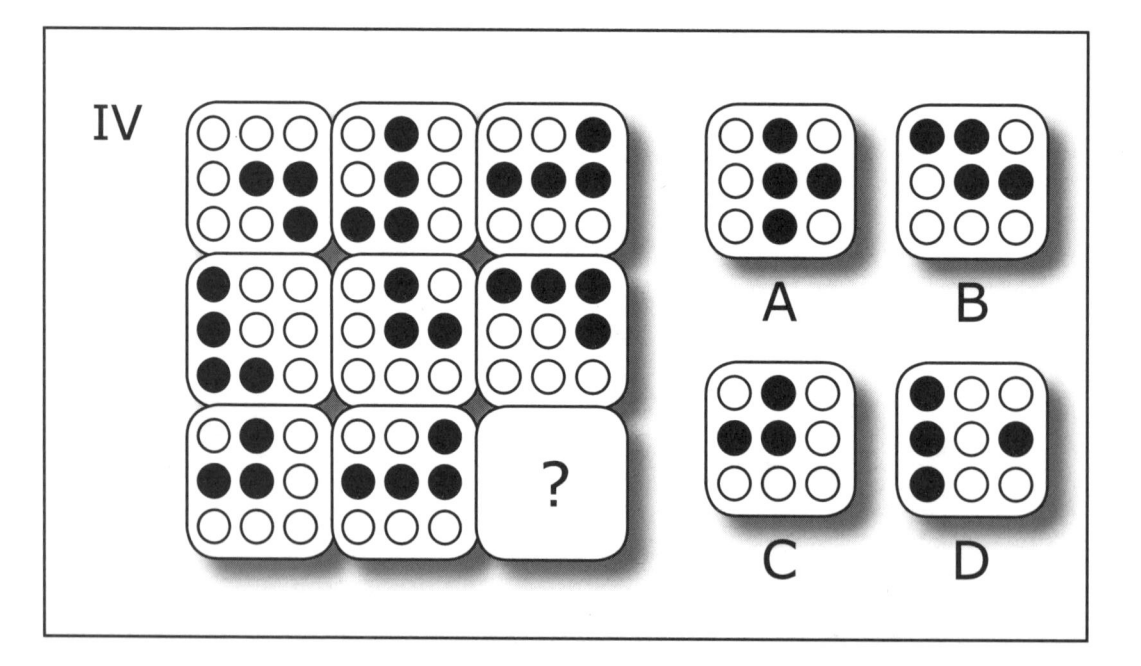

V7 Welche Grafik A bis D ersetzt das Fragezeichen?

III

A   B   C   D

IV

A   B   C   D

Visuelle Intelligenz

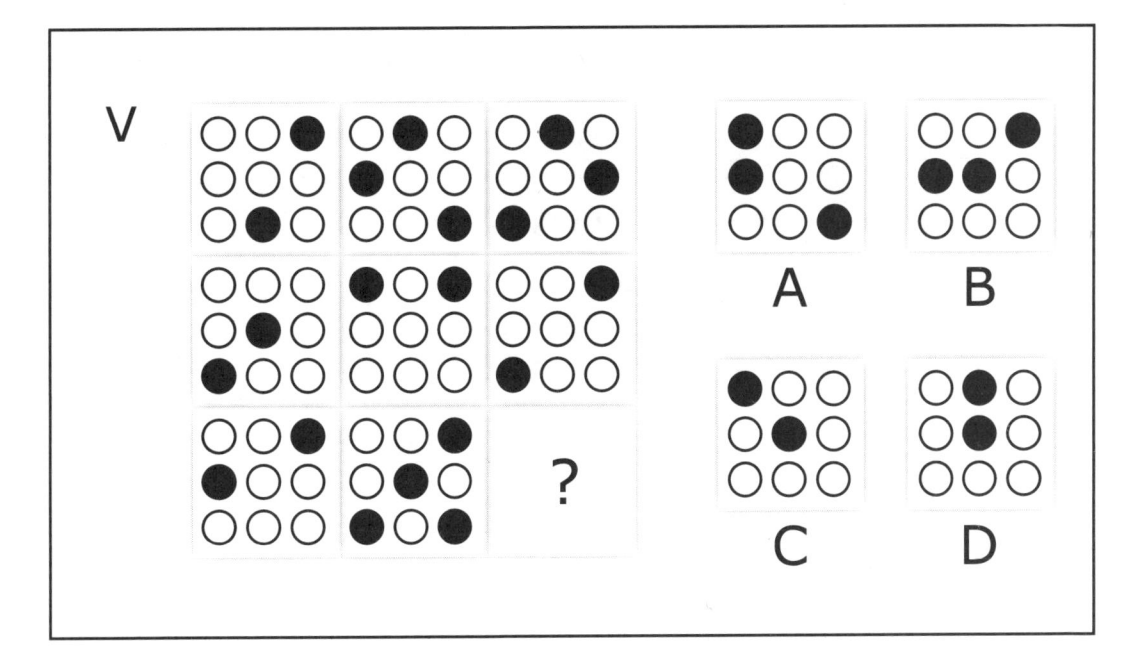

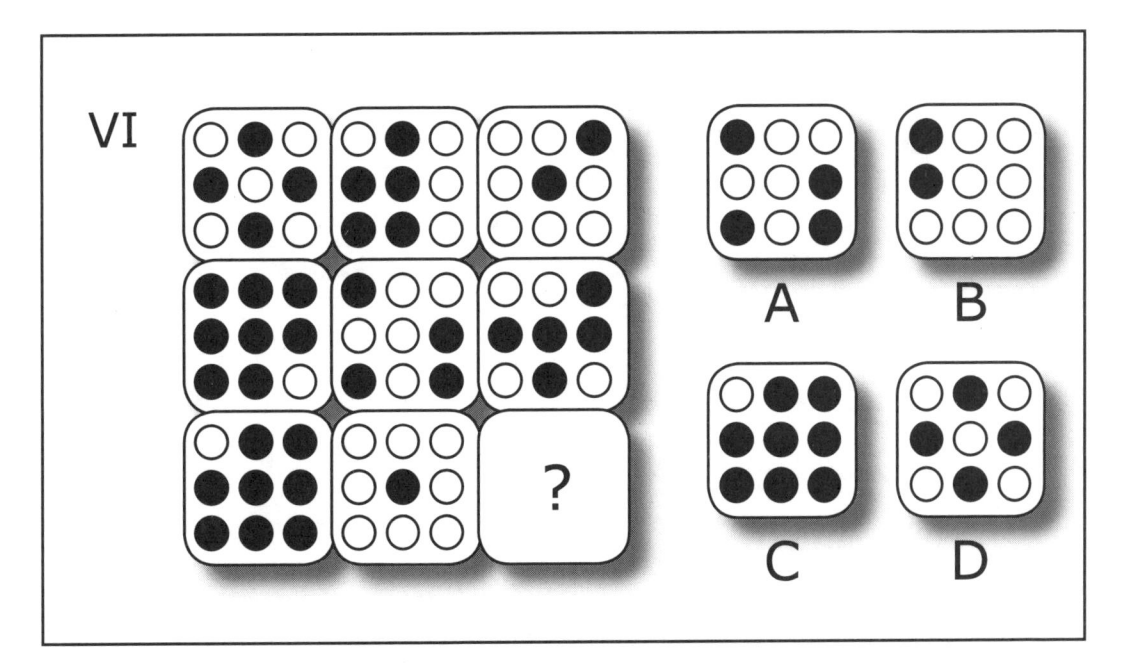

V7 Welche Grafik A bis D ersetzt das Fragezeichen?

V

VI

IQ Übungen

Visuelle Intelligenz

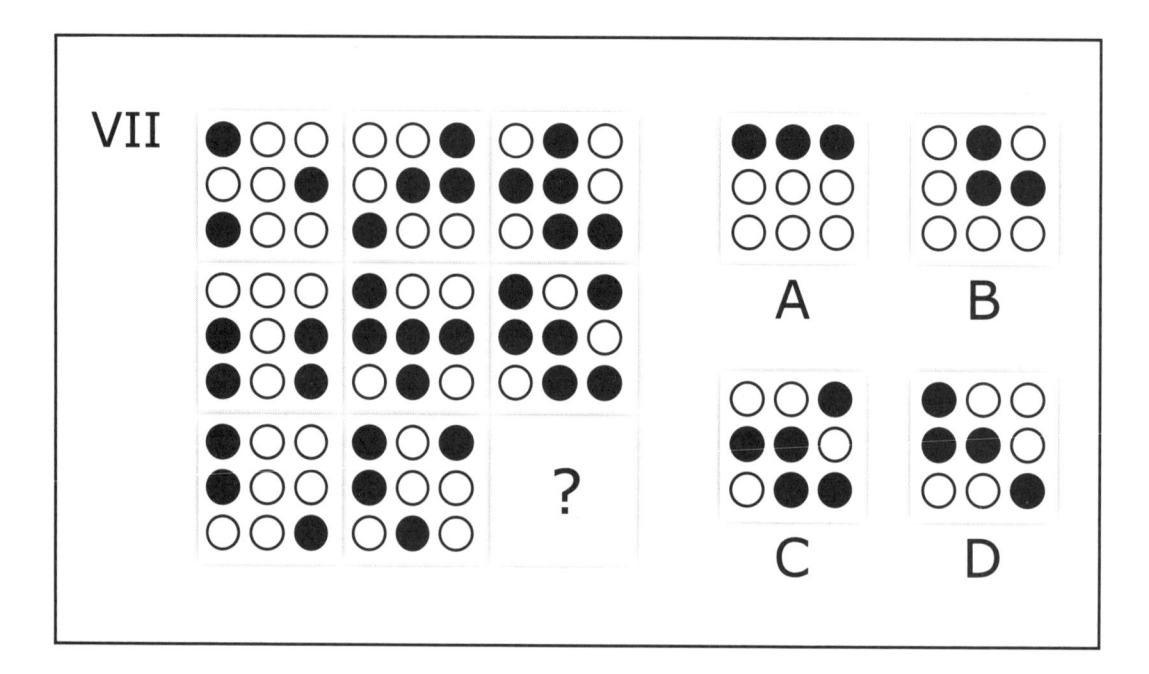

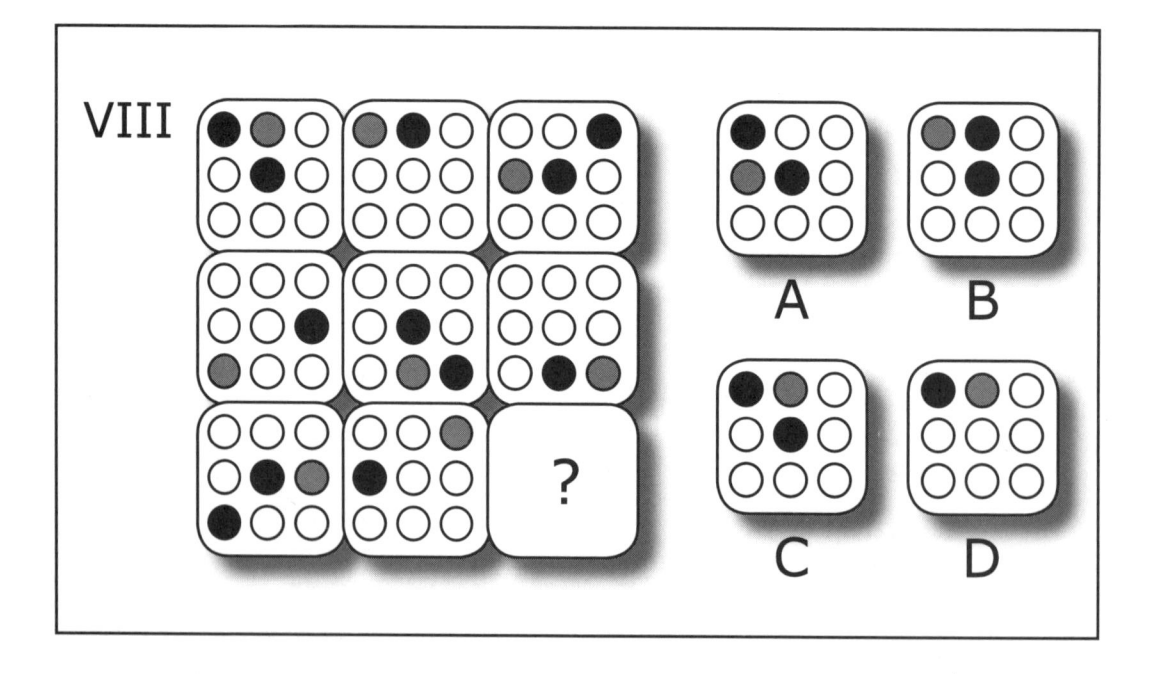

V7 Welche Grafik A bis D ersetzt das Fragezeichen?

VII

VIII

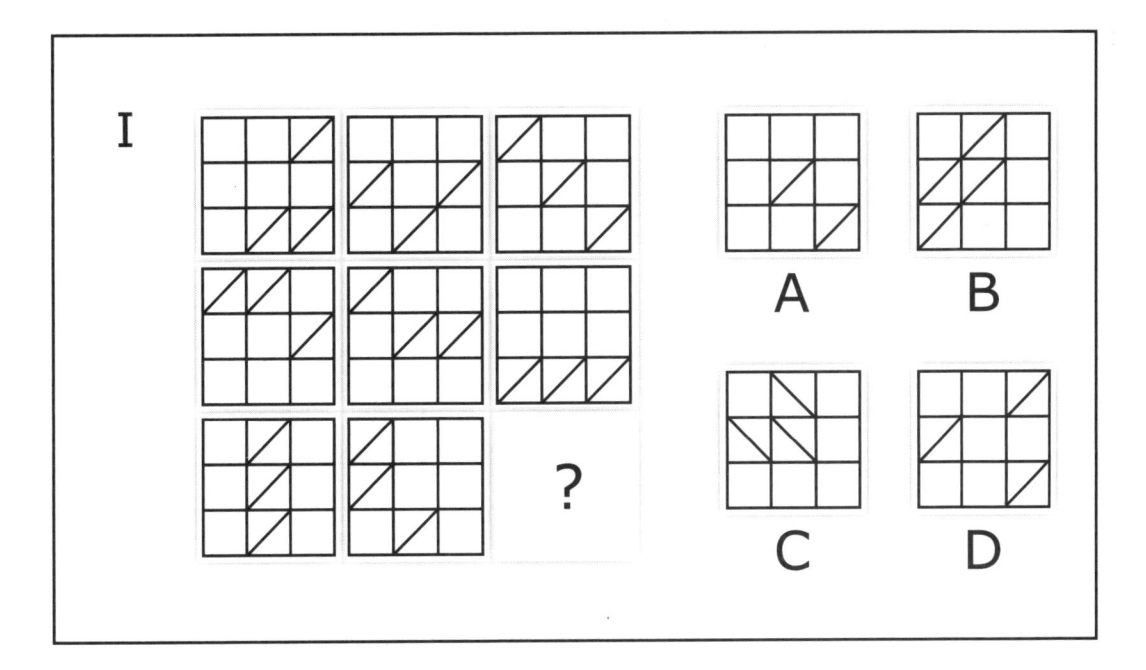

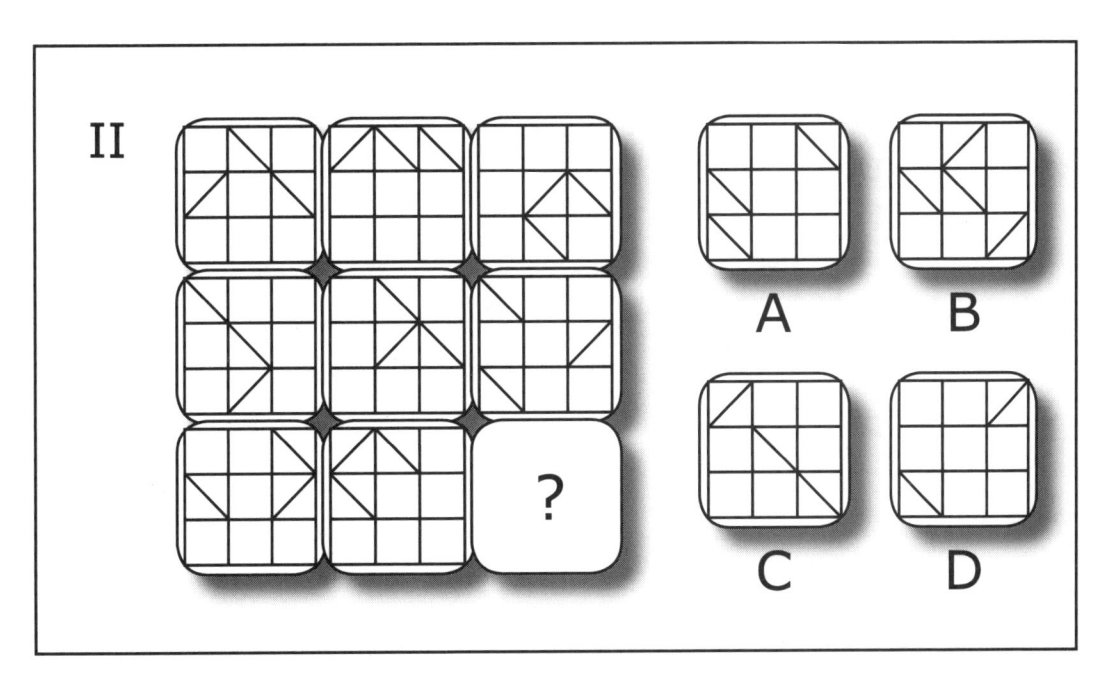

V8 Welche Grafik A bis D ersetzt das Fragezeichen?

I

A B C D

II

A B C D

Visuelle Intelligenz

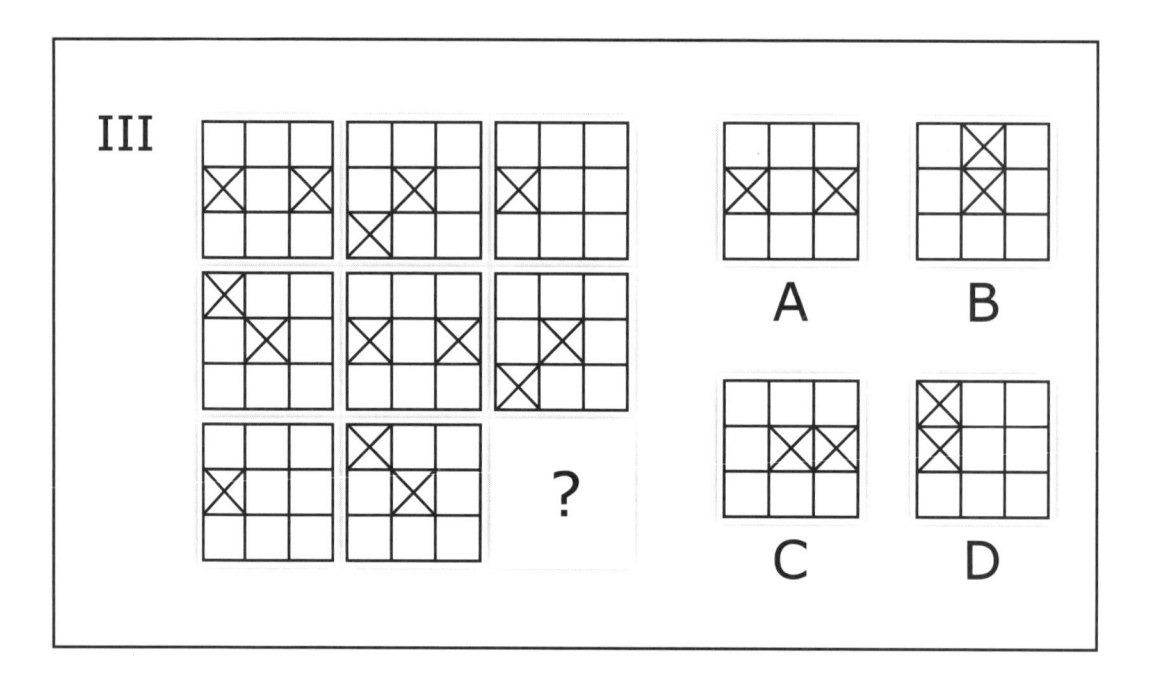

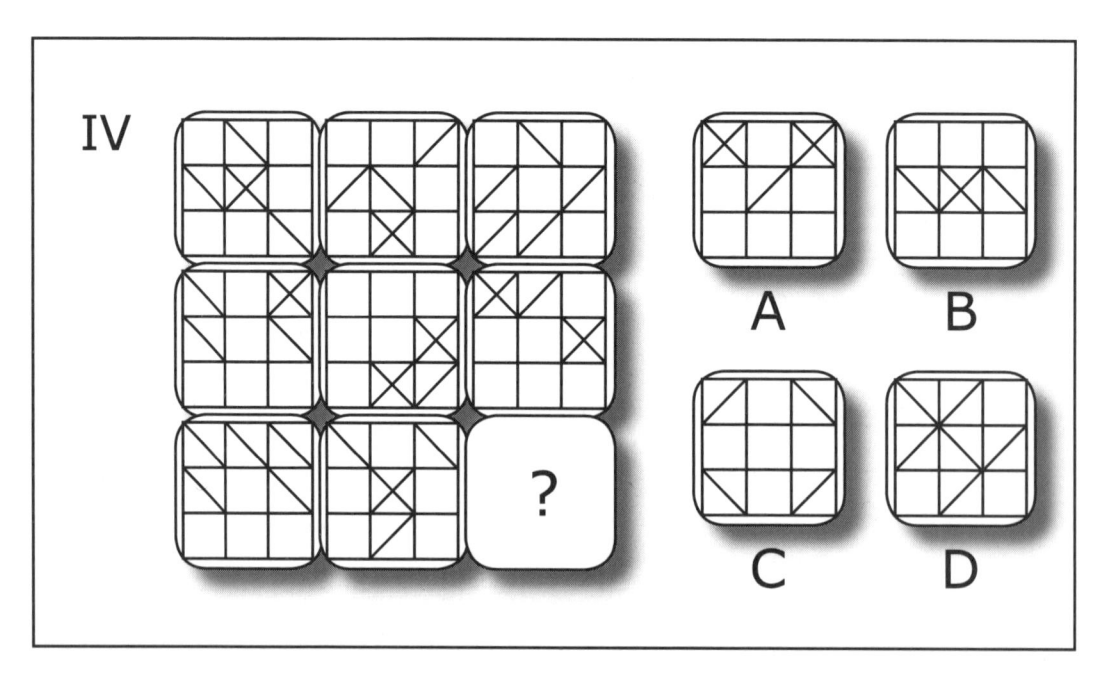

V8 Welche Grafik A bis D ersetzt das Fragezeichen?

III

IV

Visuelle Intelligenz

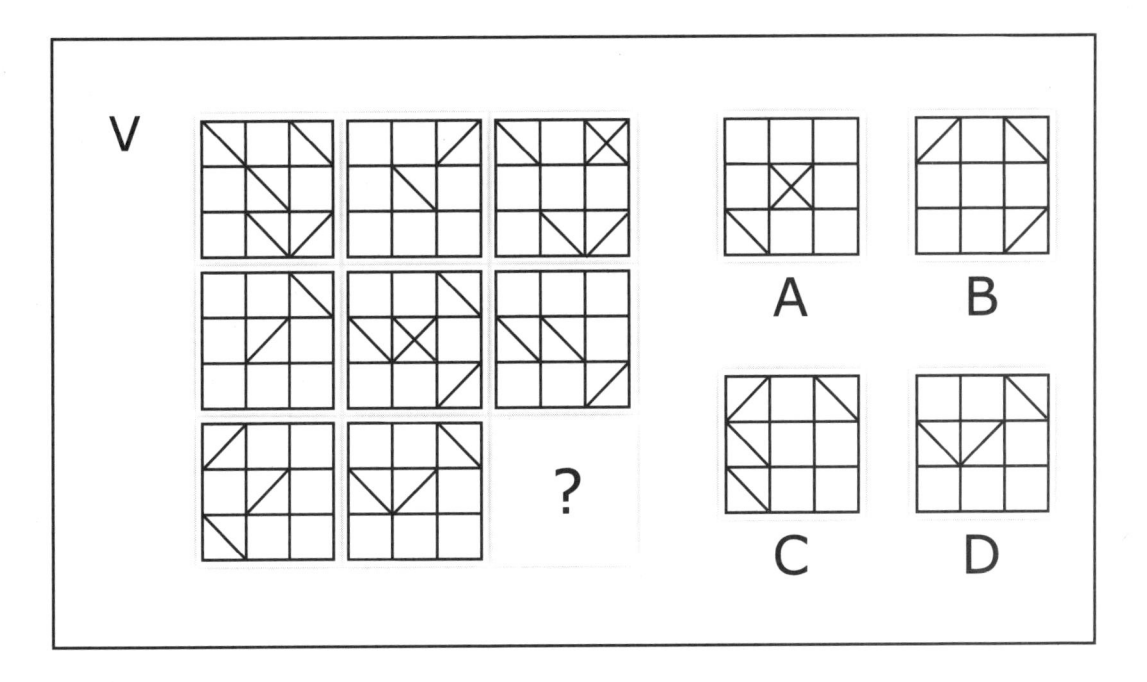

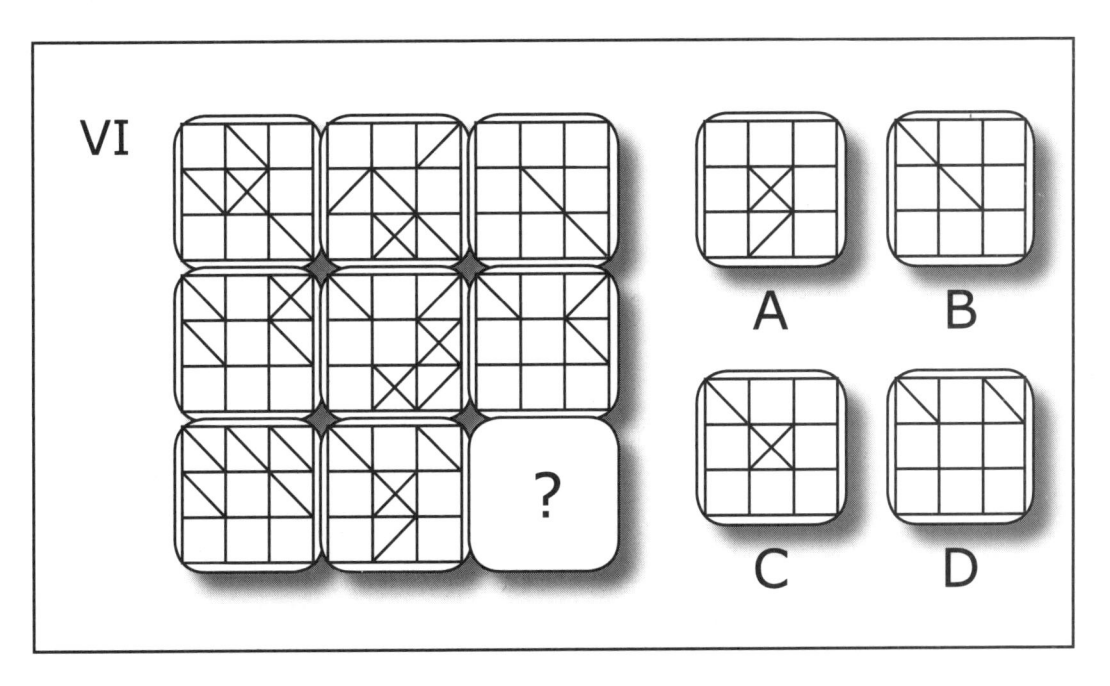

V8 Welche Grafik A bis D ersetzt das Fragezeichen?

Visuelle Intelligenz

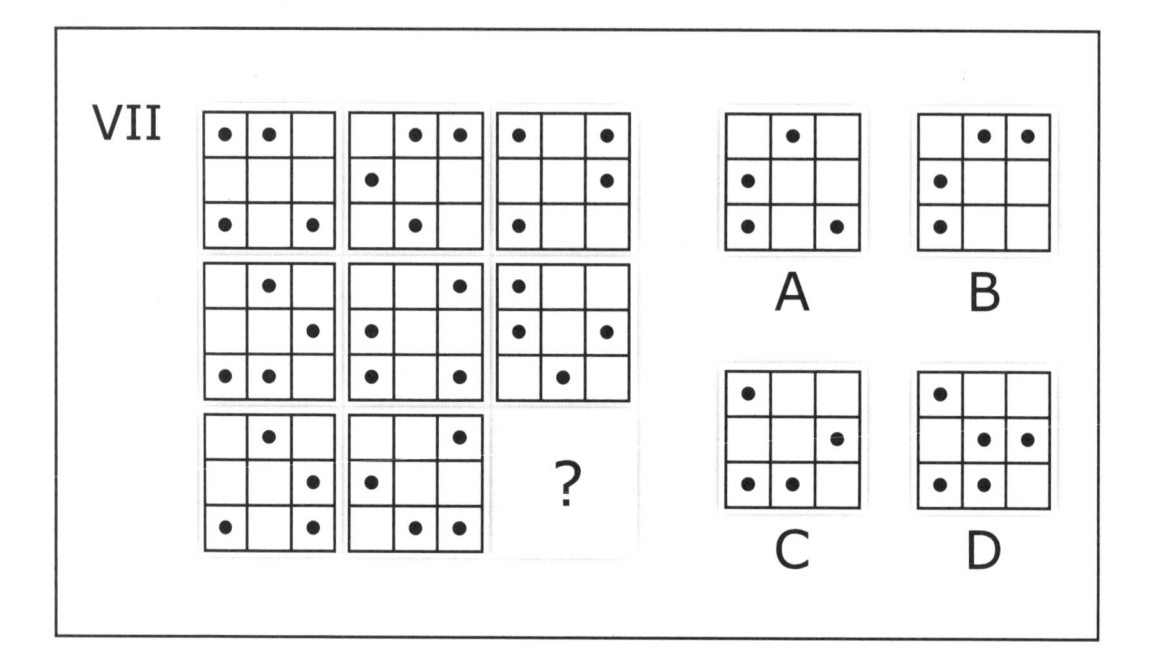

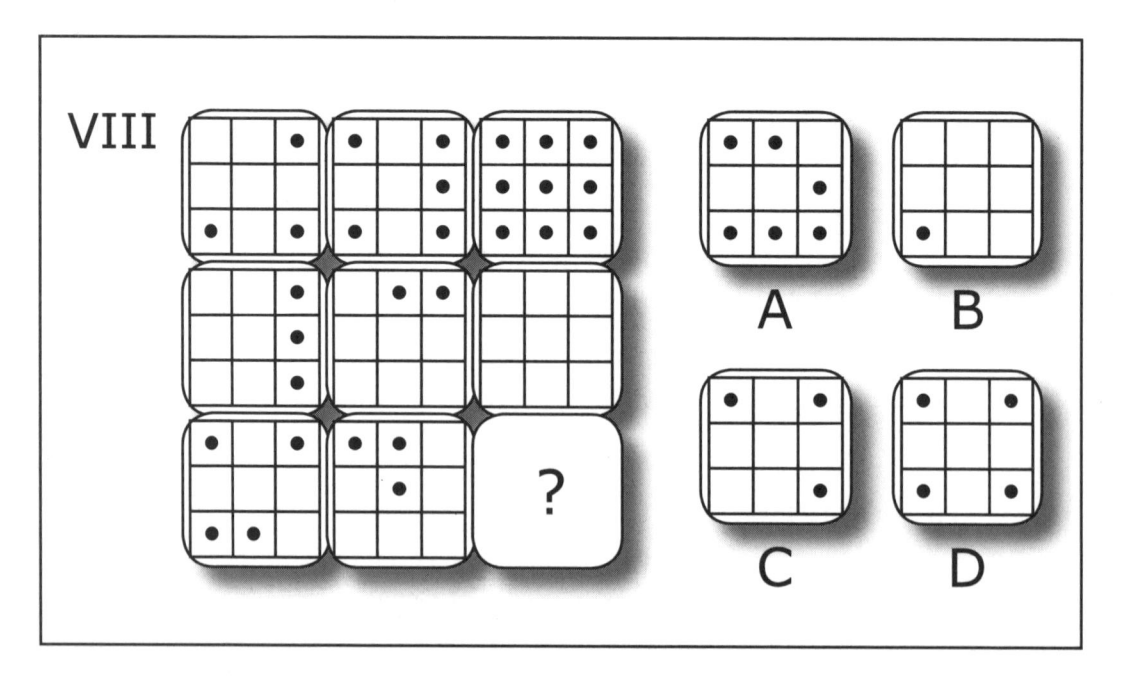

V8 Welche Grafik A bis D ersetzt das Fragezeichen?

VII

VIII

Visuelle Intelligenz

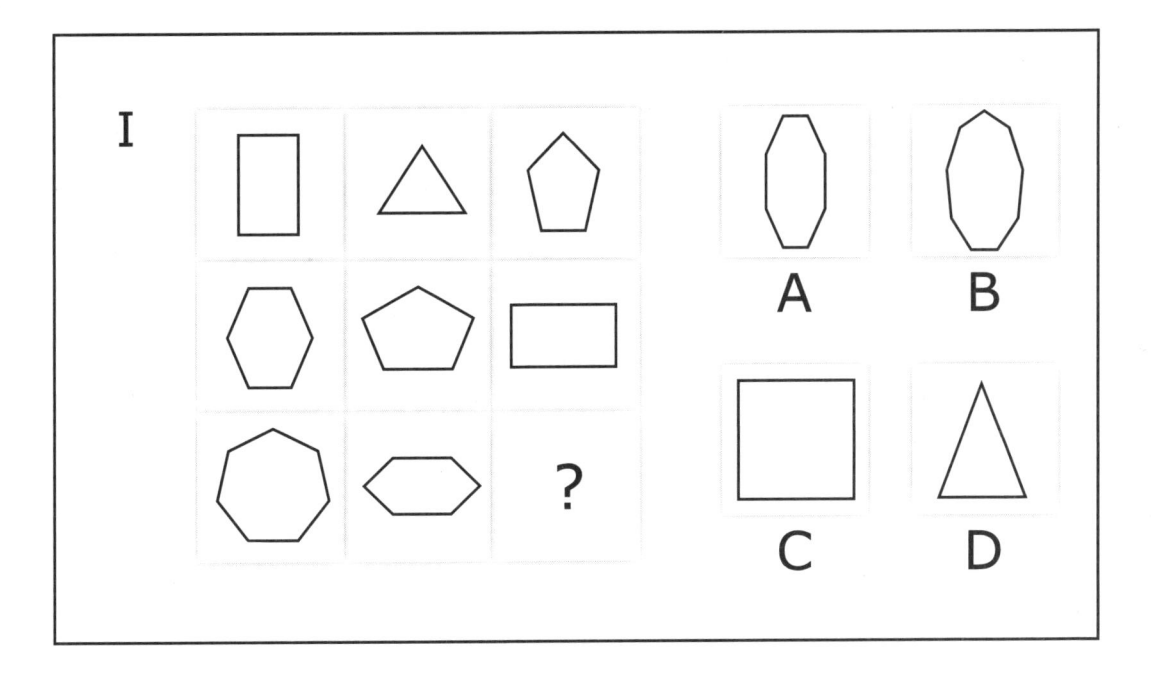

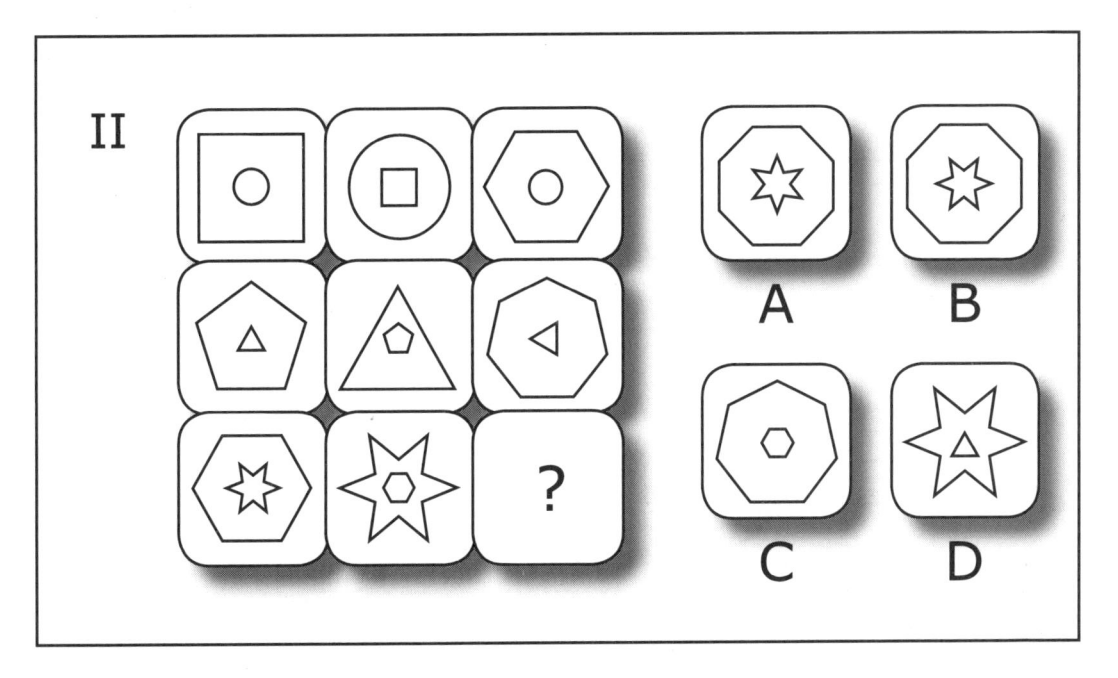

V9 Welche Grafik A bis D ersetzt das Fragezeichen?

I

II

Visuelle Intelligenz

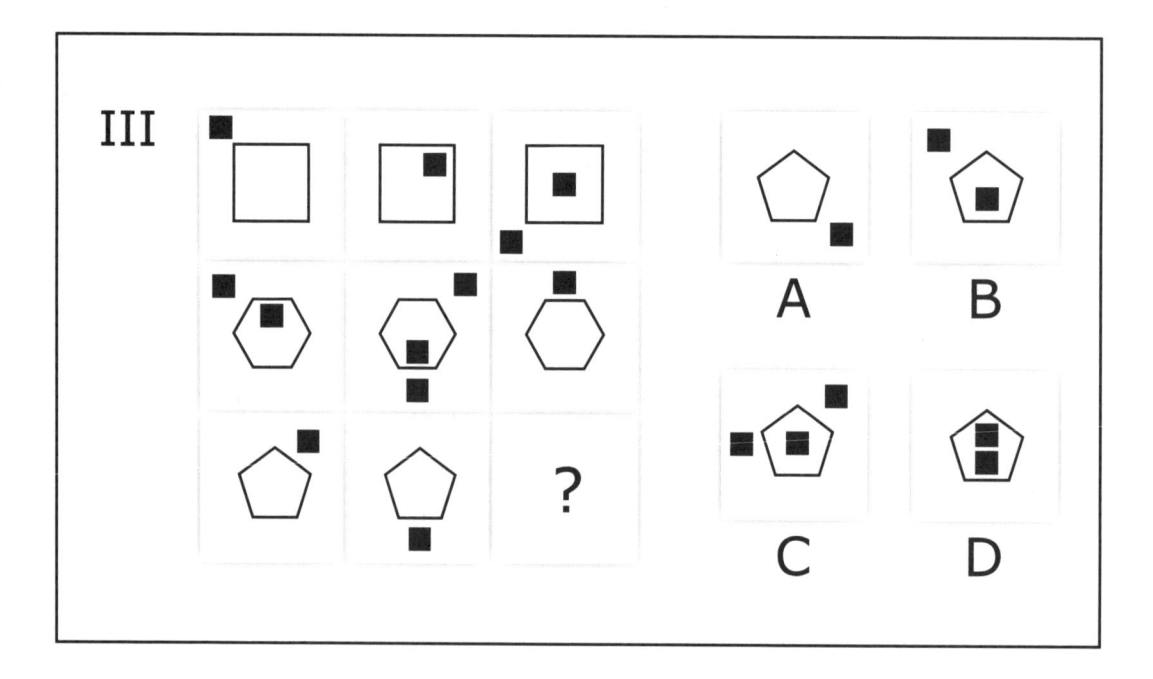

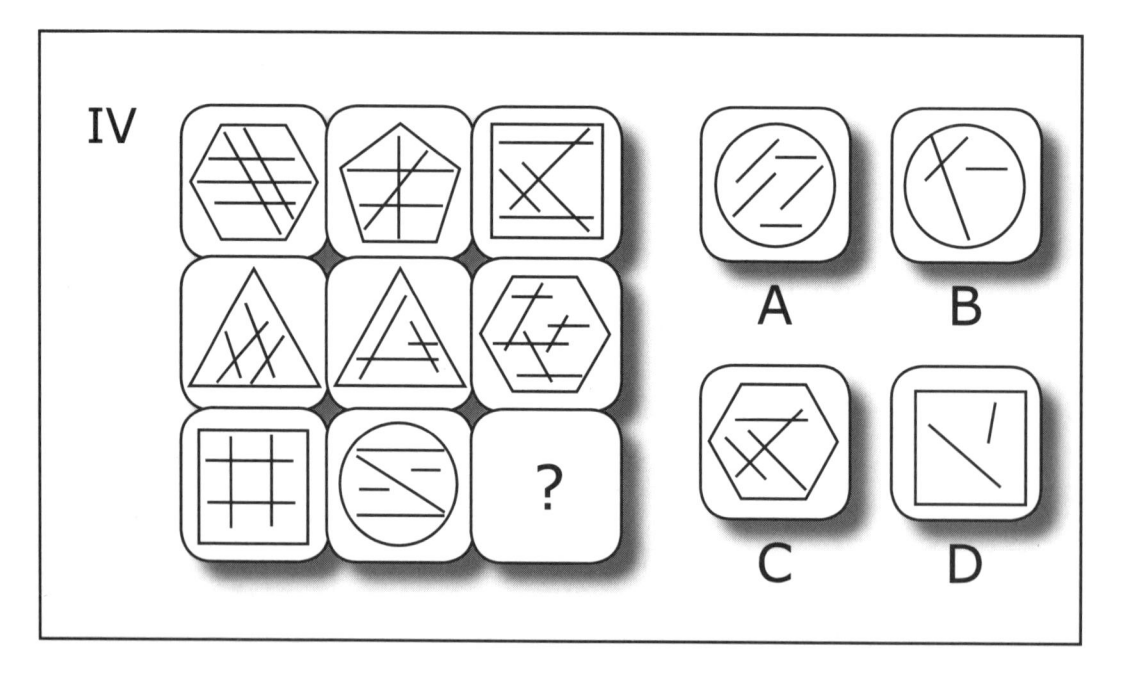

V9 Welche Grafik A bis D ersetzt das Fragezeichen?

III

IV

Visuelle Intelligenz

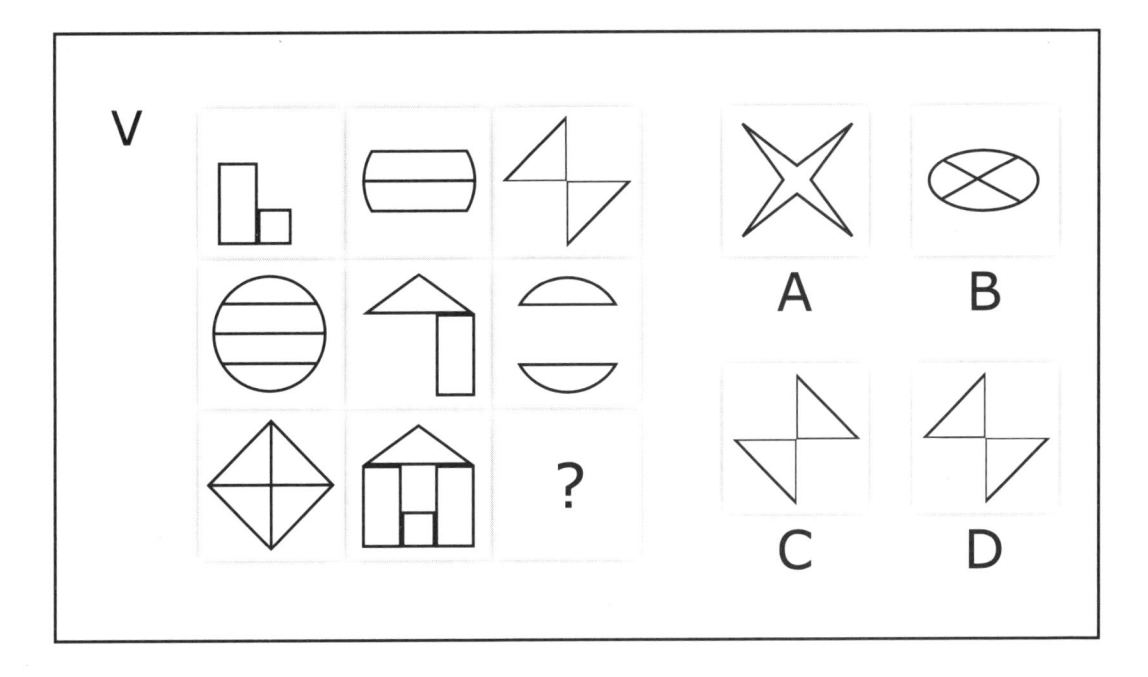

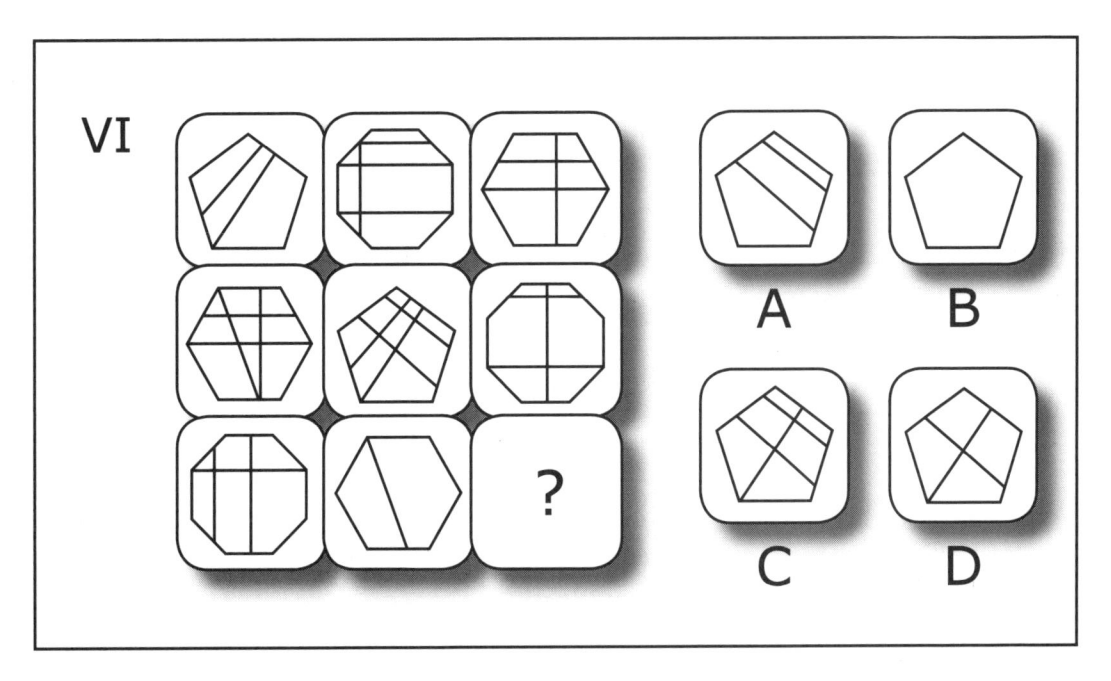

V9 Welche Grafik A bis D ersetzt das Fragezeichen?

Visuelle Intelligenz

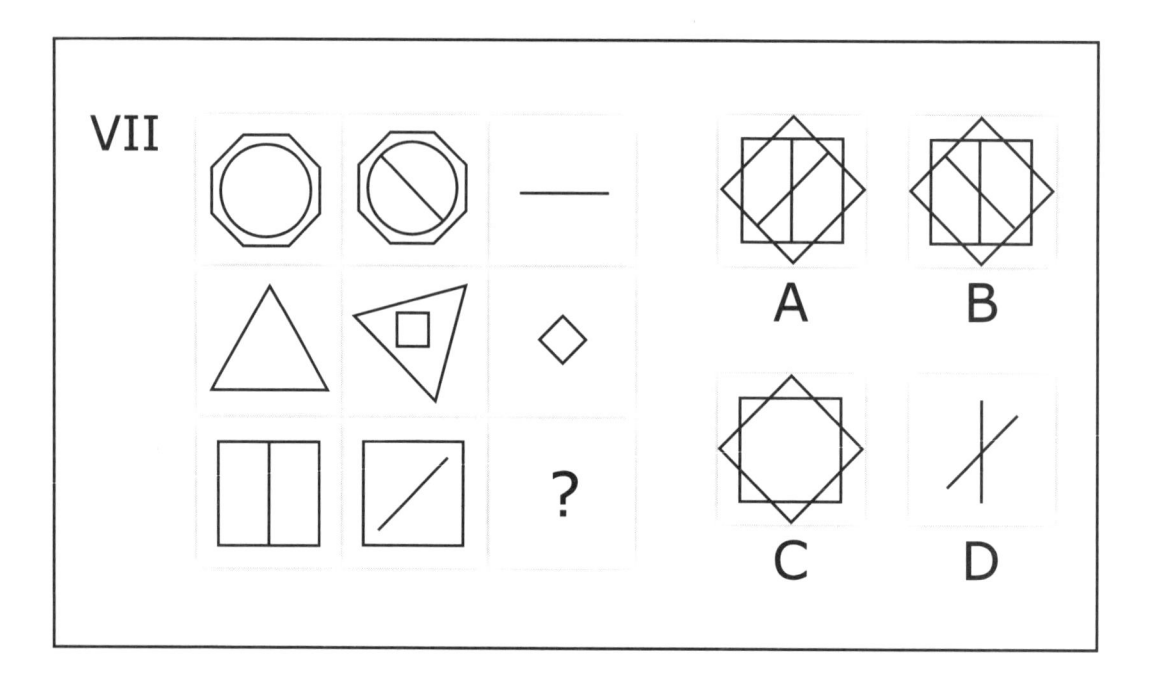

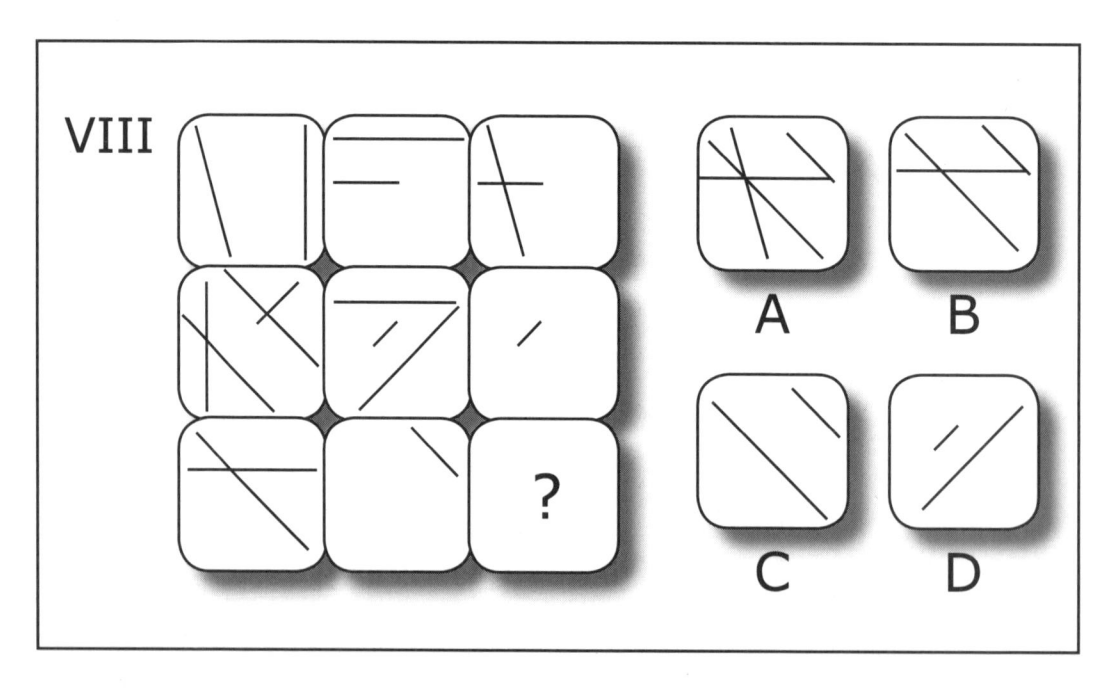

V9 Welche Grafik A bis D ersetzt das Fragezeichen?

VII

VIII

Visuelle Intelligenz

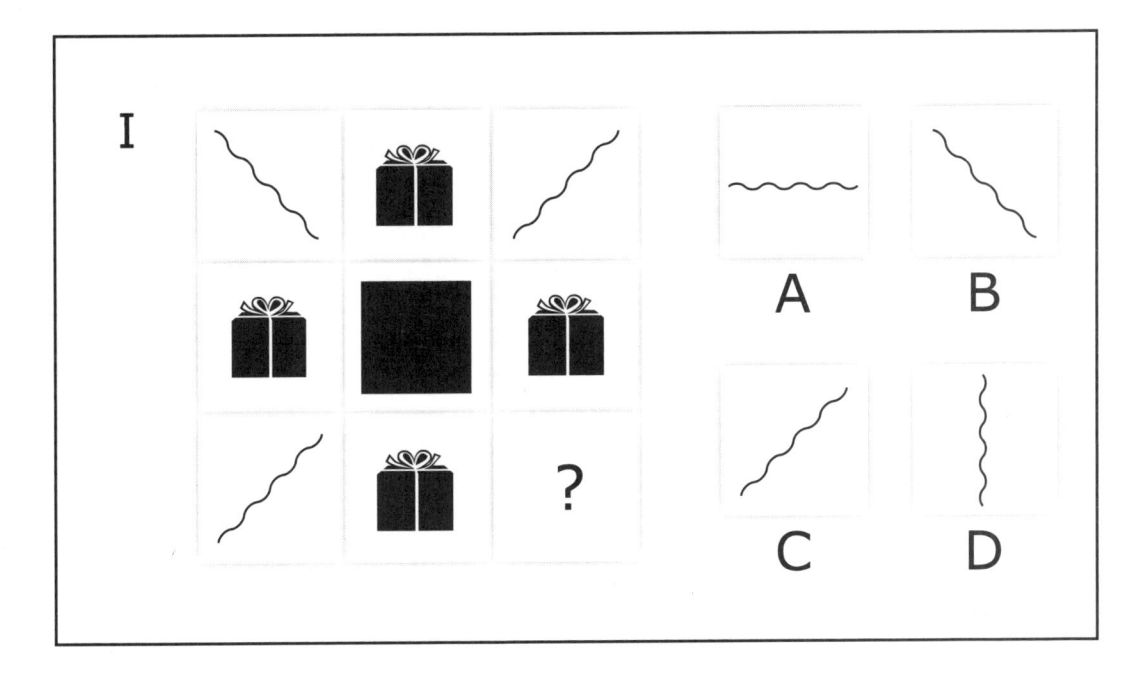

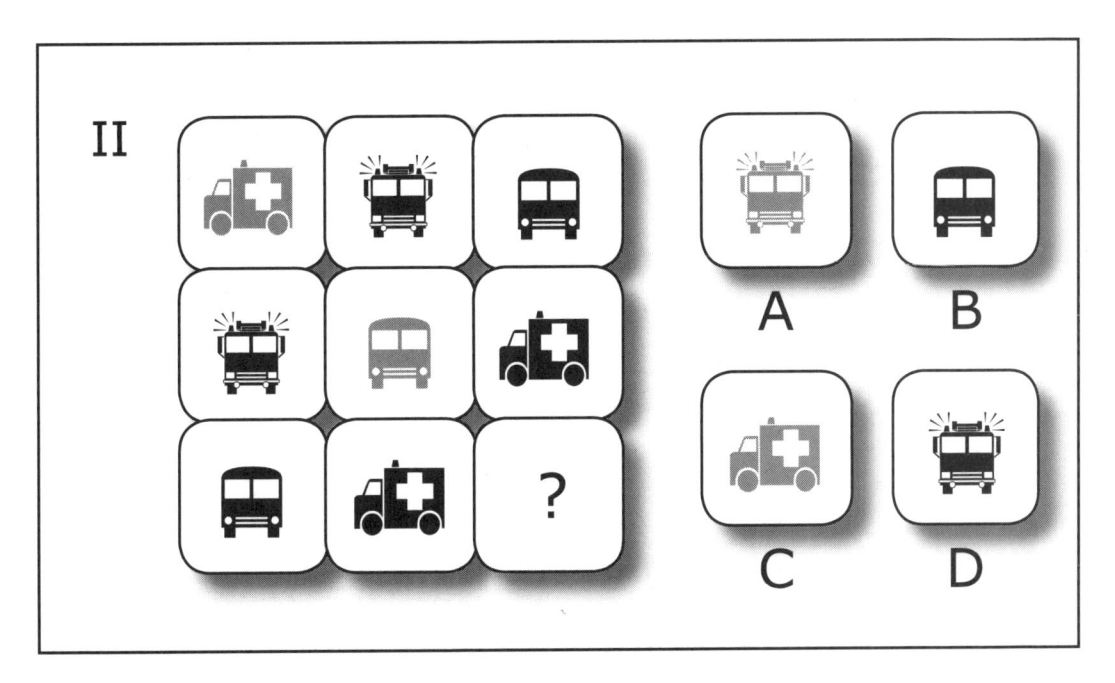

V10   Welche Grafik A bis D ersetzt das Fragezeichen?

I

II

Visuelle Intelligenz

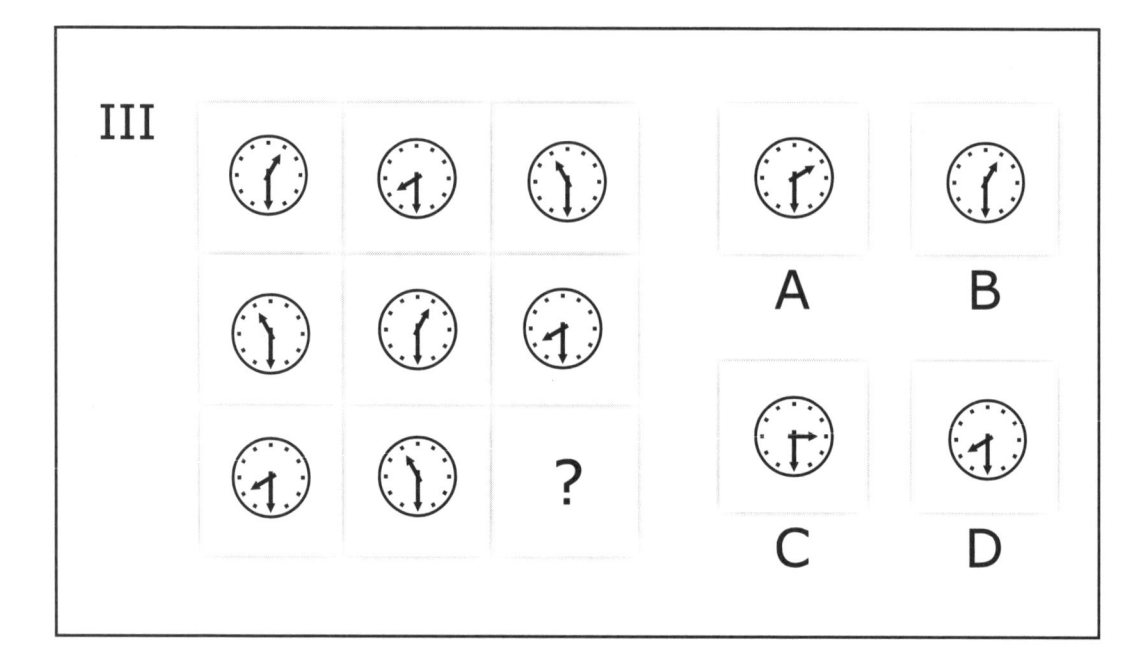

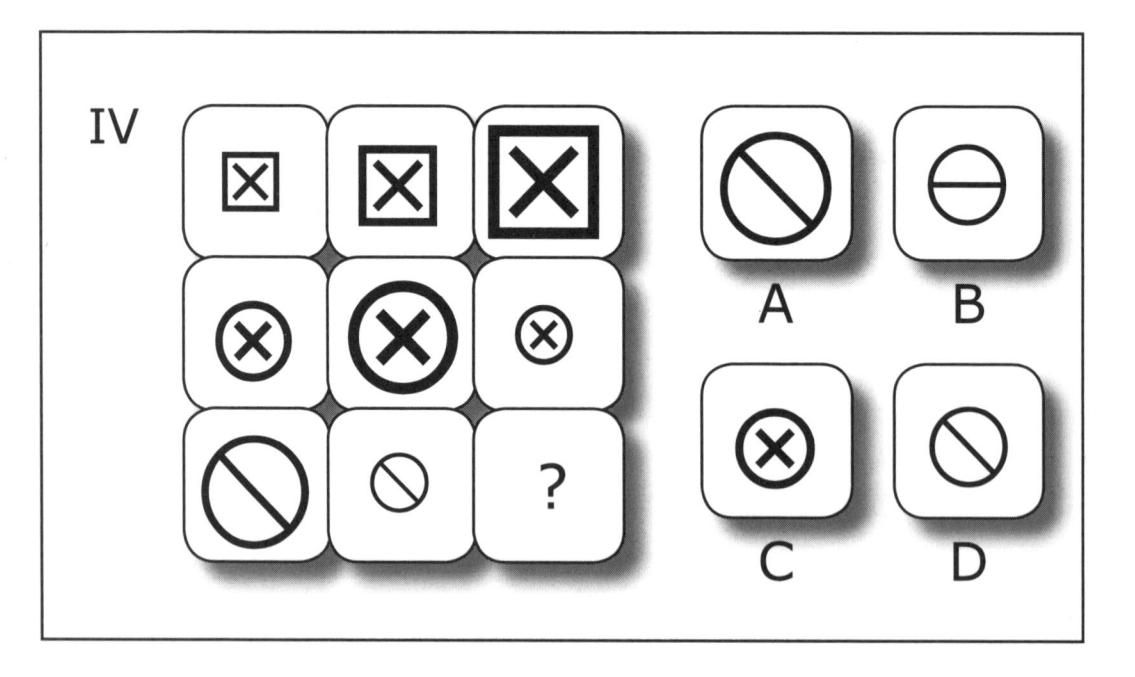

V10 Welche Grafik A bis D ersetzt das Fragezeichen?

III

IV

Visuelle Intelligenz

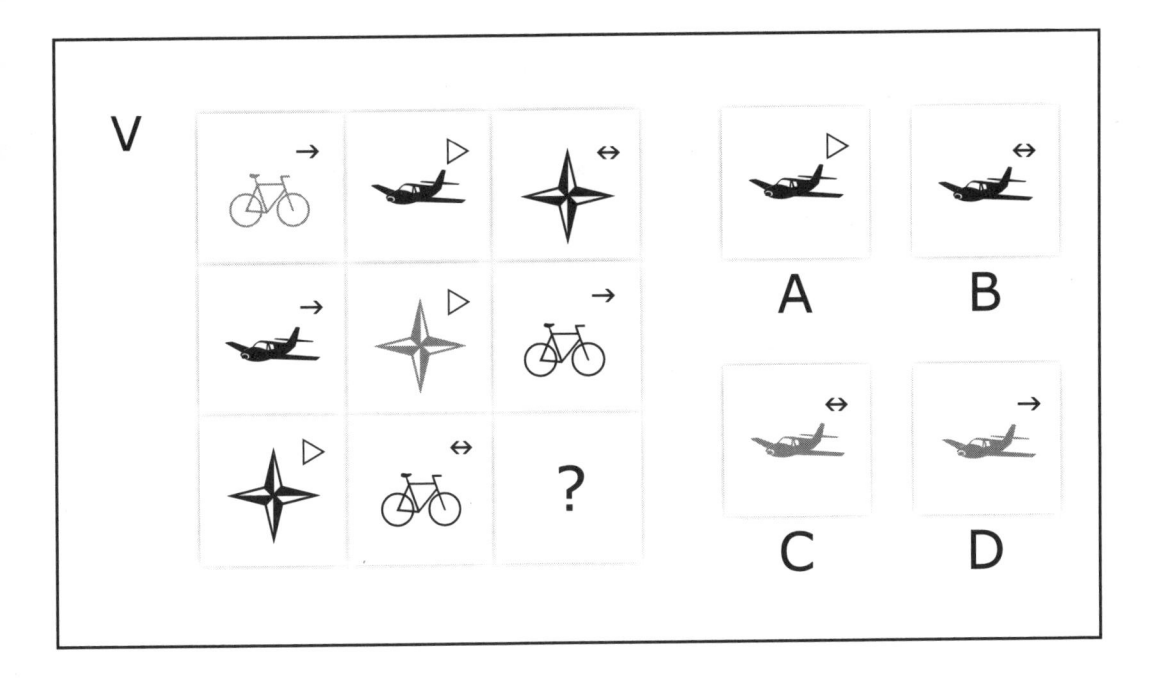

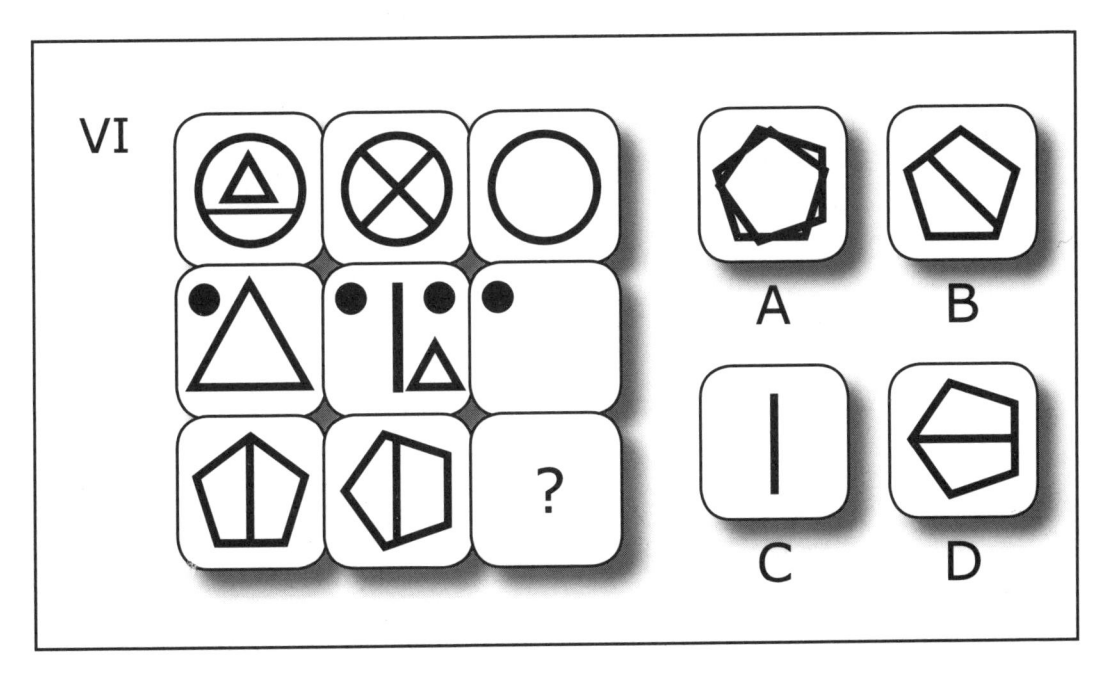

V10 Welche Grafik A bis D ersetzt das Fragezeichen?

IQ Übungen

Visuelle Intelligenz

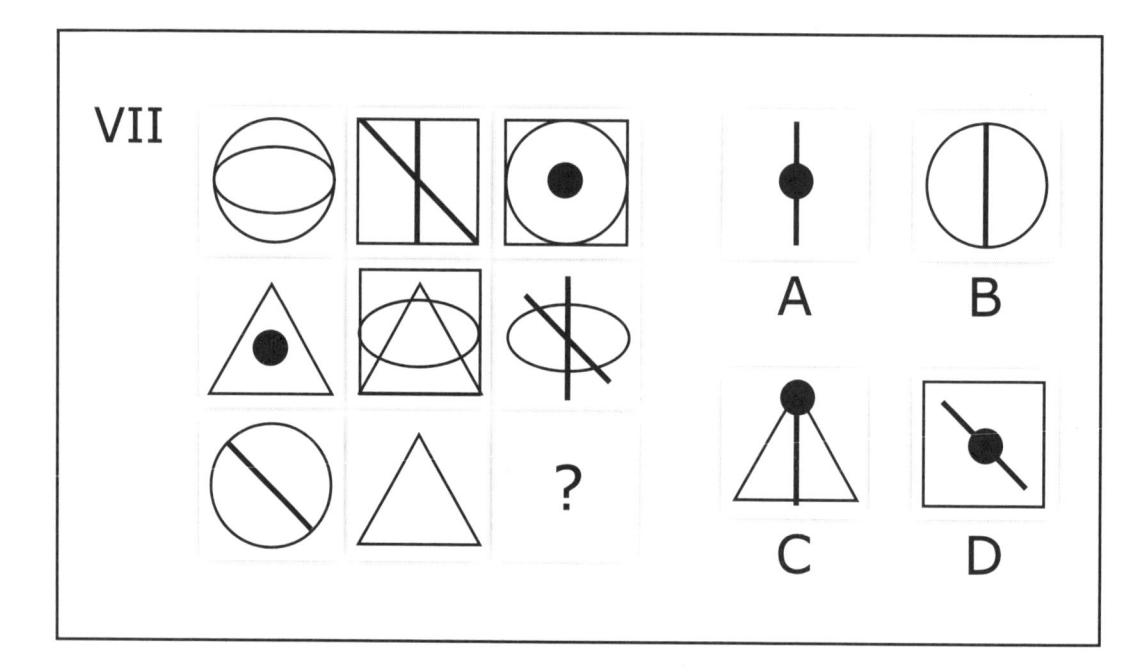

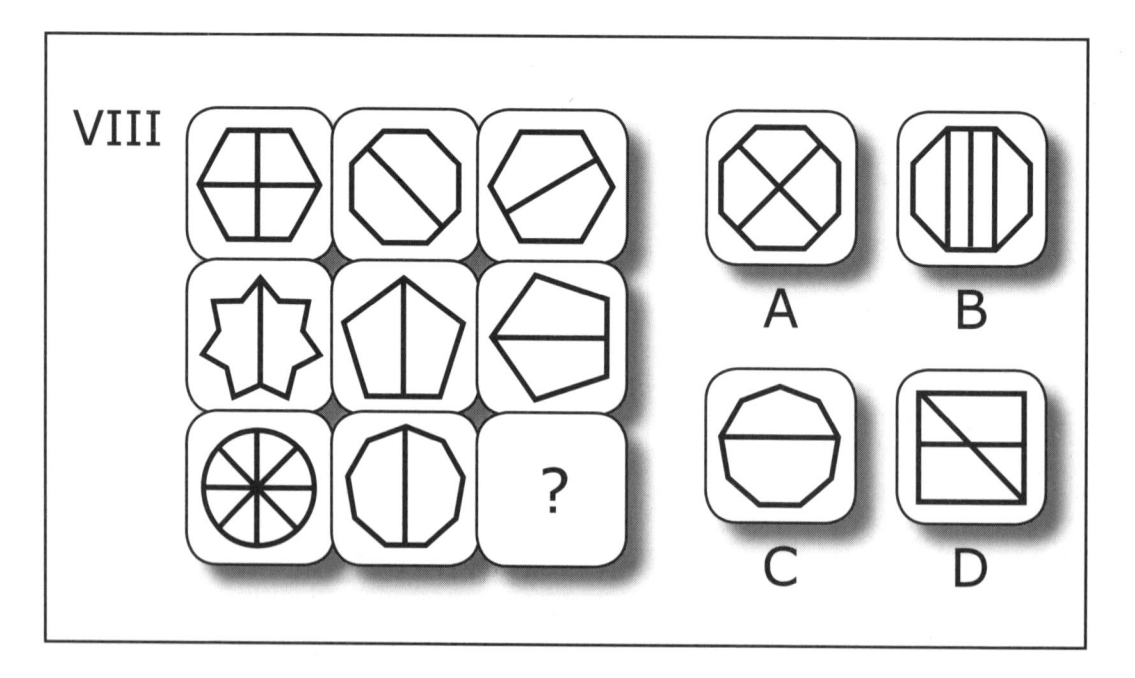

V10   Welche Grafik A bis D ersetzt das Fragezeichen?

VII

VIII

Visuelle Intelligenz

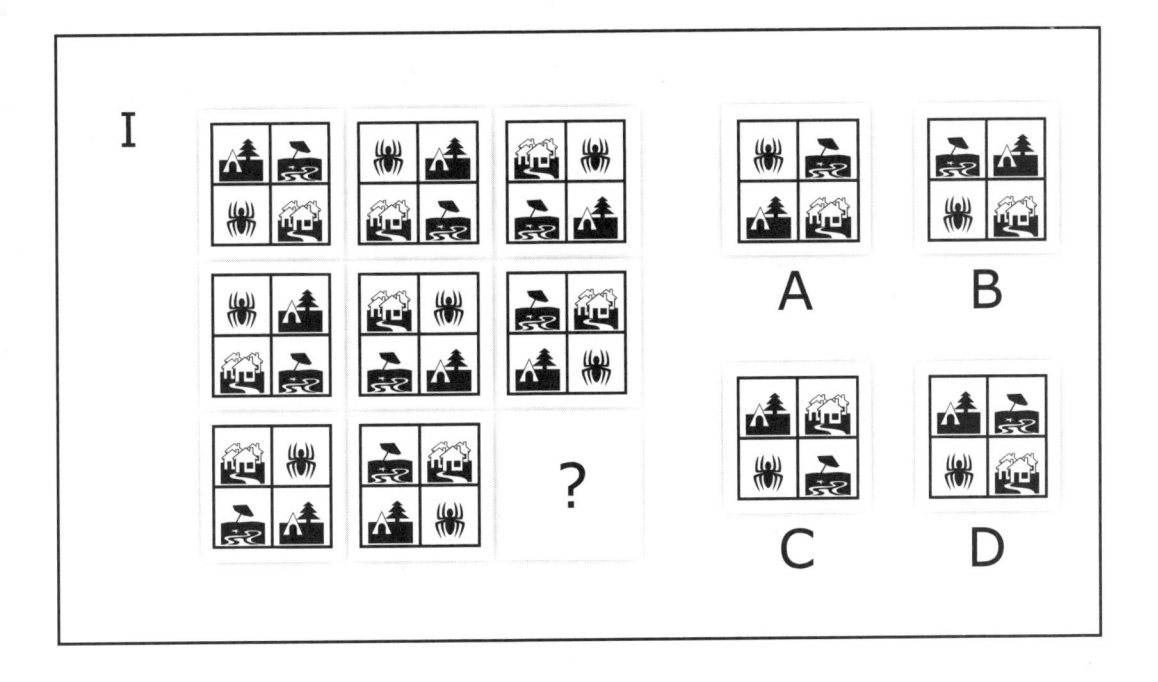

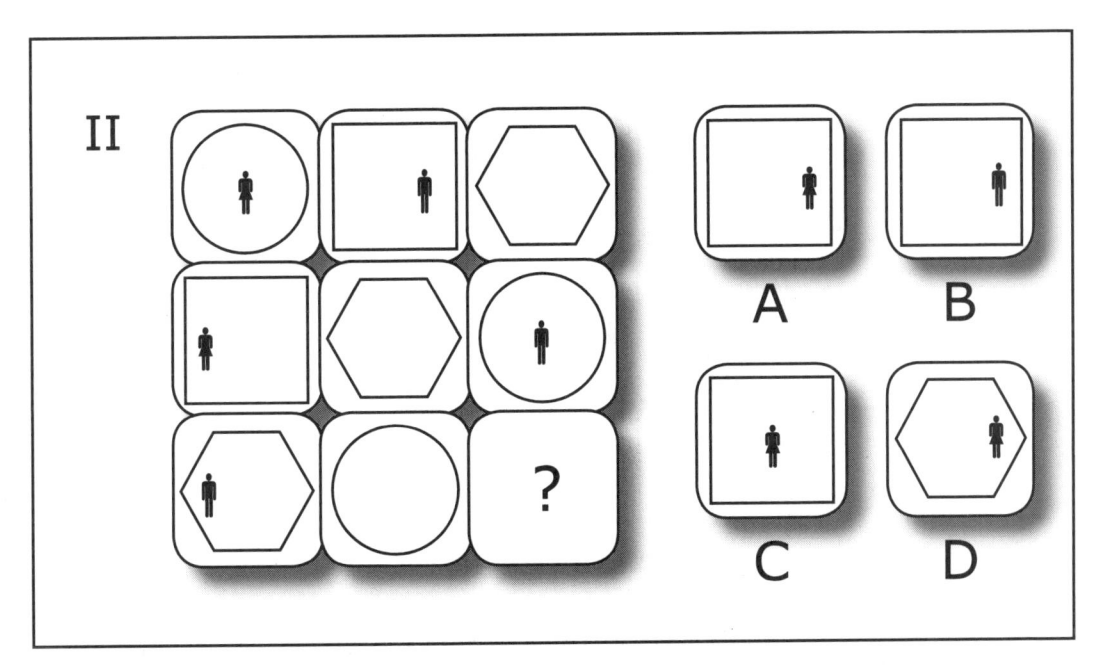

V11 Welche Grafik A bis D ersetzt das Fragezeichen?

I

II

Visuelle Intelligenz

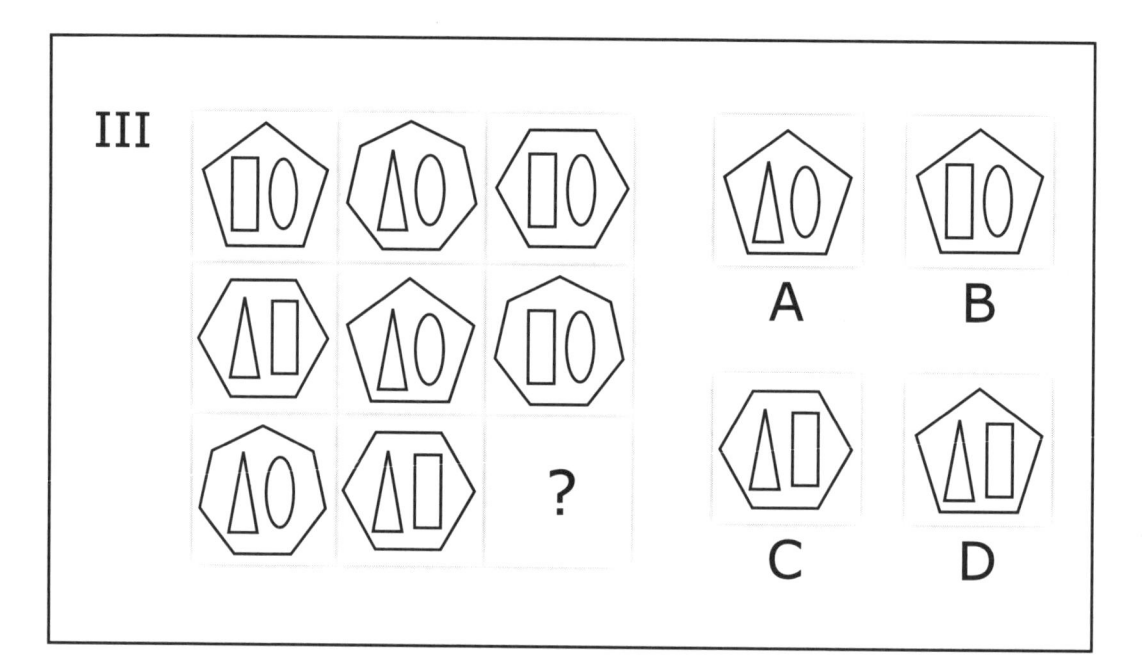

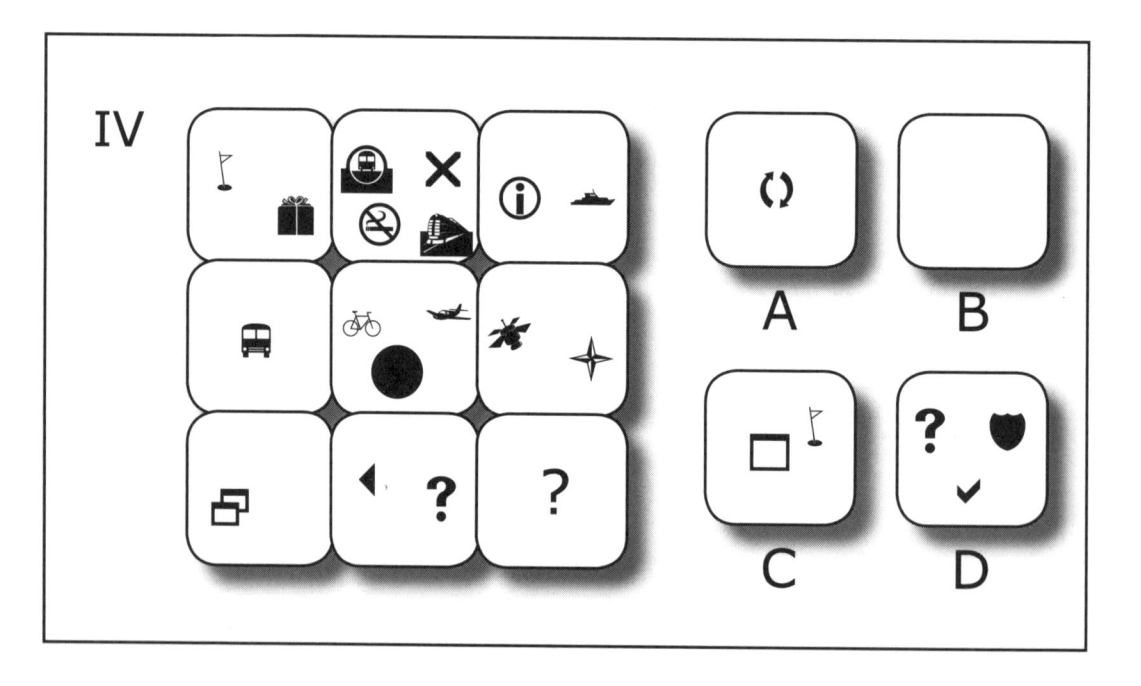

V11 Welche Grafik A bis D ersetzt das Fragezeichen?

III

IV

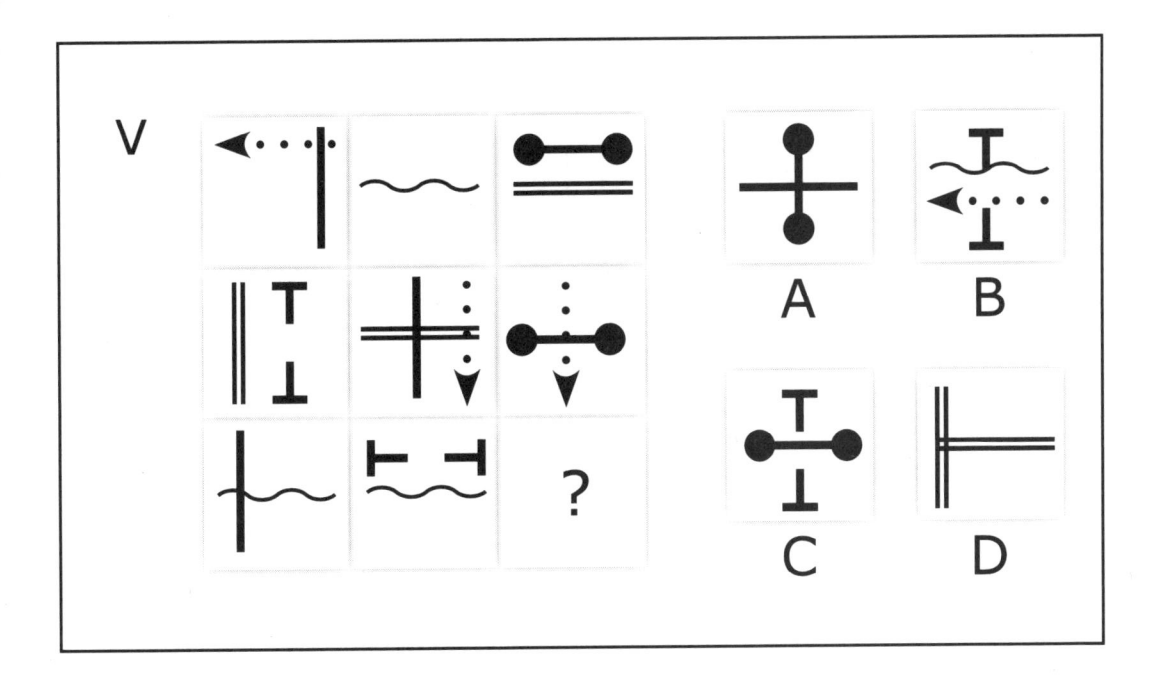

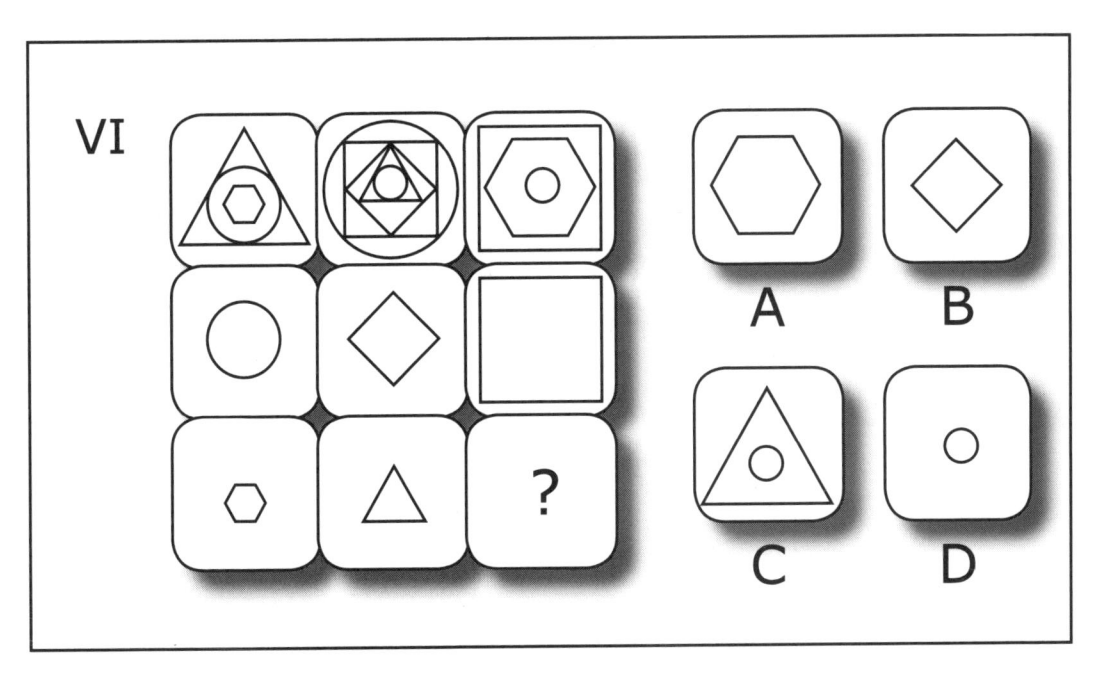

V11 Welche Grafik A bis D ersetzt das Fragezeichen?

Visuelle Intelligenz

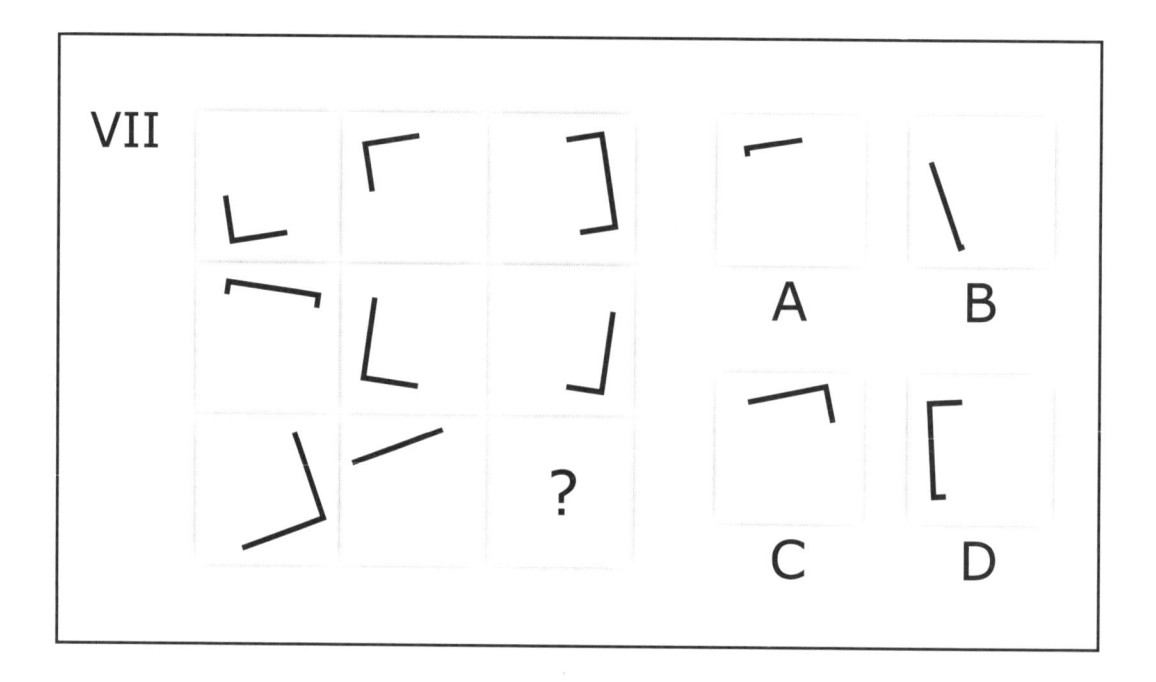

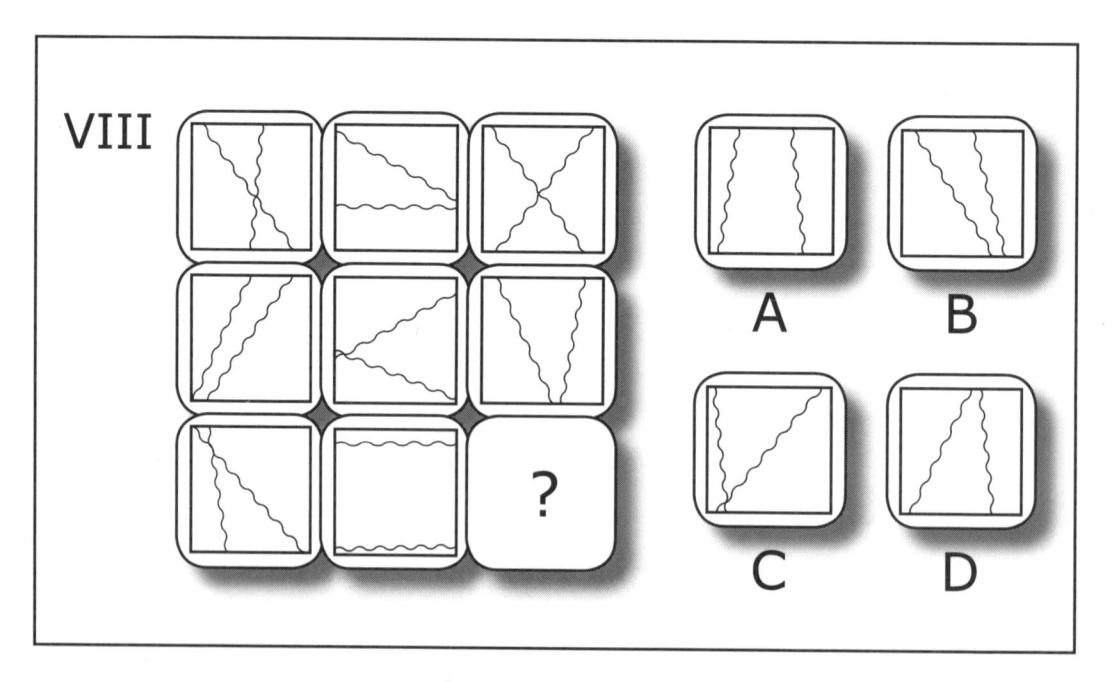

V11 Welche Grafik A bis D ersetzt das Fragezeichen?

VII

VIII

Visuelle Intelligenz

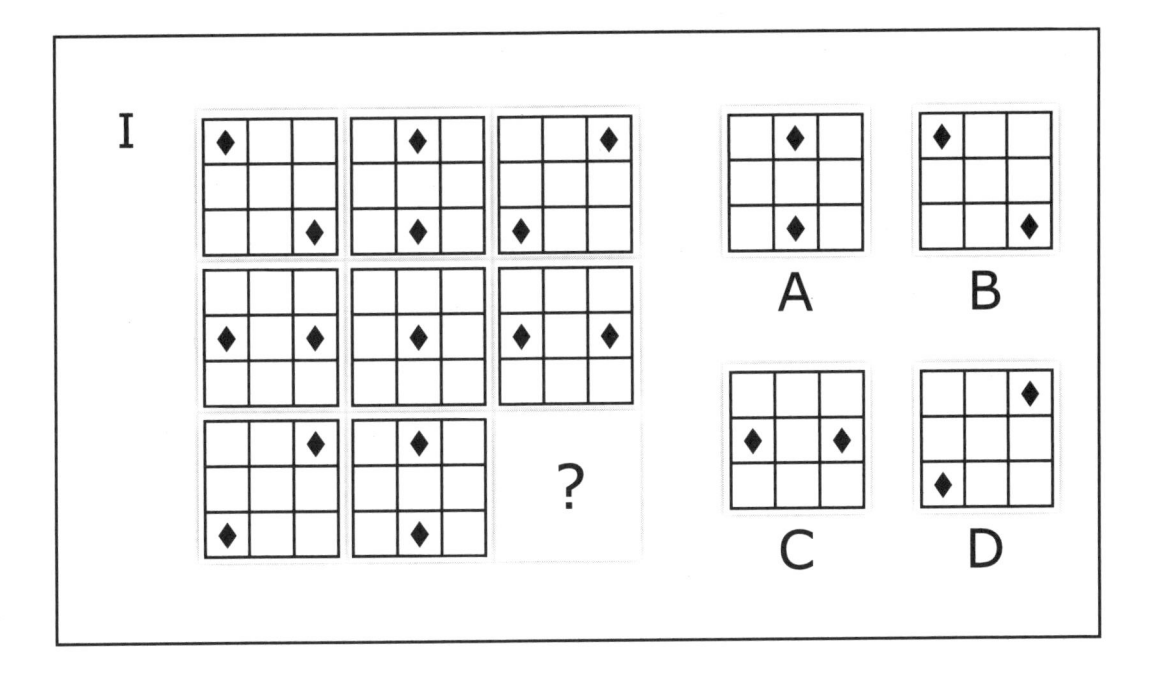

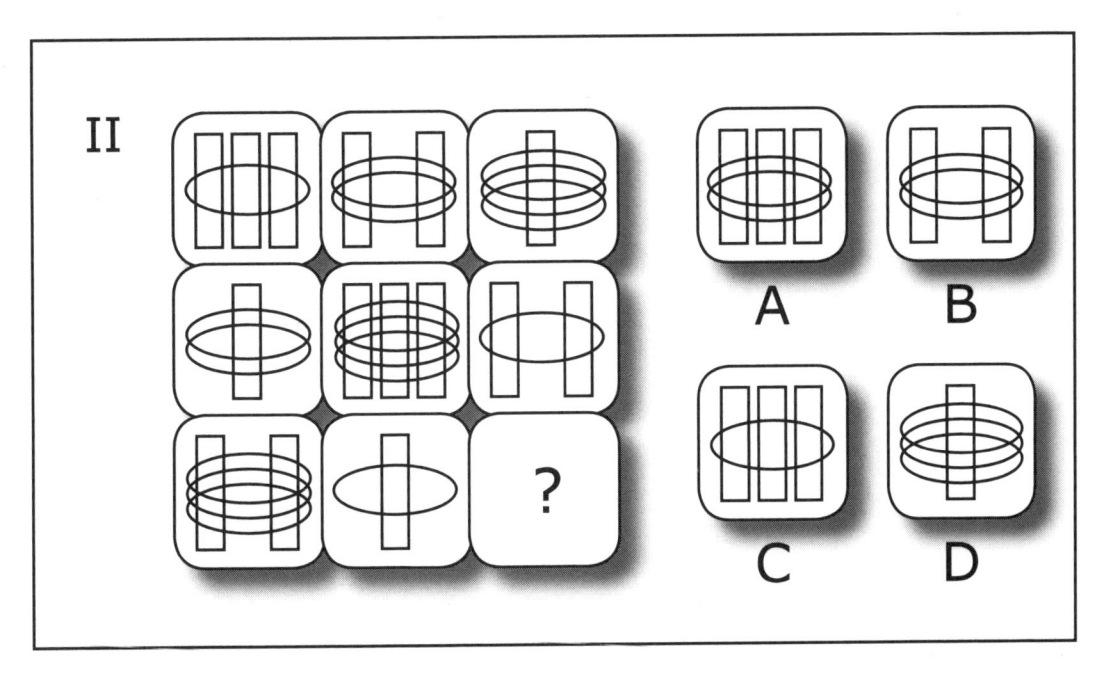

V12 Welche Grafik A bis D ersetzt das Fragezeichen?

I

II

Visuelle Intelligenz

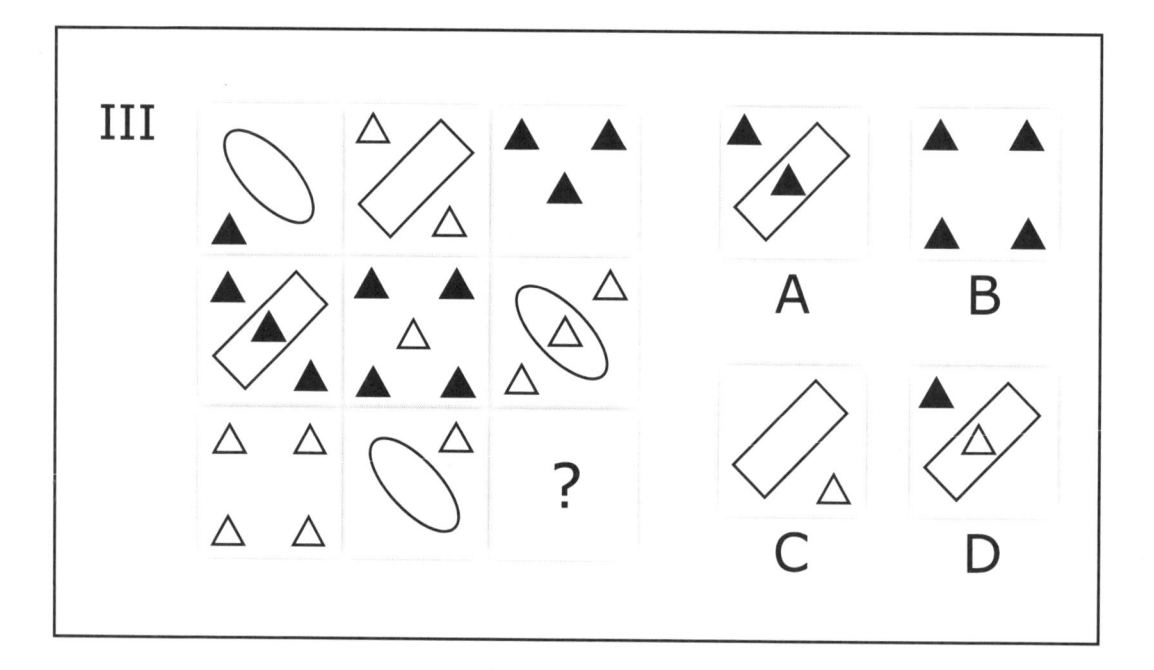

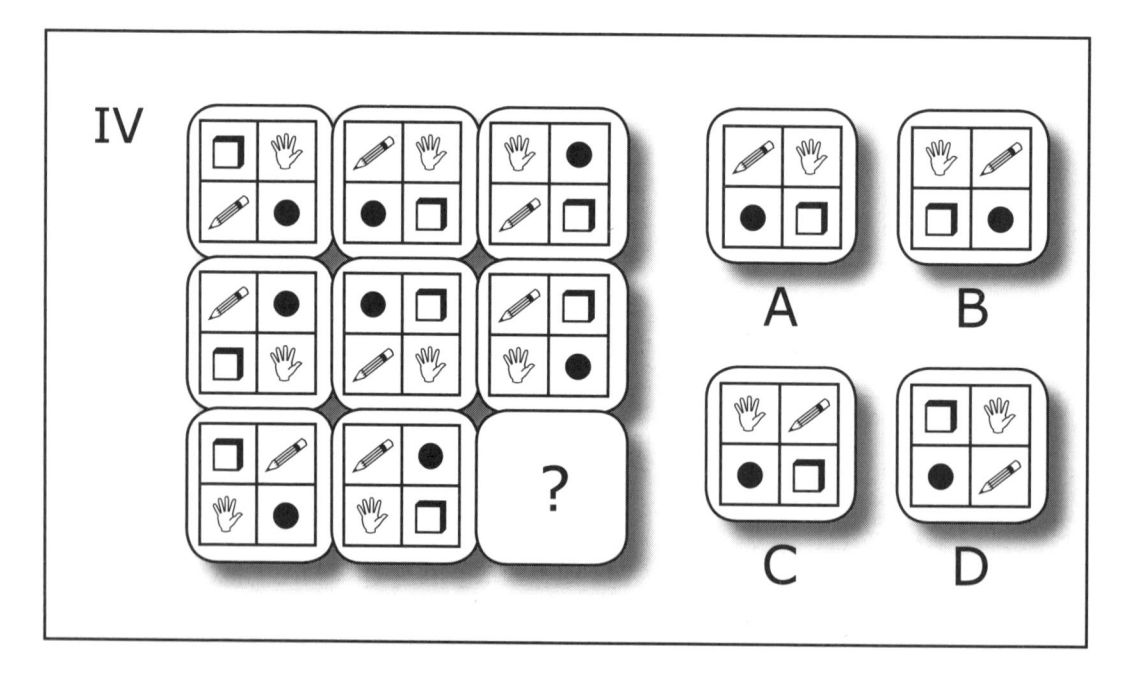

V12 Welche Grafik A bis D ersetzt das Fragezeichen?

Visuelle Intelligenz

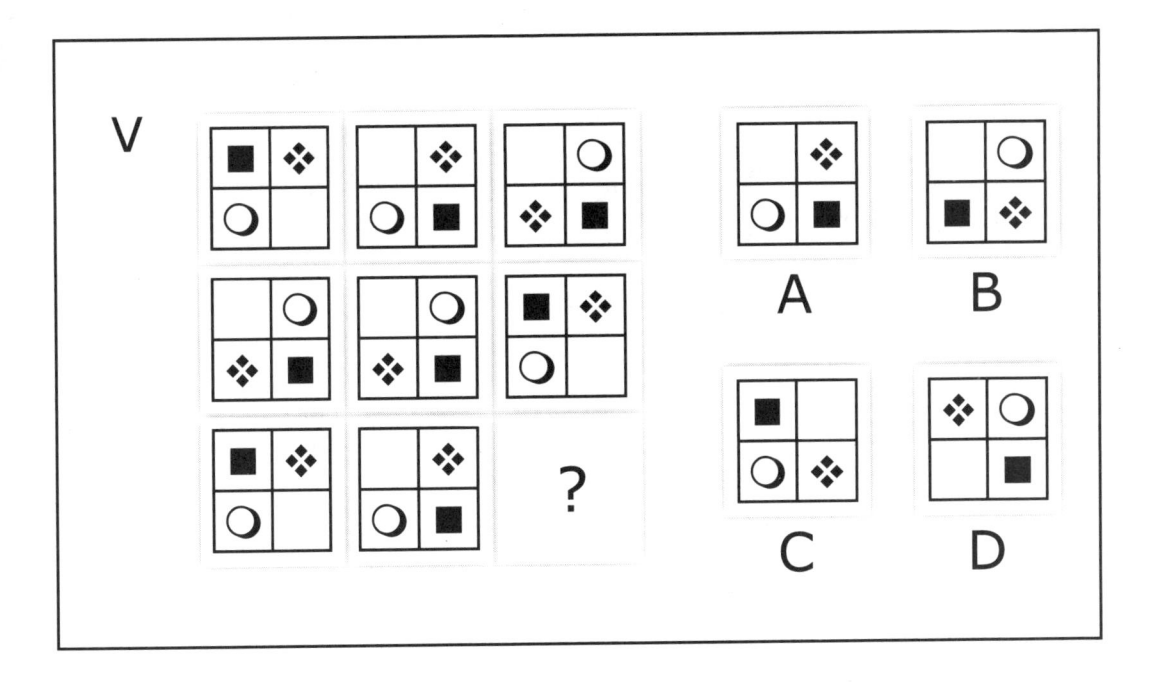

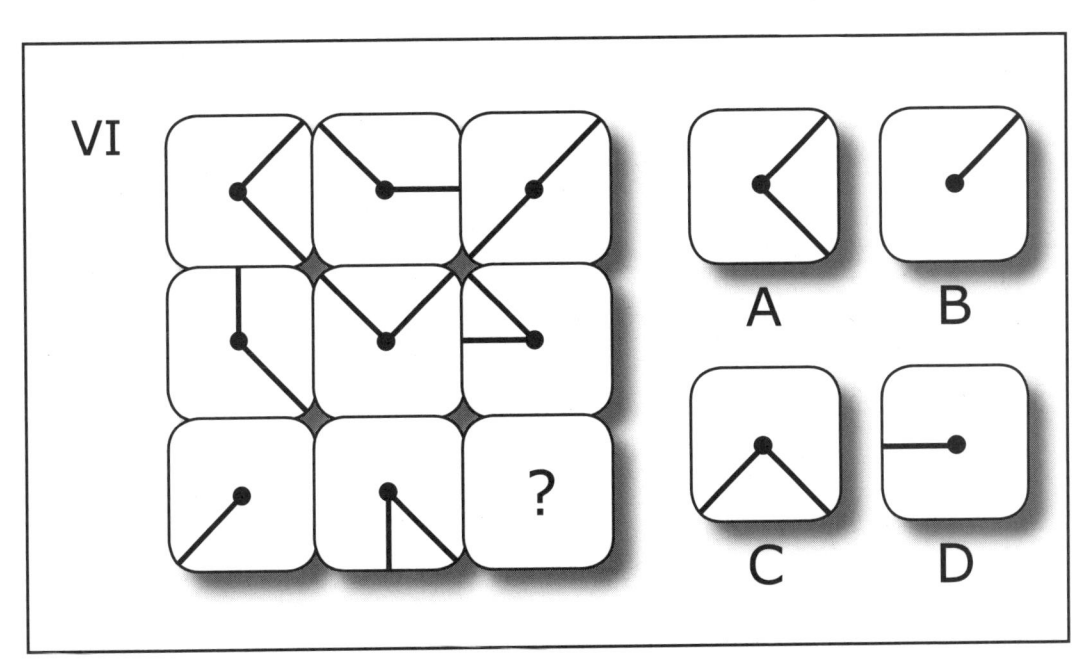

V12 Welche Grafik A bis D ersetzt das Fragezeichen?

V

VI

Visuelle Intelligenz

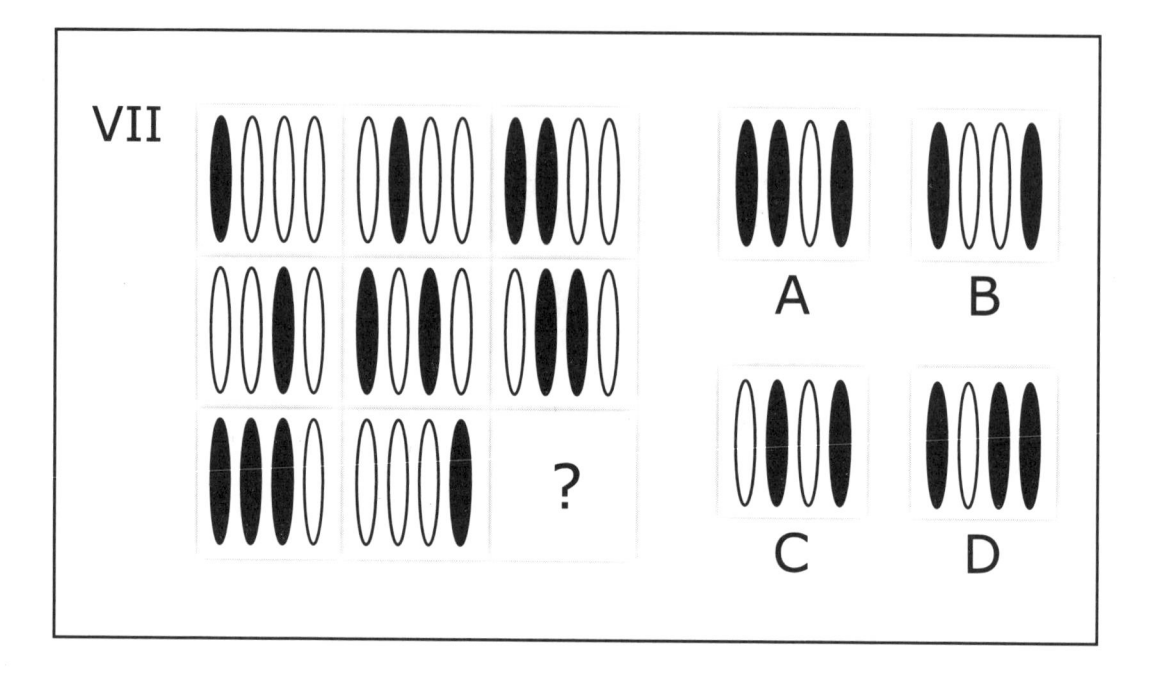

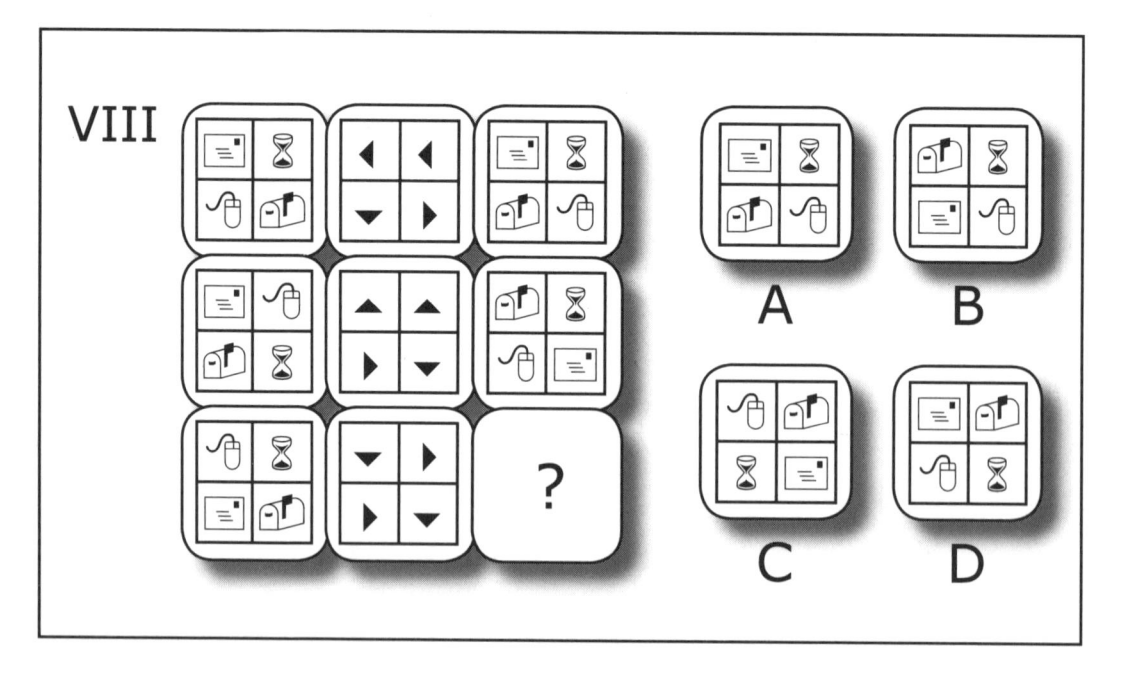

V12 Welche Grafik A bis D ersetzt das Fragezeichen?

VII

VIII

Visuelle Intelligenz

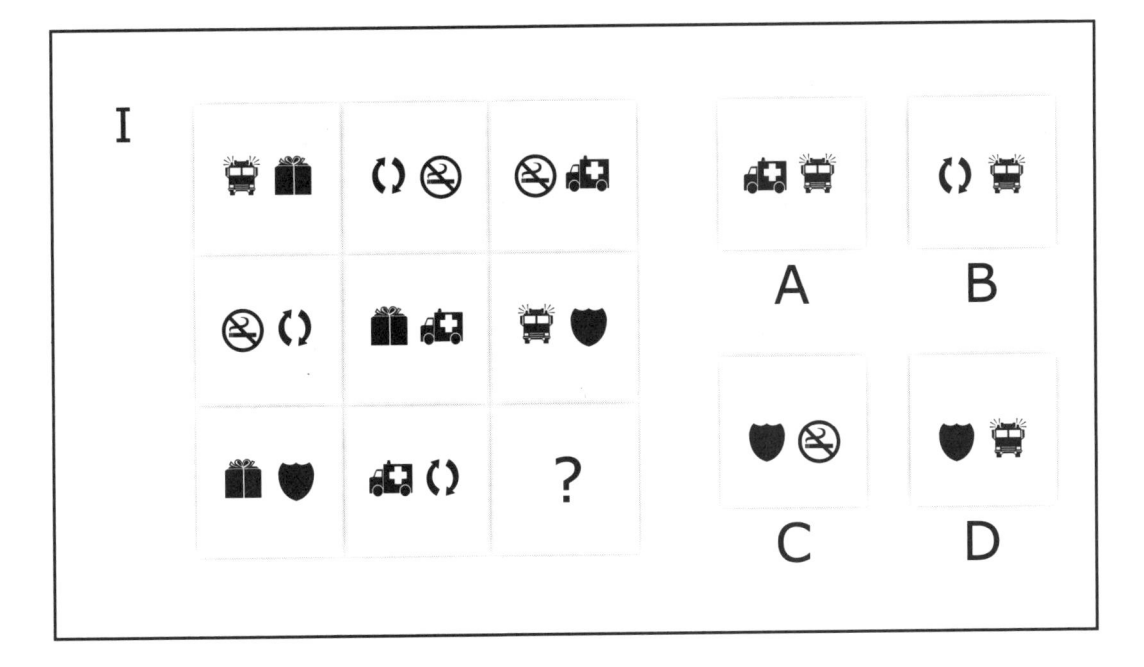

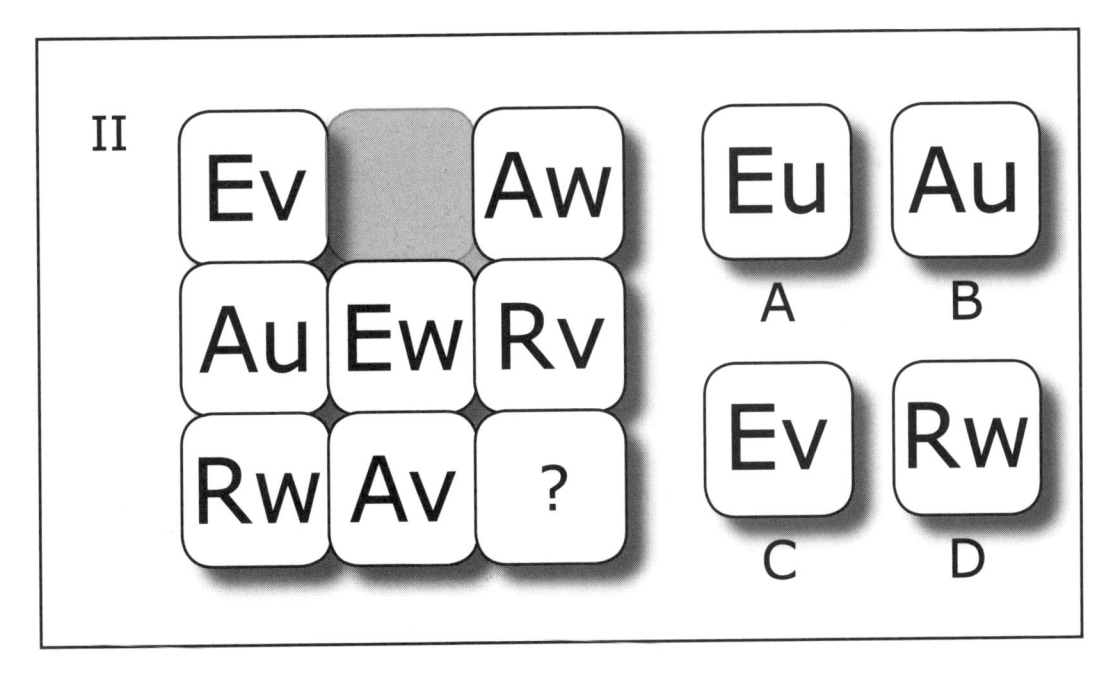

V13 Welche Grafik A bis D ersetzt das Fragezeichen?

I

II

Visuelle Intelligenz

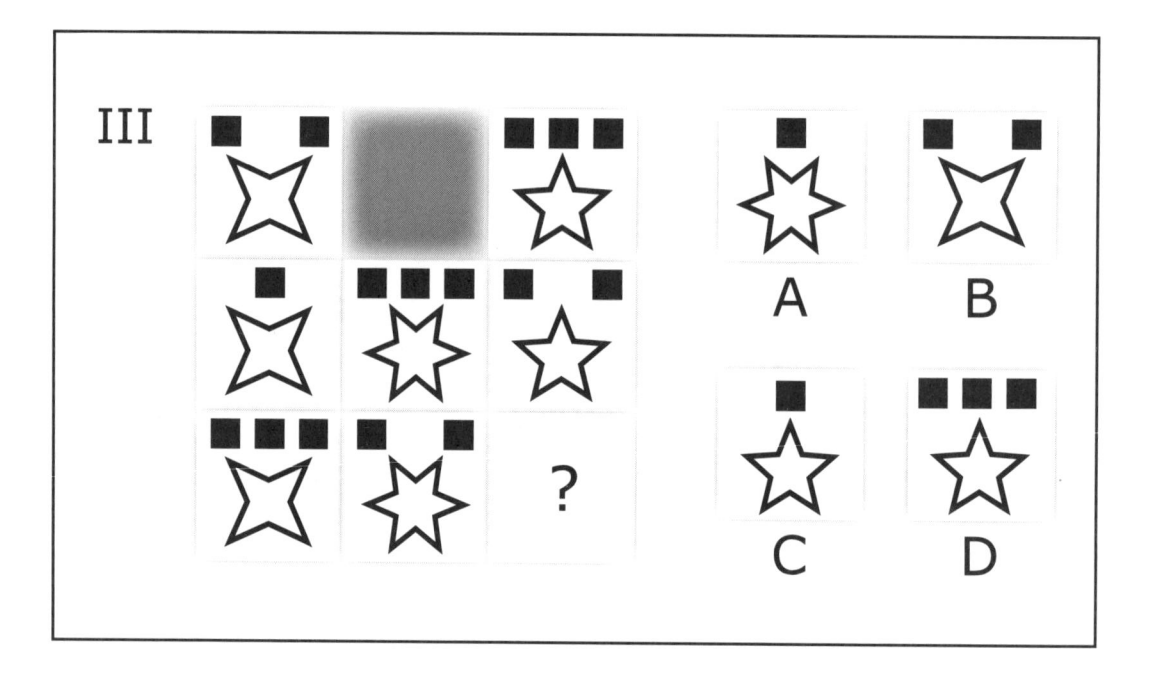

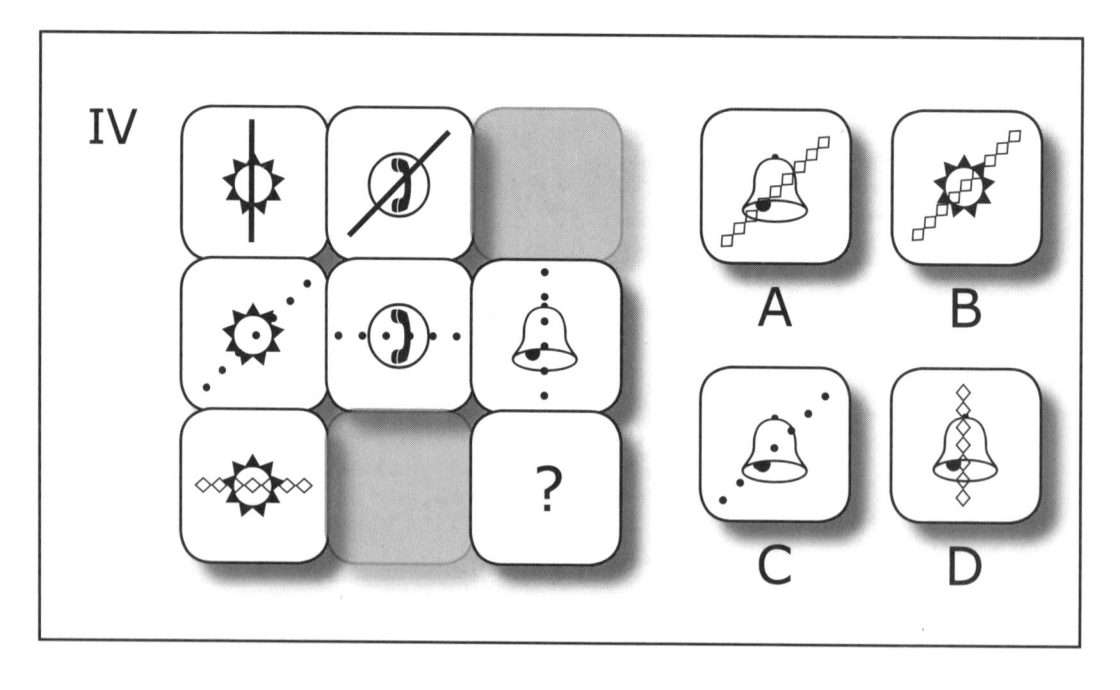

V13 Welche Grafik A bis D ersetzt das Fragezeichen?

III

IV

Visuelle Intelligenz

V13 Welche Grafik A bis D ersetzt das Fragezeichen?

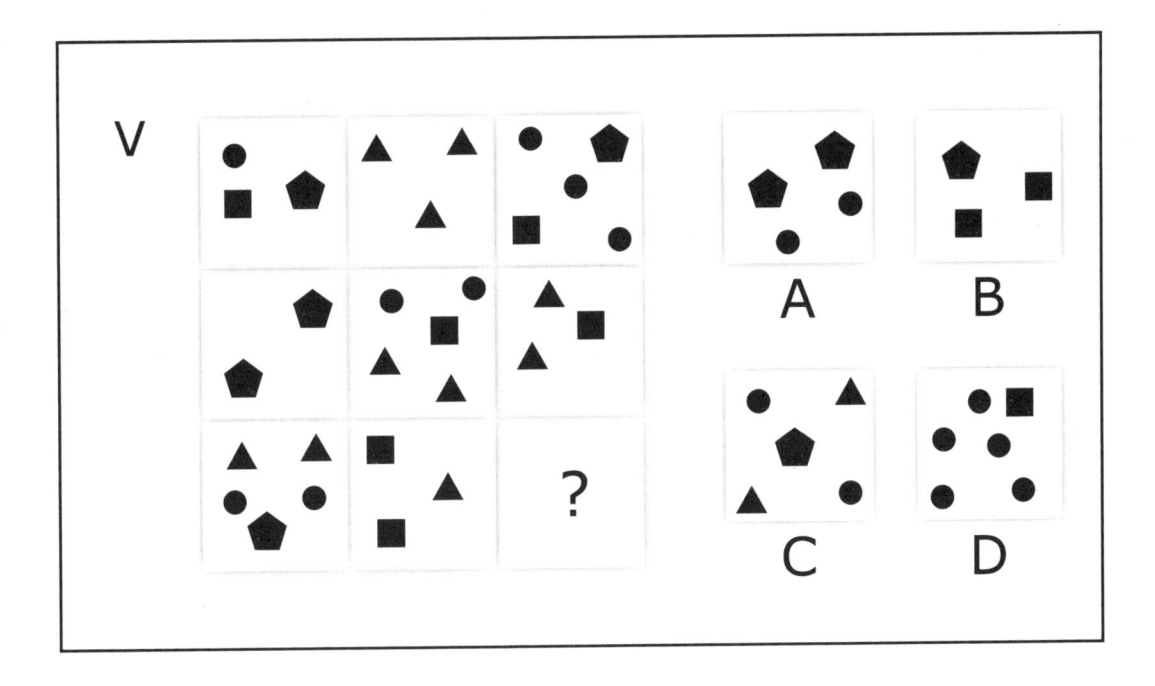

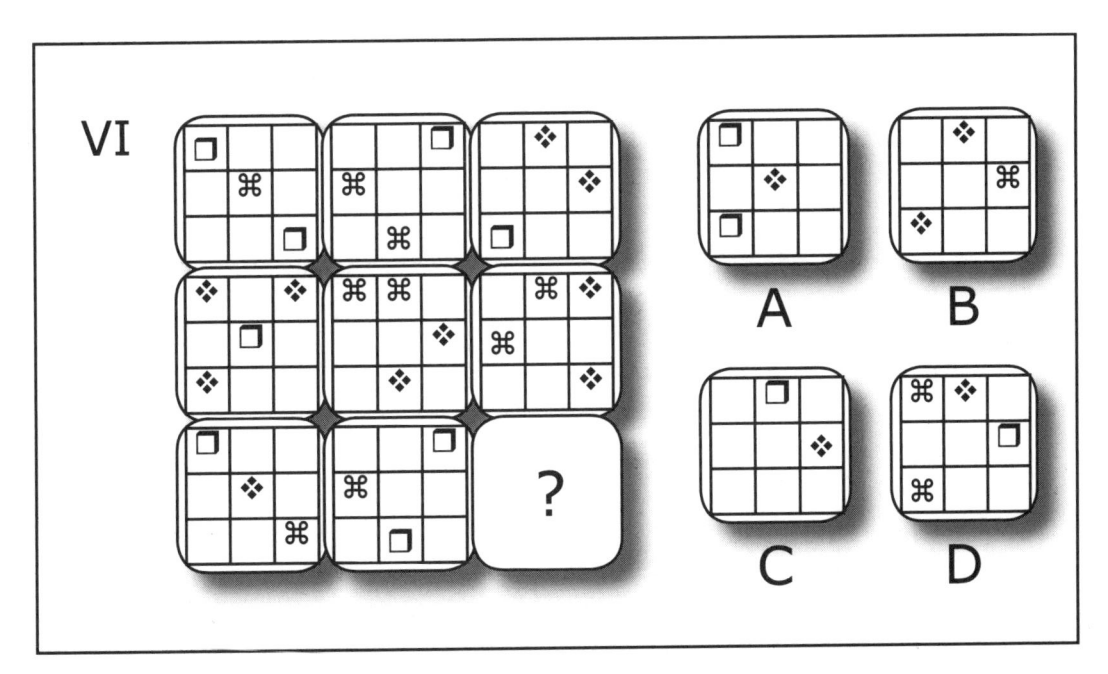

Visuelle Intelligenz

V13   Welche Grafik A bis D ersetzt das Fragezeichen?

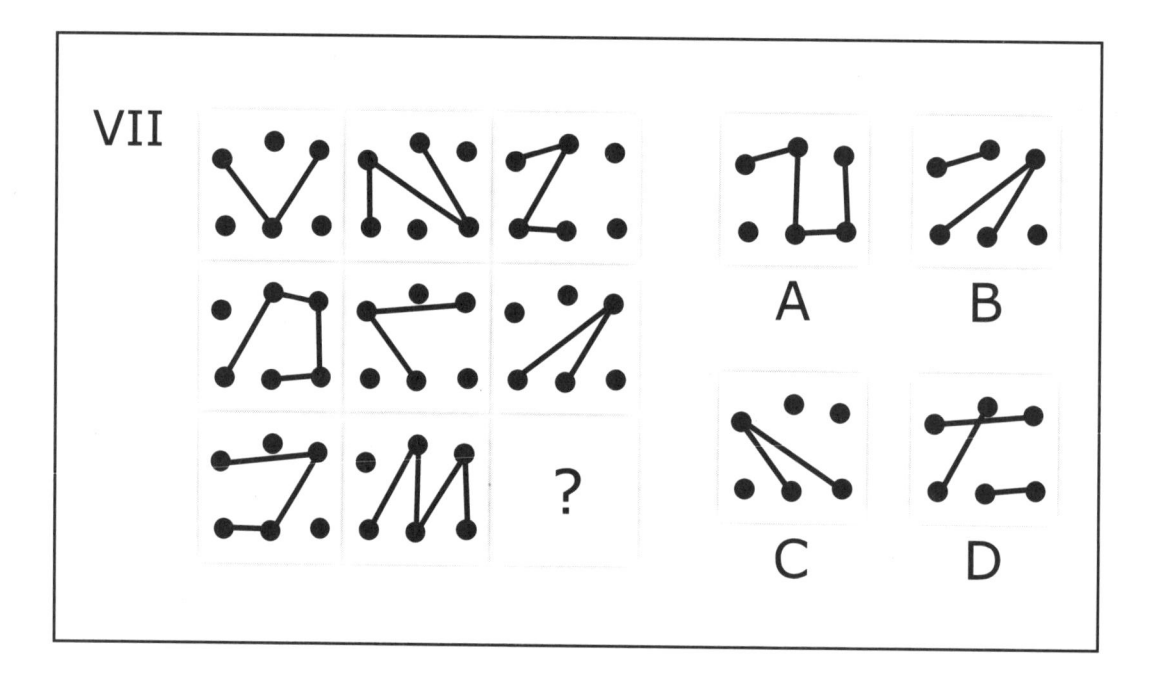

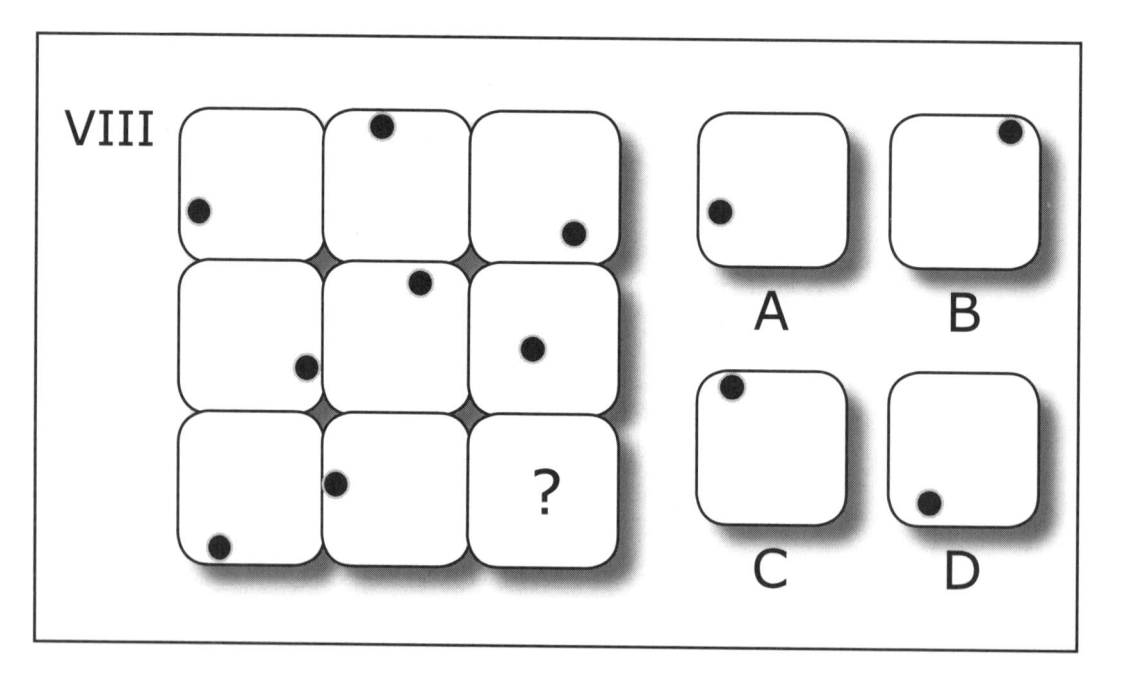

VII

VIII

Visuelle Intelligenz

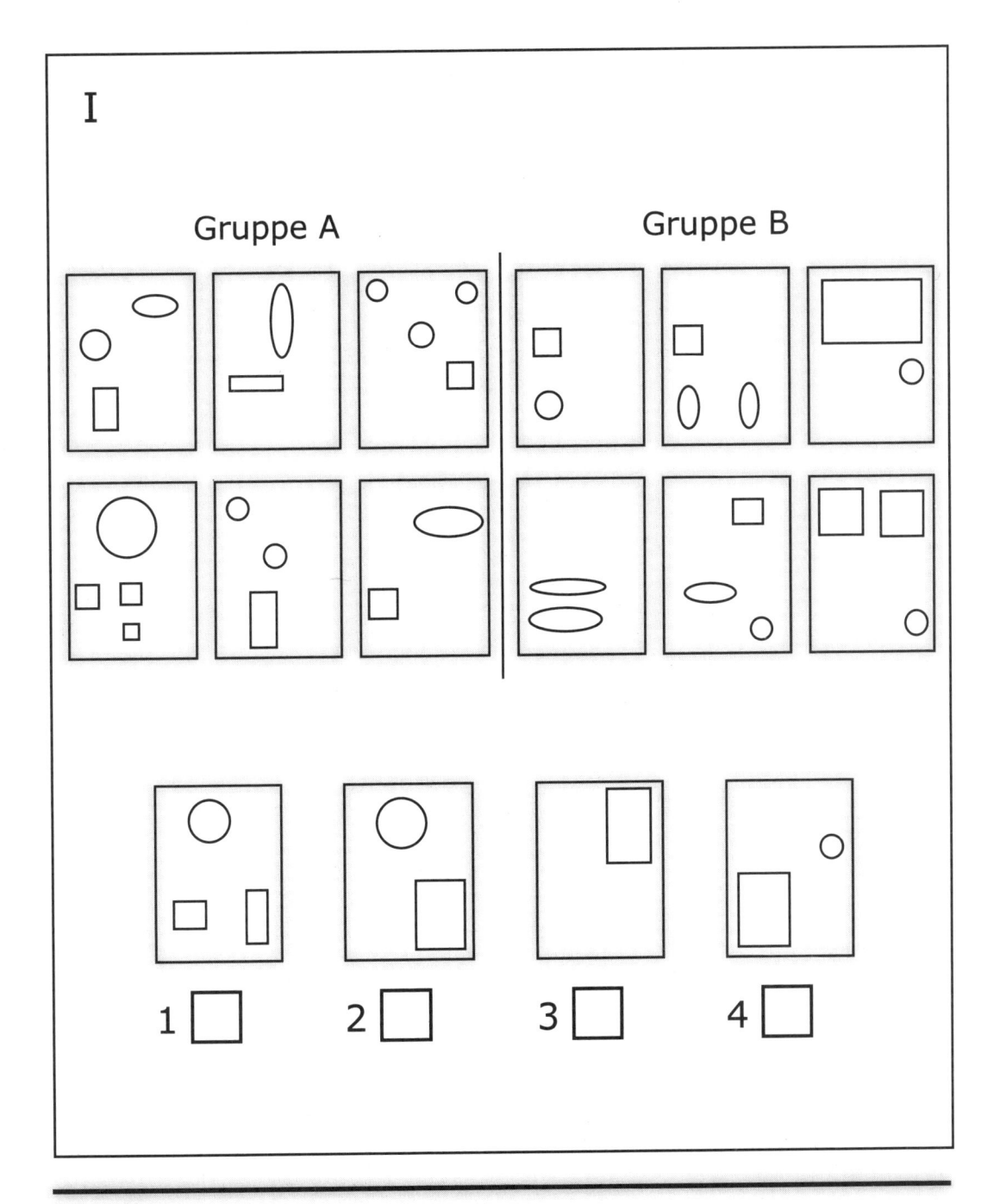

V14
Was unterscheidet Gruppe A von Gruppe B?
Ordnen Sie jede der unteren Grafiken 1 bis 4 der jeweils passenden Gruppe zu.

I

Gruppe A | Gruppe B

1 ☐   2 ☐   3 ☐   4 ☐

IQ Übungen 327

Visuelle Intelligenz

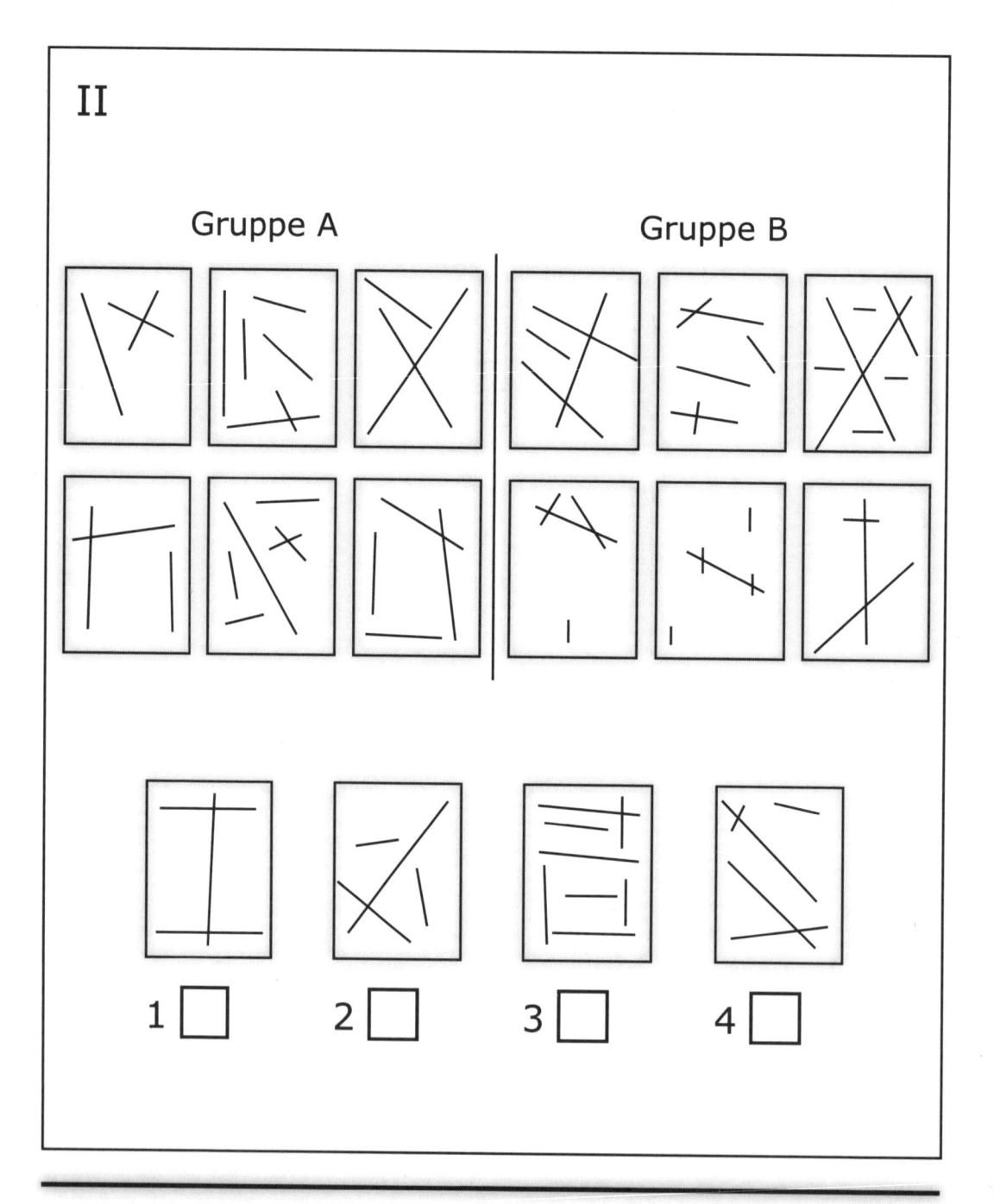

V14
Was unterscheidet Gruppe A von Gruppe B?
Ordnen Sie jede der unteren Grafiken 1 bis 4 der jeweils passenden Gruppe zu.

II

Gruppe A | Gruppe B

1 ☐   2 ☐   3 ☐   4 ☐

Visuelle Intelligenz

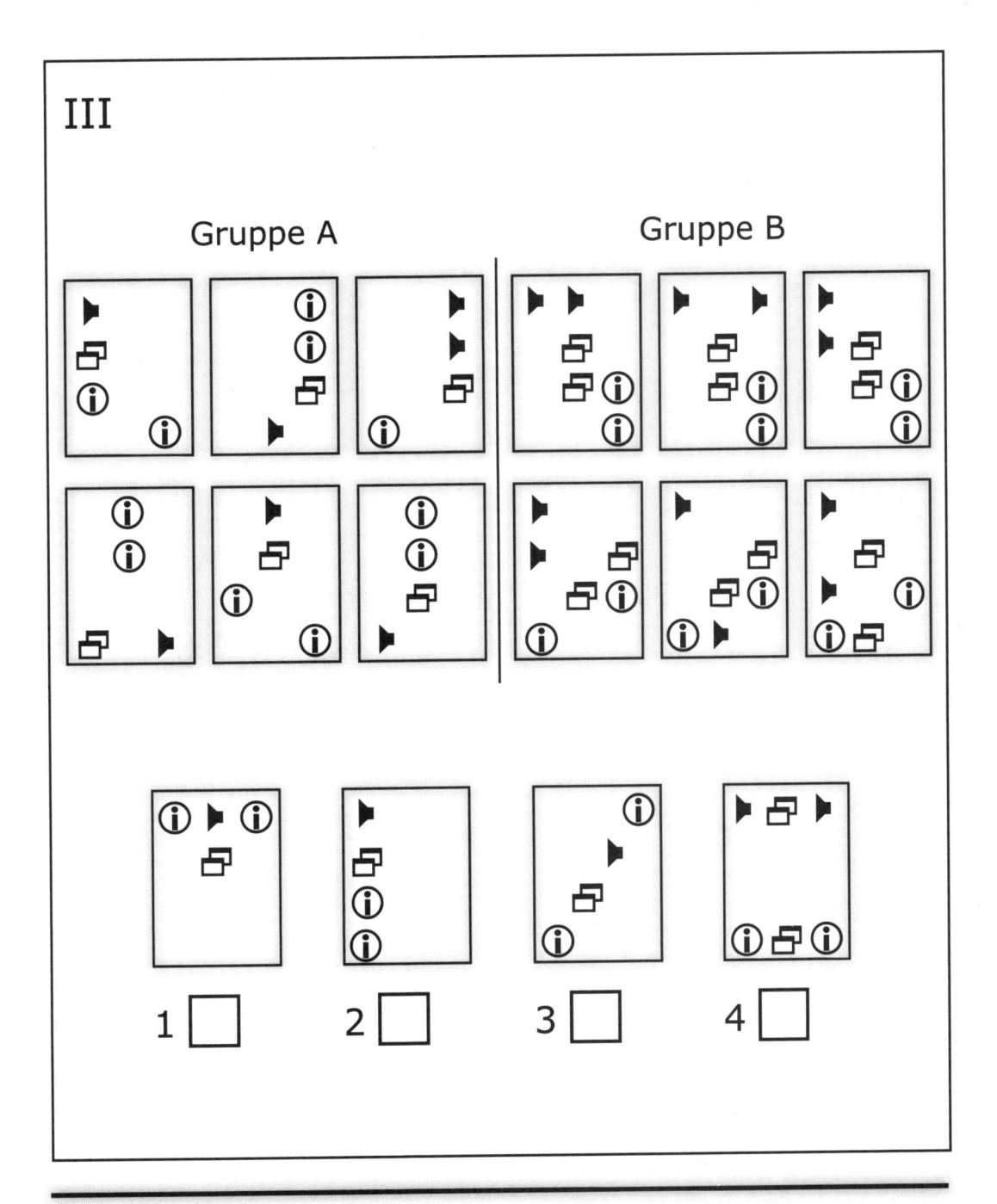

V14
Was unterscheidet Gruppe A von Gruppe B?
Ordnen Sie jede der unteren Grafiken 1 bis 4 der jeweils passenden Gruppe zu.

III

Gruppe A   Gruppe B

1 ☐   2 ☐   3 ☐   4 ☐

Visuelle Intelligenz

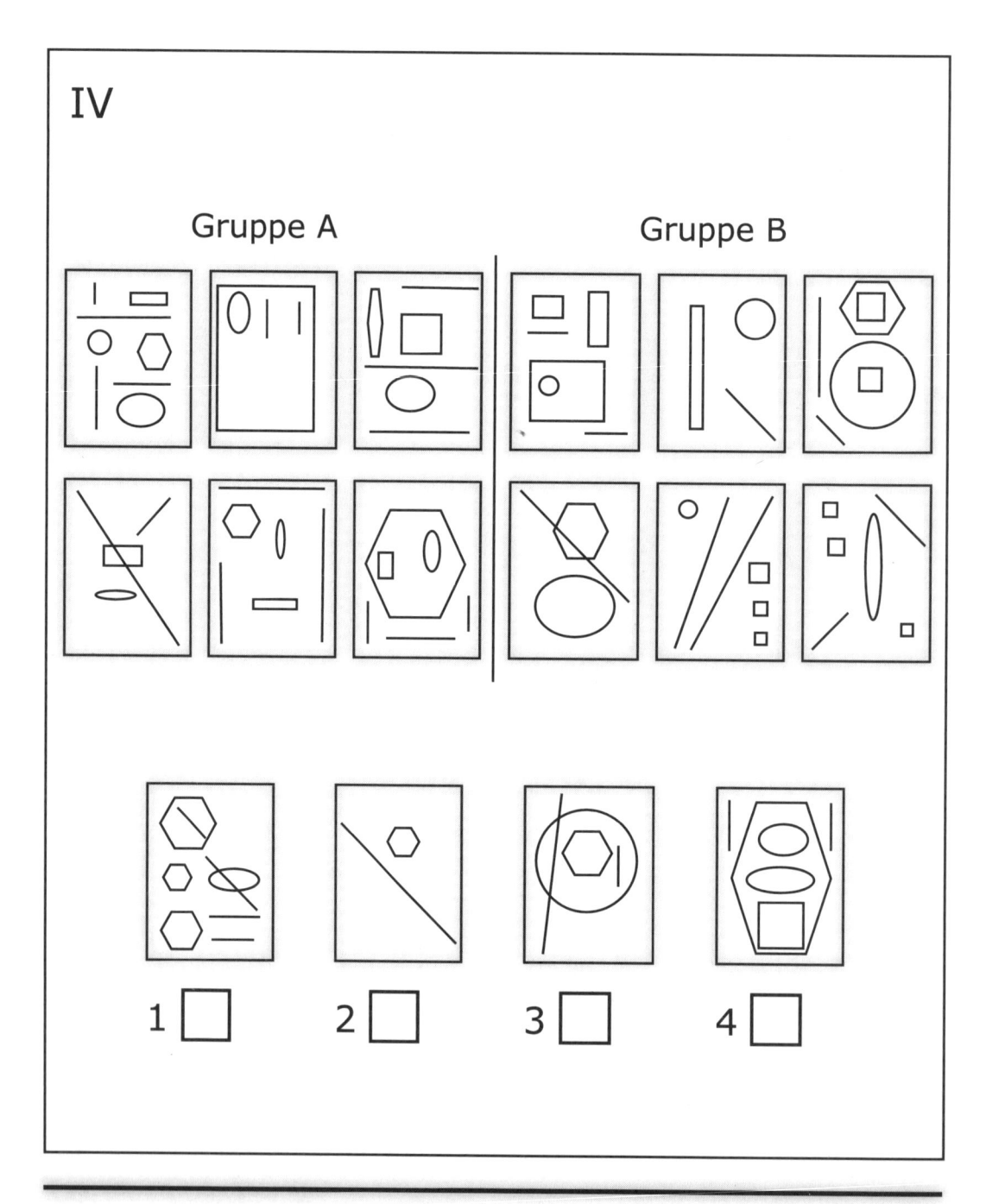

V14 Was unterscheidet Gruppe A von Gruppe B?
Ordnen Sie jede der unteren Grafiken 1 bis 4 der jeweils passenden Gruppe zu.

IV

Gruppe A   Gruppe B

1 ☐   2 ☐   3 ☐   4 ☐

V15

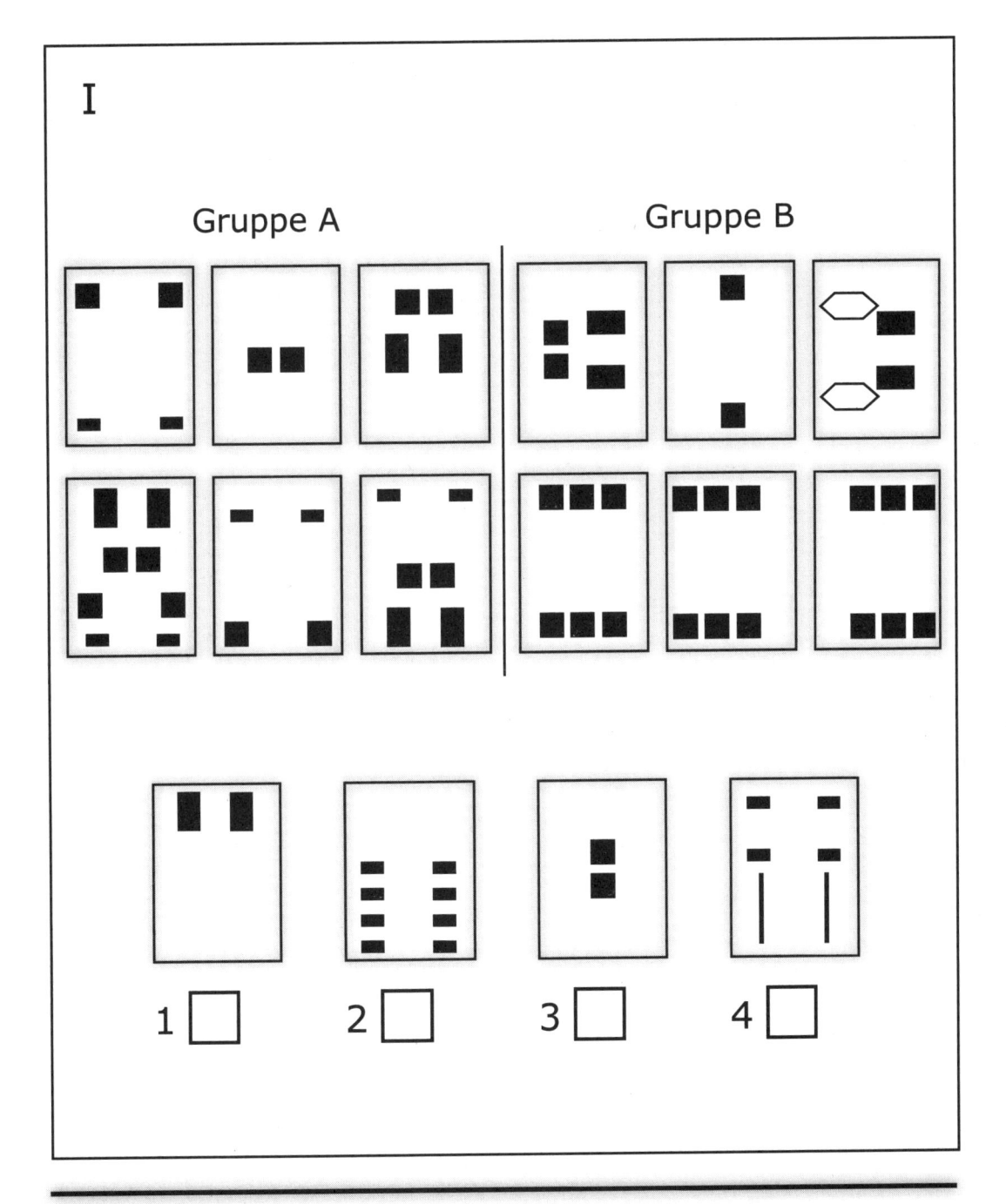

Was unterscheidet Gruppe A von Gruppe B?
Ordnen Sie jede der unteren Grafiken 1 bis 4 der jeweils passenden Gruppe zu.

I

Gruppe A   Gruppe B

1 ☐   2 ☐   3 ☐   4 ☐

Visuelle Intelligenz

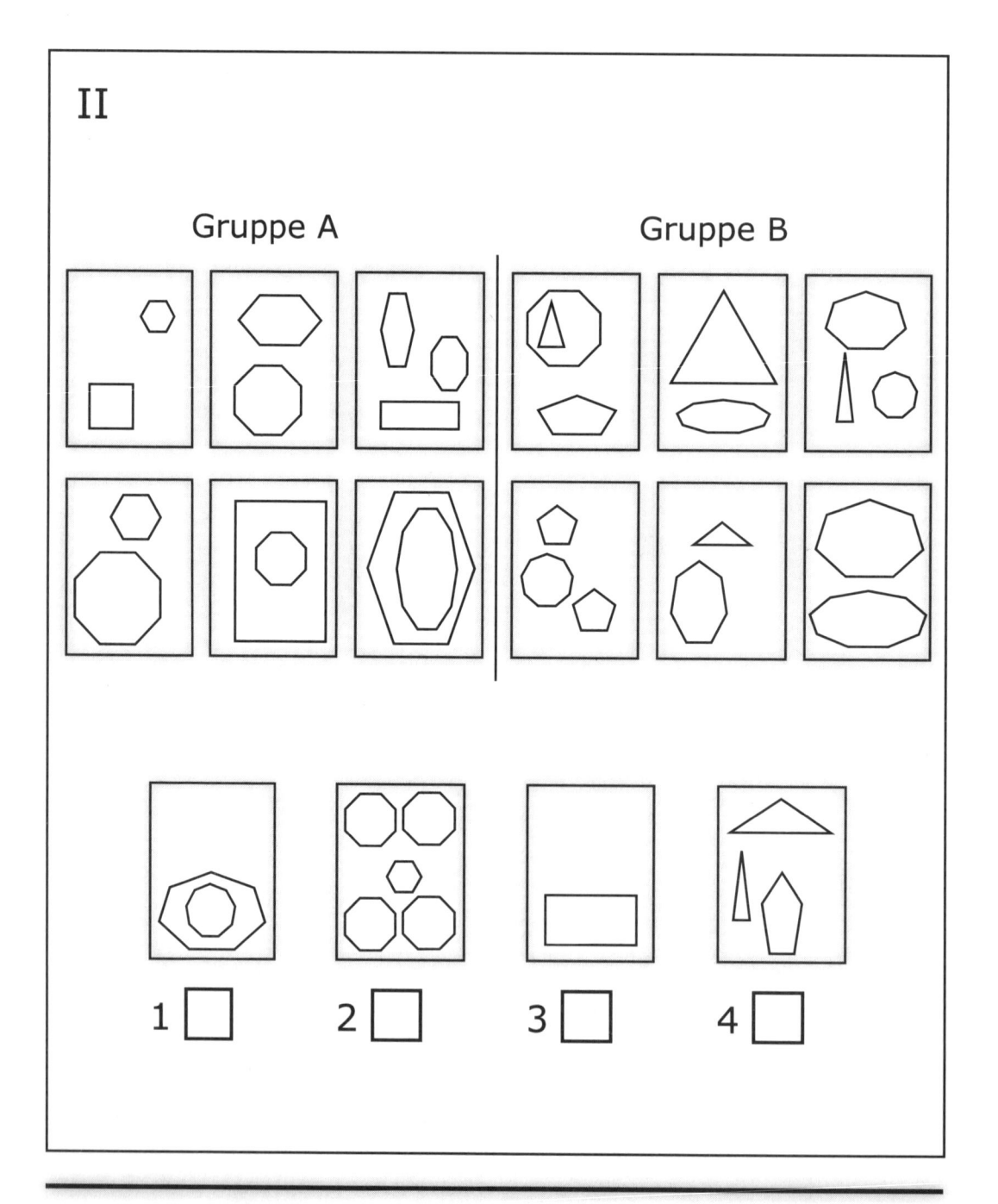

V15 Was unterscheidet Gruppe A von Gruppe B?
Ordnen Sie jede der unteren Grafiken 1 bis 4 der jeweils passenden Gruppe zu.

II

Gruppe A   Gruppe B

1 ☐   2 ☐   3 ☐   4 ☐

V15

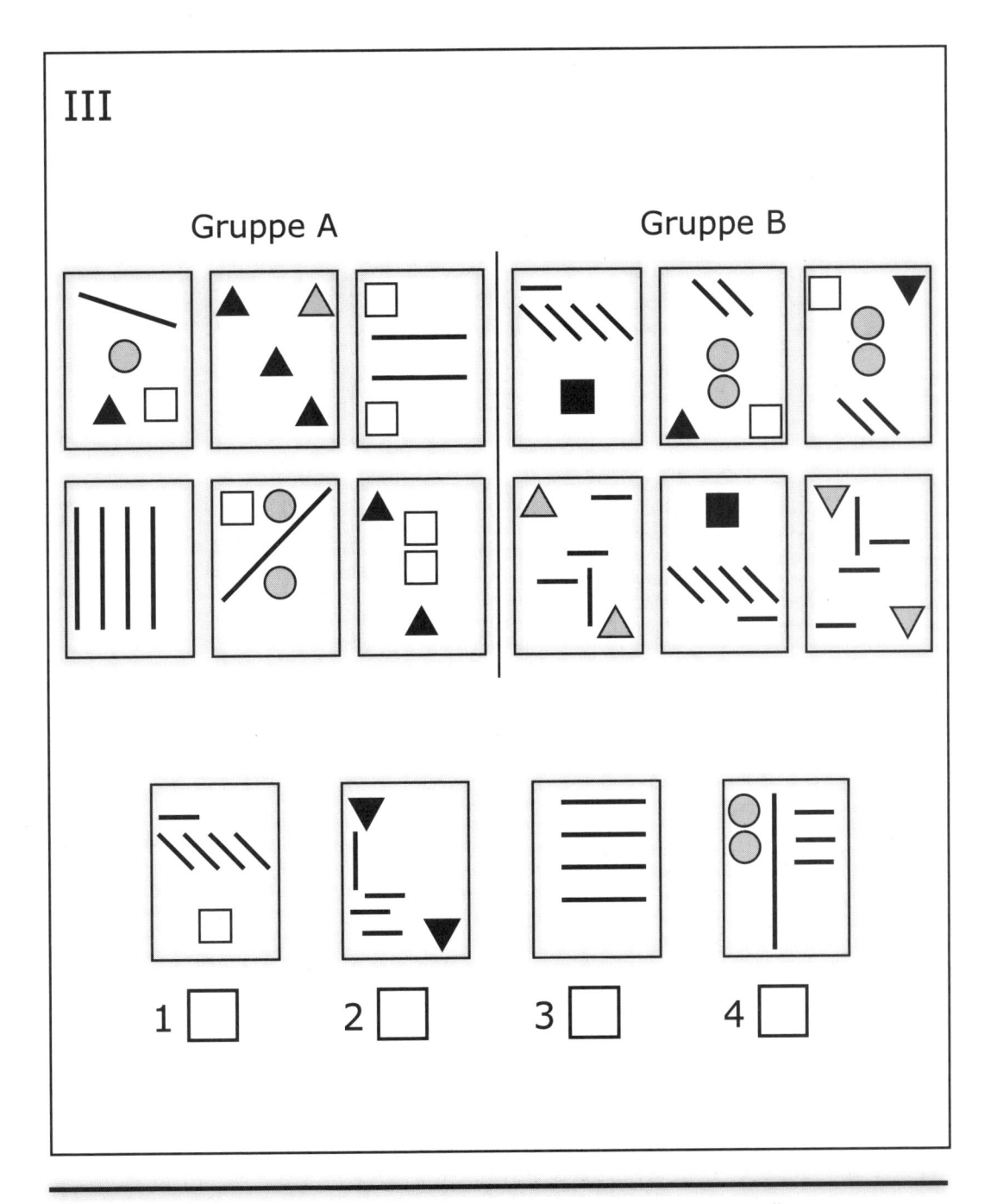

Was unterscheidet Gruppe A von Gruppe B?
Ordnen Sie jede der unteren Grafiken 1 bis 4 der jeweils passenden Gruppe zu.

III

Gruppe A   Gruppe B

1 ☐   2 ☐   3 ☐   4 ☐

Visuelle Intelligenz

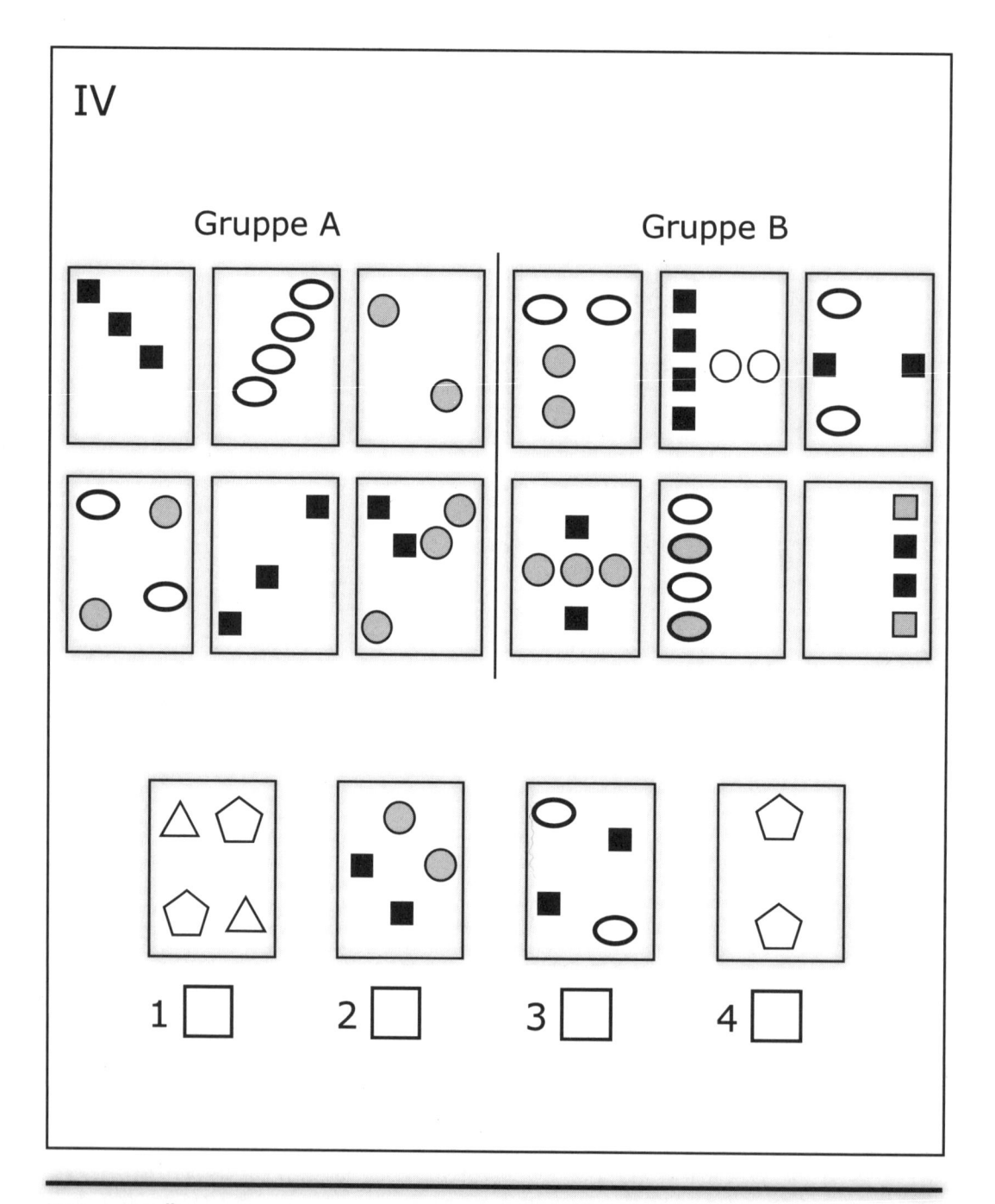

V15 Was unterscheidet Gruppe A von Gruppe B?
Ordnen Sie jede der unteren Grafiken 1 bis 4 der jeweils passenden Gruppe zu.

IV

Gruppe A   Gruppe B

1 ☐   2 ☐   3 ☐   4 ☐

Visuelle Intelligenz

V16   Welche Würfelansicht setzt die Reihe fort?

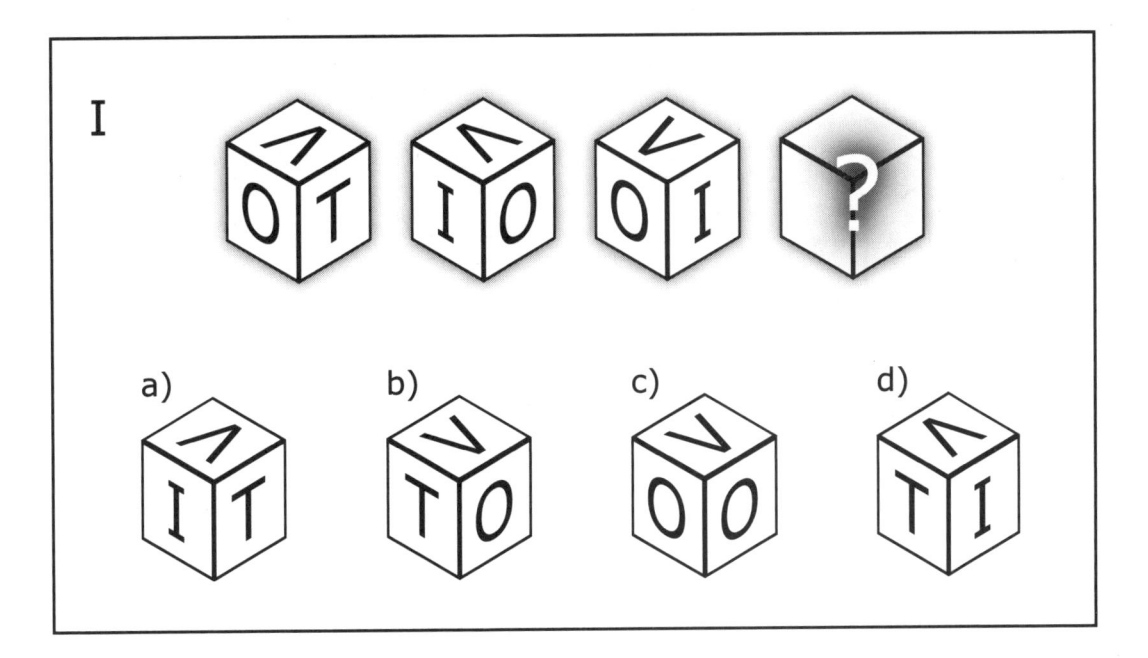

I

a)   b)   c)   d)

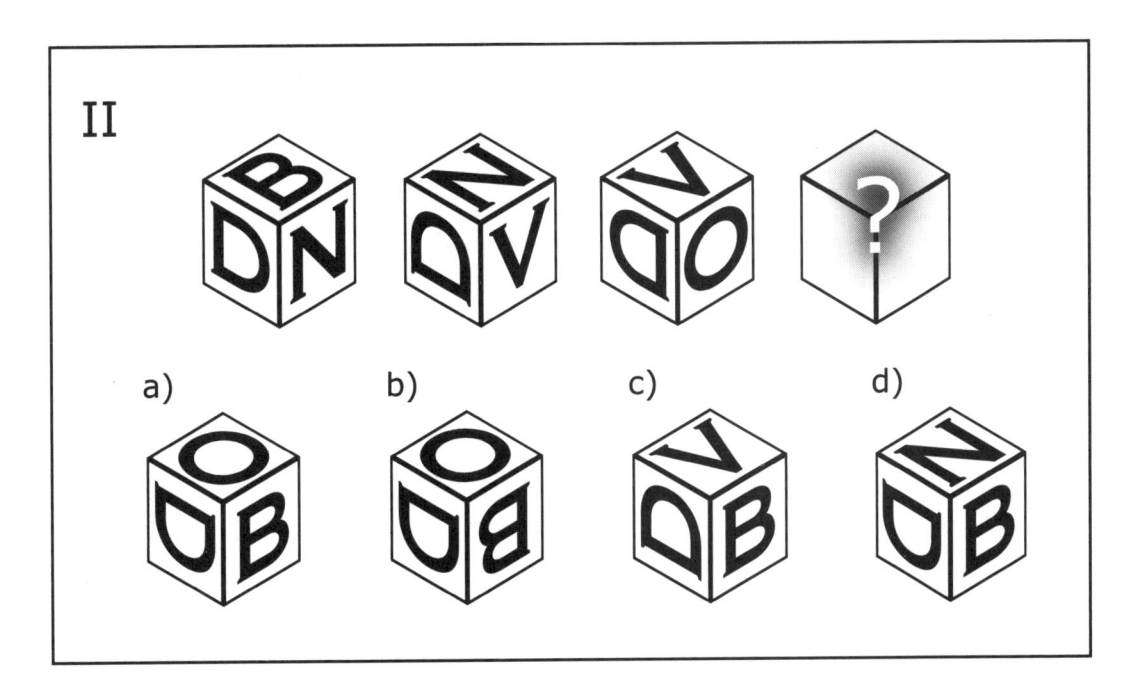

II

a)   b)   c)   d)

Visuelle Intelligenz

V16 Welche Würfelansicht setzt die Reihe fort?

III

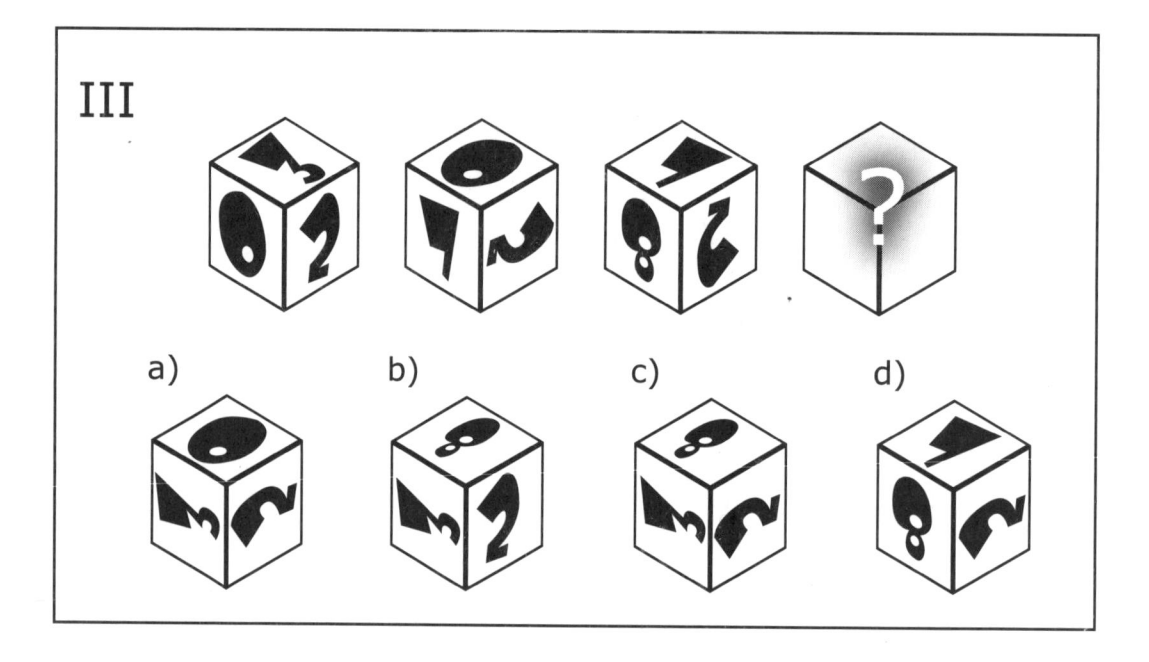

a) b) c) d)

IV

a) b) c) d)

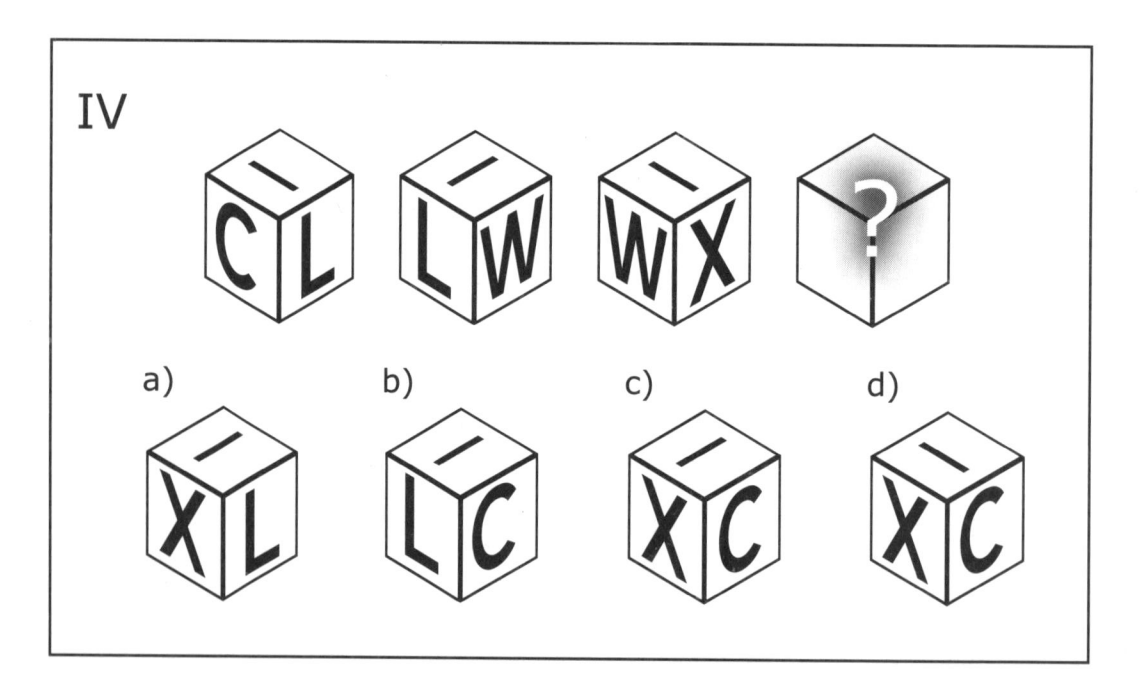

Visuelle Intelligenz

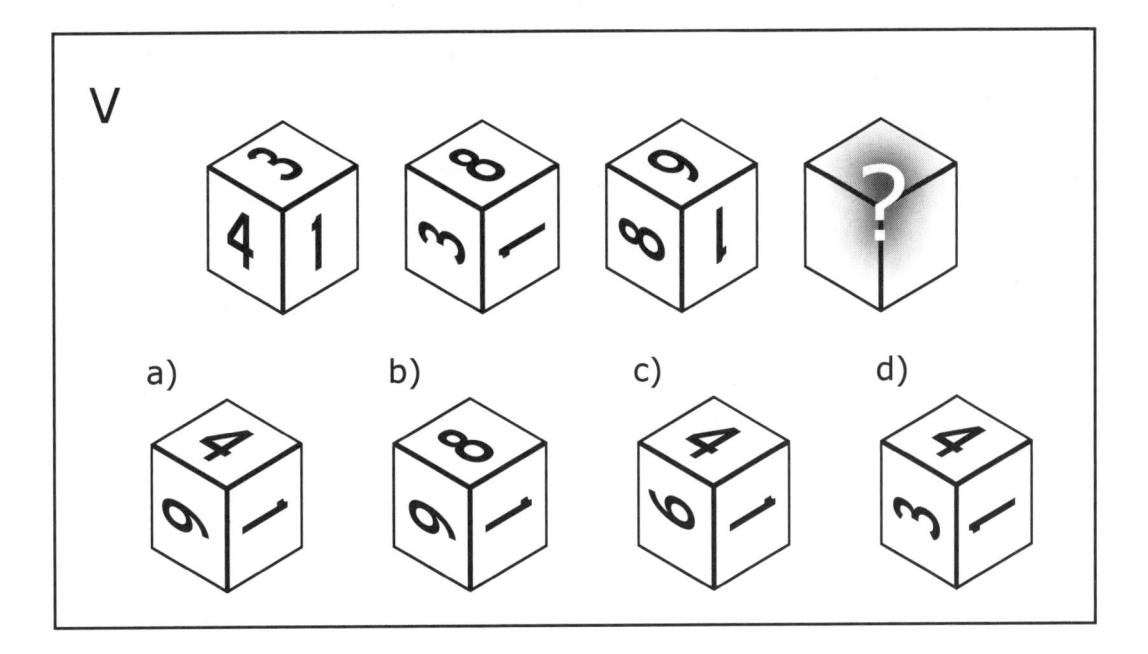

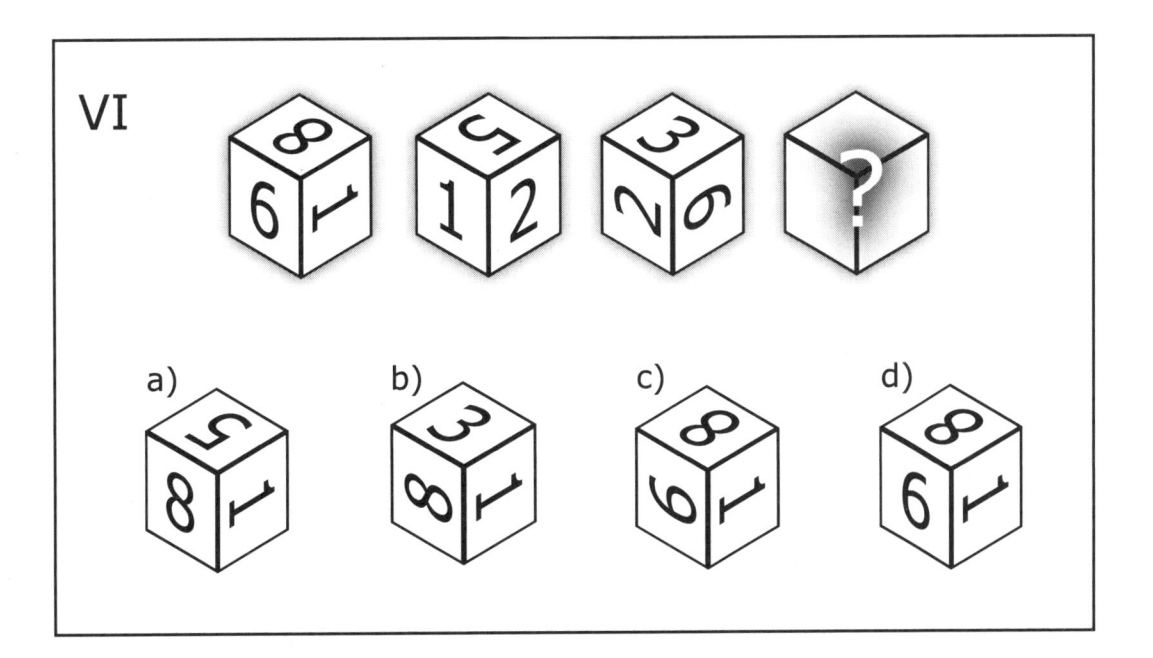

V16 Welche Würfelansicht setzt die Reihe fort?

Visuelle Intelligenz

V16 Welche Würfelansicht setzt die Reihe fort?

VII

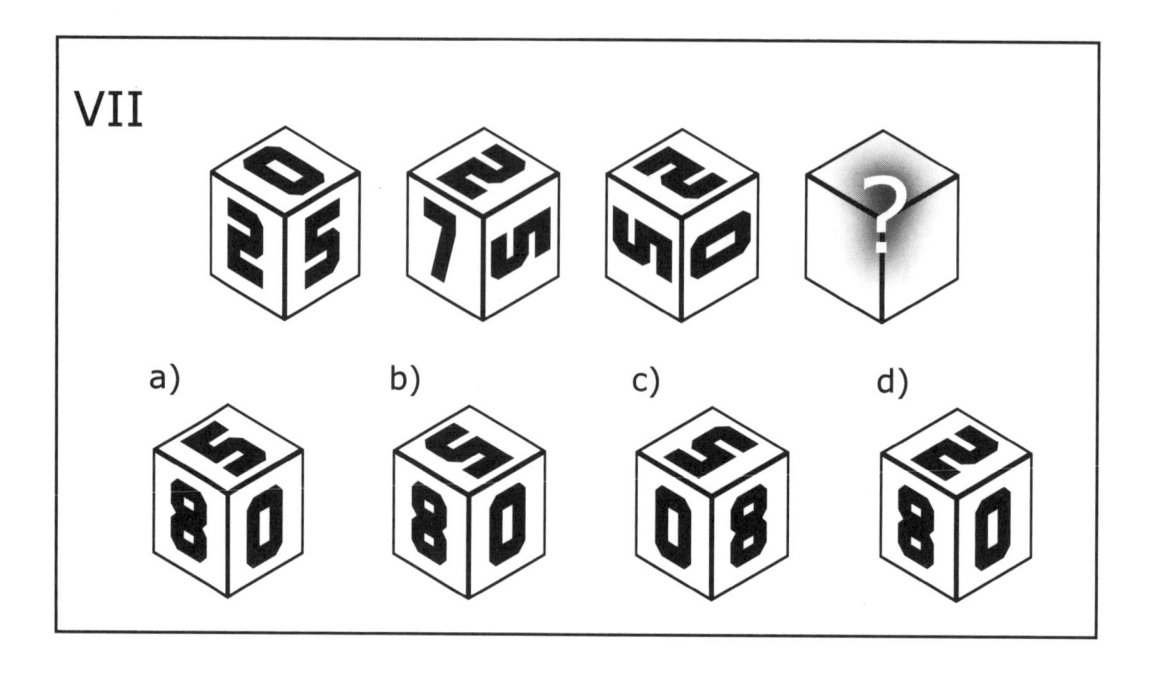

a) b) c) d)

VIII

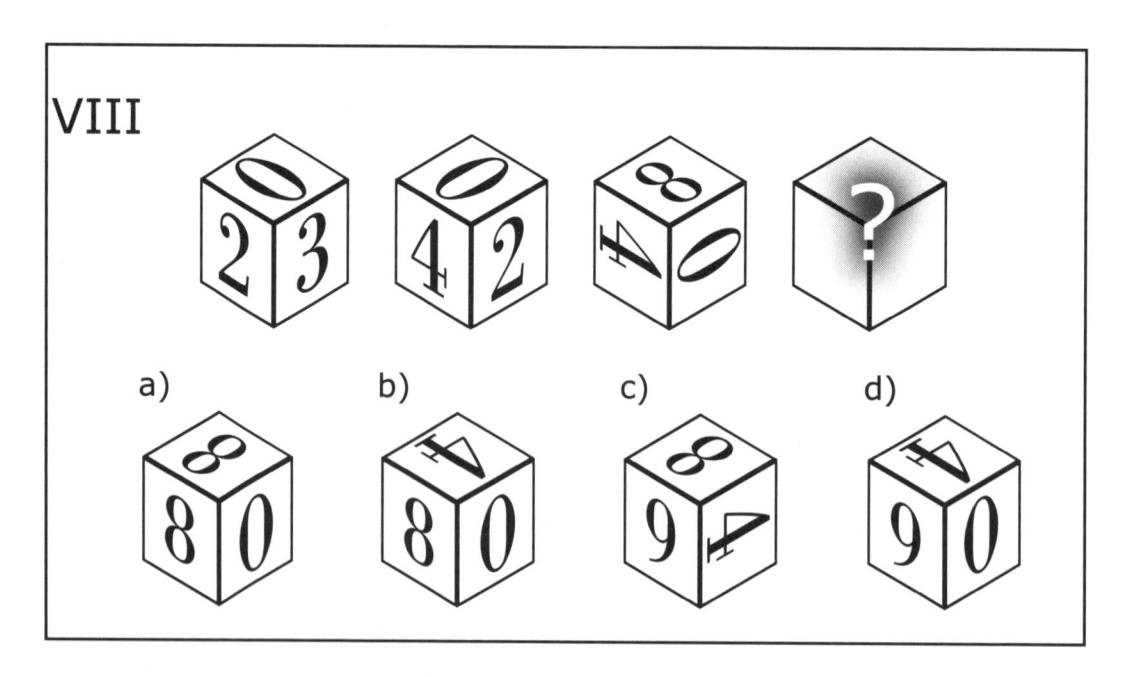

a) b) c) d)

Visuelle Intelligenz

V17   Welche Würfelansicht setzt die Reihe fort?

I

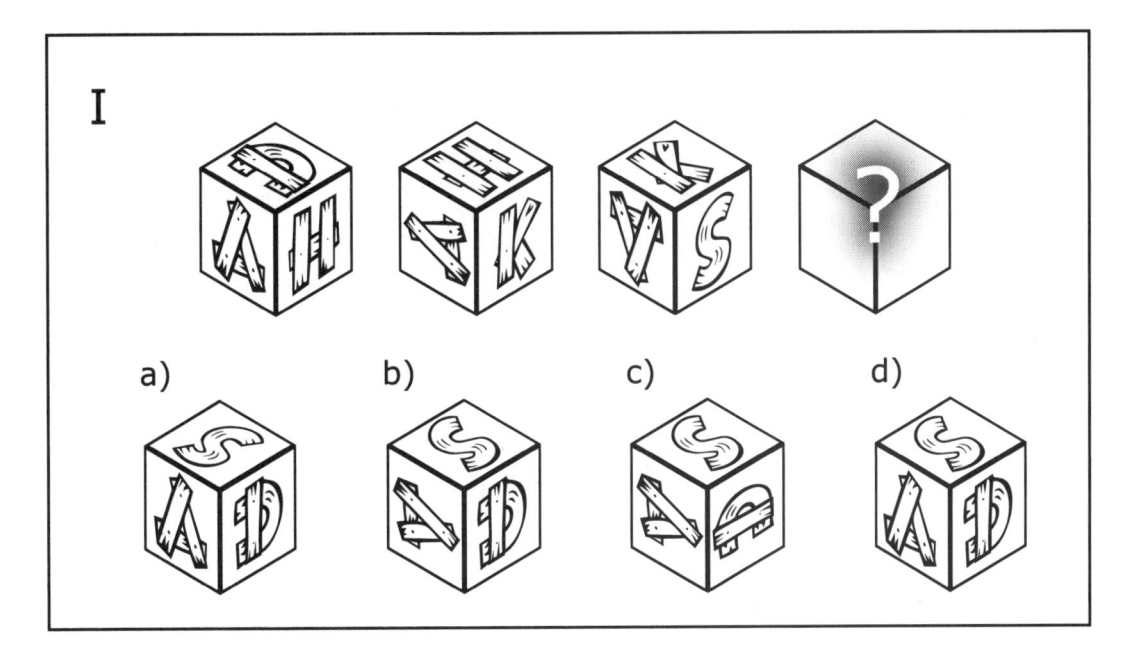

II

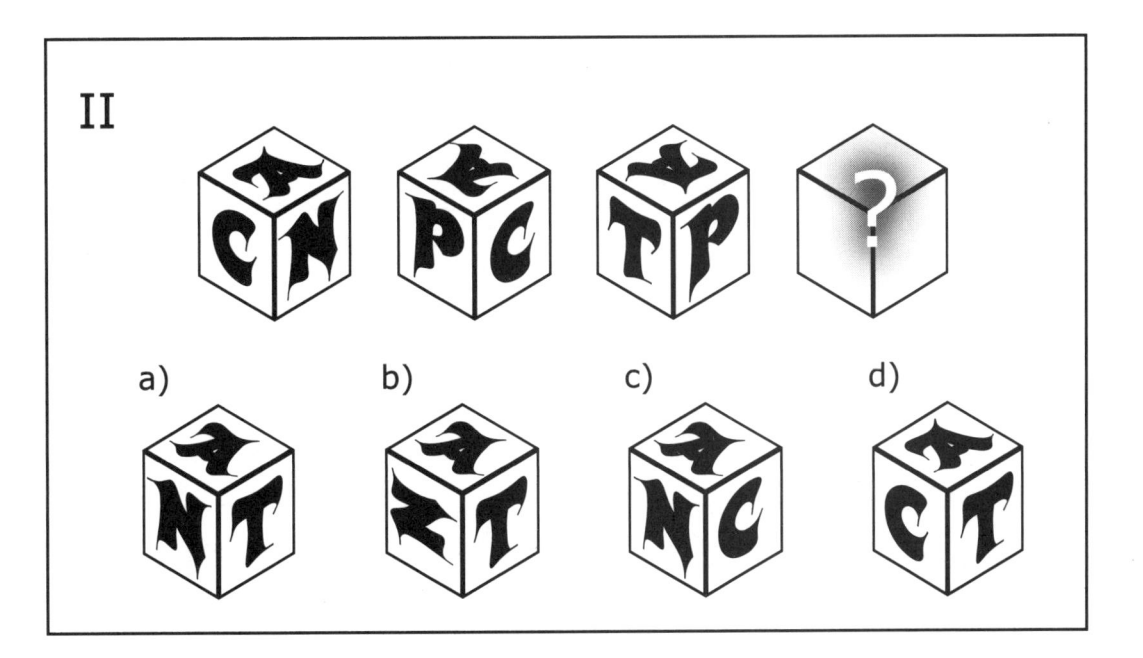

Visuelle Intelligenz

V17 Welche Würfelansicht setzt die Reihe fort?

III

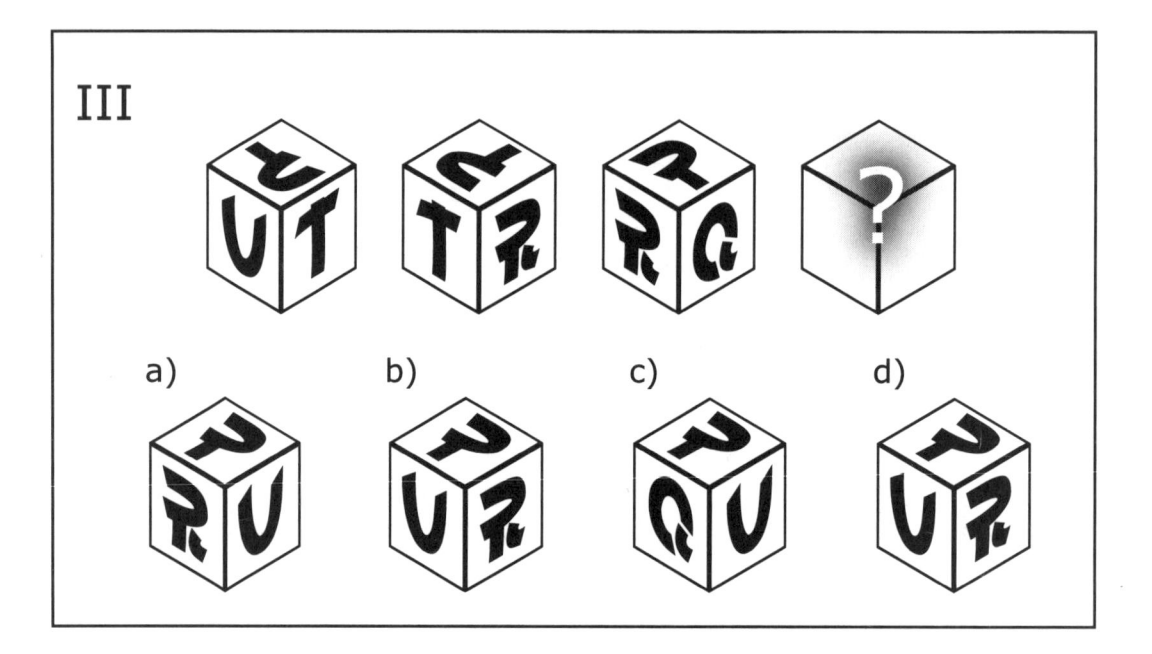

a)　　b)　　c)　　d)

IV

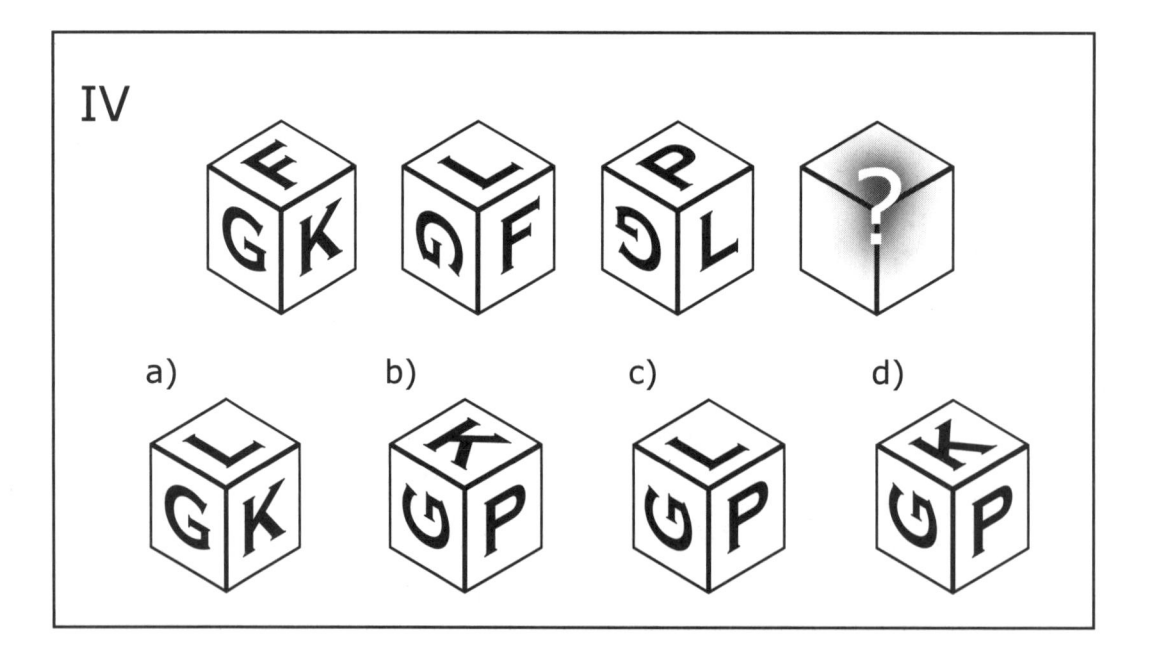

a)　　b)　　c)　　d)

340 IQ Übungen

Visuelle Intelligenz

V17 Welche Würfelansicht setzt die Reihe fort?

V

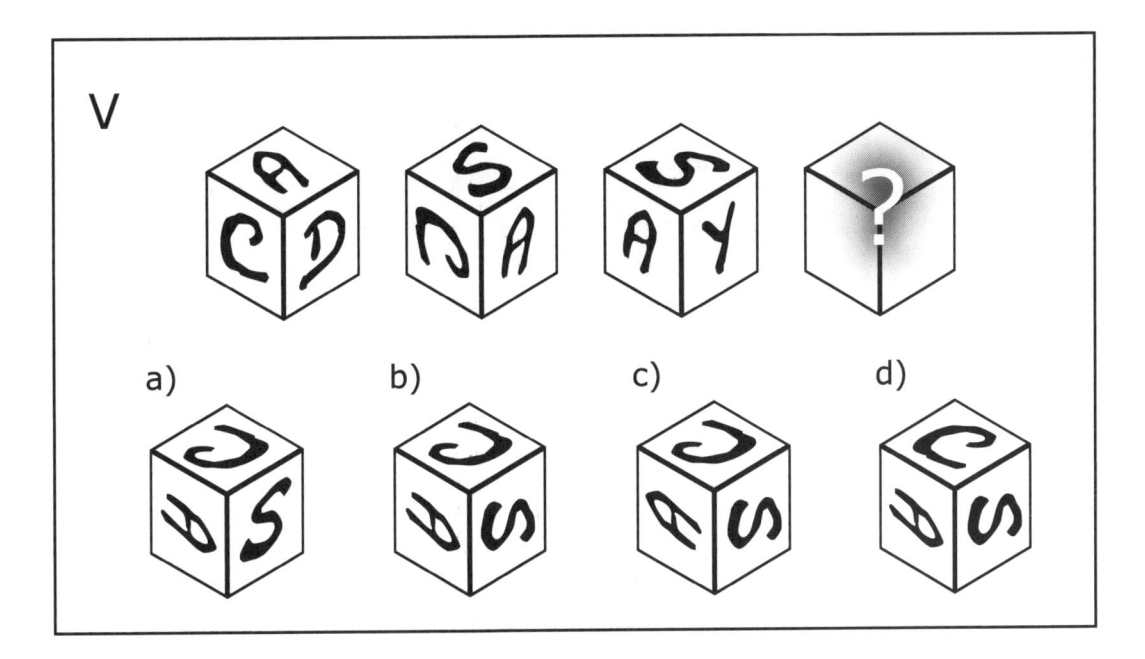

VI

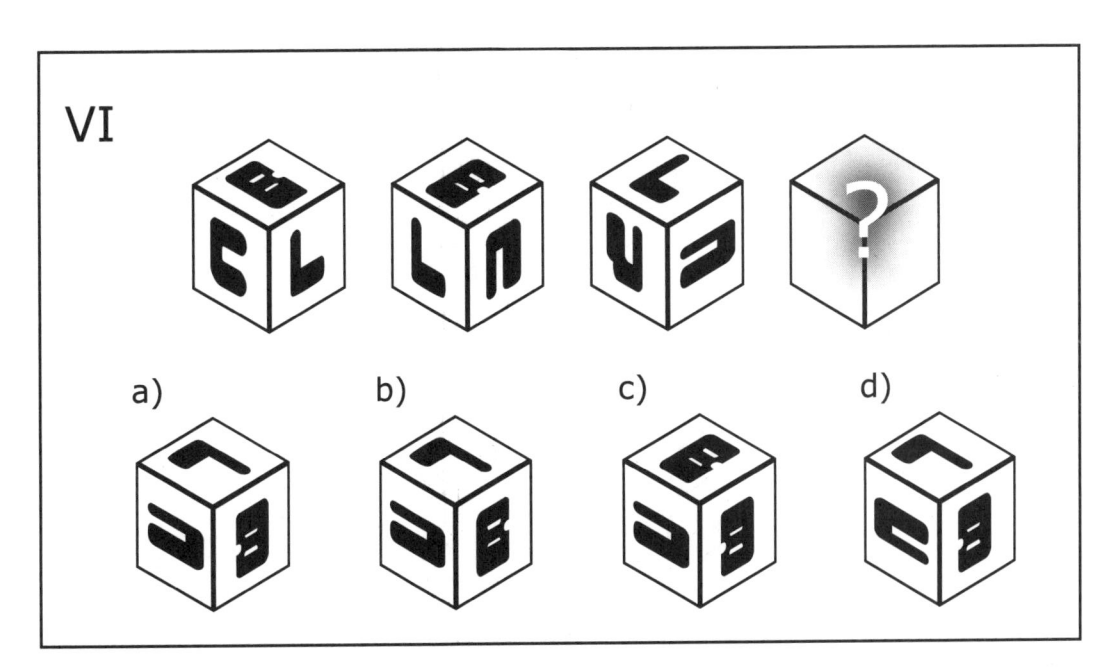

Visuelle Intelligenz

V17 Welche Würfelansicht setzt die Reihe fort?

VII

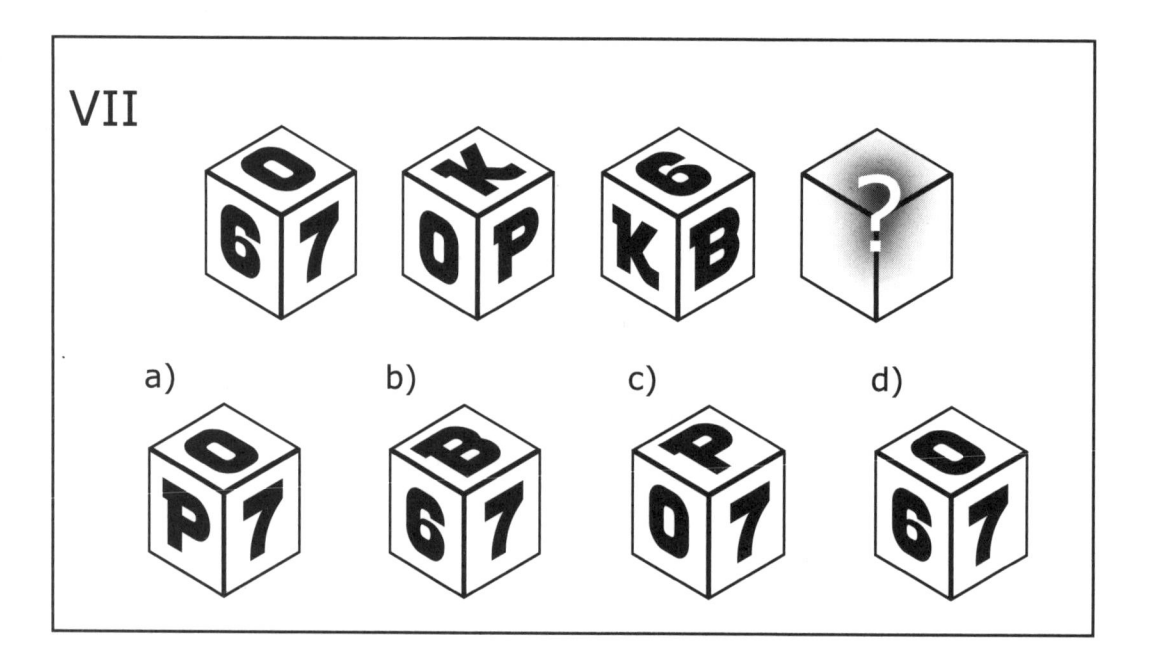

VIII

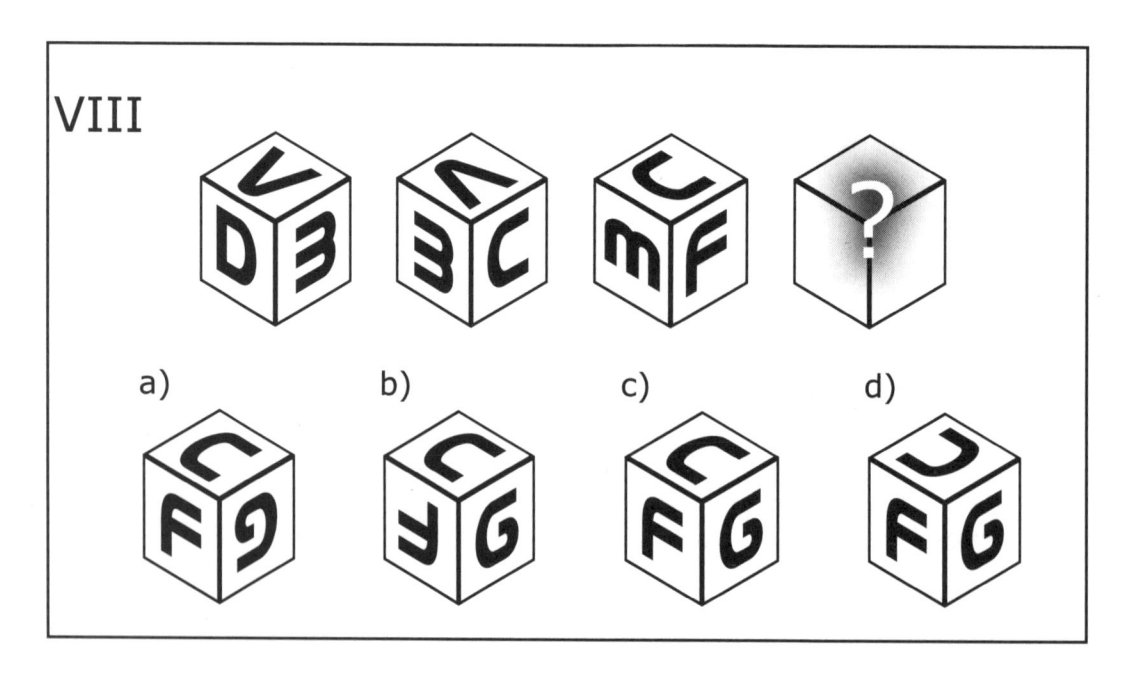

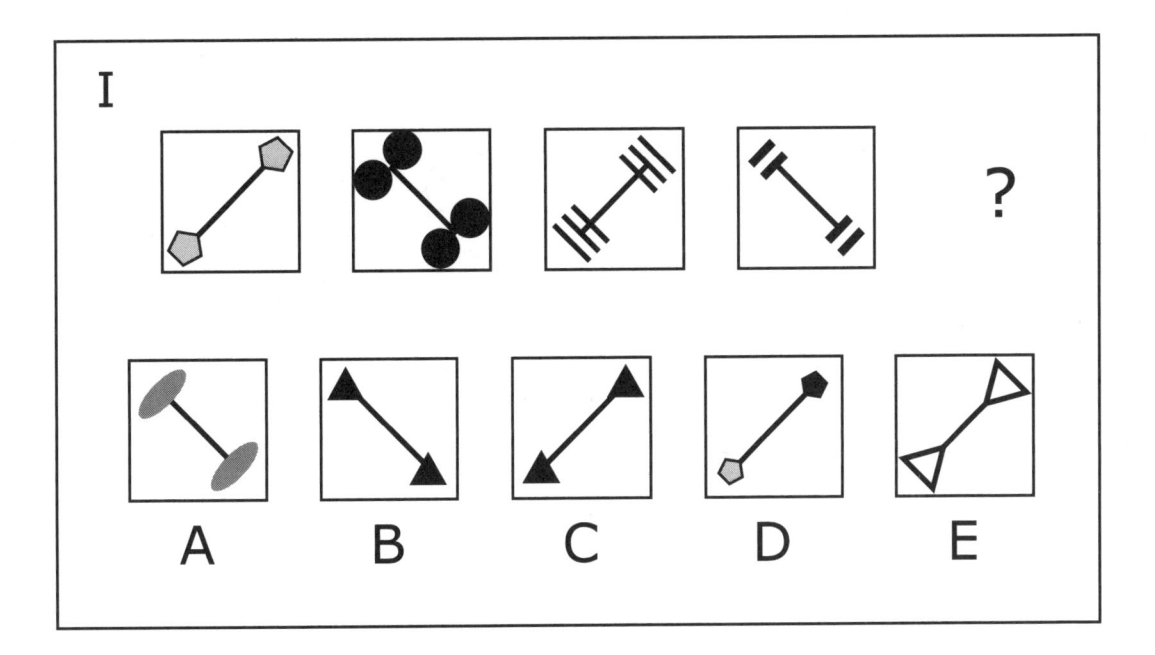

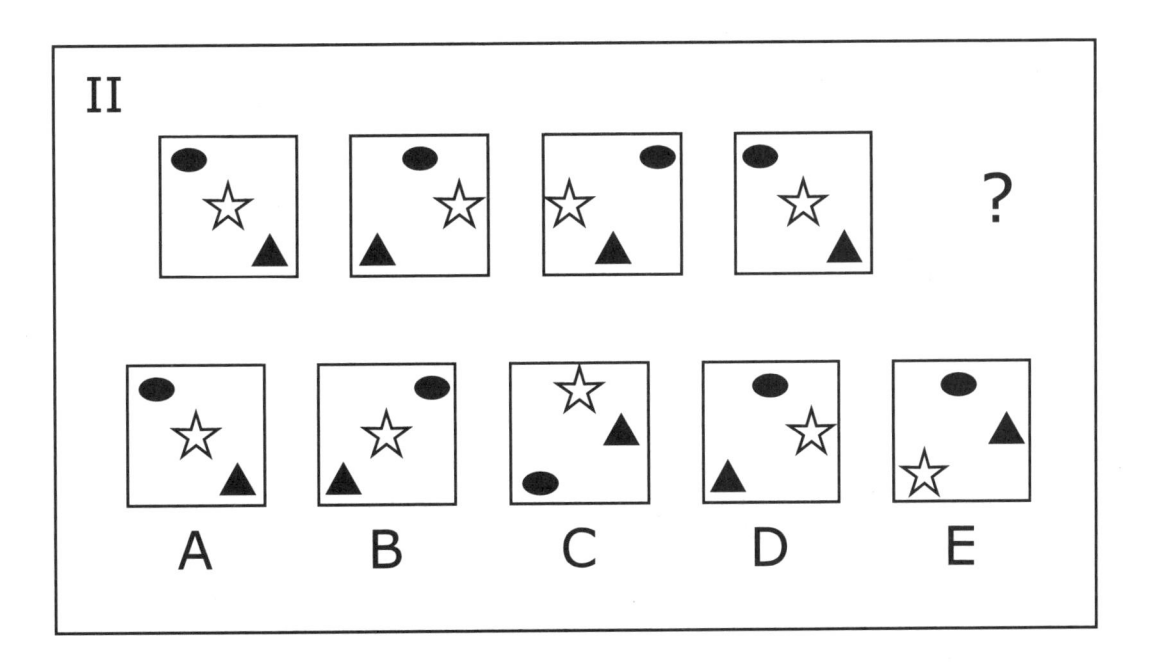

V18   Mit welcher der unten zur Auswahl stehenden Grafiken geht die Reihe jeweils weiter?

I

II

Visuelle Intelligenz

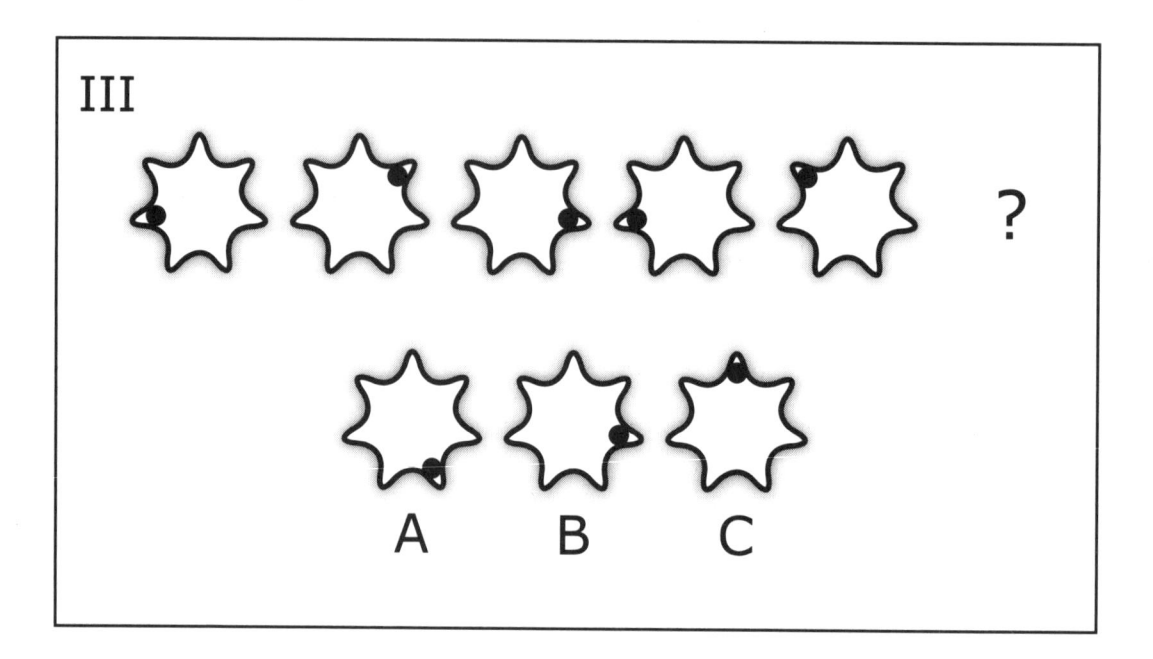

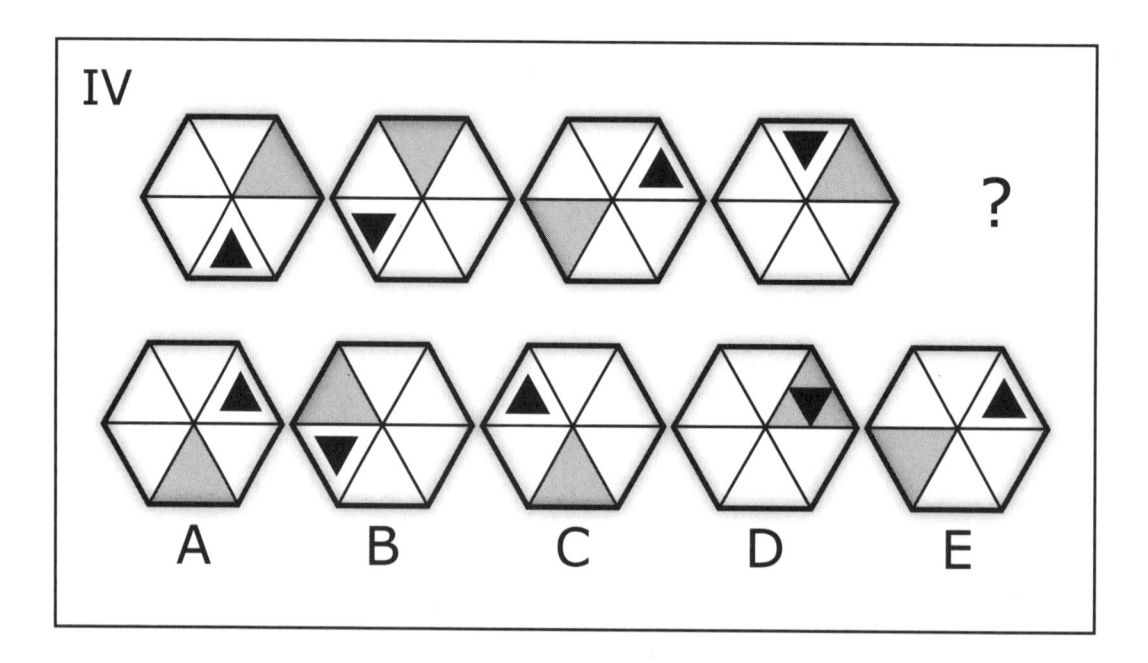

V18 Mit welcher der unten zur Auswahl stehenden Grafiken geht die Reihe jeweils weiter?

III

IV

Visuelle Intelligenz

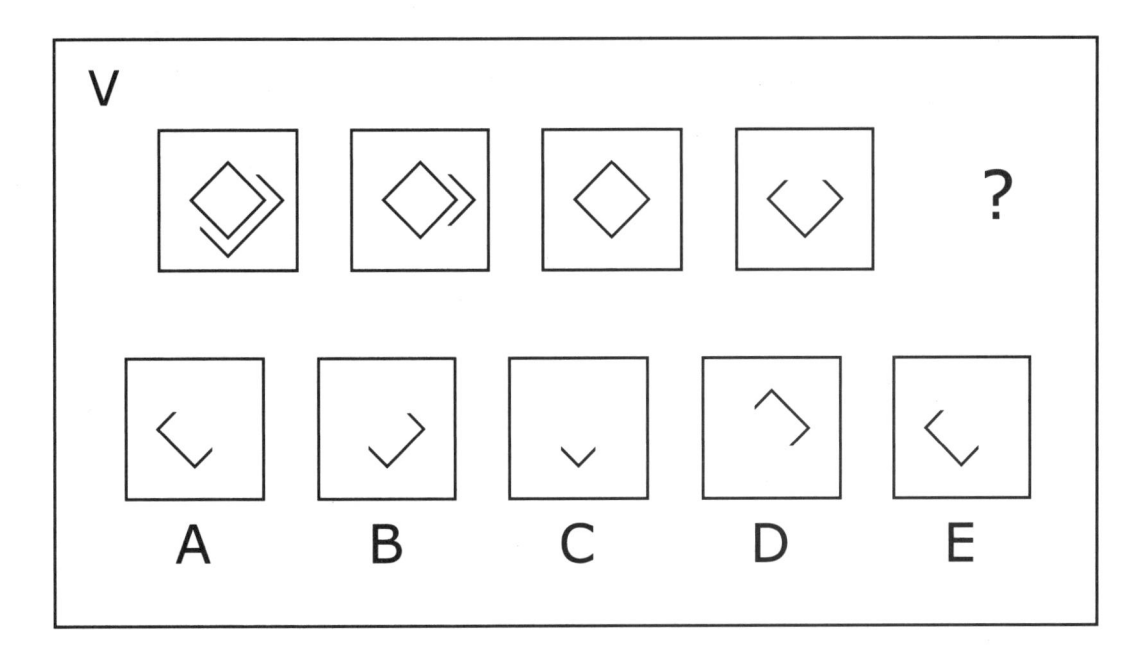

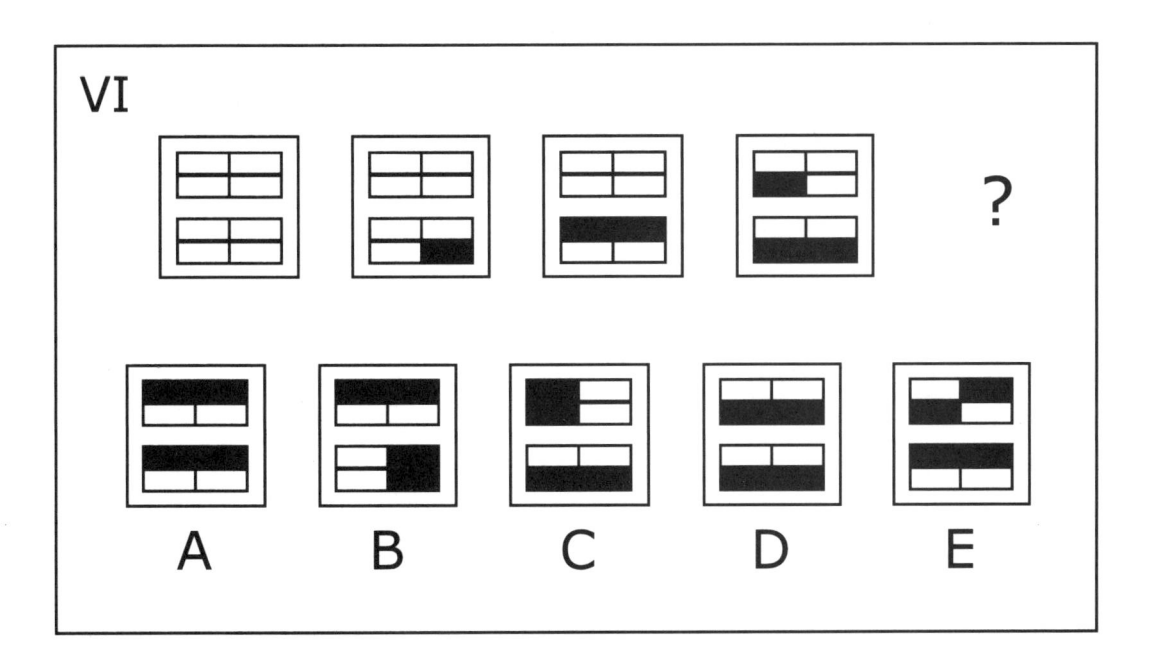

V18 Mit welcher der unten zur Auswahl stehenden Grafiken geht die Reihe jeweils weiter?

IQ Übungen

Visuelle Intelligenz

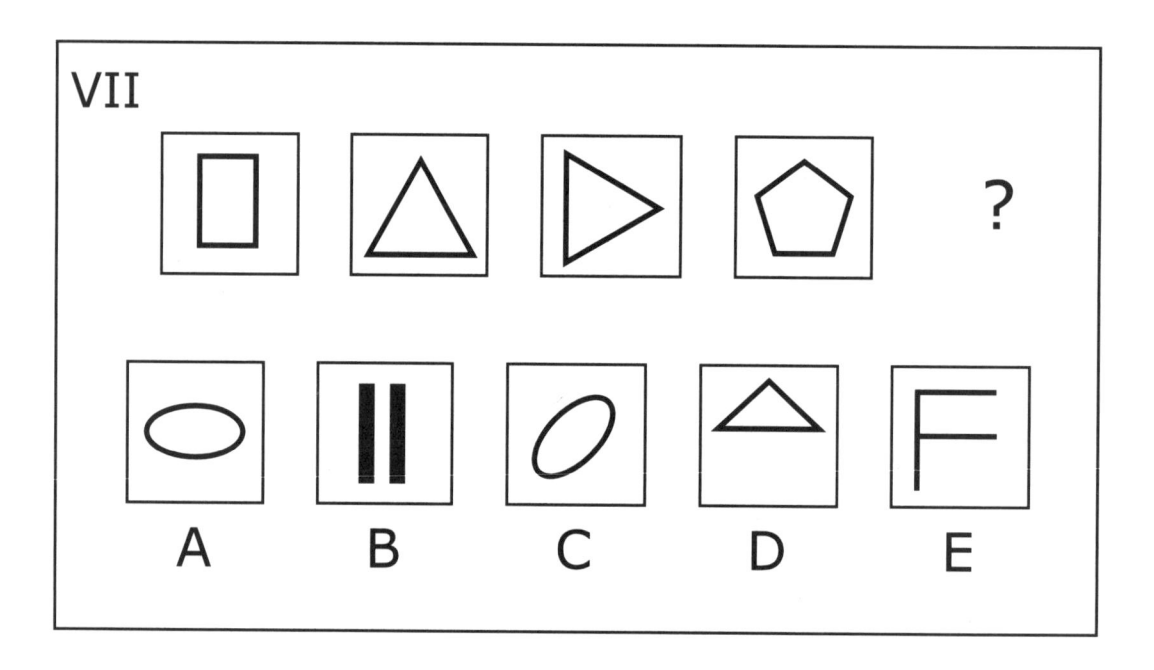

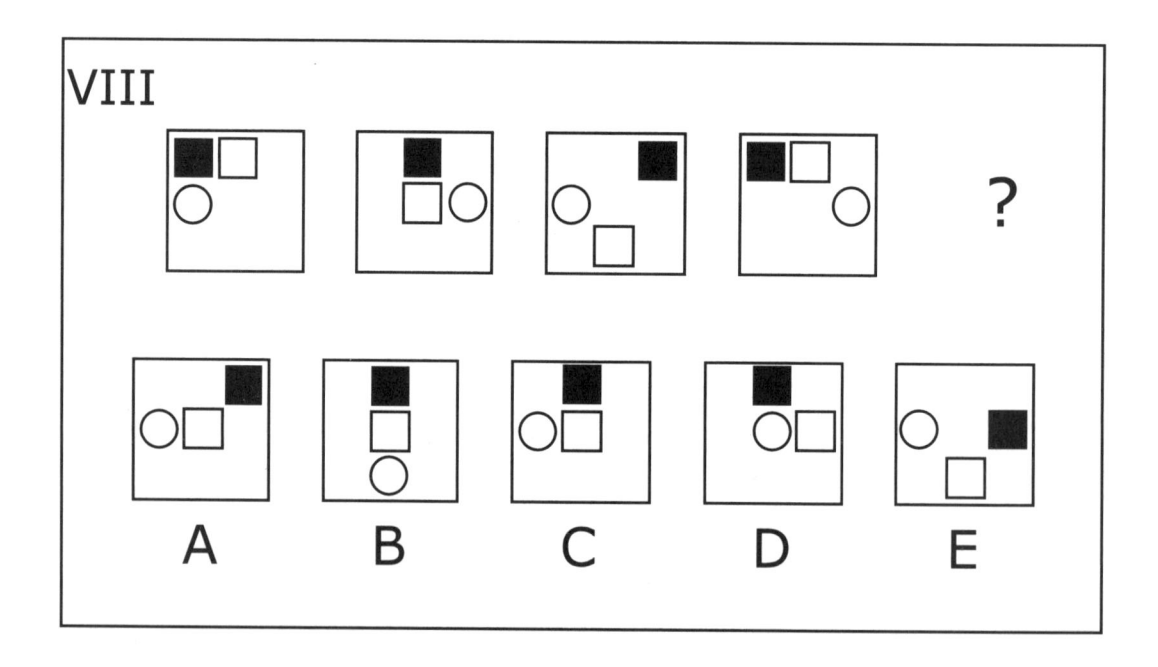

V18 Mit welcher der unten zur Auswahl stehenden Grafiken geht die Reihe jeweils weiter?

Visuelle Intelligenz

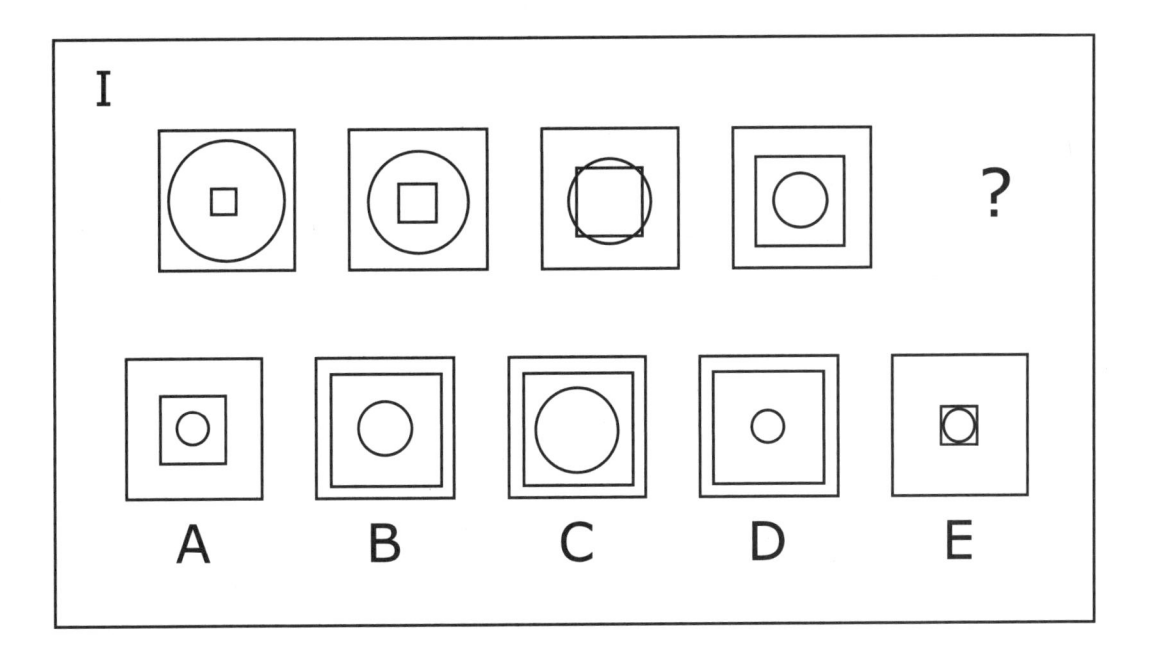

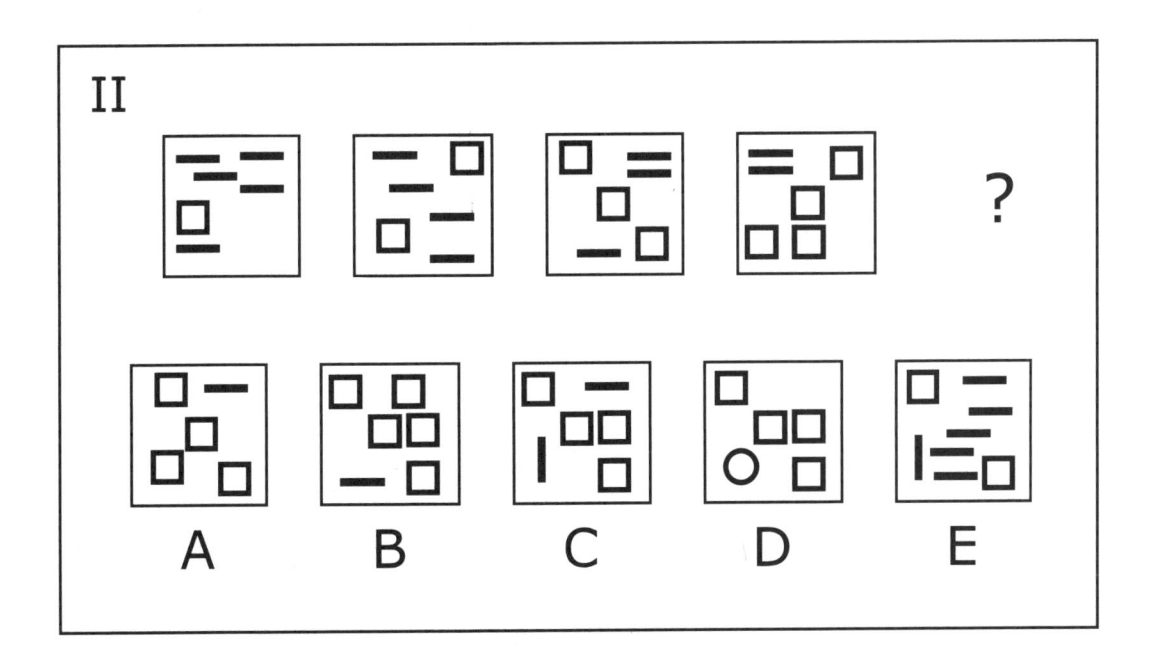

V19 Mit welcher der unten zur Auswahl stehenden Grafiken geht die Reihe jeweils weiter?

I

II

IQ Übungen 347

Visuelle Intelligenz

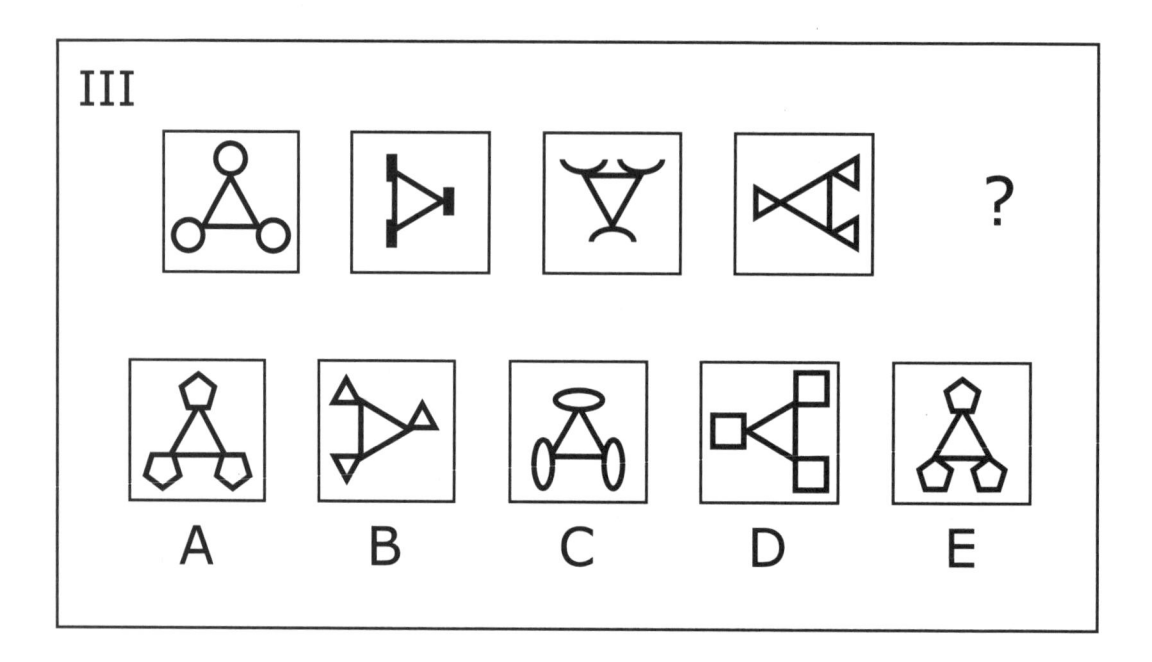

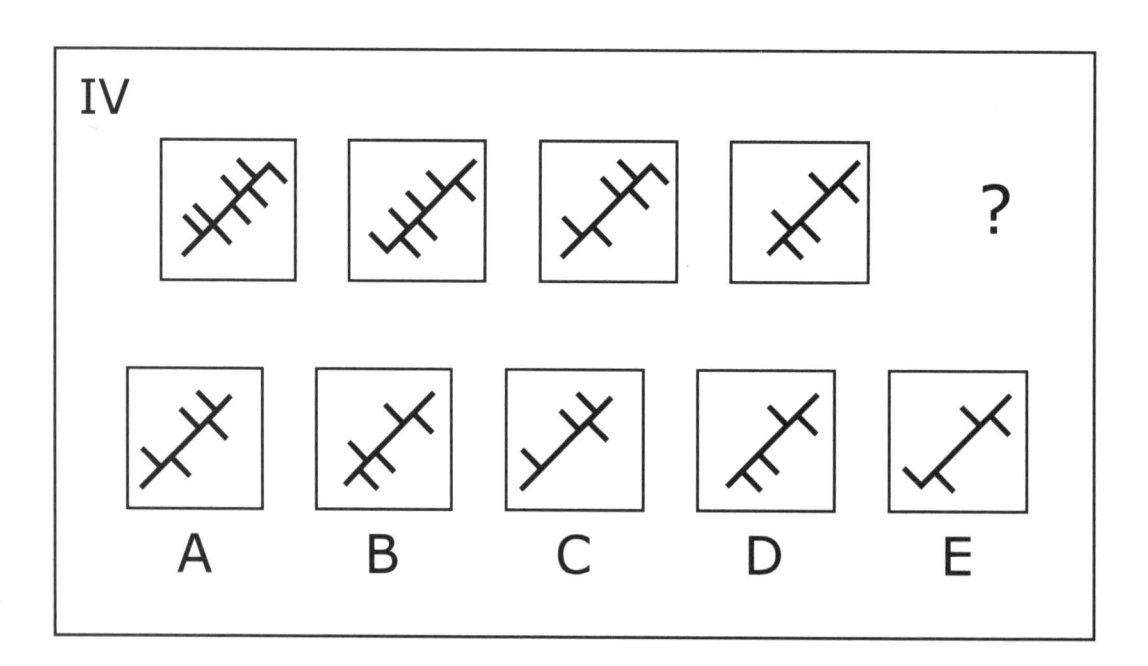

V19 Mit welcher der unten zur Auswahl stehenden Grafiken geht die Reihe jeweils weiter?

III

A B C D E

IV

A B C D E

348   IQ Übungen

Visuelle Intelligenz

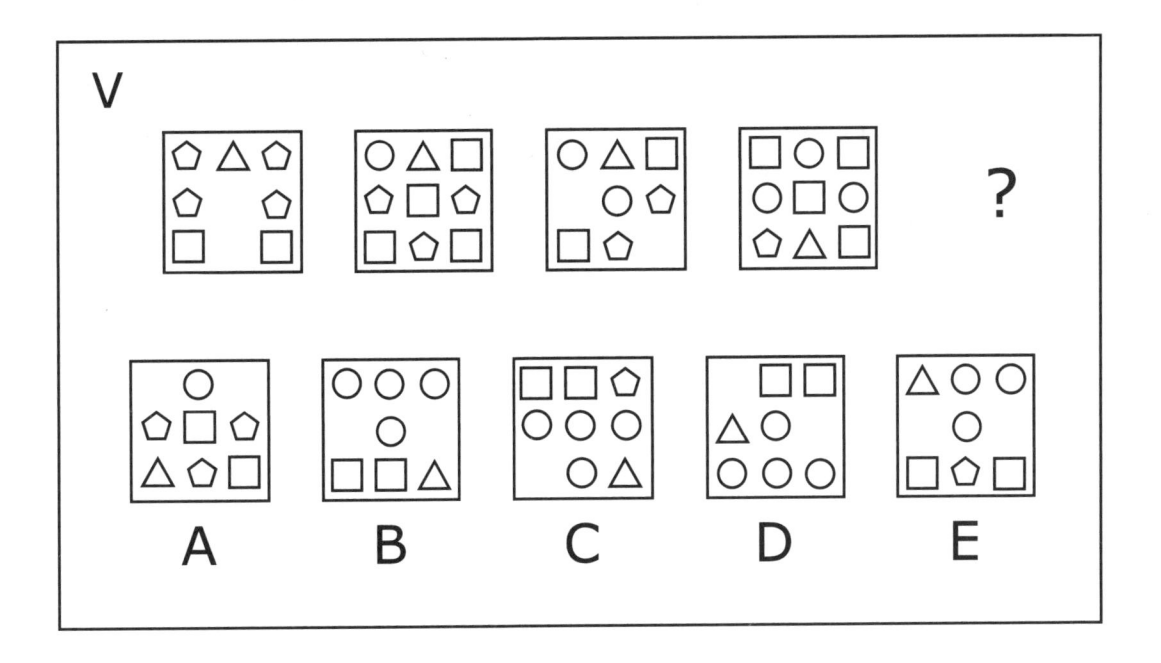

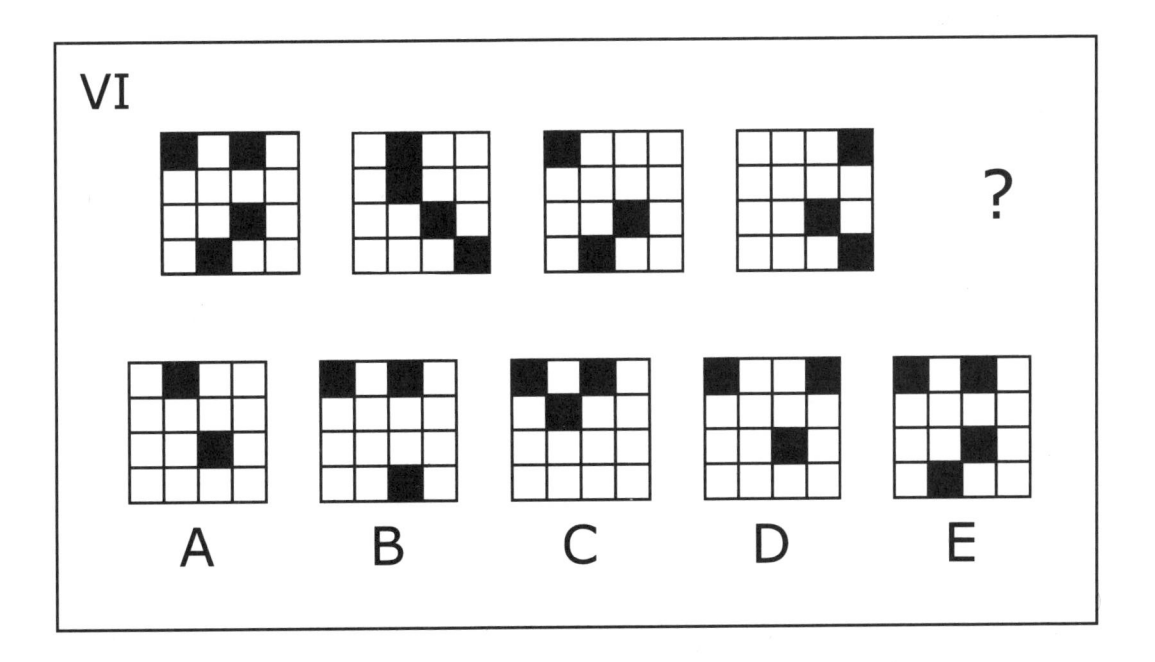

V19 Mit welcher der unten zur Auswahl stehenden Grafiken geht die Reihe jeweils weiter?

V

VI

Visuelle Intelligenz

V19 Mit welcher der unten zur Auswahl stehenden Grafiken geht die Reihe jeweils weiter?

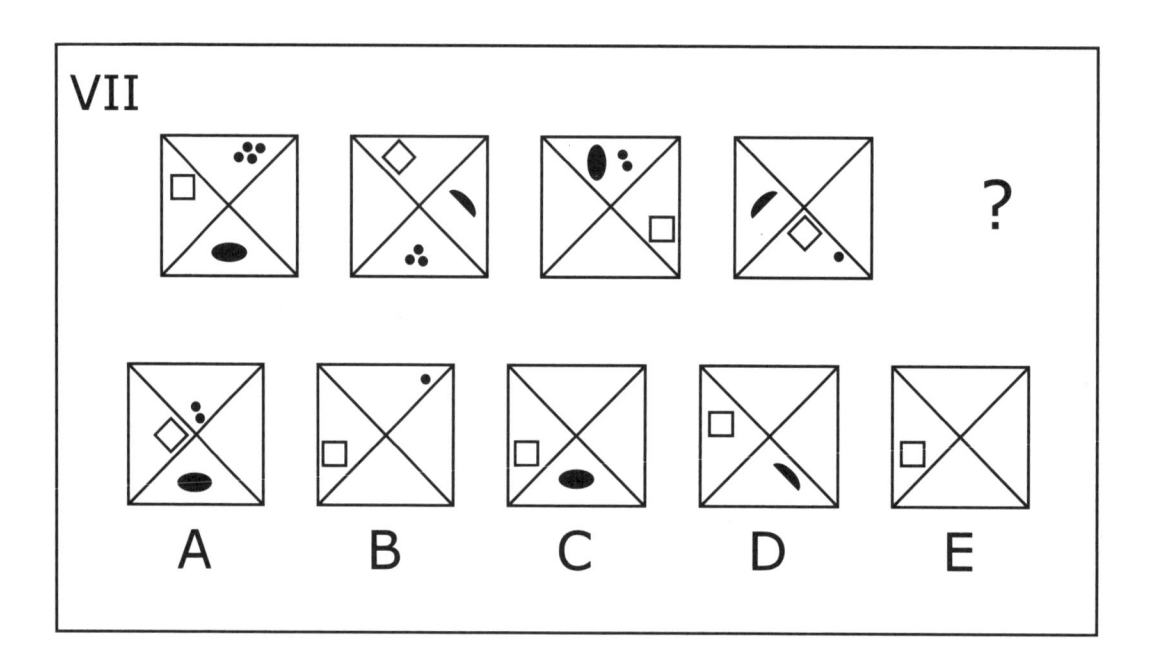

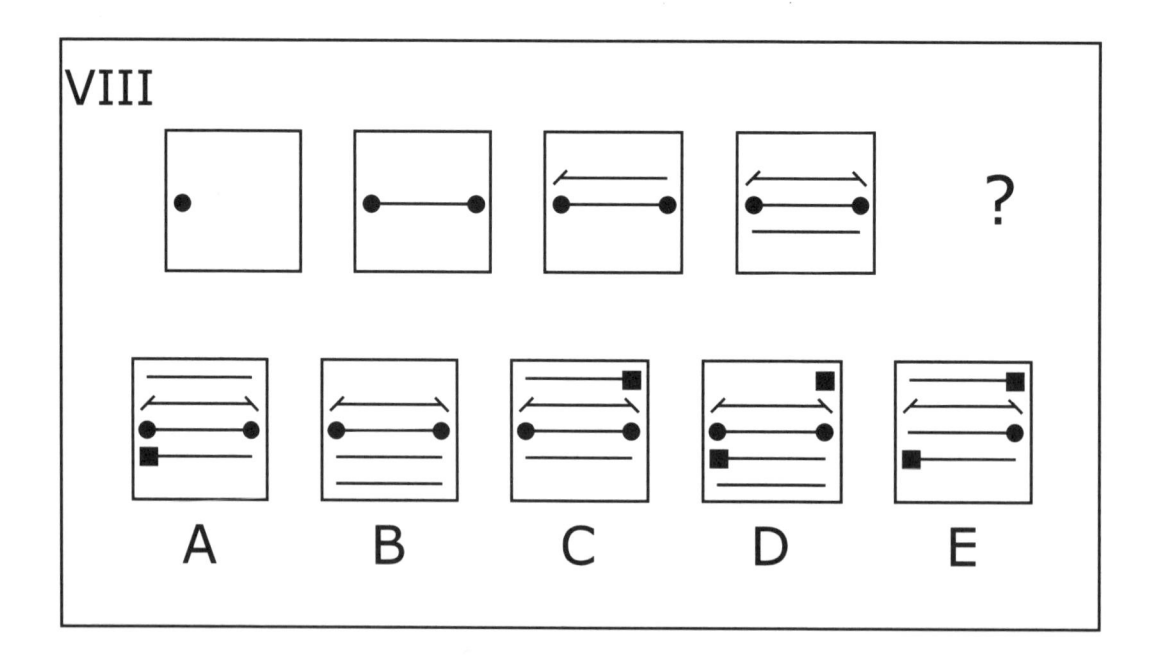

Visuelle Intelligenz

V20 Welches Bild gehört jeweils nicht in die Reihe?

I ☐ a ☐ b ☐ c ☐ d ☐ e ☐ f

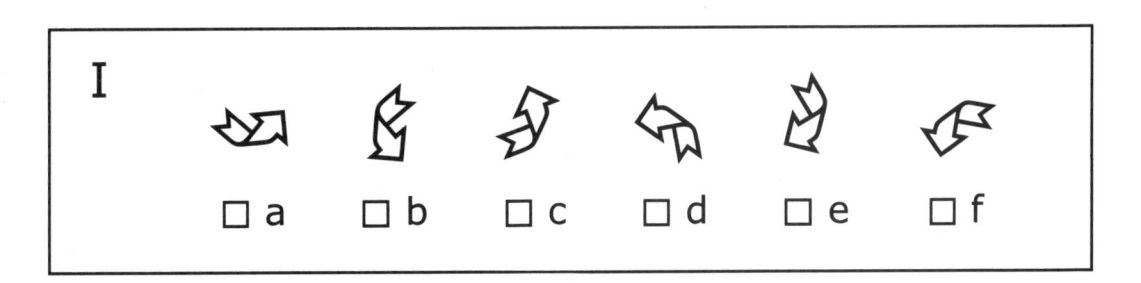

II ☐ a ☐ b ☐ c ☐ d ☐ e ☐ f

III ☐ a ☐ b ☐ c ☐ d ☐ e ☐ f

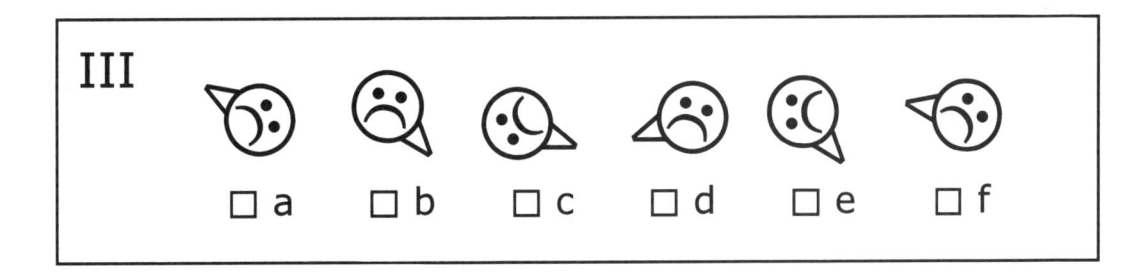

IV ☐ a ☐ b ☐ c ☐ d ☐ e ☐ f

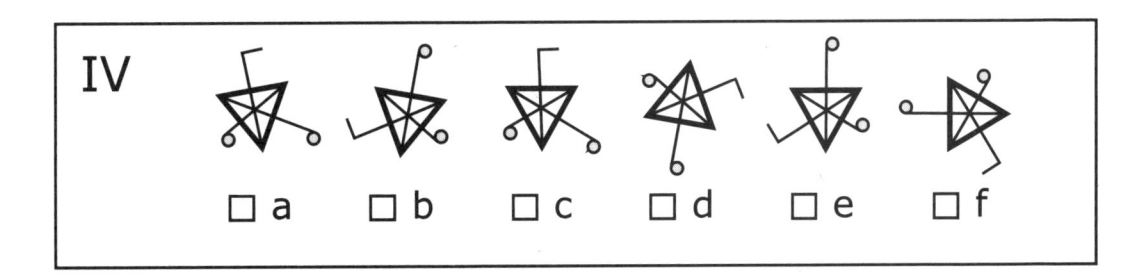

Visuelle Intelligenz

V20 Welches Bild gehört jeweils nicht in die Reihe?

V ☐ a ☐ b ☐ c ☐ d ☐ e ☐ f

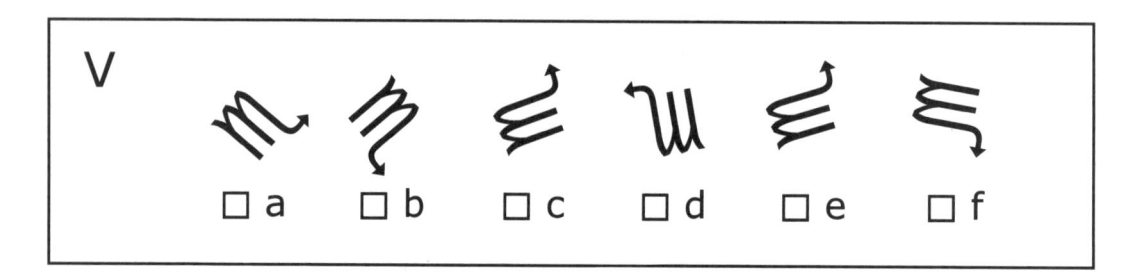

VI ☐ a ☐ b ☐ c ☐ d ☐ e ☐ f

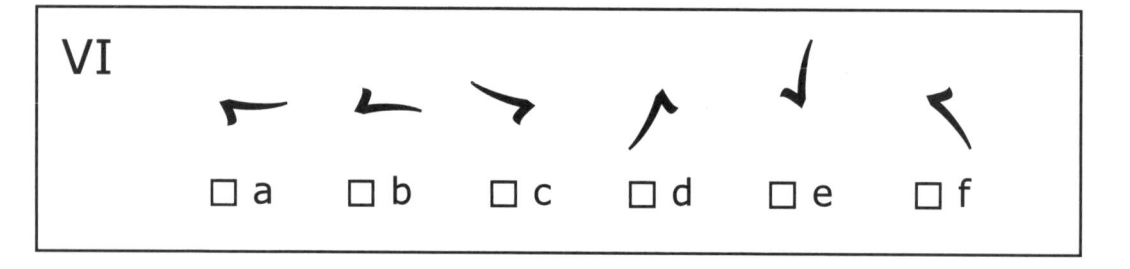

VII ☐ a ☐ b ☐ c ☐ d ☐ e ☐ f

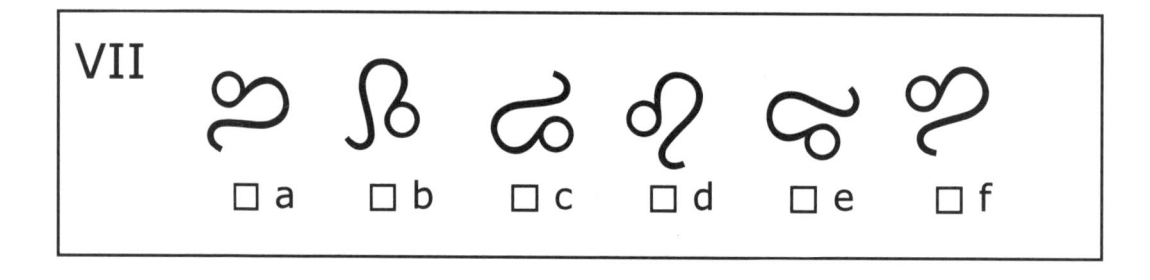

VIII ☐ a ☐ b ☐ c ☐ d ☐ e ☐ f

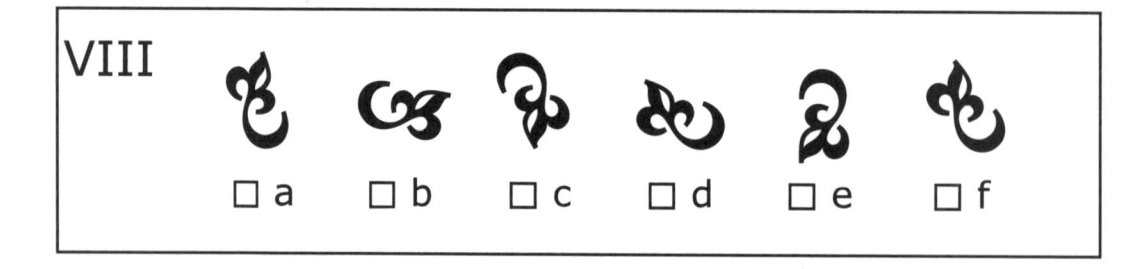

Visuelle Intelligenz

V20 Welches Bild gehört jeweils nicht in die Reihe?

IX

☐ a ☐ b ☐ c ☐ d ☐ e ☐ f

X

☐ a ☐ b ☐ c ☐ d ☐ e ☐ f

XI

☐ a ☐ b ☐ c ☐ d ☐ e ☐ f

XII

☐ a ☐ b ☐ c ☐ d ☐ e ☐ f

Visuelle Intelligenz

V20 Welches Bild gehört jeweils nicht in die Reihe?

XIII ☐ a ☐ b ☐ c ☐ d ☐ e ☐ f

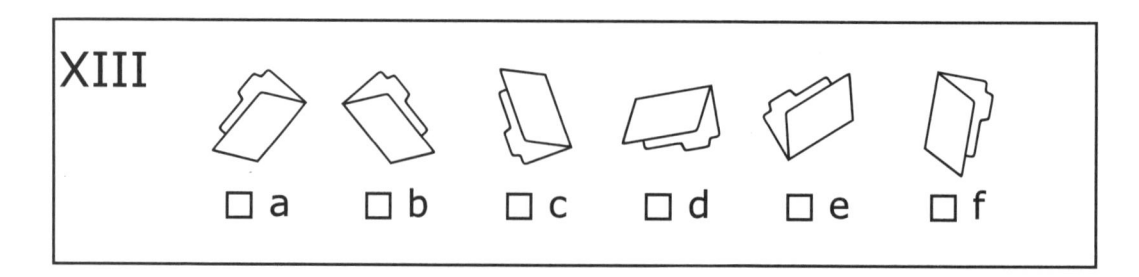

XIV ☐ a ☐ b ☐ c ☐ d ☐ e ☐ f

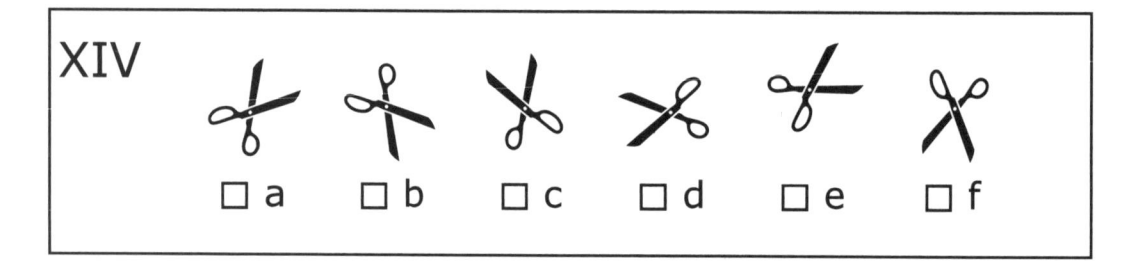

XV ☐ a ☐ b ☐ c ☐ d ☐ e ☐ f

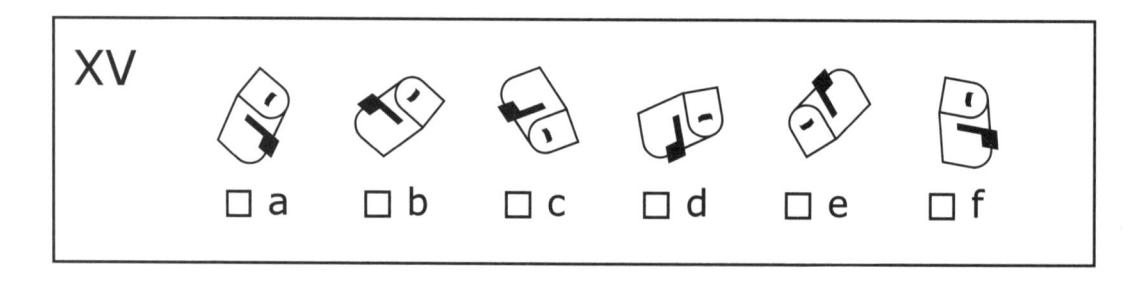

XVI ☐ a ☐ b ☐ c ☐ d ☐ e ☐ f

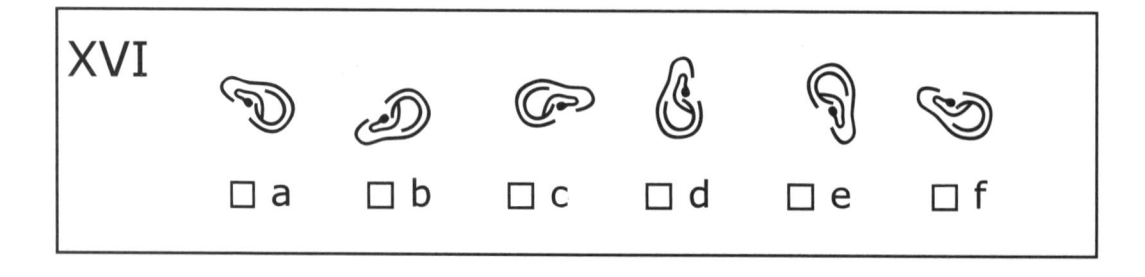

V21 Welches Bild gehört jeweils nicht in die Reihe?

I □ a □ b □ c □ d □ e □ f

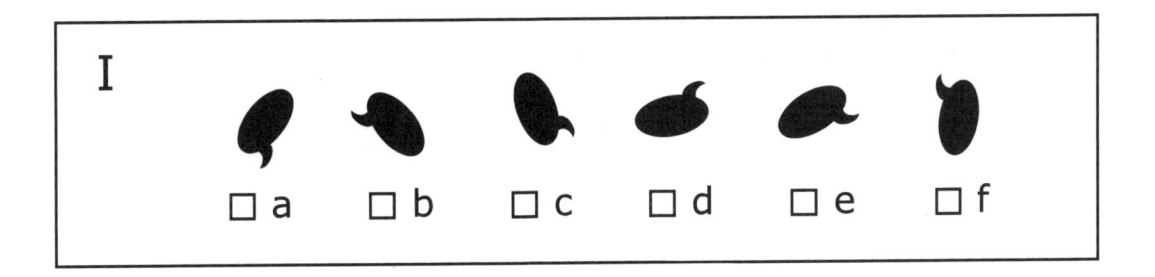

II □ a □ b □ c □ d □ e □ f

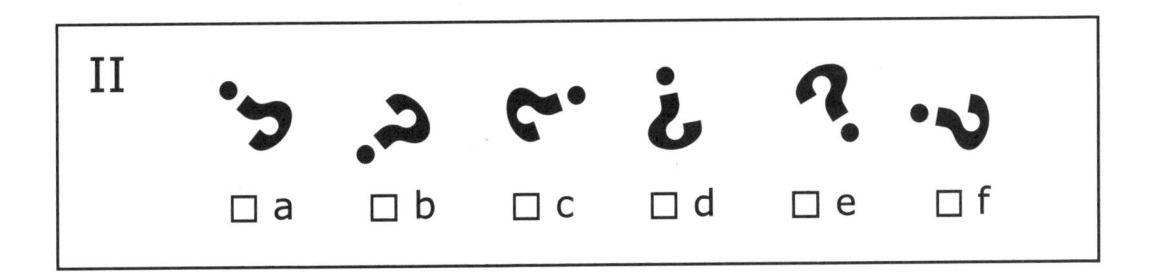

III □ a □ b □ c □ d □ e □ f

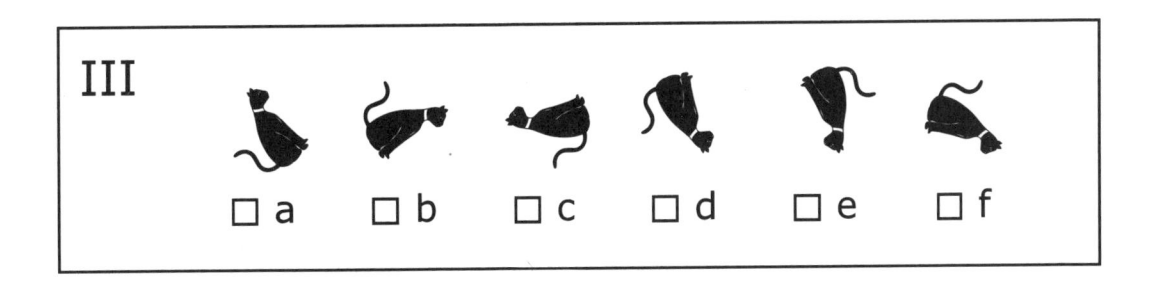

IV □ a □ b □ c □ d □ e □ f

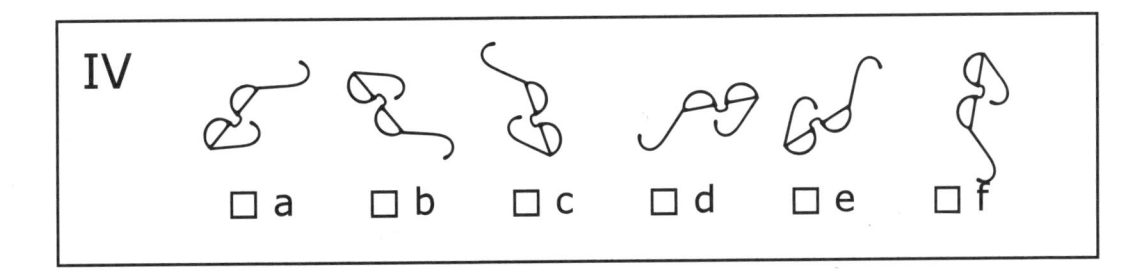

Visuelle Intelligenz

V21 Welches Bild gehört jeweils nicht in die Reihe?

V

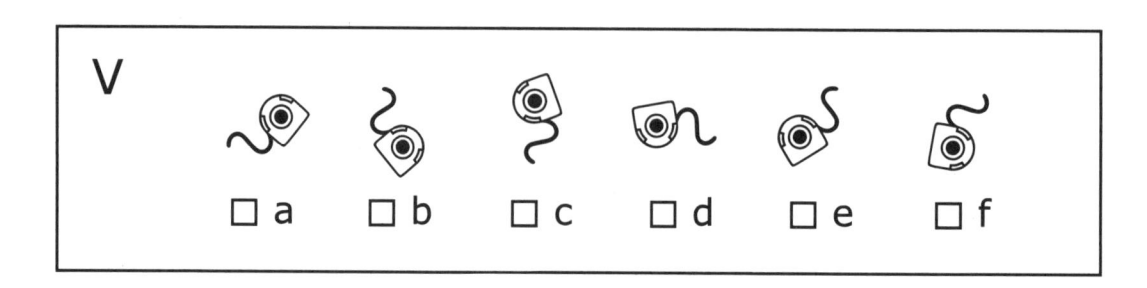

☐ a ☐ b ☐ c ☐ d ☐ e ☐ f

VI

☐ a ☐ b ☐ c ☐ d ☐ e ☐ f

VII

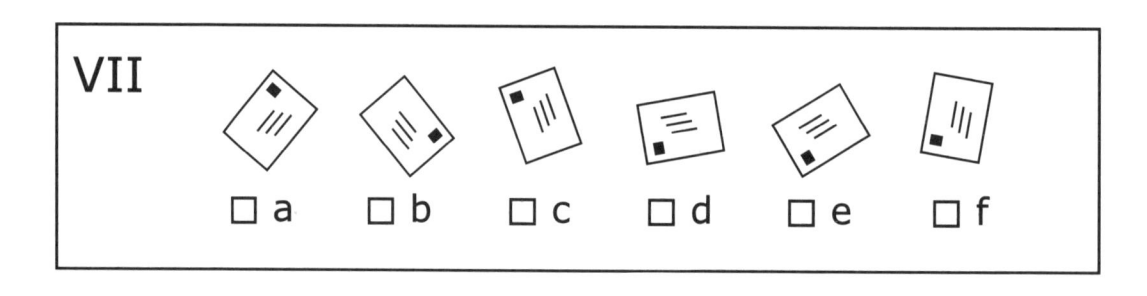

☐ a ☐ b ☐ c ☐ d ☐ e ☐ f

VIII

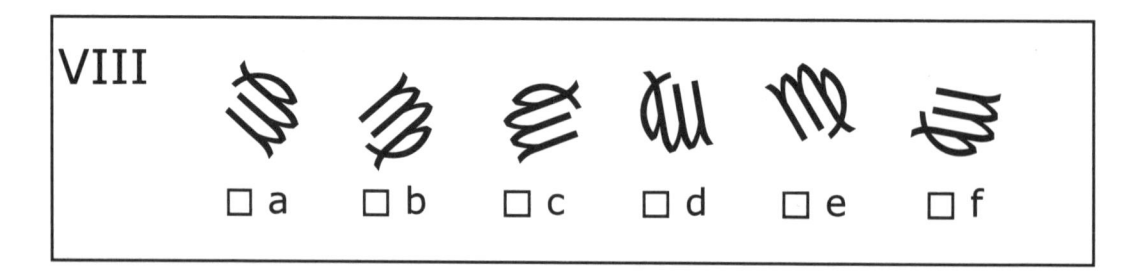

☐ a ☐ b ☐ c ☐ d ☐ e ☐ f

Visuelle Intelligenz

V21 Welches Bild gehört jeweils nicht in die Reihe?

IX

☐ a ☐ b ☐ c ☐ d ☐ e ☐ f

X

☐ a ☐ b ☐ c ☐ d ☐ e ☐ f

XI

☐ a ☐ b ☐ c ☐ d ☐ e ☐ f

XII

☐ a ☐ b ☐ c ☐ d ☐ e ☐ f

Visuelle Intelligenz

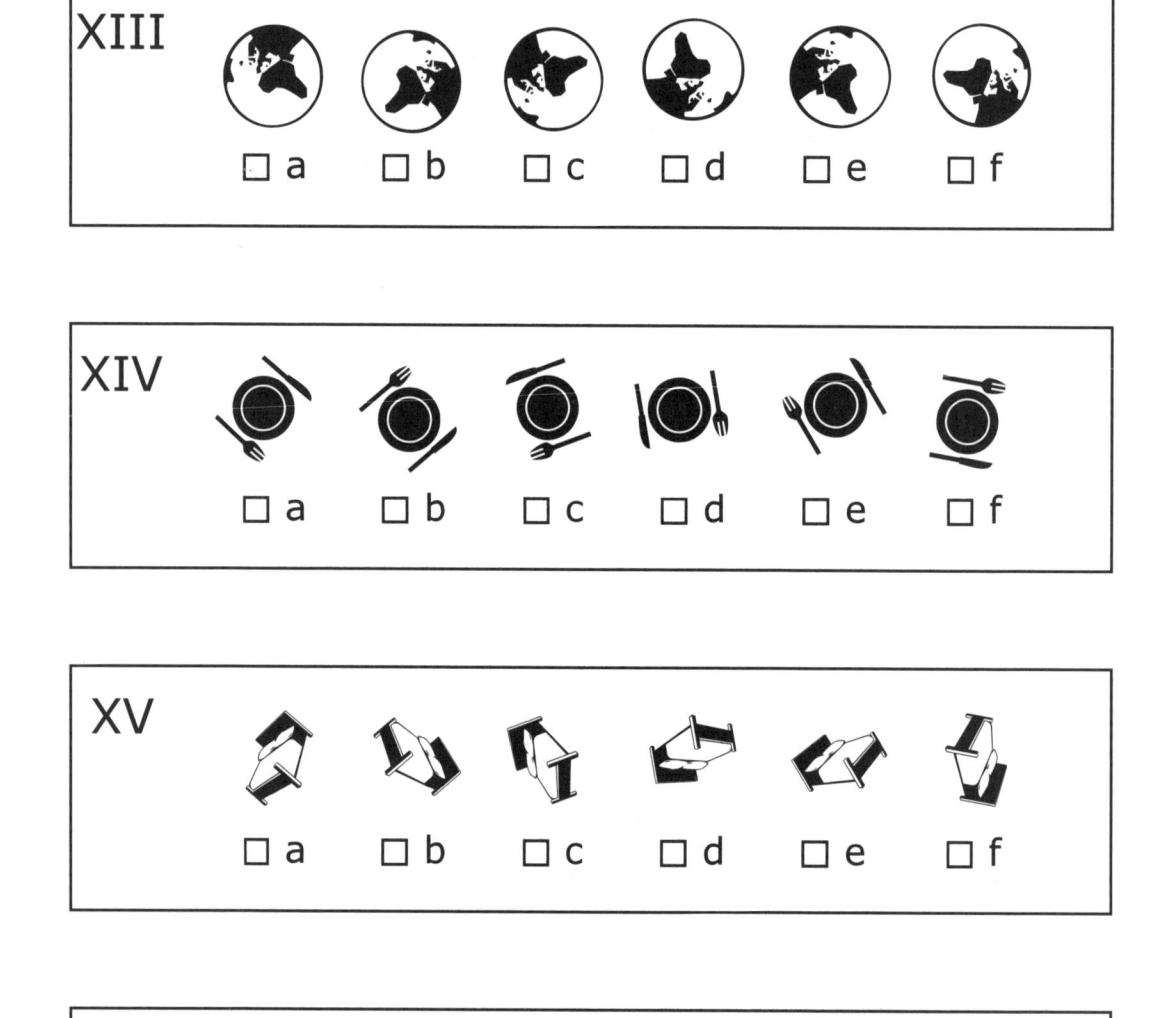

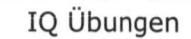

V21 Welches Bild gehört jeweils nicht in die Reihe?

XIII
☐ a ☐ b ☐ c ☐ d ☐ e ☐ f

XIV
☐ a ☐ b ☐ c ☐ d ☐ e ☐ f

XV
☐ a ☐ b ☐ c ☐ d ☐ e ☐ f

XVI
☐ a ☐ b ☐ c ☐ d ☐ e ☐ f

Visuelle Intelligenz

V22 Setzen Sie die sechs Mosaikbausteine entsprechend dem Plan rechts gedanklich zusammen. Vergleichen Sie dies mit der Vorgabe links. In welchem Bereich (A bis D) steckt ein Fehler?

I   1   2   3   4   5   6

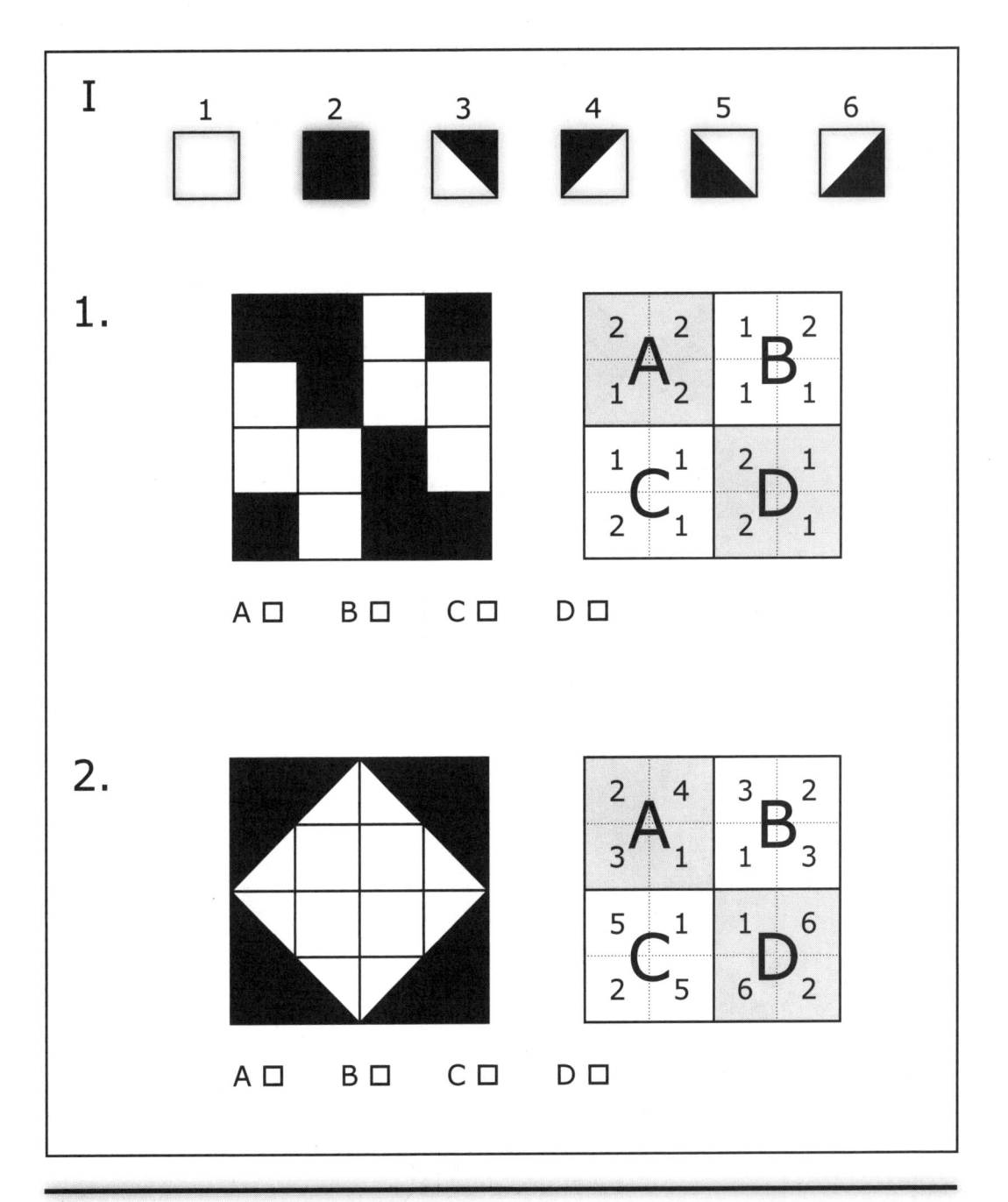

1.

A☐   B☐   C☐   D☐

2.

A☐   B☐   C☐   D☐

IQ Übungen

Visuelle Intelligenz

V22
Setzen Sie die sechs Mosaikbausteine entsprechend dem Plan rechts gedanklich zusammen. Vergleichen Sie dies mit der Vorgabe links. In welchem Bereich (A bis D) steckt ein Fehler?

II

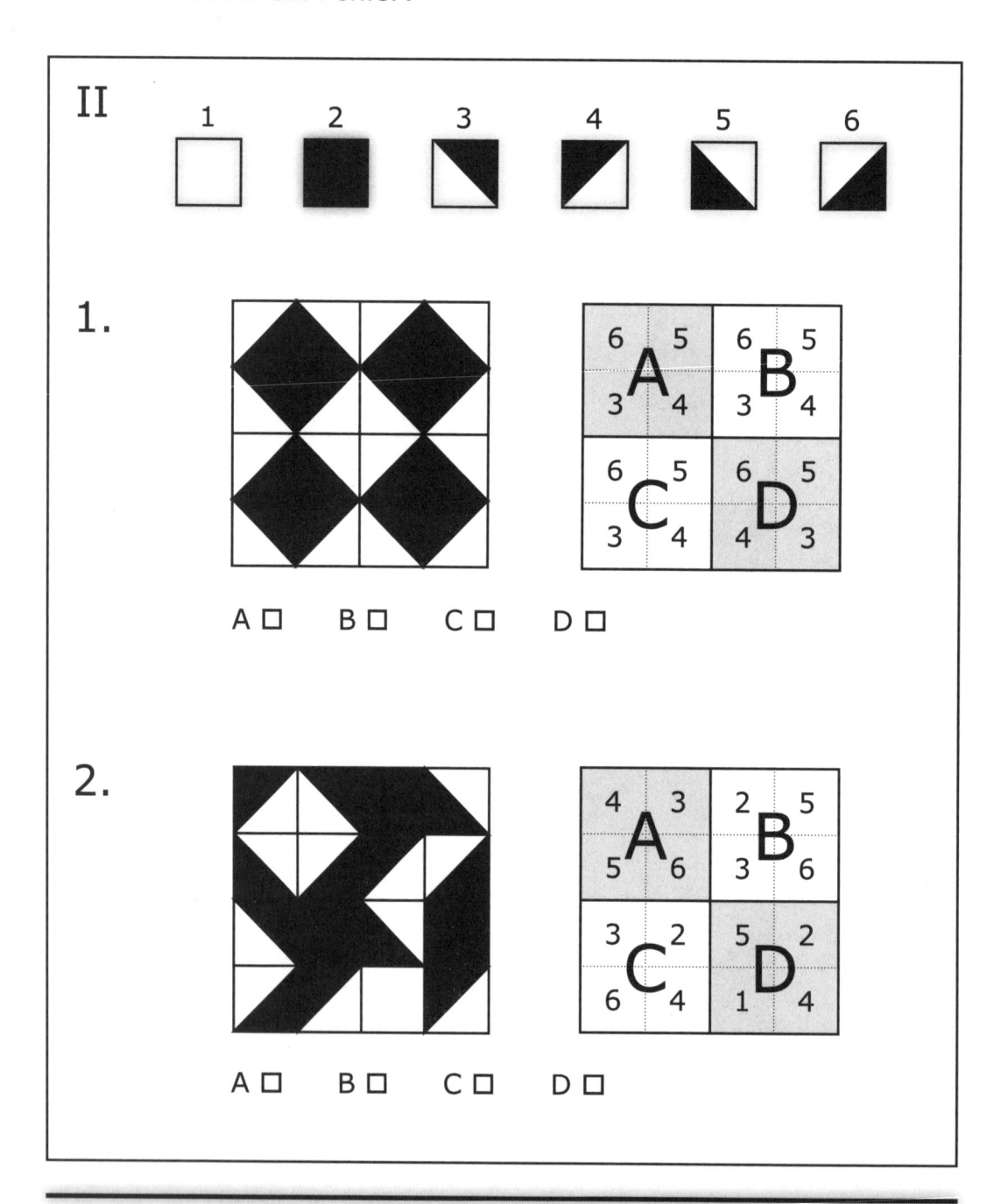

1.

A ☐   B ☐   C ☐   D ☐

2.

A ☐   B ☐   C ☐   D ☐

Visuelle Intelligenz

V22 Setzen Sie die sechs Mosaikbausteine entsprechend dem Plan rechts gedanklich zusammen. Vergleichen Sie dies mit der Vorgabe links. In welchem Bereich (A bis D) steckt ein Fehler?

III 1 2 3 4 5 6

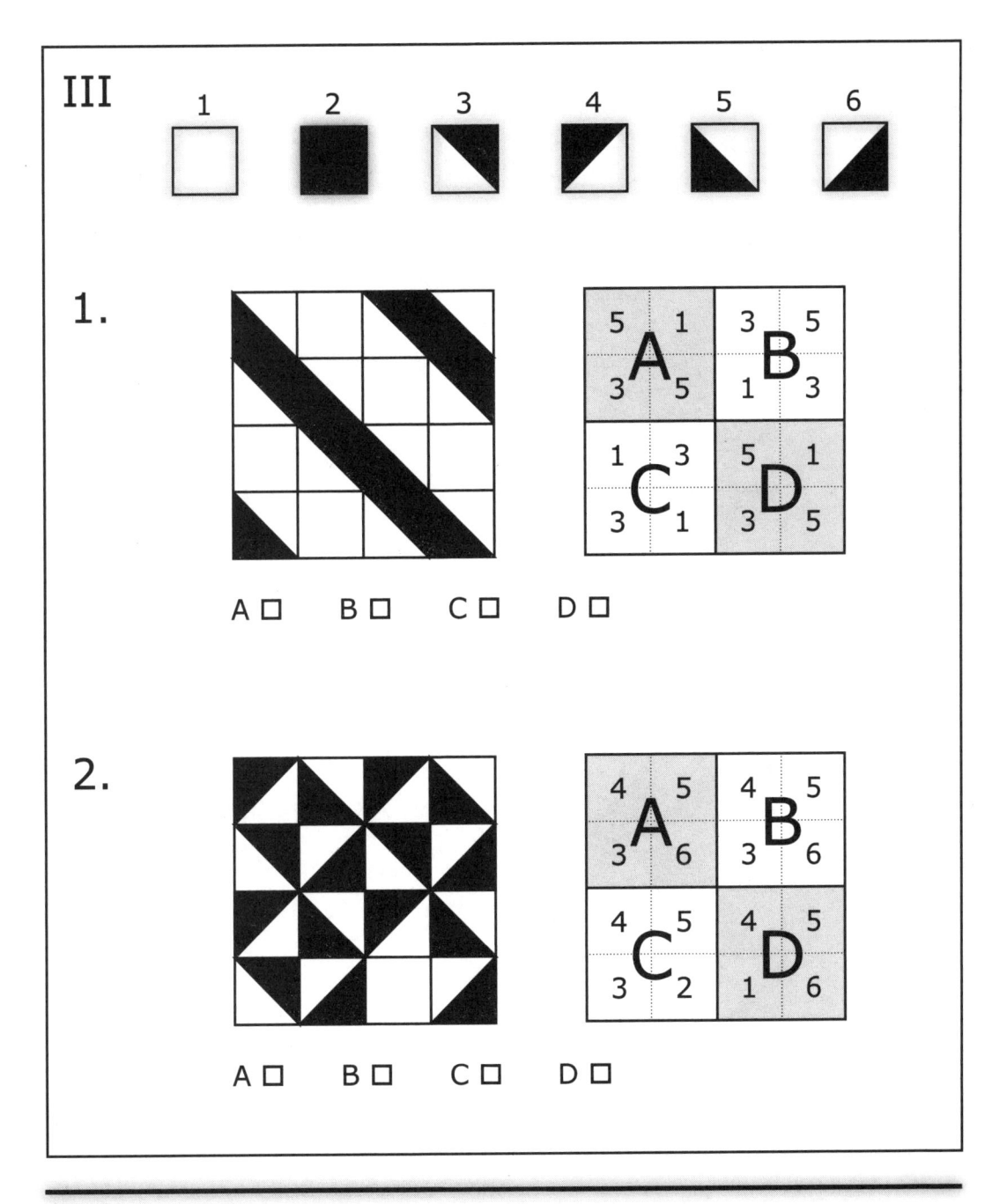

1.

A☐ B☐ C☐ D☐

2.

A☐ B☐ C☐ D☐

Visuelle Intelligenz

V22
Setzen Sie die sechs Mosaikbausteine entsprechend dem Plan rechts gedanklich zusammen. Vergleichen Sie dies mit der Vorgabe links. In welchem Bereich (A bis D) steckt ein Fehler?

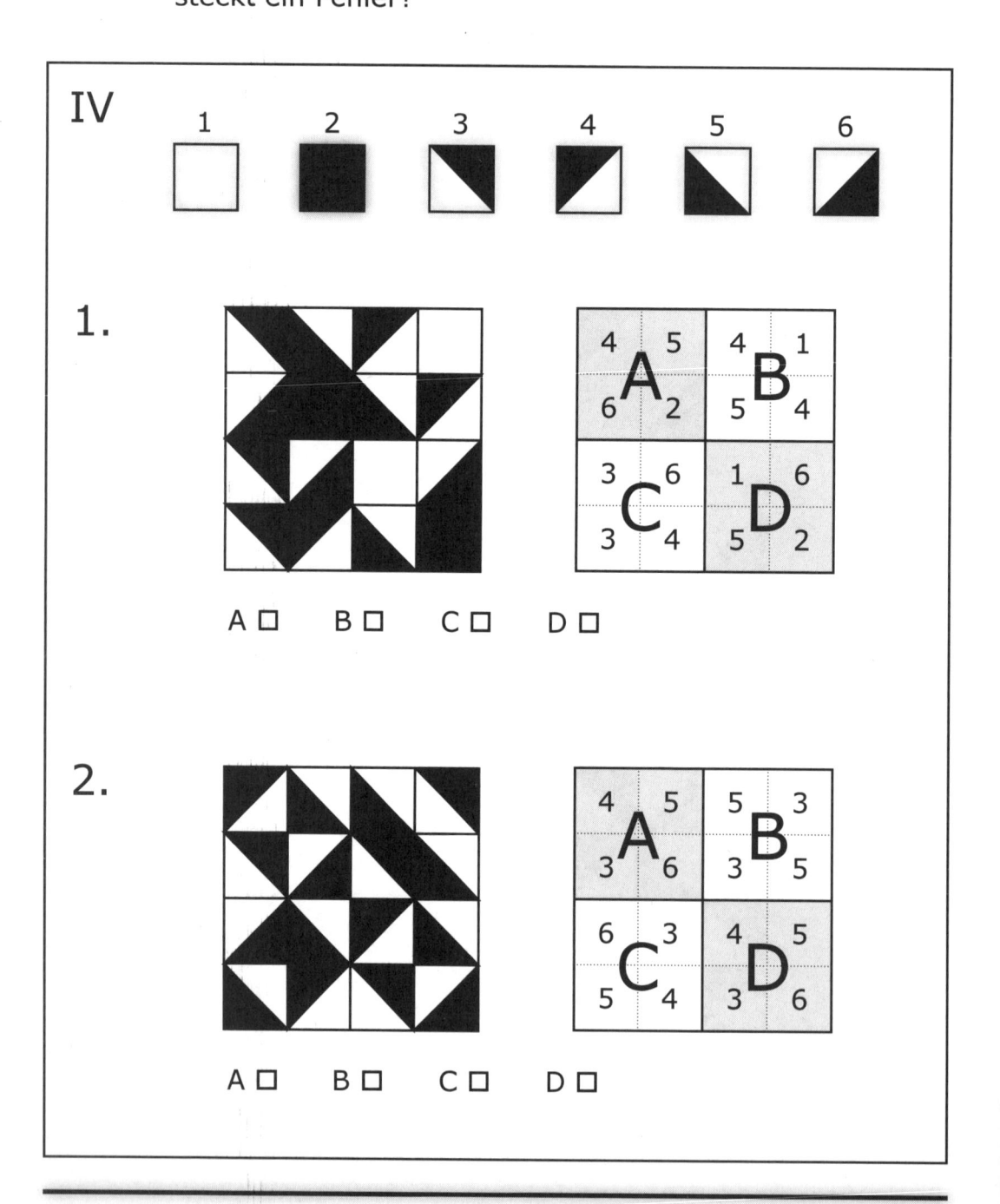

IV 1 2 3 4 5 6

1.

A☐ B☐ C☐ D☐

2.

A☐ B☐ C☐ D☐

362 IQ Übungen

Visuelle Intelligenz

V23 Links und rechts des Gleichheitszeichens sollen sich Grafik-Paare gegenüberstehen, die in einem analogen Verhältnis zueinander stehen.
Welche Grafik (A bis E) ersetzt das Fragenzeichen?

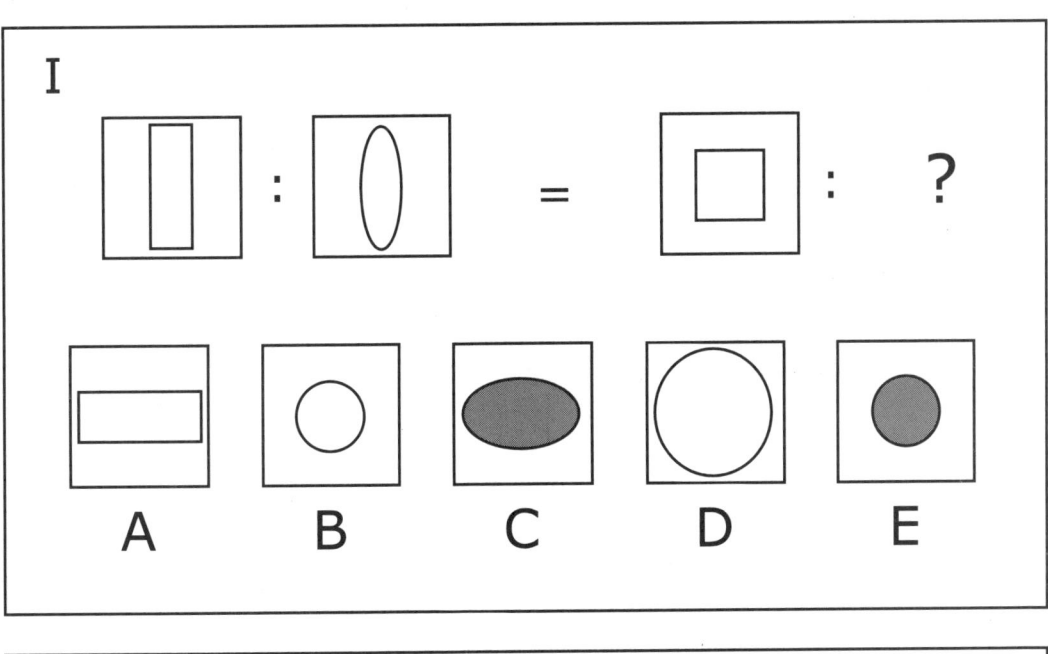

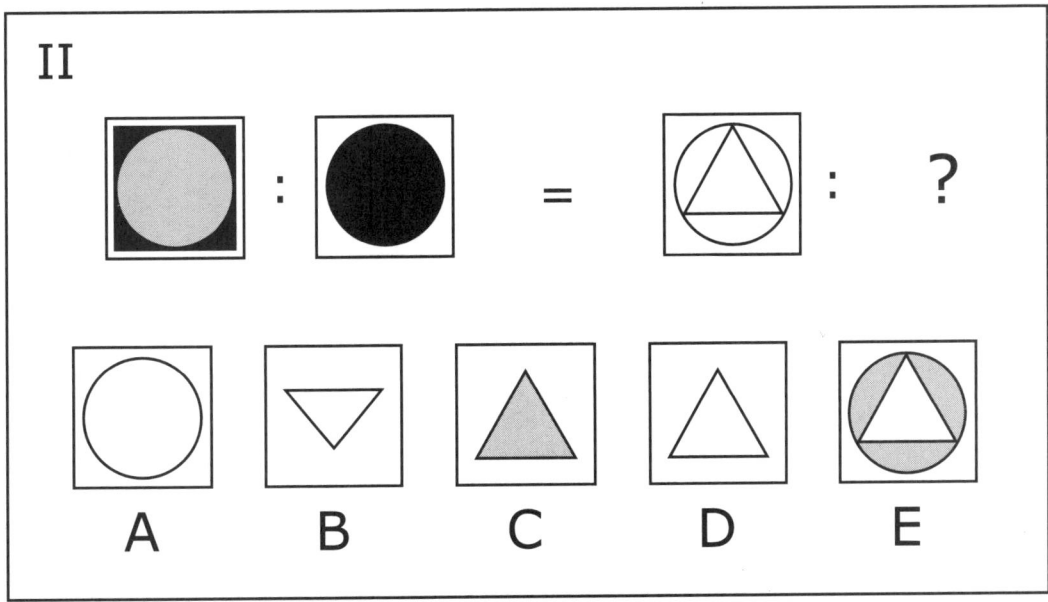

I

II

Visuelle Intelligenz

V23 Links und rechts des Gleichheitszeichens sollen sich Grafik-Paare gegenüberstehen, die in einem analogen Verhältnis zueinander stehen.
Welche Grafik (A bis E) ersetzt das Fragezeichen?

III

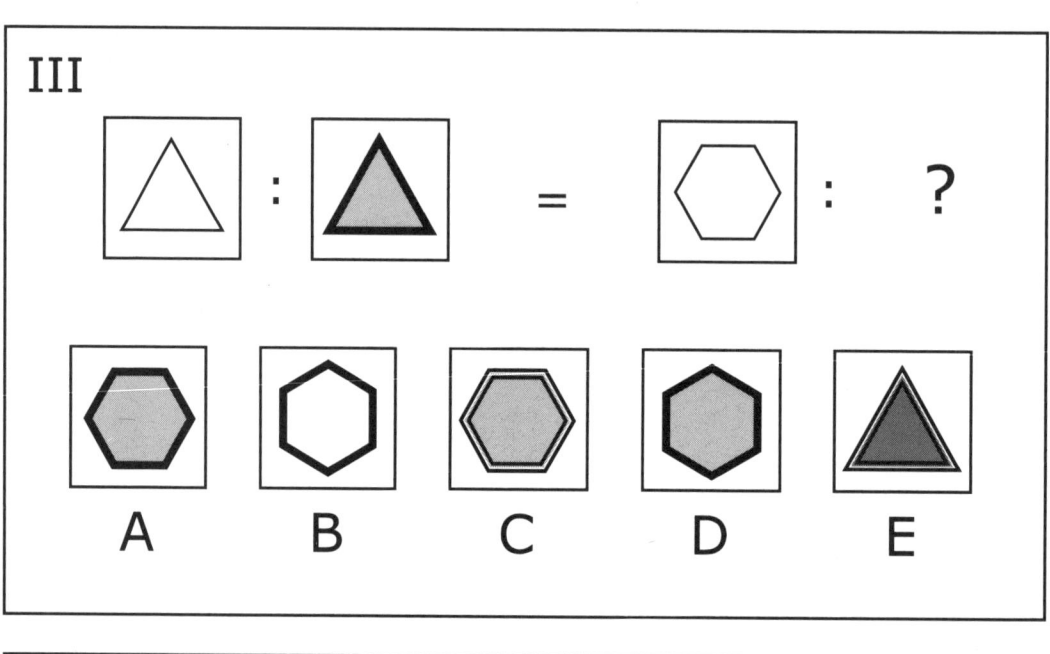

IV

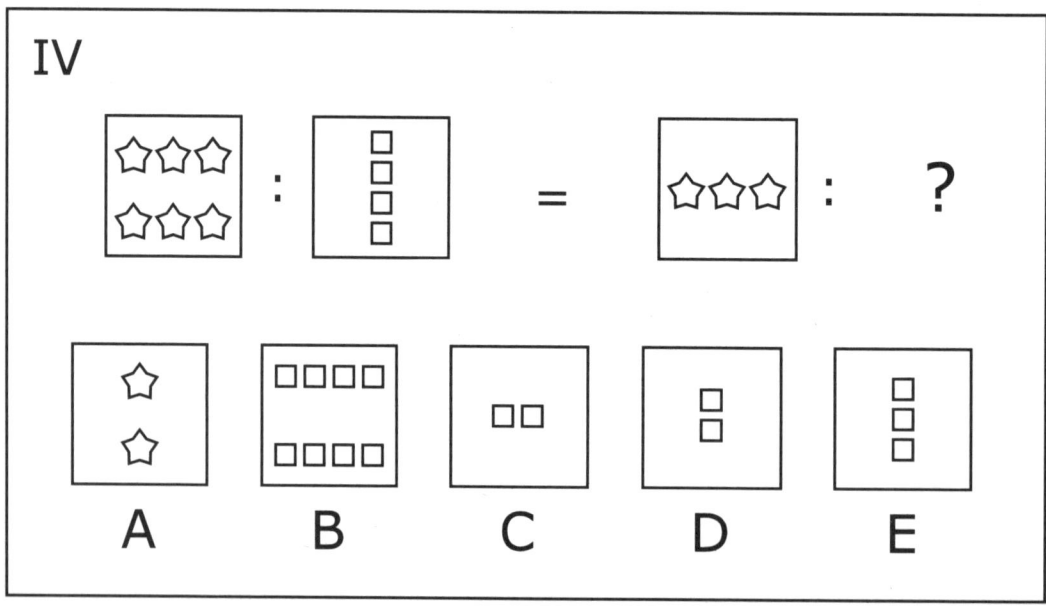

Visuelle Intelligenz

V23 Links und rechts des Gleichheitszeichens sollen sich Grafik-Paare gegenüberstehen, die in einem analogen Verhältnis zueinander stehen.
Welche Grafik (A bis E) ersetzt das Fragezeichen?

V

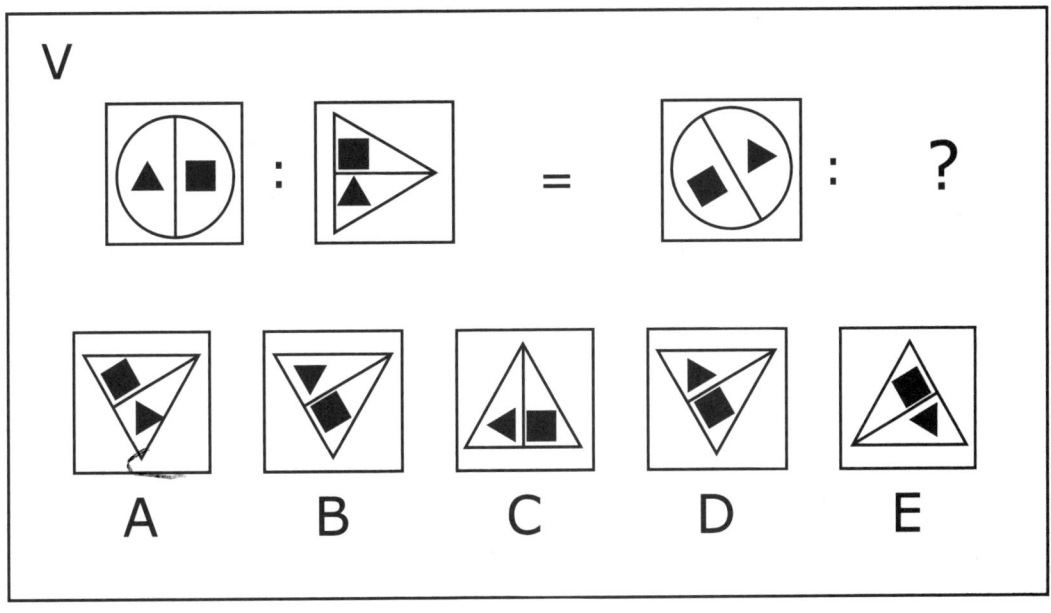

A B C D E

VI

A B C D E

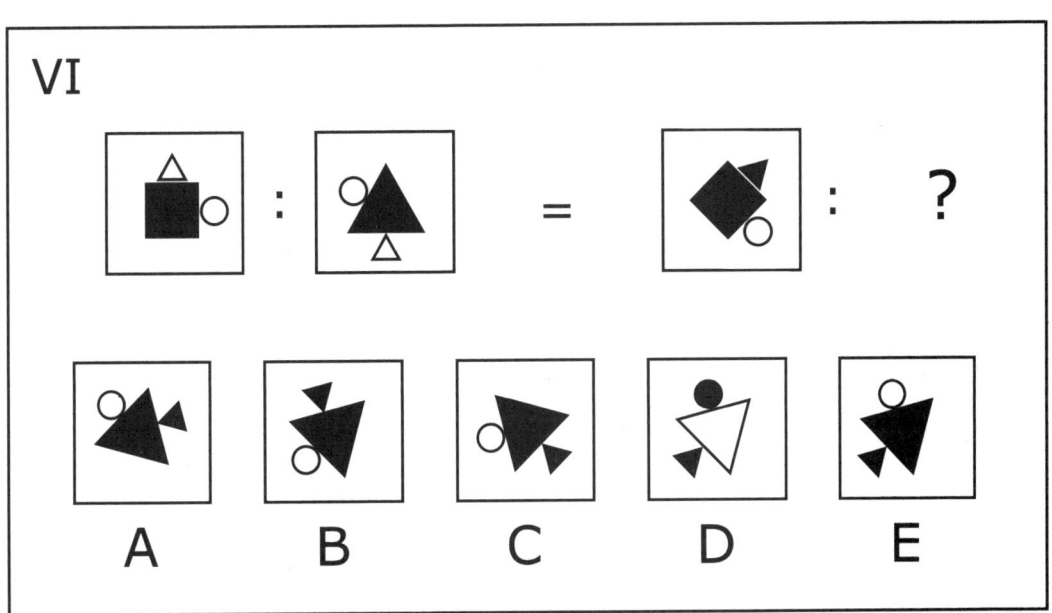

Visuelle Intelligenz

V23 Links und rechts des Gleichheitszeichens sollen sich Grafik-Paare gegenüberstehen, die in einem analogen Verhältnis zueinander stehen.
Welche Grafik (A bis E) ersetzt das Fragezeichen?

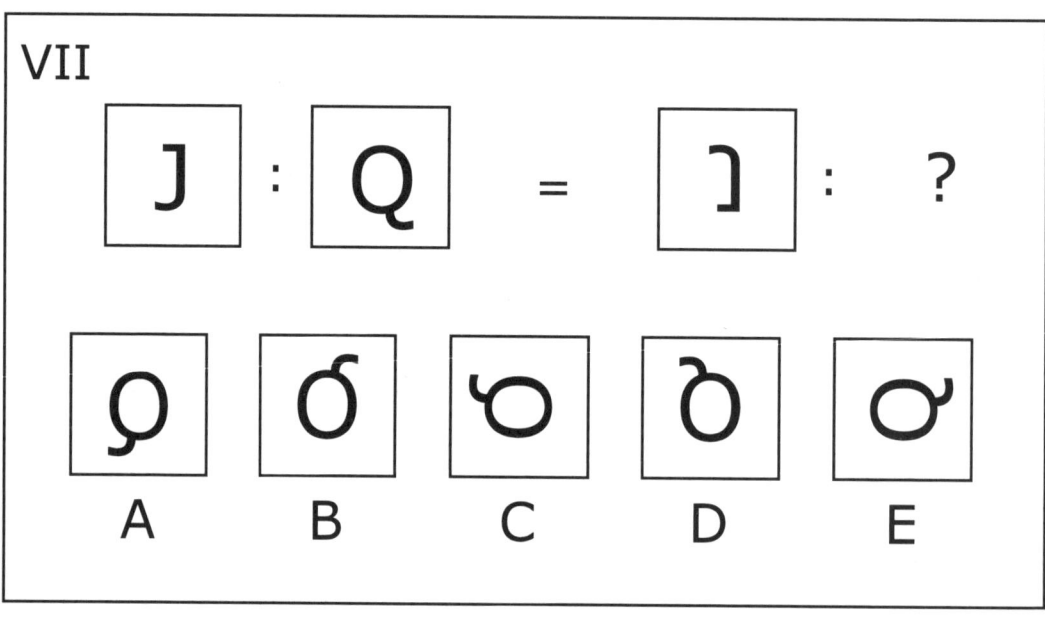

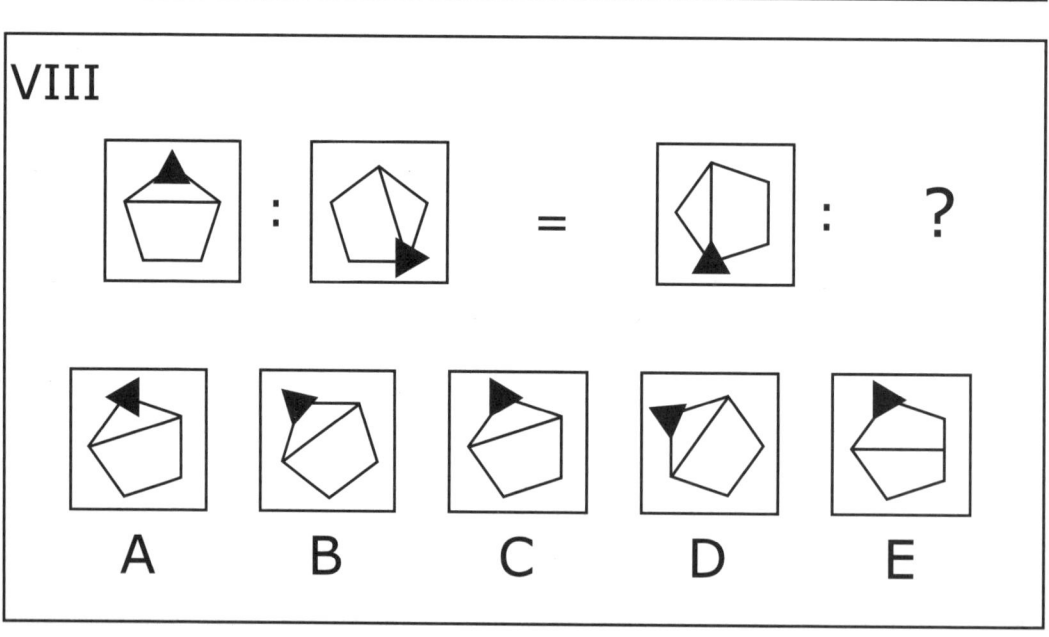

V24 Welcher der Würfel A bis C könnte aus der Abwicklung gefaltet worden sein?

I

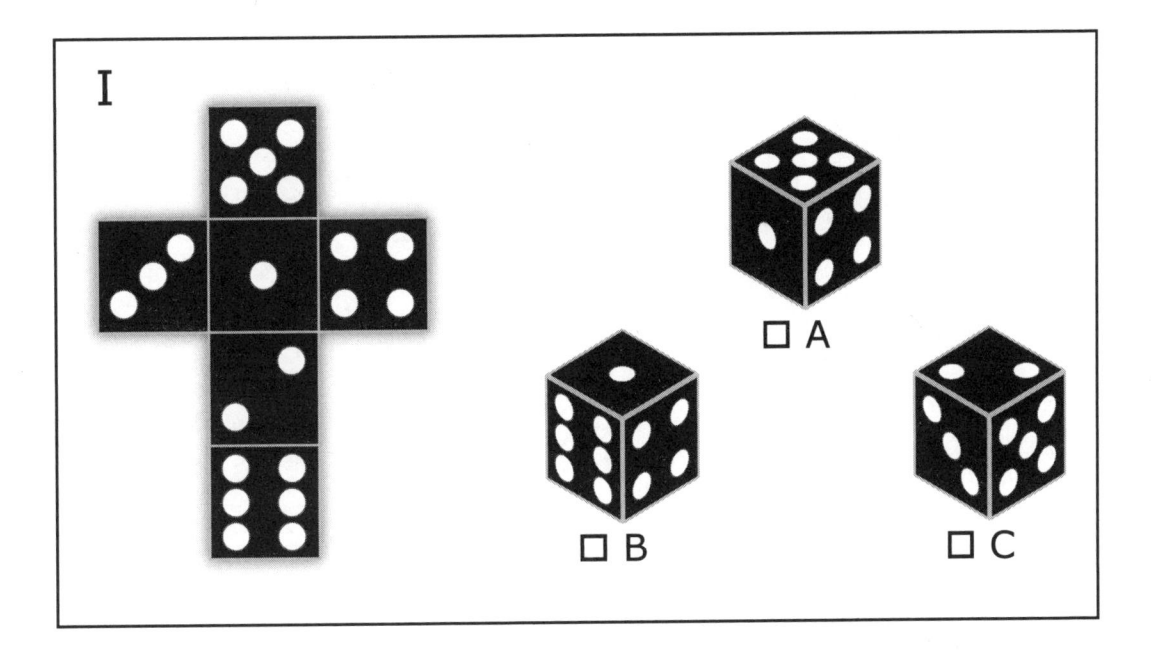

☐ A   ☐ B   ☐ C

II

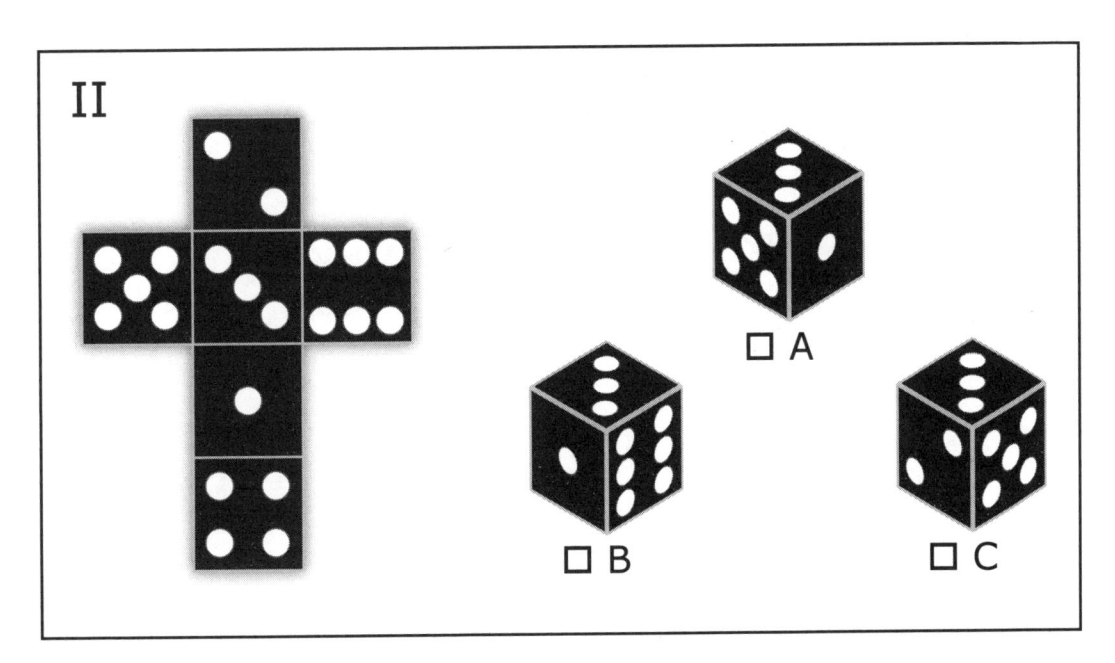

☐ A   ☐ B   ☐ C

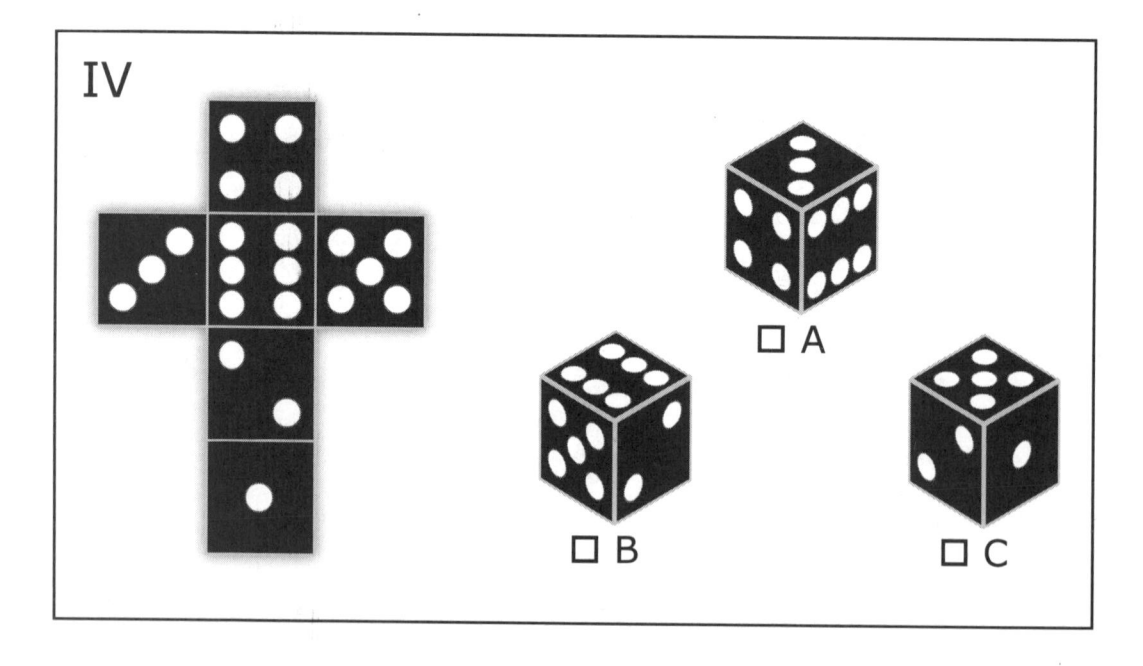

Visuelle Intelligenz

V24 Welcher der Würfel A bis C könnte aus der Abwicklung gefaltet worden sein?

III

☐ A
☐ B
☐ C

IV

☐ A
☐ B
☐ C

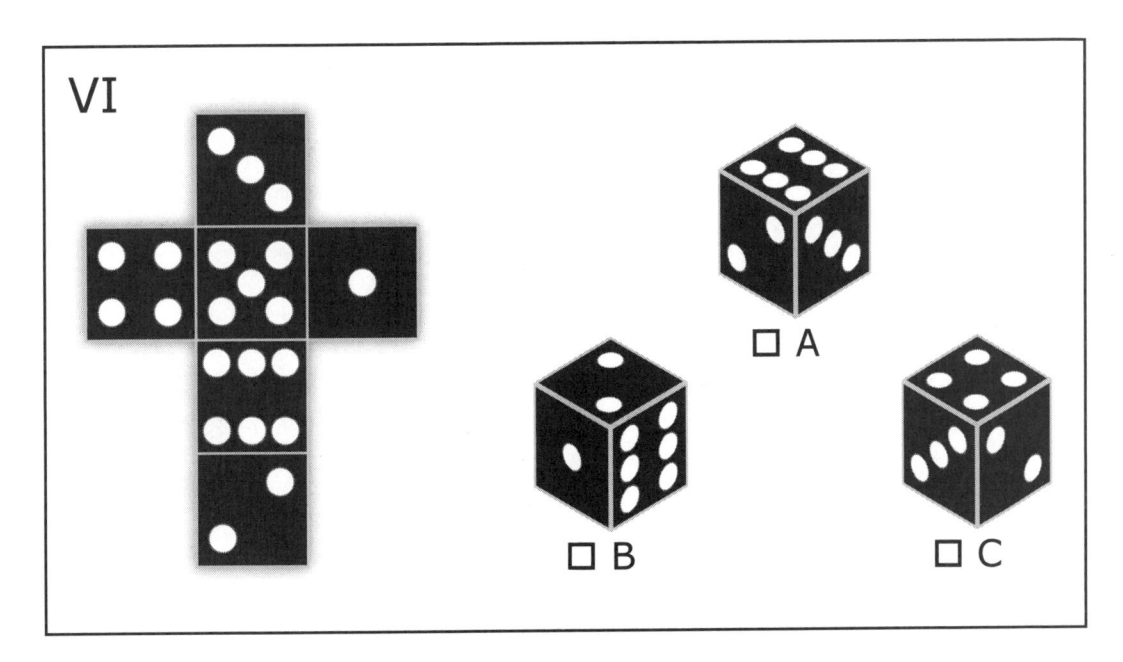

Visuelle Intelligenz

V24 Welcher der Würfel A bis C könnte aus der Abwicklung gefaltet worden sein?

V

☐ A
☐ B
☐ C

VI

☐ A
☐ B
☐ C

Visuelle Intelligenz

V24 Welcher der Würfel A bis C könnte aus der Abwicklung gefaltet worden sein?

VII

VIII

IQ-Übungstests für Intelligenz-Kernbereiche

Sich auf IQ-Tests vorzubereiten, indem man diese anhand von Übungstests trainiert, kann zu einem besseren Abschneiden führen – und damit zu einem höheren IQ. Wie auch bei Tests in anderen Lebensbereichen (etwa Schulprüfungen) hat der Fleißige einen legitimen Vorteil.

Training anhand konkreter IQ-Tests auf 100 Seiten

Fünf unterschiedliche, aus einem Aufgabenmix bestehende IQ-Tests warten hier auf Sie. Sie sollten bei allen Aufgaben – unter Beachtung eines Zeitlimits – Ihr Bestes geben, um den Trainingseffekt zu maximieren. Allerdings kann aus dem jeweils erreichten Punktwert kein Rückschluss auf Ihren IQ gezogen werden (denn dafür wäre eine aufwendige empirische Untersuchung notwendig, aus deren Ergebnis die statistische Punkteverteilung abzulesen wäre). Sie werden wahrscheinlich in jedem dieser fünf Übungstests einen anderen Punktwert erzielen, da jeder Test andere Aufgaben und Schwierigkeitsgrade enthält. Vielleicht werden Sie auch nur einen kleinen Anteil der Fragen richtig beantworten, was aber dennoch Ausdruck eines hohen IQ sein könnte.
All das sei hier nebensächlich. Das Positive und Wichtigste, auf das Sie sich hier konzentrieren sollen, ist, dass Sie im Nachhinein besser sind als zuvor!

IQ-ÜBUNGSTEST 1

Umfang: 32 Aufgaben
Zeit: 20 Minuten

1.1 Welche Grafik A bis D ersetzt das Fragezeichen?

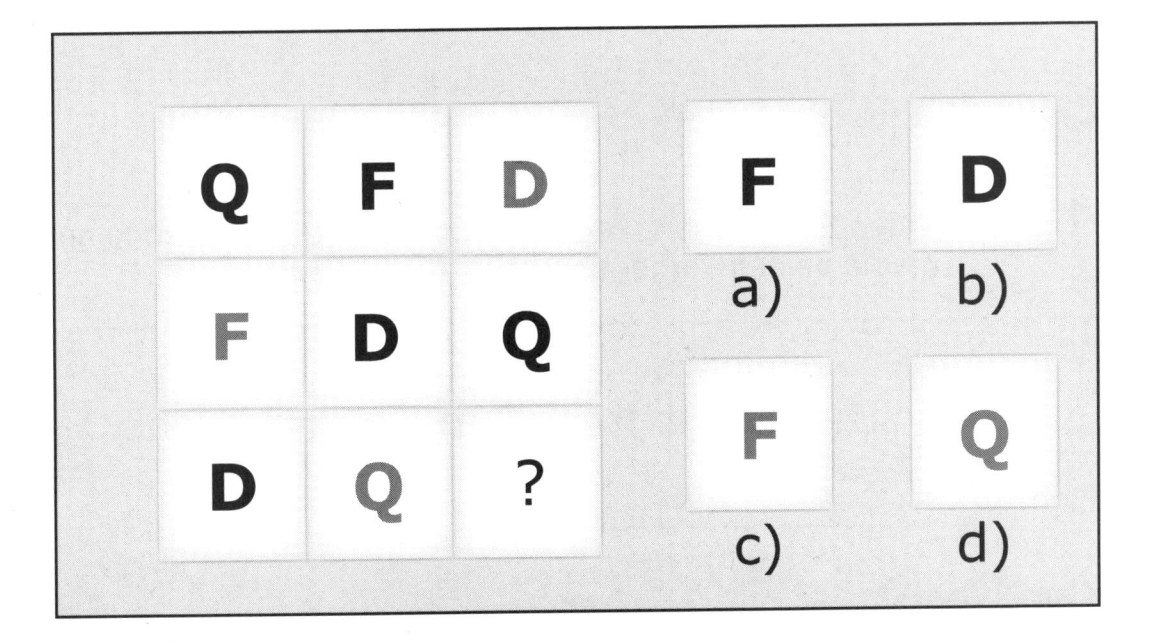

Q	F	D
F	D	Q
D	Q	?

a) F   b) D

c) F   d) Q

IQ-Übungstests

1.2 Welche der rechts zur Auswahl stehenden Zahlen passt in das Feld?

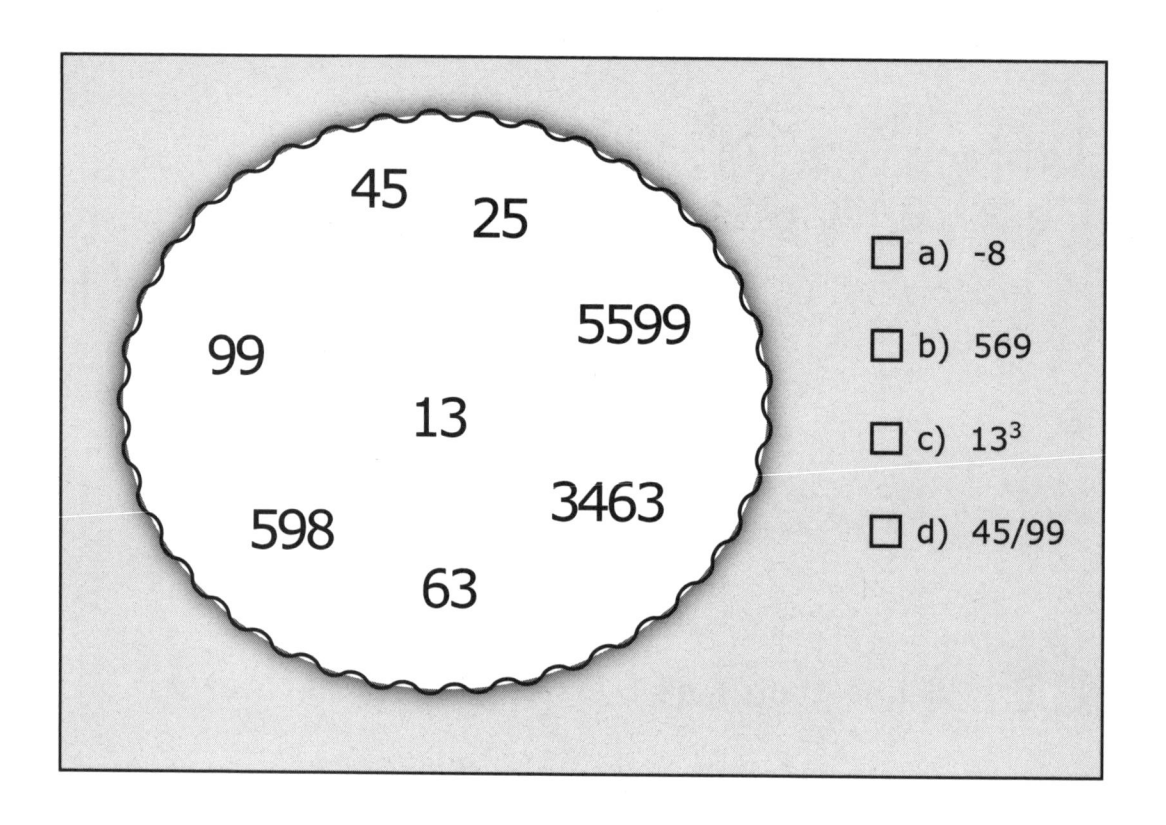

45 25

99 5599

13

598 3463

63

- [ ] a) -8
- [ ] b) 569
- [ ] c) 13^3
- [ ] d) 45/99

1.3 Finden Sie ein Wort, das dieselbe Bedeutung haben kann wie die beiden vorgegebenen.

Dienstantritt – Punkteausgleich

_____

1.4 Welcher Dominostein passt?

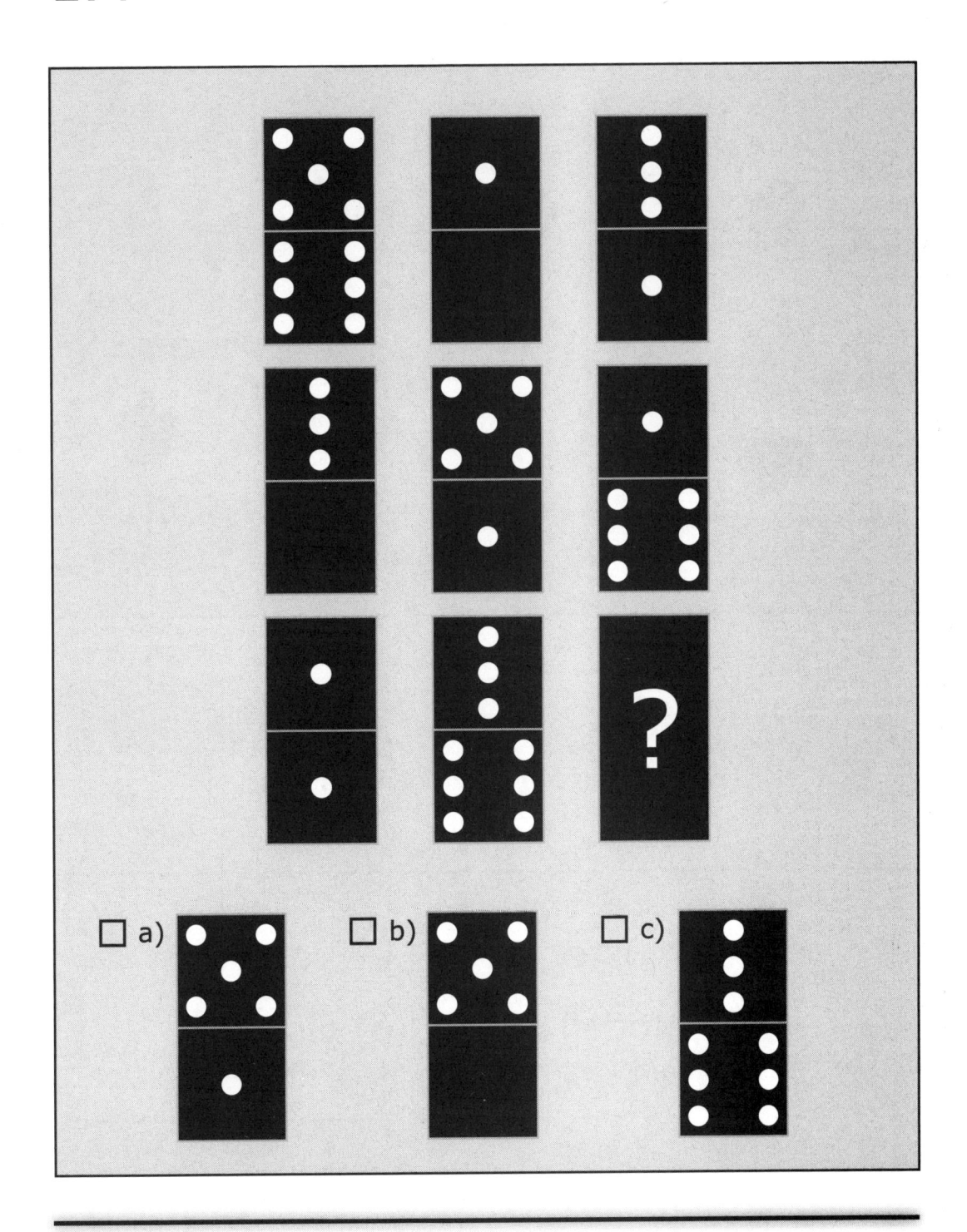

☐ a) ☐ b) ☐ c)

IQ-Übungstests

1.5 Welche Grafik A bis D ersetzt das Fragezeichen?

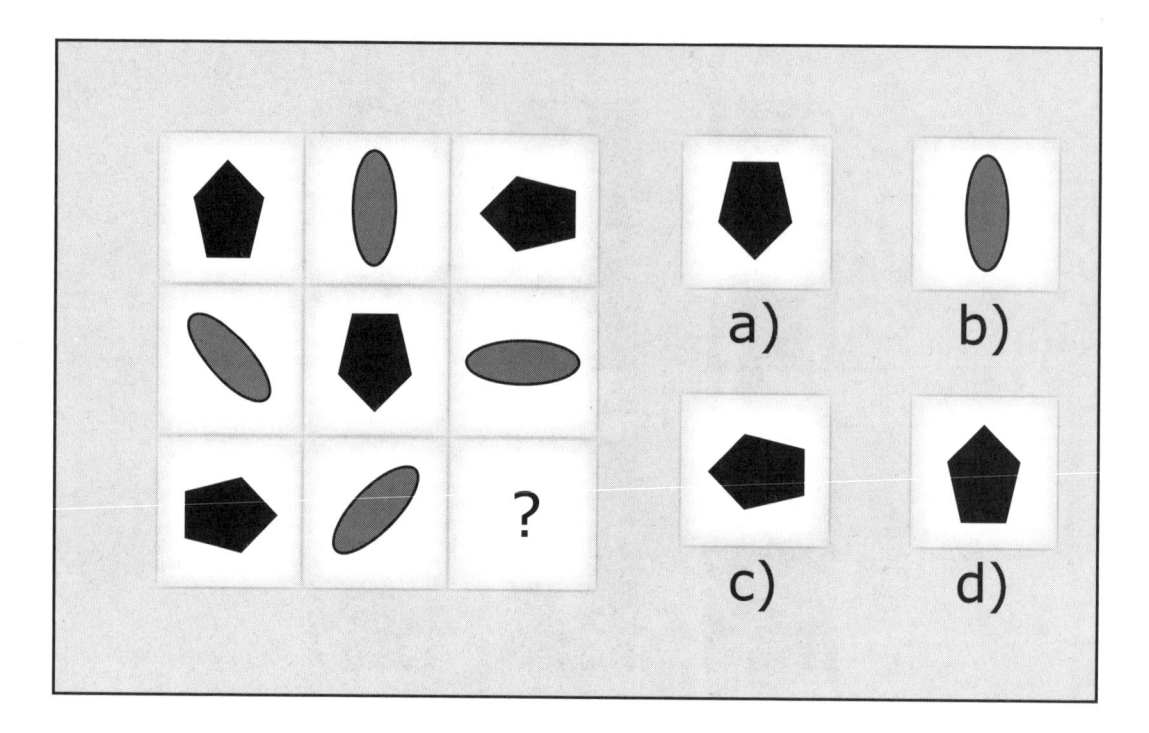

1.6 Welches Wort passt nicht zu den anderen?

☐ a) Muster   ☐ b) Vorbild

☐ c) Modell   ☐ d) Grafik

1.7 Einer der jeweils vier Sätze drückt keine Meinung, sondern eine Tatsache aus.

☐ a) Haustiere sind gut für die Entwicklung von Kindern.

☐ b) Arbeitszimmer müssen ruhig sein.

☐ c) Grünpflanzen brauchen Licht, um wachsen zu können.

☐ d) Kaffee trinken macht durstig.

1.8 Was müsste an der Stelle des Fragezeichens stehen?

☐ a)   ☐ b)   ☐ c)

IQ-Übungstests

1.9 Nach welcher Zahl ist jeweils gefragt?

Zwei Väter bauen zwei Sandburgen in zwei Stunden.
Wie viele Sandburgen bauen drei Väter in zwei Stunden?

Antwort: ☐ Sandburgen

1.10 Welche Grafik A bis D ersetzt das Fragezeichen?

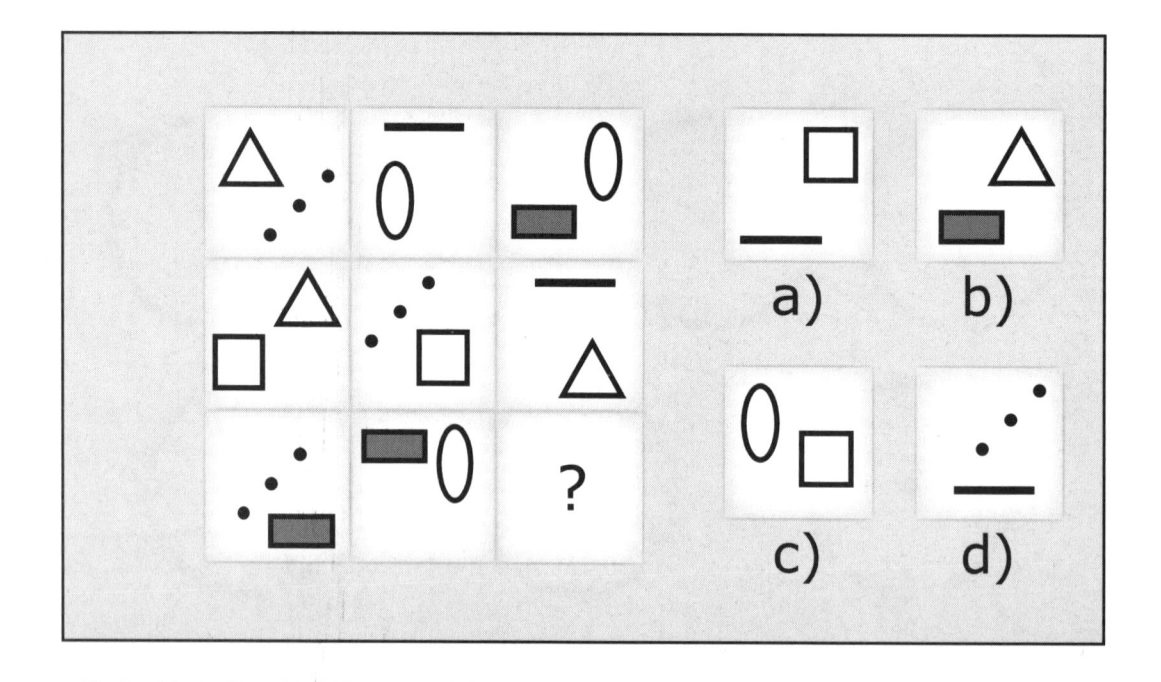

a) b) c) d)

1.11 Welche Zahl vervollständigt das System?

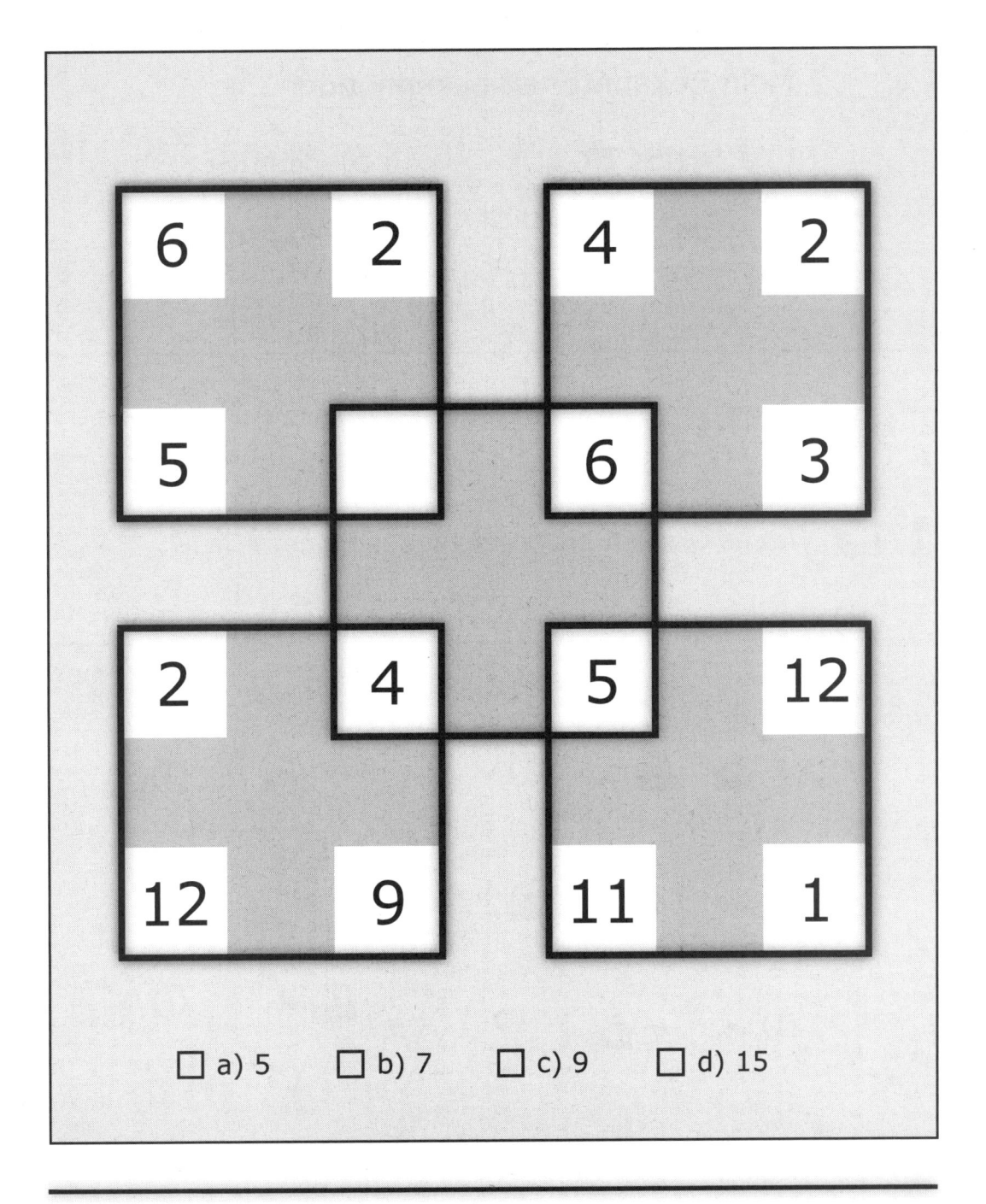

6	2	4	2
5		6	3
2	4	5	12
12	9	11	1

☐ a) 5   ☐ b) 7   ☐ c) 9   ☐ d) 15

IQ-Übungstests

1.12 Welche Alternative passt?

Mein Bekannter ist bekennender ...

- a) HISCTR
- b) TEMISER
- c) MCENSH
- d) FARREPR

1.13 Welche Grafik A bis D ersetzt das Fragezeichen?

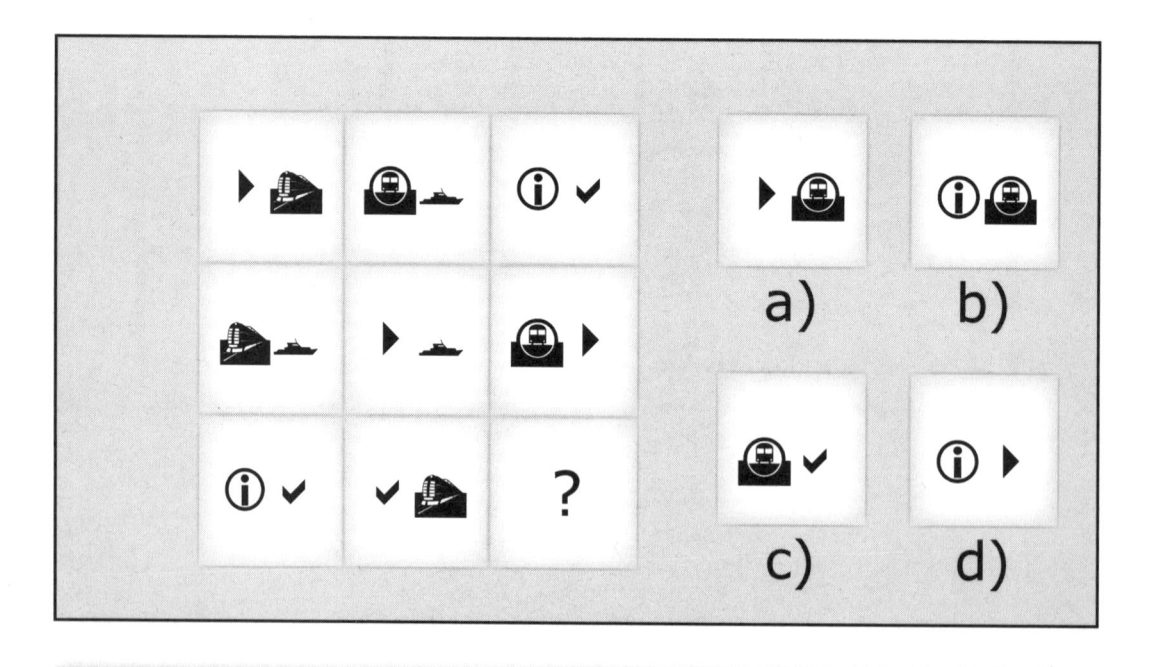

1.14 Führen Sie das Sprichwort richtig fort.

Man soll den Tag ...

☐ a) nutzen, denn man lebt nur einmal.

☐ b) leben, als wäre es der letzte.

☐ c) nicht vor dem Abend loben.

☐ d) nicht ohne Abendessen beenden.

1.15 Finden Sie die beiden zusammengehörenden Wörter.

☐ a) München   ☐ b) Mailand

☐ c) Pisa   ☐ d) Bodensee

☐ e) Marseille ☐ f) Paris

1.16 Welche Grafik ist die passende Ergänzung?

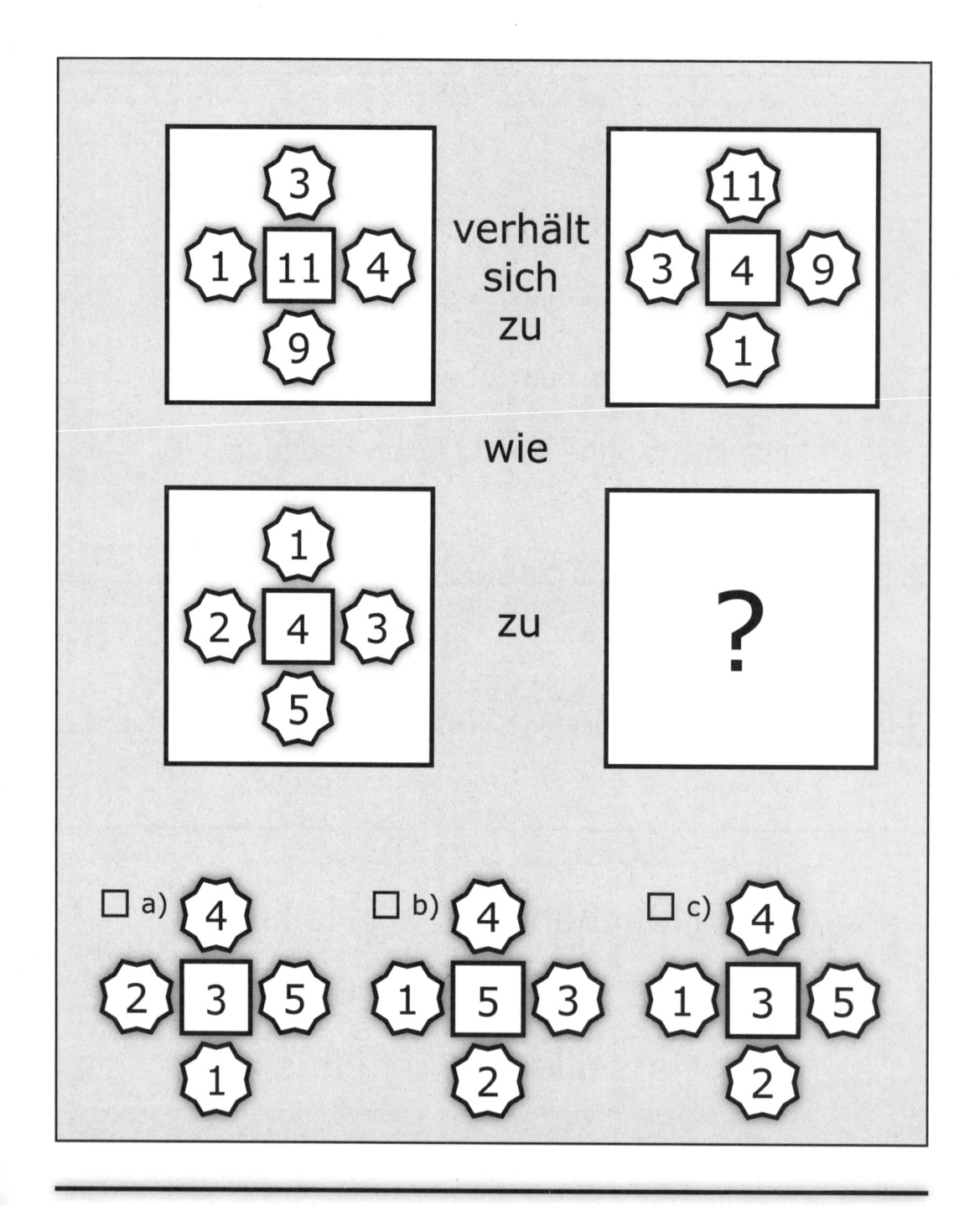

Erstes Bild (oben links): oben 3, links 1, Mitte 11, rechts 4, unten 9

verhält sich zu

Zweites Bild (oben rechts): oben 11, links 3, Mitte 4, rechts 9, unten 1

wie

Drittes Bild (unten links): oben 1, links 2, Mitte 4, rechts 3, unten 5

zu ?

☐ a) oben 4, links 2, Mitte 3, rechts 5, unten 1

☐ b) oben 4, links 1, Mitte 5, rechts 3, unten 2

☐ c) oben 4, links 1, Mitte 3, rechts 5, unten 2

1.17 Mit welcher Menge bringen Sie die letzte Waage ins Gleichgewicht?

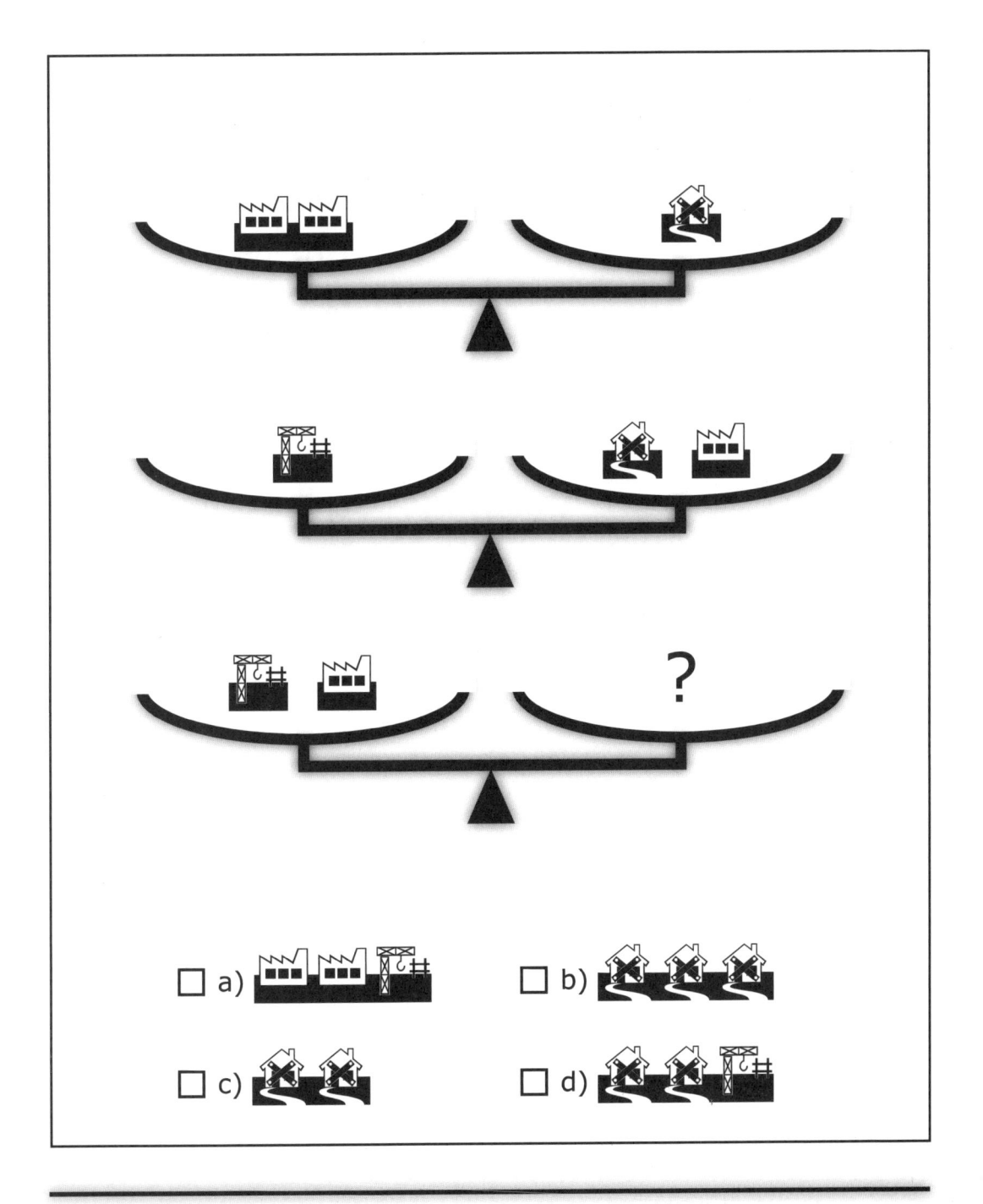

☐ a) ☐ b) ☐ c) ☐ d)

1.18 Was unterscheidet Gruppe A von Gruppe B?
Ordnen Sie jede die unteren Grafiken 1 bis 4 der jeweils passenden Gruppe zu.

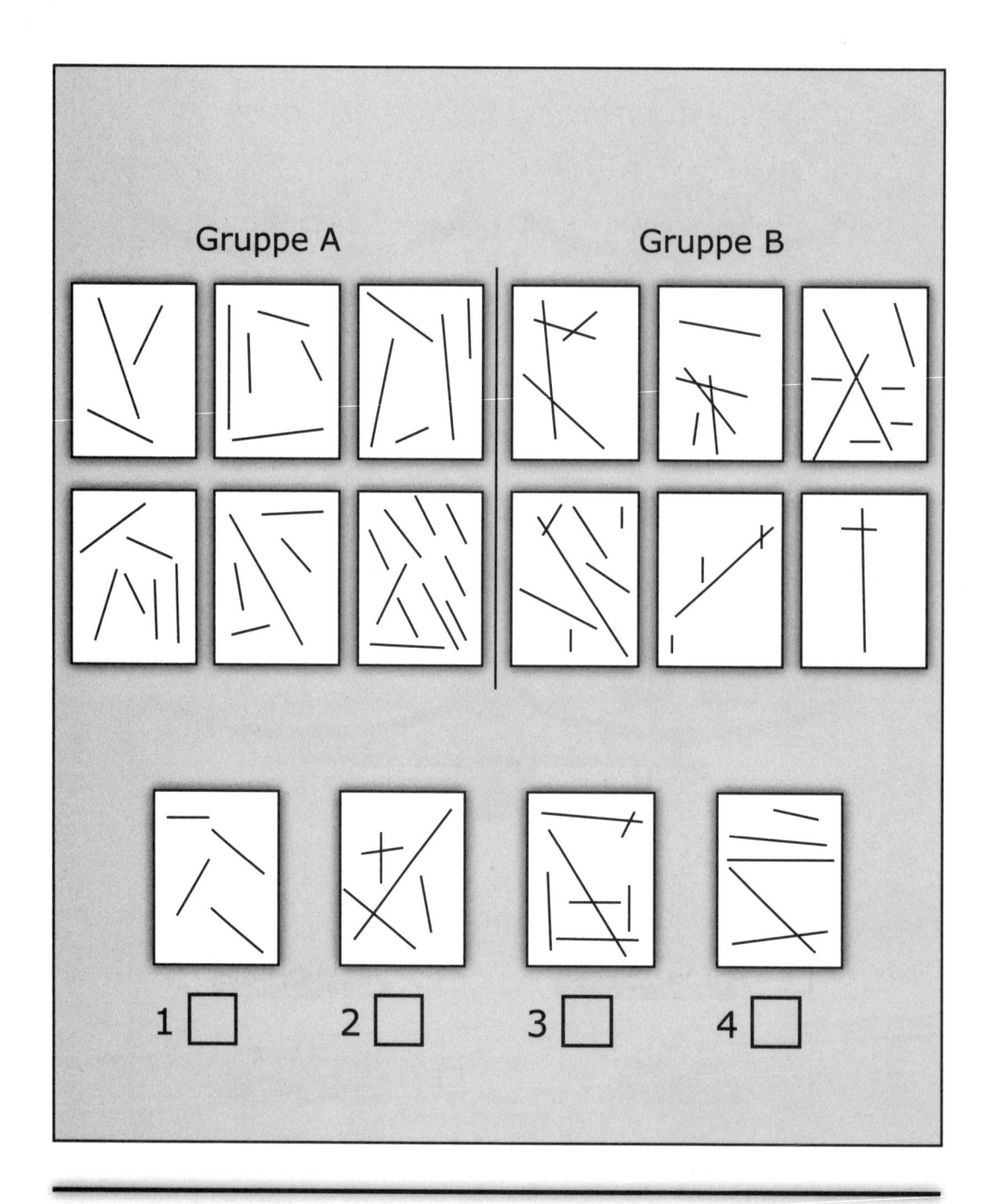

1 ☐   2 ☐   3 ☐   4 ☐

1.19 Nach welchem Wochentag wird gefragt?

> Gestern war es 15 Tage vor dem 11. Tag. Welcher Tag war vorgestern, wenn der 3. Tag ein Montag ist?

☐ Mo ☐ Di ☐ Mi ☐ Do ☐ Fr ☐ Sa ☐ So

1.20 Sie sehen jeweils zwei Begriffspaare. In der unteren Zeile fehlt ein Begriff – bitte ergänzen Sie entsprechend.

Haar – Haut

Grashalm – _____

☐ a) Rasen ☐ b) Wurzel
☐ c) Wiese ☐ d) Erde

1.21 Welche Würfelansicht setzt die Reihe fort?

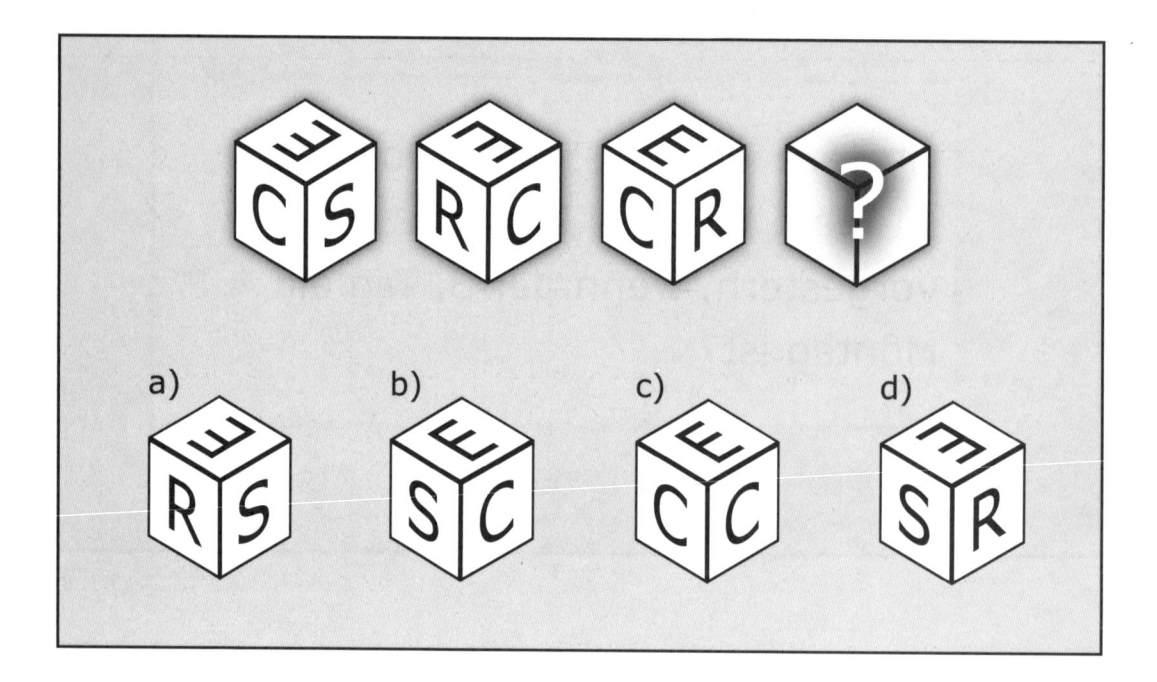

a)   b)   c)   d)

1.22 In der Mitte fehlt ein Brückenwort, mit dem das erste Wort abschließt und das zweite beginnt.

Jäger _____ Amerika

1.23 Mit welcher der unten zur Auswahl stehenden Grafiken geht die Reihe jeweils weiter?

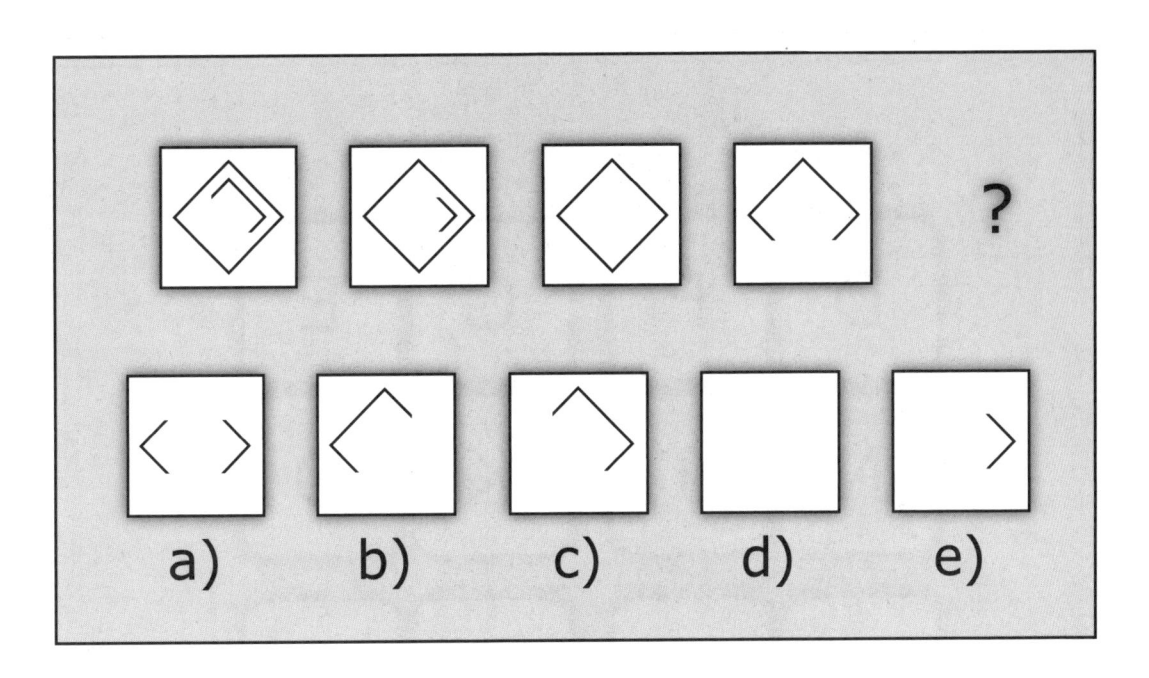

a) b) c) d) e)

1.24 Finden Sie ein Wort, das den gemeinsamen Oberbegriff zu den beiden vorgegebenen Wörtern bildet.

Baumwolle – Leinen

1.25 Welcher Buchstabe gehört ins leere Feld?

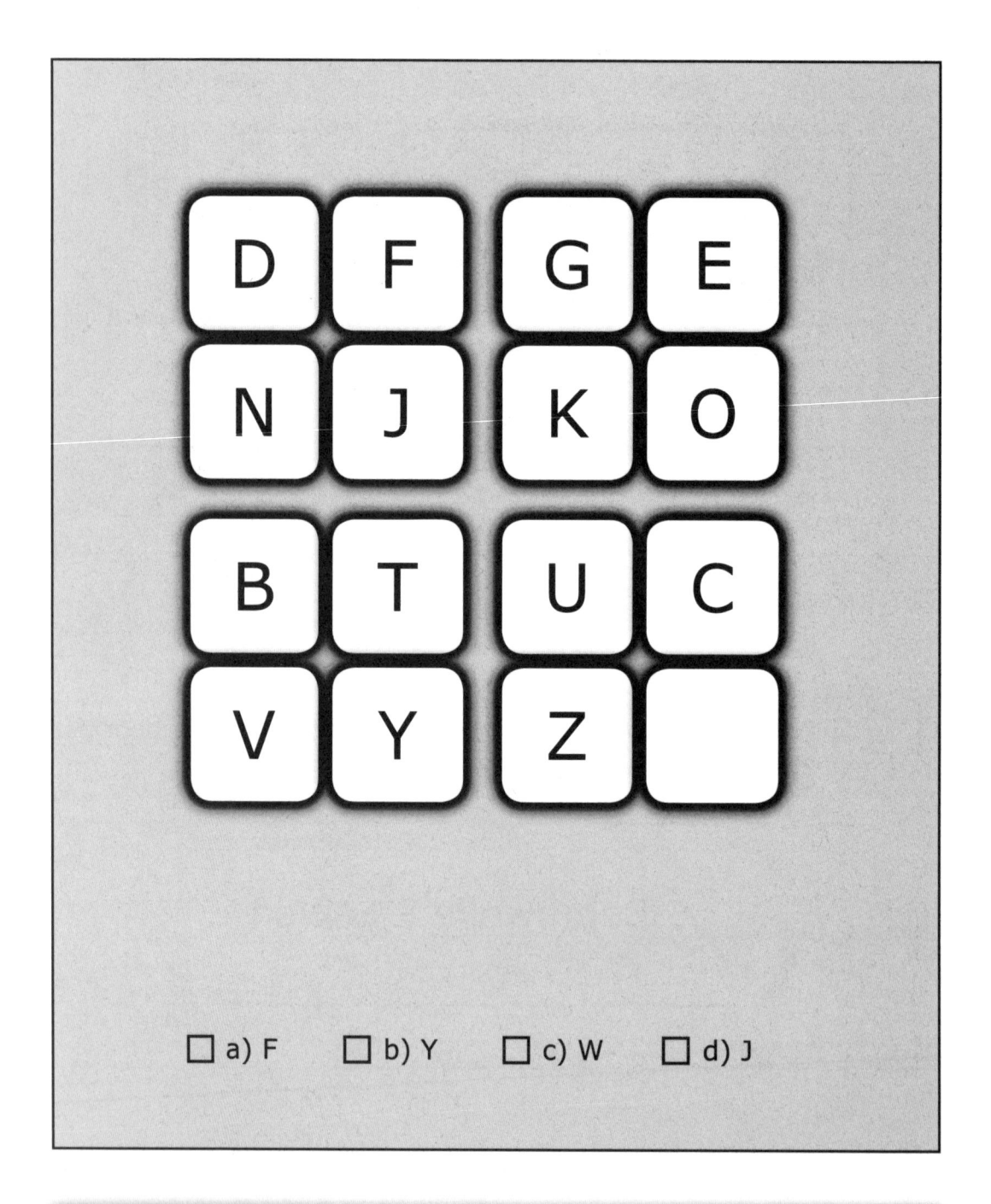

D	F	G	E
N	J	K	O
B	T	U	C
V	Y	Z	

☐ a) F ☐ b) Y ☐ c) W ☐ d) J

1.26 Ersetzen Sie das Fragezeichen.

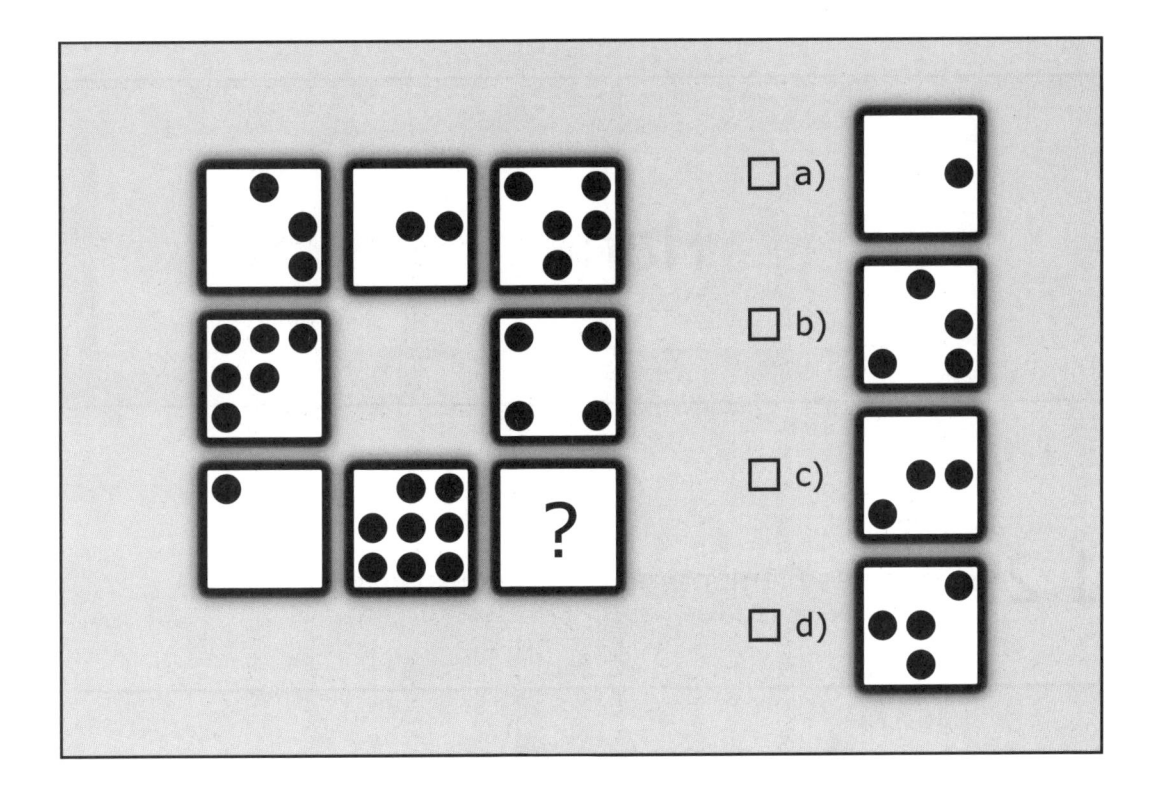

☐ a)
☐ b)
☐ c)
☐ d)

1.27 Welches Bild gehört jeweils nicht in die Reihe?

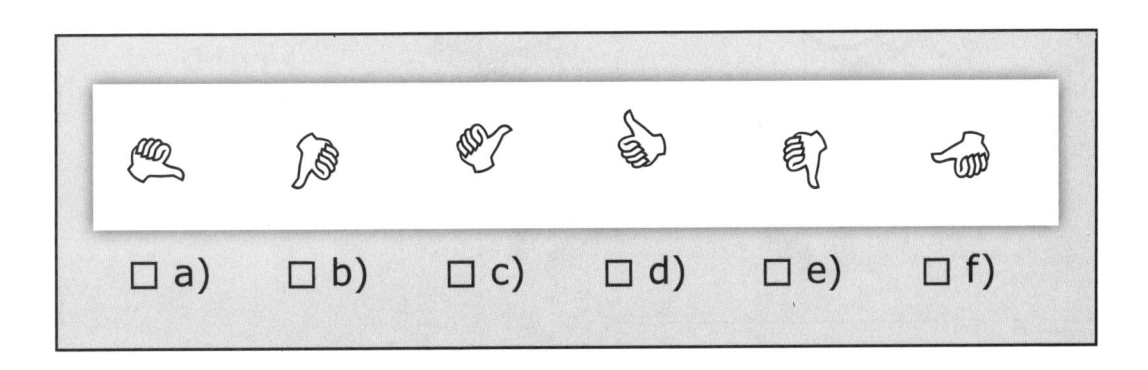

☐ a) ☐ b) ☐ c) ☐ d) ☐ e) ☐ f)

IQ-Übungstests

1.28
Bei den folgenden Wörtern fehlt am Ende bzw. am Anfang ein Buchstabe. Ergänzen Sie ihn!

Han _ aul

1.29
Welches Element muss in das leere Feld?

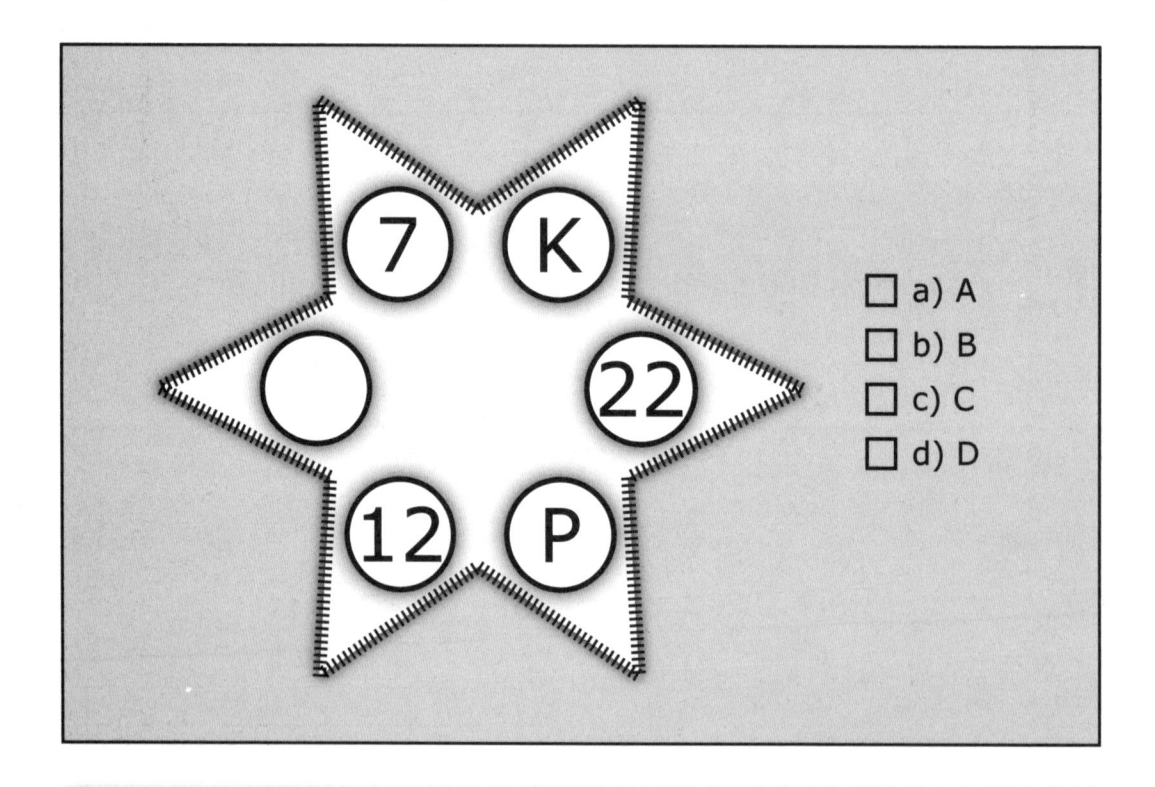

- a) A
- b) B
- c) C
- d) D

(Stern mit: 7, K, 22, P, 12, _)

IQ-Übungstests

1.30 Welche Zahl gehört an die Stelle des Fragezeichens?

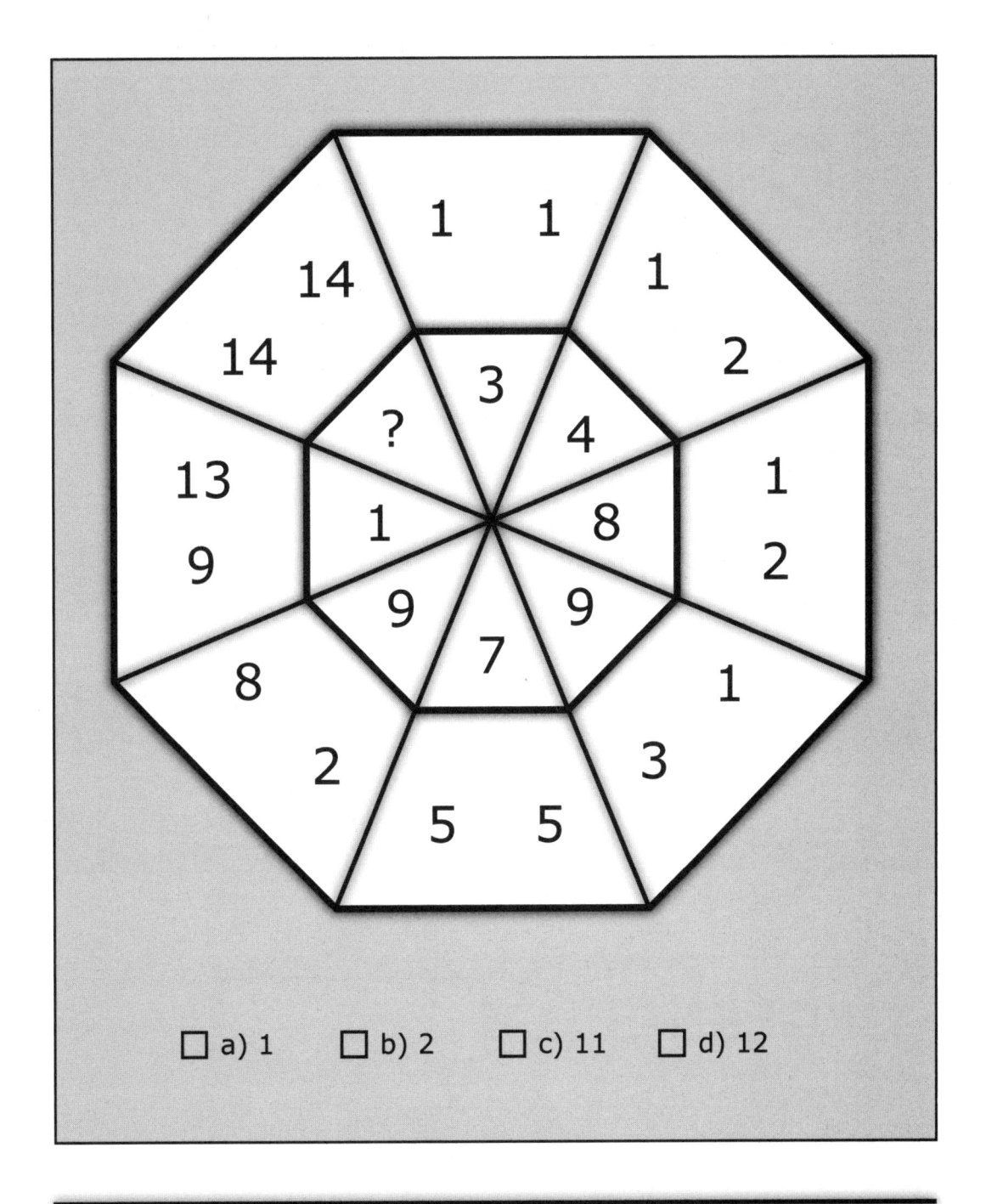

☐ a) 1   ☐ b) 2   ☐ c) 11   ☐ d) 12

IQ-Übungstests 393

1.31
Links und rechts des Gleichheitszeichens sollen sich Grafik-Paare gegenüberstehen, die in einem analogen Verhältnis zueinander stehen.
Welche Grafik (A bis E) ersetzt das Fragenzeichen?

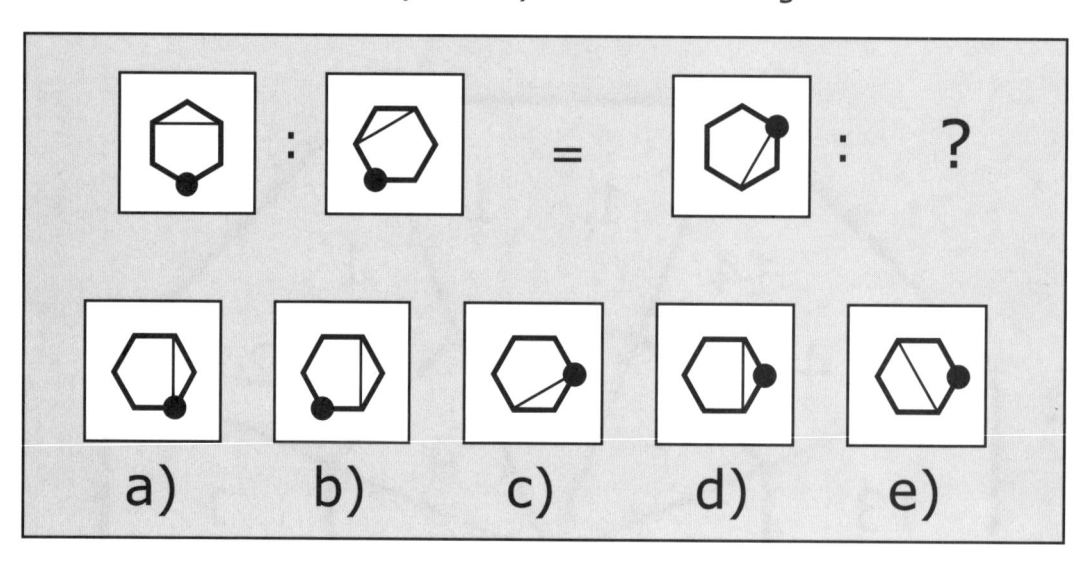

a) b) c) d) e)

1.32
Tragen Sie das fehlende Wort in die Klammer ein.

L + (_____) = Bürde
verwachsener Rücken

ERGEBNIS 1

Tragen Sie hier die Anzahl der richtig gelösten Aufgaben ein.

IQ-ÜBUNGSTEST 2

Umfang: 38 Aufgaben
Zeit: 30 Minuten

2.1 Welcher der Würfel A bis C könnte aus der Abwicklung gefaltet worden sein?

☐ a) ☐ b) ☐ c)

IQ-Übungstests

2.2 Welche der rechts zur Auswahl stehenden Zahlen passen an die Stellen der Fragezeichen?

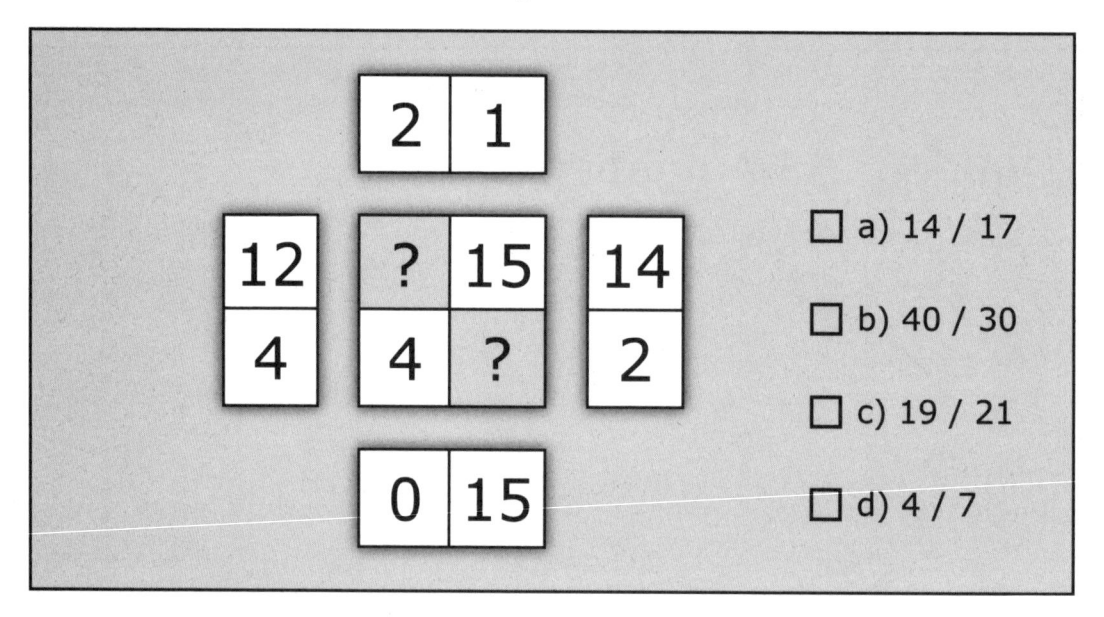

| 2 | 1 |

| 12 | | ? | 15 | | 14 |
| 4 | | 4 | ? | | 2 |

| 0 | 15 |

☐ a) 14 / 17

☐ b) 40 / 30

☐ c) 19 / 21

☐ d) 4 / 7

2.3 Welches Wortende kann all diesen Wortanfängen hinten angesetzt werden?

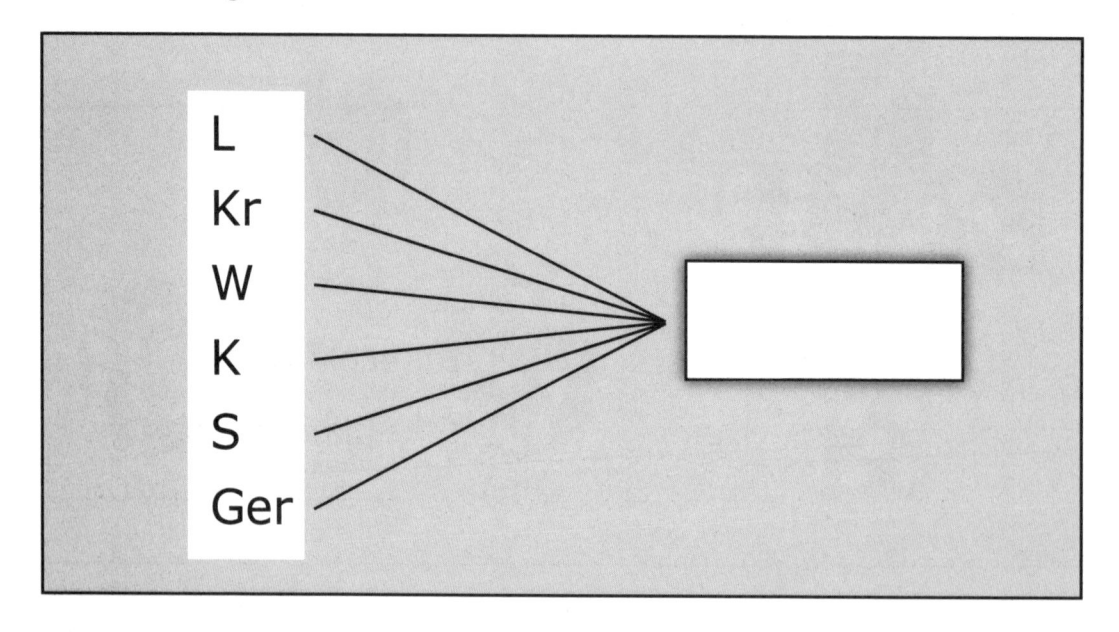

L
Kr
W
K
S
Ger

2.4 Welche Zahl gehört ins jeweils leere Feld?

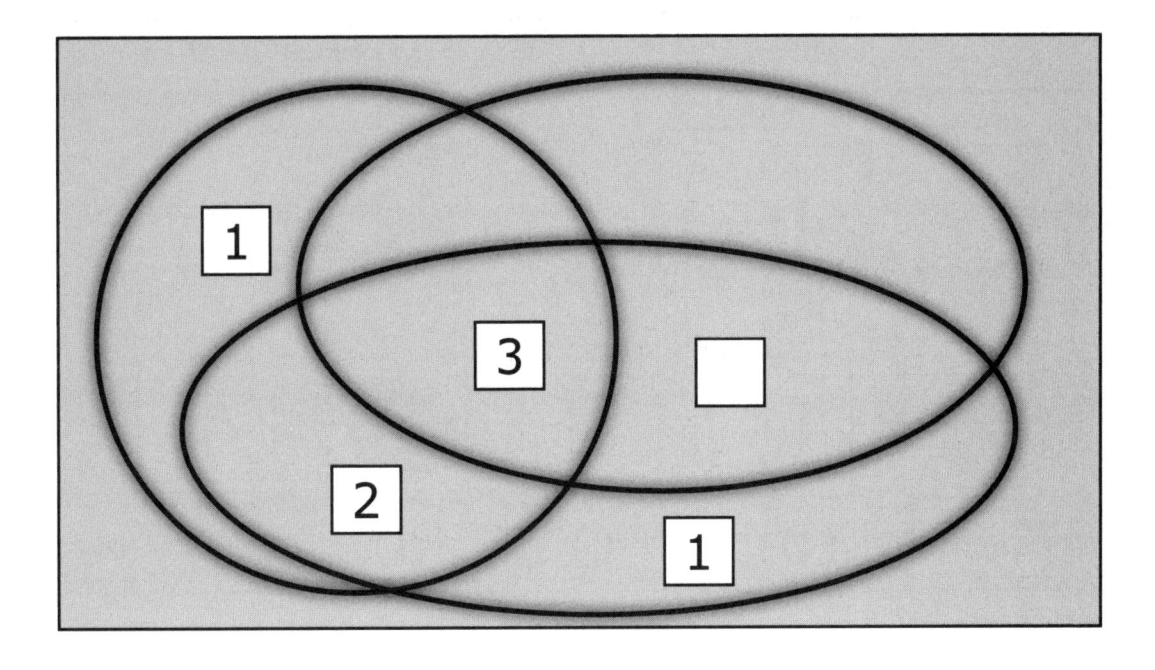

2.5 Welcher Begriff ähnelt dem vorgegebenen am meisten?

konfus

- ☐ a) verwirrt
- ☐ b) schlampig
- ☐ c) korrupt
- ☐ d) unkonzentriert

IQ-Übungstests

2.6 Links und rechts des Gleichheitszeichens sollen sich Grafik-Paare gegenüberstehen, die in einem analogen Verhältnis zueinander stehen.
Welche Grafik (A bis E) ersetzt das Fragenzeichen?

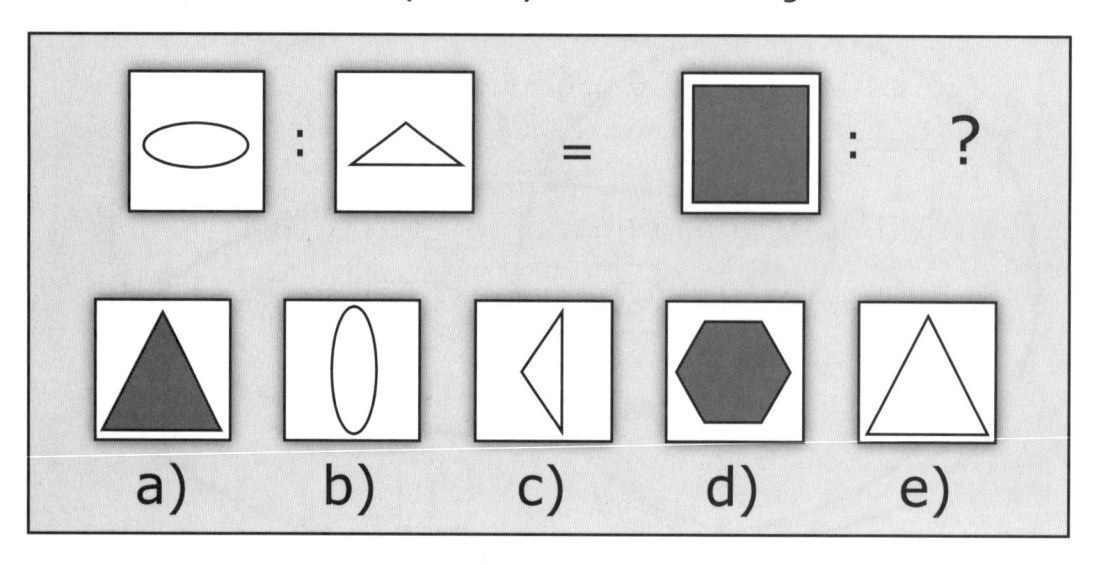

a)   b)   c)   d)   e)

2.7 Welche der Zahlen neben a) bis d) passt ins leere Feld?

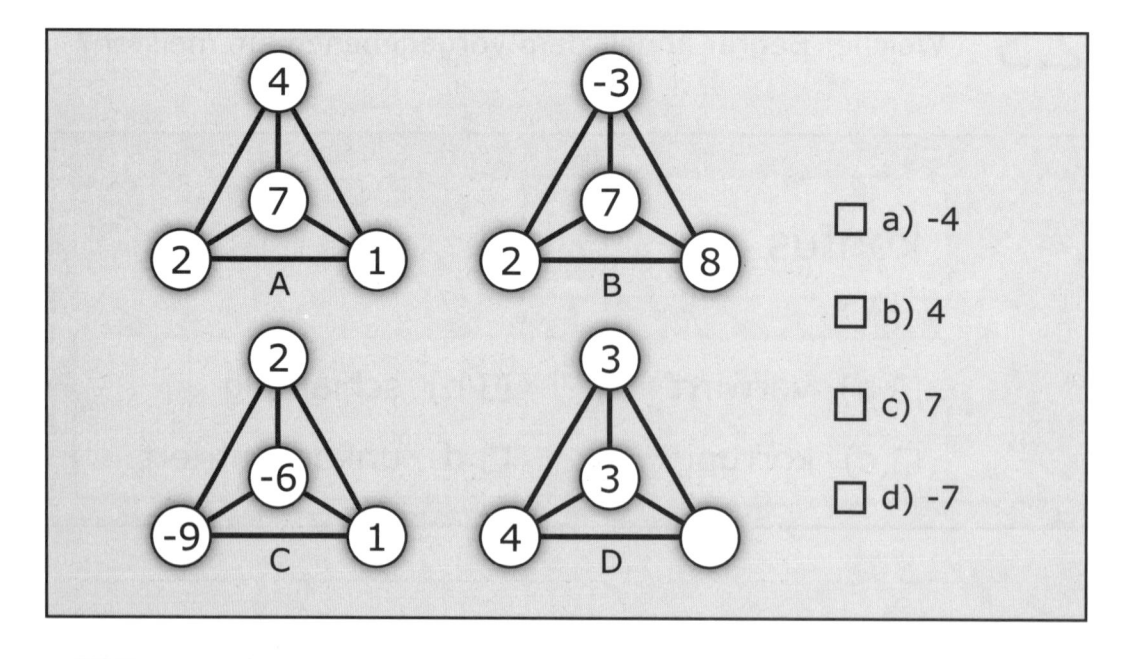

☐ a) -4

☐ b) 4

☐ c) 7

☐ d) -7

2.8 Welcher Satz ist richtig?

Bio-Gemüse ist immer …

- ☐ a) vitaminreich.
- ☐ b) frisch.
- ☐ c) natürlich erzeugt.
- ☐ d) gesund.

2.9 Welche Zahl gehört an die Stelle des Fragezeichens?

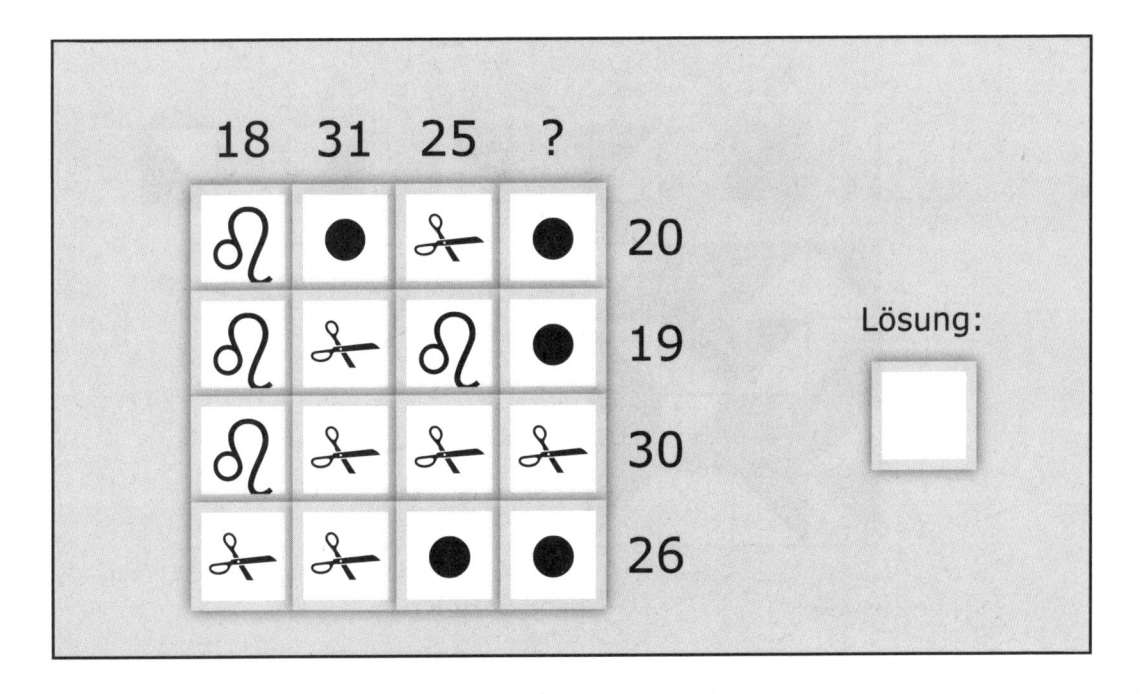

Lösung:

IQ-Übungstests

2.10 Markieren Sie die fehlende Zahl.

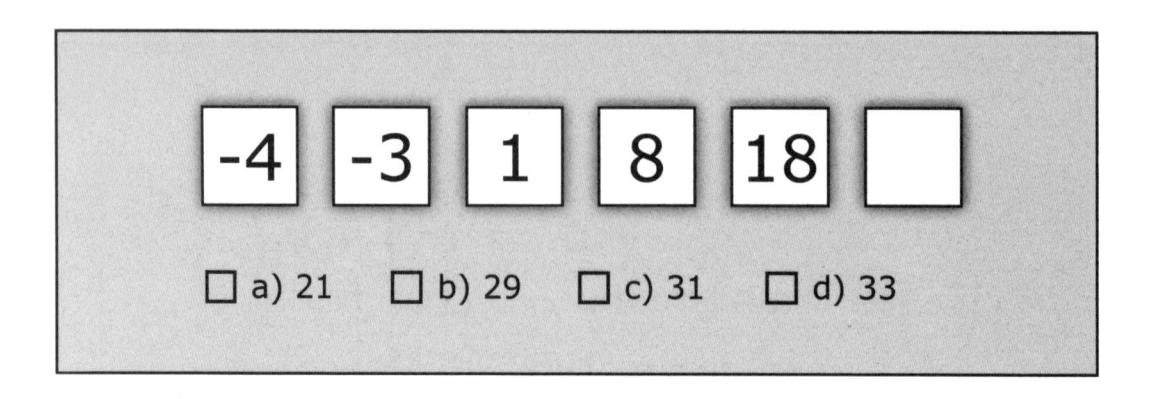

| -4 | -3 | 1 | 8 | 18 | |

☐ a) 21   ☐ b) 29   ☐ c) 31   ☐ d) 33

2.11 Setzen Sie die sechs Mosaikbausteine entsprechend dem Plan rechts gedanklich zusammen. Vergleichen Sie dies mit der Vorgabe links. In welchem Bereich (A bis D) steckt ein Fehler?

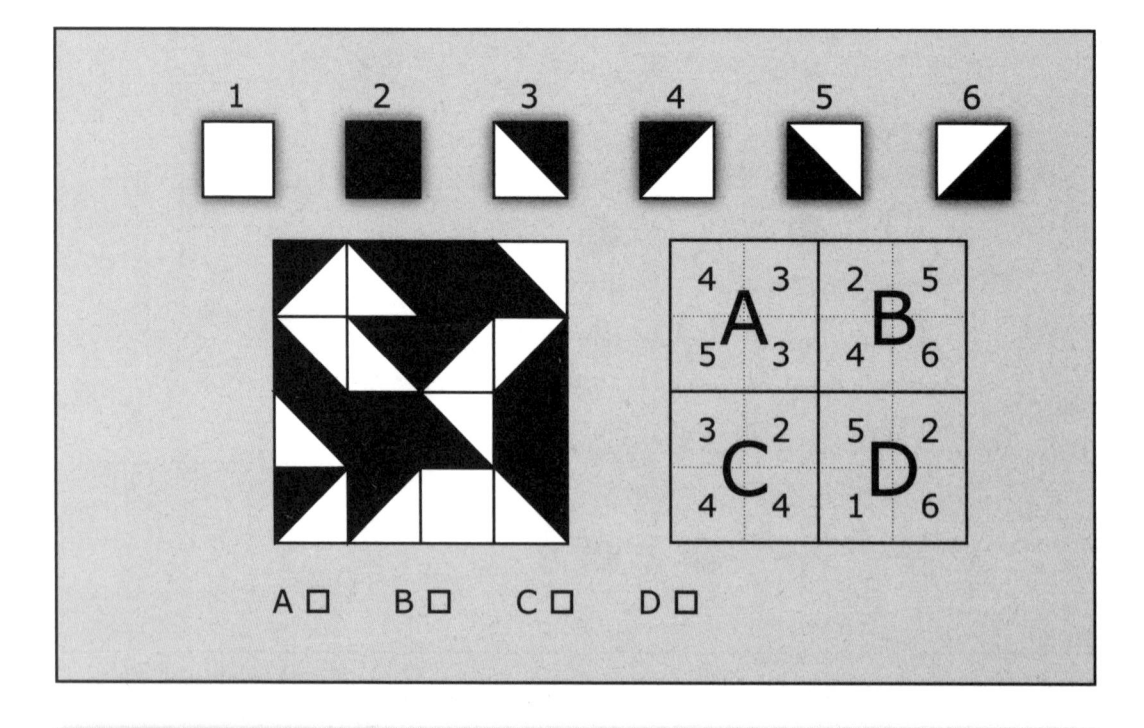

A ☐   B ☐   C ☐   D ☐

2.12 Finden Sie die Zahl, die in das leere Feld gehört.

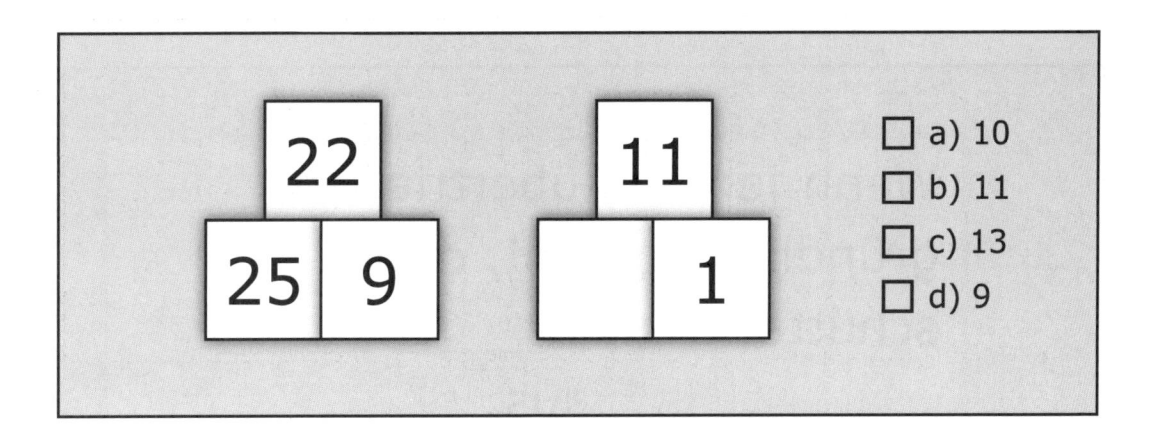

```
  22              11
25   9         ___   1
```

- [ ] a) 10
- [ ] b) 11
- [ ] c) 13
- [ ] d) 9

2.13 Welches Bild gehört jeweils nicht in die Reihe?

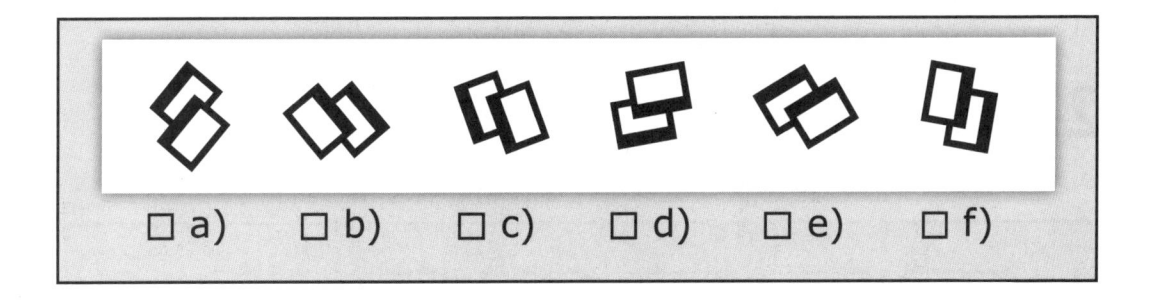

- [ ] a) - [ ] b) - [ ] c) - [ ] d) - [ ] e) - [ ] f)

2.14 Bei den folgenden Wörtern fehlen am Ende bzw. am Anfang drei Buchstaben. Ergänzen Sie sie!

Na _ _ _ le

2.15
Setzen Sie die jeweils gesuchte redensartliche Ausdrucksweise ein.

Wenn jemand übertrieben gründlich vorgeht, dann schüttet er das _____ _____ _____ _____ aus.

2.16
Welcher Bruch setzt die Reihe fort?

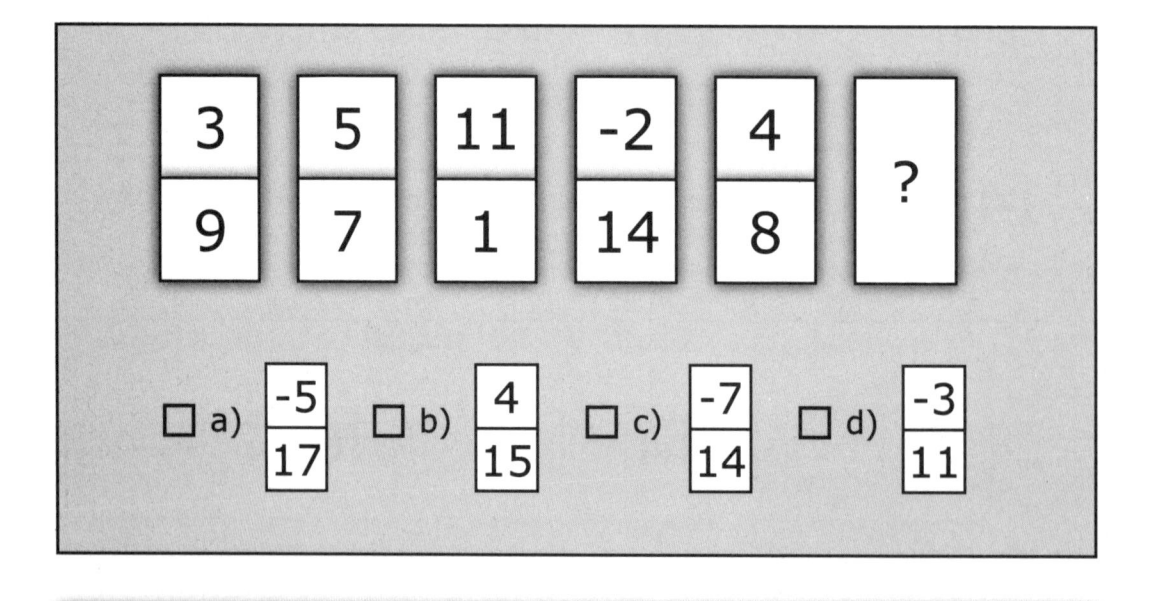

$\dfrac{3}{9}$ $\dfrac{5}{7}$ $\dfrac{11}{1}$ $\dfrac{-2}{14}$ $\dfrac{4}{8}$?

☐ a) $\dfrac{-5}{17}$ ☐ b) $\dfrac{4}{15}$ ☐ c) $\dfrac{-7}{14}$ ☐ d) $\dfrac{-3}{11}$

2.17 Welches Wortende kann all diesen Wortanfängen hinten angesetzt werden?

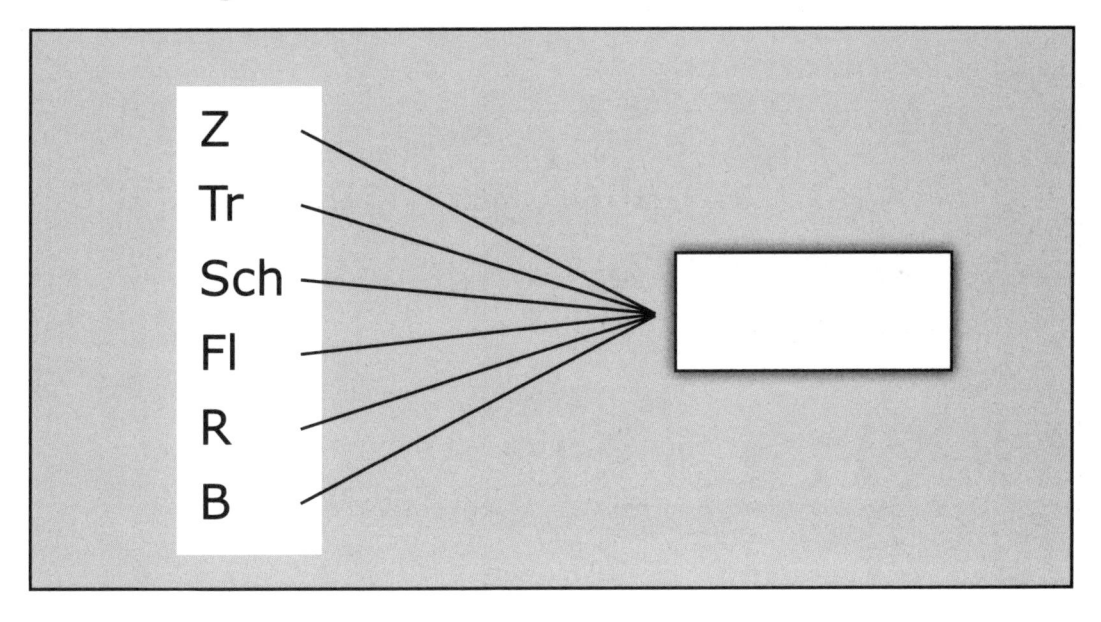

Z
Tr
Sch
Fl
R
B

2.18 Mit welcher der unten zur Auswahl stehenden Grafiken geht die Reihe jeweils weiter?

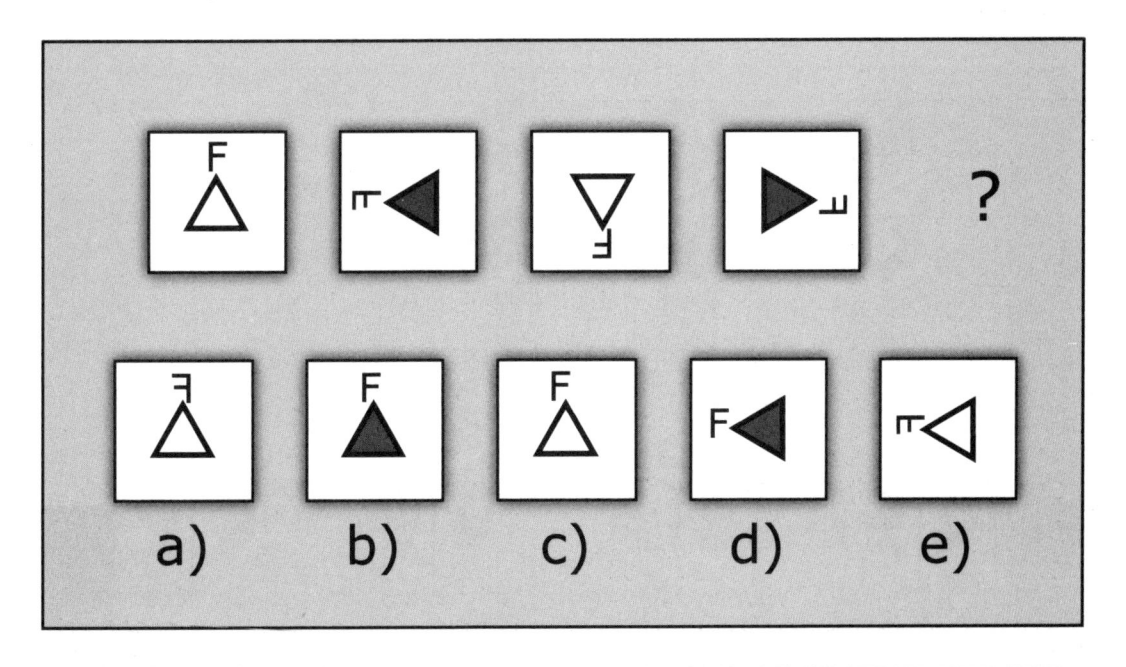

a)   b)   c)   d)   e)

IQ-Übungstests

2.19 Welche ist die jeweils fehlende Zahl?

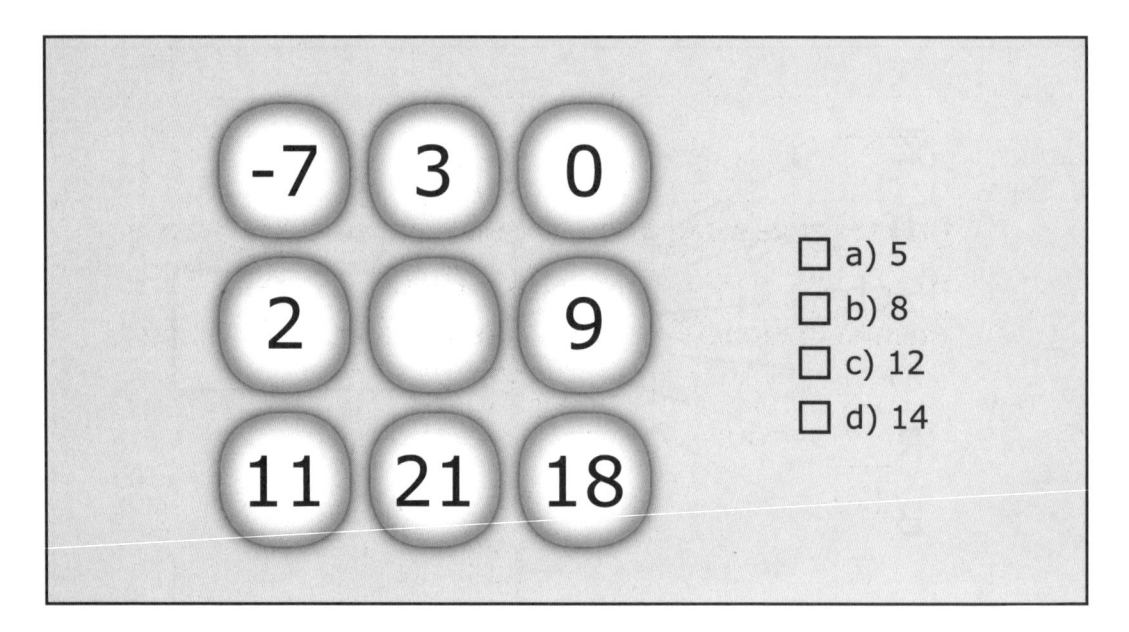

-7, 3, 0
2, ?, 9
11, 21, 18

- a) 5
- b) 8
- c) 12
- d) 14

2.20 Welche Würfelansicht setzt die Reihe fort?

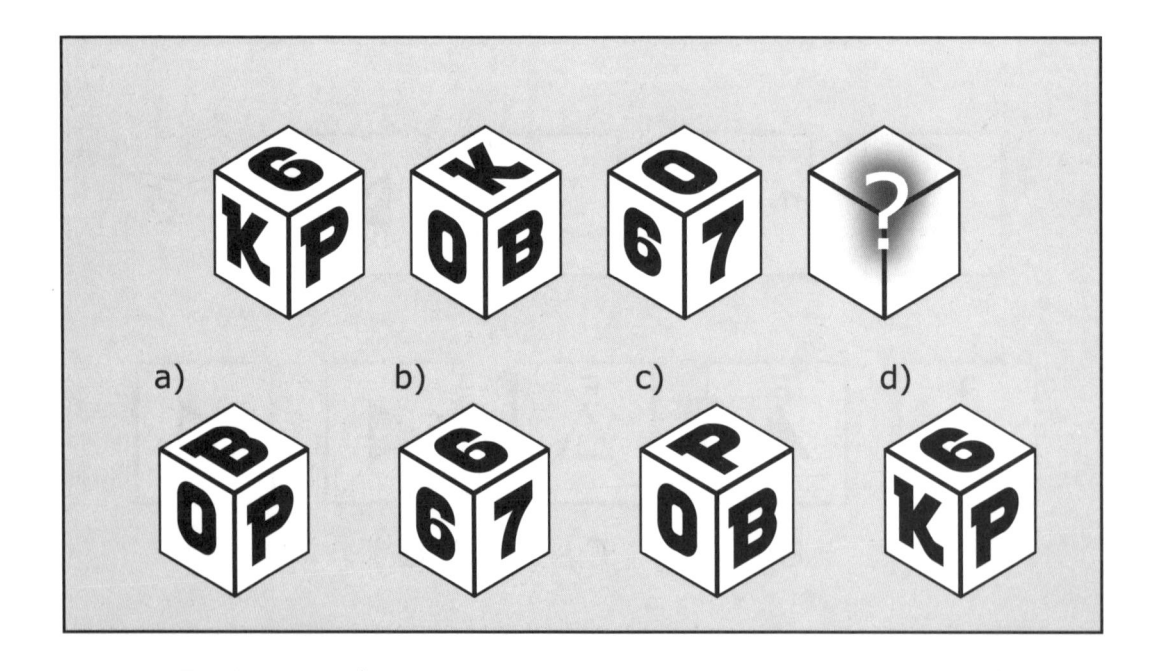

a)   b)   c)   d)

2.21 Welches Zahlentripel passt?

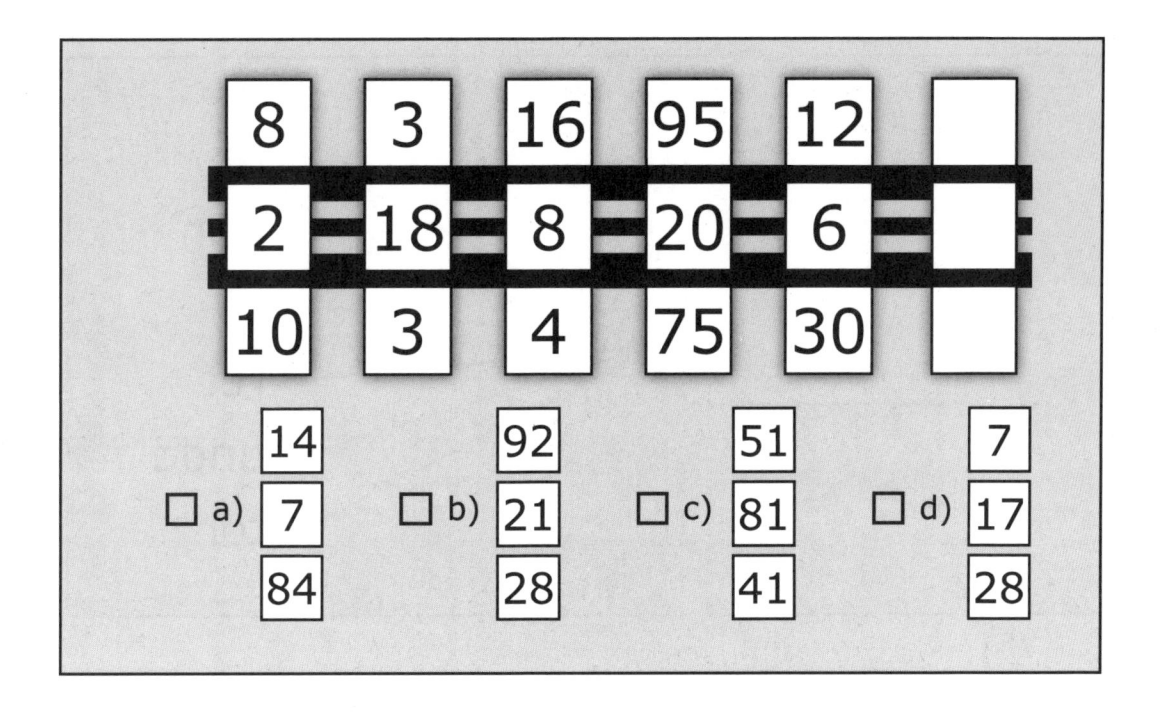

8	3	16	95	12	
2	18	8	20	6	
10	3	4	75	30	

☐ a) 14 / 7 / 84   ☐ b) 92 / 21 / 28   ☐ c) 51 / 81 / 41   ☐ d) 7 / 17 / 28

2.22 Welcher Begriff ähnelt dem Vorgegebenen am meisten?

galant

☐ a) ehrenvoll ☐ b) höflich
☐ c) schmeichlerisch ☐ d) taktvoll

2.23 Welcher Wortanfang kann all diesen Wortenden vorne angesetzt werden?

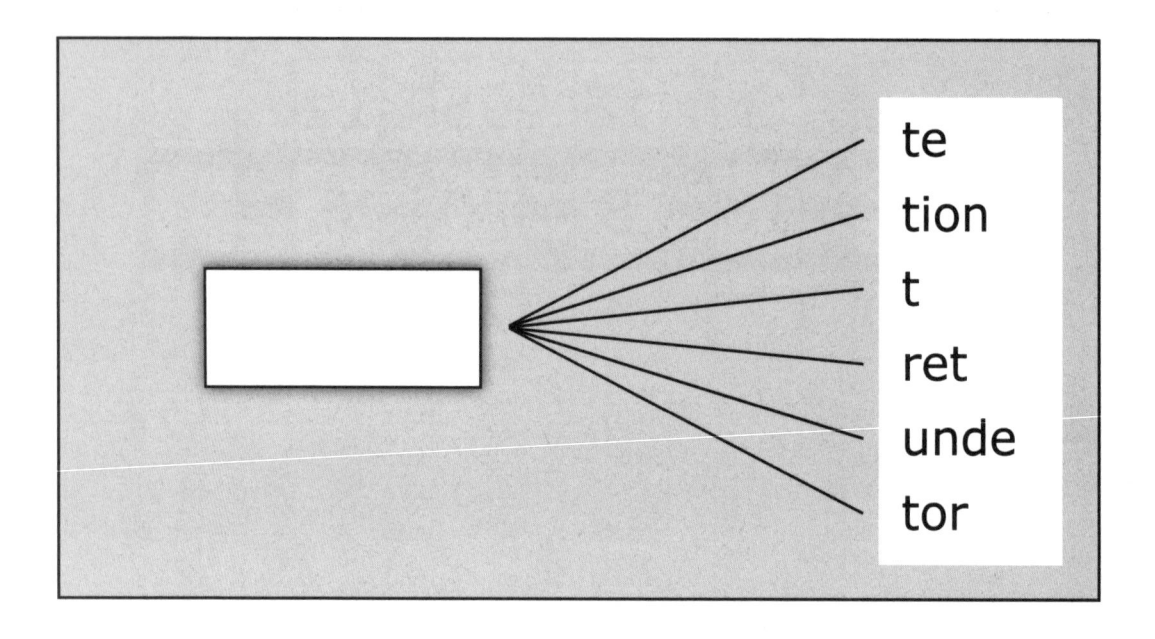

te
tion
t
ret
unde
tor

2.24 Welche Zahl eignet sich als vierte im Bunde?

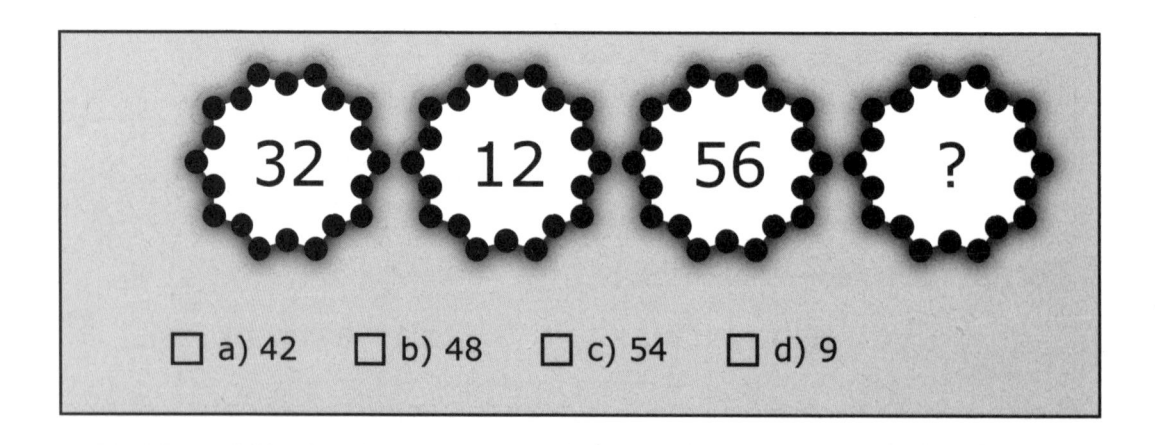

32   12   56   ?

- [ ] a) 42
- [ ] b) 48
- [ ] c) 54
- [ ] d) 9

2.25 Welcher Begriff drückt am treffendsten das Gegenteil vom vorgegebenen Wort aus?

frisch

☐ a) defekt ☐ b) gebraucht

☐ c) zerstört ☐ d) verdorben

2.26 Was verbirgt sich hinter dem Fragezeichen?

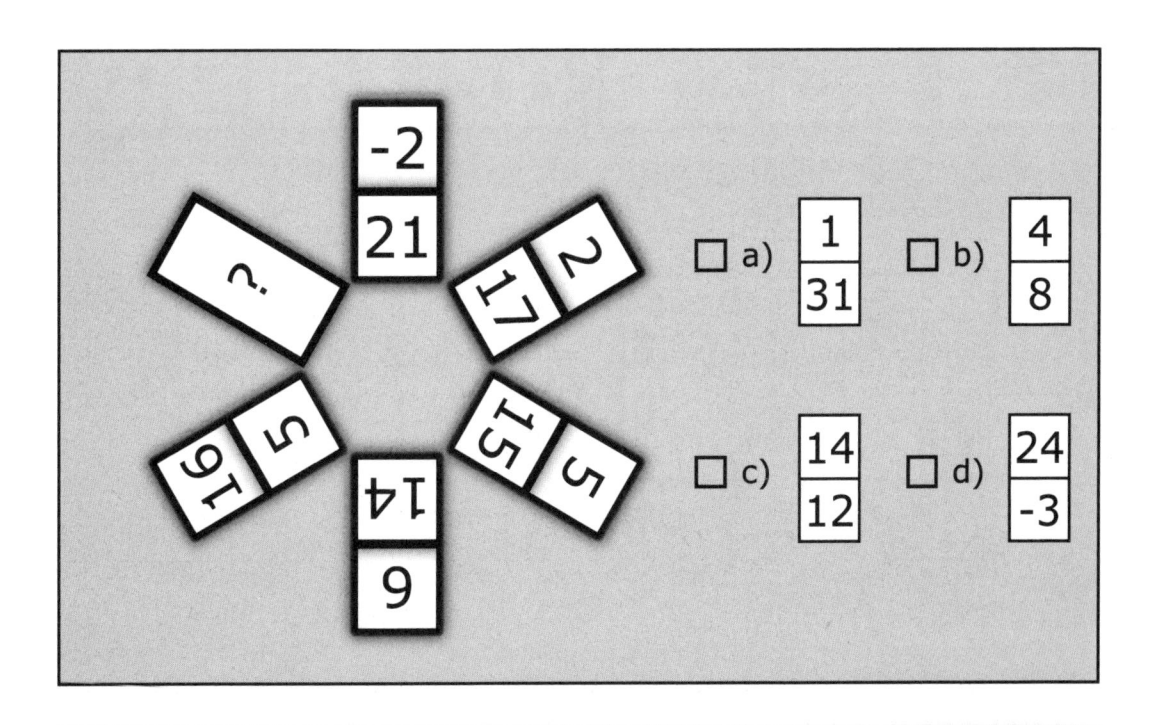

Dominoring mit den Feldern: -2/21 (oben), 17/2 (oben rechts), 15/5 (unten rechts), 14/9 (unten), 5/16 (unten links), ? (oben links)

☐ a) 1/31 ☐ b) 4/8 ☐ c) 14/12 ☐ d) 24/-3

IQ-Übungstests

2.27 Was unterscheidet Gruppe A von Gruppe B?
Ordnen Sie jede die unteren Grafiken 1 bis 4 der jeweils passenden Gruppe zu.

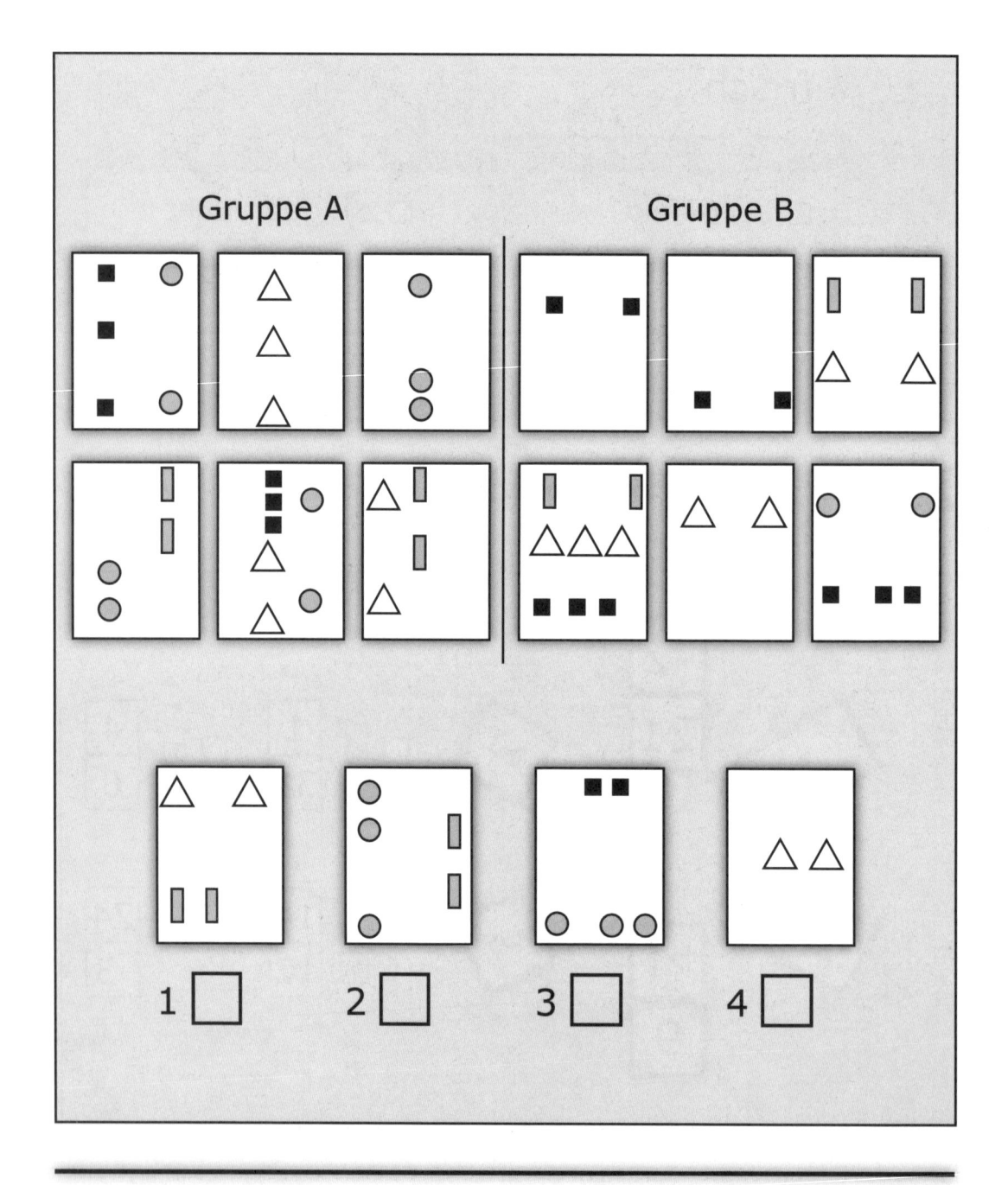

2.28 Welche der zur Auswahl stehenden Zahlen vervollständigt die Anordnung?

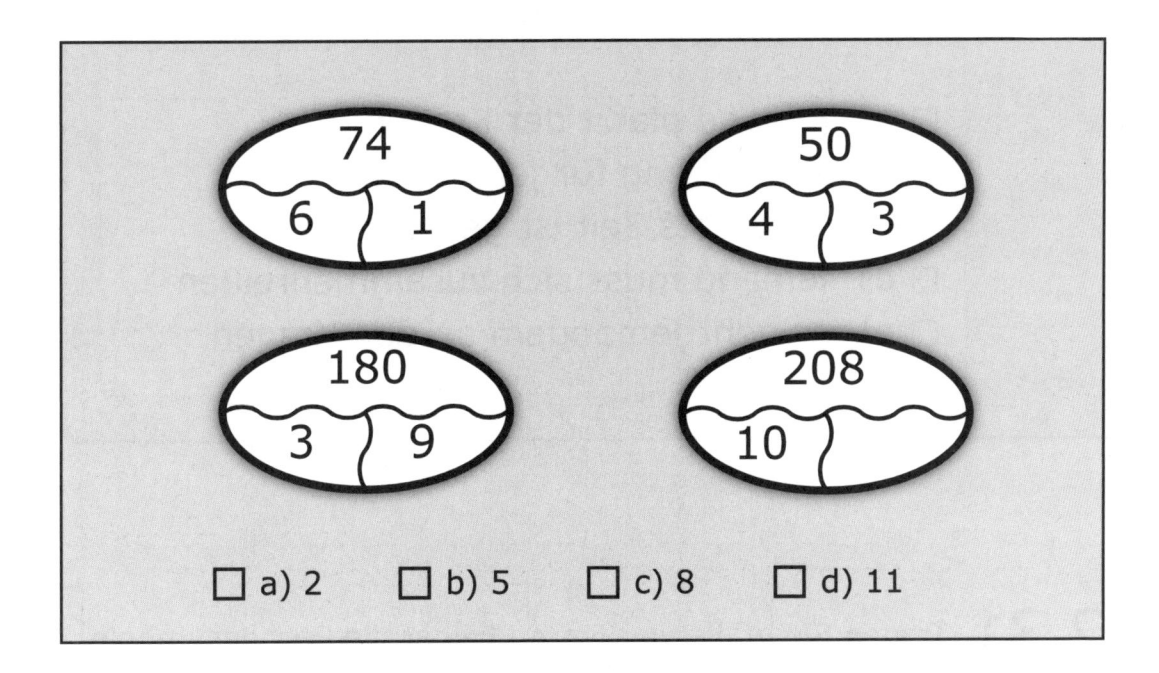

74 | 6 | 1

50 | 4 | 3

180 | 3 | 9

208 | 10 | ?

☐ a) 2   ☐ b) 5   ☐ c) 8   ☐ d) 11

2.29 Welche Buchstaben stehen hinter den Symbolen?

G⮑♦☒T
☒⮑♦T⮑
☒♦R⮑N⮑
☒T♦⮑L

♦ = _____

☒ = _____

⮑ = _____

2.30 Welche zwei Formulierungen haben eine ähnliche Bedeutung?

☐ a) jemand platzt der Kragen
☐ b) es wird eng für jemanden
☐ c) jemandes Zeit ist gekommen
☐ d) jemand muss sich zusammenreißen
☐ e) es geht jemandem an den Kragen

2.31 Tragen Sie in die vier leeren Felder die Rechensymbole +, −, x oder : ein, sodass das Ergebnis am Ende stimmt. Rechnen Sie dabei der Reihe nach ohne Beachtung der Regel „Punktrechnung vor Strichrechnung".

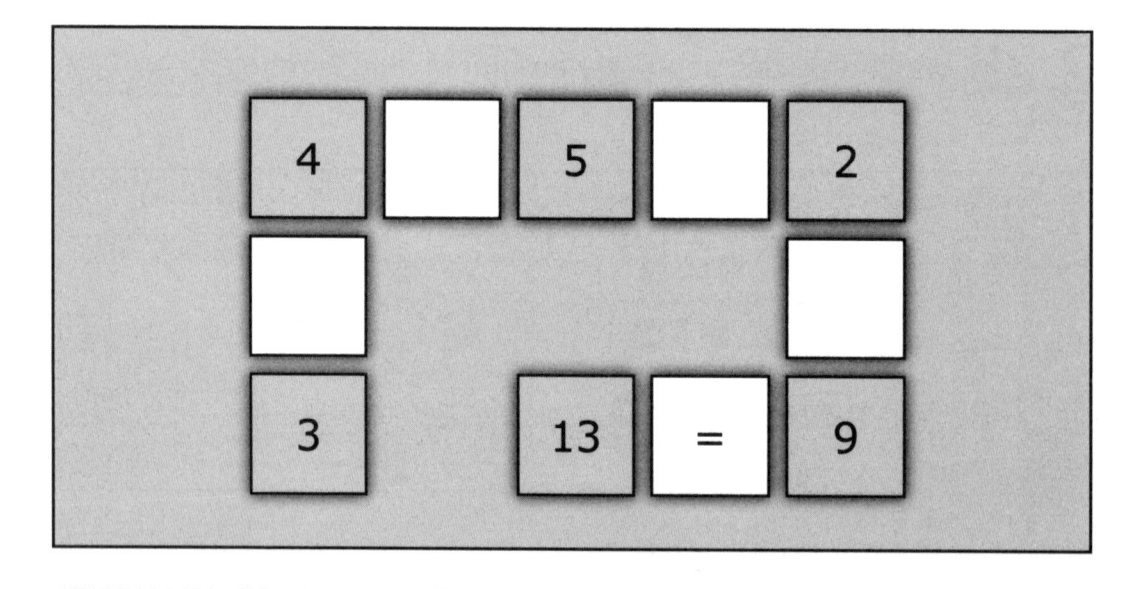

4		5		2
3		13	=	9

IQ-Übungstests

2.32 Welcher Zusammenhang besteht zwischen der jeweiligen Obstsorte (Fantasiename) und deren Vitamingehalt?
Wählen Sie die passende Zahl.

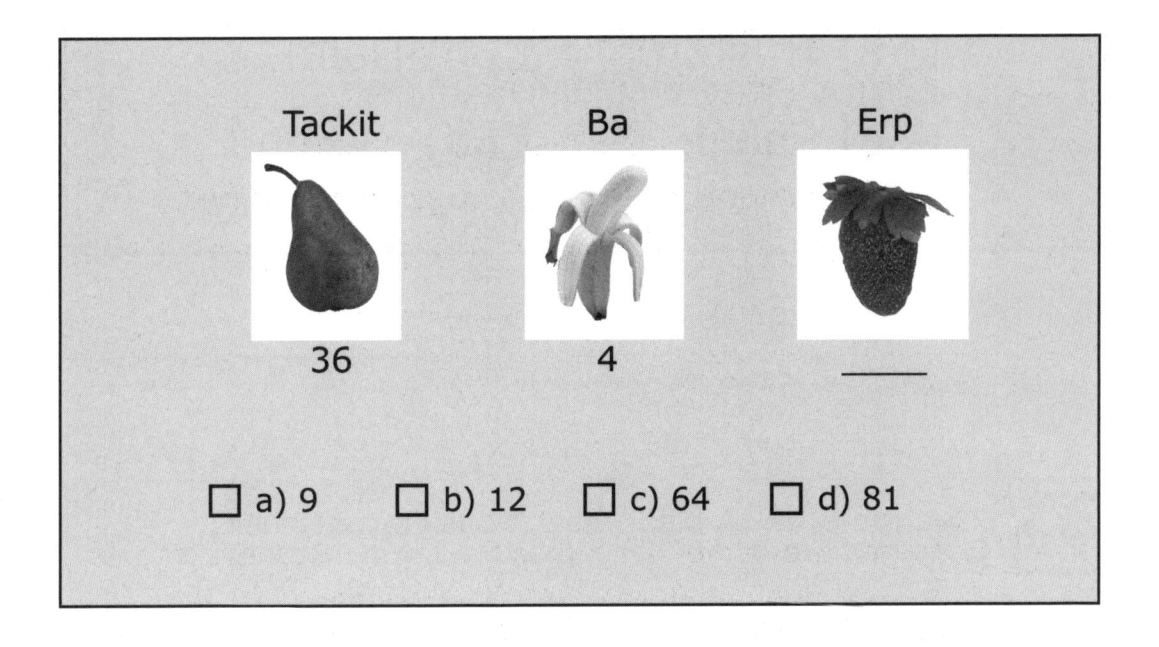

Tackit — 36
Ba — 4
Erp — ___

☐ a) 9   ☐ b) 12   ☐ c) 64   ☐ d) 81

2.33 Finden Sie ein Wort, das dieselbe Bedeutung haben kann wie die beiden vorgegebenen.

Verbotsliste – Register

_____

IQ-Übungstests

2.34 Welches Wort passt nicht zu den anderen?

☐ a) Husten ☐ b) Halm
☐ c) Relief ☐ d) Biotop

2.35 Welche Grafik A bis D ersetzt das Fragezeichen?

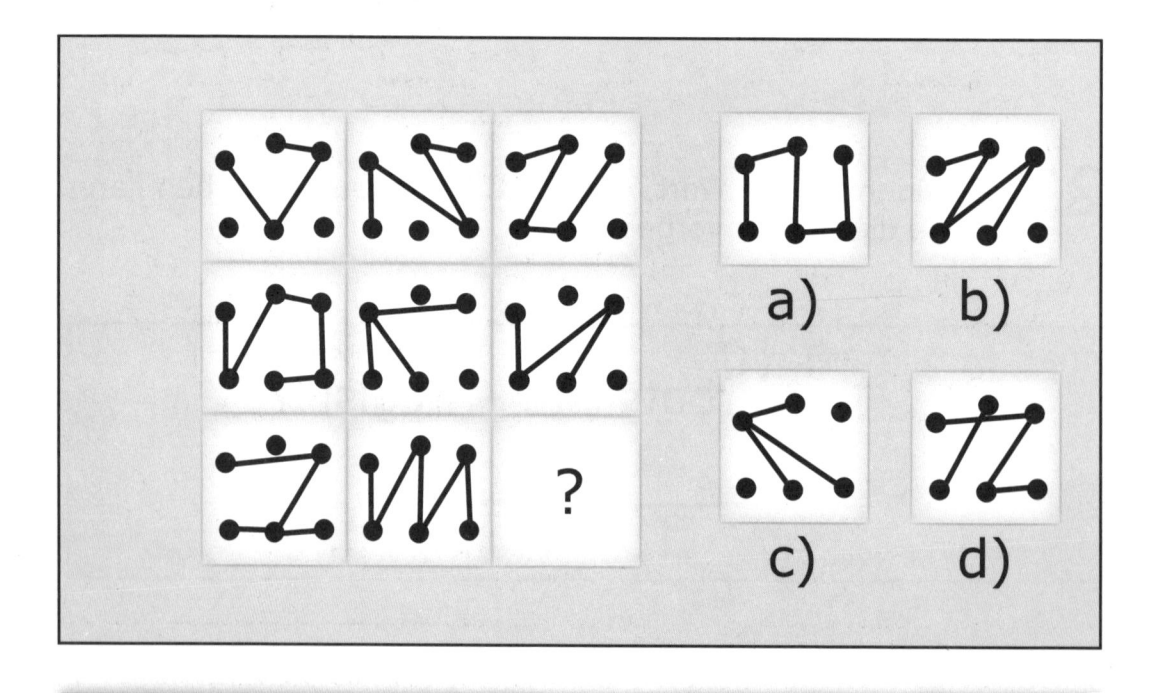

2.36 Für welche Zahl steht das Fragezeichen?

Ring 1 (center 1): 5, 3, 4, 1, 2, 3, 2, 1

Ring 2 (center 2): ?, 6, 12, 4, 10, 18, 14, 8

Ring 3 (center 3): 405, 12, 36, 16, 50, 108, 98, 64

☐ a) 42   ☐ b) 36   ☐ c) 16   ☐ d) 45

2.37 Welche Grafik A bis D ersetzt das Fragezeichen?

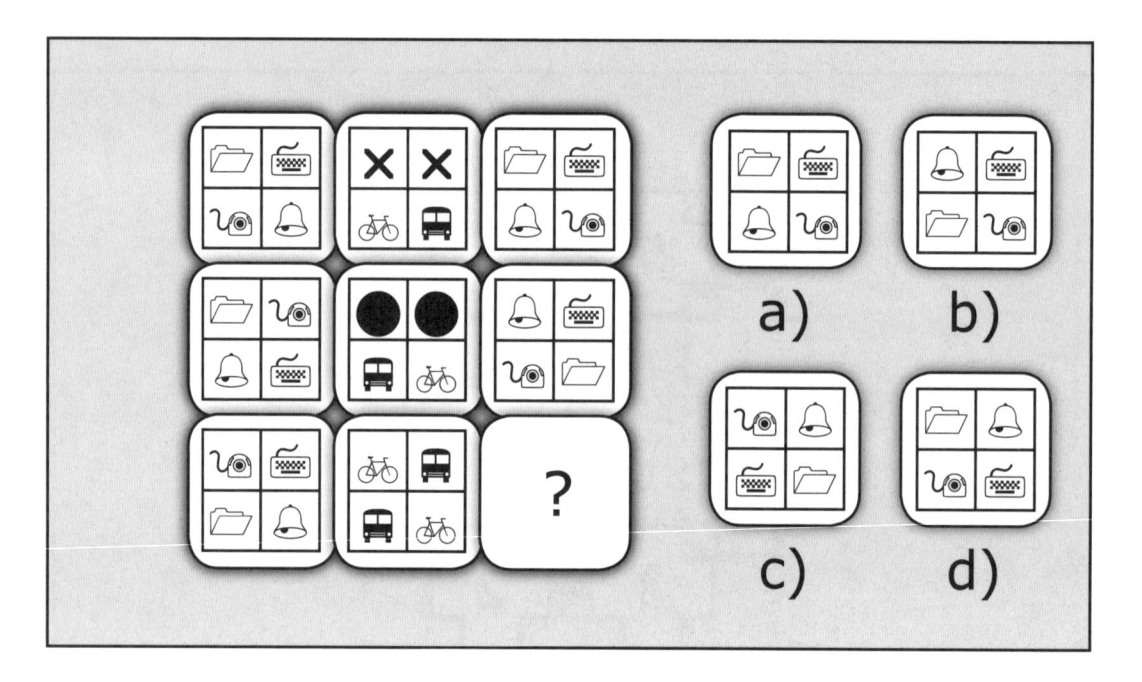

2.38 In der Mitte fehlt ein Brückenwort, welches das erste Wort abschließt und das zweite beginnt. Ergänzen Sie.

Rumpf _____ Haft

ERGEBNIS 2

Tragen Sie hier die Anzahl der richtig gelösten Aufgaben ein.

IQ-Übungstest 3

Umfang: 33 Aufgaben
Zeit: 30 Minuten

3.1 Welche Grafik A bis D ersetzt das Fragezeichen?

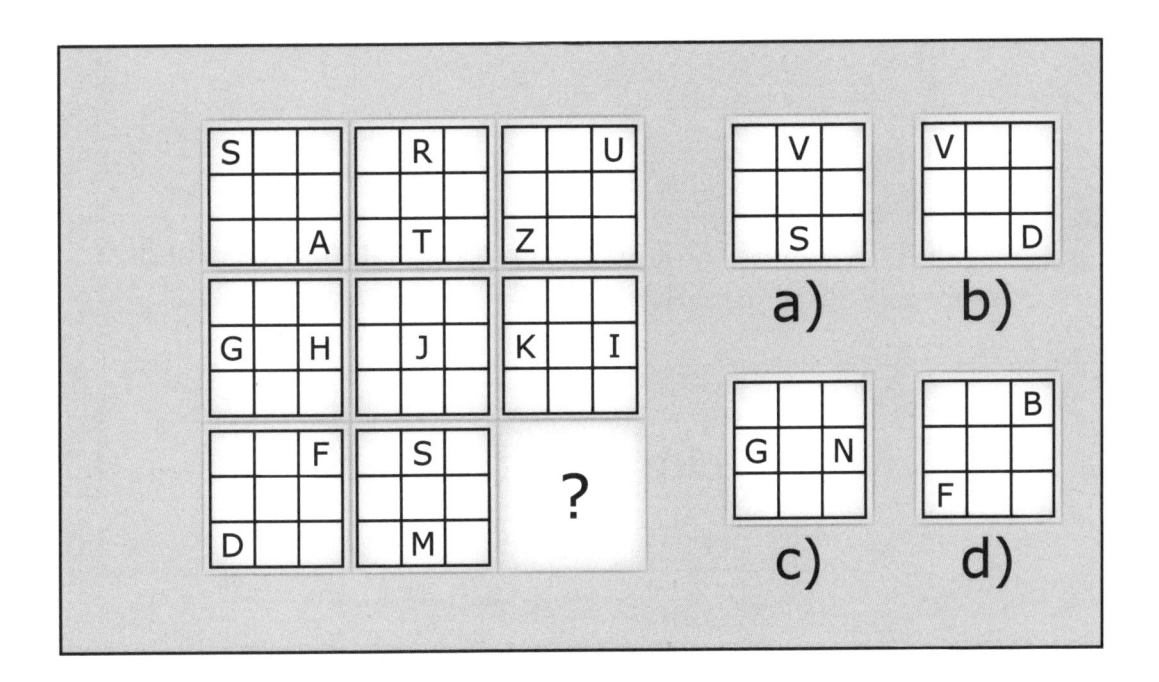

IQ-Übungstests

3.2 Treffen Sie die richtige Entscheidung.

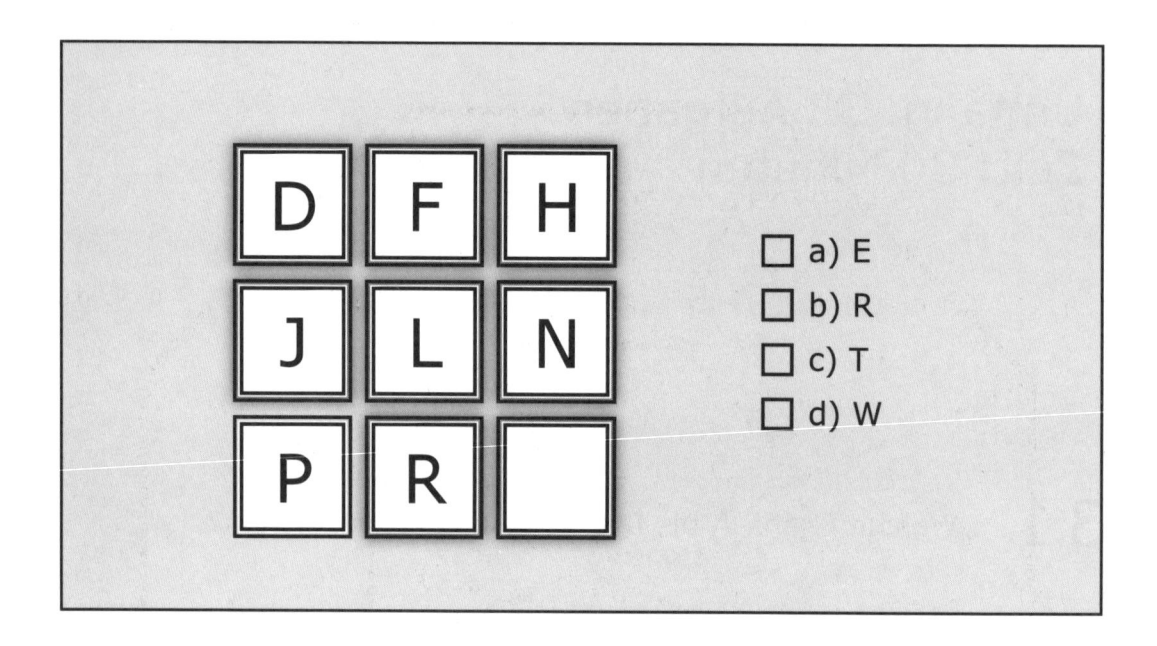

```
D  F  H
J  L  N
P  R  _
```

☐ a) E
☐ b) R
☐ c) T
☐ d) W

3.3 Finden Sie ein Wort, das den gemeinsamen Oberbegriff zu den beiden vorgegebenen Wörtern bildet.

Limonade – Wein

_____

3.4 Welche Zahl gehört an die Stelle des Fragezeichens?

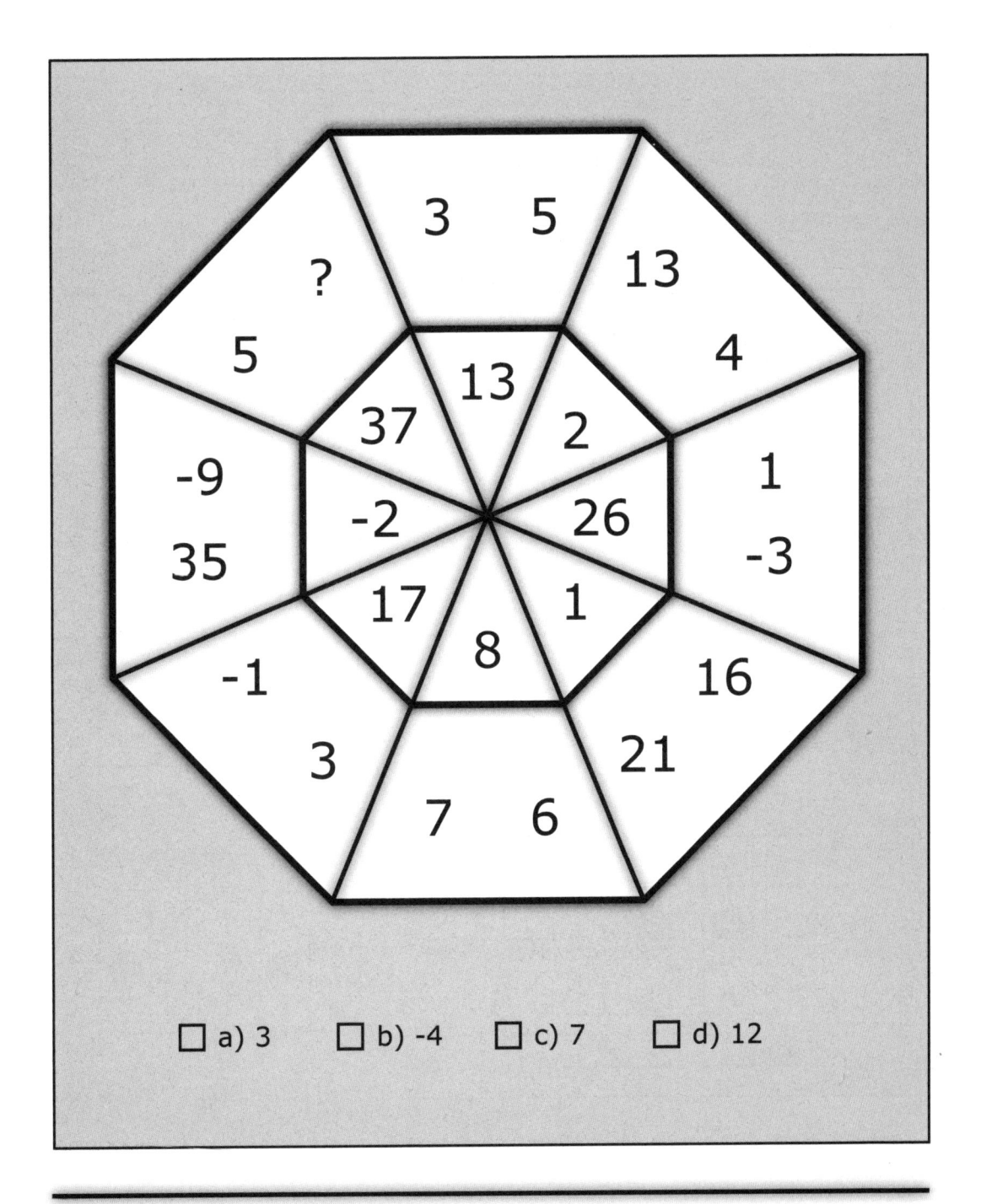

☐ a) 3   ☐ b) -4   ☐ c) 7   ☐ d) 12

3.5 Bei den folgenden Wörtern fehlt am Ende bzw. am Anfang ein Buchstabe. Ergänzen Sie ihn!

Lei _ unst

3.6 Welche Grafik A bis D ersetzt das Fragezeichen?

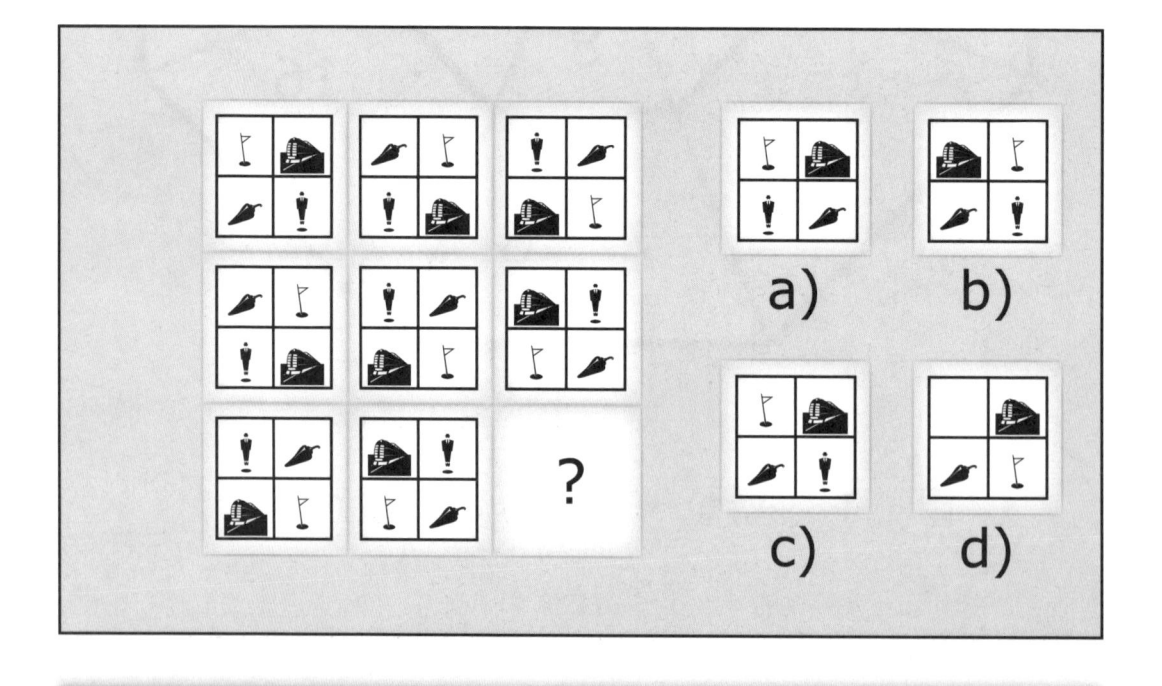

3.7 Bestimmen Sie das fehlende Element.

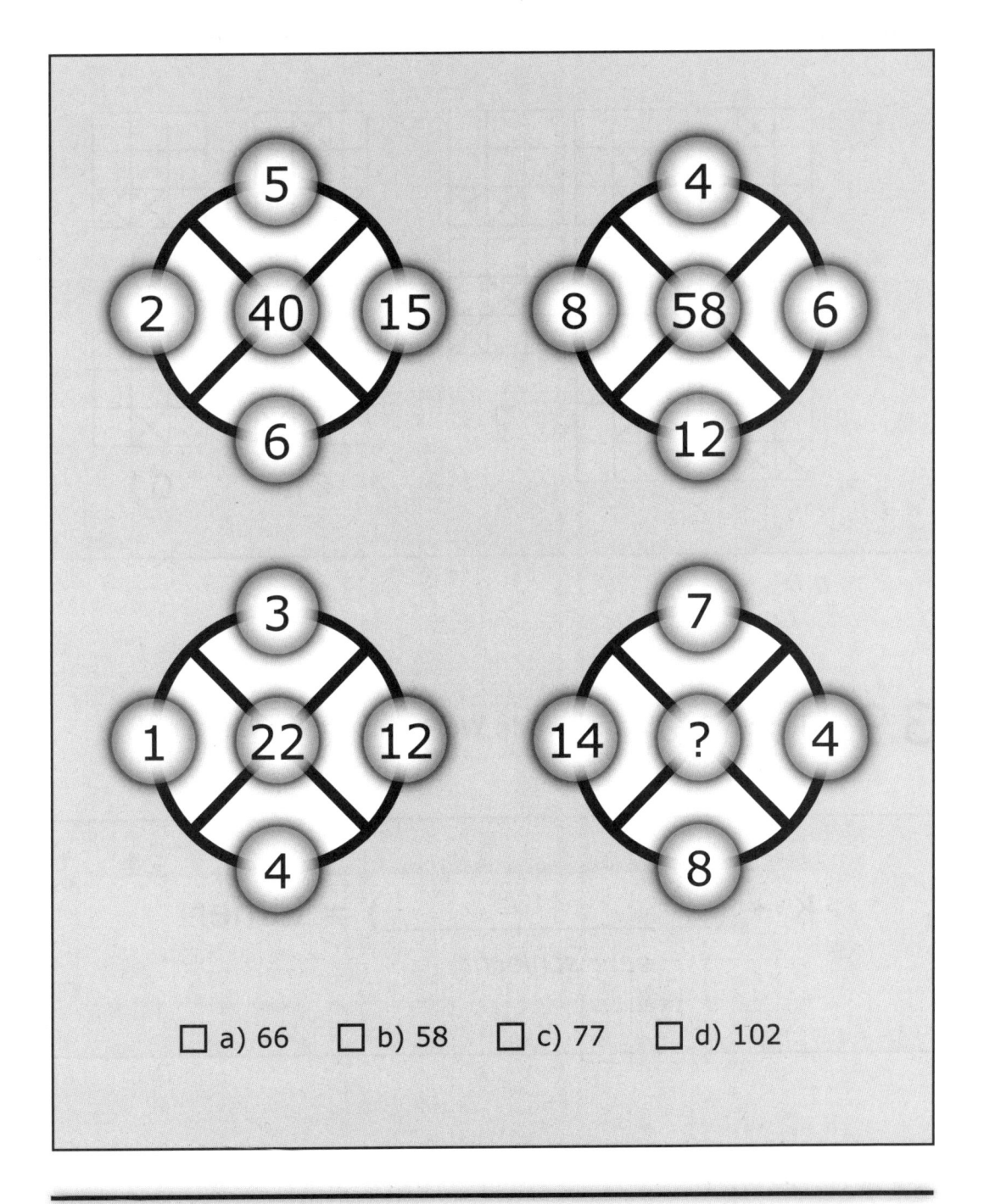

Kreis 1: 5, 2, 40, 15, 6
Kreis 2: 4, 8, 58, 6, 12
Kreis 3: 3, 1, 22, 12, 4
Kreis 4: 7, 14, ?, 4, 8

☐ a) 66   ☐ b) 58   ☐ c) 77   ☐ d) 102

IQ-Übungstests

3.8 Welche Grafik A bis D ersetzt das Fragezeichen?

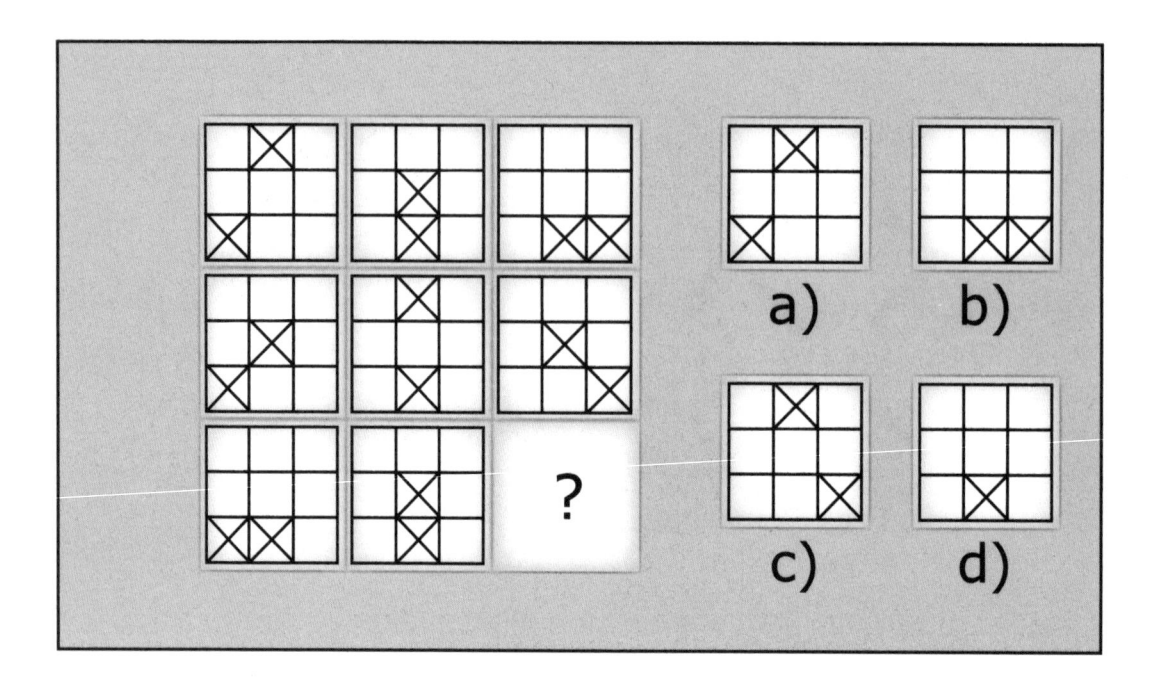

3.9 Tragen Sie das fehlende Wort in die Klammer ein.

K + (_____) = Eimer
     sehr schlecht

3.10 Tragen Sie die fehlenden Zahlen ein.

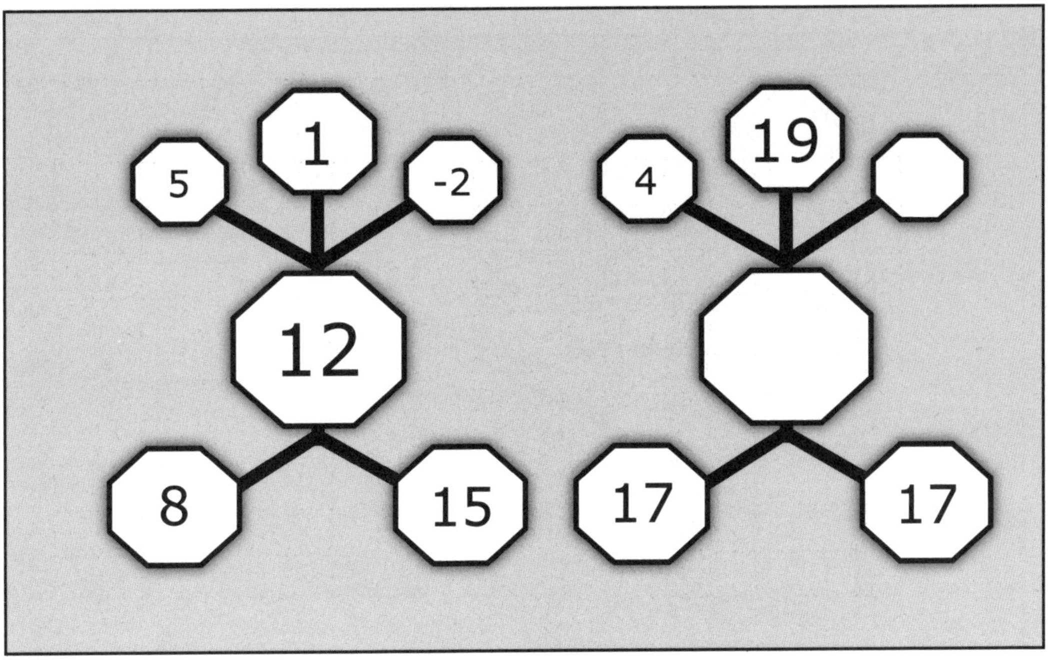

3.11 Finden Sie den logisch richtigen nächsten Satz bzw. führen Sie den Satz logisch richtig fort.

Leo lernt für den Hauptschulabschluss, Gerda fürs Abitur, Knut schreibt Staatsexamen, und ...

- ☐ a) Gregor macht den Realschulabschluss.
- ☐ b) Helmut schreibt seine Doktorarbeit.
- ☐ c) Bertram geht auf das Gymnasium.
- ☐ d) Julian lernt für eine Schularbeit.

IQ-Übungstests

3.12 Welches Wortende kann all diesen Wortanfängen hinten angesetzt werden?

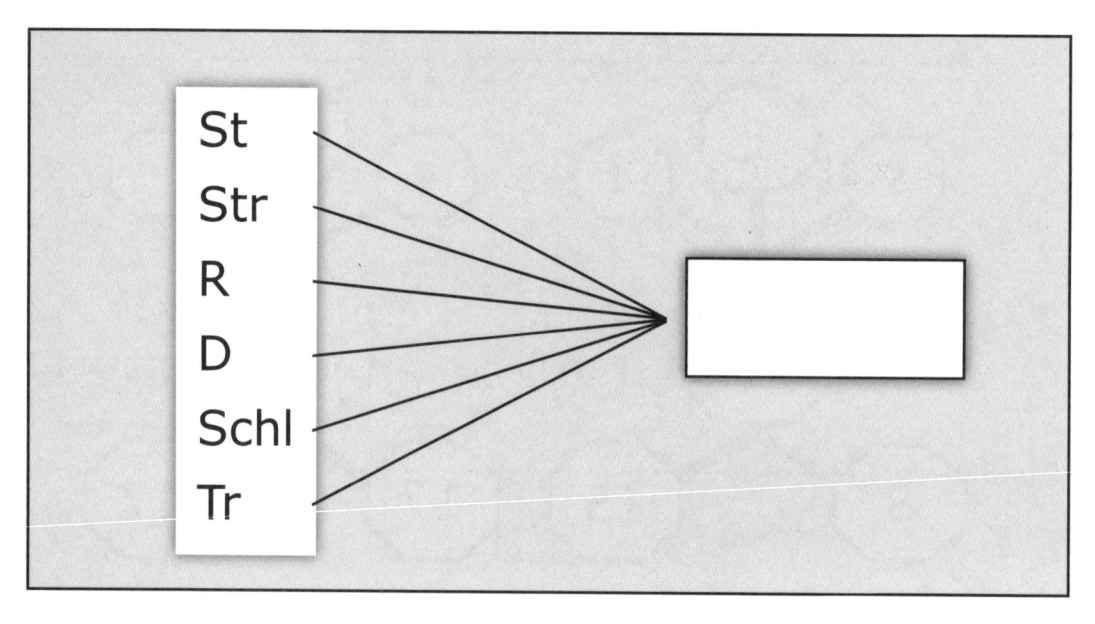

- St
- Str
- R
- D
- Schl
- Tr

3.13 Welches Element muss in das leere Feld?

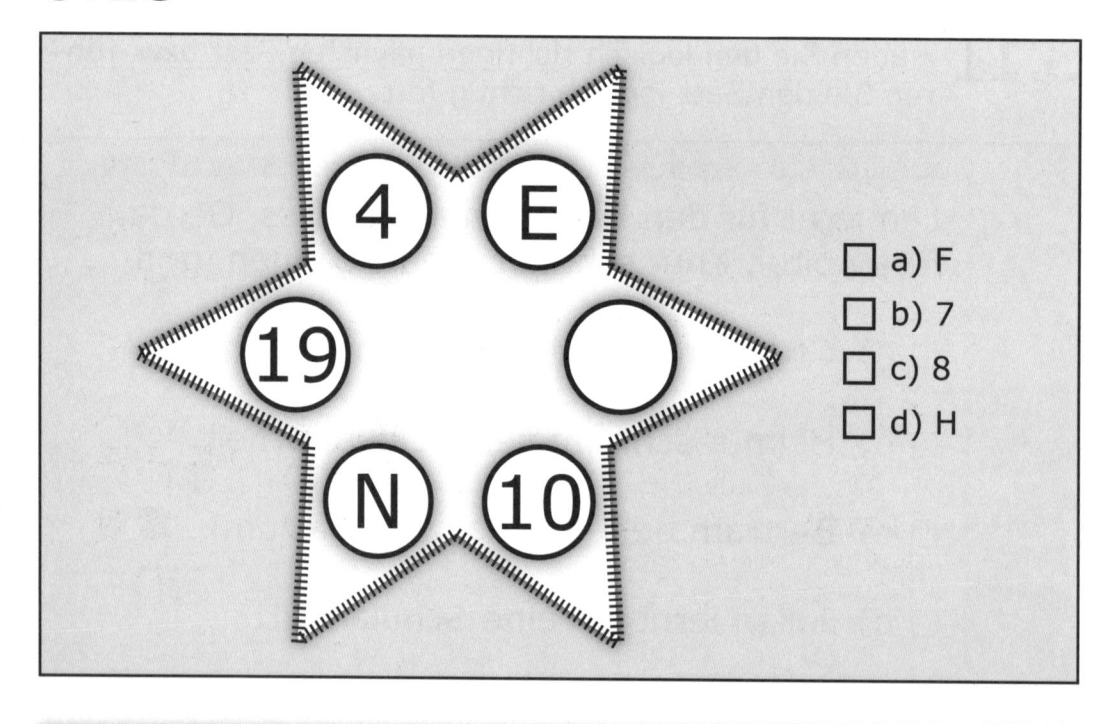

- a) F
- b) 7
- c) 8
- d) H

3.14 Welcher Satz ist richtig?

Märchen sind ...

☐ a) nur für Kinder.   ☐ b) erfunden.
☐ c) stets phantasievoll.   ☐ d) altmodisch.

3.15 Welche Grafik A bis D ersetzt das Fragezeichen?

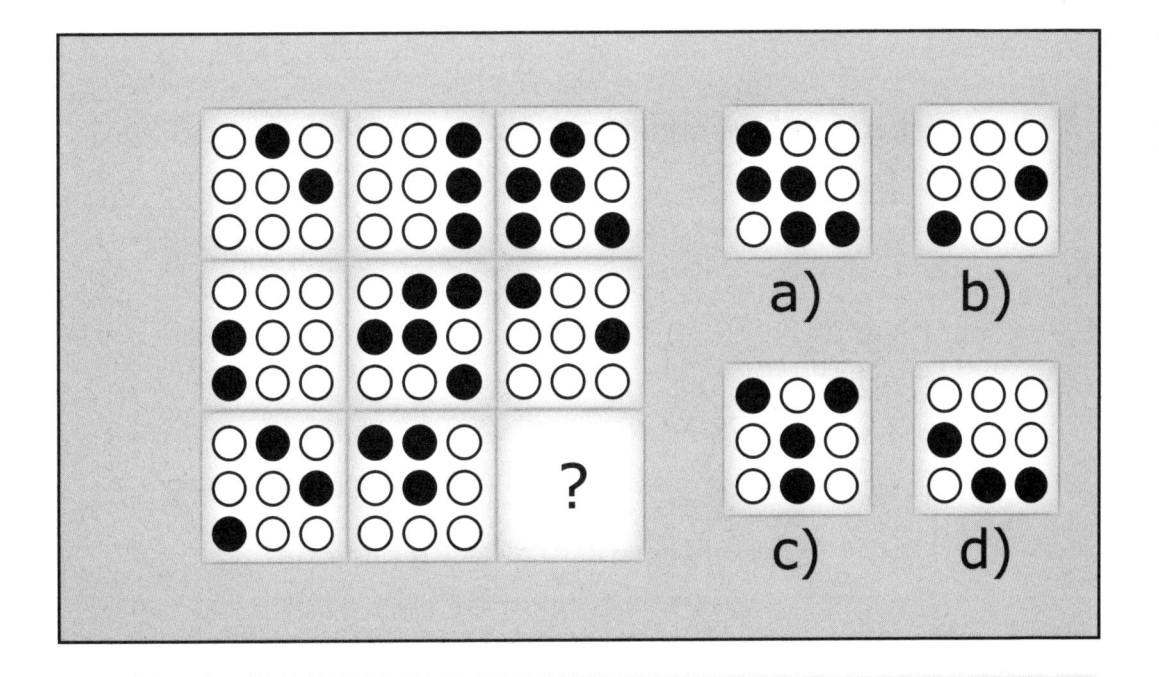

3.16 Ersetzen Sie das Fragezeichen.

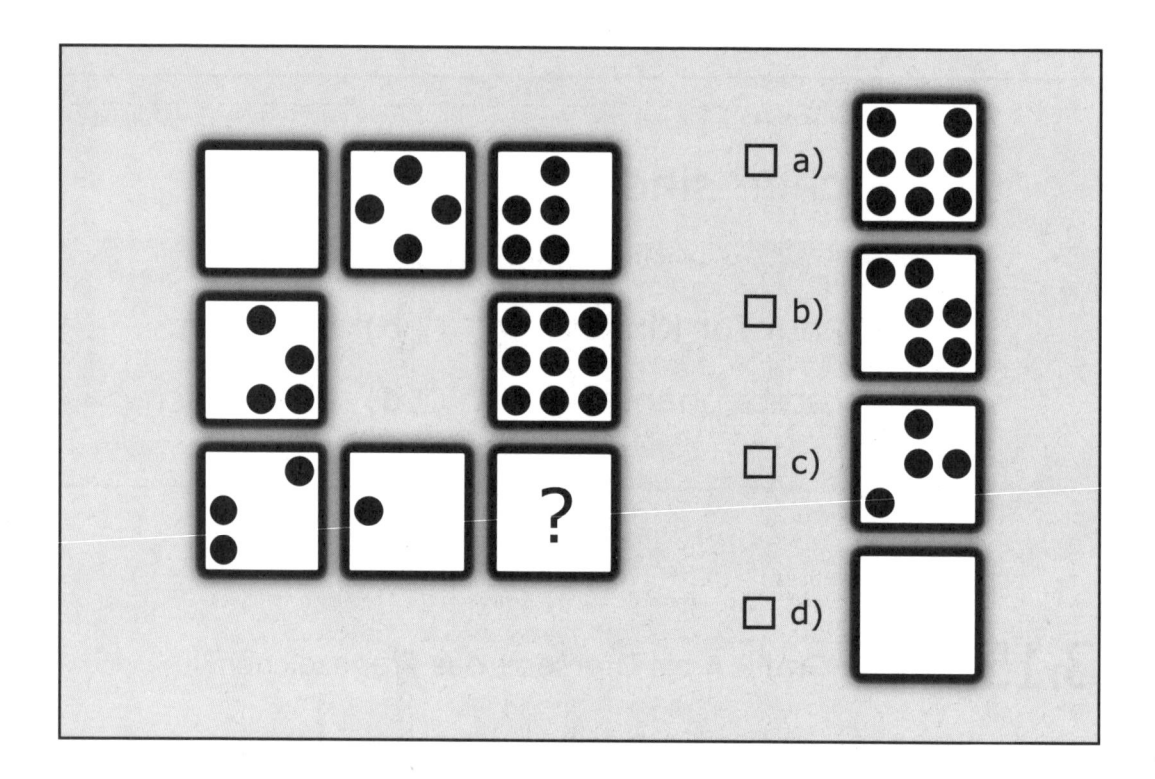

- a)
- b)
- c)
- d)

3.17 Welcher Begriff ähnelt dem vorgegebenen am meisten?

stetig

- a) immer
- b) zuverlässig
- c) fortwährend
- d) sicher

3.18 Welcher Buchstabe gehört ins leere Feld?

O	R	E	D
P	Q	C	F
G	D	V	T
E	F	S	

☐ a) U ☐ b) Q ☐ c) P ☐ d) L

IQ-Übungstests

3.19 Setzen Sie die jeweils gesuchte redensartliche Ausdrucksweise ein.

Wenn ein bestimmtes Vorgehen ohnehin nichts mehr ändert, dann macht es das Kraut __nicht__ __fett__.

3.20 Nach welchem Wochentagen wird gefragt?

Welcher Wochentag war vor 235948 Tagen, wenn in 106002 Tagen ein Sonntag ist?

☐ Mo ☐ Di ☐ Mi ☐ Do ☐ Fr ☐ Sa ☒ So

3.21 Welche Grafik A bis D ersetzt das Fragezeichen?

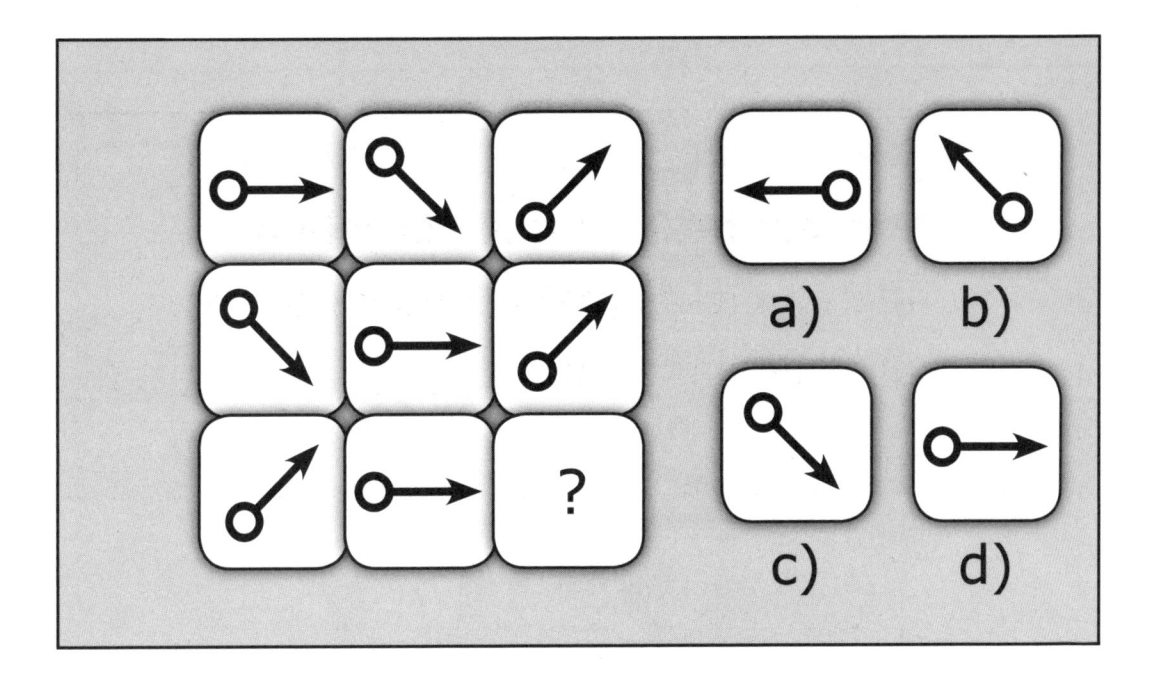

3.22 Welcher Begriff drückt am treffendsten das Gegenteil vom vorgegebenen Wort aus?

mitfühlend

- ☐ a) aggressiv
- ☐ b) herzlos
- ☐ c) gemein
- ☐ d) grob

3.23 Mit welcher Menge bringen Sie die letzte Waage ins Gleichgewicht?

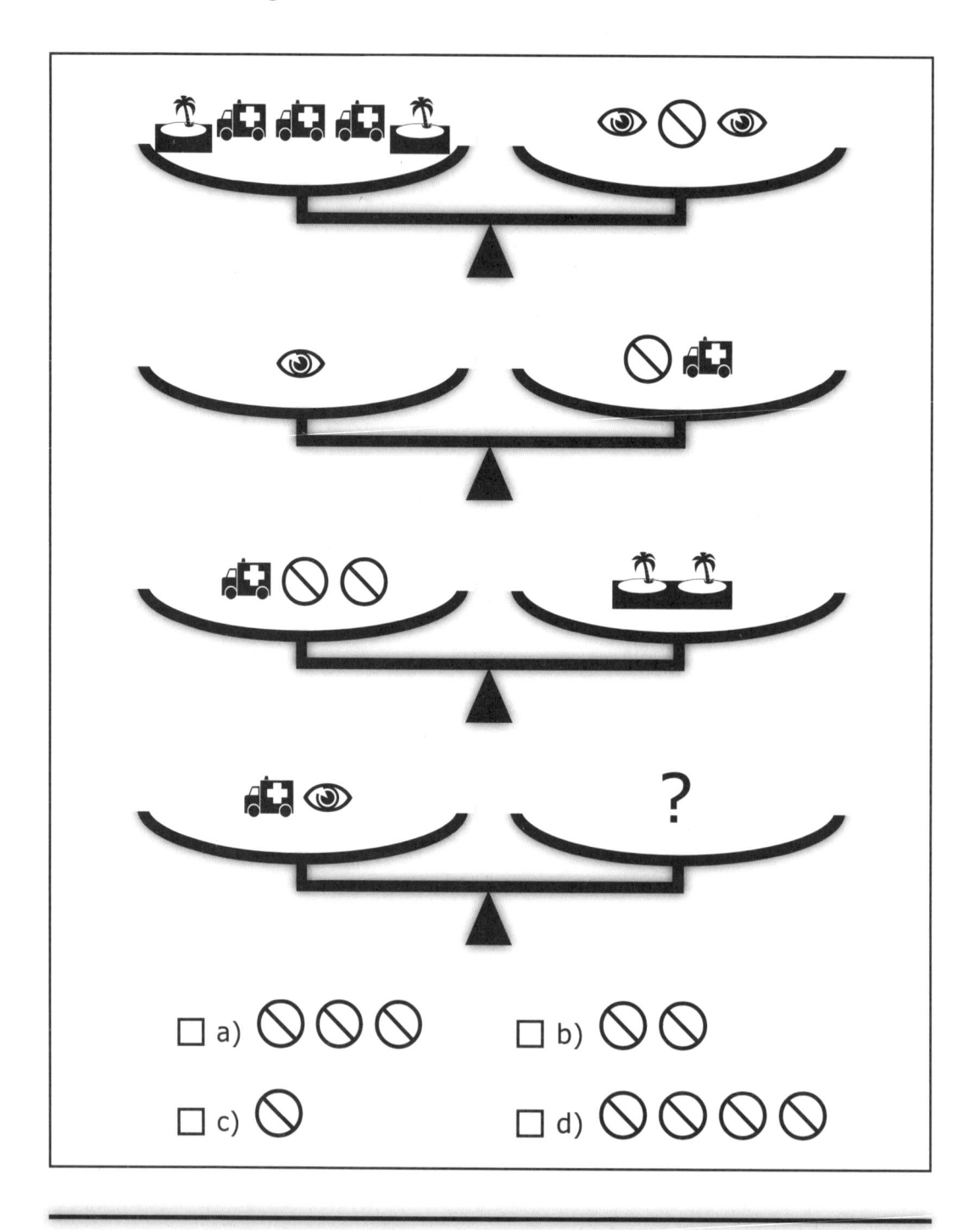

- [ ] a) ⊘⊘⊘
- [ ] b) ⊘⊘
- [ ] c) ⊘
- [ ] d) ⊘⊘⊘⊘

3.24 Welcher der Würfel A bis C könnte aus der Abwicklung gefaltet worden sein?

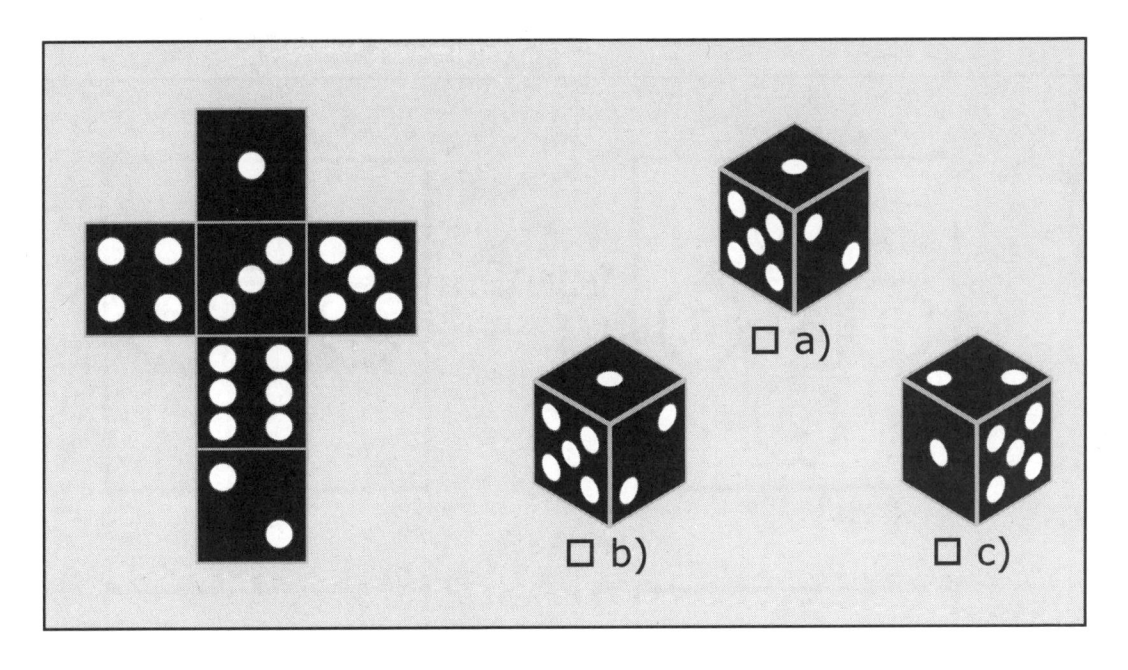

☐ a) ☐ b) ☐ c)

3.25 Welcher Wortanfang kann all diesen Wortenden vorne angesetzt werden?

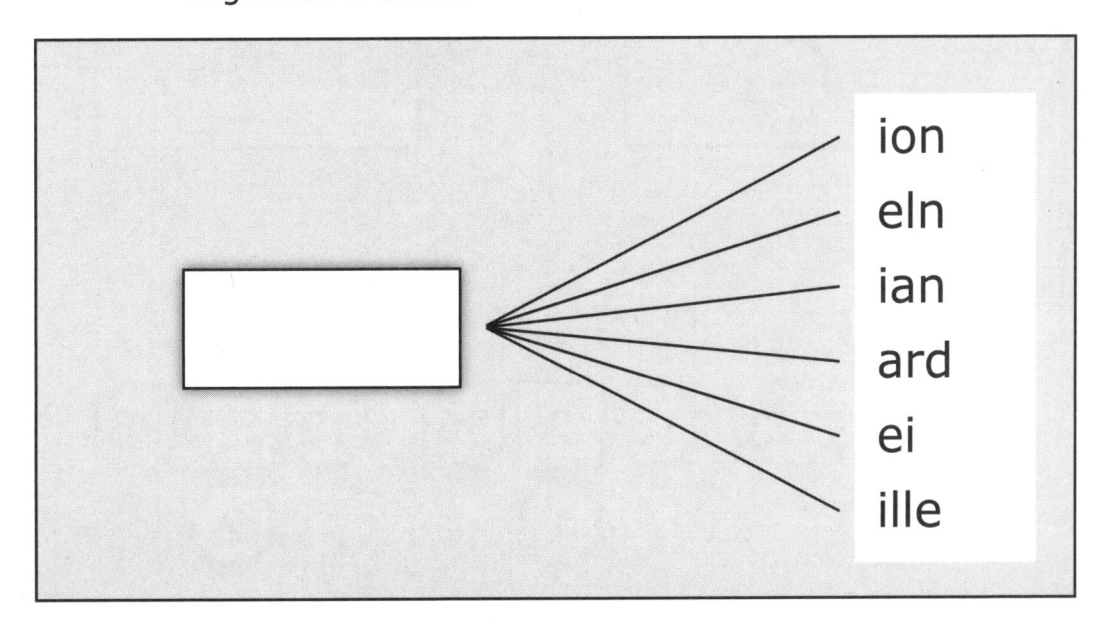

ion
eln
ian
ard
ei
ille

3.26 Welche Grafik ist die passende Ergänzung?

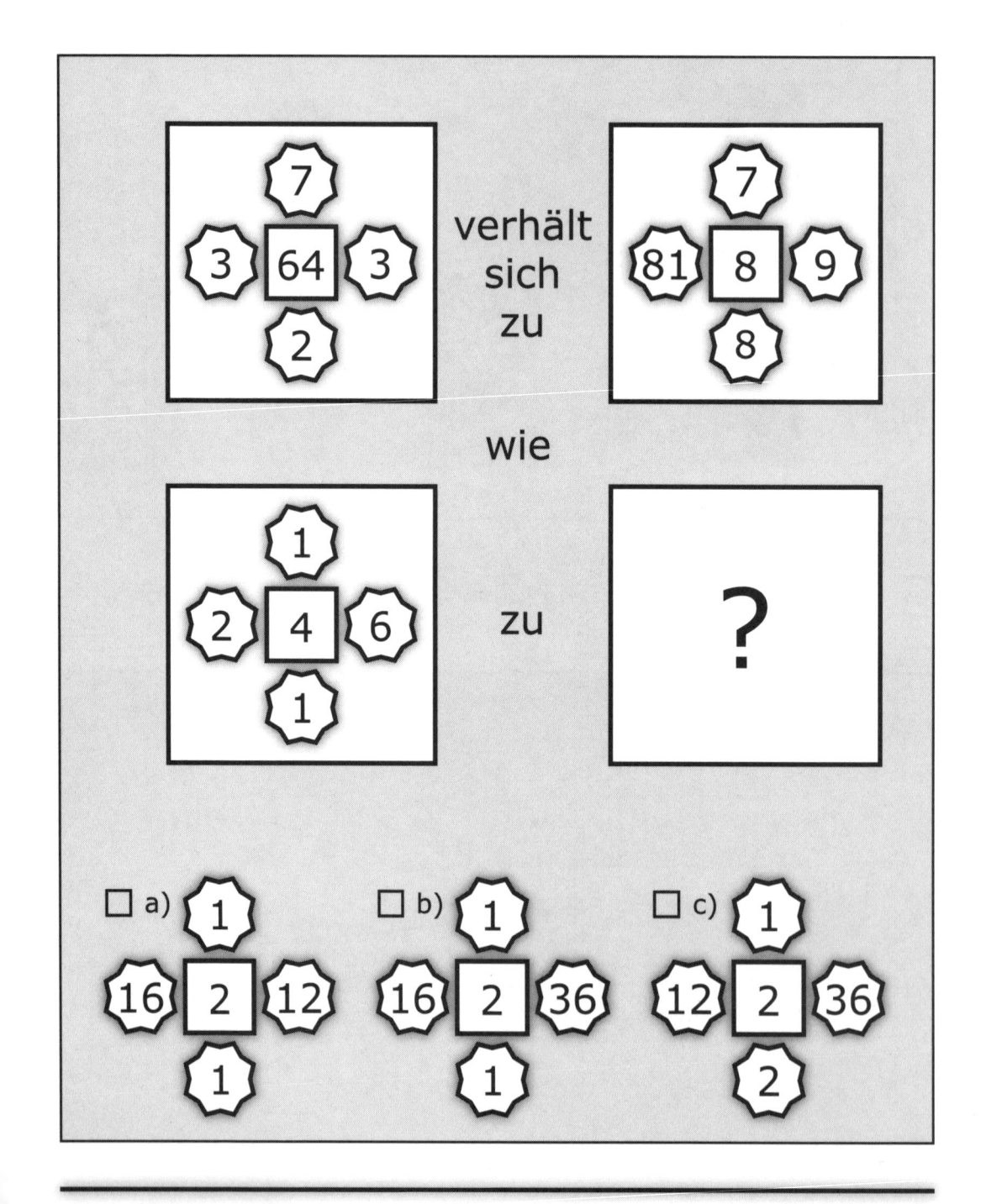

Erstes Diagramm: oben 7, links 3, Mitte 64, rechts 3, unten 2

verhält sich zu

Zweites Diagramm: oben 7, links 81, Mitte 8, rechts 9, unten 8

wie

Drittes Diagramm: oben 1, links 2, Mitte 4, rechts 6, unten 1

zu ?

- ☐ a) oben 1, links 16, Mitte 2, rechts 12, unten 1
- ☐ b) oben 1, links 16, Mitte 2, rechts 36, unten 1
- ☐ c) oben 1, links 12, Mitte 2, rechts 36, unten 2

3.27 Welche Buchstaben stehen hinter den Symbolen?

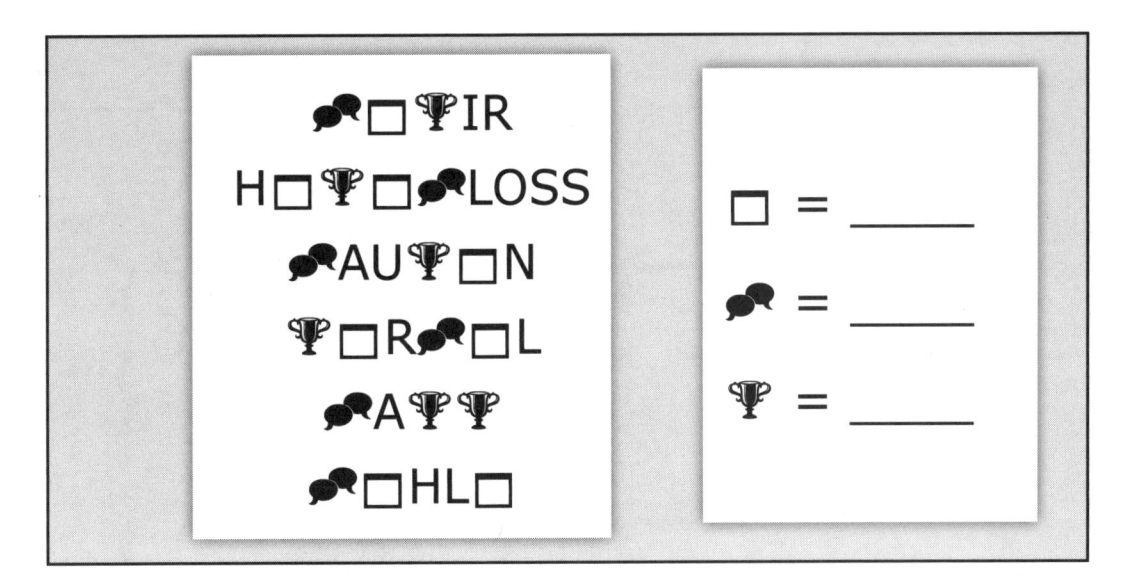

🗨□🏆IR
H□🏆□🗨LOSS
🗨AU🏆□N
🏆□R🗨□L
🗨A🏆🏆
🗨□HL□

□ = _____

🗨 = _____

🏆 = _____

3.28 Links und rechts des Gleichheitszeichens sollen sich Grafik-Paare gegenüberstehen, die in einem analogen Verhältnis zueinander stehen.
Welche Grafik (A bis E) ersetzt das Fragenzeichen?

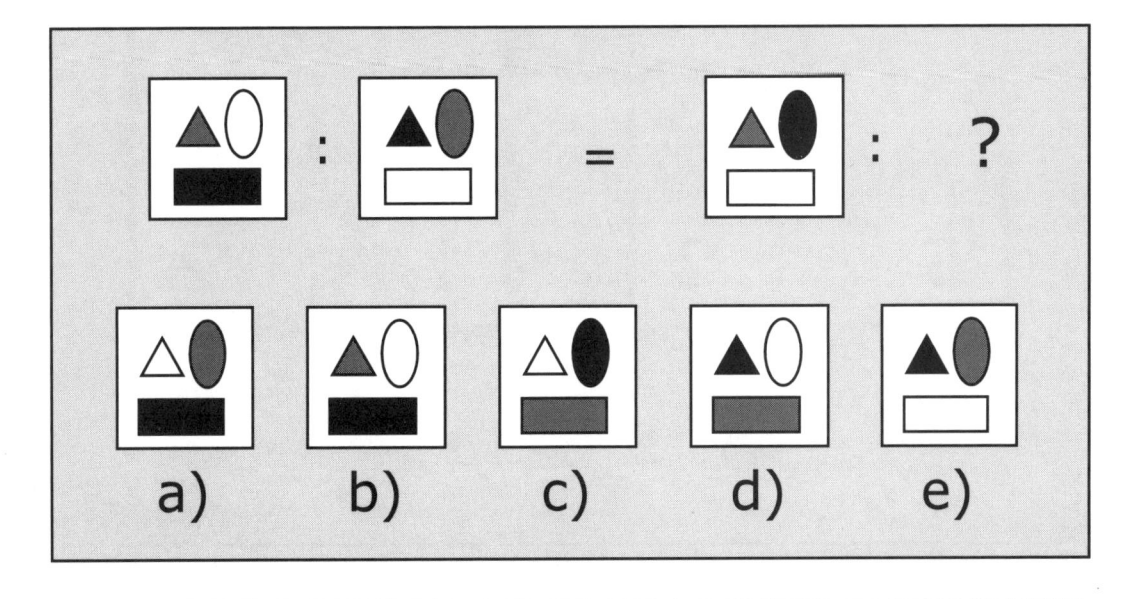

a) b) c) d) e)

3.29 Welche Zahl vervollständigt das System?

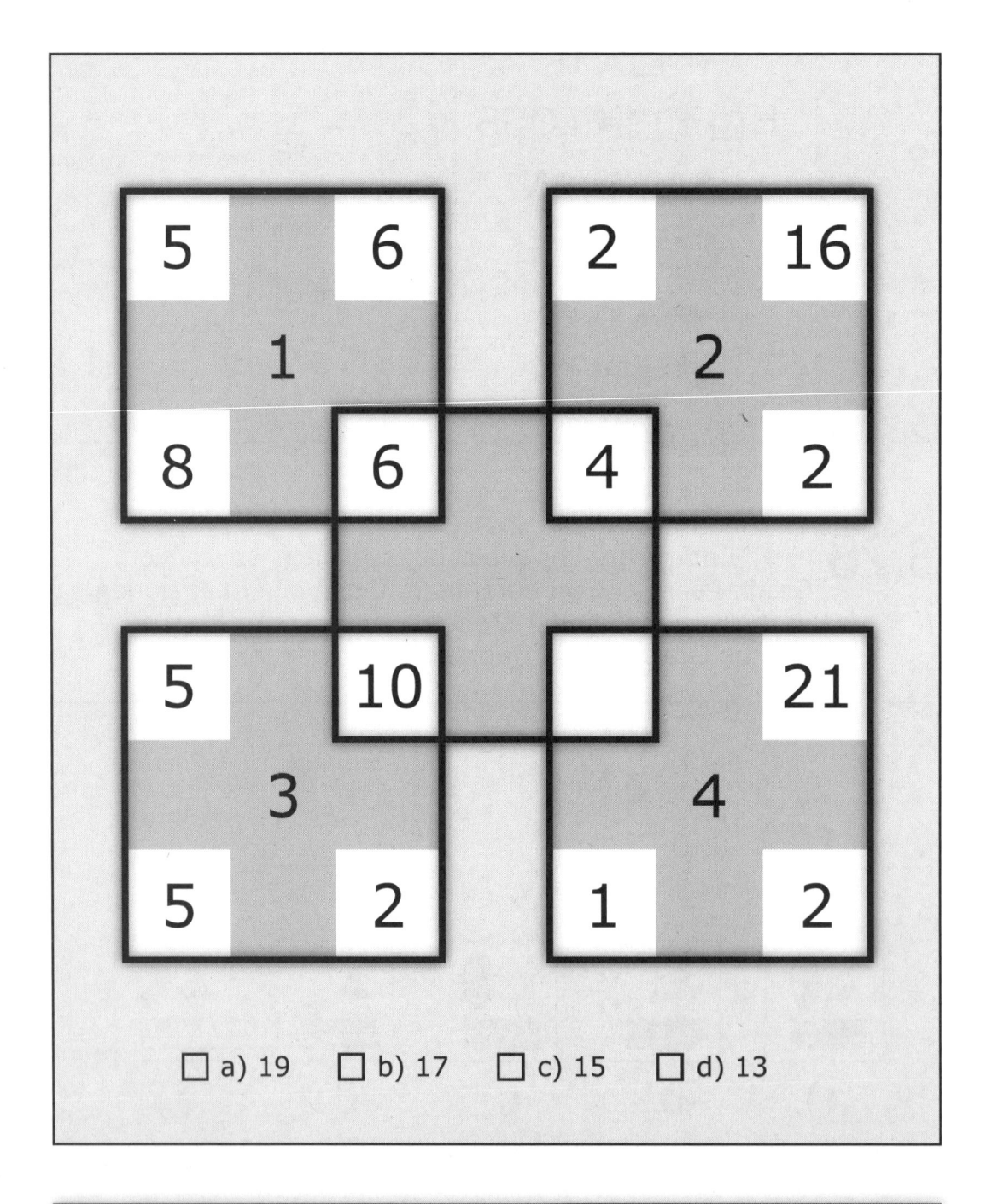

5	6	2	16
	1		2
8	6	4	2
5	10		21
	3		4
5	2	1	2

☐ a) 19   ☐ b) 17   ☐ c) 15   ☐ d) 13

3.30 Nach welcher Zahl wird gefragt?

600 Gäste tanzen 2400 Walzer in sechs Stunden.
Wie viele Walzer tanzen dann 1500 Gäste in drei Stunden?

Antwort: ☐☐☐☐ Walzer

3.31 Welche zwei Formulierungen haben eine ähnliche Bedeutung?

☐ a) einer Sache die Krone aufsetzen
☐ b) ein Fass ohne Boden sein
☐ c) dem Fass den Boden ausschlagen
☐ d) sich keinen Zacken aus der Krone brechen
☐ e) den Boden unter den Füßen verlieren

IQ-Übungstests

3.32 Mit welcher der unten zur Auswahl stehenden Grafiken geht die Reihe jeweils weiter?

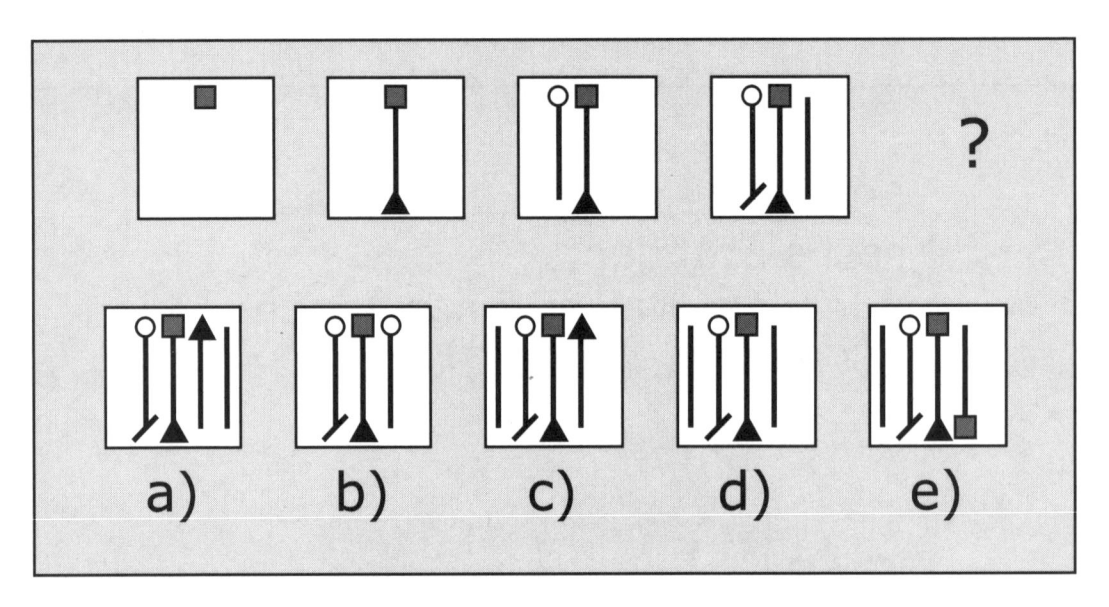

3.33 Welche Alternative passt?

Der/das ... ist kein fleischfressendes Tier

- a) GERTI
- b) ROWSASL
- c) DUNLOFSHW
- d) TAUMREIL

ERGEBNIS 3

Tragen Sie hier die Anzahl der richtig gelösten Aufgaben ein.

IQ-ÜBUNGSTEST 4

Umfang: 35 Aufgaben
Zeit: 30 Minuten

4.1 Was müsste an der Stelle des Fragezeichens stehen?

IQ-Übungstests

4.2 Mit welcher der unten zur Auswahl stehenden Grafiken geht die Reihe jeweils weiter?

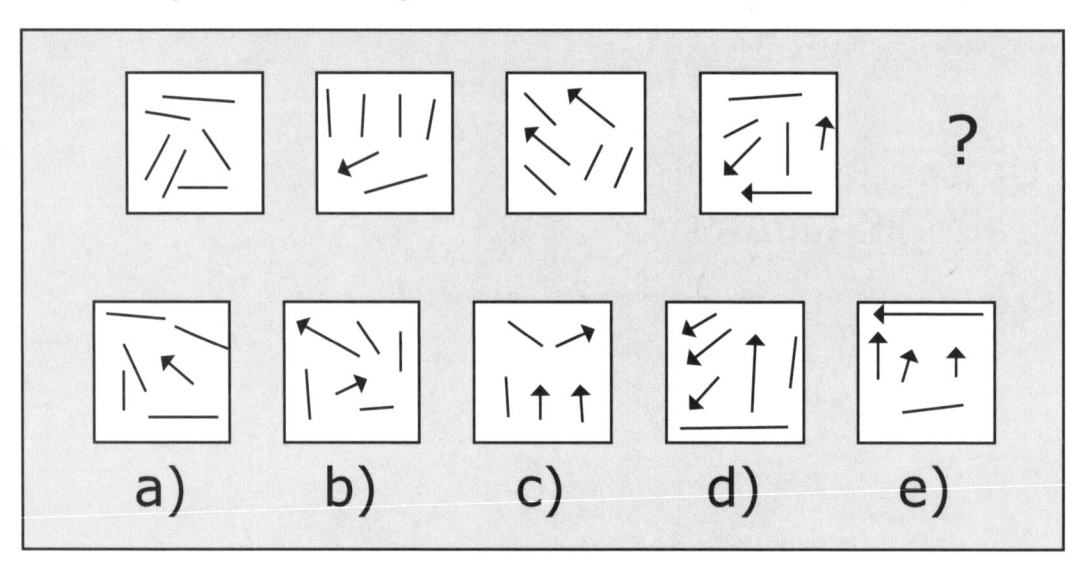

a)   b)   c)   d)   e)

4.3 Einer der vier Sätze drückt keine Meinung, sondern eine Tatsache aus.

- ☐ a) Viele Menschen schlafen schlecht, weil sie unter Elektrosmog leiden.
- ☐ b) In einer Wüste gibt es nur selten Regen.
- ☐ c) Kaugummi kauen in der Schule gehört sich nicht.
- ☐ d) Heute haben wir ein tolles Wetter!

4.4 Welcher Dominostein passt?

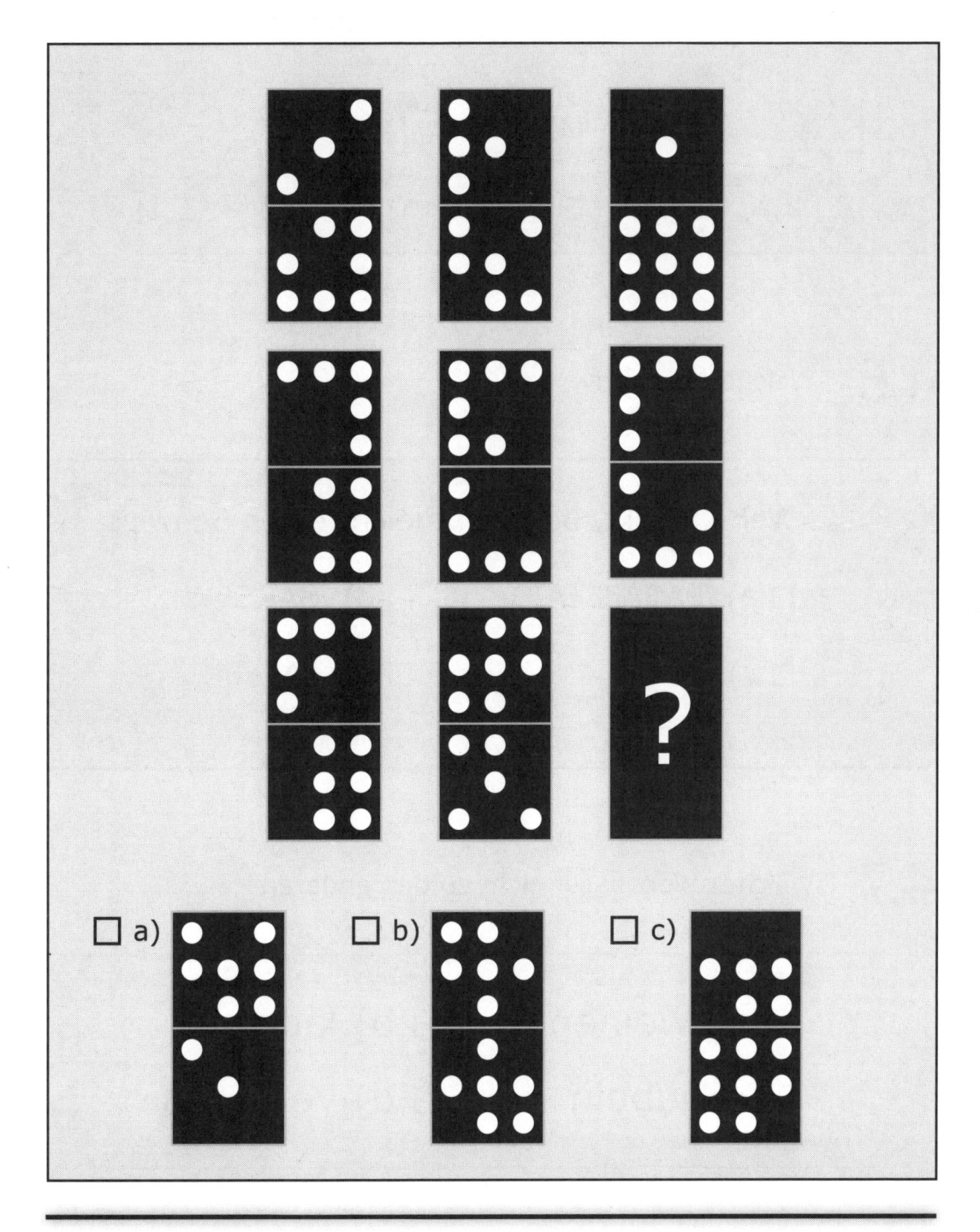

☐ a)   ☐ b)   ☐ c)

IQ-Übungstests

4.5 Welches Bild gehört nicht in die Reihe?

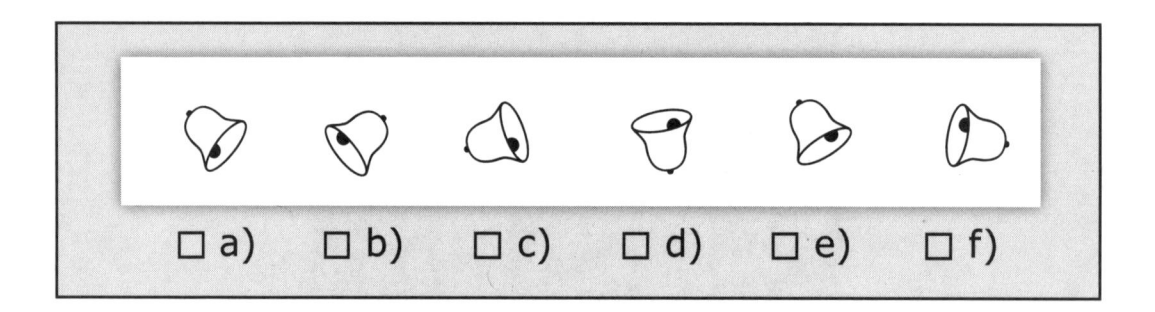

☐ a)   ☐ b)   ☐ c)   ☐ d)   ☐ e)   ☐ f)

4.6 Welche Alternative passt?

Wer ... trinkt, bekommt leicht einen Schwips.

☐ a) PASAFLEAT   ☐ b) SARSEW

☐ c) KETS   ☐ d) FAEFEK

4.7 Welches Wort passt nicht zu den anderen?

☐ a) weinen   ☐ b) lachen

☐ c) jubeln   ☐ d) verlieren

4.8 Welche Grafik ist die passende Ergänzung?

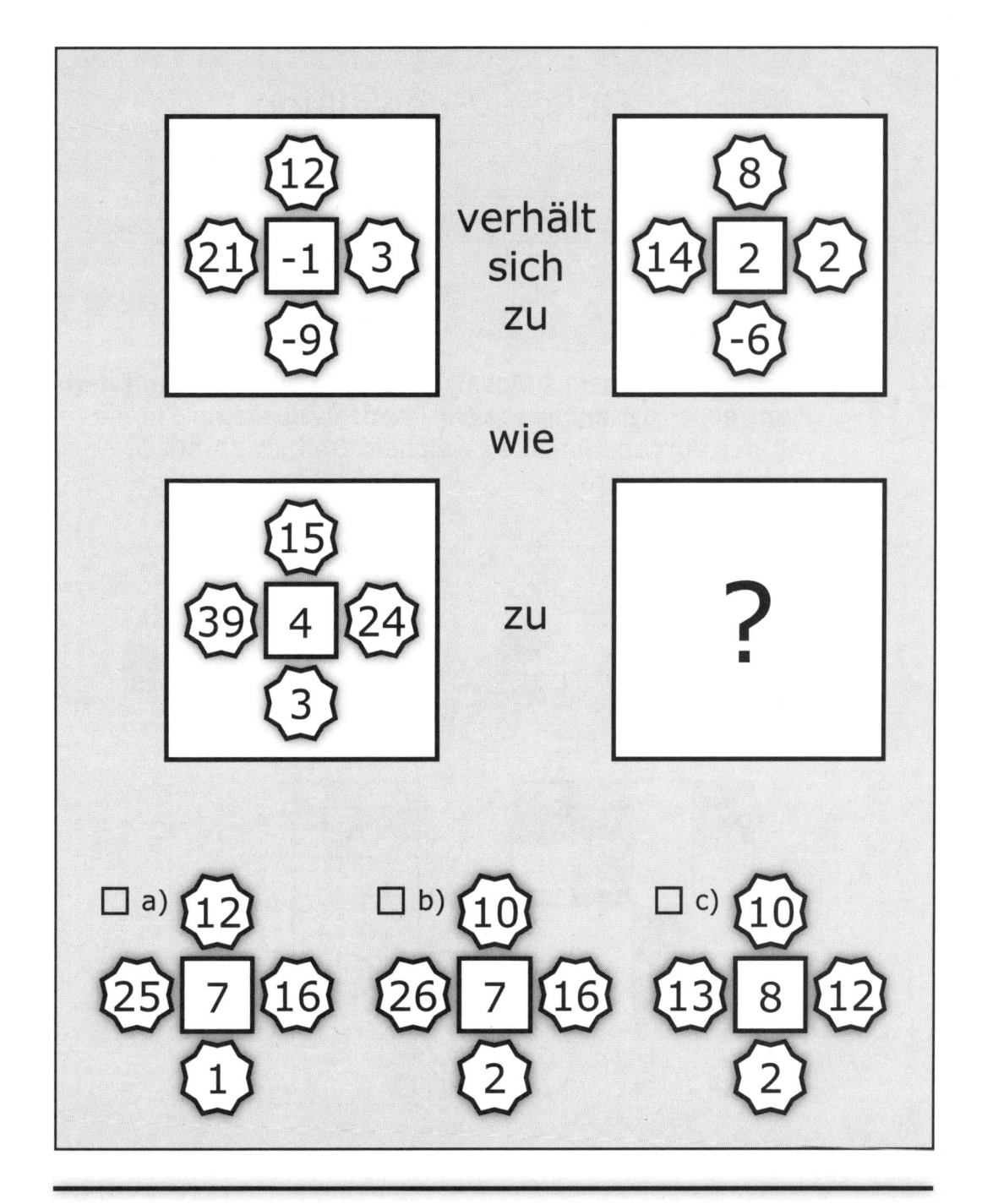

Erste Grafik (oben links): Mitte **-1**, oben **12**, rechts **3**, unten **-9**, links **21**

verhält sich zu

Zweite Grafik (oben rechts): Mitte **2**, oben **8**, rechts **2**, unten **-6**, links **14**

wie

Dritte Grafik (unten links): Mitte **4**, oben **15**, rechts **24**, unten **3**, links **39**

zu

?

- ☐ a) oben 12, links 25, Mitte 7, rechts 16, unten 1
- ☐ b) oben 10, links 26, Mitte 7, rechts 16, unten 2
- ☐ c) oben 10, links 13, Mitte 8, rechts 12, unten 2

IQ-Übungstests

4.9 Finden Sie ein Wort, das dieselbe Bedeutung haben kann wie die beiden vorgegebenen.

> Delle – Schwellung
>
> _____

4.10 Setzen Sie die sechs Mosaikbausteine entsprechend dem Plan rechts gedanklich zusammen. Vergleichen Sie dies mit der Vorgabe links. In welchem Bereich (A bis D) steckt ein Fehler?

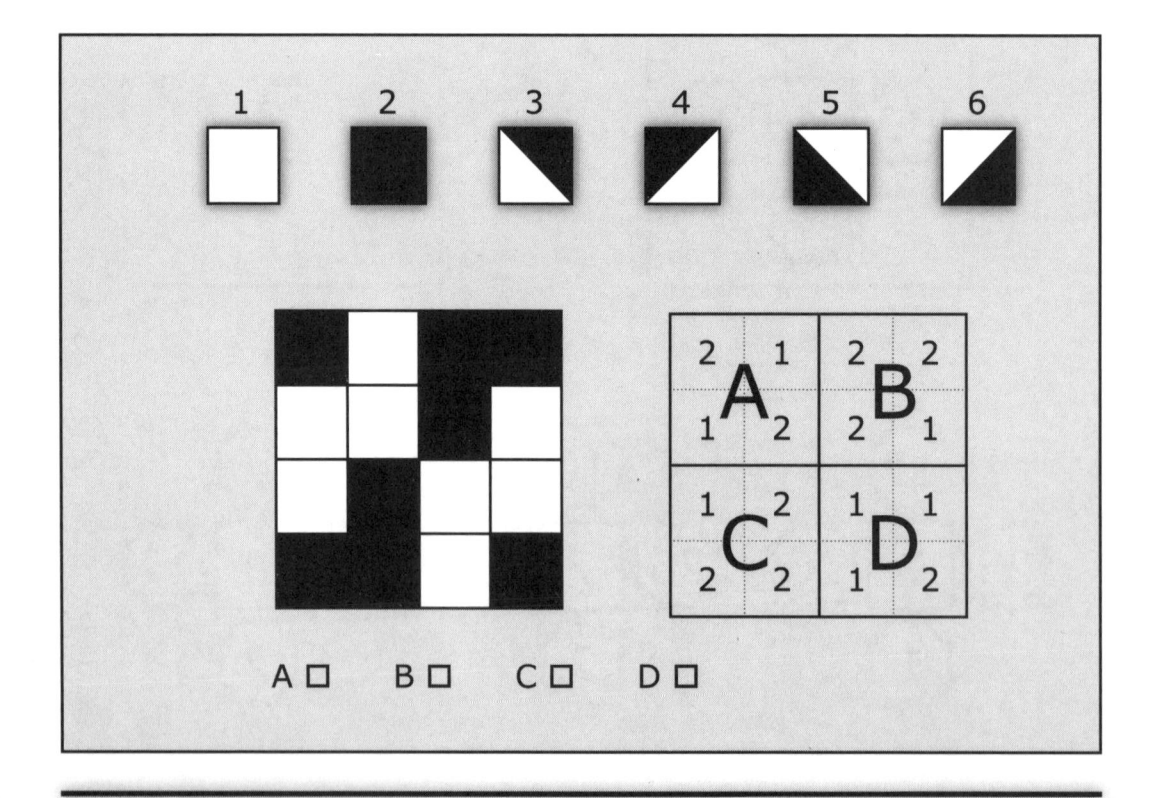

A ☐   B ☐   C ☐   D ☐

4.11 Mit welcher Menge bringen Sie die letzte Waage ins Gleichgewicht?

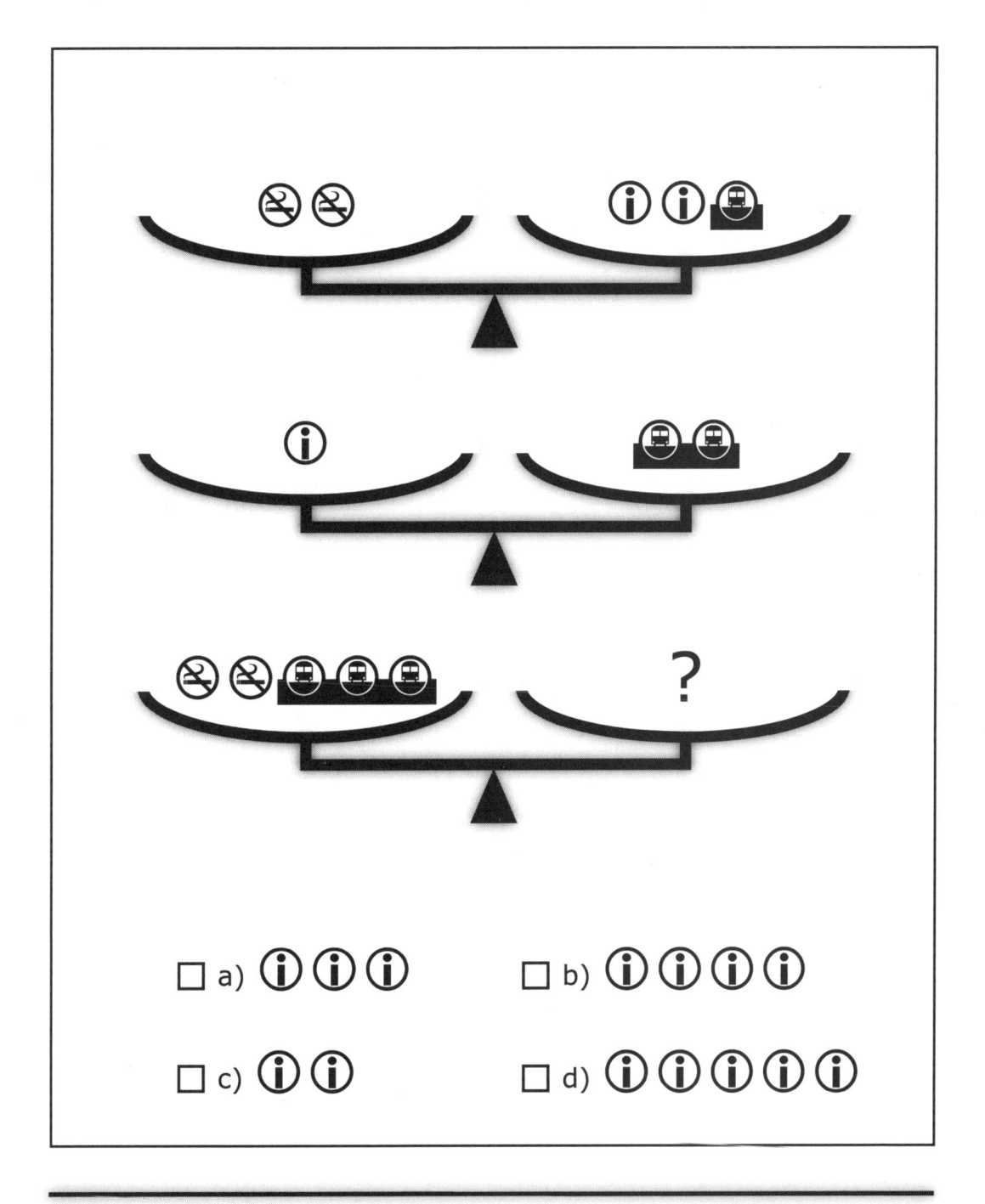

☐ a) ⓘ ⓘ ⓘ ☐ b) ⓘ ⓘ ⓘ ⓘ

☐ c) ⓘ ⓘ ☐ d) ⓘ ⓘ ⓘ ⓘ ⓘ

IQ-Übungstests

4.12 Führen Sie die Redensart richtig fort.

Armut ...

☐ a) kommt nach dem Fall.

☐ b) schändet nicht.

☐ c) ist ein scharfes Schwert.

☐ d) bringt Rosen.

4.13 Nach welchem Wochentag wird gefragt?

Gestern war es drei Tage vor einem Tag, der immer acht Tage nach einem Montag kommt.
Welcher Wochentag war vier Tage vor übermorgen?

☐ Mo ☐ Di ☐ Mi ☐ Do ☐ Fr ☐ Sa ☐ So

IQ-Übungstests

4.14 Finden Sie die beiden zusammengehörenden Begriffe.

- ☐ a) Hund
- ☐ b) Katze
- ☐ c) Leopard
- ☐ d) Star
- ☐ e) Boa
- ☐ f) Robbe

4.15 Links und rechts des Gleichheitszeichens sollen sich Grafik-Paare gegenüberstehen, die in einem analogen Verhältnis zueinander stehen.
Welche Grafik (A bis E) ersetzt das Fragenzeichen?

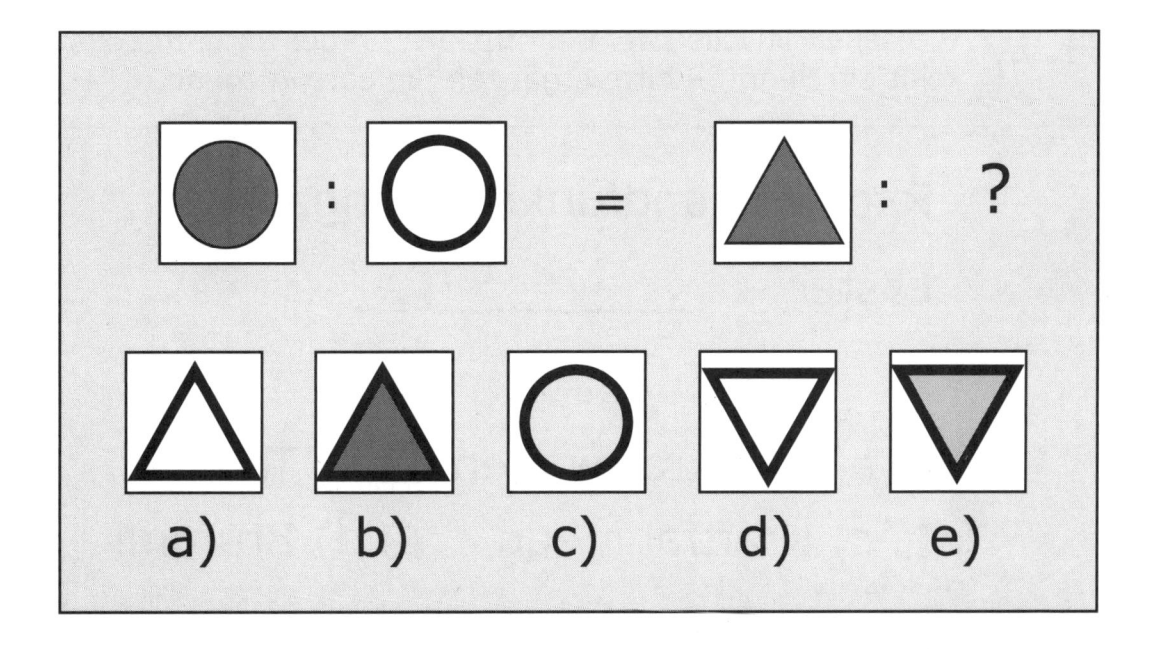

IQ-Übungstests

4.16 Ersetzen Sie das Fragezeichen.

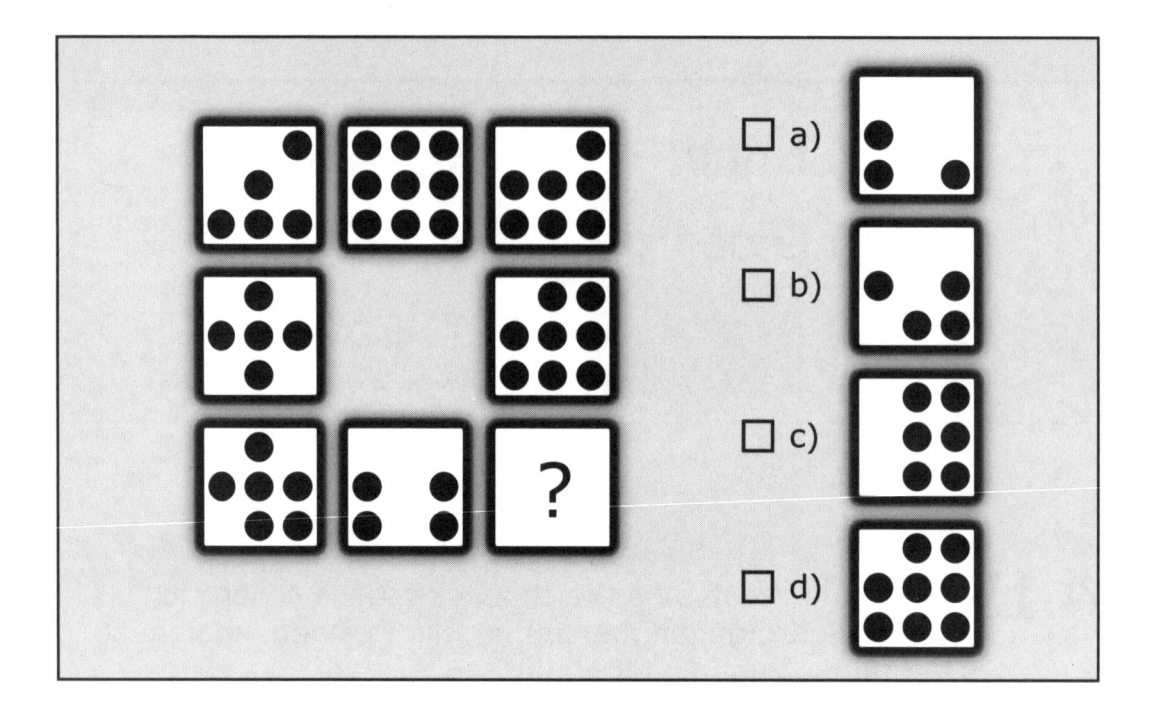

☐ a)
☐ b)
☐ c)
☐ d)

4.17 Sie sehen jeweils zwei Begriffpaare. In der unteren Zeile fehlt ein Begriff – bitte ergänzen Sie entsprechend.

Radio – Rundfunkempfänger

Laster – _____

☐ a) Lastkraftwagen ☐ b) Truck
☐ c) Kraftfahrzeug ☐ d) Brummi

4.18
In der Mitte fehlt ein Brückenwort, welches das erste Wort abschließt und das zweite beginnt. Ergänzen Sie.

Freuden _____ Taufe

4.19
Welches Element muss in das leere Feld?

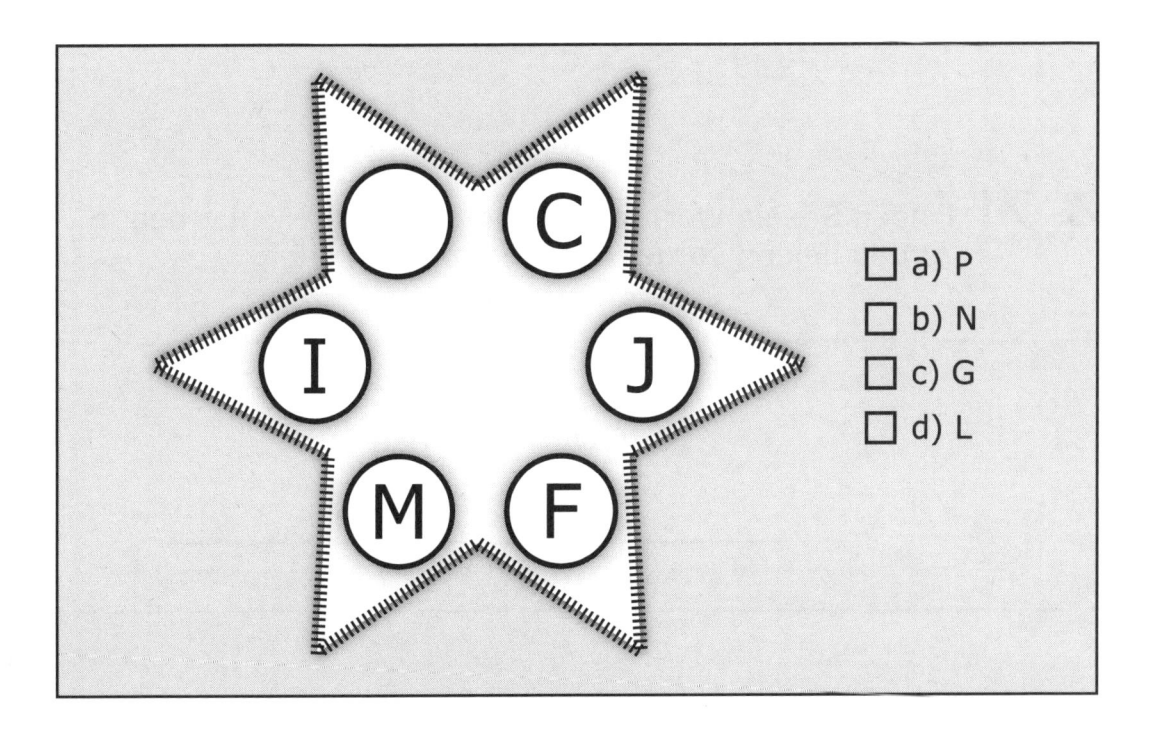

- [ ] a) P
- [ ] b) N
- [ ] c) G
- [ ] d) L

4.20 Welcher der Würfel A bis C könnte aus der Abwicklung gefaltet worden sein?

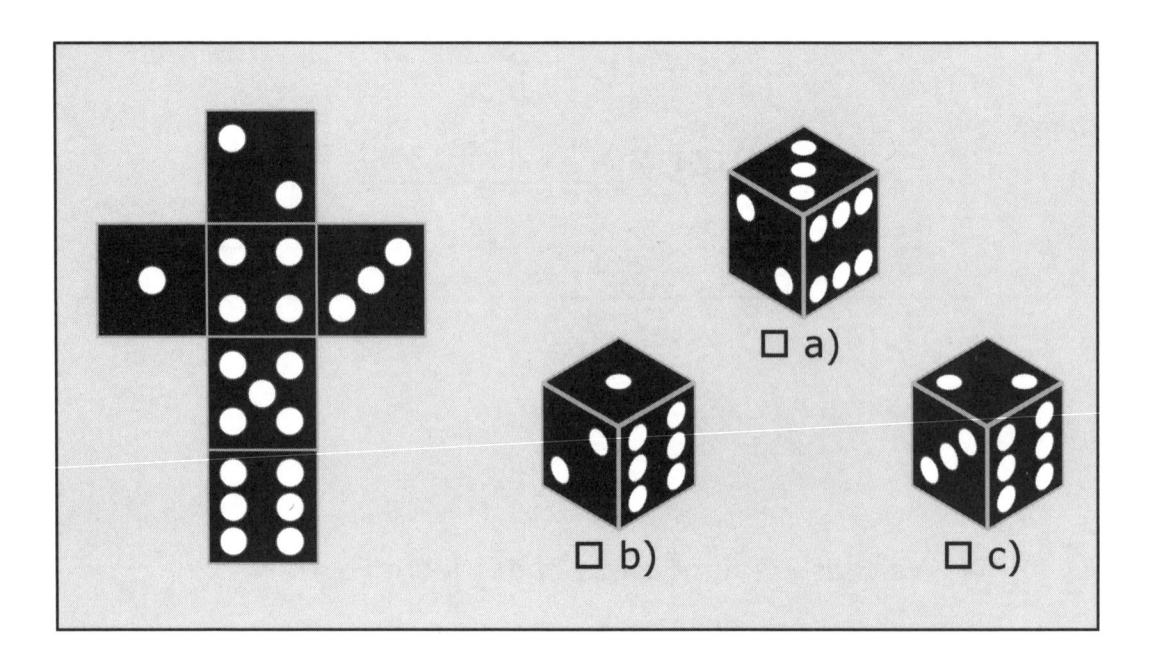

☐ a) ☐ b) ☐ c)

4.21 Finden Sie ein Wort, das den gemeinsamen Oberbegriff zu den beiden vorgegebenen Wörtern bildet.

Kino – Kegeln

_____

IQ-Übungstests

4.22 Welche Zahl fehlt?

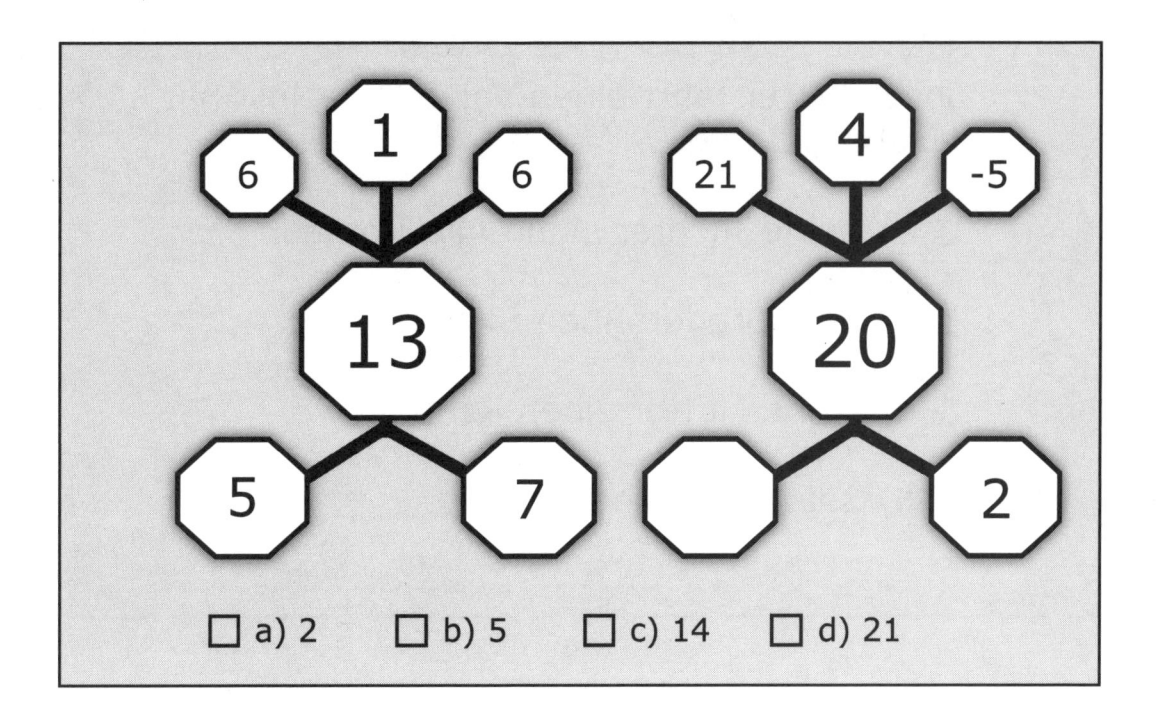

```
    1              4
 6     6       21     -5
    13             20
  5     7        ?     2
```

☐ a) 2   ☐ b) 5   ☐ c) 14   ☐ d) 21

4.23 Bei den folgenden Wörtern fehlen am Ende bzw. am Anfang zwei Buchstaben. Ergänzen Sie sie!

Gil _ _ kor

IQ-Übungstests

4.24 Finden Sie den logisch richtigen nächsten Satz bzw. führen Sie den Satz logisch richtig fort.

> Josefs Vater fährt einen Volvo, er selbst hat einen Audi und ...
>
> ☐ a) seine Tochter einen Alfa Romeo.
>
> ☐ b) sein Bruder einen Skoda.
>
> ☐ c) seine Mutter einen Renault.
>
> ☐ d) sein Sohn einen VW.

4.25 Welche Grafik A bis D ersetzt das Fragezeichen?

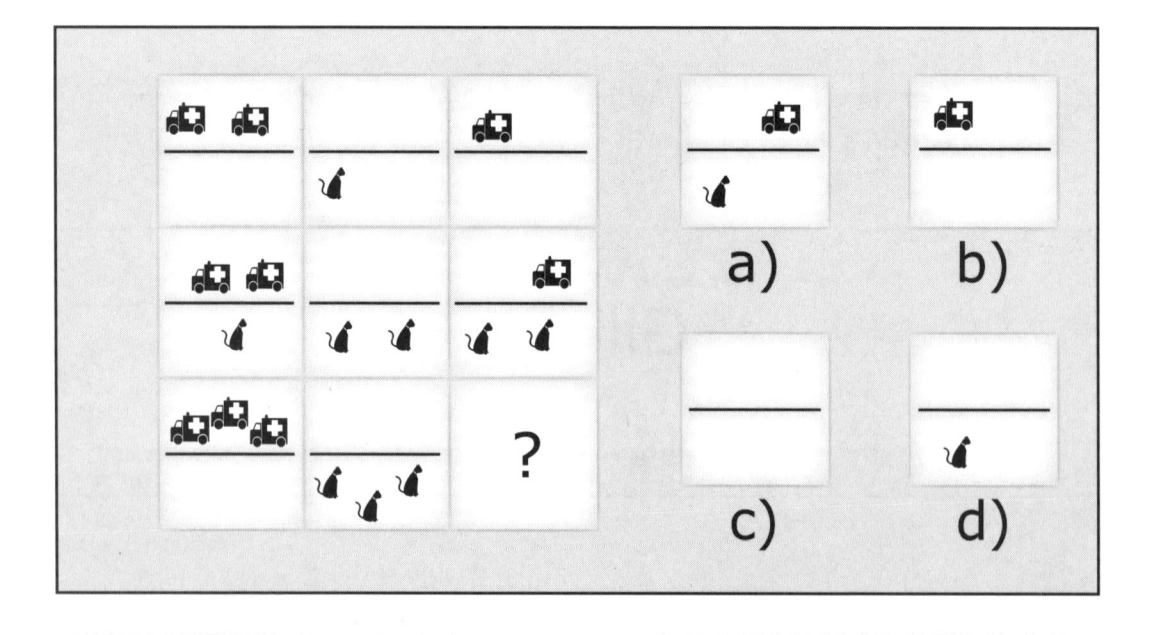

4.26 Bestimmen Sie das fehlende Element.

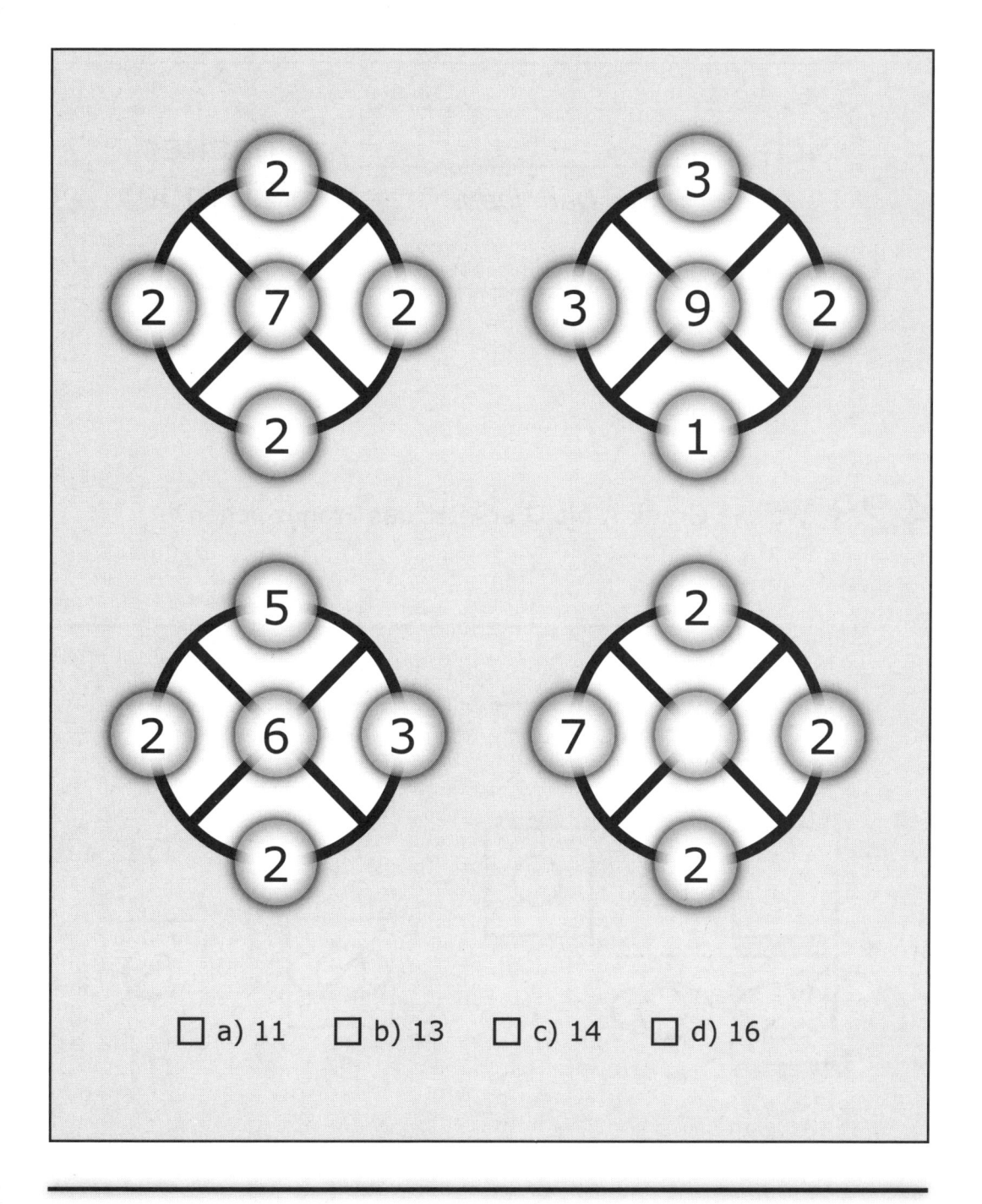

☐ a) 11   ☐ b) 13   ☐ c) 14   ☐ d) 16

IQ-Übungstests

4.27 Tragen Sie das fehlende Wort in die Klammer ein.

Sch + (_____) = flacher Zylinder
     Nadelbaum

4.28 Welche Grafik A bis D ersetzt das Fragezeichen?

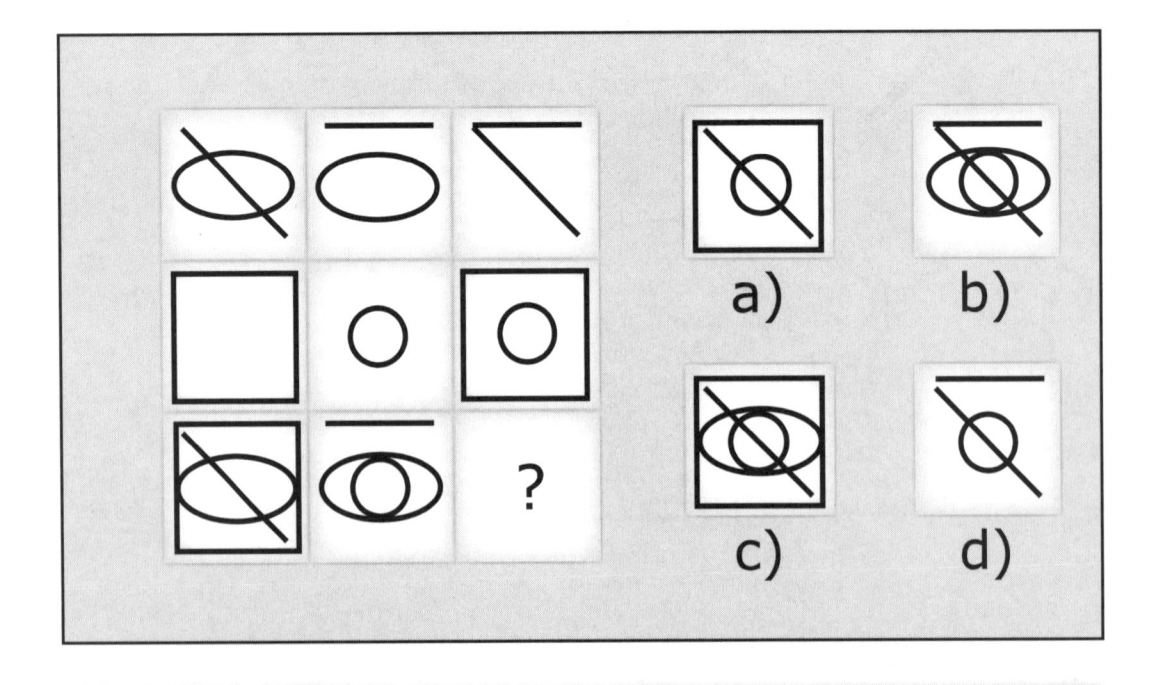

a) b) c) d)

IQ-Übungstests

4.29 Welche Zahl gehört an die Stelle des Fragezeichens?

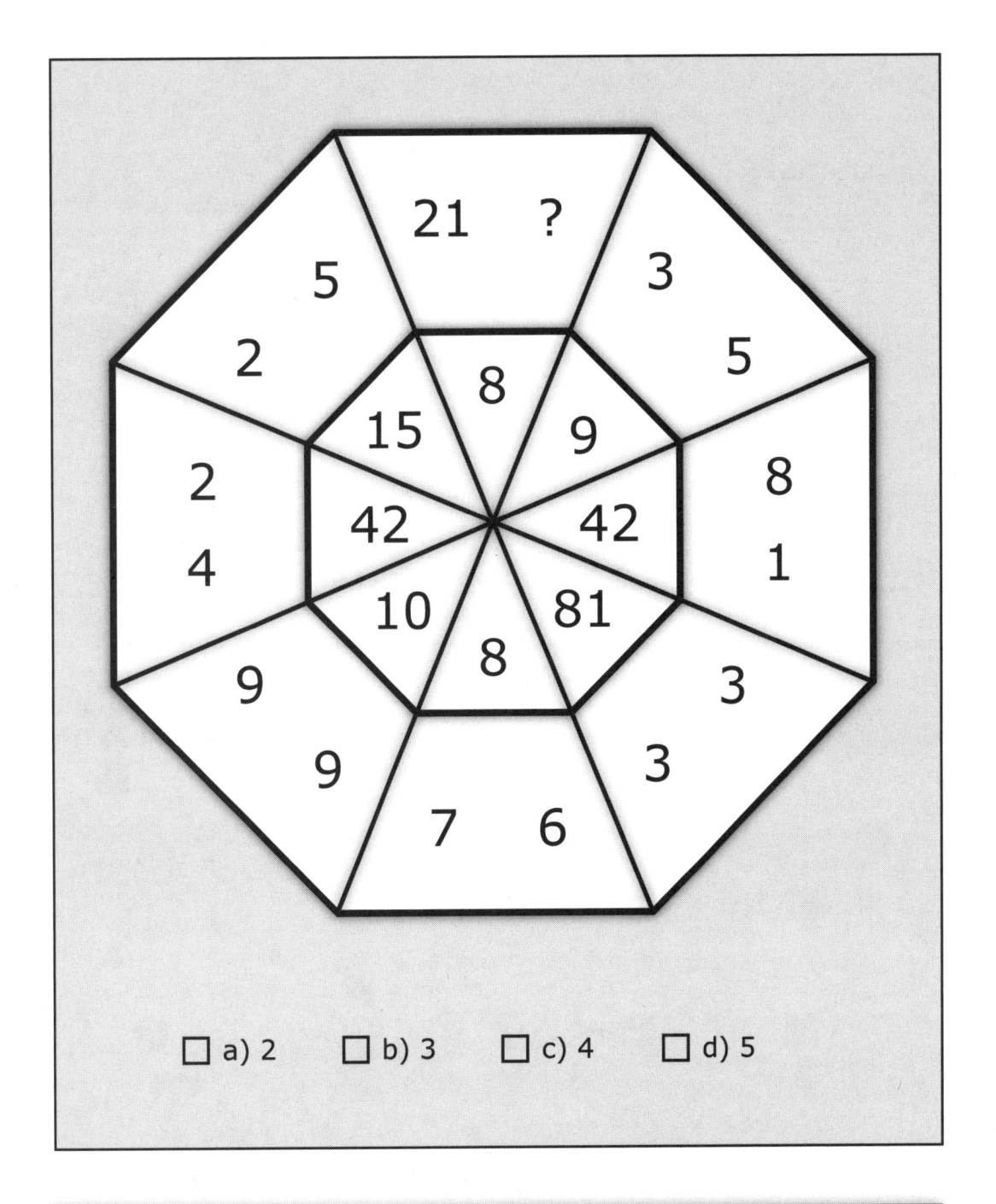

21 ?
5   3
2   5
  8
 15 9
2   8
 42 42
4   1
 10 81
  8
9   3
 9   3
  7 6

☐ a) 2   ☐ b) 3   ☐ c) 4   ☐ d) 5

4.30 Welches Wortende kann all diesen Wortanfängen hinten angesetzt werden?

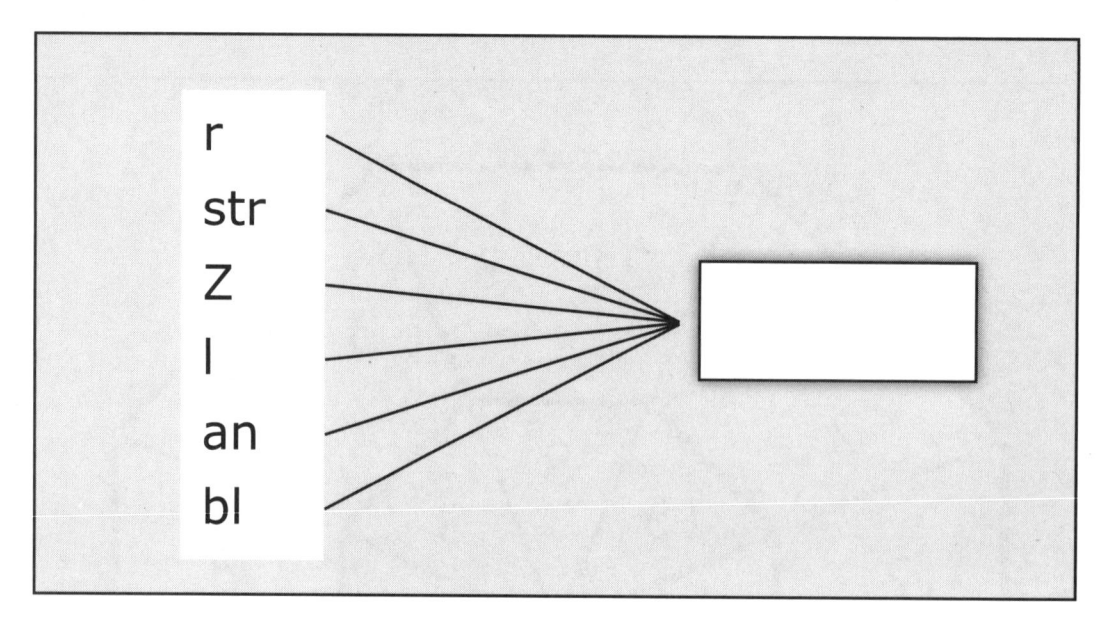

4.31 Welche Grafik A bis D ersetzt das Fragezeichen?

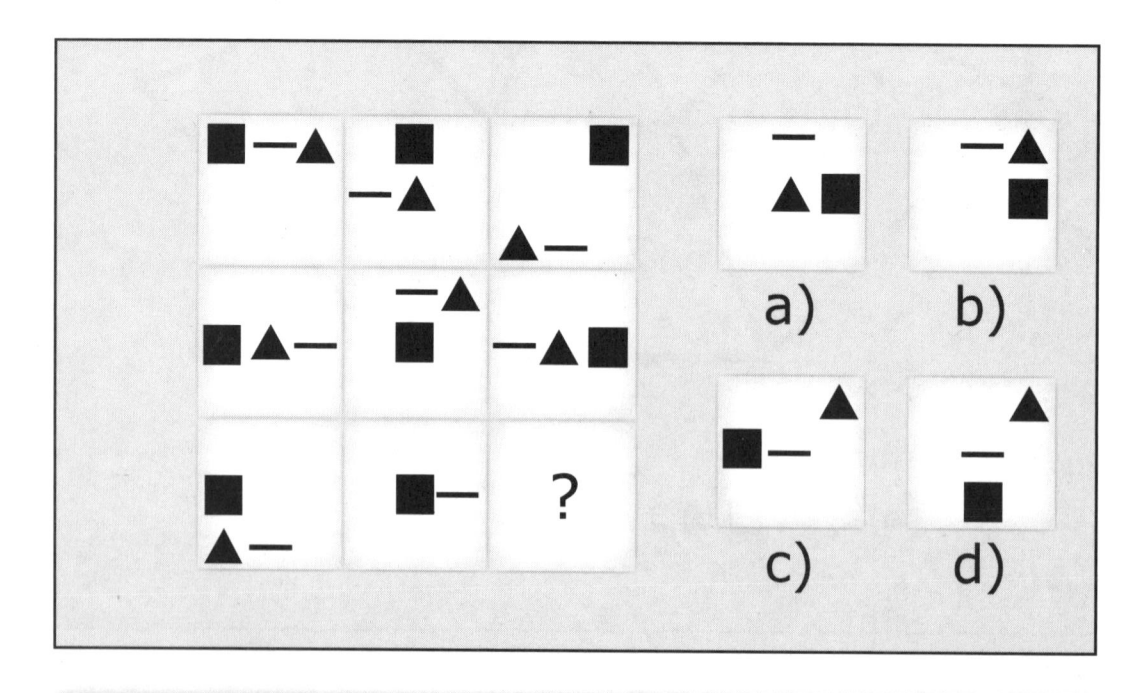

IQ-Übungstests

4.32 Welche Grafik A bis D ersetzt das Fragezeichen?

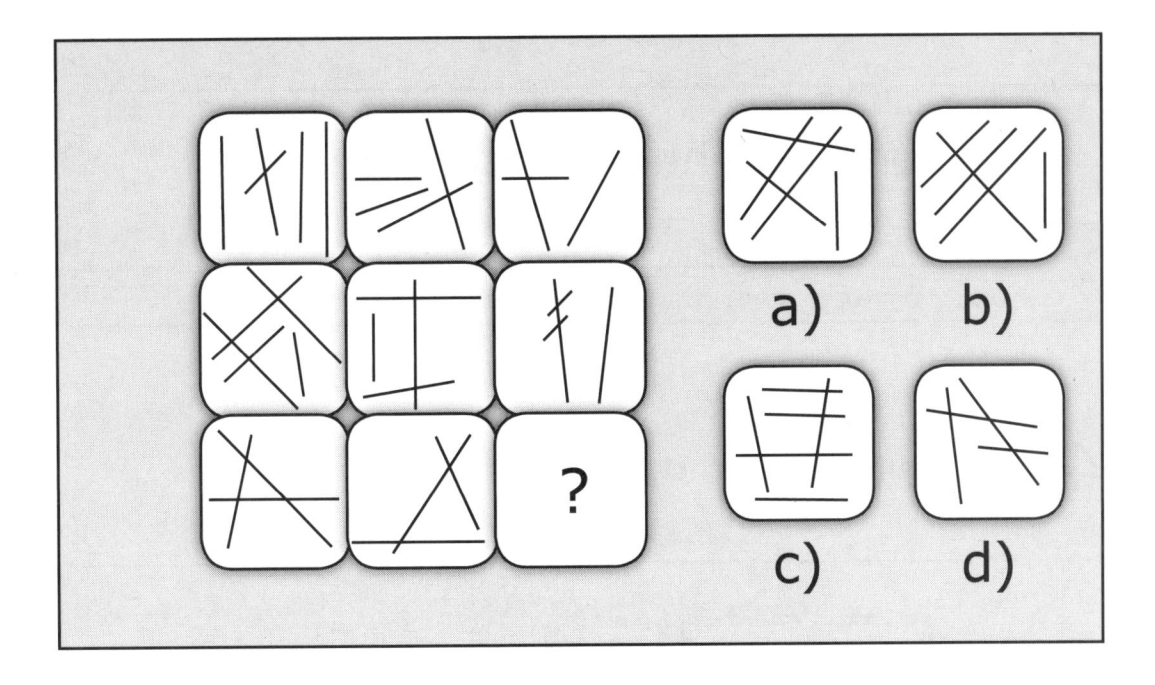

4.33 Welcher Begriff ähnelt dem Vorgegebenen am meisten?

disponibel

- [ ] a) lieferbar
- [ ] b) verfügbar
- [ ] c) lagernd
- [ ] d) vorhanden

IQ-Übungstests

4.34 Finden Sie ein Wort, das dieselbe Bedeutung haben kann wie die beiden vorgegebenen.

umhergehen – berühren:
_____

4.35 Treffen Sie die richtige Entscheidung.

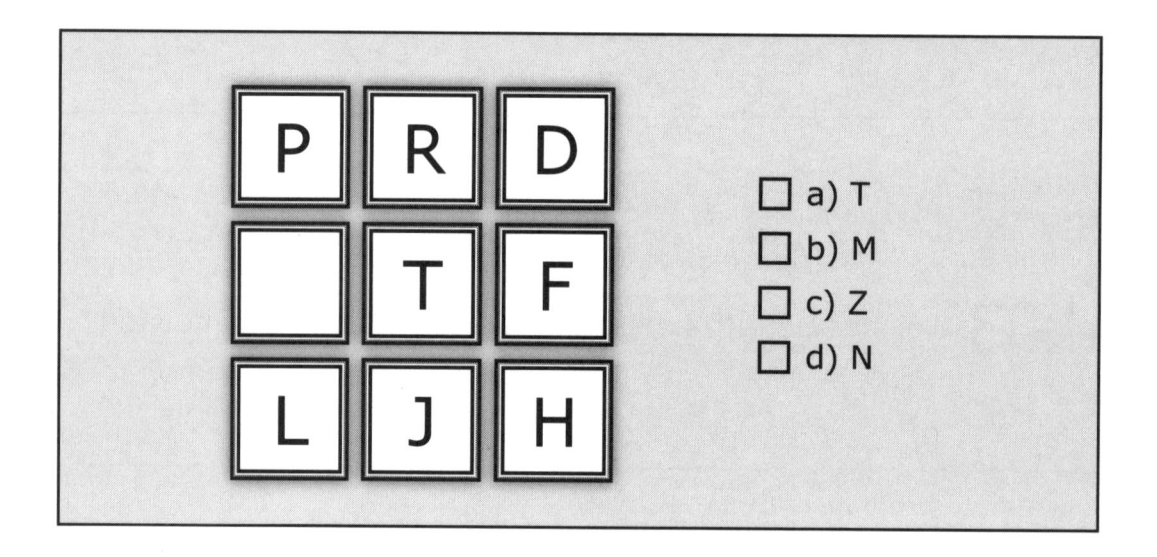

P	R	D
	T	F
L	J	H

☐ a) T
☐ b) M
☐ c) Z
☐ d) N

ERGEBNIS 4 [   ]

Tragen Sie hier die Anzahl der richtig gelösten Aufgaben ein.

IQ-ÜBUNGSTEST 5

Umfang: 38 Aufgaben
Zeit: 30 Minuten

5.1 Welche Grafik A bis D ersetzt das Fragezeichen?

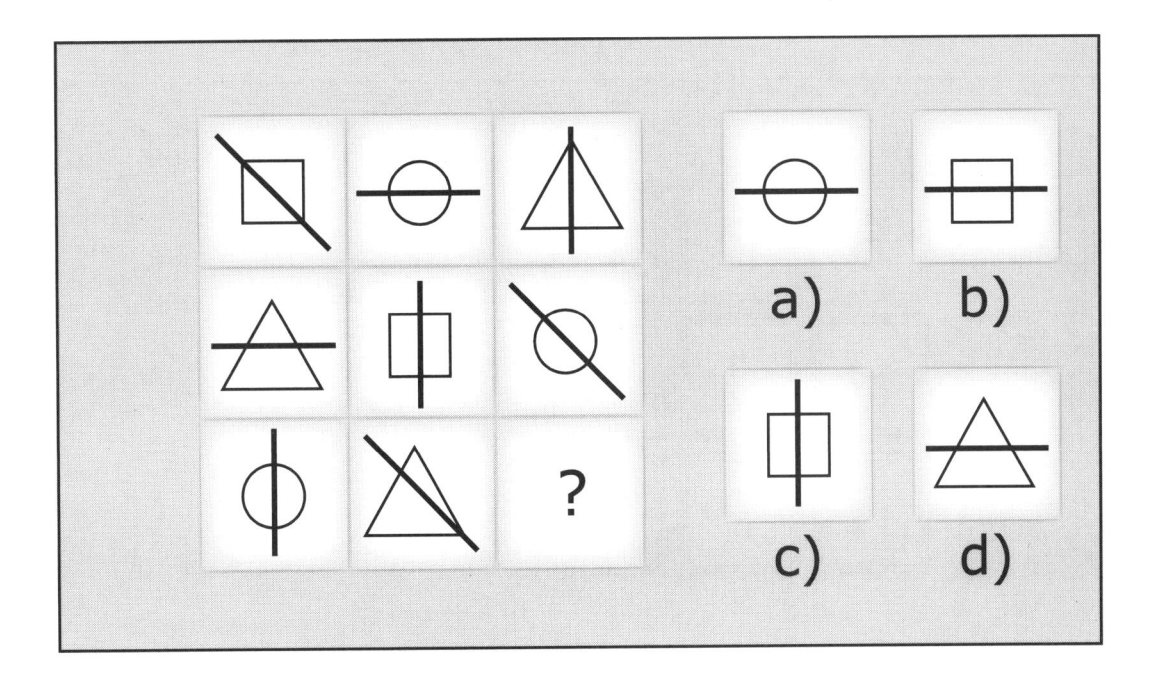

5.2 Welche zwei Formulierungen haben eine ähnliche Bedeutung?

- [ ] a) zweigleisig fahren
- [ ] b) mit dem Feuer spielen
- [ ] c) mehrere Eisen im Feuer haben
- [ ] d) zum alten Eisen gehören
- [ ] e) auf das falsche Gleis geraten

5.3 Treffen Sie die richtige Entscheidung.

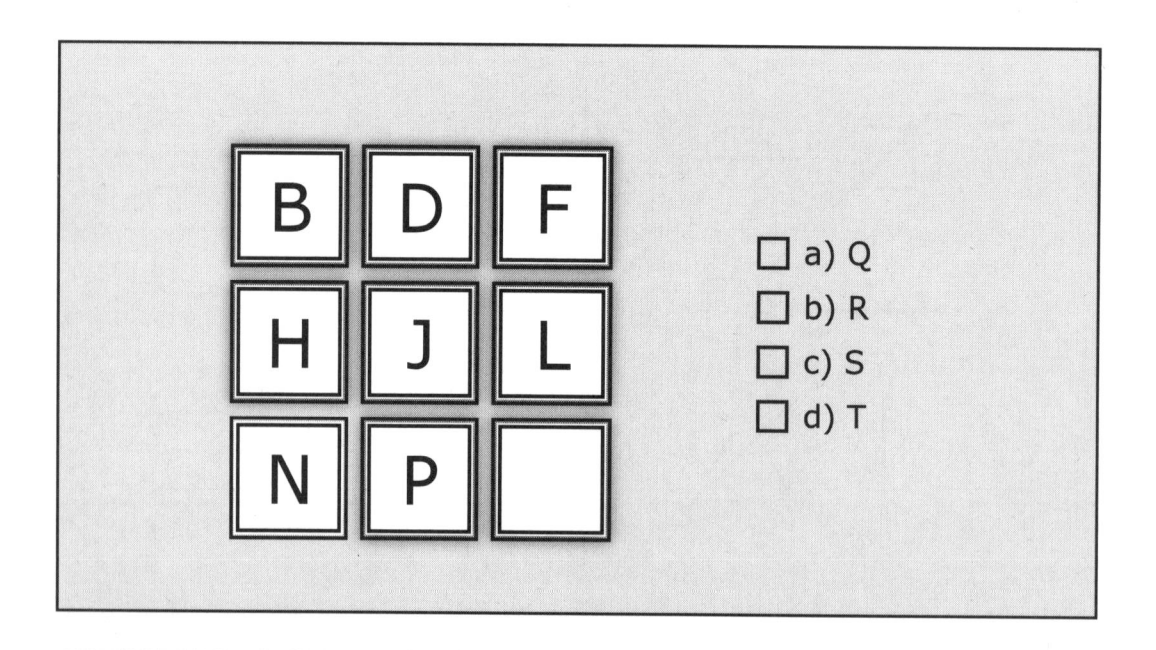

B D F
H J L
N P

- [ ] a) Q
- [ ] b) R
- [ ] c) S
- [ ] d) T

5.4 Für welche Zahl steht das Fragezeichen?

☐ a) 2   ☐ b) 3   ☐ c) 4   ☐ d) 5

5.5 Welche Buchstaben stehen hinter den Symbolen?

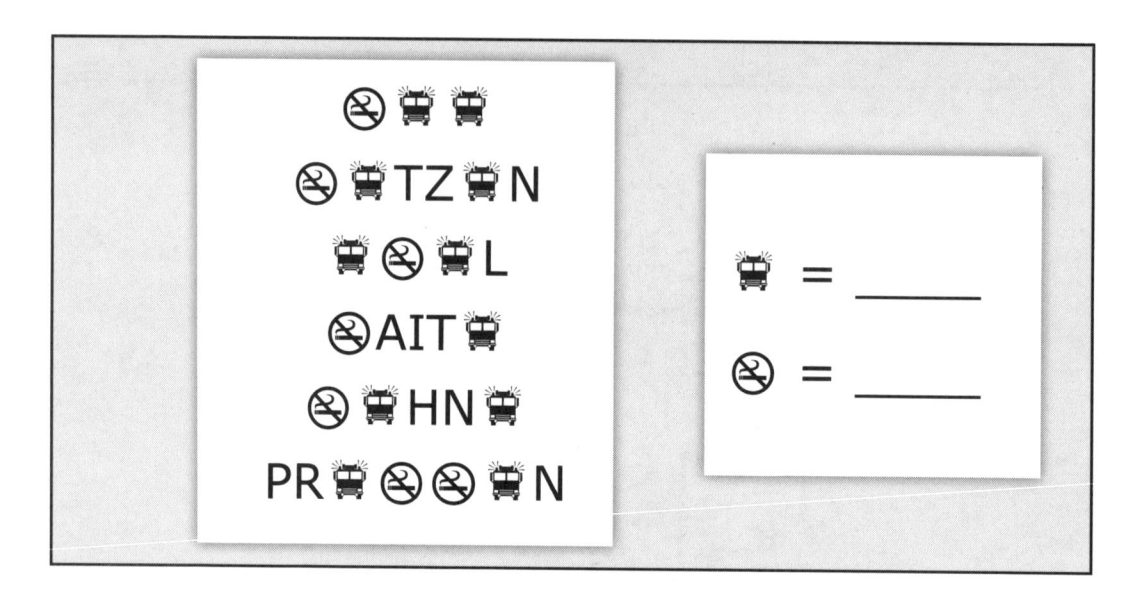

🚭 🚒 🚒
🚭 🚒 TZ 🚒 N
🚒 🚭 🚒 L
🚭 AIT 🚒
🚭 🚒 HN 🚒
PR 🚒 🚭 🚭 🚒 N

🚒 = _____

🚭 = _____

5.6 Welcher Zusammenhang besteht zwischen der jeweiligen Obstsorte (Fantasiename) und deren Vitamingehalt?
Wählen Sie die passende Zahl.

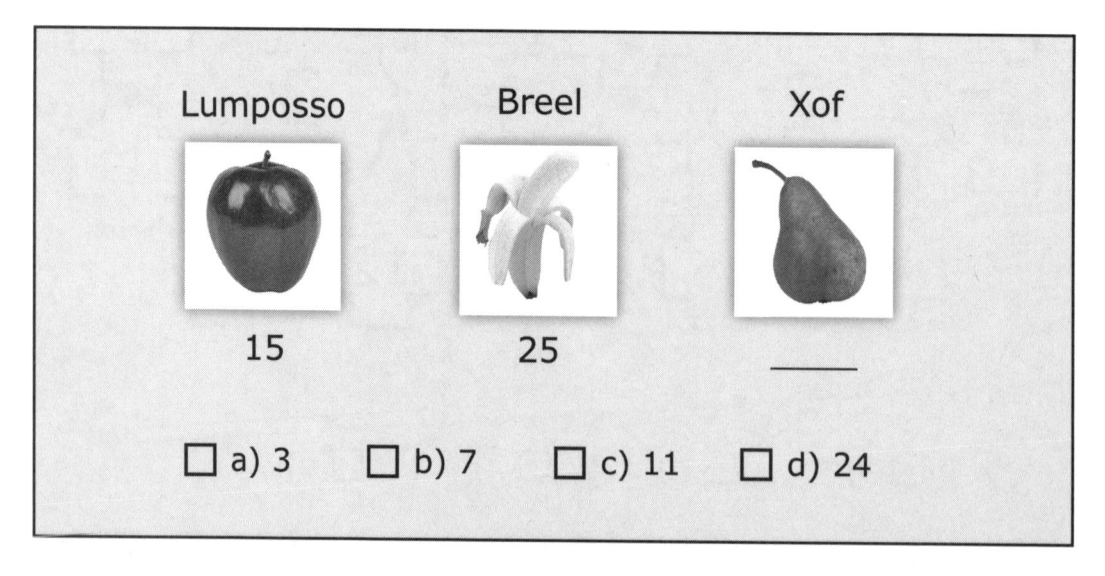

Lumposso	Breel	Xof
15	25	_____

☐ a) 3   ☐ b) 7   ☐ c) 11   ☐ d) 24

5.7

Tragen Sie in die vier leeren Felder die Rechensymbole +, –, x oder : ein, sodass das Ergebnis am Ende stimmt. Rechnen Sie dabei der Reihe nach ohne Beachtung der Regel „Punktrechnung vor Strichrechnung".

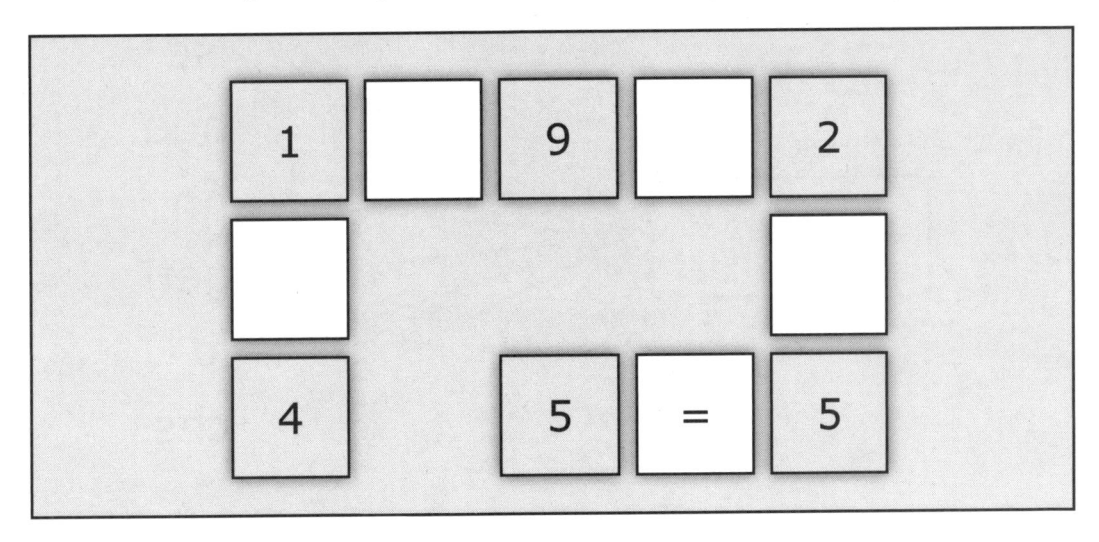

5.8

Welche Grafik A bis D ersetzt das Fragezeichen?

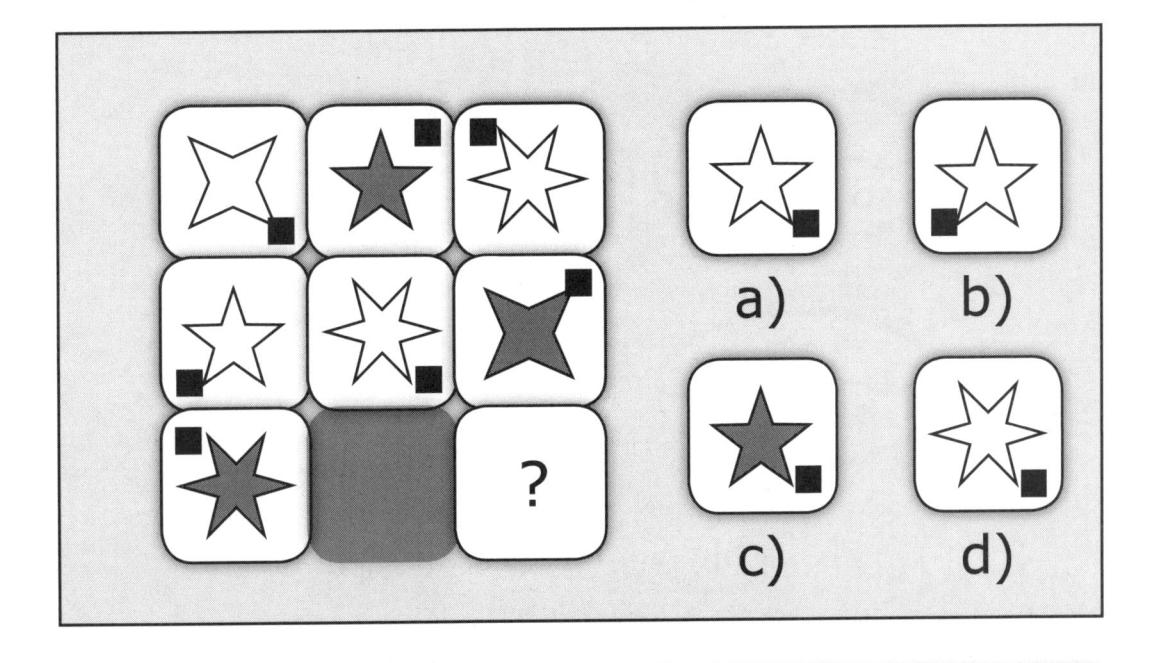

IQ-Übungstests

5.9 Welcher Wortanfang kann all diesen Wortenden vorne angesetzt werden?

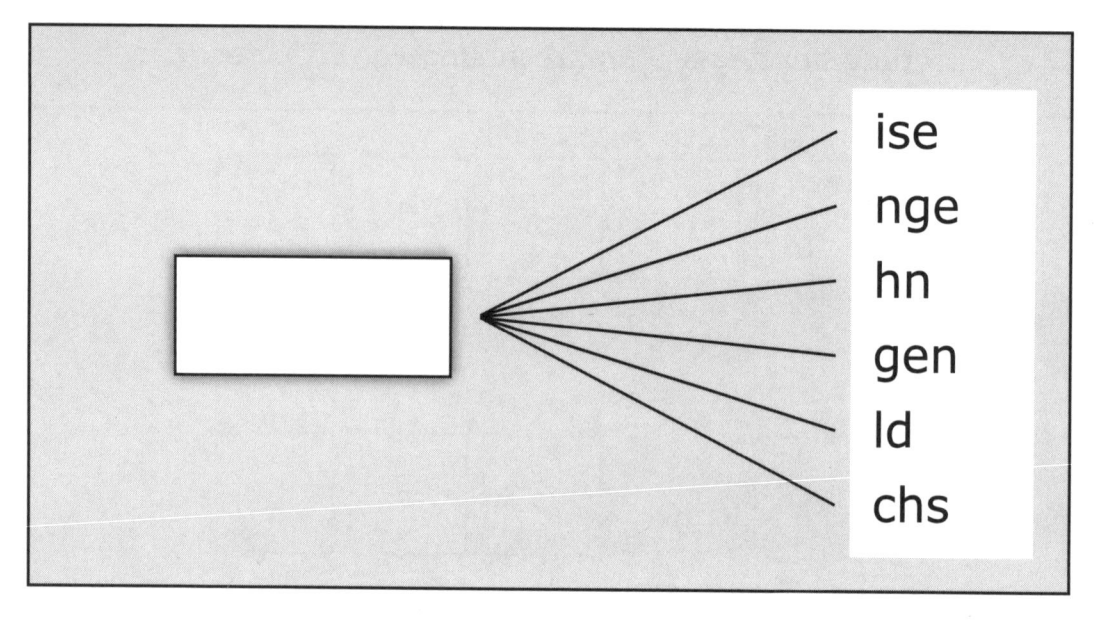

- ise
- nge
- hn
- gen
- ld
- chs

5.10 Welche der zur Auswahl stehenden Zahlen vervollständigt die Anordnung?

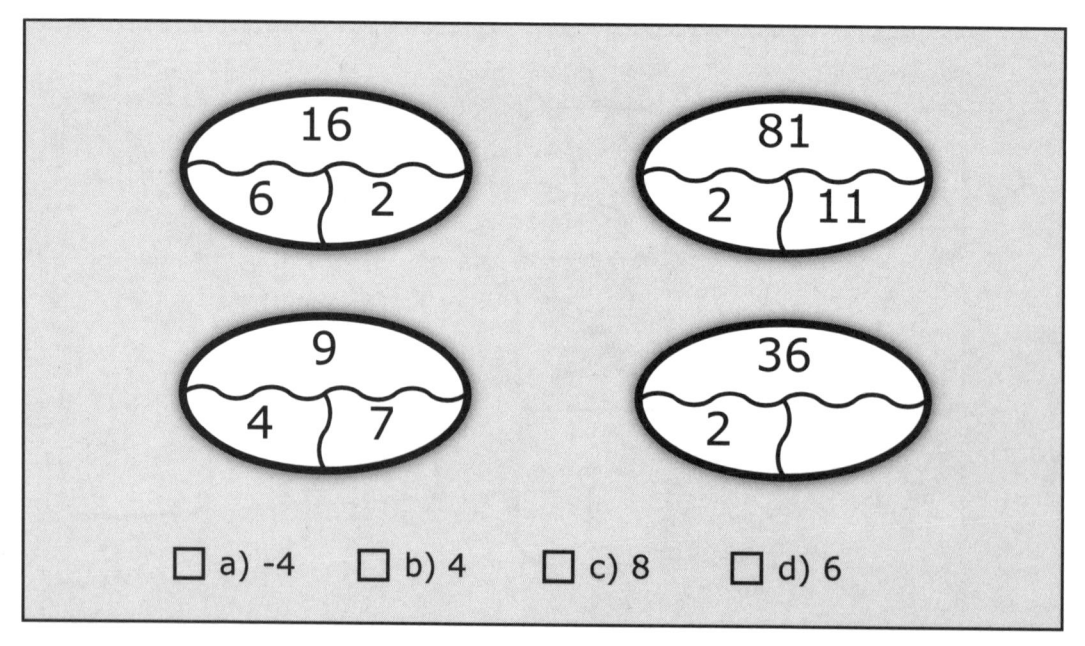

- 16 / 6 / 2
- 81 / 2 / 11
- 9 / 4 / 7
- 36 / 2 / ?

☐ a) -4   ☐ b) 4   ☐ c) 8   ☐ d) 6

5.11 Welcher Begriff drückt am treffendsten das Gegenteil vom vorgegebenen Wort aus?

schal

- a) frisch
- b) scharf
- c) würzig
- d) prickelnd

5.12 Mit welcher der unten zur Auswahl stehenden Grafiken geht die Reihe weiter?

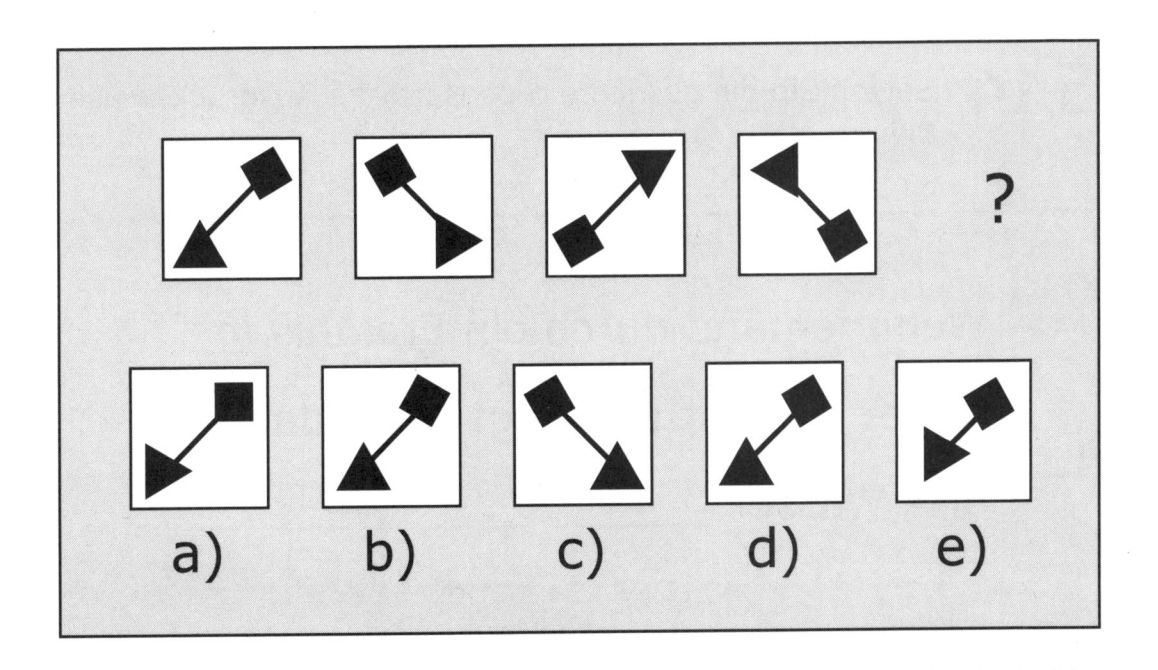

a) b) c) d) e)

IQ-Übungstests

5.13 Was verbirgt sich hinter dem Fragezeichen?

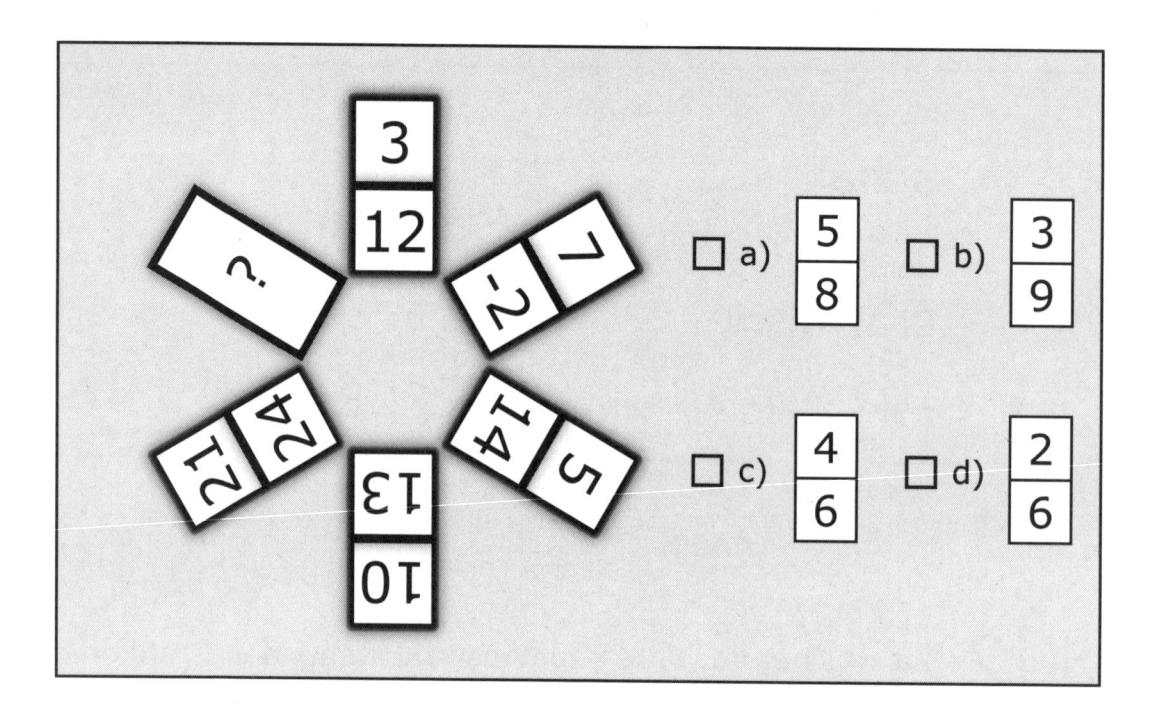

- [ ] a) 5/8
- [ ] b) 3/9
- [ ] c) 4/6
- [ ] d) 2/6

5.14 Setzen Sie die gesuchte redensartliche Ausdrucksweise ein.

Wenn jemand durch ein Ereignis in seiner Ansicht bestätigt wird, dann ist dies Wasser _____ _____ _____ .

5.15 Welches Wortende kann all diesen Wortanfängen hinten angesetzt werden?

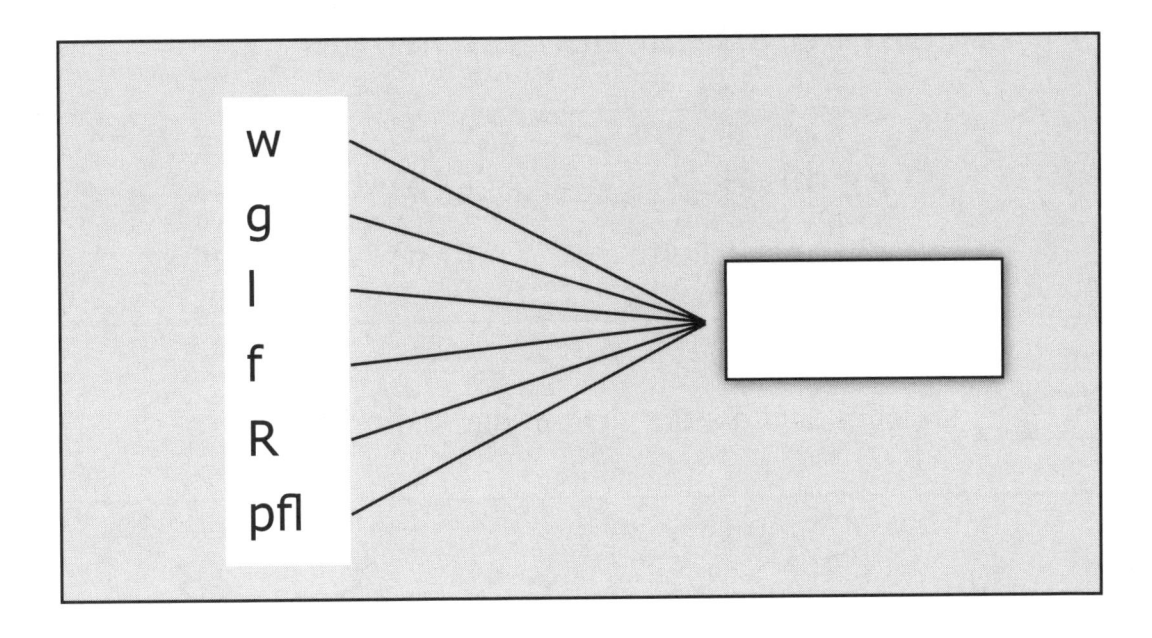

w
g
l
f
R
pfl

5.16 Welche Zahl eignet sich als vierte im Bunde?

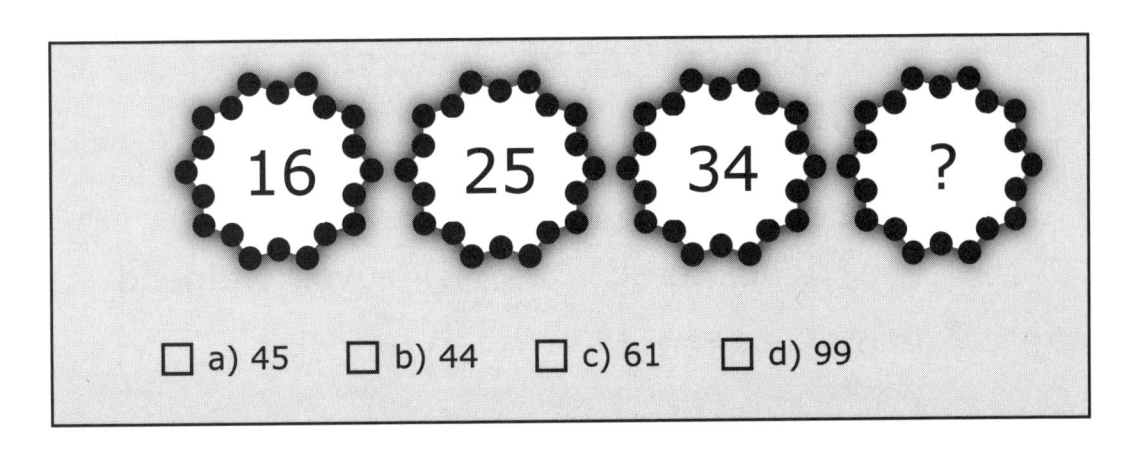

16   25   34   ?

☐ a) 45   ☐ b) 44   ☐ c) 61   ☐ d) 99

5.17 Welcher Satz ist richtig?

Ein Parkettboden ist immer ...

☐ a) aus Holz ☐ b) teuer
☐ c) gemütlich ☐ d) versiegelt

5.18 Welches Bild gehört nicht in die Reihe?

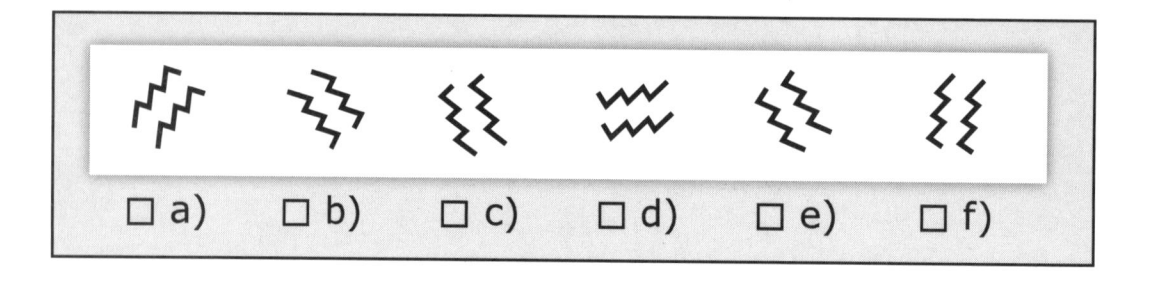

☐ a) ☐ b) ☐ c) ☐ d) ☐ e) ☐ f)

5.19 Welcher Begriff ähnelt dem vorgegebenen am meisten?

hilfreich

☐ a) dienstfertig ☐ b) zuvorkommend
☐ c) aufopfernd ☐ d) nützlich

5.20 Welches Zahlentripel passt?

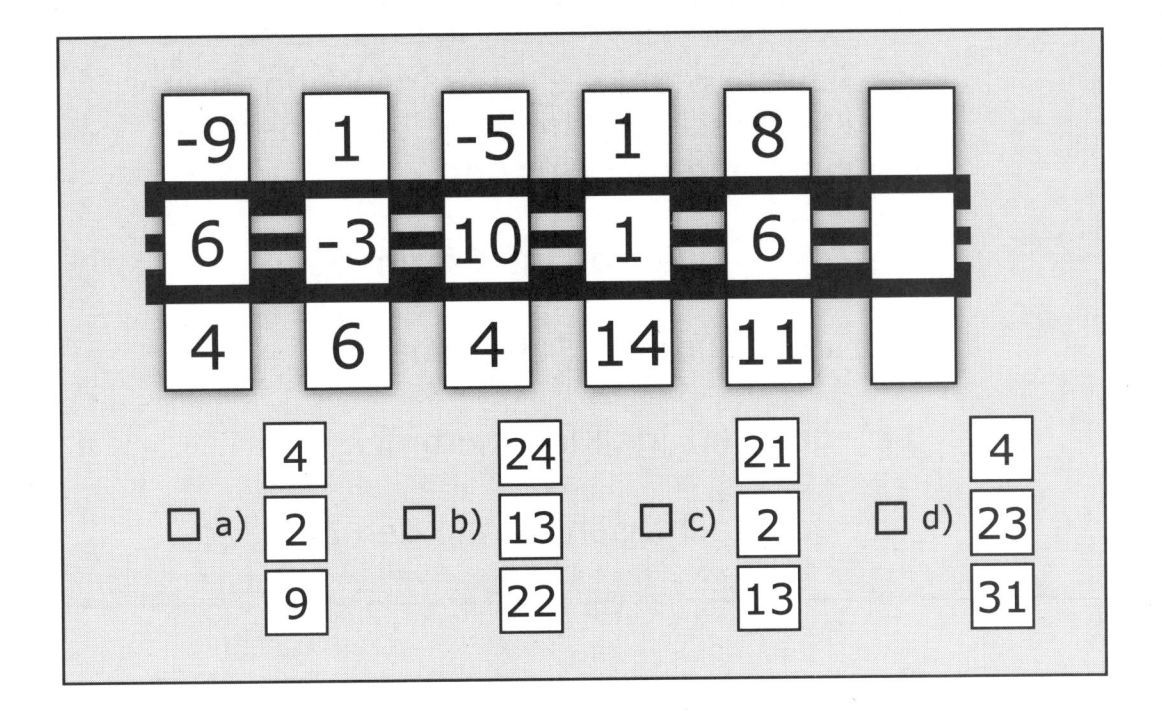

☐ a) 4 / 2 / 9   ☐ b) 24 / 13 / 22   ☒ c) 21 / 2 / 13   ☐ d) 4 / 23 / 31

5.21 Tragen Sie das fehlende Wort in die Klammer ein.

F + (**Lachs**) = Pflanze
       Fisch

IQ-Übungstests

5.22 Führen Sie den Satz logisch richtig fort.

Die Schrankwand stellte er ins Wohnzimmer, den Kleiderschrank ins Arbeitszimmer, das Schuhregal in den Flur und …

☐ a) die Regalwand ins Esszimmer.

☐ b) die Couch ins Schlafzimmer.

☐ c) das Bett ins Kinderzimmer.

☐ d) das Nachttischchen in den Eingang.

5.23 Welche ist die jeweils fehlende Zahl?

-4   3   -4
1   ?   3
6   15 10

☐ a) 8
☐ b) 9
☐ c) 5
☐ d) 6

5.24 Bei den folgenden Wörtern fehlen am Ende bzw. am Anfang zwei Buchstaben. Ergänzen Sie sie!

Bar _ _ ten

5.25 Links und rechts des Gleichheitszeichens sollen sich Grafik-Paare gegenüberstehen, die in einem analogen Verhältnis zueinander stehen.
Welche Grafik (A bis E) ersetzt das Fragenzeichen?

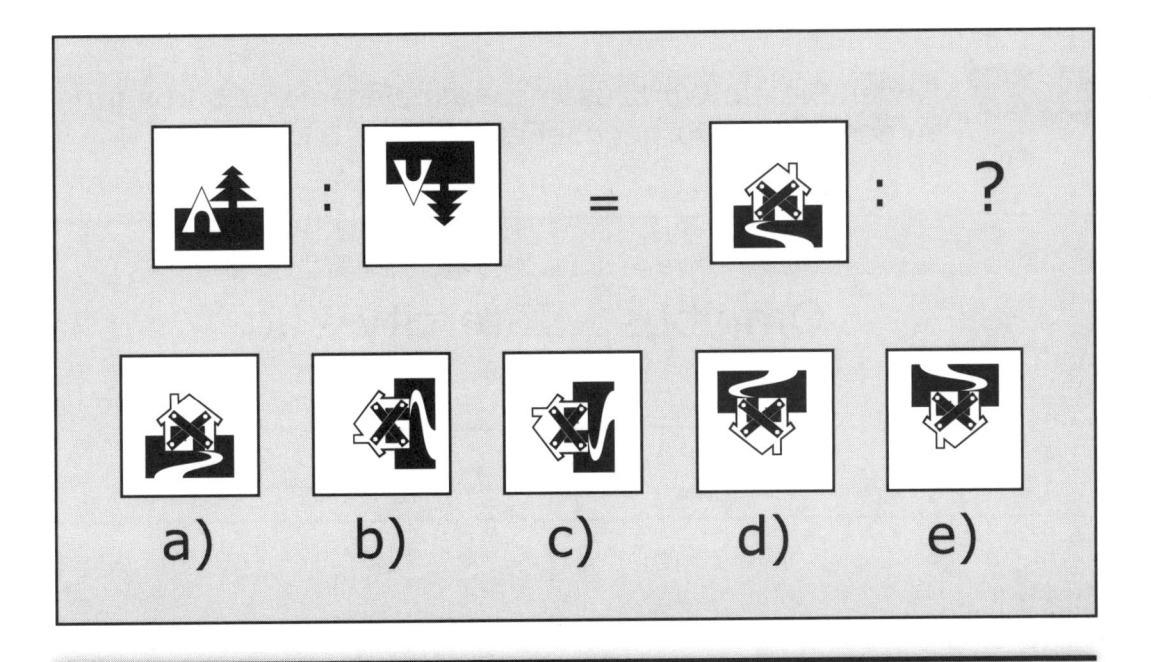

a)   b)   c)   d)   e)

IQ-Übungstests

5.26 Welcher Bruch setzt die Reihe fort?

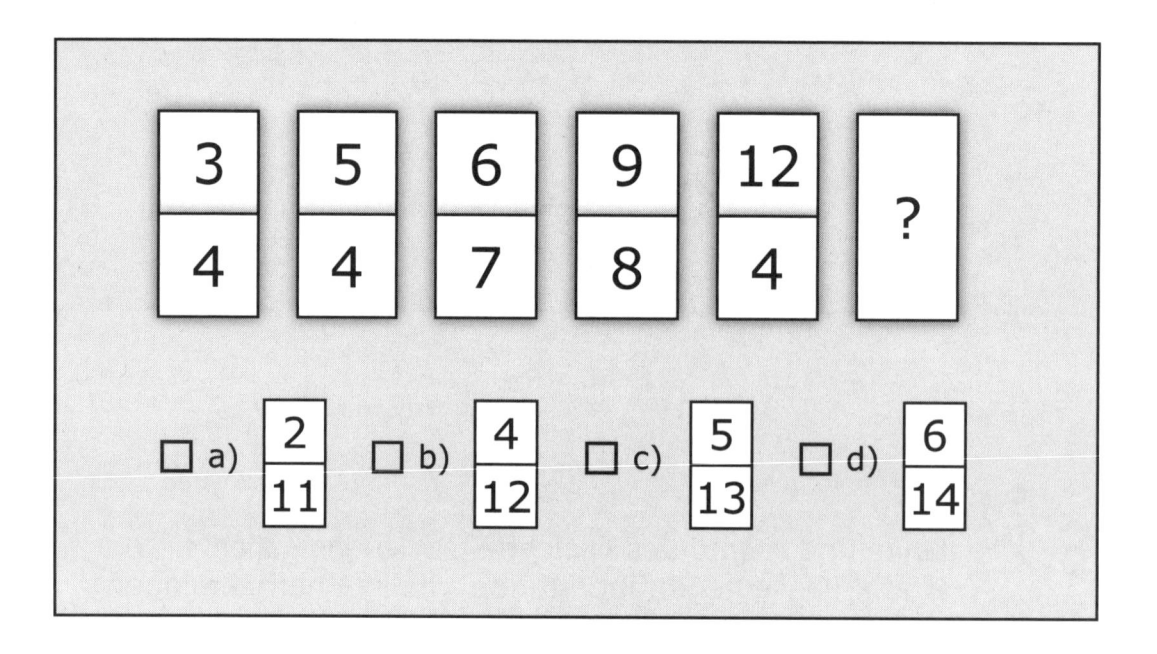

$$\frac{3}{4} \quad \frac{5}{4} \quad \frac{6}{7} \quad \frac{9}{8} \quad \frac{12}{4} \quad ?$$

☐ a) $\frac{2}{11}$ ☐ b) $\frac{4}{12}$ ☐ c) $\frac{5}{13}$ ☐ d) $\frac{6}{14}$

5.27 Finden Sie ein Wort, das den gemeinsamen Oberbegriff zu den beiden vorgegebenen Wörtern bildet.

Omnibus – Intercity-Zug

_____

5.28 In der Mitte fehlt ein Brückenwort, welches das erste Wort abschließt und das zweite beginnt. Ergänzen Sie.

Rau _____ hart

5.29 Finden Sie in der Auswahl die Zahl, die das Fragezeichen ersetzt.

```
   11              12
 8   7           6   ?
```

- a) 11
- b) 10
- c) 9
- d) 7

IQ-Übungstests

5.30 Markieren Sie die fehlende Zahl.

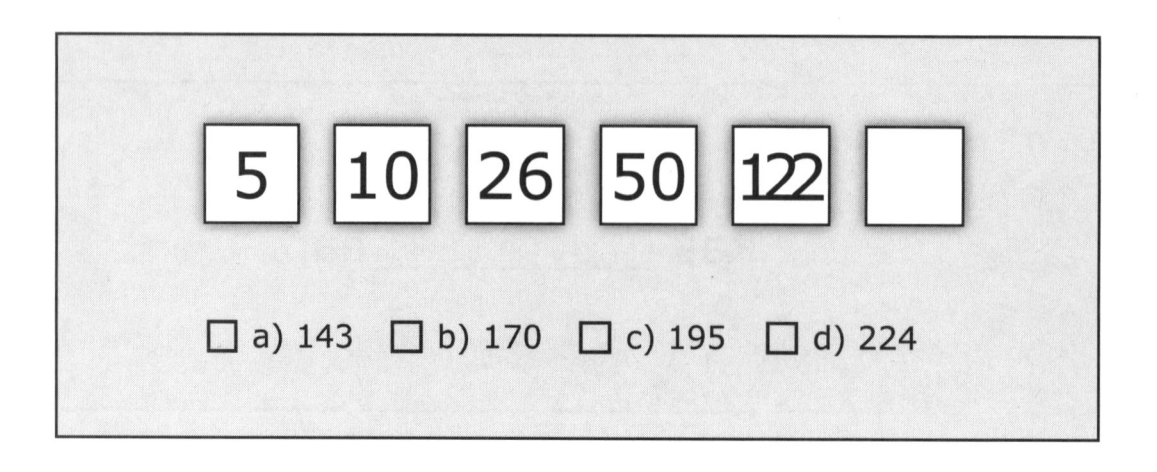

| 5 | 10 | 26 | 50 | 122 | |

☐ a) 143 ☐ b) 170 ☐ c) 195 ☐ d) 224

5.31 Welcher der Würfel A bis C könnte aus der Abwicklung gefaltet worden sein?

☐ a) ☐ b) ☐ c)

5.32 Sie sehen jeweils zwei Begriffpaare. In der unteren Zeile fehlt ein Begriff – bitte ergänzen Sie entsprechend.

Ampel – Straßenverkehr

Gesetz – _____

☐ a) Richter ☐ b) Gesellschaft
☐ c) Verbot ☐ d) Verbrecher

5.33 Welche Zahl gehört an die Stelle des Fragezeichens?

16 23 15 30

🚌	🚒	🚒	🚑	25
🍽	🚒	🍽	🍽	16
🚑	🚒	🚌	🚑	?
🚌	🚌	🍽	🚑	16

Lösung: ☐

IQ-Übungstests

5.34 Was unterscheidet Gruppe A von Gruppe B?
Ordnen Sie jede die unteren Grafiken 1 bis 4 der jeweils passenden Gruppe zu.

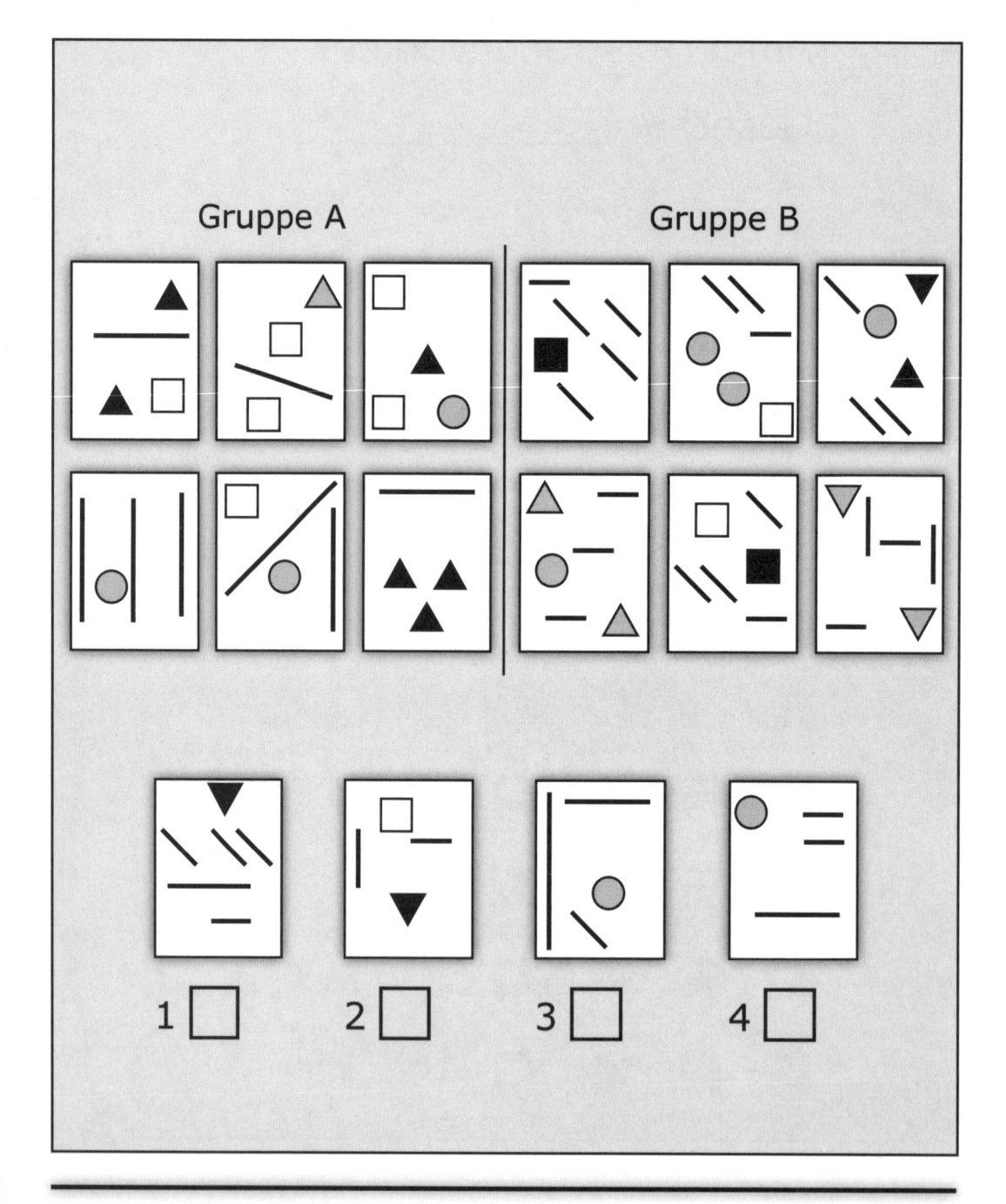

1 ☐   2 ☐   3 ☐   4 ☐

5.35 Welche der Zahlen neben a) bis d) passt ins leere Feld?

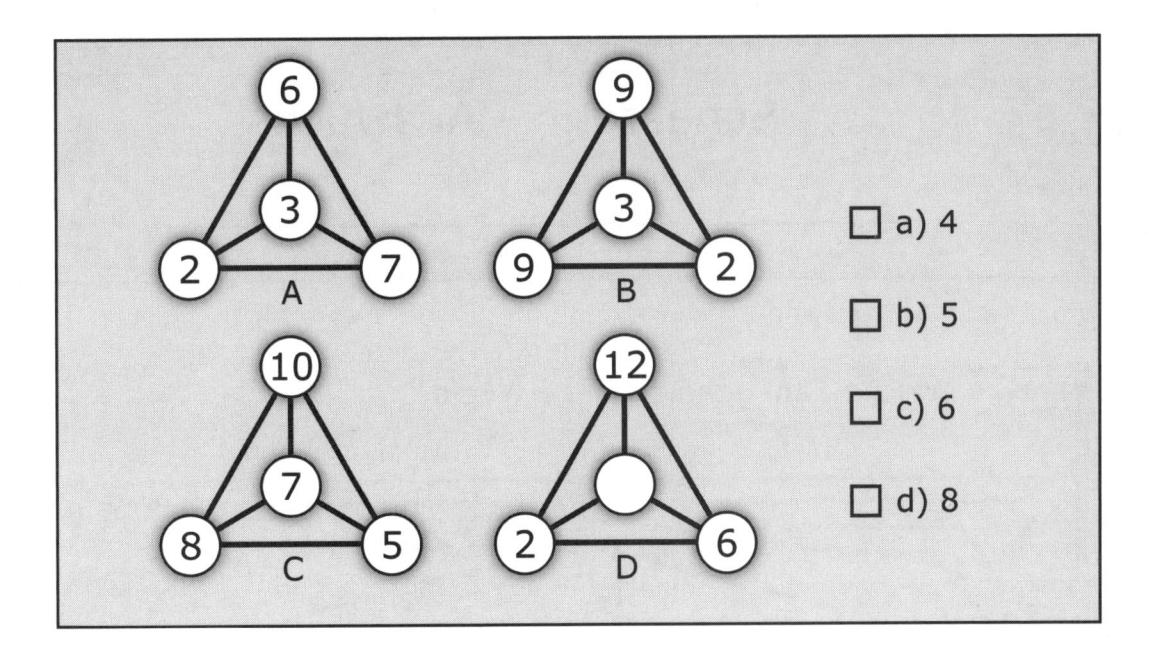

- a) 4
- b) 5
- c) 6
- d) 8

5.36 Welche Grafik A bis D ersetzt das Fragezeichen?

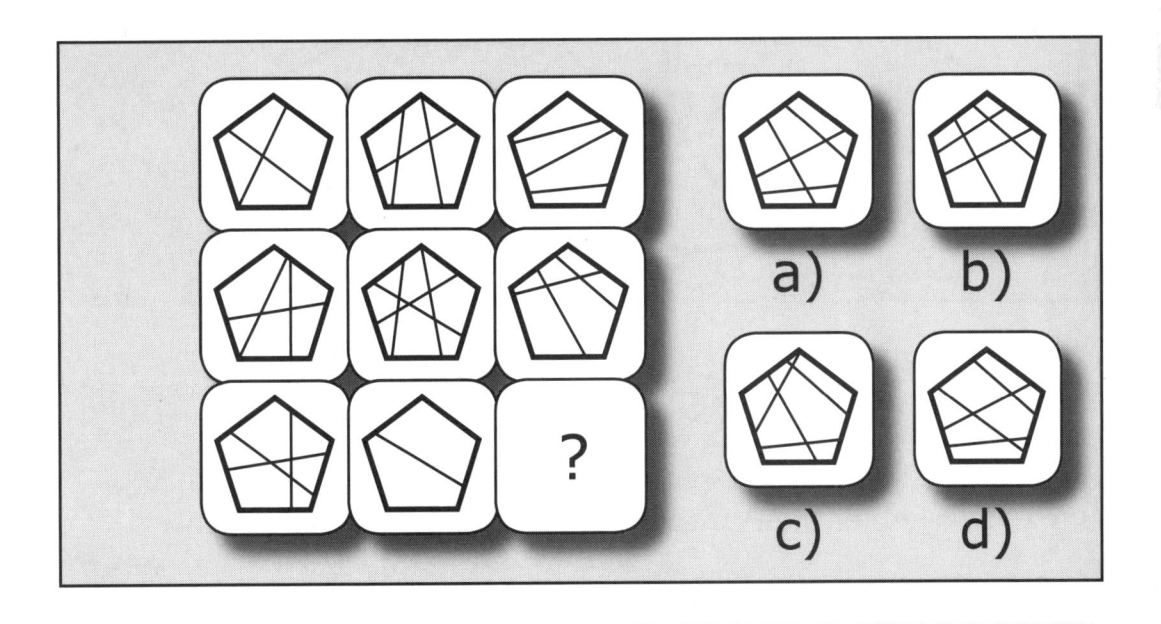

5.37 Finden Sie ein Wort, das dieselbe Bedeutung haben kann wie die beiden vorgegebenen.

Schallrohr – Auswuchs

_____

5.38 Welche Zahl gehört ins leere Feld?

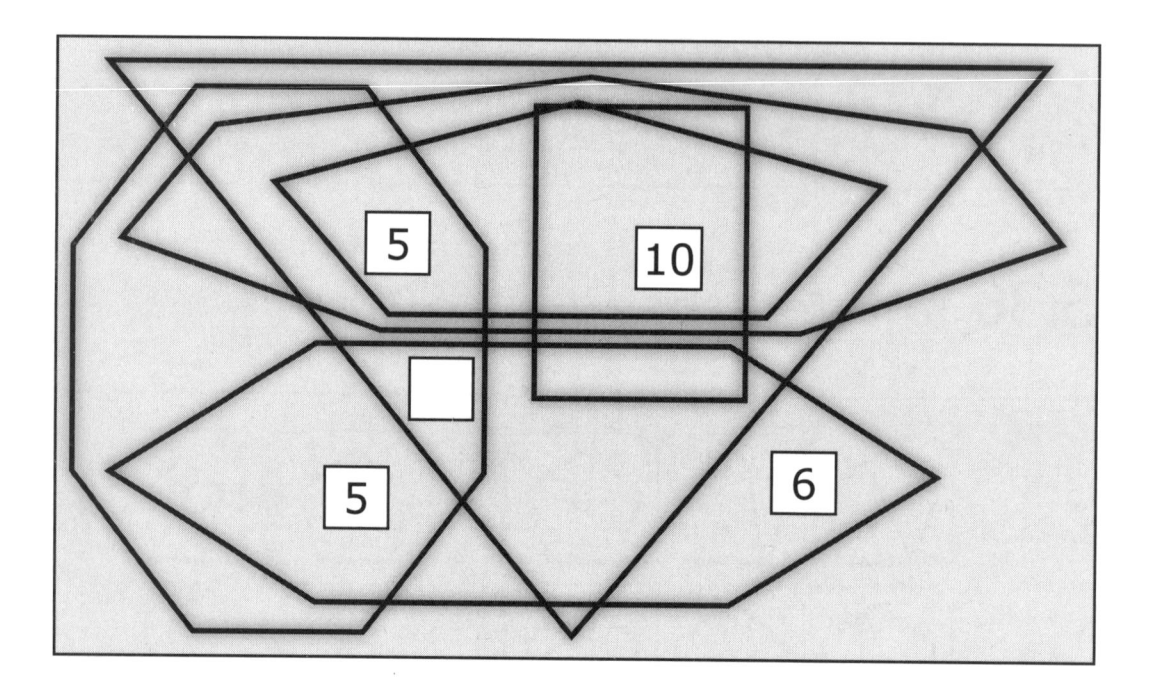

ERGEBNIS 5

Tragen Sie hier die Anzahl der richtig gelösten Aufgaben ein.

Lösungsteil

Lösungen sprachlicher IQ

Anmerkung: Im sprachlichen Trainingsteil existieren manchmal mehrere Lösungsmöglichkeiten. Dies widerspricht dem Trainingsgedanken nicht. In realen IQ-Tests werden Wortschatz-Fragen gestellt, die eindeutig lösbar sind.

S1 - I
Lösung: RASEN

S1 - II
Lösung: BALL

S1 - III
Lösung: FEUER

S1 - IV
Lösung: KICK

S1 - V
Lösung: SCHILD

S1 - VI
Lösung: FAHNE

S1 - VII
Lösung: GABE

S1 - VIII
Lösung: BAHN

S1 - IX
Lösung: SCHLOSS

S1 - X
Lösung: WECHSEL

S1 - XI
Lösung: RAND

S1 - XII
Lösung: STIFT

S1 - XIII
Lösung: GEIST

S1 - XIV
Lösung: WERK

S1 - XV
Lösung: WESEN

S1 - XVI
Lösung: LOS

S1 - XVII
Lösung: LARVE

S1 - XVIII
Lösung: FEST

S1 - XIX
Lösung: ZECHE

S1 - XX
Lösung: REIF

S1 - XXI
Lösung: TAU

S1 - XXII
Lösung: WOHL

S1 - XXIII
Lösung: STAR

S1 - XXIV
Lösung: SATZ

S2 - I
Lösung: d
Ein Kanu schwimmt nicht unter Wasser.

S2 - II
Lösung: a
Eine Nadel ist kein Trennwerkzeug.

S2 - III
Lösung: c
Ein Fasan lebt nicht im Wasser.

S2 - IV
Lösung: d
Alle anderen Wörter haben zwei identische Vokale.

S2 - V
Lösung: b
Eine Predigt ist kein sprachlicher Austausch.

S2 - VI
Lösung: d
Die Lunge ist kein äußeres Körperteil.

S2 - VII
Lösung: c
Die Flucht ist kein körperlicher Gegenstand.

S2 - VIII
Lösung: d
Ausgang beschreibt keinen Weg.

S2 - IX
Lösung: b
Kalt beschreibt keinen Aggregatszustand.

S2 - X
Lösung: d
Schlafend ist kein Gemütszustand.

S2 - XI
Lösung: d
Unterrichten ist keine körperliche Tätigkeit.

S2 - XII
Lösung: c
Der Quirl benutzt man nicht, um eine Temperaturänderung zu erzielen.

S2 - XIII
Lösung: a
Beim Rad fahren wird nichts verändert.

S2 - XIV
Lösung: c
Garten beschreibt keine Geländeform.

S2 - XV
Lösung: b
Ehrgeiz setzt keine Beziehung mehrerer Menschen zueinander voraus.

S2 - XVI
Lösung: b
Ein Tisch speichert nichts.

S2 - XVII
Lösung: a
Die anderen Verben richten sich auf etwas Gegenwärtiges.

S2 - XVIII
Lösung: a
Eine Fälschung erfolgt beabsichtigt.

S2 - XIX
Lösung: d
Empfindlich ist keine äußerlich erkennbare Eigenschaft.

S2 - XX
Lösung: c
Unehrlichkeit muss nicht Unhöflichkeit bedeuten.

S2 - XXI
Lösung: b
Pferde zählen nicht zu den Paarhufern.

S2 - XXII
Lösung: c
Ekelhaft enthält eine Wertung.

S2 - XXIII
Lösung: a
Tracht ist keine Dienstkleidung.

S2 - XXIV
Lösung: b
Der Wal ist kein Fisch, sondern ein Säugetier.

S3 - I
Lösung: b

S3 - II
Lösung: a

S3 - III
Lösung: b

S3 - IV
Lösung: d

S3 - V
Lösung: c

S3 - VI
Lösung: c

S3 - VII
Lösung: b

S3 - VIII
Lösung: a

Lösungen sprachlicher IQ

S4 - I
Lösung: b
Note – im Gegensatz zu Eins, Zwei, Drei

S4 - II
Lösung: d
Watt – im Gegensatz zu Ampère, Gramm, Meter

S4 - III
Lösung: a
Schnee – im Gegensatz zu Sonne, Regen, Hitze

S4 - IV
Lösung: b
Hobeln – im Gegensatz zu pinseln, weben, putzen

S4 - V
Lösung: a
Vorhang – im Gegensatz zu Kulisse, Applaus, Souffleuse

S4 - VI
Lösung: c
Benzin – im Gegensatz zu Öl, Strom, Wasser

S4 - VII
Lösung: b
Wein – im Gegensatz zu Wodka, Whiskey, Schnaps

S4 - VIII
Lösung: d
Kamel – im Gegensatz zu Gecko, Einhorn, Faultier

S4 – IX
Lösung: c
Lametta – im Gegensatz zu Krippe, Stollen, Kreuz

S4 - X
Lösung: a
Portugiesisch – im Gegensatz zu Spanisch, Deutsch, Englisch

S4 - XI
Lösung: b
Tokio – im Gegensatz zu Yokohama, Osaka, Kyoto

S4 - XII
Lösung: d
Fische – im Gegensatz zu Widder, Steinbock, Jungfrau

S4 - XIII
Lösung: c
Schiller – im Gegensatz zu Wagner, Rossini und Van Gogh

S4 - XIV
Lösung: a
Irland – im Gegensatz zu Estland, Moldawien und Portugal

S4 - XV
Lösung: b
Giraffe – größer als Bison, Marder und Katze

S4 - XVI
Lösung: a
Finnland – im Gegensatz zu Schweden, Norwegen, Dänemark

S4 - XVII
Lösung: d
Die Erdbeere ist eine Sammelnussfrucht – im Gegensatz zu Banane, Apfel und Birne

S4 - XVIII
Lösung: c
Schlitten – im Gegensatz zu Moped, Fahrrad und Kutsche

S5 - I
Lösung: b

S5 - II
Lösung: d

S5 - III
Lösung: a

S5 - IV
Lösung: d

S5 - V
Lösung: c

S5 - VI
Lösung: b

S5 - VII
Lösung: d

S5 - VIII
Lösung: c

S5 - IX
Lösung: c

Lösungen sprachlicher IQ

S5 - X
Lösung: b

S5 - XI
Lösung: d

S5 - XII
Lösung: a

S6 - I
Lösung: a und d
Athen und Rom sind Hauptstädte.

S6 - II
Lösung: c und f
Geld und Briefmarke sind eine Verkörperung von Wert.

S6 - III
Lösung: a und c
Rote Karte und Elfmeter sind vom Schiedsrichter verhängte Strafen.

S6 - IV
Lösung: d und f
Basilikum und Thymian sind beides Gewürzkräuter.

S6 - V
Lösung: c und f
Computer und Drucker sind beides elektronische Geräte.

S6 - VI
Lösung: a und d
Farbe und Walze braucht man, um ein Zimmer zu streichen.

S6 - VII
Lösung: a und f
Schildkröte und Krokodil gehören zu den Reptilien.

S6 - VIII
Lösung: b und c
Laut und schrill sind Wörter, mit denen man Geräusche beschreiben kann.

S6 - IX
Lösung: b und c
Von „Übung" und „Bewegung" lässt sich ein Plural bilden.

Lösungen sprachlicher IQ

S6 - X
Lösung: b und f
„Gruppe" und „Haufen" sind jeweils eine unbestimmte Anzahl.

S6 - XI
Lösung: c und d
Rot und blau sind beides Grundfarben.

S6 - XII
Lösung: c und e
„Kajak" und „Rentner" sind beides sog. Palindrome. Das sind Wörter, die vorwärts und rückwärts gelesen gleich lauten.

S6 - XIII
Lösung: d und e
Sie speichern Daten.

S6 - XIV
Lösung: a und e
Für beide Transportmittel wird üblicherweise ein Sattel benötigt.

S6 - XV
Lösung: b und f
Sie haben einen tieferen Gefrierpunkt.

S6 - XVI
Lösung: b und e
Es sind beides Schmuckstücke.

S6 - XVII
Lösung: a und f
Sie beschreiben die gleiche Tätigkeit.

S6 - XVIII
Lösung: a und c
Sie beschreiben abstrakte Begriffe.

S7 - I
Lösung: b
Die Nase ist Teil des Kopfes, ebenso ist der Fuß Teil des Beines. Alternative a (Körper) ist zu weit gefasst.

S7 - II
Lösung: c
Der Faden ist das Zubehör zum Werkzeug Nähnadel, ebenso ist der Nagel das Zubehör zum Werkzeug Hammer.

S7 - III
Lösung: b
Der „Kunde" des Arztes heißt Patient, der des Anwalts nennt sich Mandant.

Lösungen sprachlicher IQ

S7 - IV
Lösung: a
Üblicherweise befindet der Ofen in der Küche, ebenso verhält es sich mit Glühbirne und Lampe.

S7 - V
Lösung: a
Der Stier ist ein männliches Rind, der Rüde ein männlicher Hund.

S7 - VI
Lösung: c
Gelangweilt ist das Gegenteil von ergriffen, ebenso ist abwesend das Gegenteil von konzentriert.

S7 - VII
Lösung: b
Ein Stillleben ist eine bestimmte Art von Bild, ebenso ist ein Choral eine bestimmte Art von Musikstück.

S7 - VIII
Lösung: d
Gestank ist ein Geruch, der als penetrant und unangenehm bewertet wird, ebenso verhält es sich mit Lärm und Geräusch.

S8 - I
Lösung: Hals

S8 - II
Lösung: Sprung

S8 - III
Lösung: Fleisch

S8 - IV
Lösung: Spiel

S8 - V
Lösung: Sturm

S8 - VI
Lösung: Maus

S8 - VII
Lösung: Turm

S8 - VIII
Lösung: Land

S8 - IX
Lösung: Fluss

Lösungen sprachlicher IQ

S8 - X
Lösung: Stadt

S8 - XI
Lösung: Stein

S8 - XII
Lösung: Messer

S8 - XIII
Lösung: Buchstaben

S8 - XIV
Lösung: Recht

S8 - XV
Lösung: Fett

S8 - XVI
Lösung: Stück

S8 - XVII
Lösung: Ball

S8 - XVIII
Lösung: Binde

S8 - XIX
Lösung: fremd

S8 - XX
Lösung: Laut

S8 - XXI
Lösung: Schrift

S8 - XXII
Lösung: Brett

S8 - XXIII
Lösung: Satz

S8 - XXIV
Lösung: Linien

S9 - I
Lösung: Kraftfahrzeug

S9 - II
Lösung: Bodenbelag

S9 - III
Lösung: Telekommunikationsmittel

S9 - IV
Lösung: Religion

S9 - V
Lösung: Datenträger

S9 - VI
Lösung: Bauwerk

S9 - VII
Lösung: Sinnesorgan

S9 - VIII
Lösung: Kochgeschirr

S9 - IX
Lösung: Prosa

S9 - X
Lösung: Brennstoff

S9 - XI
Lösung: Säugetier

S9 - XII
Lösung: Nadelbaum

S9 - XIII
Lösung: Männer-Vornamen

S9 - XIV
Lösung: Gewürz

S9 - XV
Lösung: Werkzeug

S9 - XVI
Lösung: Gemüse

S9 - XVII
Lösung: Sichtbehinderung

S9 - XVIII
Lösung: Wild

S9 - XIX
Lösung: Stabilisatoren

S9 - XX
Lösung: Mehlspeisen

S9 - XXI
Lösung: Schneidewerkzeuge

S9 - XXII
Lösung: Verwitterung

S9 - XXIII
Lösung: Drehung

S9 - XXIV
Lösung: Fortbewegung

S10 - I
Lösung: T
Acht – Tadel

S10 - II
Lösung: N
Plan – Nepp

S10 - III
Lösung: NE
Scheune – Neffe

S10 - IV
Lösung: VE
Olive – Ventil

S10 - V
Lösung: TELL
Kastell - Teller

S10 - VI
Lösung: SER
Mörser – Serum

S10 - VII
Lösung: TIN
Gattin – Tinte

S10 - VIII
Lösung: OR
Tenor – Orbit

S10 - IX
Lösung: BET
Tibet – Betrieb

S10 - X
Lösung: KET
Ticket – Kette

S10 - XI
Lösung: MA
Stigma – Masche

S10 - XII
Lösung: LER
Keller – Lerche

Lösungen sprachlicher IQ

S10 - XIII
Lösung: SETZ
Gesetz – Setzling

S10 - XIV
Lösung: FE
Schlaufe – Fenster

S10 - XV
Lösung: SCHE
Brosche – Schenkel

S10 - XVI
Lösung: KE
Pranke – Kegel

S10 - XVII
Lösung: ENT
Patient - Entzug

S10 - XVIII
Lösung: TOR
Traktor - Torso

S10 - XIX
Lösung: AGE
Bagage - Agentur

S10 - XX
Lösung: SE
Vase - Seife

S10 - XXI
Lösung: KE
Pauke - Kerze

S10 - XXII
Lösung: GEND
Tugend - Gendarm

S10 - XXIII
Lösung: ZEPT
Konzept - Zepter

S10 - XXIV
Lösung: SING
Messing - Singapur

S11 - I
Lösung: b
Die Anfangsbuchstaben der Namen der Besuchten sind A, B, C (alphabetisch fortlaufend), sodass D (Lösung b oder c) folgen muss. Lösung c scheidet aus, weil die Erzählung erkennbar chronologisch fortlaufend sein soll.

S11 - II
Lösung: d
Die Anfangsbuchstaben von Beschenkten und Geschenken sind alphabetisch fortlaufend (K, L, M, N sowie F, G, H, I)

S11 - III
Lösung: a
Die Lieblingsspeisen sind jeweils jahreszeittypisch und nach dem Jahreslauf geordnet. Somit muss der Kürbis (typisch für den Herbst) folgen.

S11 - IV
Lösung: b
Als Muster ist erkennbar, dass sich jeweils Männer- und Frauennamen sowie handwerliche und künstlerische Berufe in der Aufzählung abwechseln sollen.

S11 - V
Lösung: b
Es geht stets um herkunfts- und arbeitsbezogene Ortsangaben, damit scheidet Lösung a aus. Die genannten Herkunfts- und Arbeitsplatzorte sind jeweils innerhalb Deutschlands geographisch gegensätzlich (Westen/Osten, Süden/Norden, Norden/Süden).

S11 - VI
Lösung: d
Die genannten Paare von Kleidungsstücken sind jeweils in Gegenfarben (sog. Komplementärfarben) gehalten.

S11 - VII
Lösung: c
Paare bilden jeweils berühmte Vertreter einer Kunstrichtung, die Tätigkeit ist jeweils sportlicher Art und setzt jeweils ein Zusammenwirken /-spielen voraus.

S11 - VIII
Lösung: b
Die Aufzählung besteht nur aus alkoholischen Getränken, wobei jeweils zwei Getränke derselben Kategorie ein Paar bilden (Biere, Weine, Spirituosen).

S12 - I
Lösung: nie

S12 - II
Lösung: Rost

S12 - III
Lösung: Tau

S12 - IV
Lösung: Eier

S12 - V
Lösung: Rot

S12 - VI
Lösung: reich

S12 - VII
Lösung: Akt

S12 - VIII
Lösung: Lamm

S12 - IX
Lösung: Mut

S12 - X
Lösung: Ehre

S12 - XI
Lösung: Lee

S12 - XII
Lösung: Rechen

S12 - XIII
Lösung: Elle

S12 - XIV
Lösung: Rumpf

S12 - XV
Lösung: Raum

S12 - XVI
Lösung: Liege

S12 - XVII
Lösung: tanzen

S12 - XVIII
Lösung: Eis

S12 - XIX
Lösung: Erbe

S12 - XX
Lösung: Engel

Lösungen sprachlicher IQ

S12 - XXI
Lösung: taub

S12 - XXII
Lösung: Licht

S12 - XXIII
Lösung: rund

S12 - XXIV
Lösung: Rauch

S13 - I
Lösung: ECKE

S13 - II
Lösung: ACH

S13 - III
Lösung: IST

S13 - IV
Lösung: EGEL

S13 - V
Lösung: ACHT

S13 - VI
Lösung: OST

S13 - VII
Lösung: EIN oder UND

S13 - VIII
Lösung: AUCH oder EBEN

S13 - IX
Lösung: ICHT

S13 - X
Lösung: ALL

S13 - XI
Lösung: AST

S13 - XII
Lösung: EST

S14 - I
Lösung: a

S14 - II
Lösung: d

Lösungen sprachlicher IQ

S14 - III
Lösung: c

S14 - IV
Lösung: a

S14 - V
Lösung: c

S14 - VI
Lösung: d

S14 VII
Lösung: d

S14 - VIII
Lösung: b

S14 - IX
Lösung: c

S14 - X
Lösung: b

S14 - XI
Lösung: a

S14 - XII
Lösung: c

S14 - XIII
Lösung: a

S14 - XIV
Lösung: c

S14 - XV
Lösung: c

S14 - XVI
Lösung: b

S14 - XVII
Lösung: c

S14 - XVIII
Lösung: d

S15 - I
Lösung: c

S15 - II
Lösung: a

Lösungen sprachlicher IQ

S15 - III
Lösung: d

S15 - IV
Lösung: c

S15 - V
Lösung: a

S15 - VI
Lösung: c

S15 - VII
Lösung: b

S15 - VIII
Lösung: c

S15 - IX
Lösung: a

S15 - X
Lösung: b

S15 - XI
Lösung: a

S15 - XII
Lösung: b

S16 - I
Lösung: Zepter

S16 - II
Lösung: auf den Kopf

S16 - III
Lösung: A und O

S16 - IV
Lösung: Herz

S16 - V
Lösung: Apfel nicht weit

S16 - VI
Lösung: sägt den Ast ab

S16 - VII
Lösung: nach Athen

S16 - VIII
Lösung: Fahne

S16 - IX
Lösung: stinke vom Kopf her

S16 - X
Lösung: Teufel

S16 - XI
Lösung: Spatz, Taube

S16 - XII
Lösung: Goldene Kalb

S16 - XIII
Lösung: Perlen vor die Säue

S16 - XIV
Lösung: mit Kanonen auf Spatzen

S16 - XV
Lösung: holt die Kuh

S16 - XVI
Lösung: großem Fuß

S16 - XVII
Lösung: sich in Luft auf

S16 - XVIII
Lösung: mit allen Wassern

S17 - I
Lösung: a

S17 - II
Lösung: d

S17 - III
Lösung: c

S17 - IV
Lösung: d

S17 - V
Lösung: b

S17 - VI
Lösung: a

S17 - VII
Lösung: c

S17 - VIII
Lösung: d

Lösungen sprachlicher IQ

S17 - IX
Lösung: b

S17 - X
Lösung: c

S17 - XI
Lösung: b

S17 - XII
Lösung: a

S18 - I
Lösung: MISS-

S18 - II
Lösung: NEU-

S18 - III
Lösung: STREI-

S18 - IV
Lösung: TAB-

S18 - V
Lösung: ZAU-

S18 - VI
Lösung: WIN-

S18 - VII
Lösung: PFE-

S18 - VIII
Lösung: MET-

S18 - IX
Lösung: BES-

S18 - X
Lösung: AS-

S18 - XI
Lösung: BAL

S18 - XII
Lösung: KER-

S19 - I
Lösung: ⌘ = A; ❖ = B
Abend, Banane, Anbau, Abbitte

S19 - II
Lösung: ⌘ = E; ❖ = D
Drei, Daune, Edelweiss, Desaster

Lösungen sprachlicher IQ

S19 - III
Lösung: ⌘ = O; ❖ = P
Post, Oper, Pony, Operation

S19 - IV
Lösung: ⌘ = R; ❖ = N
Braun, nur, Rasen, rennen

S19 - V
Lösung: ⌘ = S; ❖ = L
Schlau, Los, Lasso, Salto

S19 - VI
Lösung: ⌘ = N; ❖ = T
Turnen, Not, Tunnel, Tonne

S19 - VII
Lösung: ⌘ = I; ❖ = M; ☐ = E
Imker, emsig, Meister, Meinung

S19 - VIII
Lösung: ⌘ = K; ❖ = A; ☐ = L
Schakal, kalt, Lack, Alkohol

S19 - IX
Lösung: ⌘ = T; ❖ = I; ☐ = S
Stein, Saite, Tisch, sitzen

S19 - X
Lösung: ⌘ = U; ❖ = T; ☐ = H
Tuch, Taucher, Hut, Hochmut

S19 - XI
Lösung: ⌘ = A; ❖ = T, ☐ = L
Schall, Laut, Schatulle, Atoll

S19 - XII
Lösung: ⌘ = W; ❖ = E; ☐ = N
Weizen, anwenden, Nebel, wechseln

S19 - XIII
Lösung: ⌘ = B; ❖ = N; ☐ = A;
☺ = D
Verband, Nabel, Anbau, Stadion, Sand, Badeanzug

S19 - XIV
Lösung: ⌘ = U; ❖ = M; ☐ = A;
☺ = R
Grau, Umbau, Rahmen, Matratze, Armbrust, Maurer

S19 - XV
Lösung: ⌘ = W, ❖ = A; ☐ = H;
☺ = L; 👍 = O
Wolke, Halogen, Ohnmacht, Hotel, Wahllokal, Wohltat

S19 - XVI
Lösung: ⌘ = I; ❖ = E; ☐ = H;
☺ = S; 👍 = C
Deichsel, Hecke, Seicht, Iltis, ehrlich, Chaos

Lösungen sprachlicher IQ

S20 - I
Lösung: b und c

S20 - II
Lösung: c und e

S20 - III
Lösung: a und e

S20 - IV
Lösung: b und d

S20 - V
Lösung: a und d

S20 - VI
Lösung: a und c

S20 - VII
Lösung: b und d

S20 - VIII
Lösung: a und c

S20 - IX
Lösung: b und d

S20 - X
Lösung: c und e

S20 - XI
Lösung: a und e

S20 - XII
Lösung: b und d

S20 - XIII
Lösung: b und d

S20 - XIV
Lösung: a und c

S20 - XV
Lösung: a und d

S20 - XVI
Lösung: b und c

S20 - XVII
Lösung: a und d

S20 - XVIII
Lösung: d und e

Lösungen mathematischer IQ

M1 - I
Lösung: a
Im Zahlenfeld befinden sich ausschließlich ganze, positive Zahlen.

M1 - II
Lösung: a
Im Zahlenfeld befinden sich ausschließlich positive, gerade Zahlen.

M1 - III
Lösung: b
Im Zahlenfeld befinden sich ausschließlich Quadratzahlen (von natürlichen Zahlen).

M1 - IV
Lösung: d
Im Zahlenfeld befinden sich ausschließlich Vielfache von 4, die eine Reihe von 8 bis 40 bilden. Als einzige Zahl fehlt dabei die 24.

M1 - V
Lösung: c
Im Zahlenfeld befinden sich ausschließlich ungerade Quadratzahlen (natürlicher Zahlen).

M1 - VI
Lösung: d
Im Zahlenfeld befinden sich ausschließlich Primzahlen (das sind Zahlen, die nur durch 1 und sich selbst teilbar sind).

M1 - VII
Lösung: a
Es entstehen so drei Zahlenpaare, deren Summe jeweils 100 ist (2 + 98, 45 + 55 und 34 + 66).

M1 - VIII
Lösung: d
Im Zahlenfeld sind alle Zahlen Vielfache von 21.

Lösungen mathematischer IQ

M2 - I
Lösung: c
Die Zahlen im Innern sind jeweils die Summen der beiden benachbarten äußeren Zahlen.

M2 - II
Lösung: b
Die Anordnung enthält vier kleine mathematische Reihen mit der Regel „immer +2". Diese Reihe starten immer von einem inneren Feld, machen einen Schritt nach außen und dann einen Schritt nach rechts.

M2 - III
Lösung: a
Die Zahlen im Innern sind jeweils der Betrag der Differenz aus den beiden benachbarten äußeren Zahlen.

M2 - IV
Lösung: c
Die Zahlen im Innern sind jeweils die um Eins erhöhte Summe aus den beiden benachbarten äußeren Zahlen.

M2 - V
Lösung: d
Die Zahlen im Innern sind jeweils das um 3 reduzierte Produkt aus den beiden benachbarten äußeren Zahlen.

M2 - VI
Lösung: b
Die Zahlen im Innern sind jeweils das verdreifachte Produkt aus den beiden benachbarten äußeren Zahlen.

M2 - VII
Lösung : a
Jede Reihe und Spalte (die jeweils aus vier Zahlen bestehen) kommt auf eine Summe von 24.

M2 - VIII
Lösung: b
Zwei nebeneinander liegende Zahlen im Innern ergeben ein jeweils zweistelliges Produkt. Die beiden Ziffern dieses Produkts stehen in den links und rechts bzw. darüber und darunter liegenden Feldern.

M3 - I
Lösung: 1
Die Zahlen stehen für die Anzahl der ovalen Flächen, die den Bereich, wo die Zahl steht, bedecken. Die gesuchte Zahl steht in einem Bereich, der nur von einer Fläche bedeckt wird.

M3 - II
Lösung: 2
Zwei Dreiecke überdecken den Bereich, in dem die gesuchte Zahl steht.

M3 - III
Lösung: 2
Das Feld steht in einem Bereich, in dem sich zwei Flächen überlappen.

M3 - IV
Lösung: 3
Das Feld steht in einem Bereich, in dem sich drei Flächen überlappen.

M3 - V
Lösung: 4
Das Feld steht in einem Bereich, in dem sich vier Flächen überlappen.

M3 - VI
Lösung: 3
Das Feld steht in einem Bereich, in dem sich drei Flächen überlappen.

M3 - VII
Lösung: 8
Zählen Sie alle Ecken der geometrischen Figuren, die den Bereich mit der Zahl abdecken.

M3 - VIII
Lösung: 5
Zählen Sie alle Ecken der geometrischen Figuren, die den Bereich mit der Zahl abdecken. Bilden Sie aus dem Ergebnis die Quersumme.

M4 - I
Lösung: c
In der Mitte steht die Summe aus den drei äußeren Zahlen.

M4 - II
Lösung: a
Die Summe der Zahlen in Spitze und Mitte ist gleich der Summe der beiden unteren Zahlen.

M4 - III
Lösung: d
Die Summe aus den drei äußeren Zahlen ist gleich dem Quadrat der Zahl in der Mitte.

M4 - IV
Lösung: a
In der Spitze steht die Differenz zwischen dem Produkt aus den beiden Zahlen links unten und in der Mitte einerseits und der Zahl rechts unten andererseits.

Lösungen mathematischer IQ

M4 - V
Lösung: b
Addieren Sie die beiden unteren Zahlen und subtrahieren Sie die Zahl in der Dreiecksspitze. Das Ergebnis steht dann in der Mitte.

M4 - VI
Lösung: d
Multiplizieren Sie die Zahl in der Spitze mit der Zahl links unten, und subtrahieren Sie vom Produkt die Zahl rechts unten. Das Ergebnis steht dann in der Mitte der Folgegrafik (die Folgegrafik von D ist wieder A; das Ergebnis des Dreiecks D steht also in der Grafik A).

M4 - VII
Lösung: b
In der Mitte steht die Quersumme des Produkts aus den drei äußeren Zahlen.

M4 - VIII
Lösung: b
Die Zahl links unten ist das Produkt aus der Zahl in der Spitze und der Differenz aus den Zahlen in der Mitte und rechts unten.

M5 - I
Lösung: 40
❏ = 13, ◆ = 9

M5 - II
Lösung: 15
⌘ = 3, ☐ = 6

M5 - III
Lösung: 23
☜ = 2, 💣 = 5, ✉ = 8

M5 - IV
Lösung: 36
○ = 3, ☒ = 11, 💾 = 12

M5 - V
Lösung: 24
📄 = 1, ♎ = 7, ↗ = 9, ✤ = 5

M5 - VI
Lösung: 19
📬 = 2, 🖱 = 4, ⌛ = 7, ✌ = 6

M5 - VII
Lösung: 15
✈ = 2, ✢ = 3, ✒ = 4, ✿ = 6, ☪ = 11

M5 - VIII
Lösung: 58
♦ = 4, ➲ = 5, ⊠ = 7, ✋ = 9,
☺ = 20

M6 - I
Lösung: b
Die Reihe folgt der rechnerischen Regel: „immer +2".

M6 - II
Lösung: c
Die Reihe folgt der rechnerischen Regel: „immer in einem Schritt x2 −1".

M6 - III
Lösung: d
Die Reihe folgt der Regel: „abwechselnd +3 und −7".

M6 - IV
Lösung: b
Bei −2 beginnend wird nach jeder Zahl die nächstgrößere Zahl subtrahiert. Also: −2, −3, −4, −5 usw.

M6 - V
Lösung: c
Bei +1 beginnend wird nach jedem Schritt eine um 3 höhere Zahl addiert.
Also: +1, +4, +7, +10 usw.

M6 - VI
Lösung: d
Bei jedem Schritt wird die links daneben stehende Zahl addiert.
Anmerkung: Diesem Prinzip gehorcht auch die berühmte Fibonacci-Folge.

M6 - VII
Lösung: a
Es handelt sich hier um die Reihe der Primzahlen.
(Anmerkung: Für eine gute IQ-Test-Vorbereitung sollte diese Reihe sicher erkannt werden können.)

M 6 - VIII
Lösung: d
Es handelt sich um einer Reihe der um 2 erhöhten Quadratzahlen.
Oder äquivalent: eine Reihe von je um 2 sich erhöhende Additionen. +3, +5, +7, +9 usw.

M6 - IX
Lösung: a
Es ist die Reihe der Quersummen der

Quadrate. Bei 2 angefangen, dann: $2^2 = 4$, Quersumme = 4 → $4^2 = 16$, Quersumme = 7 → $7^2 = 49$, Quersumme = 13 → $13^2 = 169$, Quersumme = 16 → $16^2 = 256$, Quersumme = 13

M6 - X
Lösung: d
Jede Zahl ist das um 1 erhöhte Quadrat der Zahl links daneben (was bei der ersten Zahl natürlich nicht erkennbar ist).

M6 - XI
Lösung: b
Diese Reihe besteht aus den um 1 reduzierten Quadraten der Primzahlen.

M6 - XII
Lösung: b
Diese Reihe besteht aus den um 1 reduzierten Quadraten der jeweiligen Zahl links daneben.

M7 - I
Lösung: b
Die Differenzen zwischen den drei Zahlen bleiben gleich. So ist der Unterschiedsbetrag zwischen der Zahl links unten und der Zahl oben 9, der Unterschiedsbetrag zwischen der Zahl oben und der Zahl rechts unten 2, und der Unterschiedsbetrag zwischen den unteren beiden Zahlen ist 7.

M7 - II
Lösung: d
Die Zahl links unten ist das Produkt aus den anderen beiden Zahlen.

M7 - III
Lösung: c
Die obere Zahl ist das verdoppelte Produkt aus den unteren beiden Zahlen.

M7 - IV
Lösung: b
Unten rechts steht das halbierte Produkt aus den anderen beiden Zahlen.

M7 - V
Lösung: d
Im oberen Feld steht die Quersumme der Summe aus den unteren beiden Zahlen.

M7 - VI
Lösung: a
Die obere Zahl ist die Quersumme jeder der beiden unteren Zahlen.

M7 - VII
Lösung: a
Unten links steht das Quadrat der Differenz aus den anderen beiden Zahlen.

M7 - VIII
Lösung: b
Die obere Zahl ist die Differenz der Quadrate der beiden unteren Zahlen.

M7 - IX
Lösung: c
Die Zahl rechts unten wird gebildet aus der Zahl links unten als Basis und der oberen Zahl als Exponent. Hier: $2^5 = 32$ und $3^3 = 27$.

M7 - X
Lösung: a
Die Zahl links unten ist die Quersumme des Produkts aus den anderen beiden Zahlen.

M7 - XI
Lösung: b
Im oberen Feld steht die Summe der Quadrate der beiden unteren Zahlen.

M7 - XII
Lösung: d
Im oberen Kasten steht das Quadrat der Quersumme der Differenz aus den unteren beiden Zahlen.

M8 - I
Lösung: a
Die Zähler als auch die Nenner erhöhen sich immer um 1.

M8 - II
Lösung: d
Die Zähler erhöhen sich immer um 2. Die Bruchwerte bleiben dabei gleich; d. h. die Nenner erhöhen sich hier um je 4.

M8 - III
Lösung: c
Die „Brüche" bilden je eine obere und eine untere Reihe. Oben gilt die Regel „bei jedem Schritt 4 subtrahieren", unten „bei jedem Schritt 4 addieren".

M8 - IV
Lösung: d
Die „Zähler" verdoppeln sich bei jedem Schritt. Die „Nenner" sind jeweils die Quersumme der darüber stehenden Zahl.

M8 - V
Lösung: b
Die Summe beider Zahlen in den Karten ist immer 19.

M8 - VI
Lösung: a
Hier laufen zwei Reihen zickzackförmig. Beide Reihen folgen der Regel „abwechselnd x3 und –3".

M8 - VII
Lösung: c
Die Zähler bilden eine Reihe mit 3 als Basis und aufsteigenden Exponenten, also: $3^1, 3^2, 3^3, 3^4, 3^5$.
Die darunter stehenden Zahlen sind die jeweilige Quersumme der Zahl darüber.

M8 - VIII
Lösung: b
Hier laufen zwei Reihen zickzackförmig. Die Reihe, die links oben beginnt, ist die Reihe der verdoppelten Primzahlen. Die jeweils andere Zahl im Bruch ist die um 1 reduzierte Quersumme.

M9 - I
Lösung: c
Zeilenweise kann man hier eine Reihe erkennen, die sich schrittweise um 2 erhöht.

M9 - II
Lösung: b
In der linken Spalte stehen die Summen die Zahlen rechts daneben.

M9 - III
Lösung: a
In jeder Zeile und Spalte ist jeweils eine 1, eine 4 und eine 9 enthalten.

M9 - IV
Lösung: b
In der zweiten Zeile stehen die Quadratzahlen der Zahlen darüber. Die dritte Zeile enthält die Summe aus den beiden oberen Zahlen.

M9 - V
Lösung: c
Von oben nach unten gelesen wird in jeder Spalte immer die Zahl 10 subtrahiert.

M9 - VI
Lösung: c
In der ersten Zeile wird von links nach rechts immer 3 addiert, in der zweiten Zeile wird immer 4 addiert, und in der unteren Zeile wird immer 5 addiert.

M9 - VII
Lösung: a
Spaltenweise von oben nach unten ist hier die Reihe der Primzahlen auszumachen.

M9 - VIII
Lösung: a
Die Spaltensummen ergeben immer 21.

M10 - I
Lösung: d
Auf allen drei Ebenen läuft eine Reihe nach dem Muster „abwechselnd x2 und −7".

M10 - II
Lösung: a
Die obere Reihe folgt dem Rhythmus „immer −8". Die mittlere Reihe hat das Muster „abwechselnd −2 und x3". Die untere Reihe hat die Regel „abwechselnd −5 und +9".

M10 - III
Lösung: c
In der mittleren Spalte läuft eine Reihe nach der Regel „jede Zahl ist die Summe der beiden Zahlen links neben ihr".
Die jeweilige Zahl darüber ist deren Quersumme. Die unteren Zahlen ergeben sich daraus, dass die Tripelsummen immer 43 sind.

M10 - IV
Lösung: b
Generell kommen ausschließlich die vier Zahlen 2, 4, 7 und 8 zum Einsatz.

M10 - V
Lösung: c
In jedem Tripel befinden sich Vielfache von Zahlen einer aufsteigenden natürlichen Reihe, also Vielfache von 2, 3, 4, 5, 6 und folglich 7.

Lösungen mathematischer IQ

M10 - VI
Lösung: d
Die Summe der Zahlen in jedem Tripel ist 29.

M10 - VII
Lösung: c
Das erste und zweite Tripel bilden ein Paar, ebenso das dritte und vierte und das fünfte und sechste. Charakteristikum dabei ist, dass horizontal benachbarte Zahlen stets die Summe 17 bilden.

M10 - VIII
Lösung: a
Die Tripelsummen bilden die Reihe der Quadratzahlen der natürlichen Zahlen, also 1, 4, 9, 16, 25, 36.

M11 - I
Lösung: a
Nur gerade Zahlen.

M11 - II
Lösung: d
Nur positive, ungerade Zahlen.

M11 - III
Lösung: c
Nur ungerade Quadratzahlen.

M11 - IV
Lösung: a
Die Gruppe enthält nur Einsen und Zweien.

M11 - V
Lösung: a
Diese Gruppe enthält nur Vielfache von 4.

M11 - VI
Lösung: a
Nur Primzahlen.

M11 - VII
Lösung: c
Die Zahlen sind durch 3 teilbar. 42 ist daher die einzig passende der zur Auswahl stehenden Zahlen.

M11 - VIII
Lösung: a
Die Quersumme aller Zahlen ist 6.

M11 - IX
Lösung: d
Alle Zahlen sind um 1 erhöhte Quadrate natürlicher Zahlen.
$9^2 + 1 = 82$, $3^2 + 1 = 10$,
$8^2 + 1 = 65$, $9^2 + 1 = 82$,
$11^2 + 1 = 122$, $4^2 + 1 = 17$

M11 - X
Lösung: a
Hier handelt es sich um ungerade Vielfache von 7.

M11 - XI
Lösung: d
Diese Gruppe enthält verdoppelte Quadratzahlen.

M11 - XII
Lösung: d
Hier enthält die Gruppe nur Vielfache von 3.

M12 - I
Lösung: b
Es stehen sich immer verdoppelte Zahlen gegenüber.

M12 - II
Lösung: a
Die äußeren Zahlen sind immer Quadratzahlen. Im inneren Ring sind immer zwei nebeneinander liegende Zahlen gleich.

M12 - III
Lösung: b
Die ersten drei Karten weisen zwischen ihren beiden Zahlen eine Differenz von 11 auf. Bei den im Uhrzeigersinn nachfolgenden drei Karten ist die Differenz zwischen den Zahlen immer 15.

M12 - IV
Lösung: b
Die inneren Zahlen bilden gegen den Uhrzeigersinn eine Reihe, in der immer die nächsthöhere Zahl addiert wird, also +3, +4, +5, +6. Je nachdem, ob an der Stelle des Fragezeichens der Anfang oder das Ende der Reihe ist, muss dort als innere Zahl eine 1 oder eine 28 stehen. Von der 1 begänne die Reihe mit +2, bei 28 endete sie mit +7.
Die äußeren Zahlen gegen den Uhrzeigersinn folgen dem mathematischen Rhythmus „abwechselnd +7 und x2". Diesmal kämen die 1 und die 57 als äußere Zahl für die Fragezeichenkarte in Betracht.
Wäre das Fragezeichen der Anfang, so müsste die Zahlenkombination 1 und 1 lauten; wäre es das Ende, so lauteten die fehlenden Zahlen 28 und 57.
Im Angebot steht nur Ersteres zur Auswahl.

M12 - V
Lösung: c
Die Summe beider Zahlen in den ersten beiden Karten ist immer 23. Die Summe der jeweils beiden Zahlen einer Karte ist in den nächsten beiden Karten immer 24. Und in den im Uhrzeigersinn letzten beiden Karten beträgt die Summe der Zahlen immer 25.

M12 - VI
Lösung: b
Die Zahlen in den äußeren Kartenhälften folgen im Uhrzeigersinn der Regel „abwechselnd +4 und :2". Der innere Kreis ist nach der Regel „immer +11" aufgebaut.

M12 - VII
Lösung: a
Hier sollten Sie herausfinden, dass sich in den oberen drei Karten und den unteren drei Karten identische Summen bilden lassen. Die Summen der jeweils inneren drei Zahlen sind gleich (nämlich 16), ebenso die beiden Summen der jeweils äußeren drei Zahlen (nämlich 6).

M12 - VIII
Lösung: b
Die Differenz zwischen den beiden Zahlen einer Karte nimmt im Uhrzeigersinn um je 1 zu. Bei der oberen Karte beträgt diese Differenz 5, bei der im Uhrzeigersinn folgenden ist diese Differenz 6 usw.

M13 - I
Lösung: a
Die obere Zahl ist immer die Summe aus den beiden unteren Zahlen.

M13 - II
Lösung: b
Die Zahl links unten ist immer das Produkt aus der Zahl rechts unten und der Zahl oben.

M13 - III
Lösung: d
Die Zahl oben ist immer die um 3 erhöhte Summe aus den unteren beiden Zahlen.

M13 - IV
Lösung: c
Die Summe aus den drei Zahlen einer Grafik ist immer 16.

Lösungen mathematischer IQ

M13 - V
Lösung: a
Links unten in der Grafik steht immer die Quersumme aus dem Produkt aus den anderen beiden Zahlen. Von den zur Auswahl stehenden Zahlen passt daher nur die 6 (ansonsten wären auch andere Zahlen richtig, etwa eine 9 oder eine 12).

M13 - VI
Lösung: b
Multipliziert man ein Drittel der Zahl links unten mit einem Viertel der Zahl rechts unten, so erhält man die obere Zahl.

M13 - VII
Lösung: c
Die obere Zahl ist die verdoppelte Summe aus den Quadraten der beiden unteren Zahlen.

M13 - VIII
Lösung: d
Jede Anordnung enthält ausschließlich Primzahlen.

M14 - I
Lösung:
$3 \times 5 + 1 \times 2 + 3 = 35$

M14 - II
Lösung:
$2 + 8 \times 10 - 4 - 7 = 89$

M14 - III
Lösung:
$7 + 4 - 5 \times 7 + 8 = 50$

M14 - IV
Lösung:
$1 \times 3 \times 4 + 1 \times 3 = 39$

M14 - V
Lösung:
$12 \times 3 + 4 : 8 + 7 = 12$
$12 - 3 + 4 - 8 + 7 = 12$

M14 - VI
Lösung:
$15 : 3 + 9 \times 4 + 4 = 60$

M14 - VII
Lösung:
$6 \times 3 + 8 \times 2 - 1 = 51$

M14 - VIII
Lösung:
$16 + 4 + 7 : 3 \times 6 = 54$

Lösungen mathematischer IQ

M15 - I
Lösung: a
Die Zahl entspricht der Anzahl der Buchstaben.

M15 - II
Lösung: d
Die Zahl steht für die Position des Anfangsbuchstabens im Alphabet.

M15 - III
Lösung: c
Die Zahl steht für die rückwärts gezählte Position des Anfangsbuchstabens im Alphabet.

M15 - IV
Lösung: b
Die Zahlen ergeben sich aus der Addition der Positionswerte der einzelnen Buchstaben im Alphabet.

M15 - V
Lösung: a
Die Zahlen sind die Quadrate aus der jeweiligen Anzahl der Buchstaben.

M15 - VI
Lösung: d
Errechnen Sie die Summe der alphabetischen Positionswerte der einzelnen Buchstaben, und nehmen Sie von dieser Summe die Quersumme.

M15 - VII
Lösung: a
Addieren Sie die alphabetischen Abstände der im Wort aufeinanderfolgenden Buchstaben.

M15 - VIII
Lösung: b
Die Zahlen ergeben sich immer aus dem Produkt aus alphabetischer Position der Anfangsbuchstaben und der Anzahl der Buchstaben im jeweiligen Wort.

M16 - I
Lösung: c
Von Grafik 1 bis Grafik 3 verdoppeln sich die Zahlen jeweils. Betrachtet werden dabei stets dieselben Positionen innerhalb der Anordnung.

M16 - II
Lösung: a
In der Anordnung 2 und 3 stehen die Zahlen aus der oberen Anordnung in der zweiten bzw. dritten Potenz. Es fehlt also „4 hoch 3" = 4 x 4 x 4 = 64.

M16 - III
Lösung: a

Die Buchstaben in der oberen Hälfte wandern von Anordnung 1 bis 3 um je drei Stellen im Alphabet weiter. Die Buchstaben in der unteren Hälfte gehen im Alphabet um fünf Stellen zurück.
(Nach dem Z geht es wieder beim A weiter.)

M16 - IV
Lösung: b

Von Anordnung 1 nach 3 werden die Zahlen im Uhrzeigersinn mit der nächsthöheren Zahl multipliziert. Betrachten Sie Anordnung 1. Beginnen wir bei der 1 rechts oben und multiplizieren sie mit 2; das Ergebnis steht in Anordnung 2 an gleicher Position. Eine weitere Multiplikation mit 2 ergibt die 4 in Anordnung 3. Als nächste Zahl folgt die 5. Sie wird nun zweimal mit 3 multipliziert. Dies ergibt in den Anordnungen 2 und 3 die Zahlen 15 und 45 in derselben Position.
Es geht nun weiter mit der Zahl 3 in der oberen Anordnung. Sie wird mit 4 multipliziert usw.

M17 - I
Lösung: b

Die Buchstaben wandern um je zwei Stellen im Alphabet weiter.

M17 - II
Lösung: d

Die am Alphabet bemessenen Schritte erhöhen sich um je eine Stelle. Vom ersten zum zweiten Buchstaben ist es eine Stelle, vom zweiten zum dritten sind es zwei Stellen usw. Am Z angelangt geht es wieder beim A weiter.

M17 - III
Lösung: c

In der Mitte steht jeweils die Summe aus linker und rechter Zahl. (Die Zahlenwerte der jeweiligen Buchstaben entsprechen dabei immer den Positionen der einzelnen Buchstaben im Alphabet.)

M17 - IV
Lösung: b

In der mittleren Zeile steht jeweils das Produkt aus oberer und unterer Zahl. (Der Wert des jeweiligen Buchstaben entspricht dabei seiner Stufe im Alphabet.)

M17 - V
Lösung: a
Die Buchstaben stehen für Zahlenwerte entsprechend ihrer Position im Alphabet. Addieren Sie die Werte der beiden oberen Zeilen und setzen Sie die Summe in die untere Zeile. Die so gebildete Summe aus den Buchstaben A, E, G, B, O und L ist 42, und dies wird in den Buchstaben DB ausgedrückt.

M17 - VI
Lösung: b
Wenn Sie die Buchstaben gemäß ihrer alphabetischen Stellung in Ziffern umwandeln, erscheinen die Zahlen 121, 144 und schließlich 169 (Quadratzahlen von 11, 12 und 13).

M17 - VII
Lösung: b
Spiralförmig wandert eine Reihe von links oben im Uhrzeigersinn bis zur Mitte. Bei jedem Schritt wandern die Buchstaben um drei Stellen im Alphabet rückwärts.

M17 - VIII
Lösung: a
Wenn Sie die Buchstaben gemäß ihrer alphabetischen Stellung in Ziffern umwandeln, erscheinen die Zahlen 225, 256 und schließlich 289 (Quadratzahlen von 15, 16 und 17).

M18 - I
Lösung: a
Die Summe in jedem Kuchenstück (Achtel-Dreieck) beträgt 31.

M18 - II
Lösung: c
Addieren Sie die beiden Zahlen in einem äußeren Feld, und setzen Sie die Summe in das gegenüberliegende innere Feld.

M18 - III
Lösung: b
In den inneren Feldern stehen die Produkte aus den jeweils zwei Zahlen der äußeren Felder – allerdings um je drei Felder im Uhrzeigersinn versetzt.

M18 - IV
Lösung: c
Im oberen Kuchenstück startend ergeben die Summen der jeweils drei Zahlen im Uhrzeigersinn eine bei 17 beginnende aufsteigende Reihe von Primzahlen (17, 19, 23, 29, 31, 37, 41, 43).

Lösungen mathematischer IQ

M19 - I
Lösung: d
In der Mitte steht die Summe aus oberer und unterer Zahl. Es ist gleichfalls die Summe aus linker und rechter Zahl.

M19 - II
Lösung: a
Das Produkt aus oberer und rechter Zahl ist gleich dem Produkt aus linker und unterer Zahl. In der Mitte steht dieses um 2 reduzierte Produkt.

M19 - III
Lösung: b
In der Mitte steht die Differenz aus den Produkten aus oberer und unterer bzw. linker und rechter Zahl.

M19 - IV
Lösung: a
In der Mitte steht die Quersumme des Produkt aus allen vier äußeren Zahlen.

M20 - I
Lösung: 4 und 14
Die Summe der Hände steht im Kopf; die Summe der Füße im Bauch.

M20 - II
Lösung: 2
Die Summe aus Kopf und Händen ist gleich der Summe aus Füßen und Bauch.

M20 - III
Lösung: 3 und 5
Hier ergeben sich spaltenweise identische Summen (Rechte Hand + rechter Fuß, Kopf + Bauch, linke Hand + linker Fuß)

M20 - IV
Lösung: 3 und 18
Linke Hand x Kopf = rechte Hand, linker Fuß x Bauch = rechter Fuß (rechts bzw. links vom Betrachter aus gesehen).

M20 - V
Lösung: c
Hände + Bauch = Kopf, Füße + Bauch = Kopf.

M20 - VI
Lösung: a
Linke Hand x rechte Hand x Kopf = Bauch, linker Fuß x rechter Fuß = Bauch.

M20 - VII
Lösung: a
Im Bauch steht das Produkt aus allen fünf anderen Zahlen.

M20 - VIII
Lösung: b
Im Kopf steht die Quersumme des Produkts aus den Zahlen in den Händen. Im Bauch steht die Quersumme des Produkts aus den Zahlen in den Füßen.

M21 - I
Lösung: b
Es stehen sich immer eine Zahl und deren alphabetische Entsprechung gegenüber.

M21 - II
Lösung: d
Bei 1 beginnend wächst jede Zahl bzw. ihre alphabetische Entsprechung im Uhrzeigersinn um 2. Dabei wechseln sich Zahlen und Buchstaben nach jedem Schritt ab.

M21 - III
Lösung: b
Beim E beginnend wächst jede Zahl bzw. deren alphabetische Entsprechung um einen immer um 1 zunehmenden Wert.

M21 - IV
Lösung: a
Das Produkt zweier sich gegenüberstehenden Zahlen (bei Buchstaben zählen die alphabetischen Entsprechungen) ist immer 42.

M21 - V
Lösung: a
Es bilden sich drei Buchstaben-Zahlen-Paare, deren Summe jeweils 20 ist.

M21 - VI
Lösung: d
Beginnend beim T schrumpft jede Zahl bzw. ihre alphabetische Entsprechung im Uhrzeigersinn um 5. Absteigend beim A angekommen geht es beim Z weiter.

M 21 - VII
Lösung: a
Es handelt sich bei allen Werten (Zahlen bzw. deren alphabetischen Entsprechungen) um Primzahlen.

M21 - VIII
Lösung: c
Die Zahlen bzw. Buchstabenwerte auf der rechten Seite sind jeweils um 11 größer, als der auf gleicher Höhe liegende Wert auf der linken Seite.

M22 - I
Lösung: a
Von links nach rechts und von oben nach unten erhöht sich die Anzahl der Punkte jeweils um 1.

M22 - II
Lösung: c
In den Ecken erhöht sich die Punktzahl im Uhrzeigersinn um je 2. Dazwischen bleiben die Punktezahlen konstant bei 4.

M22 - III
Lösung: a
In den Ecken stehen die Differenzen aus den beiden angrenzenden Feldern.

M22 - IV
Lösung: d
In den Mittelfeldern stehen die Summen aus den beiden angrenzenden Ecken.

M22 - V
Lösung: b
Addieren Sie die Eckfelder einer Zeile oder Spalte, und setzen Sie die Summe in das jeweils gegenüberliegende Mittelfeld.

M22 - VI
Lösung: c
Die Differenz zweier aufeinanderfolgender Mittelfelder steht im anschließenden Eckfeld. Betrachtungsrichtung ist dabei der Uhrzeigersinn.

M22 - VII
Lösung: a
Die Summe der sich gegenüberliegenden Felder (bezogen auf den Mittelpunkt) ist immer 11.

M22 - VIII
Lösung: d
Nehmen Sie die Differenz zweier aufeinanderfolgender Mittelfelder, erhöhen Sie diese Differenz um 1, und setzen Sie dies ins jeweils gegenüberliegende Eckfeld.

M23 - I
Lösung: a
Die ersten vier Buchstaben des Alphabets sind im ersten Viertel (links

oben), die zweiten vier Buchstaben des Alphabets sind im zweiten Viertel (rechts oben) usw. Innerhalb eines Viertels ist die Anordnung der Buchstaben willkürlich.

M23 - II
Lösung: b
Unten links beim D beginnt eine alphabetische Reihe, wobei immer zwei Buchstaben übersprungen werden. Am Ende des Alphabets angelangt geht es wieder beim A weiter. Die Reihe verläuft die Spalte hinauf, in der zweiten Spalte hinunter, usw.

M23 - III
Lösung: d
Auf der linken und rechten Seite stehen sich immer Buchstaben gegenüber, die im Alphabet eine Stelle auseinander liegen.

M23 - IV
Lösung: a
Hier beginnt beim A eine alphabetische Reihe rechts oben und verläuft zeilenweise immer von rechts nach links. Dabei werden bei jedem Schritt Stellen im Alphabet übersprungen, und zwar im Rhythmus: 1, 2, 3, 2, 1, 2, 3 usw. Beim ersten Schritt also eine Stelle überspringen (A nach C), beim zweiten Schritt zwei Stellen (C nach F) usw.

M24 - I
Lösung: Donnerstag
Wenn gestern Montag war, dann ist heute Dienstag und zwei Tage darauf ein Donnerstag.

M24 - II
Lösung: Montag
Acht Tage nach einem Mittwoch ist Donnerstag, und dieser war vor drei Tagen. Heute ist demnach ein Sonntag und morgen ist Montag.

M24 - III
Lösung: Montag
Fünf Tage nach einem Freitag (beim Wochentagskalkül dasselbe wie zwei Tage vor einem Freitag) ist ein Mittwoch, und dieser ist übermorgen. Heute ist demnach Montag, und gestern war Sonntag. Folglich war vor sechs Tagen ein Montag.

M24 - IV
Lösung: Samstag
Vom 11. Januar bis zum 11. Februar vergehen 31 Tage. Weitere acht Tage vergehen vom 11. bis zum 19. Februar. Von den insgesamt 39 zu berücksichtigenden Tagen ziehen wir die größtmögliche, durch 7 teilbare Zahl ab, in diesem Fall 35, sodass als Zahl die 4 übrigbleibt. Bei reiner Wochentagskalkulation können wir also unsere Berechnung darauf reduzieren, dass in 39 Tagen derselbe Wochentag ist wie in vier Tagen. Und vier Tage nach einem Dienstag ist ein Samstag.

M24 - V
Lösung: Sonntag
Wenn der 12. Tag ein Samstag ist, dann war der 6. Tag (sechs Tage früher bzw. wochentagsspezifisch äquivalent mit einem Tag später) ein Sonntag. Elf Tage danach wiederum (dasselbe wie 11 – 7 = 4 Tage danach = 3 Tage davor) war ein Donnerstag, und das war gestern. Morgen ist also Freitag und übermorgen Sonntag.

M24 - VI
Lösung: Mittwoch
Von vorgestern bis morgen vergehen drei Tage. Doppelt so viele, nämlich sechs Tage vergehen also von heute bis zum nächsten Sonntag. Also ist heute ein Montag und übermorgen ein Mittwoch.

M24 - VII
Lösung: Dienstag
Auch dies ist im Kopf ohne Hilfsmittel zu lösen. Man reduziert die Zahlen einfach um möglichst große Vielfache von 7. Wir kürzen also 83239 um 70000, bleibt 13239. Weiter: 13239 – 7000 = 6239. Nächster Schritt: 6239 – 5600 = 639. 639 – 630 = 9. 9 – 7 = 2. Vor 83239 Tagen war also derselbe Wochentag wie vor zwei Tagen. Heute ist also ein Freitag. In 27381 Tagen (wir reduzieren wie eben demonstriert) ist derselbe Wochentag wie in vier Tagen, nämlich ein Dienstag.

M24 - VIII
Lösung: Mittwoch
16 Tage nach einem Montag ist Mittwoch, und das war 51 Tage vor dem 112. Tag. Der 112. Tag war also ein Freitag. Der 48. Tag war 64 Tage davor, also an einem Donnerstag. Sechs Tage vorher war die Geburtstagsfeier an einem Freitag. Acht Tage darauf erkrankte er an einem Samstag. Dieser war sein erster Krankheitstag. Am dritten Kalendertag in Folge

(dieser war zwei Tage später) war ein Montag, und das war gestern. Heute ist also Dienstag und morgen Mittwoch.

M25 - I
Lösung: b
Gewichtsbeispiel:
🌍 = 3, 🎁 = 2, ✉ = 1

M25 - II
Lösung: d
Gewichtsbeispiel:
🏭 = 3, 🏭 = 5, 🏛 = 2

M25 - III
Lösung: a
Gewichtsbeispiel:
🕷 = 3, 🥫 = 4, 👽 = 2, 📚 = 7

M25 - IV
Lösung: b
Gewichtsbeispiel:
✈ = 2, 🕊 = 4, 👆 = 5, 🦉 = 6

M26 - I
Lösung: b
Die Zahlen in den Sternen verdoppeln sich auf der rechten Seite. Die Zahl im Quadrat bleibt gleich.

M26 - II
Lösung: c
Die Zahlen oben, rechts und unten wandert um ein Feld im Uhrzeigersinn weiter. Die Zahl in der Mitte wandert nach oben, die Zahl links in die Mitte.

M26 - III
Lösung: a
Die Zahlen in den Sternen verändern sich mit wachsendem Exponenten. Oben ist der Exponent 1 („hoch 1"), rechts ist der Exponent 2, unten ist der Exponent 3 und links ist der Exponent 4. Im Mittelfeld wird die Wurzel gezogen.

M26 - IV
Lösung: b
Die obere Zahl verändert sich mit dem Faktor 2/3, die rechte Zahl mit dem Faktor 3/4, die untere Zahl mit dem Faktor 4/5 und die linke Zahl mit dem Faktor 5/6. Im Quadrat steht das Produkt aus den beiden Differenzen der jeweils gegenüber liegenden Zahlen.

M27 - I
Lösung: b
In den vier inneren Feldern steht jeweils die halbierte Summe aus den drei äußeren Zahlen.

M27 - II
Lösung: a
Addieren Sie die drei äußeren Zahlen jedes der vier äußeren Quadrate. Bilden Sie aus der Summe die Quersumme und setzen Sie diese in das innere Kästchen – jedoch um eine Stelle im Uhrzeigersinn versetzt.

M27 - III
Lösung: c
Bilden Sie die Summe aus den jeweils drei äußeren Zahlen, und dividieren Sie diese durch die Zahl in der jeweiligen Mitte. Setzen Sie das Ergebnis in das gegenüberliegende innere Kästchen.

M27 - IV
Lösung: d
Im ersten Quadrant befinden sich ausschließlich Vielfache von 3, im zweiten Quadrant Vielfache von 4, im dritten Quadrant Vielfache von 7 und im vierten Quadrant Vielfache von 8.

In den inneren Kästchen sind diese Zahlen um eine Stelle im Uhrzeigersinn versetzt.

M28 - I
Lösung: 3
Wenn zwei Bauern in zwei Tagen zwei Felder ernten, dann erntet ein Bauer in dieser Zeit ein Feld. Und drei Bauern ernten folglich drei Felder.

M28 - II
Lösung: 9
Wenn drei Pferde in drei Stunden drei Eimer Hafer fressen, dann fressen drei Pferde in nur zwei Stunden auch nur zwei Eimer Hafer. Um in dieser Zeit sechs Eimer, also die dreifache Menge an Hafer zu fressen, bedarf es auch dreimal so vieler Pferde.

M28 - III
Lösung: 6
Wenn fünf Mädchen in zwei Stunden vier Puppen bemalen, dann bemalen fünf Mädchen zwei Puppen pro Stunde. 45 Mädchen (also neunmal so viele) bemalen dann 18 Puppen in einer Stunde. Für 108 Puppen benötigen diese 45 Mädchen dann sechs Stunden (6 x 18 = 108).

Lösungen mathematischer IQ

M28 - IV
Lösung: 28560
Wenn 1080 Menschen 810 Häuser in drei Generationen bauen, dann bauen sie während einer Generation 270 Häuser. Oder: Vier Menschen bauen ein Haus in einer Generation. 16320 Menschen (also 4080 x 4) bauen folglich 4080 Häuser in einer Generation. Und in sieben Generationen bauen sie 28560 Häuser.

M29 - I
Lösung: b
Der Minutenzeiger bewegt sich um je 20 Minuten vor, der Stundenzeiger um je zwei Stunden.

M29 - II
Lösung: c
Der Minutenzeiger bewegt sich um je 15 Minuten zurück, der Stundenzeiger um je fünf Stunden vor.

M2
9 - III
Lösung: a
Der Minutenzeiger bewegt sich bei jedem Schritt um 5 Minuten weiter vor als beim vorangegangenen Schritt. Hier also: 10 Minuten, 15 Minuten, 20 Minuten. Der Stundenzeiger bewegt sich abwechselnd drei Stunden vor und zurück.

M29 - IV
Lösung: a
Der Minutenzeiger bewegt sich bei jedem Schritt um 10 Minuten weiter vor als beim vorangegangenen Schritt. Hier also: 10 Minuten, 20 Minuten, 30 Minuten. Der Stundenzeiger bewegt sich bei jedem Schritt um 1 Stunde weiter vor als beim vorangegangenen Schritt. Hier: zwei Stunden, drei Stunden, vier Stunden.

M29 - V
Lösung: b
Die Summe der beiden Zahlen, auf die die Zeiger zeigen, ist immer 13.

M29 - VI
Lösung: c
Die Differenz zwischen den beiden betroffenen Zahlen nimmt bei jedem Schritt um 1 zu.

M29 - VII
Lösung: a
Der Stundenzeiger wandert um eine zufällige Anzahl an Stunden weiter (aber innerhalb des Aufgabenhorizonts von zwölf Stunden). Der Minutenzeiger wandert parallel dazu die doppelte Strecke vor. (Geht also der Stundenzeiger um drei Ziffern vor, so geht der Minutenzeiger sechs Ziffern weiter.)

M29 - VIII
Lösung: b
Die Summen der jeweils beiden angezeigten Zahlen bilden eine Reihe von aufsteigenden Primzahl (3, 5, 7, 11).

M30 - I
Lösung: c
Die oberen Steinhälften wandern zeilenweise je einen Schritt nach rechts. Am rechten Rand angelangt geht es links weiter. Bei den unteren Steinhälften verhält es sich umgekehrt.

M30 - II
Lösung: a
Bei den oberen drei Dominosteinen beträgt die Summe aller Augen in jedem Stein 9. In der mittleren Reihe ist diese Summe 11, und in der unteren Reihe hat jeder Stein zwölf Augen.

M30 - III
Lösung: a
In der oberen Reihe weisen die Steinhälften ausschließlich ungerade Punktzahlen auf, in der mittleren Reihe ausschließlich gerade, und in der unteren Reihe haben die Steinhälften wieder ungerade Punktzahlen.

M30 - IV
Lösung: c
In der linken Spalte enthält der obere Stein die Summe der Punktzahlen aus den beiden anderen Steinen dieser Spalte. In der mittleren Spalte enthält der untere Stein die Summe, und in der rechten Spalte enthält der mittlere Stein die Summe.

Lösungen visueller IQ

V1 - I
Lösung: B
In jeder Zeile und Spalte befinden sich eine 1, eine 2 und eine 5. Je eine Zahl ist grau.

V1 - II
Lösung: D
In jeder Zeile und Spalte gibt es je ein Gesicht mit einem schwarzen, einem grauen und einem weißen Mund. Ebenso gibt es je einen grauen Kopf. Desweiteren je ein schwarzes und zwei weiße rechte Augen, und je ein schwarzes und zwei graue linke Augen.

V1 - III
Lösung: D
Von oben nach unten: Gleiche Symbole addieren sich, unterschiedliche Symbole subtrahieren sich.

V1 - IV
Lösung: C
In jeder Reihe und Spalte befindet sich je ein Fünfeck, ein Sechseck und ein Siebeneck.

V1 - V
Lösung: A
Das Dreieck dreht sich nach jedem Rechteck um 90° im Uhrzeigersinn.

V1 - VI
Lösung: A
In jeder Zeile und Spalte befinden sich ein Stern und zwei diagonale Striche. Der kleine schwarze Kreis im Eck wandert von links nach rechts um je eine Ecke im Uhrzeigersinn weiter.
Dass hier ein Feld nicht besetzt ist (das Feld unten in der Mitte) hindert nicht am Erkennen des logischen Musters.

Lösungen visueller IQ

V1 - VII
Lösung: A
Von links nach rechts und von oben nach unten addieren sich die Formen, doch deckungsgleiche Formen löschen sich.

V1 - VIII
Lösung: B
In der rechten Spalte hat der Pfeil (von links unten nach rechts oben) zwei Spitzen. Die Anzahl der Linien, die von links oben nach rechts unten verlaufen, steigt von oben nach unten von 1 bis 3 an.

V2 - I
Lösung: D
Ein unregelmäßiges Achteck fehlt. Jede der drei unterschiedlichen Formen weist insgesamt fünf Punkte auf.

V2 - II
Lösung: A
In jeder Reihe und Spalte existiert genau ein Dreieck, das nach oben zeigt, ein Dreieck, das nach unten zeigt und ein Dreieck, das nach links zeigt. Es gibt je drei horizontale, vertikale und diagonale Linien.

V2 - III
Lösung: C
Jedes Element kommt in jeder Reihe und Spalte einmal vor. Ein Oval und ein Rechteck fehlen.

V2 - IV
Lösung: B
Die Elemente aus der oberen Reihe addieren sich mit den Elementen der mittleren Reihe zur jeweiligen Grafik der unteren Reihe. Dabei werden die Elemente der mittleren Reihe um 90° gegen den Uhrzeigersinn gedreht.

V2 - V
Lösung: D
Das Quadrat wandert von links oben nach rechts unten und zurück. Das X wandert im Uhrzeigersinn von Ecke zu Ecke. Der Kreis wandert im Uhrzeigersinn um je eine Drittelposition weiter. Bei Positionskonflikten ist er unsichtbar im Hintergrund.

V2 - VI
Lösung: C
Die linke und mittlere Grafik addieren sich zur rechten, wobei die linke Grafik etwas nach rechts und die mittlere Grafik etwas nach links versetzt sind.

V2 - VII
Lösung: A
Drei unterschiedliche Grundformen. Je eine ist links, oben bzw. rechts beschnitten.

V2 - VIII
Lösung: C
In jeder Zeile und Spalte tauchen die drei Buchstaben O, Q und X auf, je einmal mit durchgezogener Linie, mit gepunkteter Linie bzw. mit Doppellinie.

V3 - I
Lösung: D
Die Grafiken werden von links nach rechts zuerst horizontal gespiegelt und dann um 180° gedreht.

V3 - II
Lösung: A
Die einzelnen Elemente wandern schrittweise um einen Platz nach links.

V3 - III
Lösung: C
Bei vier Zacken beginnend erhöht sich die Zackenzahl der Sterne nach unten hin um je eine Zacke. Jede Reihe enthält dabei einen kleinen, einen mittleren und einen großen Stern. Die Ausrichtung der Sterne ist dabei in jeder Reihe gleich. Weiterhin ist in jeder Reihe und Spalte je eine Grafik grau.

V3 - IV
Lösung: B
Bei der gepunkteten Grafik mit Pfeilspitzen fehlt der rechte Winkel.

V3 - V
Lösung: B
In der ersten Spalte steht die Summe aus zweiter und dritter Spalte.

V3 - VI
Lösung: A
In jeder Reihe und Spalte existiert je ein D, ein O und ein Q. Diese Buchstaben haben je drei unterschiedliche Erscheinungsbilder. Zudem ist jeder Buchstabe je einmal mit einem Punkt, mit zwei Punkten bzw. mit drei Punkten versehen.

V3 - VII
Lösung: C
Die obere Reihe enthält Siebenecke, die mittlere Fünfecke und die untere

Lösungen visueller IQ

Neunecke. In jeder Reihe ist je eine Form mit drei, vier bzw. fünf Linien durchzogen. Dabei wechseln die Linien ihre Ausrichtung um je 90°.

V3 - VIII
Lösung: C
In jeder Reihe sind drei identische Grafiken, die jeweils aus drei Teilen besteht. Allerdings ist jedes dieser Teile in jeder Reihe genau einmal schwarz.

V4 - I
Lösung: D
In jeder Reihe und Spalte befinden sich je ein schwarzes und zwei weiße Fünfecke.

V4 - II
Lösung: A
Die Fünfecke stehen abwechselnd auf ihrer Basis und auf der Spitze.

V4 - III
Lösung: C
Das kleine, graue Dreieck wandert immer um je zwei Ecken im Uhrzeigersinn weiter.

V4 - IV
Lösung: B
In jeder Reihe und Spalte befindet sich je ein kleines, graues Dreieck links oben, rechts unten bzw. oben.

V4 - V
Lösung: D
In jeder Reihe sind insgesamt sechs kleine Dreiecke.

V4 - VI
Lösung: A
Das schwarze Dreieck wandert eine wachsende Anzahl an Ecken im Uhrzeigersinn weiter. Die Abfolge ist von links nach rechts und von oben nach unten, also in Leserichtung zu lesen. Das graue Dreieck wandert von links nach rechts um je zwei Ecken im Uhrzeigersinn weiter. Von oben nach unten wandert es um je eine Ecke weiter. Bei Positionskonflikten ist es unsichtbar im Hintergrund.

V4 - VII
Lösung: C
Von links nach rechts verdoppelt sich die Anzahl der Striche bei jedem Schritt.

Lösungen visueller IQ

V4 - VIII
Lösung: A
Die Striche in der linken und rechten Spalte addieren sich und werden gemeinsam in der mittleren Spalte gezeigt.

V5 - I
Lösung: C
Das X wandert immer eine Mulde tiefer. Unten angelangt geht es wieder von oben weiter.

V5 - II
Lösung: A
Die schwarzen Kreise im und neben den Dreiecken wandern immer eine Ecke im Uhrzeigersinn weiter. Der Kreis im Oval wechselt seine Lage zwischen oben und unten hin und her. Außerhalb des Ovals wechselt er zwischen links und rechts.

V5 - III
Lösung: C
In der linken Spalte sind immer Ovale auf der linken Seite. In der rechten Spalte sind immer Dreiecke auf der linken Seite. In der oberen Reihe sind immer Kreise auf der rechten Seite. In der mittleren Reihe sind immer Sechsecke auf der rechten Seite, und in der unteren Reihe sind immer Rechtecke auf der rechten Seite. Dass das Feld links unten „nicht sichtbar" ist, macht das Erkennen dieses Zusammenhangs etwas schwieriger.

V5 - IV
Lösung: A
Ähnliches Prinzip wie bei III, nur: hier wandern die jeweils kleineren Elemente innerhalb des Felds von der linken Seiten über den Mittelpunkt zur rechten Seite.

V5 - V
Lösung: D
Die geraden Striche drehen sich von links nach rechts einmal um 90° im Uhrzeigersinn, beim zweiten Schritt um 45° gegen den Uhrzeigersinn. Die kleinen Elemente wandern um je eine Ecke im Uhrzeigersinn weiter.

V5 - VI
Lösung: B
Der graue, dreizackige Stern dreht sich immer um 90° gegen den Uhrzeigersinn. Das kleine, schwarze Dreieck befindet sich immer neben der Spitze dieses Sterns (die Spitze ist der Zacken, der nicht in eine Ecke

Lösungen visueller IQ

zeigt). Dabei wechselt es ständig die Seite, ist also abwechselnd links und rechts neben der Spitze. Und: Das kleine Dreieck behält seine Ausrichtung, es zeigt also immer nach oben.

V5 - VII
Lösung: A
O und I wandern immer um eine Zacke weiter im Uhrzeigersinn. V und X wandert gegen den Uhrzeigersinn.

V5 - VIII
Lösung: B
Jedes Gestaltungselement kommt dreimal vor. Drei Pfeilspitzen, drei Kreise, drei Linien ohne besonderes Ende, drei gerade Linien, drei gepunktete Linien, drei gewellte Linien und je drei Felder mit einem, zwei bzw. drei Rechtecken.

V6 - I
Lösung: A
Vokale und Konsonanten wechseln sich ab.

V6 - II
Lösung: B
Der Pfeil dreht sich um je 45° im Uhrzeigersinn.

V6 - III
Lösung: C
Der Pfeil dreht sich bei jedem Schritt um 45° weiter als beim vorangegangenen Schritt gegen den Uhrzeigersinn.

V6 - IV
Lösung: D
Es existieren je drei Pfeile, die nach links oben, nach links unten und nach oben zeigen.

V6 - V
Lösung: A
Oben haben die Linien der Buchstaben zwei Enden, in der mittleren Reihe haben sie kein Ende, und unten haben sie vier Enden.

V6 - VI
Lösung: B
Von links nach rechts haben die Grafiken je ein schwarzes Kästchen weniger. Die Reduzierung erfolgt dabei von rechts unten, wobei rechts Vorrang hat.

V6 - VII
Lösung: A
In jeder Reihe und Spalte befinden sich zwei Dreiecke und ein Kreis. Je drei Felder enthalten ein x, ein + bzw. kein weiteres Element.

V6 - VIII
Lösung: C
Es gibt je drei unterschiedliche Grundfiguren (Dreiecke mit Spitze nach oben, Dreiecke mit Spitze nach unten und Fünfecke). Außerdem existieren je drei waagrechte, senkrechte und diagonale Linien. Und von den kleinen Elementen gibt es jeweils drei Kreise, drei Quadrate und drei Dreiecke.

V7 - I
Lösung: A
Alle schwarzen Kreise in den äußeren Feldern summieren sich im Mittelfeld.

V7 - II
Lösung: C
Die schwarzen Punkte wandern zeilenweise um je eine Stelle weiter nach rechts.

V7 - III
Lösung: D
Je drei Felder enthalten vier, fünf bzw. sechs schwarze Kreise.

V7 - IV
Lösung: C
Alle Darstellungen bilden einen rechten Winkel.

V7 - V
Lösung: C
In keinem Feld grenzen schwarze Kreise horizontal oder vertikal aneinander.

V7 - VI
Lösung: B
Alle Grafiken sind unterschiedlich.

V7 - VII
Lösung: A
Erste und zweite Reihe werden addiert. Dabei ergeben zwei schwarze Felder an derselben Stelle wieder weiß.

Lösungen visueller IQ

V7 - VIII
Lösung: C
Der schwarze Kreis links oben wandert zeilenweise im Uhrzeigersinn um je eine Stelle am Rand entlang. Der graue Kreis wandert entgegengesetzt. Der schwarze Kreis in der Mitte taucht in jedem zweiten Feld auf.

V8 - I
Lösung: D
Jede Grafik enthält drei diagonale Striche. Sämtliche Striche verlaufen von links unten nach rechts oben.

V8 - II
Lösung: C
Jede Grafik enthält eine Diagonale, die von links unten nach rechts oben verläuft, und zwei, die von links oben nach rechts unten verlaufen.

V8 - III
Lösung: A
Das anfangs linke Kreuz wandert abwechselnd hinunter und hinauf. Das anfangs rechte Kreuz abwechselnd nach links und nach rechts.

V8 - IV
Lösung: A
Jede Grafik enthält genau fünf diagonale Striche.

V8 - V
Lösung: C
Erste und zweite Spalte werden addiert. Jedoch nur unterschiedliche Striche erscheinen in der dritten Spalte.

V8 - VI
Lösung: D
Die Striche, die in erster und zweiter Spalte gleich sind, erscheinen in der dritten Spalte.

V8 - VII
Lösung: C
Von links nach rechts bewegen sich die Punkte um je eine Stelle im Uhrzeigersinn weiter.

V8 - VIII
Lösung: B
Jede Spalte enthält insgesamt zehn schwarze Punkte.

Lösungen visueller IQ

V9 - I
Lösung: A
Jede Reihe enthält drei Elemente, deren jeweilige Anzahl an Ecken aufeinanderfolgen.

V9 - II
Lösung: A
Bei der ersten und zweiten Spalte tauschen die Elemente Form und Größe. Die dritte Spalte ergibt sich aus der zweiten Spalte: Das innere Element erhält zwei zusätzliche Ecken und wird vergrößert. Das größere Element wird um 90° gegen den Uhrzeigersinn gedreht und verkleinert.

V9 - III
Lösung: C
Die Gesamtzahl der schwarzen Quadrate in jeder Reihe ist identisch mit der Anzahl der Ecken der Form in der jeweiligen Reihe.

V9 - IV
Lösung: A
Die Anzahl der Überschneidungen ist jeweils identisch mit der Anzahl der Ecken.

V9 - V
Lösung: C
Zwei Grafiken addieren sich jeweils zu einer dritten.

V9 - VI
Lösung: A
In jeder Reihe und Spalte befinden sich je ein Fünf-, ein Sechs- und ein Achteck. Innerhalb dieser Grundformen addieren sich die Striche zweier Grafiken zu einer dritten, wobei nur die unterschiedlichen Linien übernommen werden.

V9 - VII
Lösung: C
Die jeweilige Grafik in der zweiten Spalte wird um 45° gegen den Uhrzeigersinn gedreht und über die Grafik aus der ersten Spalte gelegt. Das Ergebnis ist in Spalte 3. Deckungsgleiche Formen löschen sich.

V9 - VIII
Lösung: B
Die Grafiken aus Spalte 1 und Spalte 2 werden in Spalte 3 zusammengelegt. Linien, die sich überschneiden und einen rechten Winkel bilden, werden dabei gelöscht.

V10 - I
Lösung: B
Die Schlangenlinien in den Ecken zeigen zur Mitte.

V10 - II
Lösung: A
In jeder Reihe und Spalte ist ein Krankenwagen, ein Feuerwehrauto und ein Bus. Jeweils ein Element ist davon grau.

V10 - III
Lösung: B
In jeder Reihe und Spalte ist jede der drei Uhrzeiten genau einmal enthalten.

V10 - IV
Lösung: D
Von den drei Symbolen existiert in jeder Reihe je ein kleines, ein mittelgroßes und ein großes.

V10 - V
Lösung: C
In jeder Reihe und Spalte gibt es ein Fahrrad, ein Flugzeug und einen Stern. Je ein Element ist grau. Daneben existieren drei Pfeile, drei Dreiecke und drei Doppelpfeile.

V10 - VI
Lösung: C
Nur Elemente, die sowohl in der ersten als auch in der zweiten Spalte vorkommen, tauchen auch in der dritten Spalte auf.

V10 - VII
Lösung: A
Jedes Formelement (Kreis, Oval, Quadrat, Dreieck, Vertikale, Diagonale, Punkt) ist dreimal enthalten.

V10 - VIII
Lösung: A
Jede Form wird durch seine Querstriche in identische, spiegelgleiche Teilstücke getrennt.

V11 - I
Lösung: D
Die Bildchen wandern immer um ein Kästchen im Uhrzeigersinn weiter.

V11 - II
Lösung: A
Das Quadrat mit der Frau auf der rechten Seite fehlt.

V11 - III
Lösung: D
Jede Reihe und Spalte enthält ein Fünf-, ein Sechs- und ein Siebeneck. Im Innern der Formen gibt es drei unterschiedliche Formenpärchen (Rechteck-Oval, Dreieck-Oval und Dreieck-Rechteck), die jeweils dreimal enthalten sind.

V11 - IV
Lösung: A
Jedes Bildchen bzw. Symbol hat den Wert 1. In der mittleren Spalte steht dann die Summe aus erster und dritter Spalte.

V11 - V
Lösung: C
Jedes Element (hier eine Linie mit bestimmten Eigenschaften) kommt dreimal vor.

V11 - VI
Lösung: A
In der unteren Zeile stehen diejenigen Elemente, die die nächstkleineren nach dem Element in der zweiten Zeile sind. Dabei ist stets die Grafik in der ersten Zeile die Grundlage.

V11 - VII
Lösung: B
Zeilenweise lässt sich aus den Linien ein Quadrat zusammensetzen.

V11 - VIII
Lösung: D
Spaltenweise enden die Schlangenlinien bei jedem Quadrat an der Stelle, wo sie im nächsten Quadrat weiterlaufen. In der mittleren Spalte sind die Grafiken um 90° gegen den Uhrzeigersinn verdreht.

V12 - I
Lösung: B
Verbindet man die beiden Rauten in jedem Feld, so weist die Richtung dieser Verbindungslinie immer zur Mitte.

V12 - II
Lösung: A
In jeder Reihe und Spalte gibt es je ein Feld mit einem, zwei bzw. drei Rechtecken. Ebenso gibt es in jeder Reihe und Spalte je ein Feld mit einem, zwei bzw. drei Ovalen.

V12 - III
Lösung: D
In jeder Reihe und Spalte gibt es je ein Oval und ein Rechteck. Jede Spalte enthält insgesamt vier schwarze und vier weiße Dreiecke.

V12 - IV
Lösung: C
In der zweiten Zeile sind die Symbole spiegelbildlich zur ersten Zeile angeordnet. In der dritten Zeile sind die Felder um 90° im Uhrzeigersinn gedreht.

V12 - V
Lösung: A
Jede Anordnung kommt dreimal vor.

V12 - VI
Lösung: A
Ein Strich bewegt sich immer um 45° gegen den Uhrzeigersinn, der andere um je 90° gegen den Uhrzeigersinn.

V12 - VII
Lösung: B
Hier ist die binäre Zählweise von 1 bis 9 dargestellt.

V12 - VIII
Lösung: D
Es vollzieht sich eine Entwicklung von links nach rechts. Die Pfeilsymbole in der mittleren Spalte geben an, um wie viele Kästchen das jeweilige Symbol in der linken Spalte im Uhrzeigersinn wandert bis es rechts ankommt. Pfeil nach links: 0 Stellen (das Symbol bleibt auf dieser Position). Pfeil nach rechts: 1 Stelle. Pfeil nach oben: zwei Stellen. Pfeil nach unten: 3 Stellen.

V13 - I
Lösung: D
Jedes Element ist dreimal enthalten.

V13 - II
Lösung: A
Jede Reihe und Spalte enthält ein großes A, ein großes E und ein großes R; ebenso ein kleines U, ein kleines V und ein kleines W.

V13 - III
Lösung: C
In der linken Spalte haben die Sterne vier Zacken, in der mittleren sechs und in der rechten Spalte fünf. Außerdem sind in jeder Zeile und Spalte in je einem Kästchen ein, zwei bzw. drei kleine Quadrate enthalten.

V13 - IV
Lösung: A
Die linke Spalte enthält Sonnen, die mittlere Telefone und die rechte Glocken. Die obere Reihe enthält durchgehende Striche, die mittlere gepunktete und die untere gerautete. Diese Striche werden im ersten Schritt um 45° im Uhrzeigersinn gedreht, im zweiten Schritt um 90°.

V13 - V
Lösung: C
In der oberen Reihe sind in jedem Feld neun Ecken zu zählen, in der mittleren zehn Ecken und in der unteren Reihe elf Ecken.

V13 - VI
Lösung: B
Die Elemente wandern in der oberen Reihe immer um eine Position nach unten. In der mittleren Reihe wandern sie immer um eine Position nach rechts. Und in der unteren Reihe wandern sie immer um eine Position nach links. Dabei können die Elemente ihre Form ändern, sodass sie das Aussehen anderer Symbole annehmen.

V13 - VII
Lösung: A
Je drei Grafiken haben einen, zwei bzw. drei Winkel.

V13 - VIII
Lösung: C
Der schwarze Kreis vollzieht den Weg einer Billardkugel, die an den Innenwänden abprallt und sich im spiegelbildlich selben Winkel weiter bewegt. Die Abfolge ist von links nach rechts und von oben nach unten, also in Leserichtung zu lesen.

V14 - I
Lösung: 1A, 2A, 3B, 4A
Runde Formen sind bei A in der oberen Hälfte, während sich eckige Formen in der unteren Hälfte befinden. Bei Gruppe B ist es umgekehrt.

Lösungen visueller IQ

V14 - II
Lösung: 1B, 2A, 3A, 4B
In Gruppe A gibt es immer genau eine Überschneidung, in Gruppe B immer zwei.

V14 - III
Lösung: 1A, 2A, 3A, 4B
In Gruppe A enthält jeder Kasten vier Elemente, in Gruppe B sechs.

V14 - IV
Lösung: 1A, 2A, 3A, 4B
In Gruppe A gibt es in jedem Kasten genau so viele Striche wie Flächenformen; in Gruppe B sind es immer halb so viele.

V15 - I
Lösung: 1A, 2A, 3B, 4A
In Gruppe A sind die Elemente in den Kästen horizontal symmetrisch angeordnet; in der Gruppe B sind sie vertikal symmetrisch angeordnet.

V15 - II
Lösung: 1B, 2A, 3A, 4B
Die Formen in Gruppe A haben eine gerade Anzahl an Ecken; die in Gruppe B eine ungerade.

V15 - III
Lösung: 1B, 2B, 3A, 4B
In Gruppe A enthält jeder Kasten vier Elemente, in Gruppe B sechs.

V15 - IV
Lösung: 1A, 2A, 3A, 4B
In Gruppe A sind identische Elemente innerhalb eines Kastens immer entlang einer diagonalen Linie angeordnet. In Gruppe B sind sie entlang einer horizontalen oder vertikalen Linie angeordnet.

V16 - I
Lösung: b
Der Würfel dreht sich um je 90° gegen den Uhrzeigersinn (Perspektive ist von oben auf das V).

V16 - II
Lösung: a
Der Würfel dreht sich um je 90° gegen den Uhrzeigersinn (Perspektive ist von links auf das D).

V16 - III
Lösung: c
Der Würfel dreht sich um je 90° im Uhrzeigersinn (Perspektive ist von rechts auf die 2).

Lösungen visueller IQ

V16 - IV
Lösung: c
Der Würfel dreht sich um je 90° im Uhrzeigersinn (Perspektive ist von oben auf das I).

V16 - V
Lösung: a
Der Würfel dreht sich um je 90° gegen den Uhrzeigersinn (Perspektive ist von rechts auf die 1).

V16 - VI
Lösung: d
Der Würfel dreht sich bei jedem Schritt vertikal um 90° gegen den Uhrzeigersinn und dann horizontal um 90° im Uhrzeigersinn. Nach drei solchen Schritten ist der Würfel wieder in der Ausgangsposition.

V16 - VII
Lösung: b
Der Würfel dreht sich abwechselnd vertikal um 90° im Uhrzeigersinn und dann horizontal um 90° im Uhrzeigersinn.

V16 - VIII
Lösung: c
Der Würfel dreht sich abwechselnd horizontal um 90° gegen den Uhrzeigersinn und dann vertikal um 90° im Uhrzeigersinn.

V17 - I
Lösung: b
Der Würfel dreht sich um je 90° gegen den Uhrzeigersinn (Perspektive ist von links auf das A).

V17 - II
Lösung: a
Der Würfel dreht sich um je 90° gegen den Uhrzeigersinn (Perspektive ist von oben auf das A).

V17 - III
Lösung: c
Der Würfel dreht sich um je 90° im Uhrzeigersinn (Perspektive ist von oben auf das P).

V17 - IV
Lösung: d
Der Würfel dreht sich um je 90° im Uhrzeigersinn (Perspektive ist von links auf das G).

Lösungen visueller IQ

V17 - V
Lösung: b
Der Würfel dreht sich abwechselnd vertikal um 90° im Uhrzeigersinn und dann horizontal um 90° im Uhrzeigersinn.

V17 - VI
Lösung: a
Der Würfel dreht sich abwechselnd horizontal um 90° im Uhrzeigersinn und dann vertikal um 90° im Uhrzeigersinn.

V17 - VII
Lösung: d
Der Würfel dreht sich bei jedem Schritt vertikal um 90° im Uhrzeigersinn und dann horizontal um 90° im Uhrzeigersinn.

V17 - VIII
Lösung: c
Der Würfel dreht sich abwechselnd horizontal um 90° im Uhrzeigersinn und dann vertikal um 90° gegen den Uhrzeigersinn.

V18 - I
Lösung: E
Die Linien drehen sich um je 90°. Die beiden Enden haben immer eine identische, symmetrisch ausgerichtete Form.

V18 - II
Lösung: D
Die Elemente wandern von links nach rechts immer um ein Drittel der Kastenbreite. Rechts angelangt geht es wieder links weiter.

V18 - III
Lösung: B
Der schwarze Kreis in den Sternzacken wandert abwechselnd um drei und um eine Zacke im Uhrzeigersinn weiter.

V18 - IV
Lösung: A
Das kleine schwarze Dreieck wandert immer um zwei Felder mehr im Uhrzeigersinn weiter als beim vorangegangenen Schritt (hier also um ein, drei, fünf und schließlich sieben Felder). Dabei zeigt seine Spitze stets ins Zentrum.
Das graue Feld wandert gegen den Uhrzeigersinn, immer um eine Ecke weiter als beim vorangegangenen Schritt.

V18 - V
Lösung: B
Die Rauten lösen sich von außen nach innen immer um eine Ecke – oben beginnend – gegen den Uhrzeigersinn auf.

V18 - VI
Lösung: A
Die schwarzen Flächen wachsen immer um ein Viertel an, wobei die Viererblöcke bis zur Hälfte horizontal gefüllt werden. Die Lage der schwarzen Flächen innerhalb eines Viererblocks wechselt bei jedem Schritt zwischen unten und oben hin und her.

V18 - VII
Lösung: D
Die Reihe enthält ausschließlich eckige, geschlossene Formen.

V18 - VIII
Lösung: C
Das schwarze Quadrat wandert von links nach rechts (und beginnt wieder von links), das weiße Quadrat wandert von oben nach unten (und beginnt wieder von oben), und der Kreis wechselt zwischen linker und rechter Seite hin und her.

V19 - I
Lösung: D
Der Kreis wird immer kleiner, das Quadrat immer größer.

V19 - II
Lösung: B
Die Anzahl der Quadrate nimmt immer um Eins zu, während die Anzahl der kleinen Querstriche immer um Eins abnimmt.

V19 - III
Lösung: A
Das Dreieck im Zentrum dreht sich immer um 90° im Uhrzeigersinn. Die drei Elemente an den Ecken haben immer identische Formen und sind spiegelbildlich (Spitze und Basis) ausgerichtet.

V19 - IV
Lösung: C
Die Grafik dreht sich immer um 180° und verliert dabei jedes Mal einen der kleinen Striche.

V19 - V
Lösung: B
Die Anzahl der Quadrate wechselt zwischen zwei und vier. Die Anzahl

der Kreise nimmt immer um eins zu. Die Anzahl der Dreiecke bleibt immer bei eins. Die Anzahl der Fünfecke nimmt bei jedem Schritt um eins ab.

V19 - VI
Lösung: E
Das schwarze Feld links oben (Anfangsposition) wandert diagonal nach rechts unten. Das schwarze Feld in der oberen Zeile im dritten Kästchen wandert nach links. Das schwarze Feld in der dritten Zeile bleibt immer auf dieser Position. Das schwarze Feld in der unteren Zeile wandert immer um zwei Felder nach rechts. An einem Ende angelangt geht es jeweils an der gegenüberliegenden Seite weiter.

V19 - VII
Lösung: C
Das Quadrat wandert im Uhrzeigersinn und dreht sich dabei immer um 45°. Die Punkte wechseln zwischen dem oberen und dem unteren Feld hin und her, während sich ihre Anzahl immer um einen Punkt verringert. Das Oval wandert gegen den Uhrzeigersinn, während es sich immer um 45° im Uhrzeigersinn dreht. Bei jedem zweiten Schritt ist dabei eine Hälfte nicht zu sehen.

V19 - VIII
Lösung: A
Bei jedem Schritt kommt ein Querstrich hinzu. In der Mitte beginnend werden die Striche abwechselnd darüber und darunter angesetzt. Ebenso kommt in jeder Grafik ein kleines Seitenelement hinzu. Erst links, dann rechts, und dem Zuwachs der Querstriche folgend.

V20 - I
Lösung: e
Das Bild ist nicht nur gedreht, sondern auch gespiegelt.

V20 - II
Lösung: a
Das Bild ist nicht nur gedreht, sondern auch gespiegelt.

V20 - III
Lösung: b
Das Bild ist nicht nur gedreht, sondern auch gespiegelt.

V20 - IV
Lösung: d
Der kleine Kreis am langen Strich ist auf der anderen Seite.

V20 - V
Lösung: f
Das Bild ist nicht nur gedreht, sondern auch gespiegelt.

V20 - VI
Lösung: a
Das Bild ist nicht nur gedreht, sondern auch gespiegelt.

V20 - VII
Lösung: b
Das Bild ist nicht nur gedreht, sondern auch gespiegelt.

V20 - VIII
Lösung: b
Das Bild ist nicht nur gedreht, sondern auch gespiegelt.

V20 - IX
Lösung: e
Das Bild ist nicht nur gedreht, sondern auch gespiegelt.

V20 - X
Lösung: a
Das Bild ist nicht nur gedreht, sondern auch gespiegelt.

V20 - XI
Lösung: d
Das Bild ist nicht nur gedreht, sondern auch gespiegelt.

V20 - XII
Lösung: c
Das Bild ist nicht nur gedreht, sondern auch gespiegelt.

V20 - XIII
Lösung: a
Das Bild ist nicht nur gedreht, sondern auch gespiegelt.

V20 - XIV
Lösung: a
Das Bild ist nicht nur gedreht, sondern auch gespiegelt.

V20 - XV
Lösung: b
Das Bild ist nicht nur gedreht, sondern auch gespiegelt.

V20 - XVI
Lösung: a
Das Bild ist nicht nur gedreht, sondern auch gespiegelt.

Lösungen visueller IQ

V21 - I
Lösung: e
Das Bild ist nicht nur gedreht, sondern auch gespiegelt.

V21 - II
Lösung: a
Das Bild ist nicht nur gedreht, sondern auch gespiegelt.

V21 - III
Lösung: d
Das Bild ist nicht nur gedreht, sondern auch gespiegelt.

V21 - IV
Lösung: a
Das Bild ist nicht nur gedreht, sondern auch gespiegelt.

V21 - V
Lösung: e
Das Bild ist nicht nur gedreht, sondern auch gespiegelt.

V21 - VI
Lösung: a
Das Bild ist nicht nur gedreht, sondern auch gespiegelt.

V21 - VII
Lösung: f
Das Bild ist nicht nur gedreht, sondern auch gespiegelt.

V21 - VIII
Lösung: a
Das Bild ist nicht nur gedreht, sondern auch gespiegelt.

V21 - IX
Lösung: e
Das Bild ist nicht nur gedreht, sondern auch gespiegelt.

V21 - X
Lösung: b
Das Bild ist nicht nur gedreht, sondern auch gespiegelt.

V21 - XI
Lösung: b
Das Bild ist nicht nur gedreht, sondern auch gespiegelt.

V21 - XII
Lösung: c
Das Bild ist nicht nur gedreht, sondern auch gespiegelt.

V21 - XIII
Lösung: e
Das Bild ist nicht nur gedreht, sondern auch gespiegelt.

V21 - XIV
Lösung: a
Das Bild ist nicht nur gedreht, sondern auch gespiegelt.

V21 - XV
Lösung: e
Das Bild ist nicht nur gedreht, sondern auch gespiegelt.

V21 - XVI
Lösung: d
Das Bild ist nicht nur gedreht, sondern auch gespiegelt.

V22 - I
1. Lösung: D
2. Lösung: A

V22 - II
1. Lösung: D
2. Lösung: B

V22 - III
1. Lösung: C
2. Lösung: C

V22 - IV
1. Lösung: A
2. Lösung: C

V23 - I
Lösung: B
Die Grafik links wird auf der rechten Seite rund, behält aber Größe und Farbe.

V23 - II
Lösung: D
Die Verbindung zwischen der linken und der rechten Grafik besteht darin, dass von der linken Grafik das innere Element übernommen wird und diesem die Farbe des äußeren Elements gegeben wird.

V23 - III
Lösung: A
Die linke Grafik wird auf der rechten Seite grau und dessen Rahmen verstärkt.

V23 - IV
Lösung: D
Die Grafik wird horizontal halbiert und die verbleibende Hälfte in die Mitte gerückt.

V23 - V
Lösung: D
Die Grafiken werden um 30° gegen den Uhrzeigersinn gedreht. Dabei tauschen die inneren Elemente die Plätze, behalten aber innerhalb der Hauptform ihre Ausrichtung.

V23 - VI
Lösung: E
Die Grafiken werden um 45° im Uhrzeigersinn gedreht. Ein Randelement wird dabei schwarz.

V23 - VII
Lösung: B
Die Grafiken werden um 180° gedreht und dann horizontal gespiegelt.

V23 - VIII
Lösung: C
Die gerade Linie dreht sich um eine Ecke im Uhrzeigersinn weiter. Das Dreieck wandert um zwei Ecken im Uhrzeigersinn weiter und dreht sich dabei um 90° im Uhrzeigersinn.

V24 - I
Lösung: A

V24 - II
Lösung: B

V24 - III
Lösung: A

V24 - IV
Lösung: C

V24 - V
Lösung: B

V24 - VI
Lösung: C

V24 - VII
Lösung: C

V24 - VIII
Lösung: A

Lösungen Übungstest 1

1.1
Lösung: a
In jeder Zeile und Spalte befinden sich ein Q, ein F und ein D. Je einer dieser Buchstaben ist grau.

1.2
Lösung: b
Im Zahlenfeld befinden sich ausschließlich ganze, positive Zahlen.

1.3
Lösung: Einstand

1.4
Lösung: b
Die oberen Steinhälften wandern zeilenweise je einen Schritt nach rechts. Am rechten Rand angelangt geht es links weiter. Bei den unteren Steinhälften verhält es sich umgekehrt.

1.5
Lösung: d
Das Fünfeck dreht sich nach jedem Oval um 90° gegen den Uhrzeigersinn.

1.6
Lösung: d
Grafik ist kein konkretes Anschauungsbeispiel.

1.7
Lösung: c
Nur diese Aussage ist beweisbar. Bei den anderen Aussagen ließe sich jeweils auch eine andere Ansicht vertreten, hier gibt es kein „wahr" und kein „falsch"

1.8
Lösung: c
Der Minutenzeiger bewegt sich um je 15 Minuten vor, der Stundenzeiger um je eine Stunde.

1.9
Lösung: 3
Wenn zwei Väter in zwei Stunden zwei Sandburgen bauen, dann baut

ein Vater in dieser Zeit eine Sandburg. Und drei Väter bauen folglich in dieser Zeit drei Sandburgen.

1.10
Lösung: a
Jedes Element kommt insgesamt dreimal vor. Ein Quadrat und ein Strich fehlen.

1.11
Lösung: c
Addieren Sie die drei äußeren Zahlen jedes der vier äußeren Quadrate. Bilden Sie aus der Summe die Quersumme, und setzen Sie diese in das innere Kästchen – jedoch um eine Stelle gegen den Uhrzeigersinn versetzt.

1.12
Lösung: a
Christ – im Gegensatz zu Meister, Mensch, Pfarrer

1.13
Lösung: b
Jedes der kleinen Symbole ist insgesamt dreimal enthalten.

1.14
Lösung: c

1.15
Lösung: c und f
Pisa und Paris haben beide einen Turm als Wahrzeichen.

1.16
Lösung: c
Die Zahlen oben, links und unten wandern um ein Feld gegen den Uhrzeigersinn weiter. Die Zahl in der Mitte wandert nach oben, die Zahl rechts in die Mitte.

1.17
Lösung: c
Gewichtsbeispiel:
🏭 = 1, 🏘 = 2, 🏗 = 3

1.18
Lösung: 1A, 2B, 3B, 4B
In Gruppe A gibt es nirgends eine Überschneidung, in Gruppe B gibt es immer mindestens eine Überschneidung.

1.19
Lösung: Sonntag
Wenn der 3. Tag ein Montag ist, dann ist der 11. Tag (acht Tage später bzw. wochentagsspezifisch äquivalent mit einem Tag später) ein Dienstag. 15 Tage davor wiederum (dasselbe wie $15 - 2 \times 7 = 1$ Tag davor) war ein Montag, und das war gestern. Vorgestern war somit ein Sonntag.

1.20
Lösung: d
Das Haar wächst in und aus der Haut, ebenso wächst der Grashalm in und aus der Erde.

1.21
Lösung: b
Der Würfel dreht sich um je 90° gegen den Uhrzeigersinn (Perspektive ist von oben auf das E).

1.22
Lösung: Latein

1.23
Lösung: c
Die Rauten lösen sich von innen nach außen immer um eine Ecke im Uhrzeigersinn auf.

1.24
Lösung: Naturfasern

1.25
Lösung: c
Auf der linken und rechten Seite stehen sich immer Buchstaben gegenüber, die im Alphabet eine Stelle auseinander liegen.

1.26
Lösung: a
Addieren Sie die Zahlen der Punkte in den Eckfeldern einer Zeile oder Spalte, und setzen Sie die Summe in das jeweils gegenüberliegende Mittelfeld.

1.27
Lösung: e
Das Bild ist nicht nur gedreht, sondern auch gespiegelt.

1.28
Lösung: F oder G
Hanf und faul
Hang und Gaul

Lösungen Übungstests

1.29
Lösung: a
Es bilden sich drei gegenüberliegende Buchstaben-Zahlen-Paare, deren Summe jeweils 23 ist. Die Buchstabenwerte ergeben sich aus der jeweiligen Position im Alphabet.
A = 1, B = 2, C = 3 usw.

1.30
Lösung: a
Im oberen Kuchenstück startend ergeben die Summen der jeweils drei Zahlen im Uhrzeigersinn eine bei 5 beginnende aufsteigende Reihe von Primzahlen (5, 7, 11, 13, 17, 19, 23, 29)

1.31
Lösung: d
Das Sechseck dreht sich mitsamt der Linie um jeweils 30° gegen den Uhrzeigersinn. Der Kreis wandert dabei um eine Ecke im Uhrzeigersinn weiter.

1.32
Lösung: Ast

Lösungen Übungstest 2

2.1
Lösung: c

2.2
Lösung: c
Die Zahlen im Innern sind jeweils die Summen der beiden benachbarten äußeren Zahlen.

2.3
Lösung: „ippe"

2.4
Lösung: 2
Die Zahlen stehen für die Anzahl der ovalen Flächen, die den Bereich, wo die Zahl steht, bedecken. Die gesuchte Zahl steht in einem Bereich, der von zwei Flächen bedeckt wird.

2.5
Lösung: a

2.6
Lösung: a
Die Grafik links wird auf der rechten Seite dreieckig, behält aber Größe und Farbe.

2.7
Lösung: a
In der Mitte steht die Summe aus den drei äußeren Zahlen.

2.8
Lösung: c

2.9
Lösung: 21
♌ = 3, ● = 4, ✂ = 9

2.10
Lösung: c
Bei +1 beginnend wird nach jedem Schritt eine um 3 höhere Zahl addiert.
Also: +1, +4, +7, +10, +13 usw.

Lösungen Übungstests

2.11
Lösung: D

2.12
Lösung: a
Unten rechts steht das Quadrat der Differenz aus den anderen beiden Zahlen.

2.13
Lösung: e
Das Symbol ist nicht nur gedreht, sondern auch gespiegelt.

2.14
Lösung: DEL
Nadel und Delle

2.15
Lösung: Kind mit dem Bade

2.16
Lösung: a
Die Summe beider Zahlen in den Karten ist immer 12.

2.17
Lösung: AUM

2.18
Lösung: c
Das Dreieck dreht sich schrittweise um 90° gegen den Uhrzeigersinn. Dabei wechselt seine Farbe zwischen Weiß und Grau. Der Buchstabe F wandert mit und wird dabei bei jedem Schritt horizontal gespiegelt.

2.19
Lösung: c
Von oben nach unten werden in jeder Spalte immer 9 addiert.

2.20
Lösung: d
Der Würfel dreht sich bei jedem Schritt vertikal um 90° im Uhrzeigersinn und dann horizontal um 90° gegen den Uhrzeigersinn.

2.21
Lösung: a
In jedem Tripel befinden sich Vielfache von Zahlen einer aufsteigenden natürlichen Reihe, also Vielfache von 2, 3, 4, 5, 6 und folglich 7.

2.22
Lösung: b

2.23
Lösung: SEK

2.24
Lösung: b
Die Zahlen sind durch 4 teilbar. 48 ist daher die einzig passende der zur Auswahl stehenden Zahlen.

2.25
Lösung: d

2.26
Lösung: c
Die Summe beider Zahlen in den ersten beiden Karten ist immer 19. Die Summe der jeweils beiden Zahlen einer Karte ist in den nächsten beiden Karten immer 20. Und in den im Uhrzeigersinn letzten beiden Karten beträgt die Summe der Zahlen immer 21.

2.27
Lösung: 1B, 2A, 3B, 4B
In Gruppe A sind identische Elemente innerhalb eines Kastens immer entlang einer vertikalen Linie angeordnet. In Gruppe B sind sie entlang einer horizontalen Linie angeordnet.

2.28
Lösung: a
Die obere Zahl ist die verdoppelte Summe aus den Quadraten der beiden unteren Zahlen.

2.29
Lösung: ♦ = I; ☒ = S; ↩ = E
Geist, Seite, Sirene, Stiel

2.30
Lösung: b und e

2.31
Lösung:
3 + 4 − 5 x 2 + 9 = 13

2.32
Lösung: a
Die Zahlen sind die Quadrate aus der jeweiligen Anzahl der Buchstaben.

2.33
Lösung: Index

2.34
Lösung: a
Alle anderen Wörter enden auf zwei aufeinanderfolgende Buchstaben des Alphabets.

2.35
Lösung: a
Je drei Grafiken haben zwei, drei bzw. vier Winkel.

2.36
Lösung: d
Von Anordnung 1 nach 3 werden die Zahlen im Uhrzeigersinn mit der nächsthöheren Zahl multipliziert. Betrachten Sie Anordnung 1. Beginnen wir bei der 3 rechts oben und multiplizieren sie mit 2; das Ergebnis steht in Anordnung 2 an gleicher Position. Eine weitere Multiplikation mit 2 ergibt die 12 in Anordnung 3. Als nächste Zahl folgt die 4. Sie wird nun zweimal mit 3 multipliziert. Dies ergibt in den Anordnungen 2 und 3 die Zahlen 12 und 36 in derselben Position.
Es geht nun weiter mit der Zahl 1 in der oberen Anordnung. Sie wird mit 4 multipliziert usw.

2.37
Lösung: d
Es vollzieht sich eine Entwicklung von links nach rechts. Die Symbole in der mittleren Spalte geben an, um wie viele Kästchen das jeweilige Symbol in der linken Spalte im Uhrzeigersinn wandert bis es rechts ankommt. Kreuz: 0 Stellen (das Symbol bleibt auf dieser Position). Bus: 1 Stelle. Kreis: zwei Stellen. Fahrrad: 3 Stellen.

2.38
Lösung: Beuge

Lösungen Übungstest 3

3.1
Lösung: b
Verbindet man die beiden Buchstaben in jedem Feld, so weist die Richtung dieser Verbindungslinie immer zur Mitte.

3.2
Lösung: c
Die Buchstaben wandern um je zwei Stellen im Alphabet weiter.

3.3
Lösung: Getränke

3.4
Lösung: b
Die Summe aus den beiden Zahlen in einem äußeren Feld befinden sich im gegenüberliegenden Innenfeld.

3.5
Lösung: D
Leid und Dunst

3.6
Lösung: c
Die Bildchen wandern immer um ein Kästchen im Uhrzeigersinn weiter.

3.7
Lösung: a
Das Produkt aus oberer und unterer Zahl ist gleich dem Produkt aus linker und rechter Zahl. In der Mitte steht dieses Produkt um 10 erhöht.

3.8
Lösung: c
Das anfangs obere Kreuz wandert abwechselnd hinunter und hinauf. Das anfangs untere Kreuz wandert in Leserichtung immer um eine Stelle nach rechts. Am rechten Rand angekommen geht es wieder links weiter.

3.9
Lösung: übel

3.10
Lösung: 2 (Bauch) und 4 (Hand)
Hier ergeben sich spaltenweise identische Summen (Rechte Hand + rechter Fuß, Kopf + Bauch, linke Hand + linker Fuß). Beim linken Männchen ist diese Summe immer 13, beim rechten ist sie 21.

3.11
Lösung: b
Der Satz zählt Prüfungen bzw. Arbeiten in der Reihenfolge auf, bei denen das durchschnittliche Alter der sie ableistenden Personen ansteigt.

3.12
Lösung: UMPF

3.13
Lösung: b
Bei der 4 beginnend wächst jede Zahl bzw. deren alphabetische Entsprechung um einen immer um 1 zunehmenden Wert.

3.14
Lösung: b
Nur diese Aussage ist beweisbar. Bei den anderen Aussagen ließe sich jeweils auch eine andere Ansicht vertreten, hier gibt es kein „wahr" und kein „falsch".

3.15
Lösung: a
Je drei Felder enthalten zwei, drei bzw. fünf schwarze Kreise.

3.16
Lösung: a
In den Ecken stehen die Differenzen aus den beiden angrenzenden Feldern.

3.17
Lösung: c

3.18
Lösung: a
In jedem Quadrant befinden sich vier Buchstaben, die im Alphabet beieinander liegen.

3.19
Lösung: nicht fett

Lösungen Übungstests

3.20
Lösung: Sonntag
Man reduziere die Zahlen um möglichst große Vielfache von 7. Wir kürzen also 106002 um 70000, bleibt 36002. Weiter: 36002 − 35000 = 1002. Nächster Schritt: 1002 − 700 = 302. 302 − 280 = 22. 22 − 21 = 1. In 106002 Tagen ist also derselbe Wochentag wie in einem Tag. Heute ist also ein Samstag. Vor 235948 Tagen (wir reduzieren wie eben demonstriert) war derselbe Wochentag wie vor sechs Tagen, nämlich ein Sonntag.

3.21
Lösung: c
Es existieren je drei Pfeile, die nach rechts, nach rechts unten und nach rechts oben zeigen.

3.22
Lösung: b

3.23
Lösung: b
Gewichtsbeispiel:
🚚 = 2, ⊘ = 4, 📥 = 5, 👁 = 6

3.24
Lösung: a

3.25
Lösung: Bast-

3.26
Lösung: b
Die Zahlen in den Sternen verändern sich mit wachsendem Exponenten. Oben ist der Exponent 1 („hoch 1"), rechts ist der Exponent 2, unten ist der Exponent 3 und links ist der Exponent 4. Im Mittelfeld wird die Wurzel gezogen.

3.27
Lösung: □ = E; 🗨 = K; 🏆 = F
Kefir, Hefekloß, kaufen, Ferkel, Kaff, Kehle

3.28
Lösung: a
Die Formen der Elemente und deren Anordnung bleibt unverändert. Das Dreieck bekommt die Farbe des Rechtecks, das Oval bekommt die Farbe des Dreiecks, und das Rechteck bekommt die Farbe des Ovals.

3.29
Lösung: a
Bilden Sie die Summe aus den jeweils drei äußeren Zahlen, und dividieren Sie diese durch die Zahl in der jeweiligen Mitte. Setzen Sie das Ergebnis in das gegenüberliegende innere Kästchen.

3.30
Lösung: 3000
Wenn 600 Gäste 2400 Walzer in sechs Stunden tanzen, dann tanzen sie in einer Stunde 400 Walzer. Oder: Drei Gäste tanzen zwei Walzer pro Stunde. 1500 Gäste (also 500 x 3) tanzen folglich 1000 (500 x 2) Walzer in einer Stunde. Und in drei Stunden tanzen sie 3000 Walzer.

3.31
Lösung: a und c

3.32
Lösung: c
Bei jedem Schritt kommt ein Strich hinzu. In der Mitte beginnend werden die Striche abwechselnd links und rechts angesetzt. Ebenso kommt in jeder Grafik ein kleines Element hinzu. Erst oben, dann unten, und dem Zuwachs der Striche folgend.

3.33
Lösung: d
Maultier – im Gegensatz zu Tiger, Walross, Wolfshund

Lösungen Übungstest 4

4.1
Lösung: a
Der Stundenzeiger wechselt zwischen 9 und 2 Uhr hin und her. Der Minutenzeiger wandert immer um 25 Minuten weiter.

4.2
Lösung: d
Die Anzahl der Striche mit Pfeilspitze nimmt immer um Eins zu, die Anzahl der Striche ohne Pfeilspitze ab.

4.3
Lösung: b

4.4
Lösung: b
In der oberen Reihe beträgt die Augensumme in jedem Dominostein 10, in der mittleren Reihe 11 und in der unteren Reihe 12.

4.5
Lösung: e
Dieses Symbol ist nicht nur gedreht, sondern auch gespiegelt.

4.6
Lösung: c (Sekt – im Gegensatz zu Apfelsaft, Wasser, Kaffee)

4.7
Lösung: d
Verlieren ist keine Reaktion auf eine Gefühlsregung.

4.8
Lösung: b
Auf der rechten Seite betragen die Zahlen in den Sternen zwei Drittel der Werte auf der linken Seite. Die Zahl im Quadrat erhöht sich um 3.

4.9
Lösung: Beule

Lösungen Übungstests

4.10
Lösung: A

4.11
Lösung: b
Gewichtsbeispiel:
① = 4, 🖼 = 2, ❂ = 5

4.12
Lösung: b

4.13
Lösung: Freitag
Acht Tage nach einem Montag kommt immer ein Dienstag. Drei Tage vorher war ein Samstag, und der war gestern. Heute ist also Sonntag und übermorgen Dienstag. Vier Tage davor war somit ein Freitag.

4.14
Lösung: d und e
Star und Boa haben beide neben der Bezeichnung eines Tieres weitere Bedeutungen: Ein Star kann auch eine berühmte Person sein, eine Boa ein langer Schal aus Pelz oder Federn.

4.15
Lösung: a
Die linke Grafik wird auf der rechten Seite weiß und dessen Rahmen verstärkt. (Alternative d käme auch in Betracht, allerdings gibt es keinen Hinweis auf eine 180°-Drehung des Symbols.)

4.16
Lösung: d
Alle sich gegenüberliegenden Felder haben immer die Summe 13.

4.17
Lösung: a
Laster ist die umgangssprachliche Bezeichnung für Lastkraftwagen, ebenso wie Radio für Rundfunkempfänger.

4.18
Lösung: Feuer

4.19
Lösung: a
Oben rechts beim C beginnt im Uhrzeigersinn eine Reihe nach der Regel „abwechselnd +7 und −4". Zahlen sind dabei durch Buchstaben ersetzt, die sich aus der entsprechenden Position im Alphabet herleiten.

4.20
Lösung: c

4.21
Lösung: Freizeitbeschäftigung

4.22
Lösung: c
Hände + Kopf = Bauch,
Füße + Kopf = Bauch.

4.23
Lösung: DE
Gilde und Dekor

4.24
Lösung: a
Der Satz enthält zwei Muster: Die Generationen sind in absteigender Reihenfolge angeführt, die Herkunft der Autos verläuft von Norden (Volvo, Schweden) nach Süden (Alfa Romeo, Italien).

4.25
Lösung: c
Von oben nach unten: Gleiche Bilder addieren sich, unterschiedliche Bilder subtrahieren sich.

4.26
Lösung: a
In der Mitte steht die Quersumme des Produkts aus allen vier äußeren Zahlen.

4.27
Lösung: Eibe

4.28
Lösung: a
Von links nach rechts und von oben nach unten addieren sich die Formen, doch deckungsgleiche Formen löschen sich.

4.29
Lösung: a
In den inneren Feldern stehen die Produkte aus den jeweils zwei Zahlen der äußeren Felder – allerdings um je zwei Felder gegen den Uhrzeigersinn versetzt.

4.30
Lösung: ecken

4.31
Lösung: b
Das Dreieck wandert von rechts oben

nach links unten und zurück. Der Querstrich wandert gegen den Uhrzeigersinn um je eine Ecke am Rand entlang. Das Quadrat wandert immer um je eine Drittellänge nach rechts. Bei etwaigen Positionskonflikten wird das jeweils kleinere Element unsichtbar.

4.32
Lösung: b
Es gibt je drei Felder mit drei, vier bzw. fünf Strichen. Ebenso gibt es je drei Felder, die eine, zwei bzw. drei Überschneidungen aufweisen.

4.33
Lösung: b

4.34
Lösung: streifen

4.35
Lösung: d
Spiralförmig wandert eine Reihe von rechts oben (beim D) im Uhrzeigersinn bis zur Mitte. Bei jedem Schritt wandern die Buchstaben um zwei Stellen im Alphabet vor.

Lösungen Übungstest 5

5.1
Lösung: b
In jeder Reihe und Spalte ist eine diagonale, eine horizontale und eine vertikale Linie enthalten. Daneben gibt es in jeder Reihe und Spalte ein Quadrat, ein Dreieck und einen Kreis.

5.2
Lösung: a und c

5.3
Lösung: b
Die Buchstaben wandern um je zwei Stellen im Alphabet weiter.

5.4
Lösung: a
Von Grafik 1 bis Grafik 3 erhöhen sich die Zahlen jeweils um 4. Betrachtet werden dabei stets dieselben Positionen innerhalb der Anordnung.

5.5
Lösung: 🚌 = E; 🌀 = S
See, setzen, Esel, Saite, Sehne, pressen

5.6
Lösung: a
Die Zahl steht für die rückwärts gezählte Position des Anfangsbuchstabens im Alphabet.

5.7
Lösung:
$4 - 1 \times 9 - 2 : 5 = 5$

5.8
Lösung: a
In jeder Zeile und Spalte befinden sich ein vierzackiger, ein fünfzackiger und ein sechszackiger Stern. Je ein Stern in jeder Reihe und Spalte ist grau. Das kleine schwarze Quadrat im Eck wandert von links nach rechts um je eine Ecke gegen den Uhrzeigersinn weiter.

Lösungen Übungstests

5.9
Lösung: WA

5.10
Lösung: c
In der oberen Eihälfte steht immer das Quadrat der Differenz aus den unteren beiden Zahlen.

5.11
Lösung: c

5.12
Lösung: d
Die Linien drehen sich um je 90°. Das Quadrat behält stets seine Ausrichtung. Das Dreieck dreht sich immer um 90° im Uhrzeigersinn.

5.13
Lösung: a
Die ersten drei Karten weisen zwischen ihren beiden Zahlen eine Differenz von 9 auf. Bei den im Uhrzeigersinn nachfolgenden drei Karten ist die Differenz zwischen den Zahlen immer 3.

5.14
Lösung: auf seine Mühlen.

5.15
Lösung: EGEN

5.16
Lösung: c
Die Quersumme aller Zahlen ist 7.

5.17
Lösung: a
Ein Parkettboden ist notwendigerweise aus Holz, ansonsten hieße er anders. Eine fehlende Versiegelung hingegen ändert nichts daran, dass es sich um einen Parkettboden handelt. Bei den anderen Aussagen ließe sich jeweils auch eine andere Ansicht vertreten, hier gibt es kein „wahr" und kein „falsch".

5.18
Lösung: f
Bild f ist nicht nur gedreht, sondern auch gespiegelt.

5.19
Lösung: d

5.20
Lösung: c
Die Tripelsummen bilden die Reihe der Quadratzahlen der natürlichen Zahlen, also 1, 4, 9, 16, 25, 36.

5.21
Lösung: Lachs

5.22
Lösung: d
Der Satz zählt die Möbelstücke in der absteigenden Reihenfolge ihrer Größe auf. Die angesprochenen Zimmer lassen hingegen kein Muster erkennen.

5.23
Lösung: b
In der ersten Spalte wird von oben nach unten immer 5 addiert, in der zweiten Spalte wird immer 6 addiert, und in der dritten Spalte immer 7.

5.24
Lösung: BE
Barbe und beten

5.25
Lösung: d
Die Grafiken werden um 180° gedreht und dann horizontal gespiegelt.

5.26
Lösung: d
Hier laufen zwei Reihen zickzackförmig. Die Reihe, die links oben beginnt, ist die Reihe der um 1 erhöhten Primzahlen. Die jeweils andere Zahl im Bruch ist die um 1 erhöhte Quersumme.

5.27
Lösung: Personenverkehrsmittel

5.28
Lösung: BEIN

5.29
Lösung: a
Im oberen Kasten steht die Quersumme des Produkts aus den anderen beiden Zahlen.

Lösungen Übungstests

5.30
Lösung: b
Diese Reihe besteht aus den um 1 erhöhten Quadraten der aufsteigenden Reihe der Primzahlen.

5.31
Lösung: a

5.32
Lösung: b
Ein Gesetz soll das störungsfreie Zusammenleben in der Gesellschaft regeln, ebenso wie die Ampel den Straßenverkehr.

5.33
Lösung: 27
🚌 = 2, 🚎 = 7, 🚐 = 9, 🍽 = 3

5.34
Lösung: 1B, 2A, 3A, 4A
In Gruppe A enthält jeder Kasten vier Elemente, in Gruppe B sechs.

5.35
Lösung: a
Im oberen Kreis steht die Quersumme des Produkts aus den unteren drei Zahlen.

5.36
Lösung: a
Von oben nach unten addieren sich die Linien, wobei sich deckungsgleiche Linien gegenseitig aufheben.

5.37
Lösung: Horn

5.38
Lösung: 8
Zählen Sie alle Ecken der geometrischen Figuren, die den Bereich mit der Zahl abdecken. Bilden Sie aus dem Ergebnis die Quersumme. Das leere Feld steht in einem Bereich, der von einem Achteck, einem Sechseck und einem Dreieck abgedeckt wird, Insgesamt zählt man hier also 17 Ecken. Die Quersumme davon ist 8.